KB112065

대격변

THE DELUGE

대격변

세계대전과 대공황,
세계는 어떻게 재편되었는가

THE GREAT WAR AND
THE REMAKING OF GLOBAL ORDER

애덤 투즈 지음 · **조행복** 옮김

아카넷

THE DELUGE

Copyrights © 2014, Adam Tooze

All rights reserved

Korean translation edition © 2020, Acanet, Inc.

Published by arrangement with the Author, via The Wylie Agency (UK) Ltd., London, England

Through Bestun Korea Agency, Seoul, Korea

All rights reserved

이 책의 한국어 판권은 베스툰 코리아 에이전시를 통하여

저작권자인 저자와 The Wylie Agency (UK) Ltd.와 독점 계약한 아카넷에 있습니다.

저작권법에 의해 한국 내에서 보호를 받는 저작물이므로

어떠한 형태로든 무단 전재와 무단 복제를 금합니다.

에디에게

"그렇게 조만간 매우 곤란한 문제들이 역사가에게 전해질 것이다. 정치인들이 사실상 해결된 것으로 생각하고 그 문제들에 손을 뗐다고 해서 더는 곤란한 문제가 아닐 수는 없다는 것이 역사가의 고민이다. … 자신들의 일을 진지하게 생각하는 역사가라면 밤에 잠을 이루지 못할 것이다."

— 우드로 윌슨[1]

연대기는 완성되었다. 2,000쪽이나 되는 처칠의 책을 내려놓을 때 어떤 기분이 들까? 감사하는 마음 … 감탄 … 그의 확고한 믿음에 어쩌면 약간의 질투심도 생길지 모르겠다. 그는 국경과 종족, 애국심, 필요하다면 전쟁까지도 인류에게 궁극적인 진실이라고 확신한다. 그러한 확신은 그에게는 일종의 자긍심을, 심지어 다른 이들에게는 영원히 피해야 할 잠깐 동안의 악몽일 뿐인 사건들에 숭고함까지 부여한다.

— 윈스턴 처칠의 『전쟁의 여파*Aftermath*』에 대한
존 메이너드 케인스의 서평[2]

차례

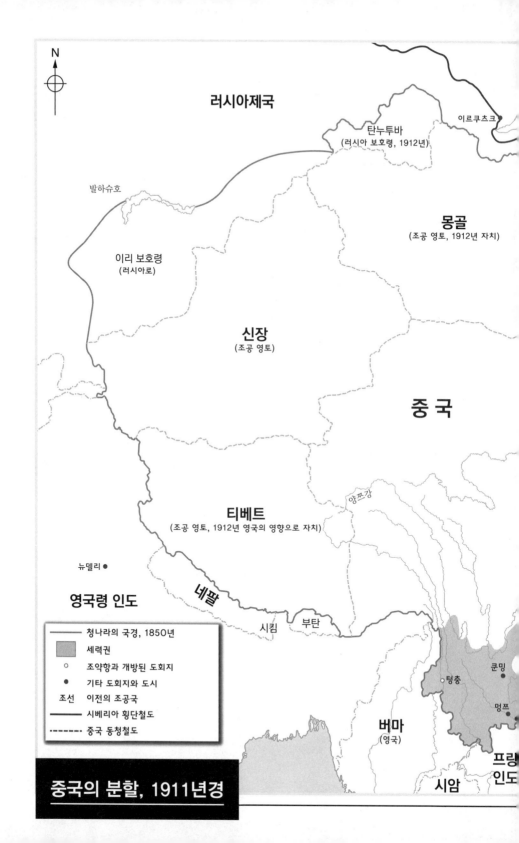

N

러시아제국

탄누투바
(러시아 보호령, 1912년)

이르쿠츠크

발하슈호

몽골
(조공 영토, 1912년 자치)

이리 보호령
(러시아로)

신장
(조공 영토)

중 국

양쯔강

티베트
(조공 영토, 1912년 영국의 영향으로 자치)

뉴델리 ●

네팔

영국령 인도

시킴   부탄

쿤밍

텅충

멍쯔

버마
(영국)

프랑
인도

시암

───── 청나라의 국경, 1850년
▨ 세력권
○ 조약항과 개방된 도회지
● 기타 도회지와 도시
조선 이전의 조공국
───── 시베리아 횡단철도
------- 중국 동청철도

중국의 분할, 1911년경

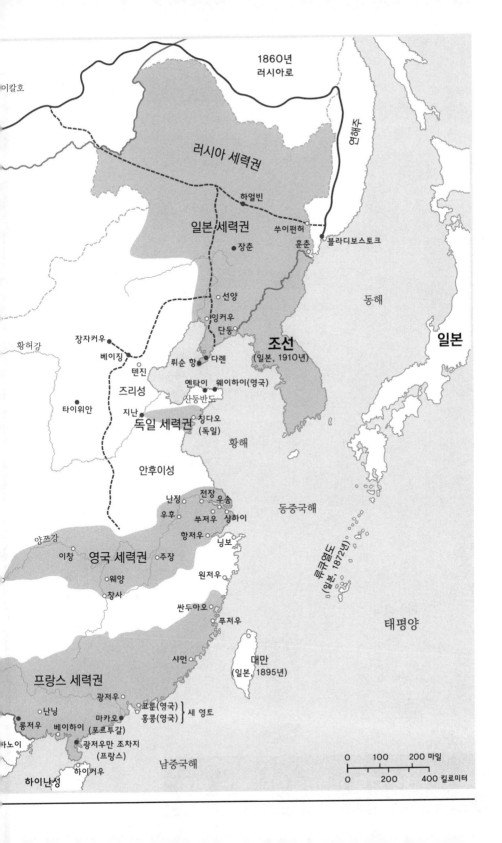

제1차 세계대전으로 인한 유럽의 영토 변화

핀란드
헬싱키
탈린
에스토니아
레닌그라드
리가
라트비아
리투아니아
메다
카우나스
빌뉴스
로이센
로샤바
모스크바

벨라루스
소비에트
사회주의 공화국

폴란드
브레스트리토프스크

러시아 소비에트 사회주의 연방공화국

갈리치아

에스트
리

트란실바니아
루마니아

베시라비아

키이우(키예프)
우크라이나
소비에트 사회주의 공화국

아제르바이잔
소비에트
사회주의 공화국

그루지야 소비에트
사회주의 공화국
트빌리시

흑해

다뉴브강
도나우강

부쿠레슈티
베오그라드

네그로

불가리아
소피아

이스탄불

아르메니아
소비에트
사회주의 공화국
예레반

앙카라

테살로니키

터키

그리스
에게해

이즈미르

아테네

도데카니소스제도
(이탈리아)

키프로스
(영국)

독일이 상실한 영토
러시아가 상실한 영토
1914년의 오스트리아-헝가리
······ 제1차 세계대전 종전 후 국경
I-4 주민투표를 통해 독일에 반환된 영토

0   100   200 마일
0   200   400 킬로미터

일러두기

- 본문의 괄호 끝에 * 표시가 붙은 것은 옮긴이주다. 권말의 주석은 원주다.
- 볼드체는 강조의 뜻으로 원서의 편집을 따랐다.
- 단행본은 『 』, 신문·잡지·학술지는 《 》, 보고서·논문·단편은 「 」로 묶었다.

감사의 말

이 책은 사이먼 윈더와 클레어 앨리그잰더와 함께한 나의 지난 프로젝트의 결과물이다. 두 사람에게, 그리고 이 일을 할 수 있도록 해준 웬디 울프에게도 감사를 드린다. 미국에서 나의 새로운 대리인인 앤드루 와일리와 사라 챌펀트는 이 기획을 끝까지 살펴주었다. 2014년이 기념일로 가득한 해가 될 가능성이 높았기에, 『대격변』은 신속히 출간되었다. 사이먼과 마리나 켐프, 교열 담당인 리처드 메이슨, 색인 담당자 데이브 크래딕, 그리고 리처드 듀구드가 이끄는 펭귄 출판사 제작팀의 노력이 합쳐진 덕분이다. 이들의 유익한 전문가 정신과 헌신에 깊이 감사한다.

책을 쓰는 일은 쉽지 않지만, 어떤 책은 다른 것보다 더 쓰기가 어렵다. 이 책은 쉬운 책이 아니다. 자신을 도와줄 친구와 동료가 있는 자들은 운이 좋은 줄 알아야 한다. 나는 정말로 행운아다. 영국에서는 베른하르드 풀다, 멜리사 레인, 크리스 클라크, 데이비드 레이놀즈, 데이비드 에드거튼이 대화 상대가 되어주고 초고를 읽어주었다. 나는 복 받은 사람이었다. 2009년 예일 대학교로 옮긴 뒤 나는 훨씬 더 큰 행운을 얻었다. 개인적인 끈끈한 유대를 넘어 지식인 공동체를 발견한 것이다.

공동체는 여러 가닥의 실로 엮여 있다. 나는 특히 일단의 총명한 대학원생과 곧 동료가 될 자들로부터 지지를 받았다. 그들은 이전에 경험하지 못한 방식으로 내게 영감을 주고 힘을 북돋아주었다. 그레이 앤더슨과 아너 바질레이, 케이트 브래크니, 카먼 데게, 스테판 아이히, 테드 퍼틱, 제러미 케슬러와는 2009년 이래로 10년 넘게 늘 바뀌는 새로운 대화를 나누었다. 이 모임에서 우리는 함께 특별한 에너지를 만들어냈다. 이러한 경험을 나눈 것은 정말로 기쁘고 특별한 혜택이었다. 오래 가면 좋겠다.

예일 대학교는 다채로운 지적 환경으로, 나의 두 번째 동아리는 국제관계사를 연구하는 동료들과 국제안보연구소의 동료들로 이루어졌다. 2013년 위대한 폴 케네디에게서 이 집단을 물려받았다. 연구소장에게는 조력자들이 필요하다. 아만다 뱀이 국제안보연구소의 부소장으로서 보여준 모범적인 활동 덕분에 이 책을 2013년에 끝마칠 수 있었다. 국제안보연구소는 이제 2인 체제다. 예일 대학교에서 국제관계사와 관련된 인사들로 폭을 넓히면 동료 패트릭 코스와 아만다의 전임자 라이어 어윈이 이 책에 영향을 준 이들 중 특별히 중요하다.

마지막으로, 역사학과와 정치학과, 독일학과, 법학과의 동료들에게 감사하고 싶다. 이들은 시간을 들여 내용에 관해 토론하고 논평을 해주었으며 영감과 해명, 격려의 순간을 함께했다. 로라 엥엘스타인 덕분에 나는 예일 대학교에서 편안하게 지냈으며 러시아사 이해에 자신감을 갖게 되었다. 팀 스나이더와 폴 케네디, 제이 윈터는 초기의 개략적인 원고로 인상적인 토론을 하여 도움을 주었다. 줄리아 애덤스는 변환기 세미나에 매력적인 대화를 주선했다. 카루나 맨테나는 인도와 자유주의 문제에 관한 회의를 마련했다. 국제법과 켈로그-브리앙 조약의 평화 체제에 관한 스콧 샤피로와 오나 해서웨이의 열정은 다른 사람들에게도 전파되었다. 존 위트는 블루 스테이트 카페에서 여러 날 동안 아침 일찍부터 학술적 동지애를 모범적으로 보여주었다. 브루스 애커먼과의 대화 덕분에 윌슨주의에 관한 읽기 자료가 견고해졌다. 폴 노스는 현대 정치학의 수정주의적 입장을 받아들이도록 나를 재촉했다. 세일라 벤하비브는 그러한 입장을 내가 할 수 있는 것보다 더 훌륭하게 방어했다. 이언 샤피로가 내 지난 번 책에 보여준 열정이 나를 크게 격려했다.

이 모두에 더하여 내게서 양 대전 사이의 국제관계사를 배운 예일 대학교 학부생들도 매우 가치 있는 여러 제언과 착상을 제시했다. 특히 벤 알터와 코너 크로퍼드, 벤저민 도스해벌리, 에디 피시먼, 테오 소아레스가 생각난다. 이들 모두 이 책에 말 그대로 흔적을 남겼다. 벤과 테오는 편집에서 귀중한 도움을 주었다. 국제안보연구소의 믿음직스러운 조교들인 네드 다우니, 이사벨 마린, 이고르 비유르코프도 마찬가지다.

케임브리지 대학교와 예일 대학교를 벗어나면, 한스 울리히벨러가 이끄는 빌레펠트 대학교의 전설적인 세미나에서 초고가 다루어졌다. 그 공론장에 초고를 올린 것은 특혜였다. 앞서 나는 케임브리지 대학교의 미국사 세미나에서 매우 유익한 평을 들었다. 영국에서는 제임스 톰프슨의 권유로 브리스틀 대학교의 역사학 세미나에 마지막 원고를 들고 갔다. 피터 하이에스와 데버러 코언은 노스웨스턴 대학교에서, 조프 엘리는 노트르담 대학교의 파시즘 연구회에서 강연하게 해주었다. 찰리 브라이트와 마이클 가이어는 예일 대학교의 연구회에서 이 흥분을 공유했다. 도미니크 라일과 허먼 베크는 마이애미 대학교에서 매혹적인 토론을 주선했다. 2013년 초 프린스턴 대학교의 대공황 회의에서 배리 아이켄그린은 『황금 족쇄Golden Fetters』에 대한 나의 비판에 아량을 베풀었다. 그보다 더 크게 나를 격려할 수는 없었을 것이다. 펜실베이니아 내힉교의 조너선 스타인버그와 댄 라프, 마이크 보도는 전부 양 대전 사이 미국 패권에 집중할 수 있도록 도와주었다. 조너선은 거의 20년 동안이나 나의 글에 열심히 논평을 해주었다.

그의 우정, 그리고 마리언 캔트의 우정은 큰 선물이었다. 2013년 1월 워싱턴디시의 국가정보회의 분석 토론에 참여한 해럴드 제임스와 여타 기고자들은 미국 정책 토론의 신세계를 인도했다. 빈의 IFK 고등연구소가 주최한, '1900~1930년 제1차 세계대전 시대의 기술정치'에 관한 연구회에서 휴 스트래천과 제이 윈터로부터, 그리고 마이클 가이어로부터 한 번 더 의견을 들을 수 있어서 매우 운이 좋았다. 마지막 순간에 자료 정리를 도와준 재리 엘러랜타에게 특별히 감사한다.

20년 전 런던정경대학에서 박사 과정을 밟고 있을 때 나는 프란체스카 카르네발리를 만났다. 이후 내내 우리는 서로 상대방의 글을 읽어주었다. 우리는 절친한 벗이다. 물론 프란체스카는 이 책의 초고도 제일 먼저 읽어주었다. 그녀와 그녀의 남편으로 친구이자 동료로서 많이 의지하는 파올로 디 만토는 내가 버밍엄을 방문할 때면 언제나 특별한 에너지와 환대, 사랑을 나누어주었다. 프란체스카가 세상을 떠나니 마음이 심히 허전하다.

프란체스카는 미래를 내다보았다. 미래와 새로운 것은 그녀에게 큰 위로의 원천이었다. 2009년 뉴헤이븐에서 애니 워렉과 이언 요크는 나를 위해 우정이라는 개념에 새로운 의미를 더했다. 두 사람과 그들의 아들인 제브, 말라카이, 레비는 우리의 시간을 이루 헤아릴 수 없을 만큼 밝고 따뜻하게 해주었다.

베키 코네킨은 내가 리 밀러에 관한 그녀의 훌륭한 연구를 끝마치도록 기쁘게 도왔던 것처럼 내가 이 책을 완성하도록 지원했다. 이렇게 서로 도왔기 때문에 우리는 거의 20년이나 함께할 수 있었다. 바라건대 언젠가 그녀가 우리가 함께 이룬 것에 대해 나처럼 자랑스러워하기를.

이 책을 언제나 내 삶의 빛인 사랑하는 딸 에디에게 바친다.

2013년 11월 뉴헤이븐에서

대홍수: 국제 질서의 재편

1915년 크리스마스 아침, 한때 급진적 자유주의자였고 이제는 군수장관이 된 데이비드 로이드조지는 불안한 표정을 한 글래스고 지역 노동조합원들과 대면했다. 그는 전쟁을 지속하기 위해서는 한 차례 더 신병을 모집해야 한다고 말했다. 그가 전한 메시지는 종말론에 어울렸다. 전쟁이 세계를 재편할 것이라고 말했다. "이것은 대홍수the deluge와 같다. 사회와 산업의 구조에 전대미문의 변화를 가져올… 대자연의 격변이다. 근대 사회라는 관상식물을 뿌리째 뽑아내는 태풍이다… 바위와 같았던 유럽인의 삶을 뒤흔드는 지진이다. 그 엄청난 혼란 속에서 국가들은 단숨에 몇 세대를 전진하거나 후퇴할 것이다."[1]

닉 달이 지나지 않아 전선의 반대편에서 독일 총리 테오도어 폰 베트만 홀베크가 이 말을 메아리치듯 되풀이했다. 1916년 1월 5일, 끔찍한 베르됭 전투가 시작된 지 6주가 지났을 때, 그는 독일 제국의회 앞에 엄정한 진실을 들이댔다. 돌아갈 길은 없었다. "이토록 극적인 사건들이 발생한 다음에 역사에 현상 유지는 없다."[2] 제1차 세계대전의 폭력성은 세상을 바꾸는 힘이 되었다. 1918년까지 제1차 세계대전은 유라시아의 옛 제국, 러시아 제국과 합스부르크제국, 오스만제국을 박살냈다. 중국은 내전으로 격동에 휩싸였다. 1920년대 초, 동유럽과 중동의 지도는 바뀌었다. 그러나 이렇게 확연한 변화는, 극적이고 또 논쟁의 여지도 있으나, 상대적으로 덜 두드러 지지만 더 깊은 다른 변화와 연결되어 있다는 사실에서 완벽한 의미를 획득했다. 제1차 세계대전에서 새로운 질서가 출현한 것이다. 이 새로운 질서는, 신생국들의 다툼과 민족주의적 시위를 뒤로하고 영국과 프랑스, 이탈리아, 일본, 독일, 러시아, 미국 같은 강대국 간의 관계를 근본적으로 바꿀 조짐을 보였다. 이러한 세력 변화의 규모와 의미를 이해하려면 전략지정학적이고 역사적인 상상력이 필요했다. 형성 중에 있던 새로운 질서는 전반적으로 가장 결정적인 요소의 부재 존재absent presence가 규정했다. 그것은 미국의 새로운 힘이었다. 그러한 미래상에 사로잡힌 자들에게 이러한 구조 변화의 전망은 망상에 가까운 매력을 발산했다.

제1차 세계대전이 끝나고 10년이 지난 1928년에서 1929년으로 넘어가는 겨울, 윈스턴 처칠과 아돌프 히틀러, 레프 트로츠키는 저마다 지난 과거를 돌아봐야 할 필요가 생겼다. 1929년 새해 첫날 당시 스탠리 볼드윈의 보수당 정부에서 재무장관으로 일하던 처칠은 제1차 세계대전의 역사를 다룬 대작 『세계 위기The World Crisis』의 마지막 권인 『전쟁의 여파The Aftermath』를 마무리했다. 처칠이 나중에 쓴 제2차 세계대전 책을 잘 아는 사람들에게 이 마지막 권은 놀랍게 다가온다. 1945년 이후 처칠은 독일과의 긴 싸움을 하나의 역사적 단위로 설명하고자 '두 번째 30년전쟁'이라는 표현을 만들어 내지만 1929년에는 매우 다른 뉘앙스의 말을 했다.[3] 처칠은 미래를 암울한 체념으로 바라보지 않았다. 상당히 낙관적으로 내다보았다. 제1차 세계대전의 폭력성으로부터 새로운 국제 질서가 출현한 것으로 보았다. 두 개의 큰 지역 조약을 토대로 국제적인 평화가 구축되었다. 1925년 10월 로카르노에서 유럽평화조약이 가조인되었고(12월에 런던에서 서명되었다), 1921년에서 1922년으로 넘어가는 겨울 워싱턴 해군회담에서 태평양조약이 체결되었다. 처칠은 이 두 조약을 '흔들리지 않는 견고함으로 솟아올라 세계 주요 국가들과 그 모든 함대와 군대의 충성을 요구하는 평화의 두 피라미드'라고 썼다. 이 협약들은 1919년 베르사유에서 미완으로 남겨진 평화에 실체를 부여했다. 또 국제연맹이라는 백지수표의 빈 공간을 채웠다. 처칠은 이렇게 말했다. "역사를 뒤지면 비슷한 사례를 찾을 수 있을지도 모른다." 그는 이렇게 썼다. "희망은 이제 더 확실한 토대 위에 섰다…. 오랫동안 전쟁의 공포에서 벗어난 시기가 지속될 것이다. 이 축복 받은 평화의 시기에 위대한 국가들은 아직 극복하지 못한 어려움이 이미 극복한 것보다 더 힘들지 않을 것이라고 확신하며 국제조직을 향해 전진의 발걸음을 내디딜 것이다."[4]

제1차 세계대전이 끝나고 10년이 지난 뒤 히틀러나 트로츠키는 이러한 관점에서 역사를 그리지 않았다. 놀랍지도 않다. 1928년 참전 군인이자 실패한 폭동 주동자에서 정치인으로 변신한 아돌프 히틀러는 의회 선거에 나섰다가 낙선하고 그의 첫 번째 책인 『나의 투쟁Mein Kampf』의 후속편 간행을 두고 출판사와 논의하고 있었다. 두 번째 책은 1924년 이후의 연설과 글을 모아 펴낼 생각이었다. 그러나 1928년에 첫 책의 판매량이 선거의 성적표만큼이나 실망스러웠기에, 히틀러의 원고는 빛을 보지 못한다. 이는 그의 '두 번째 책Zweites Buch'으로 알려져 있다.[5]

레프 트로츠키로 말하자면, 그는 글을 쓰며 반성의 시간을 가졌다. 스탈린과의 싸움에서 패한 뒤 먼저 카자흐스탄으로, 이어 1929년 2월 터키로 추방당했기 때문이다. 트로츠키는 그곳에서 1924년 레닌이 사망한 뒤 재앙의 길에 접어든 혁명에 관한 논평을 계속했다.[6]

처칠과 트로츠키, 히틀러는 상반되는 인물이라고 말할 수는 없지만 어쨌든 어울리지 않는 조합이다. 어떤 사람들에게는 이들을 같은 대화에 집어넣는 것만으로도 성질을 돋우는 일일 것이다. 확실히 이들은 작가로나 정치인으로나 지식인으로나, 도덕적 인성으로 보나 서로 비슷하지 않다. 그렇기 때문에 1920년대 말, 이들의 세계 정치 해석이 서로 보완적이라는 사실이 한층 더 인상적으로 다가온다.

히틀러와 트로츠키, 처칠은 동일한 현실을 인지했다. 두 사람도 제1차 세계대전이 새로운 단계의 '세계 체제'를 열었다고 여겼다. 그러나 이 새로운 현실은 처칠에게는 축하할 이유가 되었지만 트로츠키 같은 공산주의 혁명가나 히틀러 같은 민족사회주의자에게는 자신들이 역사적 망각의 대상이 될 거라는 우려를 자아냈다. 겉으로 보기에 1919년의 평화협정은 유럽사에서 중세 말부터 시작된 주권국의 자결권 논리를 강화하는 것 같았다. 19세기에는 이 논리에 따라 발칸반도에서 새로운 국민국가들이 건설되었고 이탈리아와 독일이 통일되었다. 그 논리는 오스만제국과 러시아제국, 합스부르크제국의 해체에서 정점에 이르렀다. 그러나 주권국가가 늘어났지만 내실은 없었다.[7] 제1차 세계대전에 참여한 모든 유럽 국가는 돌이킬 수 없을 정도로 약해졌다. 가장 강력했던 국가도, 승전국도 마찬가지였다. 1919년 프랑스 공화국은 베르사유의 태양왕 궁전에서 독일을 무찌르고 거둔 승리를 축하했을지 모르나, 그렇다고 해서 제1차 세계대전으로 프랑스가 세계적 강국으로서의 힘을 잃었다는 사실을 가릴 수는 없었다. 19세기에 세워진 작은 국민국가들에는 한층 더 깊은 상처가 남았다. 1914년에서 1919년 사이에 벨기에와 불가리아, 루마니아, 헝가리, 세르비아는 전부 전쟁의 운명이 요동침에 따라 국가 소멸의 위기에 직면했다. 1900년 독일의 카이저는 무모하게도 세계 무대에서 한 자리를 차지하겠다고 나섰다. 20년 뒤 독일은 슐레지엔(실롱스크)의 경계를 두고 폴란드와 다투는 처지로 전락

했다. 일본의 어느 자작이 이 분쟁을 목격했다. 독일은 세계정책Weltpolitik
의 주체가 아니라 대상이 되었다. 이탈리아는 승전국 편으로 참전했지만,
연합국들의 엄숙한 약속이 있었음에도 평화조약으로 인해 이등 국가 의식
만 강화됐다. 유럽 국가 중 승전국이 있었다면 그것은 영국뿐이다. 그렇기
때문에 처칠은 상당히 긍정적인 평가를 내릴 수 있었다. 그러나 영국은 유
럽 국가로서 승리한 것이 아니라 세계적 식민제국의 모국으로서 승리했다.
당대인들에게 영국제국이 전쟁에서 비교적 나쁘지 않은 성과를 냈다는 인
식은 유럽 세력의 시대가 끝났다는 결론을 확증했을 뿐이다. 전 세계적 패
권의 시대에 유럽의 지위는 정치적으로나 군사적으로나 경제적으로나 돌
이킬 수 없게 왜소해졌다.[8]

그 전쟁에서 명백히 아무런 상처도 입지 않고 엄청나게 더 강해진 나라
는 오직 미국뿐이었다. 그 우월성이 너무나 압도적이어서 미국은 17세기
이후 유럽사에서 사라진 질문을 다시 제기하는 듯했다. 미국은 일찍이 가
톨릭 합스부르크 왕국이 세울 것 같았던 제국처럼 전 세계를 포괄하는 보
편적인 제국이 되었는가? 이는 20세기에 거듭 제기되는 질문이다.[9] 1920
년대 중반까지 트로츠키에게는 '발칸반도화한 유럽'이 '미국에 대해' 전쟁
이전 남동부 유럽 국가들이 파리와 런던과의 관계에서 가졌던 것과 '동일
한 위치에' 있는 것으로 보였다.[10] 그 나라들의 주권은 허울뿐이었고 실체
는 없었다. 1928년 히틀러는 유럽의 정치 지도자들이 국민을 일깨워 일상
적인 '정치적 아둔함'에서 벗어나게 할 수 없다면 그들 모두 '북아메리카 대
륙의 위협적인 세계적 패권'에 굴복하여 스위스나 네덜란드와 같은 지위로
전락할 것이라고 경고했다.[11] 영국 정부의 시점에서 처칠은 이것이 사변적
인 역사적 전망이 아니라 세력 관계의 실제 현실을 시직힌 것이라고 보았
다. 앞으로 보겠지만, 1920년대의 영국 정부는 미국이 다른 어느 나라와도
같지 않은 강국이라는 고통스러운 사실에 거듭 대면해야 했다. 미국은 돌

연히 새로운 유형의 '초강국'으로 출현하여 세계 다른 주요 국가들의 재정적, 안보적 관심사에 대해 거부권을 행사했다. 이 새로운 세력 질서의 출현을 상세히 서술하는 것이 이 책의 주된 목적이다. 그러려면 특별한 노력이 필요하다. 미국의 힘이 독특한 방식으로 드러났기 때문이다. 20세기 초, 미국 지도자들은 오션 하이웨이(플로리다주에서 뉴저지주까지 이어지는 대서양 연안의 도로*) 너머의 해외에서는 군사 강국으로 나서지 않았다. 미국의 영향력은 대개 간접적으로, 직접적이고 명백한 존재가 아닌 잠재적인 가능성의 형태로 행사되었다. 그럼에도 그 영향력은 진짜였다. 세계가 새로운 질서를 세우려 애쓰면서 미국의 새로운 패권을 어떻게 받아들였는지 추적하는 것이 이 책의 주된 과제가 될 것이다. 그것은 언제나 여러 차원의, 경제적이고 군사적이며 정치적인 차원을 망라한 싸움이었다. 또한 전쟁 중에 시작되어 1920년대까지 이어진 싸움이었다. 이 역사를 올바로 파악하는 것이 중요하다. 지금도 여전히 유지되는 팍스아메리카나의 기원을 이해할 필요가 있기 때문이다. 또 처칠이 1945년에 되돌아보았던 '두 번째 30년전쟁'에서의 엄청난 두 번째 발작을 이해하는 데에도 결정적으로 중요하다.[12] 1930년대와 1940년대에 고삐가 풀려 세상을 깜짝 놀라게 한 폭력의 점진적 확대야말로 '반란자들'이 맞서 싸우고 있다고 믿은 세력의 본질을 보여준다. 히틀러와 스탈린, 이탈리아 파시스트들, 일본 파시스트들을 그토록 무도한 행동으로 내몬 공통의 요인은 바로 어렴풋이 모습을 드러내는 미국 자본주의-민주주의의 잠재력, 그 미래의 지배력이었다. 이들의 적은 때로 보이지 않고 파악하기 어려웠다. 그러나 이들은 적이 세상을 악의적인 세력권으로 포위하려는 음모적인 의도를 갖고 있다고 보았다. 이는 명백하게 요점에서 벗어났다. 그러나 두 세계대전 사이의 극도로 폭력적인 정치가 제1차 세계대전과 그 직후에 어떻게 배태되었는지 이해하려면, 이 질서와 반란의 변증법을 진지하게 고려해야 한다. 파시즘이나 소련 공산주의 같은 운동을 유럽 현대사의 주된 흐름이었던 인종주의와 제국주의의 익숙한 표현으로 표준화한다면, 또는 그 운동들이 유럽과 아시아에서 미쳐 날뛰며 승리를 거두어 미래가 자신들의 것처럼 보였던 1940~1942년의 혼란스러운 순간으로부터 되돌아보며 이야기를 한다면, 우리는 매우 불완전하게 이해하게 될 것이다. 이탈리아 파시즘과 독일 민족사회주의, 일본 제국, 소련의 지도자들은 전부, 그 추종자들이 그들에 대해 어떠한 순화된 환상을 품어 위안을 찾았든 간에, 억압적이고 강력한 국제 질서에 철저하게 맞선 반란자를 자처했다. 1930년대에는 허풍쟁이가 많았지만 서구 강국들에 대한 이들의 기본적인 견해는 그 나라들이 약한 것이 아니라 게으르고 위선적이라는 것이었다. 그들은 도덕성과 극단적 낙관론의 겉모습 뒤에 숨긴 엄청난 힘으로 독일제국을 박살냈고 이후 현상을 영구히 고착시키려 했다. 역사의 종언이라는 이 억압적인 미래상을 막으려면 전례 없는 노력이 필요했다. 그리고 크나큰 위험이 동반될 수밖에 없었다.[13] 반란자들이 1916년에서 1931년 사이 세계정치의 이야기에서 끌어낸 끔찍한 교훈이 바로 이것이다. 바로 그 이야기를 이 책에서 자세히 풀어놓고자 한다.

세계적 제국주의의 충돌과 새로운 패권의 출현

잠재적인 적들에게 크게 억압적으로 보였던 이 새로운 질서를 지탱한 필수적인 요소들은 무엇이었는가? 일반적으로 합의된 바에 따르면, 새로운 질서는 세 가지 주된 면모를 지녔다. 군사력과 경제적 패권, 그리고 이것이 뒷받침하는 도덕적 권위.

　제1차 세계대전은 참전국들이 보기에는 제국들의 충돌, 즉 고전적인 강국 간 전쟁으로 시작되었지만 끝날 때는 도덕적으로나 정치적으로 훨씬 더 깊은 의미가 담겼다. 새로운 국제 질서의 옹호자를 자처한 동맹이 성전에서 거둔 승리였던 것이다.[14] 미국 대통령의 주도로 '모든 전쟁을 끝낼 전쟁'은 국제법의 규칙을 지키고 전제주의와 군국주의를 억누르기 위해 수행되었고, 또 그러한 목적이 전쟁을 승리로 이끌었다. 어느 일본 평자는 이렇게 말했다. "독일이 항복하면서 군국주의와 관료주의는 뿌리째 흔들렸다. 국민에 근거한, 국민의 의지를 반영하는 정치, 즉 민본주의가 빠르게 전 세계의 사상을 지배한 것은 자연스러운 결과였다."[15] 처칠이 이 새로운 질서를 묘사하고자 선택한 이미지는 많은 것을 얘기해준다. '흔들리지 않는 견고함으로 솟아오른 평화의 두 피라미드.' 두 피라미드는 바로 정신적 힘과 물질적 힘의 융합에 바쳐진 거대한 기념물이었다. 처칠에게 두 피라미드는 당대인들이 국제적인 힘의 문명화라는 계획을 구상할 때 쓴 장엄한 방식과 놀랍도록 유사했다. 트로츠키는 그답게 그 전망을 덜 과장되게 표현했다. 국내 정치와 국제 관계가 더는 별개가 아니라면, 적어도 트로츠키에게는, 둘 다 단일한 논리로 환원될 수 있었다. '정치 생활 전체는' 프랑스와 이탈리아, 독일 같은 국가들에서도 '정당과 정부의 변화'에 이르기까지 "결국에는… 미국 자본주의의 의지가 결정할 것이다."[16] 트로츠키는 두 피라미드의 위엄을 얘기하지 않았다. 그는 늘 그렇듯이 냉소적인 유머로 시카고 육가공업자들과 주의회 상원의원들, 연유 제조업자들이 프랑스의 총리나 영국의 외무장관, 이탈리아의 독재자에게 군축과 세계평화의 장점에 관해 강의하는 우스꽝스러운 광경을 끌어냈다. 이들은 미국의 '세계 패권'을 향한 정력적인 돌진을 평화와 진보, 이윤이라는 국제주의적 기풍과 함께 알려주는 거친 사자使者들이었다.[17]

그러나 국제 문제의 이와 같은 도덕화와 정치화는 어울리지 않는 것처럼 보였을지 몰라도 많은 것이 걸린 큰 도박이었다. 17세기 종교전쟁 이래로 국제 정치와 국제법은 통상적으로 외교 정책과 국내 정치 사이에 방화

벽을 세웠다. 관습적인 도덕성과 국내의 법률 관념은 강국 외교와 전쟁의 세계에서 설 자리가 없었다. 새로운 '세계 체제'의 설계자들은 그 벽을 깨뜨림으로써 매우 의식적으로 혁명가 놀이를 하고 있었다. 실제로 1917년에 혁명의 목적은 점점 더 명확해졌다. 정권 교체는 휴전 협상의 전제조건이 되었다. 베르사유 조약은 전쟁 책임을 명확히 하며 독일의 카이저에게 죄를 물었다. 우드로 윌슨과 연합국the Entente은 오스만제국과 합스부르크제국에 사형을 선고했다. 1920년대 말이 되면, 앞으로 보겠지만, '침략적인' 전쟁은 불법 행위가 되었다. 그러나 이러한 자유주의적 계율은 매력적일지언정 몇 가지 근본적인 질문에 답하지 않았다. 무엇이 승전국에 이런 식으로 법칙을 정할 권리를 주었는가? 힘이 정의인가? 그들은 자신들의 주장을 입증하기 위해 역사에 무엇을 내걸었는가? 그러한 주장이 오래도록 국제 질서의 토대가 될 수 있었는가? 전쟁의 가능성을 심사숙고하는 것은 끔찍한 일이다. 그러나 영구적 평화의 선언은 그 정당성이 어떻든 간에 현상을 유지하겠다는 심히 보수적인 공언을 의미하지는 않는가? 처칠은 낙관적으로 말할 여유가 있었다. 영국은 오랫동안 국제적 도덕과 국제법을 가장 성공적으로 주무른 기획자였다. 그러나 만약, 1920년대에 어느 독일인 역사가가 말했듯이, 누구라도 평화의 두 피라미드의 한가운데에서 이집트의 하층 노동자 펠라fellah처럼 선거권이 없는 처지에, 새로운 질서에서 열등 종족의 처지에 놓이면 어떻게 될 것인가?[18]

진정한 보수주의자들에게 유일하게 만족스러운 해법은 시계를 거꾸로 돌리는 것이었다. 이들은 도덕주의적인 국제기구라는 자유주의 열차를 후진시키고 국제 사회의 일을 유럽의 군주들이 상호간에 판단도 위계질서도 없이 나란히 살았던 이상적인 형태의 유럽 공법Jus Publicum Europeaeum 세계로 되돌려 보내라고 요구했다.[19] 그러나 이것은 18세기와 19세기 국제 정치의 실상과는 거의 무관한 신화적 역사였다. 나아가 그것은 1916년 봄,

베트만홀베크가 독일 제국의회에 전한 메시지의 힘을 무시했다. 이 전쟁이 끝난 후, 되돌아갈 길은 없었다.[20] 진실로 대안이 될 수 있는 것들은 더 냉혹했다. 하나는 새로운 성격의 순응이었다. 나머지 하나는 종전 직후 베니토 무솔리니가 전형적으로 보여준 것과 같은 반기였다. 무솔리니는 1919년 3월 밀라노에서 파시스트당을 출범시키면서 새로운 질서를 '부자 나라들의 근엄한 사기'라고 비난했다. 무솔리니가 말한 사기란 영국과 프랑스, 미국이 '프롤레타리아트 국가들에 불리하게(그가 가리키는 나라는 이탈리아이다) 현 상태의 세계적 균형을 영구히 고착시키려는 것'이었다.[21] 그는 가상의 구체제로의 복귀 대신에 향후의 (폭력의) 단계적 확대라는 전망을 제시했다. 이와 같은 국제 정세의 정치화로 추악한 고개를 치켜든 것은 17세기 종교전쟁이나 18세기 말의 혁명적 투쟁을 그토록 치명적인 폭력 사태로 만든 것과 같은 종류의 화해할 수 없는 가치관의 충돌이었다. 제1차 세계대전의 공포를 생각하면 영구적인 평화가 오거나 지난번보다 한층 더 철저한 전쟁이 와야 했다.

그러한 대결의 위험이 분명히 실제적이기는 했지만, 이 위험성의 엄중함을 결정한 것이 부추겨진 분노와 서로 충돌한 이데올로기들만은 아니었다. 새로운 국제 질서를 만들어내고 유지하려는 노력에 깃든 위험성은 결국은 도덕적 질서를 떠안길 가망성, 도덕적 질서가 진가를 인정받아 널리 수용될 가능성, 도덕적 질서를 지탱하기 위해 모은 힘에 좌우되었다. 1945년 이후 미국과 소련 간의 전 지구적인 냉전 충돌에서 세계는 극단으로 치달은 대결의 논리를 목도한다. 두 개의 세계적인 동맹은 자신만만하게 상호 적대적인 이데올로기를 선포하고 대량의 핵무기로 무장하여 상호확증파괴MAD로 인류를 위협했다. 1918~1919년에서 냉전의 전조를 보려는 역사가들이 많다. 윌슨이 레닌과 대결했기 때문이다. 그러나 이러한 유추가 솔깃하기는 해도 1919년에는 1945년에 널리 퍼진 대칭성과 비슷한 것이 없었다는 점에서 오해의 소지가 있다.[22] 1918년 11월에는 독일만이 아니라 러시아도 무릎을 꿇었다. 1919년 세계 정치의 균형은 1945년의 분열된 세계보다는 1989년의 단극單極 체제 출현의 시기와 훨씬 더 비슷했다. 단일 세력권과 '서구' 공통의 자유주의적 가치관을 중심으로 국제 질서를 재편한다는 생각이 근본적인 역사적 이탈로 보였다면, 바로 이것이 제1차 세계대전의 결과를 그토록 극적으로 만들었다.

앞으로 보겠지만 동맹국the Central Powers에 1918년의 패배는 제1차 세계대전 중에 군사적 주도권이 거듭 이리저리 옮겨갔기에 더욱 쓰라렸다. 카이저의 장군들은 훌륭한 참모 활동을 통해 지역적으로 여러 차례 우위를 점하여 돌파할 것 같았다. 1915년 폴란드에서, 1916년에는 베르됭에서, 1917년 가을 이탈리아 전선에서, 마지막에는 1918년 봄 서부전선에서 그랬다. 그러나 이러한 전장의 드라마 때문에 그 전쟁의 기저에 깔린 논리에서 시선을 거두어서는 안 된다. 동맹국은 오직 러시아에 대해서만 실질적으로 우세했다. 서부전선에서는 1914년부터 1918년 여름에 이르기까지 좌절의 기록만 남겼다. 한 가지 요인이 이를 설명하는 데 도움이 된다. 군사 자원의 균형이다. 영국군이 유럽의 전장에서 버티기 위해 대서양 건너편으로부터 엄청난 양의 보급품을 끌어온 1916년 여름부터, 동맹국이 국지적으로 확립한 우위가 열세로 바뀌는 것은 시간 문제였을 따름이다. 동맹국은 소모전에서 서서히 무너졌다. 1918년 11월 최후의 순간 미약하게나마 저항이 있었지만, 이후 거의 완전히 붕괴되었다. 강국들이 베르사유에 모여 전례 없는 세계적 회의를 열었을 때, 독일과 그 동맹국들은 바짝 엎드렸다. 이후 몇 달 동안 한때 자부심 강했던 그들의 군대는 해체되었다. 프랑스, 그리고 중부유럽과 농유럽의 그 협력국들이 유럽 무대의 주인이었다. 그러나 프랑스인들이 날카롭게 인식했듯이 잠시뿐이었다. 1921년 11월 종전 3주년 기념일, 소수의 지도자들이 미국이 전례 없이 엄격하게 정한 국제 질서를 수용하고자 워싱턴디시에서 처음으로 모였다. 워싱턴 해군회담에서 국력은 전함을 기준으로 측정되었고, 트로츠키가 조롱하듯 내뱉은 말에 따르면 '배급식량'처럼 분배되었다.[23] 베르사유 조약의 모호함도 국제연맹 규약의 당혹스러움도 없어야 했다. 전략지정학적 힘, 즉 해군력의 분배는 10:10:6:3:3의 비율로 결정되었다. 상위는 영국과 미국이 차지했다. 두 나라는 도처의 공해에 해군을 주둔시킨 진정한 세계 강국으로서 동등한 지위를 부여받았다. 일본은 한 대양에만, 즉 태평양에 전력을 집중할 수 있는 해양 강국으로 세 번째 위치를 얻었다. 프랑스와 이탈리아는 대서양 연안과 지중해에 국한된 강국으로 전락했다. 이 다섯을 제외하면 어떤 나라도 포함되지 않았다. 독일과 러시아는 회의 참여국으로 고려되지도 않았다. 전략적인 군사력이 오늘날의 핵무기보다 더 엄격하게 억제되는, 모든 것을 포괄하는 국제 질서, 바로 이것이 제1차 세계대전의 결과인 것 같았다. 트로츠키에 따르면, 그것은 국제 사회에서 하나의 전환점으로서 코페르니쿠스가 중세의 우주관을 고쳐 쓴 것에 비견될 만했다.[24]

워싱턴 해군회담은 새로운 국제 질서를 보증할 강력한 힘의 표현이었지만, 1921년에 이미 전함 시대의 거대한 '강철 성castles of steel'이 진정으로 미래의 무기인지 의심한 자들이 있었다. 그러나 이 논의는 요점을 벗어났다. 전함은 군사적 효용이 어떠하든 세계적 강국의 가장 비싸고 기술적으로 정교한 도구였다. 가장 부유한 나라들만 함대를 보유하고 운용할 수 있었다. 미국은 자신들 몫을 다 채우지도 않았다. 미국이 언제든지 그렇게 할 수 있다는 사실을 누구나 아는 것으로 충분했다. 경제 상태가 미국의 국력을 보여주는 탁월한 수단이었고, 군사력은 그 부산물이었다. 트로츠키는 이를 인지하고 양적으로 측정하고 싶었다. 극심한 국제 경쟁의 시대에 경제력의 비교 측정이라는 어려운 기술은 그 시대 특유의 중대 관심사였다. 트로츠키는 1872년에는 미국과 영국, 독일, 프랑스가 각각 300억 달러에서

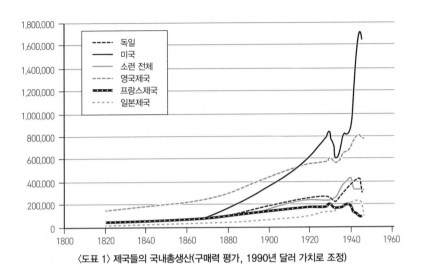

〈도표 1〉 제국들의 국내총생산(구매력 평가, 1990년 달러 가치로 조정)

400억 달러 사이를 보유하여 그 나라들의 국부가 대체로 평형을 이루었다고 믿었다. 50년 뒤 차이는 어마어마했다. 트로츠키의 생각에 전후 독일은 1872년보다 더 가난해졌다. 반면 "프랑스는 대략 두 배 더 부유해지고(680억 달러), 영국도 마찬가지이지만(890억 달러), 미국의 부는 3,200억 달러로 평가된다."[25] 이는 불확실한 추정치였다. 그렇지만 누구도 논박하지 못한 것은 1921년 11월 워싱턴 해군회담 당시에 영국 정부가 미국 납세자들에게 45억 달러를 빚졌고 프랑스는 미국에 35억 달러, 이탈리아는 18억 달러를 빚졌다는 사실이다. 일본의 국제수지 역시 심하게 악화되고 있었고, 따라서 일본은 제이피모건의 지원을 간절히 바랐다. 동시에 1,000만 명의 소련 시민이 미국의 기근 구제로 연명하고 있었다. 다른 어떤 강국도 그렇게 세계적으로 경제적 지배력을 행사한 적이 없었다.

19세기 이후의 세계 경제 발전을 오늘날의 통계로 나타내면, 두 가지 줄거리가 매우 분명하게 드러난다(〈도표 1〉).[26] 19세기에 들어선 이래로 영국제국은 세계 최대의 경제 단위였다. 베르됭 전투와 솜강 전투가 벌어진 1916년 어느 시점에 영국제국은 생산량에서 미국에 추월당했다. 이후 21세기가 시작할 때까지 미국의 경제력은 국제 질서 형성의 결정적인 요인이 된다.

19세기와 20세기의 역사를 미국이 영국의 패권을 물려받은 계승의 이야기로 서술하려는 유혹이, 특히 영국 저자들에게서 늘 있었다.[27] 이는 영국을 치켜세우는 이야기로, 국제 질서의 문제점과 이를 해결하는 방법에 연속성이 있다는 잘못된 암시를 줄 수 있다. 제1차 세계대전이 제기한 국제 질서의 문제점이 완전히 새로웠다는 것은 영국이나 미국, 다른 어느 나라에도 마찬가지였지만, 재무상태표의 이면을 들여다보면 미국의 경제력은 질적으로나 양적으로 영국이 보여준 것과 달랐다.

영국제국은 카리브해부터 태평양까지 자유무역과 이주, 자본 수출을 통해 광대한 '비공식적' 공간으로 확장되었고, 영국의 경제적 우위는 그 제국이 만들어낸 '세계 체제' 안에서 전개되었다.[28] 영국제국은 19세기 말 세계화의 최전선을 이룬 모든 경제의 발달에 모체가 되었다. '그레이터 브리튼 greater Britain'의 옹호자인 몇몇 제국 문제 평론가는 주요 경쟁국의 출현에 직면하여 이 이질적인 집단이 외부와 차단된 단일 경제권이 되도록 로비를 벌이기 시작했다.[29] 그러나 자유무역이라는 확실하게 정착된 영국 문화 때문에 제국특혜관세는 대공황의 재앙이 찾아오고서야 채택된다. 제국특혜관세 옹호자들이 간절히 원한 것은 영국제국이 아니라 미국이었다. 미국은 이질적인 식민지 정착촌들의 집합으로 시작해서 19세기 초에 팽창적이고 고도로 통합적인 제국으로 발전했다. 영국제국과 달리 미국 공화국은 서부와 남부에서 새롭게 얻은 영토를 연방헌법에 완전히 통합하려 했다. 18세기에 처음으로 헌법을 제정할 때 자유로운 노동을 지지하는 북부와 노예노동을 원하는 남부가 분열했음을 생각하면, 이 통합의 기획에는 위험이 따랐다. 급속히 팽창하던 미국은 탄생한 지 100년이 채 안 되었을 때인 1861

년에 지독한 내전으로 파괴되었다. 4년 후 연방은 보존되었지만 비교해보면 제1차 세계대전의 주요 교전국에 못지않게 끔찍한 대가를 치렀다. 정확히 50년이 지난 1914년 미국의 정치 계급은 그 유혈극 때문에 유년기에 깊은 상처를 입은 자들로 이루어졌다. 우드로 윌슨 백악관의 평화 정책에서 무엇이 관건이었는지는 그 제28대 미국 대통령이 남부 11개 주의 탈퇴 이후 처음으로 나라를 통치한 남부 민주당 내각의 수장이었다는 사실을 인지해야만 이해할 수 있다. 그들은 자신들의 권좌 등극을 백인 아메리카와 미국 국민국가 재창조의 화해를 보여주는 증거로 여겼다.[30] 미국은 끔찍한 희생 끝에 단련되어 이전에는 볼 수 없던 다른 것으로 변모했다. 이제 미국은 만족을 모르고 팽창하는 서부개척 시대의 제국이 아니었다. 그렇다고 토머스 제퍼슨의 신고전주의적 이상인 '산 위에 있는 동네'도 아니었다(city on a hill. 〈마태복음〉 5장 14절*). 고전적인 정치 이론으로는 설명할 수 없는 그것은 대륙적 규모로 통합된 연방공화국, 어마어마한 크기의 국민국가였다. 1865년에서 1914년 사이에 미국 국민 경제는 영국 세계 체제의 시장과 교통통신망으로 이득을 보아 역사상 그 어느 경제보다도 빠른 속도로 성장했다. 대서양과 태평양 연안에서 유리한 위치를 점한 미국은 세계적 영향력을 행사하겠다고 주장했고 그럴 능력을 지녔다. 전례가 없는 주장이었다. 미국을 영국의 패권을 물려받은 상속자로 설명한다면 1908년에 헨리 포드의 모델T를 '말 없는 마차'라 부르자고 고집한 자들의 견해를 취하는 꼴이다. 그러한 꼬리표는 틀렸다기보다는 시대착오적이다. 그것은 계승이 아니었다. 이는 패러다임의 전환이었고, 미국이 독특한 국제 질서 시각을 채택한 것과 시기적으로 일치했다.

이 책은 우드로 윌슨과 그 후임자들에 관하여 할 말이 많다. 그러나 가장 기본적인 요점은 간단하다. 미국은 규모에서 대륙을 포괄하는 공격적인 팽창, 그렇지만 다른 주요 강국들과의 갈등을 피한 팽창의 과정을 통해

전 세계적으로 영향력을 행사하는 국민국가가 되었기에, 그 전략적 사고방식은 영국과 프랑스 같은 전통적 강국이나 새롭게 이들의 경쟁자로 등장한 독일과 일본, 이탈리아의 전략적 사고와 달랐다. 미국은 19세기 말 세계 무대에 등장했을 때 1870년대 이래로 세계적 제국주의라는 새로운 시대의 특징이었던 격렬한 국제적 대결을 종식시키는 것이 자국의 이익임을 빠르게 깨달았다. 1898년 미국의 정치 지도자들이 에스파냐-미국 전쟁에서 해외로 진출하며 짜릿함을 느낀 것은 사실이다. 그러나 필리핀에서 제국주의적 지배의 현실에 대면하자 열의는 곧 식었고 더 근본적인 전략적 논리가 뚜렷해졌다. 미국은 20세기 세계에서 떨어져 있을 수 없었다. 대규모 해군력의 보유는 전략공군이 출현할 때까지 미국 군사 전략의 중심축이 된다. 미국은 카리브해와 중앙아메리카의 이웃 나라들이 '질서 있는' 나라가 될 수 있도록, 그리고 외부 세력(구세계)의 서반구(신세계) 개입을 차단하는 빗장이었던 먼로 독트린(1823)이 지켜지도록 주의를 기울였다. 다른 강국들의 접근을 막아야 했다. 미국은 그 힘을 펼치기 위해 기지와 주둔지를 늘리려 했다. 그러나 미국에 없어도 되는 한 가지는 자신들에게 어울리지 않는 골치 아픈 식민지 영토였다. 이 단순하지만 본질적인 점에서 미국의 대륙적인 성격과 영국의 이른바 '자유주의적 제국주의' 사이에는 근본적인 차이가 있다.[31]

미국의 힘의 진정한 논리는 1899년에서 1902년 사이에 국무장관 존 헤이가 이른바 '문호개방' 정책Open Door policy의 윤곽을 처음으로 드러낸 세 개의 '비망록'에 분명하게 제시되었다. 새로운 국제 질서의 토대였던 이 '비망록'은 믿기지 않을 정도로 단순하지만 광범위한 영향력을 갖는 원칙 하나를 제안했다. 상품과 자본의 진입의 평등이었다.[32] 이것이 무엇이 아닌지를 분명히 하는 것이 중요하다. 문호개방의 주장은 자유무역을 호소하는 것이 아니었다. 큰 규모의 국민 경제 중에서도 미국은 보호무역주의 성격이 가장 강한 나라였다. 경쟁 그 자체를 환영하지도 않았다. 일단 문호가 개방되면, 미국은 자국의 수출업자들과 은행가들이 모든 경쟁자를 일축할 것으로 확신했다. 따라서 문호개방은 결국 유럽제국이 독점한 영역을 파고들 것이었다. 그러나 미국은 제국주의적인 종족적 위계질서나 전 세계적인 인종차별을 흔드는 데에는 관심이 없었다. 상업과 투자는 혁명이 아니라 질서를 요구했다. 미국의 전략이 단호하게 억제하려 **했던** 것은 제국주의였다. 그 제국주의는 말하자면 생산적인 식민지 팽창이나 유색인에 대한 백인의 인종적 지배가 아니라 하나의 세계를 여러 세력권으로 분할하려 한 프랑스와 영국, 독일, 이탈리아, 러시아, 일본의 '이기적'이고 격한 대결이었다.

전쟁은 우드로 윌슨 대통령을 세계적인 명사로 만든다. 그는 자유주의적 국제주의의 앞날을 새롭게 연 위대한 예언자로 추앙을 받았다. 그러나 그의 계획에서 기본적인 요소들은 문호개방이라는 미국의 힘의 논리를 연장한 것이며, 이는 충분히 예상된 일이었다. 윌슨은 국제적 중재, 공해상 항해의 자유, 비차별적 무역 정책을 원했다. 그는 국제연맹이 제국주의 국가 간 경쟁을 종식시키기를 원했다. 이는 경제와 이데올로기라는 소프트파워soft power를 수단으로 거리를 유지한 채 세계적 영향력을 행사할 수 있다고 확신한 나라를 위한 반反군사주의적이고 탈제국주의적인 과제였다.[33] 그러나 충분하게 검토되지 못한 것이 있다. 윌슨은 유럽제국주의와 일본제국주의의 온갖 어두운 면에 맞서 미국의 패권이라는 이 과제를 어느 정도까지 추진하려 했는가? 이 책의 앞부분에서 다루겠지만, 1916년 윌슨이 미국을 세계 정치의 전면으로 내몰았을 때, 그의 임무는 제1차 세계대전에서 '옳은' 편이 승리하는 것이 아니라 확실하게 어느 편도 승리하지 못하도록 하는 것이었다. 그는 어떤 식으로든 협상국과 공공연히 연합하기를 거부했으며, 영국 정부와 프랑스 정부가 원했던 바이자 미국을 자신들 편으로 끌어들일 것으로 기대했던 전쟁의 확대를 막기 위해 할 수 있는 일을 다 했다. 전례가 없던 1917년 1월 상원 연설에서 그가 선언한 목적, 즉 승리 없는 평화만이 미국이 이론의 여지가 없는 진정한 세계 문제의 중재자로 등장하게 할 수 있었다. 이 책은 그 정책이 이미 1917년 봄에 큰 실패를 겪었고, 미국이 제1차 세계대전에 마지못해 참전했지만, 이것이 1930년대에 이르기까지 윌슨과 그 후임자들의 기본적인 목표였다고 주장할 것이다. 그다음 질문에 대한 답변의 실마리도 여기에 있다. 만일 미국이 문호개방의 세계를 정립하기로 결심했고, 그 목적을 달성하기 위해 엄청난 자원을 마음대로 쓸 수 있었다면, 일이 왜 그렇게 심하게 뒤틀렸는가?

두 가지 분석 틀, 어둠의 대륙 대 자유주의 헤게모니의 실패

자유주의의 탈선은 두 세계대전 사이 역사 서술의 고전적인 문제이다.[34] 정확히 우리가 영국과 미국이 이끈 제1차 세계대전의 승전국들이 실제로 얼마나 지배적이었는지를 평가하면서 시작한다면 이 문제가 새로운 양상을 띤다는 것이 이 책의 주장이다. 1930년대의 사건들을 볼 때, 이 점을 잊기는 너무 쉽다. 그리고 윌슨주의 선전자들이 곧바로 내놓은 답변은 실로 그 반대를 암시했다.[35] 그들은 베르사유 강화회의의 실패를 미리 예견했다. 자신들의 영웅인 윌슨을 '구세계'의 음모에서 벗어나려 했으나 실패한 비극적인 인물로 묘사했다. 자유주의적 미래를 선포한 미국인 예언가와 그가 계시를 전한 부패한 구세계 사이의 대비가 이 이야기의 기본적인 줄기였다.[36] 결국 윌슨은 영국과 프랑스의 제국주의자들이 이끄는 구세계의 세력에 굴복했다. 그 결과는 '나쁜' 평화였고, 미국 상원이 그리고 미국뿐만 아니라 그 너머 영어권 세계 전역의 많은 대중이 이를 거부했다.[37] 더 나쁜 일이 뒤따른다. 구질서가 꾸민 지연작전은 개혁의 길을 봉쇄하는 데 그치지 않았다. 한층 더 광포한 정치적 악마들에게 길을 터준 것이다.[38] 유럽이 혁명과 폭력적인 반혁명으로 찢긴 가운데, 윌슨은 냉전을 미리 보여주는 듯한 상황에서 레닌에 맞서고 있었다. 그다음으로 공산주의라는 유령은 극우파에 생명을 불어넣었다. 먼저 이탈리아에서, 이후 유럽 대륙 곳곳에서, 특히 독일에서 가장 치명적으로 파시즘이 전면에 부상했다. 1917~1921년의 위태로운 시기에 폭력과 종족적 성격을 더해가는 반유대주의 담론은 1940년대의 훨씬 더 큰 공포를 미리 보여주었다. 구세계는 이 재앙의 책임을 자신들이 아닌 다른 누구에게도 물을 수 없었다. 유럽은 진정으로 '어둠의 대륙'이었고, 일본이 그들의 영민한 학생으로 등장하고 있었다.[39]

이러한 줄기의 이야기는 극적인 힘을 지니며 놀랍도록 풍부한 역사 연구를 낳았다. 그러나 그 중요성은 단지 역사 서술에 유용하다는 점에서 그치지 않는다. 세기 전환기 이래로 정책 수립에 관한 대서양 세계의 논의에 스며들었기 때문이다. 앞으로 보겠지만, 윌슨 행정부와 허버트 후버에 이르기까지 그의 공화당 후임자들의 태도는 유럽과 일본의 역사에 관한 이러한 인식에 크게 좌우되었다.[40] 그리고 이 비판적인 담론은 미국인은 물론 많은 유럽인에게도 매력적이었다. 윌슨은 영국과 프랑스, 이탈리아, 일본의 급진적 자유주의자들과 사회주의자들, 사회민주주의자들에게 국내의 정적에 맞서 쓸 수 있는 논지를 제공했다. 유럽이 미국의 힘과 선전 propaganda이라는 거울을 보고 자신들의 '후진성'을 새롭게 인식한 때는 실로 제1차 세계대전과 그 직후의 시기였다. 그 점은 1945년 이후 한층 더 강하게 인식되었다.[41] 그러나 역사적 진보 세력에 맞서 격렬하게 저항하는 어둠의 대륙이라는 이러한 역사적 해석이 실제로 역사에 영향을 미쳤다는 사실은 역사가에게 위험성을 내포하고 있기도 하다. 윌슨주의의 가슴 아픈 대실패는 긴 그림자를 드리웠다. 두 세계대전 사이의 역사에 대한 윌슨 식

해석은 깊이 뿌리를 내려서 그 해석을 견제하려면 의식적이고 지속적인 노력이 필요하다. 바로 그렇기 때문에 이 이야기를 시작할 때 거론한, 서로 다른 얘기를 하는 세 사람, 즉 처칠과 히틀러와 트로츠키의 고백이 크나큰 교정校訂의 가치를 갖는다. 종전 직후의 상황에 대한 그들의 견해는 매우 달랐다. 이들은 세계에 근본적인 변화가 **닥쳤다**고 확신했다. 또한 그러한 변화의 조건을 정한 것이 미국이며 영국은 자발적인 방조자라는 데 의견의 일치를 보았다. 극단주의자들의 반란에 역사의 문을 열어놓을, 막후에서 작동하는 과격화의 변증법이 있었다면, 이는 1929년에는 트로츠키에게나 히틀러에게나 분명하지 않았다. 반란의 눈사태가 터지려면 두 번째 극적인 위기, 즉 대공황이 필요했다. 극단주의자들이 일단 기회를 얻자, 전후 질서에 대한 그들의 공격에서 폭력과 죽음의 에너지를 살려낸 것은 바로 강력한 적에 맞서고 있다는 인식이었다.

여기서 우리는 두 세계대전 사이 재앙에 대한 해석의 두 번째 큰 줄기에 대면한다. 그것을 '헤게모니 위기' 학파라고 부르자.[42] 이 기조의 해석은 정확히 우리의 출발점, 즉 제1차 세계대전에서 협상국과 미국이 거둔 압승과 더불어 시작하며, 미국의 온 힘을 다한 공격이 저항을 받은 이유가 아니라 전쟁의 결과로 그렇게 강력한 힘의 우세를 가졌던 승자들이 압도하지 못한 이유를 묻는다. 어쨌거나 승전국들의 우세는 허상이 아니었다. 1918년에 그들이 승리한 것은 우연이 아니었다. 1945년에는 유사한 성격의 연합군이 이탈리아와 독일, 일본에 한층 더 큰 패배를 안긴다. 게다가 1945년 이후 미국은 그 세력권에서 새로운 정치 질서와 경제 질서의 조직에 나서서 크게 성공했다.[43] 1918년 후에는 무엇이 잘못되었는가? 베르사유에서 미국의 정책은 왜 실패했는가? 1929년에 세계 경제는 왜 안으로부터 붕괴되었는가? 이 책의 출발점을 생각하면, 이러한 질문들을 피할 수 없다. 그 질문들은 오늘날까지도 울려 퍼진다. 왜 '서유럽'은 그 승리의 패를 더 효과적으로 쓰지 못했는가? 상황을 장악하고 지휘할 능력은 어디 갔는가?[44] 중국의 부상을 생각하면, 이러한 질문들은 매우 타당하다. 문제는 이 실패를 평가하고 부유하고 강력한 민주주의 체제들의 중대한 결함인 의지와 판단력의 부족을 설득력 있게 설명할 적절한 기준을 찾아내는 것이다.

이 두 가지 기본적인 설명 틀('어둠의 대륙' 대 '자유주의 헤게모니의 실패')의 종합을 모색하는 것이 이 책의 목표이다. 그러나 이를 달성하는 것은 양쪽의 요소들을 뒤섞거나 그 요소들 간의 조화를 꾀하는 문제가 아니다. 대신이 책은 두 학파의 주된 역사적 논거를 양자에 공통된 맹점을 드러내는 다른 질문에 노출시키려 한다. '어둠의 대륙'과 '헤게모니의 실패'라는 두 가지 역사 모델이 제시한 역사적 구도에서는 20세기 초 세계 지도자들이 대면한 상황의 근본적인 새로움이 명료하게 드러나지 않는 경향이 있다.[45] 이 맹점은 '어둠의 대륙' 해석의 조잡한 '신세계, 구세계' 구도에 내재한다. 이 해석은 새로움과 개방성, 진보를 미국이든 혁명의 소련이든 '외부 세력'에 속하는 것으로 본다. 한편 제국주의의 파괴력은 모호하게 '구세계'나 '구체제'와, 다시 말해 몇몇 경우에는 절대주의 시대나 한발 더 나아가 피에 젖은 유럽과 동아시아 역사의 먼 과거까지 뻗어 있는 것처럼 생각되는 시기와 동일시된다. 그러므로 20세기 재앙의 원인은 과거의 무거운 짐으로 돌아간다. '헤게모니 위기' 모델은 두 세계대전 사이의 위기를 다르게 해석할 수 있다. 그러나 이 모델은 역사적으로 더 넓은 범위를 다루지만 20세기 초가 진정으로 새로운 시기라는 점을 인정하는 데는 관심이 더 적다. 이 해석의 가장 강력한 형태에 따르면, 자본주의 세계 경제는 1500년대에 시작된 이래로 이탈리아 도시국가들이든 합스부르크 왕국이든 네덜란드 공화국이든 빅토리아 시대 영국 해군이든 안정을 가서오는 중앙의 구심력에 의존했다. 이러한 패권국들의 승계 사이에 나타난 공백기가 전형적인 위기였다. 두 세계대전 사이의 위기는 그러한 휴지기 중 가장 최근인, 영국의 헤게모니와 미국의 헤게모니 사이의 휴지기였을 뿐이다.

이 두 해석은 19세기 말 이래로 세계정세에서 실제로 일어난 변화의 전례 없는 속도와 범위, 폭력성을 포괄하지 못하고 있다. 당대인들이 빠르게 깨달았듯이, 19세기 말에 강대국들이 뛰어든 격렬한 '세계 정치적' 경쟁은 오래된 계보를 갖는 안정된 체제가 아니었다.[46] 왕조적 전통도 그 안에 내재된 '자연스러운' 안정성도 그 경쟁의 정당성을 보장하지 않았다. 그것은 폭발적이고 위험했으며 온 힘을 다한 소모적인 경쟁이었고 1914년의 시점에 불과 몇 십 년밖에 되지 않은 것이었다.[47] '제국주의'라는 용어는 유서 깊으나 부패한 '구체제'의 사전에 들어 있지 않은 신조어로 1900년경에 와서야 널리 쓰였다. 이 용어는 새로운 현상에(무제한의 군사적, 경제적, 정치적, 문화적 경쟁이라는 상황에서 전 지구의 정치적 구조가 재편되는 것) 관한 새로운 시각을 담았다. 그러므로 '어둠의 대륙' 모델과 '헤게모니의 실패' 모델 둘 다 그릇된 전제 위에 서 있다. 현대의 세계적 제국주의는 구세대의 유물이 아니라 근본적으로 새로운 힘이었다. 마찬가지로, '제국주의 이후' 패권적 국제 질서를 확립하는 문제도 전례가 없는 것이었다. 현대적 형태의 국제 질서라는 큰 문제는 19세기 마지막 몇 십 년간 영국에 처음으로 들이닥쳤다. 광범위하게 펼쳐진 영국제국 체제가 유럽 중심부와 지중해, 근동, 인도 아대륙, 광대한 러시아, 중앙아시아, 동아시아로부터 도전에 직면했을 때였다. 이 지역들을 결합시키고 따라서 그 위기들이 세계적으로 동시에 발생하게 만든 것은 영국의 세계 체제였다. 이러한 큰 도전에 직면하여 영국은 문제를 성공적으로 처리하지 못했고 어쩔 수 없이 즉흥적으로 일련의 전략적 대응에 나설 수밖에 없었다. 독일과 일본이 신흥 강국으로 출현한 데 위협을 느낀 영국은 고립 정책을 버리고 유럽과 아시아에서 프랑스와 러시아, 일본과 협약을 맺었다. 결국 제1차 세계대전에서 영국이 이끄는 협상국이 우세하게 되지만, 이는 그 전략적 관계를 더욱 강화하고 이를 전 세계에 펼쳐진 영국과 프랑스의 제국 영역을 통해서 대서양 건너 미국까지 세계 곳곳에 확장함으로써만 가능했다. 그러므로 제1차 세계대전은 세계적인 정치 질서와 경제 질서라는 미증유의 문제를 남겼지만 이를 다룰 세계적 헤게모니의 역사적 모델은 주지 않았다. 1916년부터 영국은 제국의 전성기였던 빅토리아 시대에는 전혀 원하지 않았던 개입과 조정, 안정화의 묘기를 시도한다. 영국제국의 역사가 세계사에 이보다 더 긴밀히 뒤얽힌 적은 없었다. 이렇게 얽힌 관계는 필연적으로 전후 시기까지 지속되었다. 앞으로 보겠지만, 전후 로이드조지 정부는 뜻대로 처분할 수 있는 자원이 제한되었음에도 유럽의 금융과 외교의 중추로서 전에 없이 새로운 역할을 수행했다. 그로써 그는 몰락했다. 1923년 밑바닥에 도달한 일련의 위기는 로이드조지의 총리직을 끝장냈으며 영국 헤게모니 능력의 한계를 모두가 볼 수 있게 드러냈다. 그 역할을, 이전에는 어느 나라도 진지하게 떠맡지 않았던 역할을 대신할 강국이 있다면, 그것은 단 하나 미국이었다.

윌슨 대통령은 1918년 12월 유럽에 갈 때 새로운 세계지도를 이해하기 위해 지리학자와 역사학자, 정치학자, 경제학자로 구성된 팀을 데려갔다.[48] 종전 후 주요 강국들은 공간적으로 아주 넓은 범위에서 혼란에 직면했다. 제1차 세계대전은 유라시아 전역에 전례 없는 진공상태를 만들어놓았다. 오래된 제국 중 청나라와 러시아만 살아남을 수 있었다. 제일 먼저 회복한 나라는 소련이다. 그러나 1918년 윌슨과 레닌 사이의 '냉랭한 사이'를 냉전의 전조로 해석하고픈 유혹은 그 전쟁으로 초래된 예외적인 상황을 인정하기를 거부하는 또 다른 사례이다. 1918년 이후 세계 도처의 보수주의자들은 볼셰비키혁명의 위협을 확실히 느꼈다. 그러나 이는 내전과 무정부 상태의 혼란에 대한 두려움이었고 대체로 실체가 없는 위협이었다. 그것은 결코 1945년 스탈린의 적군赤軍의 무시무시한 존재감과 1914년 이

전 제정러시아의 전략적 중요성에 비교할 만한 것이 아니었다. 레닌 정권은 혁명과 독일에 당한 패배, 내전을 버텼지만 정말로 아슬아슬하게 살아남았다. 공산주의는 1920년대 내내 수세에 몰려 싸우고 있었다. 1945년에도 미국과 소련이 대등했는지는 의문이다. 한 세대 전의 윌슨과 레닌을 대등한 존재로 취급한다면, 이는 상황의 진정한 특징 하나(러시아 국력의 극적인 내부 붕괴)를 인정하지 않는 것이다. 1920년 소련은 너무나 약해 보였다. 탄생한 지 겨우 2년밖에 안 된 신생국 폴란드 공화국이 소련을 침공할 적기가 왔다고 판단했을 정도였다. 적군은 이 위협을 막아낼 만큼은 강했다. 그러나 소련이 서부로 진격했을 때, 그들은 바르샤바 외곽에서 궤멸적인 패배를 당했다. 이러한 상황은 히틀러-스탈린 조약과 냉전의 시기와 뚜렷하게 대비된다.

베이징부터 발트해까지 유라시아에 놀라운 힘의 공백이 생겼음을 고려하면 일본과 독일, 영국, 이탈리아의 가장 공격적인 제국주의 옹호자들이 세력을 확대할 천재일우의 기회를 감지한 것은 전혀 놀랍지 않다. 로이드조지 내각의 선도적 제국주의자들이나 독일의 에리히 루덴도르프 장군, 일본의 고토 신페이의 끝을 모르는 야심은 '어둠의 대륙' 담론을 뒷받침하는 풍부한 자료를 제공한다. 그러나 그들의 미래상이 확실히 폭력적이기는 했지만, 우리는 그들의 전쟁 담론에 담긴 미묘한 차이에 주목해야 한다. 루덴도르프 같은 인물에게 유라시아의 철저한 재편을 꿈꾸는 자신의 거대한 기획이 전통적인 치국책의 표현이라는 착각은 전혀 없었다.⁴⁹ 그는 세계가 새로운 근본적인 단계, 전 지구적 세력 투쟁의 마지막 단계나 마지막 직전 단계에 접어들고 있다는 이유로 자신의 목표가 정당함을 주장했다. 이 같은 자들은 어떤 성격의 체제든 '구체제'의 옹호자가 아니다. 때때로 이들은 균형과 정통성의 이름으로 역사적인 기회 앞에서 머뭇거리는 전통주의자들을 크게 비판했다. 새로운 자유주의적 국제 질서에 가장 맹렬하게 반대한 자들은 옛 세계의 옹호자이기는커녕 미래주의적인 혁신자들이었다. 그러나 이들은 또한 현실주의자가 아니었다. 이상주의자와 현실주의자라는 진부한 구분은 윌슨의 반대자들에게 지나치게 양보하는 것이다. 윌슨이 굴욕을 당했다고 해도, 제국주의자들도 형편이 좋지는 않았다. 웅대한 팽창 계획에 내재한 문제점들은 이미 전쟁 중에 충분히 뚜렷해졌다. 1918년 3월 제국주의자들의 최종적인 평화조약이었던 브레스트리토프스크 조약이 체결되었지만, 자신들의 정책에 담긴 모순을 피하고자 분투했던 당사자들은 불과 몇 주 만에 조약을 부정했다. 일본 제국주의자들은 자국 정부가 중국 전체를 복속하기 위한 결정적 조치를 취하기를 거부하자 격분했으나 무기력했다. 가장 성공적인 제국주의자들은 영국인들이었고, 그들의 주된 팽창 지역은 중동이었다. 그러나 이는 진실로 예외 상황에 불과했다. 영국과 프랑스의 제국주의적 요구가 충돌하는 가운데, 그 지역 전체는 혼란과 무질서에 빠졌다. 중동 지역은 오늘날까지도 전략적 골칫거리로 남아 있는데, 그렇게 만든 것이 바로 제1차 세계대전과 그 여파이다.[50] 상대적으로 잘 확립된 영국제국의 축에서 '백인 자치령'과 아일랜드, 인도를 향한 주된 정책 노선은 퇴각과 자치였다. 이 정책 노선은 마지못해 하는 경향이 있었지만 일관되게 추진되었고, 상당한 저항에 부닥쳤지만 그럼에도 방향성은 분명했다.

윌슨주의의 실패라는 익숙한 담론이 그 미국 대통령을 이전 형태의 제국주의의 억누를 수 없는 공격에 당한 자로 그리는 반면, 실제 상황을 말하자면 이전 제국주의자들이 제국주의 시대 이후의 새로운 시대에 적합한 새로운 전략을 모색해야 한다는 결론에 도달하고 있었다.[51] 수많은 주요 인사들이 이 새로운 '국가 이성國家理性'을 구현했다. 구스타프 슈트레제만은 독일을 협상국과 미국 양쪽 모두와 협력하는 관계로 이끌었다. 에드워드 시대 제국주의의 횃불이었던 조지프 체임벌린의 장남인 영국 외무장관 오스틴 체임벌린은 유럽의 화해를 위한 부단한 노력을 인정받아 슈트레제만과 공동으로 노벨 평화상을 받았다. 로카르노 조약으로 노벨 평화상을 받은 또 다른 사람은 프랑스 외무장관 아리스티드 브리앙이다. 1928년 침략 전쟁을 불법화하는 조약은 사회주의자 이력을 지닌 이 사람의 이름을 따서 명명되었다.(켈로그브리앙 조약Kellogg - Briand Pact을 말한다.*) 일본 외무장관 시데하라 기주로는 동아시아 안보를 바라보는 새로운 접근법을 구현했다. 이들은 모두 새로운 질서 확립의 열쇠로 미국을 바라보았다. 그러나 아무리 중요한 인물일지언정 이러한 변화를 몇몇 개인과 지나치게 가깝게 연결 짓는 것은 요점을 벗어난다. 이들은 변화의 주창자로 보기에는 때로 분명치 않은 자들이었다. 사사롭게는 오래된 정책 수립 방식에 집착했으며 동시에 새로운 시대의 요구에 따르려 했던 것이다. 처칠과 같은 유의 사람들에게 새로운 질서가 튼튼하다고 확신하게 만든 것과 히틀러와 트로츠키를 그토록 낙담하게 만든 것은 바로 새로운 질서가 개별 인물의 힘보다 더 강한 토대 위에 서 있는 것처럼 보였다는 사실이다.

1920년대의 이 새로운 분위기를 제1차 세계대전의 여파로 솟아난 '시민 사회'와 국제주의적이고 평화적인 비정부기구들과 연결하고픈 유혹이 든다.[52] 그러나 혁신적인 도덕적 기업가 정신을 국제 평화 단체들이나 세계주의적 전문가들의 대회, 국제 여성운동의 열정적인 연대, 반식민지 운동가들의 광범위한 활동과 동일시하는 경향은 패권의 중심에 고집스럽게 버티고 있는 제국주의적 충동에 관한 진부한 고정관념을 우회적으로 되살린다. 반대로, 평화운동의 무력함은 최종적으로 중요한 것은 오로지 패권이라는 냉소적인 현실주의자들의 완고한 주장을 허용한다. 이 책이 내거는 주장은 다르다. 이 책은 정부 기구 외부가 아닌 내부의 힘의 배열에 나타난 극적 변화를 군대와 경제, 외교 사이의 상호작용에서 찾으려 한다. 앞으로 보겠지만, 이는 '구세계 강국' 중에서 가장 심하게 비난을 받은 프랑스에서 가장 명확하게 드러난다. 1916년 이후 프랑스의 최우선 목표는 해묵은 원한에 빠져 있지 말고 서쪽을 바라보며 영국, 미국과 새롭게 대서양 동맹을 세우는 것임을 뒤에서 보게 될 것이다. 프랑스는 그렇게 해야 1890년대 이래로 미덥지 않은 안보의 약속을 믿고 의지했던 차르 전제국가와의 불쾌한 연합에서 벗어날 수 있었다. 새로운 동맹은 프랑스의 외교 정책을 공화국 헌법에 일치시킬 것이었다. 대서양 동맹의 추구는 프랑스 정책의 새로운 중대 관심사로서 1917년 이후 조르주 클레망소와 레몽 푸앵카레처럼 서로 멀었던 자들까지 하나로 만들었다.

독일의 상황은 바이마르 공화국 안정기의 위대한 정치인 구스타프 슈트레제만이 지배했다. 1923년 루르 위기가 절정에 이르렀을 때부터 슈트레제만은 의심의 여지없이 독일이 서유럽 지향성의 닻을 내리는 데 결정적인 역할을 한 인물이었다.[53] 그러나 그는 비스마르크주의 성향을 지닌 민족주의자에서 말년에야 힘들게 새로운 국제주의 정치가로 전향했다. 그가 주도한 유명한 일들을 모조리 떠받친 정치세력은 애초에 그가 거세게 반대했던 거국내각이었다. 이 연립정부에 참여한 사회민주당SPD과 가톨릭중앙당Zentrum, 독일민주당DDP은 전쟁 전 제국의회에서 주요한 민주주의 세력이었다.(독일민주당은 1918년 11월에 창당되었으므로 그 이전에는 전신이라고 할 수 있는 진보인민당FVP을 가리킨다고 보면 된다. 저자는 두 정당을 구분하지 않고 progressive Liberals로 표기하고 있다.*) 세 정당은 한때 비스마르크의 철천지원수였다는 특징을 공유했다. 1917년 6월 가톨릭중앙당의 마티아스 에르츠베르거의 지휘 아래 이들을 결속시킨 것은 미국을 겨냥한 잠수함전이 초래한 재앙 같은 결과였다. 앞으로 보겠지만, 이들의 새 정책을 시험한 첫 번째 시련은 일찍이 1917년에서 1918년으로 넘어가는 겨울에 찾아왔다. 레닌이 강화를 청했을 때, 제국의회의 연립정부는 루덴도르프의 경솔한 팽창주의를 꺾고 동유럽에서 정당한, 따라서 지속 가능한 헤게모니를 구축하기 위해 최선의 노력을 했다. 악명을 떨친 브레스트리토프스크 조약은 이 책에서 베르사유 조약에 비견되는 것으로 제시된다. 그 응징적 성격 때문이 아니다. 그 또한 '좋은 평화협정이 나빠진' 사례였기 때문이다. 승리의 평화협정이었던 브레스트리토프스크 조약에 대한 독일 내부의 논의를 새로운 국제 정치 시대의 중대한 서막으로 보는 것은 그 조약이 늘 외교만큼이나 독일 국내 질서에 관한 조약이기도 했기 때문이다. 1918년 가을의 혁명적 변화에 토대를 마련해준 것은 내정 개혁 약속의 이행이나 실용적인 새 외교 정책 수립을 거부한 카이저 정권의 결정이었다. 독일이 서부전선에서 패배에 직면했을 때, 앞으로 살펴보겠지만, 1918년 11월에서 1923년 9월 사이에 감히 한 번도 아니고 세 번이나 국가의 미래를 서유럽 강국들에 대한 복종에 내걸었던 것은 의회의 다수파였다. 1949년부터 현재에 이르기까지 의회 다수파의 계보를 잇는 후배들인 기독교민주연합CDU과 사회민주당, 자유민주당FDP은 연방공화국 민주주의의 대들보이자 이 나라의 유럽 기획에 대한 헌신을 지켜주는 버팀목이다.

국내 정책과 외교 정책 간의 이러한 연결에서, 과격한 반란과 순응 사이의 선택에서, 20세기 초 독일의 상황과 일본의 상황 사이에는 놀라운 유사성이 있다. 일본은 1850년대에 러시아와 영국, 청나라, 미국을 잠재적인 적으로 대면하여 외세에 철저히 종속될 위험에 처했을 때 선제적으로 국내 개혁과 대외 공격에 착수하여 대응했다. 대단히 효율적이고 담대하게 추진된 이 길이 일본에 '동양의 프로이센'이라는 별명을 안겨주었다. 그러나 이를 상쇄하는 다른 경향이 늘 있었다는 사실이 너무도 쉽게 잊힌다. 그것은 모방과 동맹, 협력을 통한 안보의 추구, 즉 가스미가세키霞が関(입법부에 대응하는 행정부, 특히 외무성을 가리킨다*)의 새로운 외교라는 일본의 전통이었다.[54] 이는 먼저 1902년 영국과의 협력 관계 구축을 통해서, 이어서 미국과의 전략적 잠정협정을 통해 달성되었다. 그러나 동시에 일본은 국내 정

치의 변화를 겪고 있었다. 민주화와 평화로운 외교 정책 간의 조화는 다른 곳과 마찬가지로 일본에서도 결코 간단하지 않았다. 제1차 세계대전 중에, 그리고 종전 후에 일본에서 새롭게 등장한 다당제 의회 정치 제도는 군 수뇌부를 크게 억제하는 요인으로 작용했다. 판돈을 키운 것이 바로 이러한 연결의 중요성이었다. 1920년대 말, 대결의 외교 정책을 요구한 자들은 국내 혁명도 요구했다. 두 차례 세계전쟁 사이 정치의 양극적 성격이 가장 뚜렷했던 시기는 1920년대 다이쇼大正 시대이다. 서양 강국들이 세계 경제를 통제하고 동아시아에서 평화를 확보할 수 있는 한, 일본에서는 자유주의자들이 우세했다. 그 군사적, 경제적, 정치적 틀이 무너지면, 제국주의적 공격의 옹호자들이 기회를 빼앗을 것이었다.

이 해석의 결론은 '어둠의 대륙' 담론과는 반대이다. 제1차 세계대전의 폭력이 우선 미국과 소련의 상호 적대적인 기획이라는 냉전의 이원론으로 변하지도 않았고 미국 민주주의와 파시즘, 공산주의 간의 삼자 대립이라는, 시대착오적인 면에서 결코 뒤지지 않는 미래상으로 바뀌지도 않았다는 것이다. 전쟁으로 초래된 것은 분쟁 해결과 긴장 완화를 위한 다면적이고 다극적인 전략 모색이었다. 그러한 전략의 탐색에서 모든 강국의 계산은 하나의 핵심 인자, 즉 미국을 중심으로 돌아갔다. 히틀러와 트로츠키를 그토록 우울하게 만든 것이 이러한 순응적 태도였다. 두 사람 다 영국제국이 미국의 도전자로 등장하기를 바랐다. 트로츠키는 제국주의 국가 간의 새로운 전쟁을 예견했다.[55] 히틀러는 이미 『나의 투쟁』에서 미국과 세계적인 유대인 음모의 검은 세력에 맞서 영국과 독일이 동맹하기를 바라는 마음을 분명하게 드러냈다.[56] 그러나 1920년대 보수당 정부들의 큰 허세가 무색하게 영국과 미국의 대결 가능성은 서의 없었다. 영국은 지극히 중요한 전략적 양보로 미국에 평화롭게 패권을 넘겼다. 영국 민주주의가 노동당 정부에 문을 연 것은 이 욕구를 강화했을 뿐이다. 램지 맥도널드가 이끈 1924

년과 1929~1931년의 노동당 내각은 단호히 대서양주의Atlanticism를 지향했다.

그러나 이와 같은 전체적인 순응에도, 반란자들은 기회를 잡을 수 있었다. 이 때문에 우리는 '헤게모니 위기' 학파 역사가들이 제기한 본질적인 질문으로 돌아간다. 서유럽 강국들은 왜 그렇게 극적으로 통제력을 상실했는가? 결국 답변은 프랑스와 영국, 독일, 일본이 성장 가능한 세계 경제를 안정시키고 집단 안보의 새로운 제도를 확립하려 애썼지만 미국이 이 나라들과 협력하지 못한 데서 찾아야 한다. 제국주의적 경쟁의 시대라는 난국을 벗어나려면 확실히 경제와 안보라는 쌍둥이 문제를 공동으로 해결할 필요가 있었다. 프랑스와 독일, 일본, 영국은 이미 폭력을 겪었고 향후 훨씬 더 큰 참화를 겪을 위험이 있었기 때문에 그들에게는 이 모든 것이 분명했다. 그러나 오직 미국만이 그러한 새 질서를 정착시킬 수 있다는 것은 그만큼 분명하지 않았다. 이런 식으로 미국의 책임을 강조하는 것은 미국 고립주의라는 지극히 평이한 이야기로의 회귀를 의미하지 않는다. 그것이 진정으로 뜻하는 바는 연구의 방향이 집요하게 미국을 가리켜야 한다는 것이다.[57] 미국이 제1차 세계대전의 여파가 제기한 난제에 맞서기를 주저한 것을 어떻게 설명해야 하는가? '어둠의 대륙' 해석과 '헤게모니의 실패' 해석의 종합은 바로 이 지점에서 완성되어야 한다. 진정한 종합에 이르는 길은 제1차 세계대전이 끝난 후 미국이 대면한 세계 지도력의 문제점들이 완전히 새로운 것이었고 다른 강국들도 제국주의를 넘어서는 새로운 질서를 모색할 동기가 있었다는 점을 인식하는 데에만 있는 것은 아니다. 세 번째 요점은 미국의 근대 진입은, 20세기 국제 정치의 설명은 대부분 매우 간단하게 추정하지만, 어느 모로 보나 세계 체제 안의 다른 국가들의 경우만큼이나 폭력적이고 불안을 초래하고 모호했다는 것이다. 식민지였던 사회 내부의 근원적인 균열을 생각하면 미국의 근대에 동반된 문제점들은 뿌리가 깊었다. 과거 식민지였던 이 사회는 대서양 삼각 노예무역에서 시작되었으며, 폭력적인 서부 강탈을 수단으로 삼아 팽창했고, 유럽인들이 흔히 깊은 상처를 남긴 대량 이주를 통해 정착한 곳이었고, 이어 급격하게 기세를 떨친 자본주의 발전의 힘에 의해 부단히 굴러갔다.

이처럼 힘겨운 19세기의 경험을 그대로 받아들이려는 노력으로부터 미국 양당에 공통된 이데올로기, 즉 예외주의exceptionalism가 출현했다.[58] 노골적인 민족주의의 시대에 쟁점은 자국의 예외적인 운명에 대한 미국인들의 믿음이 아니었다. 자부심 강한 19세기 국가라면 어느 나라도 신으로부터 임무를 부여받았다는 인식이 없지 않았다. 그러나 제1차 세계대전 종전 직후에 놀라웠던 것은 미국 예외주의가 강화된 상태로, 과거 그 어느 때보다도 분명하게 등장했다는 사실이다. 다른 모든 주요 국가들이 상호의존과 상대성의 상황에 처했음을 인정하던 바로 그때였다. 윌슨과 당대의 다른 미국 정치인들의 어법을 면밀히 검토하면 알게 된다. "혁신주의에 내재한 국제주의의 주된 원천은… 국가주의 그 자체였다."[59] 그들이 세계에 강요하려 한 것은 신으로부터 부여받은 모범적 역할에 대한 자신들의 인식이었다. 1945년 이후 그렇게 되듯이 신의 의도에 관한 미국인들의 인식이 막강한 세력과 결합했을 때, 그것은 진정으로 변화를 가져오는 힘이 되었다. 1918년에 이미 그 세력의 기본적인 요소들이 있었지만, 윌슨 행정부나 그 후속 정부들은 이 요소들을 분명하게 드러내지 못했다. 그러므로 질문은 다른 형태로 되돌아온다. 20세기 초의 예외주의 이데올로기가 효과적인 거대 전략의 뒷받침을 받지 못한 이유는 무엇인가?

우리가 떠밀려 도달한 결론은 지금도 여전히 우리가 대면하고 있는 질문을, 뇌리에서 떠나지 않는 질문을 생각나게 한다. 20세기 초를 미국의 근대성이 세계 무대에 분출된 시기로 얘기하는 것은 진부하다. 특히 유럽사에서 그렇다.[60] 그러나 이 책이 주장하듯이 새로움과 역동성은 뿌리 깊고 지속적인 보수주의와 나란히 존재했다.[61] 진정으로 근본적인 변화에 직면했을 때 미국인들은 19세기 말에 이미 가장 오랫동안 작동한 공화주의 체제였던 헌법을 고수했다. 미국 내의 많은 평자들이 지적했듯이, 이는 여러 가지 점에서 현대 세계의 요구와 맞지 않았다. 남북전쟁 이래로 국민 통합이 강화되었고 나라의 경제적 잠재력이 컸는데도 20세기 초에 미국 연방정부는 기능부전에 걸린 작은 제도였기 때문이다. 1945년 이후 세계적 패권의 보루로서 그토록 효율적으로 작동한 '큰 정부'에 비하면 확실히 그랬다.[62] 미국을 위해 더욱 효율적인 국가 기구를 구축하는 것은 남북전쟁이 끝난 직후 정파를 막론하고 모든 혁신주의자들이 떠안은 과제였다. 1890년대 경제 위기에 뒤이어 혼란을 가져온 인민주의의 고조는 이들의 절박함을 더욱 강하게 했을 뿐이다.[63] 미국 정부는 국내 질서뿐만 아니라 그 국제적 위상까지 위협한 걱정스러운 호전성의 증대에 휘말리지 않으려면 무엇이든 해야 했다. 이는 20세기 초 윌슨 행정부와 그 뒤를 이은 공화당 정부들의 주된 임무 중 하나였다.[64] 그러나 테디(시어도어 루스벨트)와 그 일파가 군사력과 전쟁을 혁신적 국가 건설의 강력한 매개체로 보았던 반면, 윌슨은 잘 다져진 이 '구세계'의 길에 저항했다. 윌슨이 1917년 봄까지 추구한 평화 정책은 광포한 정치적 열정과 전쟁의 쓰라린 사회적, 경제적 혼란을 차단하여 국내의 개혁 정책을 보호하려는 필사적인 노력이었다. 그러나 허사였다. 1919~1921년에 윌슨의 두 번째 임기가 비참하게 끝나면서 미국 연방정부를 개조하려는 20세기의 첫 번째 위대한 노력은 물거품이 되었다. 그 결과는 베르사유 평화조약을 흔들었을 뿐만 아니라 진정 놀라운 경제적 충격을 재촉했다. 1920년의 그 세계적인 경기 침체는 아마도 20세기 역사에서 가장 경시된 사건일 것이다.

미국의 헌법과 정치경제의 이러한 특징을 염두에 둔다면, 예외주의 이데올로기를 더 관대한 시선으로 볼 수 있다. 그 이데올로기는 미국사의 예외적 가치와 섭리적 중요성을 찬미했음에도 에드먼드 버크 식의 혜안을 지녔다. 다시 말해 미국 정치 지도자들은 20세기 초 미증유의 국제적 도전과 자신들이 이끄는 국가의 각별히 제한된 능력 간의 근본적인 불균형을 잘 이해한 것이다. 예외주의 이데올로기에는 그 나라가 최근에 어떻게 내전으로 분열되었는지, 그 민족적이고 문화적인 구성이 얼마나 이질적인지, 공화주의 헌법에 내재된 약점이 얼마나 쉽게 교착 상태나 철저한 위기로 퇴보할 수 있는지에 대한 기억이 동반되었다. 유럽과 아시아에서 활개 치는 광포한 세력들로부터 거리를 두려는 욕구의 배후에는 미국이 엄청나게 부유함에도 그 정치 체제로 할 수 있는 것에 한계가 있다는 의식이 자리 잡고 있었다.[65] 윌슨과 후버 세대의 혁신주의자들은 전향적인 시각을 지녔음에도 기본적으로 이러한 한계를 철저히 극복하는 데 전념하지 않았다. 대신 미국사의 연속성을 보존하고 이를 남북전쟁이 끝난 후 서서히 등장한 새로운 국가 질서와 조화롭게 하는 데 몰두했다. 이것이 20세기 초의 주요 역설이다. 미국 중심의 세계 체제가 급속하게 발달하고 있는데, 그 중심에는 자기 미래에 대한 보수적 시각을 고집하는 정치 체제가 있었다. 윌슨이 자신의 목적을 방어적인 언어로, 세상을 민주주의에 안전한 곳으로 만드는 것으로 설명한 데에는 충분한 이유가 있다. '정상 상태normalcy'가 공연히 1920년대를 규정하는 구호가 된 것이 아니다. 이 역설이 '세계 체제' 기획에 이바지하려 한 모든 사람에게 행사한 압력은 이 책을 이해하는 강력한 실마리가 될 것이다. 이 역설은 윌슨이 '승리 없는 평화'로써 역사상 가장 비참한 전쟁을 끝내려 했던 1917년 1월의 그 순간을, 모든 것을 집어삼킬 듯한 20세기 초의 위기가 마지막 희생양으로 미국을 요구했던 14년 후의 고통스러운 대공황과 연결한다.

여기에 기록된 피에 젖은 소란스러운 사건들은 19세기의 자랑스러운 각국 역사를 뒤집었다. 죽음과 파괴가 빅토리아 시대의 낙관적인 역사 철학을, 자유주의와 보수주의, 민족주의, 마르크스주의 역사 철학도 철저히 깨뜨렸다. 그러나 이 파국에서 무엇을 얻을 수 있었는가? 어떤 이들에게 그것은 역사에서 모든 의미가 사라지는 것, 진보의 관념이 모조리 무너지는 것이었다. 이는 숙명적으로, 즉 가장 거친 자발적 행동의 면허로서 받아들여질 수 있었다. 다른 이들은 상대적으로 더 건전한 결론을 이끌어냈다. 발전이 있었다는 것이다. 어쩌면 비록 무엇이 진보인지 모호할지언정 진보도 있었는지 모른다. 그러나 이는 예상보다 더 복잡했고 더 폭력적이었다. 19세기 이론가들이 내놓은 정연한 단계론 대신, 역사는 트로츠키가 말한 '균일하지 않은 복합적인 발전'의 형태를 띠었다. 역사는 각기 다른 속도로 전개되는 사건들과 행위자들, 과정들이 느슨하게 연결된 망으로, 그 개별적인 진로는 서로 미궁처럼 얽혔다.[66] '균일하지 않은 복합적인 발전'은 정연한 어구가 아니다. 그러나 이는 우리가 여기서 말하는 국제 관계의 역사와 미국부터 유라시아를 거쳐 중국에 이르는 북반구 전역의 서로 얽힌 각국 정치 발전의 역사를 잘 포괄한다. 트로츠키에게 그것은 역사적 분석 방법과 정치 행위의 방법 두 가지를 다 규정한 개념이다. 그것은 역사가 아무것도 보증하지 않지만 역사에 논리가 없지는 않다는 그의 완강한 신념을 보여준다. 성공은 역사적 이해력을 날카롭게 다듬어 유일무이한 기회의 순간을 인식하고 포착하는 데 달렸다. 마찬가지로 레닌에게도 혁명 이론가의 주된 임무는 제국주의 국가들의 '사슬'에서 가장 약한 고리를 확인하고 공격하는 것이었다.[67]

정치학자 스탠리 호프만은 1960년대에 쓴 글에서 혁명가들이 아니라 각국 정부의 편을 들면서 '균일하지 않은 복합적인 발전'을 훨씬 더 생생한 이미지로 제시했다. 그는 크든 작든 강국들을 '사슬에 묶인 죄수 무리', 쇠고랑을 차고 비틀거리며 걷는 집단의 일원으로 묘사했다.[68] 죄수들은 서로 달랐다. 일부는 다른 이들보다 더 폭력적이었다. 일부는 서로 단합했다.

나머지는 다중적 성격을 드러냈다. 이들은 자신과도 싸웠고 서로 싸우기도 했다. 이들은 사슬 전체를 지배하려 할 수 있었고 협력할 수도 있었다. 사슬이 허용하는 범위 안에서 어느 정도 자율성을 누렸지만, 결국 이들은 서로 뒤얽혔다. 이러한 이미지 중 어느 것을 취하든, 그 함의는 동일하다. 그렇게 서로 연결된 역동적 체제는 체제 전체를 연구하여 시간을 거슬러 그 움직임의 근원을 조사해야만 이해할 수 있다. 그 발전을 이해하려면 과정을 서술해야 한다. 그것이 바로 이 책이 할 일이다.

1부

유라시아의 위기

1장

불안정한 균형에 이른 전쟁

서부전선의 참호에서 바라보면, 제1차 세계대전은 전선이 고정된 것처럼 보였을 수도 있다. 수십만 명의 목숨을 앗아간 싸움이 폭이 고작 몇 킬로미터밖에 되지 않는 공간에서 벌어지고 있었던 것이다.[1] 동부전선에서, 그리고 오스만제국에 맞선 전쟁에서 전선은 유동적이었다. 최전선이 거의 이동하지 않는 서부전선의 이 평형 상태는 대규모 군대가 불안정한 균형에 갇힌 결과였다. 주도권은 달마다 한 편에서 다른 편으로 넘어갔다. 1916년이 시작될 때 협상국은 프랑스군과 영국군, 이탈리아군, 러시아군이 연이어서 집중 공격을 퍼부어 동맹국을 분쇄할 계획을 세우고 있었다. 2월 21일 독일군이 베르됭 공격에 착수하여 선수를 친 것은 바로 이 맹공을 예상했기 때문이다. 길게 이어진 프랑스 요새들의 연결망에서 요충지였던 이곳을 공격하면 협상국의 피를 모조리 짜내 그들을 죽음으로 몰아넣을 수 있을 것 같았다. 결과는 사생결단이었다. 이 싸움은 초여름까지 프랑스군 전력의 70퍼센트를 빨아들였고, 협상국의 집중 공격 전략은 일련의 임시 구출 작전으로 바뀔 처지에 놓였다. 1916년 5월 말 영국은 주도권을 되찾기 위해 솜강에서 그 전쟁 최초의 대규모 지상 공세를 가하는 데 동의했다.

교전국들의 고투가 극에 달하자, 외교관들은 다급히 이 큰 혼란에 더 많은 나라를 끌어들이려 애썼다. 1914년 오스트리아와 독일은 불가리아와 오스만제국을 한편으로 불러들였다. 1915년 이탈리아는 협상국 편으로 참전했다. 일본은 1914년에 협상국에 합류하여 산둥반도의 독일 조차지를 낚아챘다. 1916년 말 영국과 프랑스는 태평양의 일본 해군을 불러들이려고 했다. 동부 지중해에서 오스트리아와 독일의 잠수함을 막는 호위 임무를 맡기려 한 것이다. 마지막까지 중립국으로 남은 중부유럽의 루마니아를 포섭하기 위해 엄청난 액수의 현금과 생각할 수 있는 모든 외교적 압력 수단이 쓰였다. 협상국은 루마니아를 자신들 편으로 끌어들이면 오스트리아 헝가리 왕국의 허약한 아래쪽에 치명적인 일격을 가할 것으로 여겼다. 그러나 1916년에 진정으로 전쟁의 균형을 바꿀 수 있었던 나라는 미국뿐이었다. 경제적으로든 군사적으로든 정치적으로든, 미국의 태도가 결정적이었다. 영국은 1893년에 가서야 미국 수도에 있는 자국 공사관을 정식 대사관의 지위로 격상시키는 것이 적합하다고 판단했는데, 이제 한 세대도 지나지 않아서 미국 정부가 전쟁에 어떤 태도를 취하느냐가 유럽의 역사를 좌우할 것 같았다.

대서양을 횡단한 금융 선도의 중심지

협상국 전략의 성공은 군사적으로 일련의 파괴적인 집중 공격을 가함과 동시에 경제적으로 동맹국의 목을 서서히 조르는 데 달려 있었다. 전쟁 발발 전에 영국 해군부는 해상 봉쇄 계획뿐만 아니라 중부유럽의 모든 교역을 파괴하는 재정적 보이콧 계획도 마련했다. 그러나 1914년 8월 미국의 거센 항의에 직면하여 이 계획을 엄격히 시행하지 못하고 물러났다.[2] 결과는 불편한 교착 상태였다. 영국과 프랑스가 꺼내든 궁극적 해상 무기의 효과는 훼손되었다. 그러나 불완전한 봉쇄에도 미국은 심히 비판적이었다. 미국 해군은 영국의 봉쇄를 '지금까지 알려진 어떤 해상법이나 관습으로도 유지할 수 없는…' 것으로 보았다.[3] 하지만 정치적으로 한층 더 일촉즉발의 분위기를 띤 것은 독일의 반응이었다. 1915년 2월 독일 해군은 협상국에 역습을 가하고자 유보트U-boat 잠수함으로 대서양 횡단 선박에 대한 첫 번째 전면적인 공격에 착수했다. 독일 해군의 잠수함은 하루에 두 척 꼴로, 한 달 평균 10만 톤의 선박을 침몰시켰다. 그러나 영국의 선박 자원은 여유가 있었고, 잠수함 공격이 일정 기간 계속되면 미국을 전쟁에 끌어들일 것 같았다. 1915년 5월 '루시타니아호RMS Lusitania'와 8월 '애러빅호SS Arabic'는 알려진 피해 중 가장 유명한 것일 뿐이다. 사태 악화를 막기 위해 고심한 독일 정부는 8월 말 한 발 물러섰다. 가톨릭중앙당과 진보인민당, 사회민주당의 지지를 받은 베트만홀베크 총리는 잠수함 작전을 제한하라는 명령을 내렸다. 협상국이 미국을 적으로 돌릴 수 있다는 걱정에 봉쇄를 제대로 실행하지 못했던 것처럼, 독일의 반격도 같은 이유로 실패했다. 대신 1916년 봄 독일 해군은 영국 대함대를 북해의 덫으로 유인하여 해상의 교착 상태를 깨려 했다. 1916년 5월 31일 월란(위틀란트) 해전에서 영국의 주력함 33척과 독일의 주력함 27척이 해군 대결로서는 그 전쟁에서 가장 큰 전투로 충돌했다. 결판은 나지 않았다. 두 나라 함대는 조심스럽게 기지로 돌아갔고, 무대를 떠나 잠잠히 거대 예비 함대로서의 영향력을 발휘했다.

1916년 협상국이 서부 전선에서 주도권을 다시 쥐려고 분투했을 때, 대서양 봉쇄 책략은 여전히 미해결 상태로 남아 있었다. 프랑스와 영국이 '적과 교역한다'는 혐의를 받은 미국 회사들의 블랙리스트를 작성하여 고삐를 당기려 했을 때, 미국의 윌슨 대통령은 가까스로 분노를 억눌렀다.[4] 윌슨은 가까운 고문인 텍사스 출신의 하우스 대령(Edward Mandell House, 1858~1938, 미국의 외교관이자 정치인으로 군 경력은 없으나 Colonel House라는 별명으로 알려져 있다*)에게 이렇게 털어놓았다. 그것은 '인내의 한계'였다. "영국과 협상국에 대한 나의 인내가 한계에 다다랐음을 인정할 수밖에 없소."[5] 윌슨은 훈계에 만족하지 않았다. 미국 육군은 규모가 작을지 몰라도, 미국 함대는 1914년에도 무시할 수 없는 군대였다. 세계에서 네 번째로 규모가 컸고, 일본이나 독일의 해군과는 달리 1812년에 영국 해군과 맞붙어 싸운 자랑스러운 이력도 지녔다. 도금시대 미국의 탁월한 해군 이론가인 앨프리드 머핸 제독의 추종자들에게, 그 전쟁은 유럽을 능가하는 해군을 양성하여 대양 항로를 확실하게 통제할 수 있는 소중한 기회를 제공했다. 1916년 2월 윌슨 대통령은 그들에 동조하여 자랑하듯 얘기했던 이른바 '비할 데 없이 강력한 세계 최강의 해군'을 만들기 위해 의회의 승인을 얻어내려는 움직임을 시작했다.[6] 여섯 달 뒤인 1916년 8월 29일 윌슨은 미국 역사상 가장 극적인 해군 확대 법안에 서명하여 3년간 주력함 16척을 포함하여 157척의 새로운 함정을 건조하는 데 거의 5억 달러에 달하는 자금을 투입했다. 이보다 극적인 면모는 덜했지만 장기적으로는 중요성이 조금도 덜하지 않았던 것이 1916년 6월 영국에 비할 만한 상선단의 구축을 감독할 비상선단협회Emergency Fleet Corporation의 설립이다.[7]

1916년 9월 하우스 대령과 윌슨 대통령이 미국 해군의 팽창이 영미 관계에 어떤 영향을 가져올지 논의했을 때, 윌슨의 견해는 냉소적이었다. "영국보다 더 큰 해군을 만들어 우리가 하고 싶은 대로 합시다."[8] 이 위협이 영국에 너무도 불길했던 이유는 미국이 일단 마음을 먹으면 독일제국이나 일본과 달리 계획을 이행할 확실한 수단을 갖고 있었기 때문이다. 5년 안에 미국은 영국과 대등한 해군 강국으로 인정받을 수 있었다. 따라서 영국의 시각에서 보면 1916년에 전쟁은 근본적으로 새로운 국면에 접어들었다. 20세기가 시작되었을 때, 영국제국의 전략에서 최우선 목표는 일본과 러시아, 독일의 견제였다. 1914년 8월 이래로는 오로지 독일제국과 그 동맹국들의 패배가 중요했다. 1916년 미국 해군을 영국 해군과 대등하게 만들겠다는 윌슨의 분명한 욕구에 영국은 앞날이 걱정스러웠다. 시절이 좋았어도 미국의 도전은 위협적이었을 텐데, 제1차 세계대전의 급박한 상황에서 그것은 악몽 같은 전망이었다. 1916년, 유럽인들이 직면한 중요한 도전이 해군에 관한 미국의 야심만은 아니었다.[9] 미국의 경제력 성장은 1890년대부터 두드러졌지만, 대서양 권역에서 세계 금융을 선도하는 중심을 갑작스럽게 바꿔놓은 것은 협상국과 동맹국 사이의 전쟁이었다.[10] 전쟁은 그렇게 금융 선도의 중심지를 다시 정했을 뿐만 아니라 그 지도력이 실제로 무엇을 의미하는지도 재규정했다.

유럽의 주요 교전국은 전부 현대의 기준으로 보아 놀랍도록 건전한 재무상태표와 견실한 재정, 상당한 규모의 대외 투자를 유지한 상태로 전쟁에 돌입했다. 1914년 영국 전체 국부의 3분의 1이 민간 해외 투자에 들어가 있었다. 전쟁이 시작되면서 영국 국내 자원과 제국에 퍼진 자원이 동원되었지만, 대서양을 횡단하는 엄청난 금융 활동으로 더 많은 자금도 동원되었다. 이로 인해 유럽의 모든 정부, 특히 영국 정부는 새로운 형태의 국제 거래에 휘말렸다. 1914년 이전, 대규모 금융 거래가 이어진 에드워드 시대에, 런던이 금융 부문을 선도한다는 것은 널리 인정되었다. 그러나 국제 금융은 민간 영역이었다. 금본위제라는 교향악단의 지휘자였던 영국은행Bank of England은 정부 기관이 아니라 민간 재단이었다. 영국 정부가 국제 금융에 관여했다고 해도, 그 영향력은 미미했고 간접적이었다. 영국 재무부는 뒤로 물러나 있었다. 눈에 띄지 않고 비공식적이었던 이 자금과 영향력의 네트워크들은 전쟁의 엄청난 압력에 돌연 훨씬 더 구체적이고 명백히 정치적인 성격의 헤게모니를 요구하는 주장으로 결집되었다. 1914년 10월부터 영국과 프랑스 두 나라 정부는 동쪽으로부터 동맹국을 분쇄할 '러시아의 증기 롤러'에 수억 파운드의 국채를 쏟아부었다.[11] 1915년 8월 불로뉴 협정에 따라 협상국의 주요 세 나라가 지닌 금 보유고는 하나로 합쳐져 뉴욕에서 영국 파운드와 프랑스 프랑의 가치를 유지하는 데 쓰였다.[12] 이에 영국과 프랑스는 협상국 전체를 위해 차관을 협상하는 책임을 떠맡았다. 1916년 8월, 베르됭 전투로 엄청난 희생을 치르고 난 뒤 프랑스의 신용은 바닥으로 가라앉아 뉴욕에서 금융 활동 전체를 떠받치는 역할은 영국 정부가 떠안았다.[13] 유럽에서는 런던을 중심으로 정치적 신용 거래의 새로운 네트워크가 형성되었다. 그러나 이것은 금융 활동의 한쪽 다리였을 뿐이다.

회계의 관점에서 보면, 협상국이 전쟁 수행을 위한 자금을 조달하면서 그들 국가의 자산과 채무가 크게 재조정되었다.[14] 담보를 제공하기 위해 영국 재무부는 민간이 보유한 북아메리카와 남아메리카의 우량 채권을 강제로 매입하는 계획을 마련했다. 그 우량 채권들은 파운드화 표시 영국 국채로 교환되었다. 해외 자산은 일단 영국 재무부의 수중에 들어오면 협상국이 월스트리트에서 빌린 수십억 달러에 값하는 채무에 담보를 제공하는 데 쓰였다. 영국 재무부가 미국에 빌린 채무는 국가 재무상태표에서 러시아 정부와 프랑스 정부에 대한 막대한 새로운 청구권으로 상계되었다. 이 어마어마한 자금 조달 과정을 크게 힘들이지 않고 기존 네트워크의 방향만 조정한 것으로 생각한다면, 이는 그때 나타난 금융 체제의 변동과 극도로 불안정한 성격의 역사적 의미를 과소평가하는 것이다. 1915년 이후 협상국 전쟁 채무는 에드워드 시대 금융의 정치적 지형을 뒤집어놓았다.

전쟁 이전에는 유럽제국들의 부의 핵심인 런던과 파리의 민간 금융업자들이 주변부 국가의 민간 부문이나 정부에 수십억 달러에 달하는 자금을 빌려주었다.[15] 1915년을 기준으로 보면, 대부분의 자원이 월스트리트로 이전되었을 뿐만 아니라, 줄지어 자금을 빌리려는 이들도 이제 더는 러시아의 철도나 남아프리카의 다이아몬드 투기자가 아니었다. 유럽의 가장 강력한 국가들이 미국의 개별 시민들에게서, 돈을 빌려주려는 의지가 있는 모든 사람에게서 자금을 빌리고 있었다. 부유한 국가의 민간 투자자들이 다른 부유한 선진국 정부들에 그 정부들의 통제를 받지 않는 통화로 자금을 빌려주는 것은 빅토리아 시대 후기 세계화가 한창일 때에는 전혀 볼 수 없던 현상이었다. 제1차 세계대전 종전 후 초인플레이션 현상이 증명하듯이, 정부가 자국 통화로 자금을 빌리면 화폐를 찍어 갚으면 그만이었다. 새로운 지폐를 대량 발행하여 전시 채무의 실질적인 가치를 지워버릴 수 있었다. 그러나 이는 영국이나 프랑스가 월스트리트에서 달러를 빌리는 경우에는 해당되지 않는다. 유럽 최강의 두 나라가 외국의 채권자에 의존하게 되었다. 그 채권자들은 이어 협상국 전체로 신용 제공을 확장했다. 1916년 말까지 미국의 투자자들은 협상국의 승리에 20억 달러를 내걸었다. 이 대서양 횡단 금융 활동의 매개체는, 1915년 영국 정부가 책임을 맡은 이후에 단 하나의 민간은행, 즉 월스트리트를 지배한 제이피모건이었다. 제이피모건은 런던 금융가와 역사적으로 중요하고 깊은 인연이 있었다.[16] 물론 사업 활동이었다. 그러나 제이피모건 편에서 이는 당당히 반독일, 친협상국 태도를 취하는 것이었으며 미국 내에서는 윌슨 대통령의 가장 강력한 비판자들인 공화당 내 개입주의 세력을 지지하는 것이었다. 그 결과 공공과 민간의 힘이 국제적으로 결합하는 전례 없는 현상이 나타났다. 1916년 여름 엄청난 규모의 솜강 공세가 진행되던 중 제이피모건은 미국에서 영국 정부를 대신하여 10억 달러가 넘는 자금을 썼다. 결정적으로 중요했던 그 몇 달 동안 영국 전비의 45퍼센트에 해당하는 액수였다.[17] 1916년 제이피모건의 구매 담당 부서는 협상국의 물자 조달 계약을 책임졌다. 가치로 계산하면 전쟁 직전 해 미국의 총 수출액을 넘는 규모였다. 협상국은 미국 북동부의 사업 엘리트와 정치 엘리트의 지원을 받은 제이피모건의 민간 사업 계약을 통해 미국 경제의 큰 부분을 동원했다. 윌슨 행정부의 허가는 전혀 없었다. 협상국이 미국으로부터의 차입에 의존함으로써 잠재적으로 미국 대통령은 그들의 전쟁 수행에 막대한 영향력을 행사할 수 있게 되었다. 그러나 윌슨이 그 힘을 실제로 행사할 수 있었을까? 월스트리트는 너무도 독립적이지 않았는가? 연방정부는 제이피모건의 활동을 통제할 수단이 있었는가?

1916년, 전쟁 자금 조달과 미국과 협상국 간의 관계라는 문제는 미국 자본주의를 관리하는 방식에 관해 한 세대 넘게 사납게 몰아친 논쟁과 뒤얽혔다. 미국에는 남북전쟁 종전 직후 금본위제를 재확립한 지 40년이 지난 1912년에도 여전히 영국은행이나 프랑스은행Banque de France, 독일은행Reichsbank에 상응하는 은행이 없었다.[18] 월스트리트는 최종 대부자의 기능을 수행할 중앙은행의 설립을 위해 오랫동안 로비를 했다. 그러나 1913년 윌슨이 연방준비위원회FRB의 창설에 서명했을 때 은행업자들은 전혀 기쁘지 않았다. 윌슨의 연방준비위원회는 지나치게 정치적이어서 월스트리트, 특히 제이피모건의 입맛에 맞지 않았다.[19] 그것은 민간 소유인 영국은행 모델에 따른 진정으로 '독립적인' 기관이 아니었다. 1914년 유럽에서 전쟁이 발발했을 때, 이 새로운 제도는 첫 번째 시험대를 통과했다. 연방준비위원회와 재무부는 유럽 금융시장의 폐쇄로 월스트리트가 붕괴할 위험에 처하자 이를 막기 위해 개입했다.[20] 1915년에서 1916년 사이에 미국 경제는 수출이 주도한 엄청난 호황으로 크게 성장했다. 유럽 전쟁에 필요한 것을 대기 위해 북동부와 오대호 인근의 공장 도시들은 미국 전역에서 인력과 자본을 마구 빨아들였다. 그러나 이는 윌슨을 더욱 압박했을 뿐이다. 호황이 끝없이 지속되자, 협상국의 전쟁 수행에 들어간 미국의 투자는 곧 실패로 끝나도록 내버려두기에는 너무 커졌다. 미국 정부는 1916년에 자신들에게 큰 힘을 줄 것 같았던 행동의 자유를 사실상 잃어버리게 된다.

협상국 편에서도 미국의 재원에 덜 의존하는 것이 나았을까? 어쨌거나 독일은 그렇게 넉넉한 자금의 혜택 없이 전쟁을 수행했다.[21] 그러나 그러한 비교가 미국 물자의 수입이 실제 얼마나 중요했는지를 정확하게 보여준다(〈표 1〉). 1916년 여름 독일은 베르됭과 솜강에서 온 힘을 다 쏟아 전투를 치른 후 서부전선에서 거의 2년 동안 수세에 몰렸다. 동맹국은 동부전선과 이탈리아전선에서 비용이 많이 들지 않는 작전만 제한적으로 수행했다. 한편 봉쇄는 민간인의 큰 희생을 요구했다. 1916년에서 1917년으로 넘어가는 겨울부터 독일과 오스트리아의 도시 거주민들은 서서히 굶주려갔다. 후방에 식량과 석탄을 확실하게 공급하는 것은 제1차 세계대전에서 부차적인 고려사항도 아니었다. 그러나 이는 전쟁의 최종적인 결과를 결정할 근본적인 요인이었다.[22] 경제적 압력이 결말을 내기까지는 시간이 걸렸지만, 결국 그 영향력은 결정적이었다. 1918년 봄 독일이 마지막 대공세에 나섰을 때, 카이저 군대는 대부분 너무나 굶주려서 공세를 오래 지속할 수 없었다. 반면 1917년 협상국의 가차 없는 공격력과(4월 프랑스의 샹파뉴 공세, 7월 동부전선의 케렌스키 공세, 7월 플란데런에서 영국이 펼친 공격) 1918년 여름과 가을의 마지막 맹공은 군사적으로나 정치적으로나 북아메리카의

〈표 1〉 달러 구매: 영국이 해외에서 구매한 필수 전쟁 물자 비중, 1914~1918년(%)

	포탄피	항공기 엔진	곡물	석유
1914	0	28	65	91
1915	49	42	67	92
1916	55	26	67	94
1917	33	29	62	95
1918	22	30	45	97

지원이 없었다면 불가능했을 것이다. 영국 정부에는, 적어도 1916년 말까지는, 미국으로부터의 차입에 그만 의존해야 한다는 목소리가 있었다. 그러나 이들은 동시에 협상을 통한 강화도 요구했다. 이러한 견해는 1916년 12월 '결정적 일격'을 가하겠다고 공언한 로이드조지의 연립정부가 들어서면서 무시되었다. 미국의 군수품과 신용 대부에 의존하지 않고 전력을 다하여 전쟁을 지속한다는 것은 누구도 진지하게 고려하지 않았다. 1916년부터, 연합국이 집중적인 공격으로 동맹국을 무너뜨리려 한 첫 번째 중대한 군사 활동에 10억 달러를 신용으로 빌린 뒤, 신용 대출에 가속도가 붙었다. 뒤이은 모든 공격 계획의 배후에 놓인 가정은 대서양 건너편으로부터 상당한 군수품을 들여와 그 계획을 뒷받침한다는 것이었다. 이는 의존성을 더 강화시켰다. 수십 억 달러가 쌓이면서, 미지불 채무를 계속 상환하고 파산의 굴욕을 피하는 것이 전쟁 중에, 종전 후에는 훨씬 더 최우선의 관심사가 되었다.

군사적 다툼을 넘어선 경제적 · 정치적 전쟁

어쨌거나 전쟁의 향후 진로를 둘러싼 대서양 양편의 다툼은 결코 군사적인 것이나 경제적인 것에 그치지 않았다. 이는 항상 명백히 정치적이었다. 전쟁 지속의 의지가 정치에 의해 좌우되었으며, 이 또한 대서양 양편의 문제였다. 그러나 이 점에서 논쟁의 형세는 경제력과 해군력에 관한 것에 비해 선명함이 덜했다. 20세기 초 미국 정치와 유럽 정치의 관계에 관하여 우리가 갖고 있는 이미지는 주로 지난 제2차 세계대전의 경험으로 형성되었다. 1945년 잘 먹고 자신감 넘치는 미군 병사들이 전쟁과 독재의 폐허 속에 남겨진 유럽에 번영과 민주주의의 사자로서 모습을 드러냈다. 그러나 이처럼 미국을 자본주의적 번영과 민주주의를 매력적으로 종합한 나라로 보는 태도를 20세기 초까지 지나치게 멀리 투사할 때는 신중해야 한다. 미국의 해군력과 재정 능력의 부상만큼이나 우월한 정치적 지도력을 행사하겠다는 재빠른 주장도 급작스러웠다. 그것은 제1차 세계대전의 결과물이었다.

　잔혹했던 내전을 배경으로 보면, 미국의 민주주의 실험이 1865년에서 1914년 전쟁 발발 사이의 반백 년 동안 다양한 평가를 받은 것도 놀랍지는 않다.[23] 통일된 지 얼마 되지 않은 이탈리아와 독일은 미국에서 헌법 정신을 구하지 않았다. 두 나라 모두 토착의 입헌정치 전통을 지녔다. 이탈리아의 자유주의자들은 영국을 모델로 삼았다. 1880년대에 새로운 일본 헌법은 유럽의 여러 영향력이 뒤섞인 것을 모델로 삼았다.[24] 글래드스턴과 디즈레일리 시절의 전성기 동안에는 심지어 미국의 첫 세대 정치학자들도 (젊은 우드로 윌슨도 그중 한 사람이다) 대서양 건너편의 웨스트민스터 모델을 바라보았다.[25] 물론 북부연방에는 에이브러햄 링컨이 위대한 국민의 지도자로 등장하는 영웅담이 있었다. 그러나 신진 세대의 미국 지식인들이 새로운 화해의 국민 담론을 긍정할 수 있게 된 것은 남북전쟁의 충격이 가신 후였다. 서부 변경 개척이 끝나면서 북아메리카 대륙은 통합되었다. 1898년의 에스파냐-미국 전쟁과 1902년 미국의 필리핀 정복으로 미국인들은 더욱 으스대게 되었다. 미국 산업은 미증유의 역동성을 보여주었다. 농산물 수출은 세계를 풍요롭게 했다. 그러나 도금시대의 혁신주의적 개혁가들 사이에서 미국의 자기 이미지는 모호했다. 미국은 성장과 생산, 이윤의 본보기였던 만큼이나 부패와 관리 부실, 탐욕 정치의 본보기이기도 했다. 현대 정부의 모델을 찾아 미국의 전문가들이 독일제국의 도시들을 순례했지 그 반대가 아니었다.[26] 우드로 윌슨은 1901년이 시점에서 과거를 돌아보며 비록 '19세기'가 '다른 무엇보다도 민주주의의 세기'였지만 '세상'은 '민주주의가 정부의 한 형태로서 갖는 이점을 (19세기가) 시작할 때와 마찬가지로 끝날 때에도 확신하지 못했다'고 했다. 민주주의 공화국의 안정성은 여전히 의문시되었다. 비록 '잉글랜드에서 생겨난' 공화국이 최고의 성과를 냈어도, 윌슨은 "미국의 역사가… 정부를 공정하고 자유주의적이고 순수하게 만드는 성향을 확립했다고 인정받지 못했다"고 시인했다.[27] 미국인들은 자신들의 체제를 신뢰할 이유가 있었지만, 더 넓은 세계에 대해서는 여전히 증명해야 할 것이 많았다.

전쟁 발발과 더불어 국면이 즉시 일변했다고 추정해서도 안 된다. 유럽의 교전국들은 사망자 숫자가 견딜 수 없게 늘어날 때까지는 1914년 8월의 대규모 병력 동원을 국민 통합 노력의 효과를 입증하는 놀라운 사건으로 보았다.[28] 어떤 교전국도 20세기 말의 의미에서는 완전한 민주주의 체제가 아니었지만 구체제 군주정이나 전체주의적인 독재정권도 아니었다. 제1차 세계대전은 애국적인 열의까지는 아니어도 대단히 널리 퍼진 합의가 있었기에 지탱되었다. 영국과 프랑스, 이탈리아, 일본, 독일, 불가리아 전부 의회 회기 중에 전쟁을 치렀다. 오스트리아 의회는 1917년 빈에서 다시 재개되었다. 러시아에서도 1914년 개전 초기의 애국적 열의는 두마(의회)의 부활을 가져왔다. 전선의 양쪽에서 병사들은 다른 무엇보다도 스스로 깊은 이해관계를 갖고 있다고 느끼는 권리와 재산, 국민 정체성을 지킨다는 동기를 지녔다. 프랑스는 누대에 걸친 적에 맞서 공화국을 수호하기 위해 싸웠다. 영국은 국제 문명을 지키고 독일의 위협을 꺾기 위해 자진하여 제 역할을 다했다. 독일과 오스트리아는 프랑스의 분노와 이탈리아의 배반, 영국 제국주의의 거만한 요구, 그리고 최악의 위협적 존재인 차르 러시아에 맞서 자신들을 지키고자 싸웠다. 공공연한 군 폭동의 호소는 억눌렸고 파업자들은 투옥되거나 징집되어 가장 위험한 전선에 투입되었지만, 협상을 통한 강화조약 체결을 드러내놓고 말하는 경우가 적지 않았다. 이는 제2차 세계대전 막바지였다면 어느 편에서도 생각할 수 없었을 것이다.

1916년 12월 로이드조지를 총리로 정부가 재구성되었을 때, 그 목적은 바로 타협을 통해 강화를 체결하자는 점점 더 거세지는 요구에 맞서 독일에 '결정적 일격'을 가한다는 궁극적인 목적을 거듭 천명하는 것이었다. 내각의 중요한 자리는 대부분 보수당이 차지했지만, 총리 자신은 급진적 자유주의자로 대중의 분위기를 확실하게 감지하는 직관을 지녔다. 이미 1915년 5월에 그의 전임자 허버트 애스퀴스는 내각에 노동조합 운동가들을 불러들였다. 20세기 초 유럽 정치는 흔히 생각하는 것보다 더 포용력이 컸다. 프랑스의 사회주의자들은 전쟁의 첫 두 해 동안 공화국을 보살핀 정당 간 협력체였던 신성동맹Union Sacrée에서 필수적인 역할을 했다. 심지어 독일에서도, 비록 정부는 카이저가 임명한 자들의 수중에 있었지만, 사회민주당이 제국의회의 제1당이었다. 총리 베트만홀베크는 1914년 8월 이후 사회민주당과 주기적으로 협의를 가졌다. 1916년 가을 힌덴부르크 장군과 루덴도르프 장군이 전시 경제를 최고 속도로 가동했을 때도 이들은 새롭게 노동조합의 지지를 얻어냈다.

시어도어 루스벨트 유형의 미국인들이 이렇게 눈부신 유럽의 병력 동원에 보인 반응은 우월감이 아니라 경외심 가득한 감탄이었다.[29] 1915년 1월 루스벨트에 따르면. 그 전쟁은 '무섭고 해롭겠지만, 동시에 숭고하고 고결' 했다. 미국인들은 '우월한 가치를 지녔다는 태도'를 결코 '취하지' 말아야 한다. 또한 '(유럽인들이) 전심으로 믿는 이상을 지키고자 피를 물처럼 쏟는 동안… 한가롭게 앉아서 시시껄렁한 이야기나 늘어놓고 잇속을 챙기면서' 그들로부터 '정신적 모범을 세운' 자들로 '대접받기'를 기대해서도 안 된다.[30] 루스벨트에게, 미국은 자신들이 정당성을 갖춘 강국으로 등장했음을 증명하려면 협상국 편에서 힘을 쏟아 그 싸움에서 스스로를 입증해야 했다. 그러나 루스벨트에게는 심히 실망스럽게도 미국에서 참전 옹호 세력은 1915년 5월 '루시타니아호' 침몰 이후에도 소수파에 지나지 않았다. 많은 아일랜드계 미국인처럼 수많은 독일계 미국인은 중립을 선호했다. 유대계 미국인은 1915년 독일제국 군대의 러시아령 폴란드 진입이 그곳에서 차르 러시아의 반유대주의를 완화시켰기 때문에 내심 반겼지만 드러내놓고 기뻐할 수는 없었다. 미국 노동운동도 1912년 윌슨의 대통령 입후보에 즈음하여 집결한 농민 인민주의 운동의 잔여 세력도 전쟁에 찬성하지 않았다. 윌슨의 첫 번째 국무장관은 1890년대의 정통 복음주의자요 평화주의자이며 금본위제에 반대한 급진주의자 윌리엄 제닝스 브라이언이었다. 그는 월스트리트를, 그리고 월스트리트와 유럽 제국주의와의 연계를 크게 의심했다. 1914년 7월 위기가 가까워지고 있을 때, 브라이언은 유럽을 순회하며 미국의 참전 가능성을 없앨 일련의 중재 조약에 서명했다. 전쟁이 발발하자, 그는 어느 편으로든 민간의 자금 유입을 막자며 전면적인 민간 대부 거부 운동을 제안했다. 윌슨은 이를 무시했고, 1915년 6월 '루시타니아호'의 침몰에 뒤이어 윌슨이 독일에게 유보트 공격을 중단하지 않으면 교전에 들어가겠다고 위협하자 브라이언은 이에 항의하여 사임했다. 그러나 윌슨 자신도 결코 개입에 찬성한 사람은 아니었다.

우드로 윌슨은 세계적으로 유명한 자유주의적 국제주의자로 추앙받기 전에 미국 국민의 역사를 노래한 위대한 시인으로 이름을 떨쳤다.[31] 윌슨은 프린스턴 대학교의 교수이자 인기 있는 대중 역사서의 저자로서 여전히 남북전쟁의 굴레에서 벗어나느라 비틀거리던 국민을 위해 그 광포했던 과거를 조화롭게 그려내는 데 일조했다. 버지니아에서 어린 시절을 보낸 윌슨은 링컨의 대통령 당선 소식과 임박한 내전 소문을 들었던 추억이 있다. 1860년대에 조지아주 오거스타에서 자란 그는(윌슨은 베르사유에서 로이드조지에게 오거스타를 '점령되어 황폐해진 시골'이라고 설명한다) 정당한 전쟁에서 끝까지 싸웠으나 쓰라린 결과를 떠안은 패자의 경험에 공감했다.[32] 그래서 윌슨은 십자군전쟁을 수행한다는 표현이라면 무엇이든 크게 의심했다. 윌슨에게 상처를 남긴 것은 남북전쟁만이 아니었다. 전쟁에 뒤이은 평화가 한층 더 큰 상처를 남겼다. 윌슨은 생애 내내 남북전쟁에 뒤이은 재건 시기를, 다시 말해 해방된 흑인 주민에게 참정권을 부여한 새로운 질서를 남부에 강압적으로 떠안기려 한 북부의 노력을 비난했다.[33] 윌슨의 견해로는 미국이 회복하기까지 한 세대 이상의 시간이 걸렸다. 1890년대에 가서야 화해라고 할 만한 것이 달성되었다.

루스벨트와 마찬가지로 윌슨에게도 제1차 세계대전은 미국의 새로운 자신감과 힘을 시험하는 장이었다. 그러나 루스벨트가 미국의 사내다움을 증명하기를 원했다면, 윌슨에게 유럽에 사납게 휘몰아친 전쟁은 자국의 도덕적 균형과 자제력을 시험하는 도전이었다. 미국 민주주의는 전쟁에 휘말리기를 거부함으로써 나라의 새로운 성숙함을, 그리고 50년 전 그렇게 큰 해악을 끼친 선동적인 전시의 어법에 대한 면역성을 확인해줄 것이었다. 그러나 이러한 자제력의 강조를 소심함으로 오해하지 말아야 한다. 루스벨트 부류의 개입주의자들이 그저 평등을(미국이 완전한 강국으로 인정받기를) 원했던 반면, 윌슨의 목적은 절대적인 우위였다. 이 미래상은 '하드 파워hard power'를 경멸하지 않았다. 윌슨은 1898년 에스파냐-미국 전쟁이 주는 흥분에 온몸이 짜릿했다. 윌슨의 해군 확대 정책과 미국이 카리브해 접근로를 장악해야 한다는 주장은 전임자들보다 더 공격적이었다. 윌슨은 파나마 운하를 확보하기 위해 1915년과 1916년에 주저 없이 도미니카 공화국과 아이티 점령과 멕시코 개입을 명령했다.[34] 그러나 미국은 신으로부터 받은 천부의 자원 덕분에 광범위한 영토 정복이 필요하지 않았다. 세기 전환기에 미국의 경제적 요구를 명확하게 밝힌 것은 '문호개방' 정책이었다. 미국은 영토를 지배할 필요가 없었지만, 그 상품과 사본은 제국들의 경계를 넘어 세계 곳곳으로 자유롭게 이동해야만 했다. 동시에 난공불락의 해군력을 방패로 삼아 누구도 저항하지 못할 도덕적이고 정치적인 영향력의 광선을 뿜어내야 했다.

월슨에게 제1차 세계대전은 미국에 '어떤 나라도 허락 받지 못한 기회, 세계 평화를…' 그들 방식대로 '권하고 달성할 기회…'를 가져다준 '신의 섭리'의 징표였다. 미국의 방식에 따라 평화협정이 체결되면 '진정한 평화와 친선의 투사'로서 미국의 '위대함'이 우뚝 서 영원히 지속될 것이었다.[35] 하우스 대령은 1915년과 1916년에 한 차례씩 두 번에 걸쳐 중재를 제안하고자 유럽의 몇몇 수도로 파견되었지만, 어느 편도 관심을 보이지 않았다. 1916년 5월 27일, 영국이 월스트리트로부터 끌어온 자금으로 솜강 공세를 개시하기 불과 몇 주 전에, 월슨은 워싱턴의 뉴 윌러드 호텔에서 열린 평화촉진연맹League to Enforce Peace의 집회에서 연설하며 새로운 질서에 관한 자신의 견해를 분명하게 제시했다.[36] 월슨은 행사를 주최한 공화당 국제주의자들의 의견에 동의하면서 자신은 장래의 평화를 보장할 '실행 가능한 국가들의 결사'에 미국이 참여하는 것을 기꺼이 보고 싶다고 선언했다. 그 새로운 질서의 쌍둥이 지주로 월슨은 항해의 자유와 군비 축소를 요구했다. 그러나 월슨과 공화당 내 그의 경쟁자들 대다수의 차이점은 그가 새로운 국제 질서에서 미국이 떠맡을 역할을 작금의 전쟁에서 어느 한 편을 들기를 노골적으로 거부한 것과 결부시켰다는 것이다. 만약 어느 한 편을 든다면 미국은 절대적인 우위의 자격을 빼앗길 것이었다. 월슨은 미국이 그 전쟁의 '원인과 목적'에 관심이 없다고 선언했다.[37] 그는 공개적으로는 전쟁의 원인이 더 '심원하고' 더 '모호하다'고 간단히 언급하는 데 만족했다.[38] 월슨은 영국 주재 대사 월터 하인스 페이지와 사사로이 대화할 때는 더욱 솔직하게 나왔다. 카이저의 유보트 공격은 잔인무도한 짓이었다. 그러나 영국의 '해군우선주의navalism'는 그에 못지않게 사악했고 미국에 훨씬 더 큰 전략적 도전을 제기했다. 월슨은 그 잔혹한 전쟁이 독일의 공격을 저지하려는 자유의 십자군 전쟁이라고 믿지 않았다. 그것은 '독일과 영국 사이의 경제적 대결을 해결하려는 싸움'이었다. 페이지의 일기에 따르면, 1916년 8월 윌슨은 '영국이 땅을 가졌고 독일이 그것을 원한다고 말했다'고 한다.[39]

심지어 1916년이 선거가 치러지는 해가 아니었어도, 제이피모건이 공화당의 가장 저명한 후원단체 중 하나가 아니었어도, 영국에 우호적인 은행가들의 간곡한 권유에 따라 미국 경제의 큰 부분이 협상국 편에 끌려들어간 것은 윌슨 행정부에 극적인 도전을 제기했을 것이다. 선거전이 막바지에 돌입하면서, 전시의 호황으로 미국 내에 조성된 긴장은 터질 지경에 이르렀다. 1914년 8월 이래로 신용 공급이 뒷받침한 막대한 수출 증가로 생계비가 상승했다. 크게 떠벌려졌던 미국 임금의 구매력은 서서히 줄어들었다.[40] 미국의 노동자는 기업에 전시 부당이득을 올려주고 있었던 것이다. 여름이 지나며 윌슨은 유럽으로 나가는 수출품에 세금을 부과하자는 의회 내 분파의 제안을 승인했다. 1916년 8월 마지막 며칠 동안 윌슨은 철도 총파업의 위협에 노동조합 편으로 개입했고 의회를 압박하여 8시간 노동제를 승인하게 했다.[41] 이에 미국 대기업들은 과거 어느 때보다 더 강력하게 공화당 대통령 선거운동에 참여했다. 민주당은 공화당 후보 찰스 에번스 휴스를 월스트리트의 부당이득자들에게 봉사하는 '전쟁 후보'라고 조롱했다. 미국 정치사에서 최대의 투표수를 끌어낸 이 악의적인 선거운동의 끝에 윌슨이 승리를 거뒀지만, 무섭도록 뜨거웠던 당파 싸움의 분위기를 진정시키지는 못했다. 윌슨은 대다수 국민에게서 확고한 지지를 받았지만, 캘리포니아주에서 겨우 3,775표 차이로 승리한 덕분에 선거인단 투표에서 이겼다. 그렇게 윌슨은 민주당 대통령으로서는 1830년대 앤드루 잭슨 이후 처음으로 재선되어 두 번째 임기를 맞았다. 이는 협상국과 미국 내 협상국 지지자들에게는 정신이 번쩍 드는 결과였다. 많은 미국 국민이 그 분쟁에 관여하지 않으면 좋겠다는 바람을 드러냈다.

경제로 묶인 미국과 유럽

윌슨의 재선을 고려하면, 협상국이 전쟁 수행에서 점점 늘어나는 경제적 요구를 미국의 묶인에 의존하는 것은 확실히 위험했다. 그러나 그 전쟁은 고유의 동력을 지녔다. 독일의 베르됭 맹공이 끔찍한 절정에 도달하자, 1916년 5월 24일 협상국은 솜강 전선에서 영국이 첫 번째 대규모 공세를 하기로 결정했다. 윌슨이 뉴 윌러드 호텔에서 새로운 국제 질서에 관한 생각을 처음으로 발표하기 사흘 전이었다.⁴² 영국은 돌파에 성공하지 못했지만 독일군을 수세에 몰아넣었다. 동시에 동부전선에서는 협상국의 대규모 전략이 결정적인 성공을 거두기 직전이었다. 그곳에서, 협상국의 재정과 산업의 뒷받침을 받은 제정 러시아 군대가 비틀거리는 합스부르크제국에 맞설 수 있었다. 1916년 6월 5일 열정적인 기갑부대 지휘관 알렉세이 브루실로프 장군은 갈리치아에서 러시아군 최정예부대로 오스트리아헝가리군 전선을 공격했다. 러시아군은 놀랍게도 아주 짧은 단기 전투로 합스부르크제국 군대를 궤멸했다. 독일군이 긴급히 병력을 투입하고 전투를 지휘하지 않았다면, 동부전선의 남쪽 절반이 무너졌을 것이다. 이는 동맹국에 너무도 큰 충격을 안겨서 연쇄 반응을 초래할 뻔했다.

8월 27일 루마니아가 마침내 중립을 포기하고 협상국 편으로 참전하겠다고 선언했다. 여태껏 동맹국은 루마니아의 석유와 곡물에 크게 의존했는데, 이제 석유와 곡물을 실은 화차 대신 80만 명의 새로운 적군이 트란실바니아로 밀려들어왔다. 있을 법하지 않은 일처럼 보이기는 했지만, 1916년 8월 세계의 운명을 손에 쥔 것처럼 보였던 자는 윌슨 대통령이 아니라 부쿠레슈티의 루마니아 총리 이온 브러티아누였다. 독일 육군 원수 힌덴부르크는 훗날 과거를 회고하며 이렇게 평했다. "진실로 루마니아 같은 작은 나라가 그렇게 적절한 순간에 세계사적으로 그토록 중요한 역할을 부여받은 적은 없었다. 독일과 오스트리아같이 힘센 강국이 인구가 그들의 20분의 1밖에 안 될 나라에 그런 식으로 위험에 노출된 적은 없었다."[43] 카이저의 최고사령부에 루마니아가 참전했다는 소식은 '폭탄처럼 떨어졌다. 빌헬름 2세는 완전히 정신을 잃었으며 결국 전쟁에서 졌다고 선언했고 강화를 청해야 한다고 믿었다.'[44] 부쿠레슈티 주재 합스부르크 왕국 대사인 오토카르 체르닌 백작은 '전쟁이 더 오래 지속된다면 동맹국과 그 협력국들이 완전히 패배할 것임을 매우 정확하게' 예견했다.[45]

그러나 결과적으로 상황은 예상과 달리 루마니아에 불리했다. 독일군은 반격을 해 패배를 승리로 바꿔놓았다. 1916년 12월, 독일군과 불가리아 군대가 부쿠레슈티로 집결하면서 루마니아 정부와 그 잔여 군대는 러시아령 몰도바로 후퇴했다. 그러나 1916년에서 1917년으로 넘어가는 겨울 협상국과 독일, 우드로 윌슨 사이의 대결에서 가장 중요한 배경이 된 것은 바로 이러한 연쇄적인 극적인 사건들이다. 1916년 8월 말 독일은 전쟁을 확대하기로 결정했다. 카이저가 신뢰를 잃은 베르됭 전투의 지휘자 에리히 폰 팔켄하인을 대신하여 육군 원수 힌덴부르크와 그의 참모장 에리히 루덴도르프를 제3대 최고사령부Dritte OHL에 앉힌 것이 그 결정의 확실한 증표였다. 루덴도르프와 힌덴부르크는 앞선 두 해 동안 오로지 러시아와의 전쟁에만 몰두했기 때문에 서부전선을 면밀히 점검하고는 심한 충격을 받았다. 독일군은 베르됭 전투에 막대한 전력을 쏟아 부었다. 그러나 유달리 맹렬했던 영국군의 솜강 공세는 새로운 기준이 되었다. 힌덴부르크와 루덴도르프가 이에 대응하여 보여준 첫 번째 조치는 쭈그리고 앉아 방어 태세를 취한 것이다. 독일이 전 세계로 확대된 협상국의 전쟁 수행력에 대등하게 맞설 수 있다는 희망을 가지려면 새로운 군사 자원의 동원이 필요했다. '힌덴부르크 계획Hindenburg-Programme'이라는 이름이 붙은 이 조치의 목적은 그해 안에 군수품 생산을 두 배로 늘리는 것이었다. 동시에 최고사령부로 하여금 유보트를 출격시키자는 해군의 요청을 지지하게 한 것도 바로 그 동일한 방어적 논거였다. 독일이 살아남으려면 대서양 건너편에서 들어오는 보급선을 차단해야 했다. 힌덴부르크와 루덴도르프는 즉각 공격에 착수하려 들지는 않았다. 이들은 베트만홀베크에게 강화 협상의 기회를 주려 했다. 독일 사회주의자들에게는 그들이 순수한 방어 전쟁을 지원하고 있는 것이라고 안심하게 만들 필요가 있었다.⁴⁶ 유보트 작전의 확대가 가져올 위험은 분명했다. 이는 미국인을 적으로 돌릴 것이었다. 그러나 계속해서 공격을 자제한다면 영국만 이득을 볼 뿐이었다. 경제적인 면에서 보면, 어쨌든 북아메리카는 전적으로 협상국 편으로 전쟁에 관여했다.

놀랍지 않게도, 조만간 미국에서 10억 달러에 달하는 자금을 추가로 빌려야 하는 감당하기 벅찬 과제에 직면한 협상국은 미국의 지원이 불가피하다는 점에 상당히 비관적이었다. 그럼에도 영국과 프랑스는 독일보다 훨씬 더 협상을 통한 강화에 끌려 하지 않았다. 전쟁이 두 해를 넘겼을 때 독일군은 폴란드와 벨기에, 북부 프랑스의 대부분, 그리고 이제는 루마니아까지 점령했다. 세르비아는 지도에서 지워졌다. 1916년 가을 런던에서는 전쟁 3년차의 전략적 우선순위에 관한 논쟁 때문에 애스퀴스 정부가 물러났다.⁴⁷ 역설적이게도, 협상을 통한 강화라는 윌슨의 발상에 가장 열린 태도를 지녔던 자들은 미국 세력의 장기적인 융성을 깊은 의심의 눈초리로 바라본 자들이다. 특히 영국 재무장관 레지널드 매케나 같은 보수적인 자유당 인사들이다. 그는 내각에 이렇게 경고했다. 내각이 현재 가는 길을 지속한다면, "분명하게 말하건대 내년[1917년] 6월이나 그보다 더 일찍 미국 공화국 대통령이, 원하기만 한다면 우리에게 자신의 조건을 강요할 위치에 있게 될 것이다."⁴⁸ 미국에 더 크게 의존하게 되는 상황을 피하고픈 매케나의 바람과 유럽 정치에 대한 윌슨의 염증은 동전의 양면과 같다. 양편에서 볼 때, 향후의 골치 아픈 뒤얽힘을 최소화할 최선의 방법은 최대한 빨리 전쟁을 중단하는 것이었다. 그러나 1916년 12월에 매케나와 애스퀴스는 자리에서 물러났다. 대신 로이드조지가 독일의 결정적 패퇴를 주된 목적으로 삼은 연립정부의 수장으로 들어섰다. 얄궂게도 연립정부는 비록 전쟁을 끝낸다는 윌슨의 바람과는 근본적으로 안 맞는 태도를 취했지만 기본적인 공약에서는 대서양주의에 가장 충실했다.[49] 로이드조지는 윌슨의 국무장관 로버트 랜싱에게 알렸듯이 '영어를 쓰는 두 위대한 국민 간의 적극적인 교감' 위에 수립된 영구적인 국제 질서를 매우 열렬히 기대했다.[50] 로이드조지는 1916년에 하우스 대령에게 이렇게 말했다. "미국이 영국을 지원한다면, 전 세계가 다 나서도 우리가 연합하여 대양에 행사하는 지배력을 뒤흔들 수 없을 것이다."[51] 게다가 '미국의 경제력'은 '매우 강력해 어떤 나라도 전쟁에서 그 힘에 버틸 수 없을 것이다…'[52] 그러나 로이드조지가 이미 1916년 여름부터 계속 주장했듯이 미국의 차관은 단순히 영국을 월스트리트에 종속시키는 데 그치지 않았다. 그로써 상호의존이라는 상황도 전개된 것이다. 영국이 미국으로부터 더 많은 자금을 빌리고 더 많은 물품을 들여올수록, 윌슨이 협상국의 운명에서 자국을 떼어놓기는 더 힘들어질 수밖에 없었다.[53]

2장

승리 없는 평화

1916년이 끝에 다다를 때, 유럽 교전국들의 두 진영은 미국과 협상국이 재정적으로 뒤얽히면서 조만간 미국 정부가 협상국 편에 설 수밖에 없다고 가정하고 크나큰 모험을 감행할 준비를 하고 있었다. 이는 비밀도 아니었다. 널리 공유된 가정이었다. 러시아의 급진주의자 블라디미르 일리치 레닌은 취리히에서 망명 생활을 하던 1916년 6월 훗날 매우 유명해지는 소론『제국주의, 자본주의의 최고 단계』를 마무리하고 있었다.[1] 이 글은 미국이 불가피하게 휘말릴 수밖에 없다는 진부한 가정을 엄정한 이론으로 정리해놓았다. 레닌에 따르면, 제국주의 시대의 국가들은 자국 사업가들의 도구가 되어 싸움에 휘말렸다. 이 논리대로라면 미국 정부는 당연히 조만간독일에 전쟁을 선포할 수밖에 없었다. 그러나 이 이론은 1916년 11월에서 1917년 봄 사이의 놀라운 사태 진전을 설명할 수 없다. 나라를 전쟁에 끌어들이지 말라는 명령을 받고 재선된 미국 대통령은 훨씬 더 야심적인 목표를 이루려 했다. 윌슨은 중립을 유지하려 했을 뿐만 아니라 미국을 확실한 세계 지도국의 지위에 올려놓을 조건에 따라 전쟁을 끝내려 했다. 레닌은 제국주의를 자본주의의 최고 단계라고 선언할 수 있었지만, 윌슨의 생각은 달랐다.[2] 교전국들의 생각도 달랐던 것으로 드러났다. 전쟁 이전의 제국주의 세계로 돌아가는 것이 불가능했다면, 혁명이 유일한 대안은 아니었다.

용감한 신세계, 미국 주도의 '승리 없는 평화'

1916년 10월 내내 제이피모건은 향후 연합국의 자금 조달에 관하여 영국, 프랑스와 긴급히 논의하고 있었다. 다음 전투를 위해 협상국은 최소한 15억 달러를 모을 계획이었다. 제이피모건은 엄청난 총액을 감안하여 연방준비위원회와 윌슨의 보증을 원했다. 어느 쪽에서도 답이 없었다.[3] 11월 7일로 잡힌 선거일이 다가오자, 윌슨은 연방준비위원회 의장이 대독할 성명서를 작성했다. 내용은 미국 국민에게 저축한 돈을 더는 협상국에 빌려주지 말라고 경고하는 것이었다.[4] 1916년 11월 27일, 제이피모건이 영국-프랑스 채권 발행에 착수하기로 계획하기 나흘 전, 연방준비위원회는 모든 회원 은행에 명령을 내렸다. 미국 금융 제도의 안정을 위해, 연방준비위원회는 미국의 투자자들이 영국 채권과 프랑스 채권의 보유량을 늘리는 것이 더는 바람직하지 않다고 선언했다. 월스트리트가 내리막길을 걷고 투기꾼들이 파운드화를 대량으로 처분하자, 제이피모건과 영국 재무부는 영국 통화의 가치를 떠받치기 위해 긴급히 파운드화를 매입할 수밖에 없었다.[5] 동시에 영국 정부는 프랑스의 물자 구매를 지원하는 일을 중단해야 했다.[6] 협상국의 자금 조달 노력 전체가 위험에 빠졌다. 러시아에서는 1916년 가을 보유한 금을 런던으로 보내 연합국의 공동 차입을 확보해야 한다는 영국과 프랑스의 요구에 분노가 고조되고 있었다. 미국의 지원이 없으면 금융시장의 인내가 한계에 도달할 뿐만 아니라 협상국 자체도 위태로운 상황에 빠지게 될 터였다.[7] 그해가 끝날 때, 영국 내각의 전쟁위원회는 윌슨이 자신들을 압박하여 몇 주 안에 전쟁을 끝내려 한다는 것이 유일하게 가능한 해석이라고 냉정하게 결론을 내렸다. 그리고 워싱턴 주재 대사가 연방준비위원회 문서의 강경한 어조를 고집한 이가 대통령이라고 확인해주자 이 불길한 해석이 맞을 가능성은 더욱 커졌다.

1916년 협상국이 월스트리트에 막대한 자금을 요청했음을 생각하면, 연방준비위원회의 성명 발표에 앞서 이미 영국과 프랑스에 추가로 대규모 자금을 융자하는 것에 반대하는 쪽으로 여론이 움직인 것은 분명하다.[8] 그러나 영국 내각이 무시할 수 없었던 쪽은 미국 대통령의 공공연한 적의였다. 그리고 윌슨은 판돈을 키우기로 결심했다. 12월 12일 독일 총리 베트만홀베크는 자국의 목적은 밝히지 않은 채 강화 협상의 전제 조건을 발표했다. 12월 18일 윌슨은 이에 굴하지 않고 「평화 문서Peace Note」를 내놓아 어떤 전쟁 목적이 그 지독한 학살의 지속을 정당화하는지 밝히라고 양쪽에 요구했다. 이는 그 전쟁의 정당성을 대놓고 부정하려는 시도로, 독일 정부의 주도적 조치와 동시에 나왔다는 점에서 더욱 놀라웠다. 월스트리트는 즉각 반응했다. 무기 관련 주가는 급락했고, 미국 주재 독일 대사 요한 하인리히 폰 베른슈토르프와 윌슨의 사위인 재무장관 윌리엄 깁스 매커두는 협상국과 연관된 무기 관련 주가의 하락을 예상하고 투자하여 수백 만 달러를 벌었다고 비난을 받았다.[9] 영국 정부와 프랑스 정부가 받은 충격은 더욱 심했다. 조지 5세는 눈물을 터뜨렸다고 한다.[10] 영국 내각의 분위기는 격노 그 자체였다. 《더 타임스》는 신중할 것을 요청했지만 양쪽을 구분하지 않는 윌슨의 태도에 실망했음을 숨길 수 없었다.[11] 파리의 애국적 신문은 그것이 29달 동안 전쟁을 치르면서 프랑스가 받은 최악의 타격이라고 일갈

했다.[12] 독일군은 동부전선과 서부전선에서 공히 협상국 영토 안으로 깊이 들어와 있었다. 회담을 진지하게 고려하려면 먼저 이들을 내쫓아야 했다. 1916년 늦여름 전쟁의 운명이 갑자기 바뀐 이래로, 이는 불가능해 보이지 않았다. 오스트리아는 확실히 벼랑으로 내몰렸다.[13] 1917년 1월 말 협상국은 전쟁 협의를 위해 페테르부르크에 모여 일련의 새로운 집중 공세를 논의했다.

윌슨의 개입은 심히 당혹스러웠지만, 독일이 윌슨 대통령의 중재 제안을 선제적으로 거부하자 협상국은 안도했다. 그로써 협상국은 1월 10일 자신들의 전쟁 목적을 조심스럽게 표현한 성명서를 부담 없이 발표할 수 있었다. 성명서는 독일에 벨기에와 세르비아에서 철수하고 알자스로렌을 반환하라고 요구했을 뿐만 아니라 더욱 거창하게 오스만제국과 합스부르크 제국에서 억압받던 민족들의 자결권도 역설했다.[14] 그것은 즉각적인 협상이 아니라 전쟁의 지속을 위한 선언문이었고, 따라서 이와 같은 질문을 피할 수 없었다. 무엇으로 전쟁의 비용을 댈 것인가? 미국에서 일주일에 7,500만 달러씩 물자를 구매해야 했는데, 1917년 1월 영국이 뉴욕에서 끌어 모은 자금은 겨우 2억 1,500만 달러뿐이었다. 그 이상의 자금은 영국은행의 마지막 남은 금 보유고에 의존할 수밖에 없었는데, 이는 고작 6주치 군수품 조달 비용에 불과했다.[15] 1월에 영국 정부는 제이피모건에 11월에 무산된 채권 발행을 재개할 준비를 시작해달라고 요청하는 수밖에 달리 방법이 없었다. 그러나 이번에도 그들은 미국 대통령을 셈에 넣지 못했다.

1917년 1월 22일 오후 1시, 우드로 윌슨은 상원 연단을 향해 발걸음을 옮겼다.[16] 극적인 순간이었다. 대통령이 연설을 하려 한다는 소식은 점심 때에야 상원의원들에게 알려졌다. 미국 대통령이 그 존엄한 기관 앞에서 직접 연설을 한 것은 조지 워싱턴 시절 이래로 처음이었다. 미국 정치 무대에서만 의미 있는 순간이 아니었다. 윌슨이 전쟁에 관해 이야기할 것이며 단순히 논평을 전하는 데 그치지 않을 것이라는 점은 분명했다. 윌슨이 세계적인 지도자로 등장한 때는 대개 1년 뒤인 1918년 1월 '14개조'를 선언한 순간으로 잡는다. 그러나 그 미국 대통령이 세계적 지도국의 지위를 처음 노골적으로 주장한 것은 사실 1917년 1월이었다. 그의 연설문은 상원에서 연설이 진행되던 바로 그때 유럽 주요 국가들의 수도에 배포되었다. 14개조 연설과 마찬가지로, 1월 22일 윌슨은 상원 연설에서 국제연맹과 군비 축소, 항해의 자유에 의거한 새로운 국제 질서를 요구했다. 그러나 14개조 연설이 미국의 세계적 지도력이라는 20세기 중반의 담론에 잘 어울리는 전시 성명서였던 반면, 1월 22일에 한 연설은 받아들이기가 매우 어려웠다.

1917년 1월 미국의 시대를 향한 문이 활짝 열렸을 때, 윌슨은 준비 태세를 갖추고 있었다. 그는 어느 한 편을 드는 대신 강화를 끌어내려 했다. 20세기 미국 지도력의 첫 번째 극적인 시위는 '옳은' 편이 승리하는 것이 아니라 어느 편도 승리하지 않도록 하는 것이 목적이었다.[17] 세계 주요 강국들의 협력을 확보할 가능성이 있는 유일한 강화는 양편이 다 수용하는 강화였다. 제1차 세계대전의 모든 당사국은 그 분쟁이 심히 무익하다는 점을 인정해야 했다. 이는 그 전쟁의 유일하게 가능한 귀결이 '승리 없는 평화'임을 뜻했다. 바로 이 문구가 윌슨이 전쟁 발발 이래로 늘 유럽인들로부터 거리를 두었을 때 지녔던 '도덕적 동등함moral equivalence'이라는 관점을 요약한다. 그는 1917년 1월 자신의 연설을 들은 청중 다수가 이러한 태도를 받아들이기 어려워했음을 알았다.[18] "이렇게 말하는 것이 유쾌하지는 않다…. 나는 그저 현실을 조금의 숨김도 없이 직시하려 할 뿐이다." 당시에 벌어지고 있는 학살극에서 미국은 어느 편도 들지 말아야 했다. 미국이 영국과 프랑스, 협상국을 지원하면 틀림없이 그들이 승리하겠지만, 그렇게 하면 미국은 구세계의 끔찍한 폭력의 순환을 영속시키게 될 것이었다. 윌슨은 사적인 대화에서 그것이 '문명을 해치는 범죄'와 다르지 않다고 역설했다.[19]

윌슨은 나중에 국제연맹만으로도 평화가 보장되리라는 이상주의적 신념을 지녔다고, 도덕주의적으로 세력 문제에서 물러났다고 비난받았다. 국제 사회의 강제 집행이라는 문제에 적극적으로 나서지 못한 것은 국제주의적 '이상주의'의 태생적 결함으로 매도되었다. 그러나 윌슨은 그 점에서 결코 이상주의자가 아니었다. 그가 1917년 1월에 요구한 것은 '인류의 큰 조직력으로써 보장되는 평화'였다. 그 전쟁이 승자와 패자로 나뉜 세계에서 끝난다면, 그 세계를 지탱하는 데는 어마어마한 무력이 필요할 것이었다. 그러나 윌슨이 바란 것은 군비 축소였다. 그는 어떤 대가를 치르더라도 미국의 '프로이센화'는 피하고 싶었다. 그래서 승리 없는 평화가 그토록 중요했던 것이다. "승리는 패자에 강요된 평화를 의미한다…. 이러한 평화는 굴욕적으로, 강압에 의해서, 견딜 수 없는 희생을 치르며 수용될 것이고, 고통과 분노, 쓰라린 기억을 남길 것이다. 이것이 강화조건의 토대이므로 강화는 영원하지 않을 것이고 유사流沙 위에 있듯이 위태로울 것이다." "장구한 평화에는 영토나 종족적이고 민족적인 충성의 곤란한 문제들을 공정하게 해결하는 것만큼이나 올바른 정신 상태, 국가 간의 올바른 감정이 필수적이다…. 이 원리를 인정하지 않고 수용하지 않는 강화는 실패할 수밖에 없다. 인류의 호의나 신념에 근거하지 않았기 때문이다."[20] 1917년 1월 윌슨이 전쟁의 종결을 요구하며 내세운 목적은 바로 고비용의 국제 안보 체제 없이도 유지할 수 있는 평화의 필수적인 조건을 창출하는 것이었다. 모든 강국의 호전적인 정신이 소진되고 전쟁의 효용이 사라졌다는 점이 입증되면 국제연맹은 스스로의 힘으로 서게 될 것이었다.

그러나 윌슨이 말한 동등한 국가들의 평화가 이런 뜻이라면, 여기에는 다른 함의도 담겨 있다. 윌슨은 미국 대통령 중에서도 대단한 국제주의자로 유명하다. 그렇지만 그가 만들고 싶었던 세상은 유럽 세력의 묘비에 세계 문명의 상좌에 앉은 미국의 예외적인 지위가 새겨진 세상이었다. 윌슨이 염두에 두었던 동등한 국가들의 평화는 유럽의 집단적인 힘의 소진에서 비롯되어야 했다. 용감한 신세계는 새로운 중재자요 새로운 형태의 국제 질서의 원천으로 의기양양하게 등장한 미국의 발아래 모든 유럽 강대국이 집단적으로 굴복하는 데에서 시작할 것이었다.[21] 윌슨이 그린 미래는 활기 없는 이상주의의 미래도 미국의 주권을 국제적 권위에 종속시키는 계획도 아니었다. 사실상 윌슨은 미국의 역사적 운명에 관한 독특한 시각에 뿌리 박고 있는, 미국의 도덕적 우위를 과도하게 주장하고 있었다.

독일, 무제한 유보트 작전 전개

1918년의 14개조 연설에 대한 반응과는 달리, 1917년 1월 '승리 없는 평화'의 요청에 대한 반응은 확실히 엇갈렸다.[22] 미국 내에서는 좌파의 진보적인 지지자들이 대통령에 환호를 보냈다. 반면 공화당은 대체로 분노의 반응을 보였다. 윌슨의 요청을 행정부의 전례 없는 당파적 개입으로 이해했던 것이다. 어느 공화당 의원은 노발대발했다. 경쟁이 매우 심했던 1916년 선거에 뒤이어 대통령의 연설은 '왕좌에서 날린 가두연설'이자 상원을 당파적 행정부의 연단으로 쓴 미증유의 능욕 행위였다.[23] 다른 청중은 윌슨이 '자신을 온 세상의 대통령으로 여긴다'는 인상을 받았다. 저명한 혁신주의 역사가인 찰스 오스틴 비어드는 《뉴욕타임스*The New York Times*》에 윌슨이 그렇게 나선 이유로 생각할 수 있는 유일한 것은 루스벨트 대통령이 러일 전쟁을 중재했던 1905년처럼 분쟁 당사국 어느 한 편이 파산 직전에 몰렸고 싸움을 끝내야 할 필요성이 절박했다는 것이라고 논평했다.[24] 협상국이 두려워한 것은 바로 윌슨이 자신들을 파산시키려 했다는 사실이었다. 프랑스 정부와 영국 정부에, 윌슨의 연설이 제기한 문제는 헌법상의 미묘한 문제를 넘어섰다. 그때까지 연합국은 국내 결속 덕분에 대체로 가혹한 억압 없이 자원병을 토대로 전쟁을 계속할 수 있었는데, 윌슨이 품은 미래상은 그러한 단결을 저해할 것 같았다. 한층 더 걱정스러웠던 것은 윌슨이 무슨 일을 하고 있는지 스스로 완벽하게 알고 있었다는 사실이다. 윌슨은 상원에서 이렇게 선포했다. "아마도 나는 세계 모든 국민들의 고위급 인사 중에서 아무런 망설임 없이 자유롭게 말할 수 있는 유일한 사람일 것이다." 그는 계속해서 말했다. "내가 사실상 모든 국가의 자유주의자들과 인류애의 친구들, 모든 자유의 일정을 대변하기를 희망한다고, 실제로 대변하고 있음을 믿는다고 말하면 안 되는가?" 실로 윌슨은 한 걸음 더 나아갔다. "나는 자신들이 매우 소중히 여기는 사람과 가정을 이미 엄습한 죽음과 파멸에 관하여 아직까지 진실한 마음을 드러낼 장소나 기회를 갖지 못한 세계 도처의 많은 침묵하는 인간들을 대변한다고 기꺼이 믿으려 한다."

윌슨의 연설에 담긴 진정한 의미는 바로 이 지점에서 뚜렷하게 드러난다. 이 미국 대통령은 모든 교전국 정부의 합법적인 대표성에 의문을 제기하고 있는 것이다. 그리고 그 '많은 인간들'을 대표한다고 주장한, 결코 침묵하고 있지 않았던 협상국의 단체들은 윌슨의 신호에 응답했다. 1월 22일 윌슨이 연설할 때, 영국 노동운동은 맨체스터에서 회의를 열고 있었다. 로이드조지의 새 정부 장관 한 명을 포함하여, 225만 명이 넘는 회원을 대표하는 700명의 대의원이 참석했는데, 이는 1901년 첫 회의에 참석한 숫자의 네 배가 넘는다.[25] 토론의 전체적인 기조는 애국적이었다. 그러나 윌슨의 이름이 거론되자 독립노동당으로 구성된 반전 파벌이 조직적으로 환호를 보냈다.[26] 《더 타임스》는 이들을 나무랐지만, 《맨체스터 가디언 *Manchester Guardian*》은 박수를 보냈다.[27] 1월 26일 프랑스 의회에서는 80명의 사회당 의원이 정부에게 윌슨의 '숭고하고 합리적인' 생각에 동의를 표하라고 요구했다.[28]

이 모든 것은 분명히 독일에 역사적으로 의미 있는 기회를 제시했다. 미국 대통령은 전쟁을 저울질했고 협상국 편을 들기를 거부했다. 봉쇄로 인해 영국의 항로 지배가 세계 무역에 어떤 의미였는지가 드러나자, 윌슨은 미증유의 해군 증강 계획으로 대응했다. 그는 추가로 미국 경제가 동원되는 것은 어떻게든 막기로 결심한 듯했다. 윌슨은 독일이 여전히 우세를 점하고 있을 때 강화회담을 요청했다. 베트만홀베크가 선수를 쳤다는 것에 그는 개의치 않았다. 이제 윌슨은 영국과 프랑스, 이탈리아의 정부 수장들을 제치고 그 나라 국민들에게 아예 드러내놓고 전쟁의 종결을 요구했다. 워싱턴 주재 독일 대사는 윌슨의 말에 담긴 의미를 완전히 이해했으며 긍정적으로 답하라고 자국 정부를 필사적으로 설득했다. 베른슈토르프 대사는 이미 1916년 9월에 하우스 대령과 폭넓게 의견을 교환한 뒤 베를린에 전문을 보내 미국 대통령이 선거가 끝나자마자 중재를 시도할 것이라고, '윌슨은 교전국 어느 편도 결정적인 승리를 얻지 않는 것이 미국의 이익이라고 본다'고 알렸다.[29] 12월 베른슈토르프 대사는 윌슨의 금융시장 개입이 갖는 중요성을 자국 정부에 납득시키려 했다. 그것이 협상국을 억누르는 방법으로 전면적인 유보트 작전보다 훨씬 덜 위험했기 때문이었다. 특히 베른슈토르프는 윌슨이 큰 포부를 품고 있음을 이해했다. 윌슨이 전쟁을 끝낼 수 있다면, 그는 미국 대통령에게 '세계 무대에서 첫째가는 정치적 인물이 되는 영광'이 있다고 주장하려 했다.[30] 독일이 윌슨의 야심을 꺾으려면 그의 분노를 감수해야 했다. 그러나 그러한 호소만으로는 1916년 늦여름 협상국이 거의 성공할 뻔했던 돌파로 시작된 전쟁 확대의 논리를 막기에 충분하지 않았다.

힌덴부르크 장군과 루덴도르프 장군은 1914년 러시아로부터 독일을 구했고 1915년 폴란드를 점령했다. 그러나 이들이 최고사령부에 앉게 된 것은 1916년 8월 동맹국의 위기 때문이었다. 거의 재앙에 가까웠던 이 경험이 그때 이후로 독일의 전쟁 정치학을 규정했다. 1916년 독일은 베르됭에서 프랑스의 피를 말리려 했지만, 미국이 걱정되었기에 유보트 작전을 보류했다. 협상국은 살아남았다. 1916년 여름에 오스트리아는 거의 치명적인 타격을 입었다. 그동안 협상국이 동원한 전력을 생각하면, 더 자제하는 것은 재앙만 초래할 뿐이었다. 베를린의 지도자들은 윌슨이 실제로 전쟁을 중단시키는 데 성공할지도 모른다고는 진지하게 생각하지 않았다. 이들은, 미국 정치의 숨은 동기가 무엇이든, 미국 경제가 협상국 편에 점점 더 깊이 휘말리고 있다고 강조했다. 결과적으로 그러한 예측은 실현되었다. 카이저의 전략가들은 미국 정치에 관한 결정론적 믿음에 의거하여 윌슨의 발밑을 흔들었다. 1917년 1월 9일 힌덴부르크와 루덴도르프는 주저하는 총리의 반대를 무릅쓰고 무제한 잠수함전을 재개하기로 결정했다.[31] 보름도 지나기 전에 그들이 얼마나 심하게 오판했는지 분명하게 드러났다. 1917년 1월 22일 윌슨이 전쟁의 종결을 호소하기 위해 상원의 연단으로 성큼성큼 걸음을 내디딜 때에도, 독일의 유보트는 겨울 바다를 헤치며 대서양 연안을 둘러싼 거대한 호 모양의 진형을 이루어 전투 배치에 들어갔다. 베른슈토르프 대사가 괴로워하며 미국 국무부에 알렸듯이, 잠수함들을 되돌리기에는 이미 너무 늦었다. 1월 31일 오후 5시, 베른슈토르프는 국무장관 랜싱에게 대서양과 동부 지중해에서 협상국의 보급선을 겨냥한 무제한 잠수함전의 공식 선언을 전달했다. 2월 3일 미국 의회는 독일과의 외교 관계 단절을 승인했다.

독일의 결정으로 '승리 없는 평화'는 역사적 망각 속에 내던져졌다. 그로써 미국은 윌슨이 혐오했던 전쟁으로 끌려들어갔다. 윌슨이 진정으로 원한 역할, 세계 평화의 중재자라는 역할을 빼앗긴 것이다. 1917년 1월 9일 무제한 잠수함전의 재개는 세계사의 전환점이었다. 그로써 시간을 거슬러 올라가서는 1914년 8월까지 이어진, 이후로는 말릴 수 없는 폭력 세력이라는 독일의 이미지를 굳힌 1938년에서 1942년 사이 히틀러의 무자비한 맹공까지의 공격의 사슬에서, 또 하나의 고리가 만들어졌다. 무제한 잠수함전은 당시에도 이미 고민스러운 자기반성의 주제였다. 베트만홀베크의 외교 고문이었던 쿠르트 리츨러는 일기에 이렇게 적었다. "만사를 뒤덮은 운명은 윌슨이 실제로 다른 이들을 압박할 의도가 있었고 그렇게 할 수단을 가지고 있었을지 모른다는 생각, 이것이 유보트 전쟁보다 백 배는 더 나았을 것이라는 생각을 암시한다."[32] 당대에 가장 뛰어난 통찰력을 지닌 정치 평론가이자 위대한 사회학자였던 막스 베버 같은 민족주의적 자유주의자들에게, 베트만홀베크가 군부의 기술적 주장에 밀려 자신의 더 나은 판단을 기꺼이 뒤엎은 것은 비스마르크가 독일 정치 문화에 입힌 손상, 오래도록 영향력을 행사한 손상의 저주받을 증거였다.[33]

그러나 독일 정치사 특유의 병리학으로만 '승리 없는 평화'의 탈선을 설명하려 한다면, 이는 1916년에서 1917년으로 넘어가는 겨울 미국과 협상국 사이에 벌어진 틈의 중요성을 낮춰보는 것이다. 윌슨의 도전은 독일만이 아니라 유럽 강국들 전체를 향했다. 사실상 그의 도전은 주로 협상국을 향했다. 1916년 7월 솜강 공세 이후로, 협상을 통한 강화라는 윌슨의 명백한 바람에 협상국은 그 분쟁을 더욱 확대하고 강화함으로써 선제적으로 대응했다. 이 때문에 독일이 미국을 협상국 진영으로 밀어 넣었지만, 그렇다고 협상국 역시 엄청난 모험을 하고 있었다는 사실이 흐려지지는 않는다. 더욱 역설적이게도, 협상국은 독일이 그 불운한 공세에 전념할 때 의지한 가정과 상보적인 가정에 따라 모험을 걸었다. 영국과 프랑스가 미국을 자신들의 전쟁 수행에 한층 더 깊이 끌어들였다면, 윌슨은 어쩔 수 없이 자신의 패를 보였을 것이다. 그러나 실제로 이 논리가 실현된 것은 독일이 그것을 예상했기 때문이다. 이는 시간이 지나며 더 모호해지지만 당대인들은 잊지 않았다. 그것은 1918년 10월 휴전의 정치에서 다시 그들을 찾아온다. 그러나 유보트 작전이 재개된 후에도 모든 것이 결정되었는지는 분명하지 않았다.

보수적인 남부 출신 자유주의자 윌슨의 역사관

미국이 독일과의 외교 관계를 단절한 뒤, 윌슨 행정부에는 온전히 협상국 편으로 참전하기를 원하는 자들이 많았다. 가장 열성적인 인사는 국무장관 랜싱이었을 것이다. 그는 미국이 '인간의 자유와 절대주의의 저지'라는 대의를 좇아 '당연히 동맹이 되어야 할 나라들'과 연합해야 한다고 요구했다.[34] 시어도어 루스벨트가 이끄는 공화당에서는 협상국을 편드는 목소리가 일제히 터져 나왔다. 영국 정부는 이 대서양 정치 동맹의 기회를 잡기 위해 안달했다. 영국 정부는, 워싱턴 주재 자국 대사가 말했듯이, "제이피 모건은 우리와 미국과의 관계에 영향을 줄 협상을 수행할 때 적절한 외교적 권위의 대리자로 볼 수 없다"는 점을 뒤늦게 깨닫고는 정부 대 정부의 접촉을 기대하며 서둘러 재무부 팀을 워싱턴으로 급파했다.[35]

1917년 대서양주의는 협상국에 당연한 것이었다.[36] 전쟁 이전부터, 1911년 아가디르 항구의 제2차 모로코 위기부터 시작하여, 독일의 위협적인 제국주의에 맞선 영국과 프랑스의 정치적 연대를 강조하는 것은 점점 더 일반적인 일이 되었다. 영국과 독일의 관계 회복 기대가 무산되자 크게 실망한 로이드조지는 프랑스를 '유럽 내 영국의 이데올로기적 협력자'로 보게 되었다. '왕좌에 오른 유럽의 속물 국가'에 맞서 두 나라의 동맹을 유지하는 것이 지극히 중요했다.[37] 전시에 행한 연설에서 로이드조지는 주저 없이 영국 민주주의를 유럽의 혁명적 전통과 연결했다. 그는 독일제국에 대한 통렬한 일격이 모두에게 '자유와 평등, 형제애'를 가져다주리라고 장담했다.[38] 자유와 해방을 위한 투쟁에서 대서양 공동의 유산을 강조한 것은 이 역사적이고 이데올로기적인 연합의 다음 단계였을 뿐이다.

그러한 사고방식은 프랑스 공화국에 훨씬 더 쉽게 다가왔다. 이미 전쟁 전에 제3공화정의 많은 사람이 영국과의 협상을 프랑스가 제정 러시아라는 전제국가와 맺은 개탄스러운 동맹에 의존하는 상황을 보충해줄 '자유주의적 동맹'으로 기대했다.[39] 1917년 5월 총리 조르주 클레망소의 가까운 협력자였던 앙드레 타르디외가 워싱턴으로 급파되었을 때, 그의 임무는 '프랑스와 미국 두 민주주의 국가'가 힘을 합쳐 '공화국이 공격을 받아 자신을 지켜야 할 때 결코 군주국에 비해 열등하지 않다'는 점을 증명하자고 호소하는 것이었다.[40] 물론 미국에서는 찬동하는 견해가 많았다. 1917년 봄, 워싱턴과 뉴욕에 파견된 프랑스 대표단은 1776년 식민지인들이 자유를 획득하는 데 도움을 준 라파예트의 후예로 환대를 받았다. 그러나 협상국 전략가들과 독일 전략가들이 모두 생각하지 못한 것은 백악관과, 윌슨 대통령이 대표하는 미국의 실질적인 여론이었다. 독일이 공격했는데도 미국은 아직 참전하지 않았고, 대통령과 그 측근은 여전히 협상국에 냉담했다.[41]

윌슨이 유럽의 분쟁에 말려들지 않으려 했던 것은 부분적으로는 더 큰 문제가 위태롭다는 확신에서 비롯했다. 5장에서 살펴보겠지만, 1917년 봄 미국 대통령은 중국의 사건들에 깊이 사로잡혀 있었다. 일본이 협상국의 일원이라는 사실이 그는 심히 불편했다. 1916년에서 1917년으로 넘어가는 겨울 동안 '승리 없는 평화'라는 윌슨의 호소를 뒷받침한 미국 지도부의 전략은 뚜렷한 인종주의적 화법으로 제시되었다. 중국의 취약성과 일본 세력의 역동적인 팽창을 고려할 때, 윌슨이 유럽 제국주의의 자멸적인 폭력을 진압하는 데 걸린 문제는 단지 구세계의 작은 싸움이 아니었다. 그것은 다름 아닌 '지구상의 백인 패권'의 미래였다.[42] 1917년 1월 말 미국 내각이 유럽에서 들어온 소식을 모여서 토론할 때 윌슨이 무슨 생각을 했는지 보여주는 기록이 있다. 대통령은 '**백인 문명**과 그 문명의 세계 지배가 대체로 이 나라를 무사히 지킬 능력에 달려 있다는 인식이 강해졌다. 우리가 그 전쟁으로 파괴된 나라들을 다시 세워야 할 것이기 때문이다. 그는 이러한 생각이 머리에 떠오르면서 나라를 사실상 그 분쟁에 휩쓸리게 하는 것만 아니라면 무엇이든 기꺼이 감수하겠다는 생각에 이르렀다고 했다.'**43** 윌슨이 전쟁이 미국을 삼키도록 내버려두는 것은 '문명에 반하는 범죄'라고 했을 때, 그가 염두에 두었던 것은 '백인 문명'이었다. 영국에는 윌슨의 인종주의적 세계사 해석을 공유한 자가 많았다. 그러나 그들은 바로 그 때문에 독일을 꺾어야 한다고 믿었다. 그래야만 아시아에 주력을 집중할 수 있기 때문이었다. 유럽의 전쟁은 전 세계적 투쟁에서 벗어난 게 아니었다. 본질적인 일부였다. 그렇다면 미국 대통령이 자국의 지극히 중요한 이익이 걸린 문제에 관여하기를 주저한 이유는 무엇인가? 협상국이 자신들의 대의를 미국의 가치관에 맞추려 노력했는데도, 윌슨은 심히 회의적이었다. 정치인 윌슨의 성장을 19세기의 그 기원까지 추적해보면, 그 이유는 분명해진다.

보수적인 남부 출신 자유주의자였던 윌슨의 역사관을 형성한 것은 두 개의 큰 사건이었다. 하나는 남북전쟁의 재앙이었고, 다른 하나는 아일랜드 출신 영국 보수주의자 에드먼드 버크의 저술에 해석된 18세기 혁명의 드라마였다.**44** 1896년 윌슨은 버크의 유명한 연설 '식민지와의 화해 Conciliation with the Colonies'에 극찬하는 서문을 붙였다. 원래 1775년에 나온 버크의 연설은 윌슨에게는 근본적인 차이를 드러내는 성명서가 되었다. 버크는 자유를 사랑하는 아메리카의 식민지인들은 찬미했지만 '프랑스의 혁명적 철학을 증오했으며 그것이 자유로운 사람들에게는 적합하지 않다고 보았다.' 윌슨은 진심으로 동의했다. 그는 혁명의 시대를 돌이켜보며 그 철학의 유산을 '근본적으로 사악하고 부정한' 것으로 매도했다. "어떠한 국가도 그 원리에 따라 관리해서는 안 된다. 그 원리는 통치가 계약과 의도적인 협정의 문제라고 주장하지만 그것은 실제로 어느 하나도 의도적으로 배치되지 않은… 수많은 결사의 실타래로 뒤얽힌 관습의 제도이기 때문이다.” 윌슨은 자결권이 한 차례의 발작적 혁명으로 실현될 수 있다는 망상에 반대하여 “정부는 세대를 거치며 서서히 변경되는 방식이 아니고는 성공리에 교체되어 영구히 안착한 적이 없다”고 단언했다.[45] 윌슨은 젊었을 때 쓴 글에서 1789년과 1830년, 1848년, 1870년의 프랑스의 역사적 경험을 염두에 두고 이러한 견해를 밝혔다. “유럽의 민주주의는 언제나 반란에서, 파괴적인 힘으로 작동했다…. 그것은 기회가 있을 때… 신뢰를 잃은 중앙집권적 통치의 요소들로부터… 아주 잠깐 동안 지속되는 정부만을 세웠고, 잠시 동안 인민의 대표자들을 등용했으나… 자유의 본질에 매우 가까운 일상적인 지역 자치는 여느 때처럼 거의 전혀 확보하지 못했다.”[46] 심지어 1900년에도 윌슨은 프랑스 제3공화정에서 위험스러울 정도로 불안정한 절대왕정의 후예들을 보았다. 그들의 ‘상도를 벗어나게 하는 영향력’은 근대 세계에서 민주주의라는 기획 전체의 평판을 해쳤다.[47]

윌슨에게 진정한 자유는 특정 민족적, 인종적 삶의 방식에 깊이 뿌리 내린 특성에 또렷하게 새겨져 있었다. 미국의 정체성에 깊은 혼동이 온 것은 바로 이를 인식하지 못했기 때문이다. 윌슨은 도금시대의 미국인들이 건국의 선조들을 움직인 혁명적 열정을 잃어버렸다고 생각하는 경향이 있다고 말했다. 그들은 자신들이 ‘경험으로써… 희망찬 혁명의 전염을 막아줄’ 예방접종을 맞았다고 생각했다. 그러나 이러한 인식의 토대는 ‘오래된 자기기만’이었다. “만일 우리가 실망하고 있다면, 그것은 각성의 실망이다.” 미국의 18세기 혁명을 낭만적으로 생각한 자들은 ‘꿈을 꾸고 있었다.’ 진실을 말하자면, “우리가 100년 전에 세운 정부는 결코 선진 민주주의 실험의 전형이 아니었다….” 미국인들은 ‘루소에 귀를 기울이거나 유럽의 혁명적 정서에 교감할 이유가 전혀 없었다.’ 미국 방식의 민주주의적 자결권의 힘은 바로 그것이 혁명적이지 않다는 사실이었다. 그 힘은 온전히 선조들로부터 물려받은 것이다. "그것은 다른 정치 체제들을 무너뜨릴 필요가 없었다. 단지 자체를 재조직하기만 하면 되었다. 무엇을 창조할 필요도 없었다. 자치정부를 확대하기만 하면 되었다…. 그 삶의 방식을 체계화하는 것 말고는 아무것도 필요하지 않았다."[48] 윌슨은 제1차 세계대전에 관한 그의 견해에 울려 퍼지게 될 말로써 이렇게 강조했다. "프랑스에서 대혁명 때 일어난 것과 같은 민중의 반란과 우리 것과 같은 정부의 수립 사이에는 거의 아무런 공통점도 없다…. 백 년 전에 우리는 유럽이 잃어버린 것을… 자제력과 냉정함을 분명하게 보여주었다."[49] 그러므로 윌슨은 많은 미국인이 '구세계'를 바라볼 때의 일반적인 소외감을 그만의 독특한 방식으로 활용했다. 세계적인 위기의 한가운데에서 윌슨이 단호하게 증명하려 한 것은 미국이 그가 다른 모든 것보다 높이 산 '냉정함'을 잃지 않았다는 것이다.

윌슨에게 프랑스보다 영국이 더 편했음은 의심의 여지가 없다. 윌슨은 영국 헌법의 장점에 관해 설득력 있는 글을 썼다. 그러나 영국이 역사적으로 미국 정치 문화를 배태한 나라라는 바로 그 이유 때문에, 윌슨에게 영국은 과거 속에 고정되어 있어야만 했다. 영국이 민주주의 발전의 도정을 따라 전진할 수 있다는 생각, 미국의 뒤에서 따라오는 것이 아니라 미국과 나란히 걸을 수 있다는 생각에 그는 매우 심란했다. 윌슨이 재선되고 몇 주 지나 집무를 시작한 로이드조지 총리가 20세기 초 유럽에서 가장 위대한 민주주의의 선구자일 수 있다는 사실은 백악관에서는 보이지 않았다. 윌슨은 영국 총리를 반동적인 전쟁광으로 비난한 과격한 비평자들에게 동의할 수 있어서 기쁠 따름이었다.[50] 하우스 대령은 런던을 방문했을 때 아서 밸푸어 같은 보수당 정치인이나 에드워드 그레이 같은 자유당의 보수적인 거물과 협상하기를 더 좋아했다. 대중주의자인 로이드조지보다 이들이 윌슨이 지닌 영국 정치의 이미지에 더 잘 맞았기 때문이다.

클레망소와 윌슨, 공통의 준거점을 바탕으로 싸우다

이러한 고정관념의 벽에 부딪친 유럽인들은 정형화된 대서양 간 차이에 자신들만의 견해로 대응하려 했다. 베르사유에서 조르주 클레망소는 윌슨이 '민주주의자에게 총을 쏘는 것이 훌륭한 태도인 세계에서 산' 적이 없음을 떠올렸을 때(클레망소는 파리 강화회의 도중에 아나키스트가 쏜 총탄에 맞아 부상을 당했는데, 윌슨을 비판하며 이렇게 말했다. "나는 민주주의자에게 총을 쏘는 것이 훌륭한 태도인 세계에서 살았다."*) 그 미국인의 경건한 체하는 태도를 참기가 더 쉬웠다고 말했다.[51] 그러나 클레망소는 필시 정중함에서, 어쩌면 윌슨의 오랜 이력을 생각하지 못하여, 사실상 자신과 윌슨이 유럽이 아닌 미국의 진정으로 폭력적인 정치 투쟁의 시기에서 공통의 준거점을 갖고 있음을 알아차리지 못했다. 1917년 봄 협상국과 미국의 동조자들이 매우 열렬히 취했던 '정당한 전쟁'이라는 표현에 윌슨은 심히 불편해했는데, 비록 50년 전의 일이지만 남북전쟁이 그 불편함의 가장 깊은 원천이었다.

남북전쟁이 남부에서 지낸 윌슨의 아동기에 흔적을 남겼다면, 클레망소의 성격은 프랑스의 혁명적 전통이라는 유산이 결정했다.[52] 그의 아버지는 1848년 혁명을 강탈한 보나파르트 파에 저항하다 체포되어 알제리로 유배당할 뻔했으나 간신히 이를 피했다. 1862년 클레망소는 선동죄로 악명 높은 마자스 감옥에서 얼마간 복역했다. 1865년 나폴레옹 3세의 프랑스에서 아무런 희망도 보지 못하여 비통해했던 클레망소는 19세기 민주정치의 대격전지인 남북전쟁의 미국으로 배를 타고 건너갔다. 그는 얼마 전에 의학 학위를 받았기에 링컨의 연방군을 위해 군의관으로 자원하거나 미국에서 서부 개척자로 살아볼까 생각했다. 그러나 클레망소는 코네티컷과 뉴욕에 정착했고 이후 몇 년에 걸쳐 자유주의적인 신문 《르 탕*Le Temps*》에 광범위한 재건으로써 남부의 패배를 완성하려는 노력을 둘러싼 혹독한 싸움에 관하여 일련의 놀라운 기사를 썼다. 클레망소는 재건을 '두 번째 혁명'으로 써 승리한 전쟁, 정당한 전쟁을 완수하려는 영웅적인 노력으로 보았다. 이는 그의 신념에 어울렸다. 클레망소에게는 기쁘게도, 그 싸움은 아프리카계 미국인에게 투표권을 약속한 1869년 2월 수정헌법 제15조의 통과로 종결되었다. 클레망소에게 공화당의 급진적 노예제폐지론자들은 '로베스피에르의 모든 분노'에 고무된, '그 국민의 가장 고귀하고 가장 훌륭한 자들'이었다.[53] 이는 클레망소가 할 수 있는 최고의 칭찬이었다. 열성적인 재건 지지자들은 남부 민주당원들의 사납고 이기적인 조롱에도 아랑곳없이 미국을 '도덕적 파산'과 '불행'으로부터 구하기 위해 싸웠다.

그 남부 민주당원 패거리 속에 우드로 윌슨이 있었다. 청년 윌슨은 남부의 대의를 끈질기게 고수해 알고 지낸 모든 사람에게 큰 인상을 심어주었다. 1880년대와 1890년대 교수 시절에 대중적인 베스트셀러 역사책의 저자였던 윌슨은 미국 국민국가의 승리 이야기를 북부와 남부의 화해를 축하하며 끝맺었다. 그렇지만 그의 책은 재건을 비난했고 흑인 주민을 선거권이 없는 하층계급에 넣어버렸다. 윌슨에게 클레망소의 기사에 나오는 영웅들은 '더할 나위 없는 공포와 타락, 혐오, 사회혁명의 소행'을 기획한 설계자들이었다. '백인의 남부를 흑인의 남부에 굴복시킨다'는 단호한 의지를 보인 재건의 옹호자들은 남부 주들을 '통치하지 못하면 파괴한다'는 정책으로 다루었다.[54] 장래에 미국 대통령이 될 이 사람이 남부의 젊은이로 보낸 청년기에 훗날 전시의 프랑스 지도자가 될 사람이 1867년 1월 파리로 보낸 다음의 글을 우연히 발견했다면 무슨 생각을 했을지 궁금하지 않을 수 없다. "북부의 다수파가 약해지고 나라의 의원들이 화해나 주정부의 권한을 위해 남부인들에게 손쉽게 의회 재진입을 허용해도 된다고 믿는다면, 사반세기 동안에는 내부 평화가 없을 것이다. 남부의 노예제 정당과 북부 민주당의 결합은 노예제폐지론자들의 온갖 노력을 다 물리칠 정도로 강력할 것이며, 유색인의 최종적이고 완전한 해방은 무한정 저지될 것이다."[55] 남북 전쟁 이후 남부 사람으로는 처음으로 대통령에 선출되는 윌슨의 이력은 그렇게 정의의 실현이 연기되었기에 가능했다.

클레망소가 1917년에 마음이 심히 어수선하여 반백 년 전의 기억을 들추어내는 데 많은 시간을 쓰지 못했다면, 윌슨에 반대하는 미국인들에게 '승리 없는 평화'의 역사적 반향은 저항하기에는 너무나 강력했다. 1917년 1월 30일 독일의 유보트 전쟁 선언으로 윌슨의 상원 연설뿐만 아니라 시어도어 루스벨트가 그 연설에 가한 최고로 잔인한 공격의 하나도 빛을 잃었다.[56] 그는 그 전쟁에 대한 윌슨의 태도에 보수적인 역사적 계보가 있음을 재빨리 확인했다. 루스벨트는 '승리 없는 평화를 요구한' 자들은 식민지 시절에 영국과 타협하기를 원했던 '1776년의 토리'였다고 청중에게 일깨웠다. 미국 내전의 고통스러운 마지막 국면이었던 1864년에 '승리 없는 평화를 요구한' 자들은 이른바 '코퍼헤드copperheads'였다.[57] 이제는 '미스터 윌슨'이 '세계에 치욕스러운 코퍼헤드 평화, 옳은 편의 승리 없는 평화, 그릇된 편이 승리하도록 꾸며진 평화, 중립국에서 소심함과 탐욕의 사도들이 옹호한 평화를 받아들이라고' 요청하고 있었다.[58] 코퍼헤드는 남북전쟁 중에 북부에서, 특히 링컨의 고향인 일리노이주에서 정치적 생존을 위해 발버둥친, 노예제에 찬성하는 민주당 일파였다. 1864년 싸움이 절정에 달했을 때, 이들은 반란을 일으킨 남부 노예제 지지자들의 체제와 타협하여 평화를 유지하자고 주장했다. 북부의 완전한 승리를 지지한 열성파는 이들에게 독사의 이름을 붙였다.(코퍼헤드는 미국 일부 지역에 서식하는 독사 Agkistrodon contortrix의 속칭이다.*)

1917년 4월 2일, 상원에 전쟁 선포를 요구하다

1917년 3월이 시작될 때 미국은 아직 전쟁에 들어가지 않았다. 윌슨 대통령은 측근 대다수에게는 실망스럽게도 여전히 그 분쟁이 미국을 삼키도록 내버려두는 것은 '범죄'라고 강조했다. 그렇게 되면 '차후에 유럽을 구할 수 없게 될 것'이기 때문이었다.[59] 각료들이 전부 모인 자리에서 윌슨은 '영구적인 평화의 본질적인 요소는 모든 국가가 정치적으로 자유화하는 것'이라는 국무장관 랜싱의 주장을 무시했다.[60] 윌슨은 세계 평화의 회복을 진정으로 원했다. 승리 없는 평화가 그것을 준비하겠지만, 한 나라의 정치적 체질은 다른 문제였다. 그것은 그 내적 삶의 표현이었다. 한 나라가 외부에서 가한 일격으로 '자유화'될 수 있다고 생각한다면 프랑스의 혁명적 사고에 내재한 오류에 빠지는 격이었다. 한 나라가 그 의지에 따라 발전하려면 시간이, 새로운 국제 질서의 보호가 반드시 필요했다. 윌슨은 자유주의의 십자군이라는 이데올로기적 외투를 뒤집어쓰면 군국주의라는 구세계의 악습이 미국에서 새롭게 비옥한 토양을 발견할까 봐 두려웠다. "융커의 기질이… 애국심을… 빙자하여 시나브로 기어들어올 것이다."[61] 그는 계속해서 역설했다. "이 분쟁이 무승부로 끝나면 필시 더 큰 정의가 이루어질 것이다."[62] 불운하게도 때를 잘못 찾은 독일의 전면적인 공격의 전모가 확실해졌을 때에야 윌슨은 마침내 '도덕적 동등함'의 관념을 어쩔 수 없이 포기했다. 유보트는 그 마지막 결정타가 아니었다.

1917년 2월 말 영국 정보부는 대서양 횡단 전신선에서 일급비밀 전문을 빼냈다. 독일 외무부가 멕시코 주재 대사관에 카란사 장군의 멕시코 정부에 일본과 함께 반미 동맹을 맺자고 제안하는 것을 승인한다는 내용이었다. 독일로부터 군사 지원을 받는 대가로 멕시코는 텍사스와 뉴멕시코, 애리조나를 즉각 공격해야 했다.[63] 2월 26일, 미국 정부는 전문 내용을 통보

받았다. 이 소식은 하루 뒤에 공개되었다. 미국 내 친독일 인사들 사이에서 나온 첫 반응은 믿을 수 없다는 것이었다. 1917년 2월 말 독일계 미국인 활동가 조지 실베스터 피어에크는 신문사 사주인 윌리엄 랜돌프 허스트에게 이렇게 항의했다. "진위가 의심스러운 그 문건은… 날조된 것이 틀림없다. 독일 외무장관이 그렇게 터무니없는 문서에 서명했으리라고는 믿기 어렵다. 빌헬름슈트라세의 현실적 정치인이라면 결코 멕시코의 미국 영토 점령처럼 바보 같은 제안을 토대로 동맹을 제안하지 않을 것이다…."[64] 이는 독일에서도 경악할 만한 일이었다. 독일의 유명 실업가 발터 라테나우는 한스 폰 제크트 장군에게 보낸 편지에서 독일제국이 일본을 동맹으로 끌어들이려 애쓰는 동시에 멕시코의 '산적들'에게 텍사스와 애리조나를 넘겨준다는 것은 '웃어넘기기에는 너무도 슬픈' 얘기라고 썼다.[65] 그러나 이러한 연합이 심한 환각을 일으켰을지언정, 서반구에서 군사적으로 선수를 친다는 독일의 기괴한 발상은 미국이 이미 협상국 편으로 관여하고 있고 전쟁 선포는 여하튼 피할 수 없는 일이라는 독일 정부의 강박관념이 논리적으로 연장된 것이었다. 참전하지 않으려는 윌슨의 의지가 분명했음에도, 1917년 3월 3일 토요일 독일 외무장관 아르투어 치머만은 그 기사가 사실임을 공개리에 인정했다.

이제 독일군 유보트에 의한 미국 선박의 침몰이 일상적인 일이 된 데 이어 독일 정부가 이 이유 없는 공격을 부인하지도 않자, 윌슨에게 남은 선택은 없었다. 1917년 4월 2일 윌슨은 상원에 전쟁 선포를 요구했다. 루스벨트와 랜싱 같은 자들에게 전쟁 선포는 위안이 되었다. 독일은 그 진정한, 공격적인 성격을 결정적으로 드러냈다. 반면 윌슨에게 '승리 없는 평화'라는 미래상을 어쩔 수 없이 포기하고 협상국을 위해 나라의 힘을 쏟는 것은 속이 뒤집히는 반전이었다. 윌슨의 삶을 꿰뚫어 본 어느 전기 작가의 과장된 표현을 빌리자면, 윌슨의 전쟁 선포는 그의 '겟세마네'였다.[66] 확실히 그가 의회에서 한 연설의 마지막 몇 줄에는 루터파의 과장된 정서가 보였다. "미국은 나라에 생명과 행복을 가져다준 원칙과 나라가 소중히 지킨 평화를 위해 피와 땀을 흘릴 특권을 지녔다. 신이 도우시니 미국은 바로 그 일을 할 수 있을 것이다." 그러나 윌슨은 무엇에 헌신했는가? 윌슨은 전쟁에 돌입할 때에도 망설였다.

미국은 '이기적인 전제국가에 맞서 이 세계의 삶에서 평화와 정의의 원칙을 지키고 이 세계의 진정으로 자유로운 독립 국민들 사이에 차후로 그 원칙의 준수를 보장할… 의지와 행동의 협력을 세우기' 위해 참전했다. 윌슨은 이렇게 연설을 이어갔다. "평화를 위한 확고부동한 협력은 민주주의 국가들의 공조 없이는 유지할 수 없다. 독재정권이 그 안에서 약속을 지키거나 그 맹약을 준수하리라고는 믿을 수 없다." 그러한 싸움에서 미국이 중립을 지키는 것은 '더는 가능하지도 바람직하지도 않다.' 이는 랜싱과 루스벨트의 주장을 인정하는 것 같았다. 그들은 미국이 두 진영 사이에서 균형을 유지하는 것이 불가능하다고 늘 강조했다. 그러나 자세히 들여다보면 윌슨의 선언에는 놀라운 취사선택의 면모가 엿보인다. 윌슨은 전쟁을 선포하고 독재체제를 비난하면서 독일의 주된 동맹국인 오스만제국이나 합스부르크 왕국을 거론하지는 않았다. 또한 그는 협상국을 민주주의 국가의 대표자나 자치정부의 본보기로 분명하게 인정하지도 않았다. 그의 목표는 추상적인 미래 시점의 어법으로 제시되었다. 윌슨은 밖에서 압박하여 전쟁을 끝내려고 노력했으나 실패했기에 새로운 국제 질서를 안으로부터 세우기로 결심했다. 그렇게 하려면 거리를 유지해야 했다. 윌슨은 협상국과 공식적으로 동맹을 체결하지 않고 '같은 편'으로서 초연한 지위를 고수했다.[67] 이는 결정적인 순간에 그에게 상황을 지배하는 데 필요한 자유를 주게 된다. 그 목적은 영국과 프랑스를 뒷받침하는 것이 아니라 세계적 지배력을 지닌 중재자라는 미국의 역할을 회복하는 것이었다.

3장

전몰자의 묘지, 러시아 민주주의

1917년 4월 6일 미국이 참전하면서 힘의 균형은 결정적으로 협상국에 유리하게 바뀌었다. 돌이켜보건대 그것은 미리 결정된 세계사의 전환 같다. 그러나 당시에는 협상국이 미국의 반대를 무릅쓰고 전쟁을 확대하면서 엄청난 모험을 하고 있음이 분명했다. 전쟁이 얼마나 미세하게 균형을 이루었는지, 윌슨이 미국의 참전을 몇 달 더 지연시킬 수 있었다면 '승리 없는 평화'라는 1월의 그의 호소가 얼마나 큰 영향력을 행사했을지는 분명했다. 1917년 3월 20일, 의회에 전쟁 선포를 요청하라는 내각의 권유에 윌슨이 마지못해 동의했던 그날, 미국 정부는 페트로그라드의 대사관에 러시아의 새로운 임시정부를 승인하라고 지시했다.[1]

한 주 동안 파업과 시위가 이어지고 페트로그라드 수비대가 명령 이행을 거부한 뒤, 3월 15일 차르는 퇴위했다. 로마노프 왕조의 권위가 누더기가 된 상태에서, 차르의 형제들은 제위를 거부했다.[2] 미국이 전쟁을 향해 나아갈 때, 러시아는 아직 공식적으로는 공화국이 아니었지만, 차르 체제의 잔재인 두마의 진보적 인사들로 구성된 임시정부는 '보통선거'로 구성된 제헌의회가 그해에 열릴 것이라고 선언했다. 미국과 프랑스의 앞선 화려한 경험에 따라, 이 혁명적 대회는 구체제가 남긴 가장 기본적이고 논쟁적인 문제, 즉 나라의 정치 체제와 토지 문제, 차르의 억압적 통치를 받은 수천만 명의 비러시아인과 러시아 사이의 관계를 결정할 것이었다. 동시에 소비에트로 알려진 회의체들이 혁명적 정통성의 주된 원천으로 새롭게 등장했다. 소비에트는 모든 도시와 읍, 촌락에서 급진적 병사들과 노동자들, 농민들의 자발적인 주도로 조직되었다. 초여름이 되면 이 소비에트들이 전국대회를 개최하고 임시정부와 제휴한다.

헌법을 영구적으로 바꾸려면 제헌의회를 열어야 했지만, 새로운 질서의 몇몇 특징에 관해서는 당장에 압도적인 합의가 이루어졌다. 자유는 그 혁명의 표어였다. 사형은 폐지되었다. 집회와 언론의 자유를 제한하는 조치는 전부 제거되었다. 유대인을 비롯한 소수민족들과 종교적 소수파는 동등한 시민권을 지닌다고 선포되었다. 페미니스트 시위자들은 여성도 남성과 동등하게 제헌의회 선거에 참여해야 한다고 거세게 요구했고 이를 관철시켰다. 페트로그라드 소비에트의 명령 제1호는 러시아 병사들에게 다른 시민들이 누리는 여러 권리를 똑같이 부여했다. 잔인한 신체형은 불법이 되었다. 심지어 탈영도 이제는 사형으로 처벌하지 않았다. 병사들은 정치적 토론과 정치결사의 자유를 완전하게 누렸다. 유럽 전제주의의 귀신이었던 러시아는 지구상에서 가장 자유롭고 가장 민주적인 나라로 재탄생하는 놀라운 반전을 보여주었다.[3] 그렇다면 질문을 해보자. 민주주의의 이 위대한 승리가 그 전쟁에 어떤 의미를 지녔는가?

1917년 봄, 차르 체제의 몰락

윌슨의 국무장관 로버트 랜싱 같은 자들에게 이는 운명적 순간이었다.[4] 1916년 이래로 그는 행정부 내에서 협상국의 대의를 옹호한 자들 중에 영향력이 가장 큰 사람이었다. 영국과 프랑스가 차르의 전제국가 군대에 의존했다는 사실은 '민주주의 국가 협상국'의 대의를 옹호하는 데 가장 큰 걸림돌이었다. 이제 랜싱이 내각의 다른 동료들에게 말했듯이 '러시아에서 혁명이 일어났으므로… 유럽의 전쟁이 민주주의와 절대주의 사이의 전쟁이라는 주장에 반대할 한 가지 이유가 사라졌다.'[5] 그리고 윌슨도 전쟁을 선포하면서 '지난 몇 주 동안 러시아에서 일어난 놀랍고도 고무적인 정세'를 환영했다. 러시아를 지배한 전제정치는 '사라졌다.' 그리고 '위대하고 고결한 러시아 국민은 세계 평화를 위해 싸우는 세력에 우직하고 당당하게 합세했다….'[6] 영국 정부와 프랑스 정부는 민주주의 러시아를 열정적으로 지지했다. 조르주 클레망소는 랜싱처럼 대서양 민주주의 동맹의 전망에 흥분했다. 1917년 봄 클레망소는 미국의 전쟁 선포와 차르 체제의 몰락이 동시에 이루어진 것을 거의 황홀경에 빠진 듯한 말로 환영했다. 전쟁을 선포할 때 "윌슨 대통령이 자신의 결단을 정당화하며 보여준 보편적 이념의 가장 중요한 효과는 러시아혁명과 미국혁명이 그 분쟁의 도덕적 이해관계를 최종적으로 규정함으로써 놀랍도록 서로를 보완한다는 것이다. 민주주의의 모든 위대한 국민들은… 그들에게 그 싸움에서 자신들의 제각기 정해진 자리를 차지했다. 이들은 자신들만의 승리가 아니라 모두의 승리를 위해 노력한다."[7] 러시아의 민주주의 혁명은 그 전쟁 수행 노력을 끝내는 것이 아니라 그 노력에 다시 활력을 불어넣을 것이었다.

그리고 이러한 희망은 완전히 잘못 찾아온 것만은 아니었다. 1917년 봄 러시아혁명은 무엇보다도 우선 애국적 사건이었다. 차르 부부에 관해 퍼진 온갖 상스러운 소문 중에서도 가장 크게 체면을 손상시킨 것은 독일의 사촌들과 접촉하여 반역을 꾀했다는 것이다. 그렇지 않다면 차르는 도대체 왜 1914년 8월에 개혁과 동원의 정신을 그토록 완고하게 거부했단 말인가? 그러지 않았더라면 러시아의 자유주의자들과 심지어 많은 사회주의자들까지도 차르 편에 섰을 것이다. 북부전선에서 러시아군은 독일에 대패했다. 그러나 러시아의 전쟁에서 모든 것이 다 잘못되지는 않았다. 1915년 러시아군은 오스만제국 군대를 격파했다. 1916년 여름에는 브루실로프 장군이 궤멸적인 공세로 오스트리아 군대를 무력화시켰으며 루마니아가 협상국 편으로 기울어지게 했다. 징병 군인들의 폭동과 농민의 항의와 파업이 정치 혁명으로 전환된 것은 이러한 승리를 이용하지 못했기 때문이었다. 차르가 물러난 상황에서 항복 얘기는 할 수 없었다. 페트로그라드의 모든 집회를 지배한 회색 외투의 위대한 농민 병사들의 혁명적 애국심을 모욕한다면 누구라도 얻어맞을 각오를 해야 했다.[8] 혁명의 명예와 수백만 사망자의 희생이 걸린 문제였기 때문이다. 게다가 임시정부와 페트로그라드 소비에트의 전략가들은 더 큰 결과를 고려해야 했다. 러시아가 독일제국과 단독으로 협상에 들어가면, 연합국이 런던과 파리, 뉴욕에서 들어오는 신용을 차단하여 보복할 것이 뻔했다. 동부전선에서 강화가 이루어지면 독일은 서부전선에서 압도적인 승리를 얻는 데 전력을 집중할 수 있고 그 후 다시 러시아를 공격했을 것이다.

그러나 항복이 선택할 수 있는 방안에 없다고 해도, 혁명이 차르의 전쟁을 지속시킬 수도 없었다. 혁명의 초기 국면을 지배한 자들, 다시 말해 임시정부와 소비에트 사이를 오간 사회혁명당의 알렉산드르 케렌스키나 페트로그라드 소비에트에서 외교 징책 논의를 주도한 조지아(그루지야) 출신의 카리스마 넘치는 멘셰비키 국제주의자 이라클리 체레텔리 같은 자들은 다다넬스(차나칼레) 해협처럼 제국주의의 목표인 곳을 점령하기 위해 전쟁을 지속하고 싶은 마음은 없었다. 혁명에 필요한 것은 명예로운 강화, 패배 없는 강화였다. 게다가 이것이 단독강화가 될 수 없다면, 케렌스키와 체레텔리는 협상국의 다른 두 나라를 끌어들여야 했다. 그러므로 러시아의 민주주의 혁명가들은 윌슨이 몇 주 먼저 처했던 바로 그 딜레마에 봉착했다. 승리주의를 조장하지 않으며 어느 편에도 쓰라린 패배를 주지 않는 방식으로 전쟁을 끝낼 방법은 무엇인가? 또한 러시아의 혁명가들은 승리 없는 강화에 대해 잘 알고 있었다. 1916년에서 1917년으로 넘어가는 겨울 협상국을 향한 윌슨의 도전은 주로 영국과 프랑스를 겨냥했지만, 이는 러시아에서도 의미가 없지 않았다. 소비에트 내 체레텔리의 멘셰비키 동료였던 니콜라이 수하노프가 말했듯이, 1917년 소비에트의 첫 번째 요구는 협상국이 1916년 12월 윌슨의 '평화 문서'에 했던 호전적인 답변을 철회하는 것이어야 했다.[9] 4월 4일, 미국 상원이 독일과의 전쟁을 투표로 결정한 날, 페트로그라드 소비에트의 집행위원회는 민족자결, 무병합, 무배상의 세 가지 조건을 강화의 원칙으로 결정했다. 러시아군은 그러한 조건의 강화를 확신할 때까지 전장에 남아 있으려 했다. 그것은 이기적인 승리가 없는 강화요, 차르를 거부하고 러시아를 세계 '민주주의'의 선두에 올려놓음으로써 혁명을 영예롭게 하는 강화였다.

임시정부는 며칠 안에 '페트로그라드 방식'을 승인했다. 5월 협상국에 우호적인 인사인 자유주의자 외무장관 파벨 밀류코프가 소비에트의 요청에 따라 물러났다. 그가 전통적인 '병합주의적' 전쟁 목적에 집착했기 때문이다.[10] 소비에트의 '혁명적 방어주의' 정책은 교조적인 사회주의 독재의 정책이 아니라 타협의 정책이었다. 혁명의 방어는 케렌스키와 체레텔리가 러시아 정치의 '살아 움직이는 세력들' 즉 마르크스주의자들과 농민 사회혁명당원들, 자유주의자들을 전부 결집시킬 때 내세운 구실이었다. 볼셰비키는 그 논의에 거의 관여하지 않았다. 망명 생활을 하던 레닌은 아직 러시아에 들어오지 못했다. 카이저의 첩보부가 그의 귀국을 추진하기를 기다려야 했다. 현지의 볼셰비키는 아직은 눈에 띄지 않는 집단이었고 소비에트의 다수파를 따라가려 했다. 레닌은 4월 16일 밤에야 페트로그라드로 돌아왔고, 즉시 그 유명한 '4월 테제'에서 전제정권의 권한을 넘겨받은 임시정부와 혁명적 소비에트가 합의한 모든 것에 반대한다고 선언했다.[11] 모든 타협은 혁명의 배반이었다.

이듬해 레닌은 체레텔리와 케렌스키가 역사의 뒤안길로 완전히 사라지도록 맹렬하게 온 힘을 다했다. 그러나 그들의 견해는 진지하게 고려해야 했다. 혁명적 방어주의는 애국적 전략이었다. 민주주의 러시아는 독일제국에 항복할 수 없었다. 레닌으로부터 욕을 먹기는 했지만 그것 또한 혁명적이었다. 1917년 봄에 강화의 옹호는 전쟁 이전 상태의 옹호가 아니라 유럽의 정치적 변화의 호소였다. 윌슨이 상원 연설에서 거론하지 않은 것을 페트로그라드 소비에트는 큰 소리로 선언했다. 1917년까지 모든 전쟁 당사국이 이미 많은 희생을 치렀음을 감안하면, '승리 없는 평화'는 과거와 기꺼이 단절하려는 정부만이 고려할 수 있었다. 그것은 역사상 가장 큰 희생을 치른 전쟁이 완전히 쓸데없는 일이었음을 자인하는 꼴이었다. 그렇게 하려면 각국 정부는, 윌슨처럼, 전쟁 책임 문제에서 벗어나 진영을 막론하고 모든 제국주의를 다 비난해야 했다. 그러한 정부만이 승리 없는 평화를 굴욕으로 받아들이지 않을 수 있었다. 바로 그렇기 때문에 영국과 프랑스의 정치가들은 윌슨의 호소에 그토록 완강하게 저항했던 것이다. 이들은 윌슨의 '도덕적 동등함'이라는 개념을 인정할 수 없었다. 윌슨이 구상하는 정치적 미래에 자신들이 들어갈 자리가 없다고 이해했다. 독일의 공세가 때를 잘못 잡은 탓에 윌슨은 그들 편으로 기울었다. 그러나 러시아혁명이 몇 달 일찍 시작되었다면, 독일이 무제한 잠수함전 재개의 결정을 봄까지 미루었다면, 윌슨이 5월까지 전쟁에 들어가지 않을 수 있었다면, 어떤 결과가 나왔을까? 전쟁이 지속될 수 있었을까? 러시아의 민주주의를 구할 수 있었을까? 워싱턴 주재 독일 대사 베른슈토르프 백작은 미국을 떠나면서 고통스럽게 회고했다. 1916년에서 1917년으로 넘어가는 겨울 동안 독일이 '윌슨의 중재를 수용했다면 러시아에서 미국의 영향력은 강화에 찬성하도록 작용했을 것이며, 이후 사건들이 궁극적으로 증명했듯이' 독일에 '해롭게 작용하지 않았을 것이다.' 독일은 '윌슨과 케렌스키의 강화 계획으로부터' 분명코 '우리가 필수적이라고 생각하는' 것을 전부 제공하는 강화를 얻어낼 수 있었을 것이다.[12] 바로 이러한 반사실적 가정에 따르면 러시아혁명과 미국 참전이 시간상으로 거의 일치하는 것은 매우 큰 의미가 있다. 그러나 윌슨이 협상국 편을 들었다고 해도 러시아혁명은 양쪽에 똑같이 충격을 안겼다. 러시아혁명은 1917년 여름에 거의 전쟁을 '승리 없는 평화'와 비슷하게 끝낼 뻔했다.[13] 그 가능성을 무산시키는 데 가장 큰 역할을 한 것이 미국의 참전이라는 사실은 얄궂은 역설이다. 유럽에 미친 영향은 중대했다. 러시아에는 특히 더 큰 영향을 미쳤다.

러시아, 협상을 통한 강화의 호소

전쟁 발발 후 세 번째 잔혹한 겨울이 지난 뒤, 1916년을 버텨낸 전투원들의 에너지는 소진되고 있었다. 동부전선에서는 차르 체제가 무너지고 큰 전투가 없었다. 독일은 혁명 정부와 단독강화를 체결할 수 있는지 주시하면서 공세를 미루었다. 러시아혁명은 싸움을 지속하려는 독일 국민의 결의를 흔들었다. 차르의 전제국가로부터 독일을 지킨다는 것이 사회민주당이 전쟁을 지지한 주된 동기였다. 러시아 혁명가들이 병합주의 의도를 부인했으므로 이제 그러한 핑계는 의심을 받았다. 1917년 4월 8일, 사회민주당의 지지를 필사적으로 지키려 했던 총리 베트만홀베크의 강력한 주장에 따라, 카이저는 부활절 성명서를 발표하여 전쟁이 끝나는 대로 즉시 프로이센 헌법을 개혁하겠다고 약속했다. 독일의 3분의 2를 통제한 프로이센 의회에서 그때까지 좌파를 배제한 3등급제 선거제도를 대신하여 일인일표 제도를 도입하기로 했다. 그러나 이는 너무 약소했고 너무 늦었다. 1917년 4월 중순 유럽 사회주의의 본산이었던 사회민주당이 분열했다.[14] 과격한 좌파는 독립사회민주당USPD으로 모여 페트로그라드의 혁명 소비에트가 제시한 조건에 따른 즉각적인 강화를 요구했다. 거대한 공업 중심지인 베를린과 라이프치히에서 30만 명의 노동자들이 파업을 일으켜 그 결의안을 열렬히 지지했다. 다수파 사회민주당MSPD은 자국의 전쟁 수행을 계속해서 지지했지만 방어 투쟁에 머물러야 한다는 점을 그 어느 때보다도 더 절박하게 강조했다. 이들은 중립국을 통해서, 그리고 제국 정부의 용인을 받아 앞장서서 러시아의 사회주의자 동료들과 협상을 개시했다.

이렇게 동맹국의 정치권 안에 퍼진 불안감은 협상국의 군사적 승리를 위한 최근의 노력이 큰 실패로 돌아간 것과 시기적으로 일치했기에 더욱 중요했다. 1917년 4월 18일, 영국군이 독일군의 저항을 꺾기 위한 작전을 시행한 뒤, 프랑스군이 독일군 전선을 한 번 더 타격했다. 그러나 새로운 사령관 로베르 니벨 장군이 낙관론을 피력했음에도 공격은 실패로 돌아갔다. 독일군 전선은 견고했고 프랑스군의 사기는 추락했다. 5월 4일 프랑스군에서 명령을 거부하는 부대들이 나타났다. 며칠 안에 반란은 십여 개 사단으로 확산되었다. 무자비한 필리프 페탱 장군이 질서 회복을 위해 애쓰는 동안, 프랑스군은 마비 상태였다. 프랑스 정부는 위기를 숨기고자 최선을 다했고, 영국군 참호에서는 이에 상응하는 반응이 없었다. 그러나 1917년 5월에 불만의 파고가 영국을 덮쳤다. 하원에서 자유당과 노동당 의원 32명이 페트로그라드의 조건에 따른 강화를 요구하는 동의안에 보란 듯이 찬성표를 던졌다.[15] 동시에 영국의 공업지대가 전쟁 발발 후 그때까지 가장 심각한 노사분규로 고통을 받고 있었다.[16] 수십만 명의 숙련공이 공식 노동조합의 지시를 무시하고 작업을 중단했다. 6월 초 로이드조지는 위대한 민주주의 십자군 전쟁의 전망을 축하하는 대신 영국의 소비에트를 거론하여 내각을 놀라게 했다. 대중의 비난이 두려웠던 왕실은 버킹엄 궁전은 쫓겨난 로마노프 왕가의 사람들을 환영하지 않는다고 알렸다. 조지 5세가 측근에게 털어놓았듯이, 너무 많은 '민주주의가 퍼져' 있었다.[17]

협상국을 덮친 마비 의식은 유보트의 봉쇄가 가져온 충격으로 더욱 고조되었다. 1917년 2월에서 6월 사이에 독일군은 290만 톤의 선박을 침몰시켰다. 영국은 수입량을 유지하기 위해 이탈리아와 프랑스에 할당한 선박 톤수를 줄였다. 사기 저하를 막기 위해 분투한 프랑스 정부는 어쩔 수 없이 무기 생산보다 식량 수입을 우선시해야 했다.[18] 외국이 공급하는 물자에 한층 더 심하게 의존하게 된 이탈리아의 상황은 정말로 위태로웠다. 1917년 초여름 이탈리아의 석탄 공급은 필요량의 절반 수준이었다.[19] 1917년 8월 22일 이탈리아 전시 경제의 심장부인 토리노에서 식량 비축량이 크게 감소하여 상점들은 하루에 겨우 몇 시간만 문을 열었다. 파업 때문에 철도망이 폐쇄된 가운데, 생디칼리스트 선동가들에 이끌린 군중은 약탈을 자행하고 경찰서를 습격했으며 교회 두 곳을 방화했다. 군대가 도시를 봉쇄했다. 800명의 폭도가 체포되어 불안정한 평온이 찾아왔지만, 노동자 50명과 군인 3명이 살해된 뒤였다.

그러나 유보트가 협상국에 영향을 미치기는 했어도 독일 정부에게는 크게 실망스러웠다. 1917년 1월 독일 해군은 영국이 그해가 가기 전에 굶주릴 것이라고 장담했다. 여름이 되자, 독일의 잠수함은 적에 큰 손실을 입혔음에도 협상국이 지구 곳곳에서 끌어 모을 수 있었던 상선단을 압도하기에는 충분하지 못했다는 사실이 분명해졌다. 이러한 실패의 인식이 점점 더 분명해지면서 독일에서는 근본적인 정치적 방향 조정이 이루어졌다. 사회민주당의 두 파벌이 어느 때보다 큰 목소리로 강화를 요구하는 상황에서, 1917년 7월 초 가톨릭중앙당의 대중주의적 파벌과 진보인민당의 대변자들이 이들에게 합세했다. 이 동맹의 윤곽은 1912년 제국의회 선거 이래 뚜렷해졌다. 그 선거에서 한때 비스마르크의 적이었던 세 정당이 거의 3분의 2를 득표했다. 사회민주당과 가톨릭중앙당, 진보인민당은 이제 국내의 민주화와 협상을 통한 비병합주의적 강화의 요구를 밀어붙이기 위해 상임위원회를 구성했다.[20] 7월 6일, 1914년에 팽창주의적 전쟁 목적을 가장 떠들썩하게 옹호한 가톨릭중앙당 좌파의 주요 대변인 마티아스 에르츠베르거가 유보트 전쟁 실패의 결과를 직시해야 한다고 요구하는 극적인 모습을 보이면서 제국의회 다수파의 대변자로 떠올랐다. 독일은 협상을 통한 강화를 추구해야 했다.[21] 베트만홀베크는 종전 후 프로이센의 민주화를 약속하는 카이저의 다른 발언을 인용하여 위기를 억제하려 했다. 그러나 그것으로 충분하지 않았다. 총리는 유보트 전쟁의 비참한 확대를 막지 못했으며 이제 정치적 대가를 치러야 했다. 그는 해임되었으며, 7월 19일 제국의회는 강화결의안Friedensresolution을 압도적인 표 차이로 통과시켰다. 강화결의안은 '상호이해를 통한 강화'와 '국민들의 영원한 화해'를 요구했다. 이는 '영토의 강제 점령'이나 '정치적, 경제적, 재정적 억압'에 입각해서는 불가능했다. 이들은 자유무역과 항해의 자유, '국제 사법기관'의 설치라는 자유주의적 원리에 따라 새롭게 공정한 국제 질서를 세우자고 요구했다. 제국의회 다수파가 페트로그라드 소비에트나 윌슨의 어법을 직접적으로 되풀이하지는 않았지만, 이들의 견해가 전반적으로 일치했음은 분명하다. 에르츠베르거는 러시아인들을 '빛 쪽 안에' 설득할 수 있기를 바랐다.[22]

승리 없는 평화는 이제 더는 단순한 구호나 희망사항이 아니었다. 유럽의 모든 교전국들이 힘을 소진한 상태에서, 1917년 여름 그것은 점차 기정

사실로 보였다. 그리고 5월 초 러시아의 혁명가들은 이득을 취할 태세를 갖춘 것 같았다. 임시정부는 미국과 협상국의 승인을 받았다. 러시아는 엄청난 희생을 치렀기에 동맹의 충성스러운 일원으로 전쟁 목적 문제를 다시 논의하자고 요구할 권리가 있었다. 한편 페트로그라드 소비에트는 비공식 기구였으므로 자유롭게 국제적 연대와 평화 선전의 운동을 병행하여 추진할 수 있었다. 협상국 내부의 위아래에서 동시에 제기되는 압박은 윌슨이 할 수 없었던 일을 성취시킬 것 같았다. 그 압력에 영국 정부와 프랑스 정부는 협상에 나설 수밖에 없을 것이고 러시아는 끔찍한 단독강화와 제국주의에 끝까지 맞서 싸우는 것 사이에서 선택하지 않아도 될 것이었다. 1917년 4월 각각 노동당과 사회당의 주요 인사들이 이끈 영국과 프랑스의 대표단은 정부로부터 러시아를 전쟁에 남아 있도록 설득하는 임무를 부여받고 페트로그라드로 향했다. 혁명적 방어주의를 고수하는 자들은 독일과의 단독강화에 거세게 반대했지만 협상국이 전쟁 목적을 재고해야 한다고 고집했다. 각각 영국과 프랑스의 주요 전쟁 옹호 사회주의자였던 아서 헨더슨과 알베르 토마는 러시아의 민주주의 혁명이 탈선할 가능성을 크게 걱정했다. 이들은 볼셰비키를 막으려는 바람에서 페트로그라드 소비에트가 7월 1일 스톡홀름에서 열자고 요구한 국제 사회주의자 회의에 참석하자고 국내의 동지들을 설득하기로 의견을 같이했다.[23] 프랑스 사회당은 곧 내각에 들어가 있는 당 출신 장관들을 자리에서 물러나게 했다. 그러나 페탱 장군이 수천 명의 반란 병사들을 군법회의에 회부하여 서부전선의 질서를 회복한 뒤, 정부는 더는 평화주의의 오염을 허용할 생각이 없었다. 프랑스 사회당원들의 여권은 즉시 취소되었고, 로이드조지 정부는 즉각 이 선례를 따랐다. 그 결과 영국 노동운동은 전쟁에 찬성하는 다수파와 이제는 독립노동당 당원들을 넘어서 더 널리 퍼진 강력한 반전 소수파로 분열했다.

러시아 사회주의자들에게 영국과 프랑스의 완고함은 그다지 놀랍지 않앉다. 더욱 실망스러웠던 것은 미국 정부의 태도였다.[24] 미국의 참전 이후에도 혁명적 방어주의를 주장한 자들은 여전히 윌슨의 지원을 기대했다. 그리고 윌슨은 그들의 곤란한 처지를 충분히 헤아렸다. 윌슨은 러시아제국이 휘말린 1915년과 1916년의 협상국 간 비밀협정을 가증스럽게 여겼다. 윌슨은 막역한 사이인 어느 영국인에게 말했듯이, 러시아가 '새 정부를 세우고 국내 개혁을 시행하면서' '전쟁이 용납할 수 없는 해악'임을 깨닫고 '합리적인 조건에 따라 전쟁을 끝내기를 바랄' 순간에 도달할 것임을 알았다. 페트로그라드 소비에트가 윌슨의 '승리 없는 평화'의 호소를 확연하게 반영한 강화 원칙을 발표했을 때, 미국 정부는 정말로 당혹스러워했다.[25] 윌슨이 미국의 힘으로 러시아 정부의 평화 호소를 지지할 수 있었다면, 이는 극적인 효과를 냈을 것이다. 그러나 1917년 봄 독일의 무모한 공격에 윌슨은 독일제국이 계속 위협으로 남아 있는 한 영국과 프랑스의 군국주의적 충동을 진정시킬 가능성은 없다고 확신한 것 같다.[26] 독일은, 따라서 구세계 전체는 오로지 무력으로만 길들일 수 있었다. 이 평정이 또 다른 제국주의적 정복 전쟁이 되지 않도록 하려면, 미국이 전쟁 수행을 지도해야 했다. 미국 대통령이 세계의 화해를 중재하는 것과 러시아 혁명가들이 평화 정치의 속도를 결정하도록 허용하는 것은 완전히 다른 문제였다. 미국이 실질적으로 아무 목소리를 낼 수 없는 스톡홀름의 규율 없는 사회주의자들의 회의에서는 좋은 결과가 나올 수 없었다. 전쟁을 선택할 수밖에 없었던 윌슨은 평화 정치의 주도권을 놓으려 하지 않았다. 러시아 정부가 협상국에 전쟁 목적의 개정을 공식적으로 호소했을 때, 영국과 프랑스는 윌슨이 먼저 대답하도록 할 수 있어서 기쁠 따름이었다. 5월 22일 미국 대통령이 러시아 국민에게 준 답변은 우선 독일제국이 가한 지독한 협박을 재확인했다. 카이저 정부는 개혁을 수용하겠다는 의지를 확실히 보여주었지만, 그 목적은 '그들이 독일에 세운 권력과… 베를린에서 바그다드와 그 너머까지 이어진 그들의 은밀한 기획을 유지하는 것'이었다. 베를린은 '바로 세계의 평화와 자유를 겨냥한 음모의 조직망'에서 중심을 차지했다. "그 음모의 올가미를 망가뜨려야 하지만, 그것은 이미 저질러진 죄악을 되돌리지 않으면 망가뜨릴 수 없다…."27 영구적인 평화는 '이 부정한 전쟁의 근원인…' 이전 상태를 회복시키는 것이 아니다. "그 상태는 그렇게 섬뜩한 일이 다시는 일어나지 않도록 변경되어야 한다." 필수적인 전제조건은 우선 독일의 확실한 패배였다. 그리고 망설임도 없어야 한다. "… 우리는 다시는 인간의 자유라는 고귀한 대의를 위해 연합하거나 정복의 힘을 보여주지 못할지도 모른다. 정복하거나 굴복할 날이 왔다…. 우리가 함께 버틴다면 승리는, 그리고 승리가 보장할 자유는 확실하다. 그렇게 되면 우리는 관대해질 수 있겠지만, 그때나 지금이나 약해질 수는 없을 것이다…." 공화주의의 호전성이 울려 퍼진 이 어법은 불과 몇 달 전 윌슨이 취한 태도와 크게 상충하는데, 영국 정부와 프랑스 정부는 이에 대단히 기뻐했다. 영국 외무장관 아서 밸푸어는 윌슨의 방향 전환이 '[평화주의적인] 그의 앞선 몇몇 성명이 러시아에 미친 뚜렷한 효과를 중화'하는 데 필요했다고 매우 기뻐하며 말했다.28

프랑스와 러시아의 힘이 다 소진되던 때 영국은 그 전쟁에 다시 활력을 불어넣으려 노력했고, 여기에 미국의 지원은 절대적이었다. 1917년 여름 영국의 전쟁 수행 노력을 가장 크게 위협한 것은 유보트도 리즈의 소비에트도 아니었다(1917년 6월 3일 러시아 2월혁명의 영향을 받아 영국 리즈에서 노동자와 병사 대표자 위원회가 설치되었다*). 그것은 1915년부터 월스트리트에서 끌어온 융자금의 채무 불이행 가능성이 매우 현실적으로 다가온 것이었다. 이 점에서 미국의 전쟁 선포는 즉각적인 위안이 되었다. 이미 4월 말에 미국 정부는 영국에 2억 5,000만 달러라는 전례 없는 액수의 공식 선금을 제공했으며, 추가로 30억 달러 차관이 의회의 승인을 기다리고 있었다. 의회는 예상보다 시간을 오래 끌었지만, 이는 협상국이 완전한 의존 상태에 빠져 있음을 돋보이게 했다. 6월의 마지막 며칠 동안 영국은 파산 지경에 몰렸다.[29] 그러나 미국이 공동 참전국이 되면서 재앙의 위험은 사라졌다. 협상국은 민간 자본시장의 변덕에 불안정하게 의존하던 상태에서 정부 간의 공식적인 정치적 차관이라는 새로운 터전으로 이동했다. 바로 이 지원 덕분에 영국의 육군 원수 더글러스 헤이그는 대규모의 새로운 공세를 준비할 수 있었다. 파센달러(패션데일) 공세로 악명을 떨치게 되는 이 공격의 예비포격은 7월 17일에 시작되었다. 두 주 동안 3,000문이 넘는 영국 대포가 독일군 참호에 423만 8,000발의 포탄을 퍼부었다. 1억 달러의 비용이 들어간 것으로 추산되는 이 포탄 세례는 대서양 건너편의 전쟁 수행 능력을 보여주는 또 다른 증거였다.[30] 그 공격의 군사적 목적은 독일군을 플란데런 해안선에 있는 발판에서 쓸어버리는 것이었다. 파센달러 공세는 '승리 없는 평화'를 다시는 입에 올리지 못하게 하려는 영국 정부의 모진 결의를 보여주었다.[31]

러시아의 민주주의 혁명가들에게 이러한 호전성의 표현은 재앙이었다. 영국 정부도 미국 정부도 이 평화회담을 지지하지 않는다면, 러시아가 선택할 수 있는 방안은 두 가지였다. 페트로그라드 소비에트는 독일과 단독 강화 회담을 여는 위험스러운 길을 선택할 수도 있었다. 7월 페트로그라드 소비에트는 이미 다른 길에 몰두한 것이 아니라면 제국의회의 강화결의안을 붙들고 나머지 협상국에 응답하라고 요구할 수 있었을 것이다. 윌슨이 독일인들과 러시아 사회주의자들을 다 혐오했지만 그러한 호소를 정말로 거부할 수 있었을까? 영국과 프랑스에는 어떤 영향을 미쳤을까? 하원에서는 독립노동당이 제국의회의 강화결의안에 긍정적으로 답하라고 요구했다. 노동자층의 불만은 명백했다.[32] 그러나 러시아에서는 임시정부도 소비에트의 다수파도 독일을 향해 첫걸음을 뗄 수 없었다. 새로운 혁명의 시대를 단독강화 요청으로 여는 것은 철저한 배신이 될 터였다. 고립된 상태에서는 러시아 민주주의의 미래가 없었다.

더 급진적인 대안이 있었을까? 혁명세력의 좌파에서는 볼셰비키가 기세를 올리고 있었다. 레닌은 혁명세력이 차르 시절 자유주의의 잔재와 임시정부에서 여전히 장관직을 차지하고 있는 의회 보수파와 이룬 모든 타협에 격한 반감을 보임으로써 풍파를 일으켰다. 그의 구호는 '모든 권력은 소비에트로'였다. 혁명이 확실하게 권력을 손에 쥘 때에만 진정으로 민주주의적인 평화와 혁명전쟁의 지속 사이에서 분명한 선택을 내릴 수 있었다. 레닌에게 페트로그라드 소비에트의 강화 원칙은 충분하지 않았다. 자결권과 무병합은 진보적인 원리로 보일 수 있겠지만, 혁명가가 왜 '무병합'이 암시하는 전쟁 이전 상태를 승인해야 하는가?[33] 진정으로 혁명적인 유일한 공식은 '자결권'의 절대적인 지지였다. 자유주의자들과 개혁적 진보주의자들이 쉽게 폭력과 민족 간 갈등을 부추길 수 있다는 이유로 그러한 방식을 외면했던 반면, 레닌은 정확히 선풍적인 효과를 불러일으키기를 기대했기에 그 구호를 신봉했다. 레닌에게 미래의 전령은 한 해 전 더블린에서 일어난 봉기였다. 1916년 부활절 다음 날 1,200명의 신페인당 당원으로 구성된 아일랜드 의용대Irish Volunteers가 희생적 행위로 영국군과 전투를 벌였다. 앞으로 보겠지만, 이 때문에 아일랜드 정책은 완전히 바뀌었으며 공공연한 독립투쟁의 장이 열렸다. 정통 마르크스주의자들은 신페인당을 노동계급의 실질적인 지지를 받지 못한 자멸적 폭도로 무시했던 반면, 레닌에게 그들은 혁명의 미래를 보여주는 지극히 중요한 지시봉이었다. "식민지와 유럽의 작은 나라들에서 반란이 일어나지 않고도, **온갖 편견으로 시달리는** 프티부르주아지 일부가 혁명으로 폭발하지 않고도 사회혁명이 **가능하다**고 생각하는 것⋯. 이 모든 것을 생각하는 것은 사회혁명을 거부하는 것이다⋯." 오로지 노동계급에 의해서만 수행되는 '순수한 사회혁명'을 기대하는 자는 누구든지 '결코 생전에 그것을 보지 못할 것이다…. 만일 우리가 사회주의를 위한 프롤레타리아트의 위대한 해방전쟁에서 모든 대중운동을 이용할 방법을 모른다면… 우리는 매우 어설픈 혁명가일 것이다.'[34] 레닌은 즉각적인 혁명적 강화를 요구했다. 그러나 그의 저술에 정통한 자라면 누구라도 곧 깨닫게 되듯이 이 구호는 오해하기가 쉬웠다. 레닌은 역사 진보에서 희망의 불씨를 모조리 꺼뜨릴 것 같은, 모든 것을 소진시키는 제국주의자들의 세계 전쟁을 중단시키기를 절실히 원했다. 그러나 그가 이 평화를 원한 이유는 그로써 한층 더 광범위한 국제적 계급전쟁, 즉 '프롤레타리아트의 위대한 해방전쟁'이 시작되기를 바랐기 때문이었다. 전 러시아 소비에트 정권이 체결한 혁명적 강화는 독일 프롤레타리아트의 봉기를 촉발할 것이었다. 자유주의자들과 멘셰비키가 러시아에서 내전이 벌어질까 봐 그러한 길을 외면했다는 사실은 레닌에게 그것이 올바른 혁명노선임을 알려주었다. 그는 결코 평화주의자가 아니었다. 그의 목적은 무의미한 제국주의자들의 학살을 역사의 진보를 가져올 계급전쟁으로 바꿔놓는 것이었다. 그러나 1917년 여름 레닌조차도 감히 옹호하지 못한 것은 단독강화, 즉 어떤 대가를 치르더라도 카이저 정권과 강화를 체결하는 것이었다.[35]

그것이 싫다면 어떤 대안이 있었을까? 러시아 정부는 간단히 방어 태세를 택할 수도 있었다. 확실히 독일은 러시아의 혼란을 군사적으로 이용하려는 징후를 보이지 않았다. 루덴도르프는 러시아가 단독강화에 동의하기를 바라는 마음에서 동부전선에서 공격 작전을 삼갔다. 1917년 6월 엘리후 루트가 이끄는 미국의 첫 번째 고위급 사절단이 페트로그라드를 방문했을 때, 이들도 아무것도 하지 말라고 권고했다. 러시아가 협상국에 계속 충성하는 한, 미국은 기꺼이 원소를 세공하려 했다. 5월 16일 미국 재무부는 임시정부에 즉각 1억 달러의 차관을 제공하기로 동의했다. 블라디보스토크에 군수품이 높이 쌓였다. 붕괴되고 있는 러시아의 철도망으로 수송하기만 하면 될 일이었다. 이 병목현상을 처리하기 위해 윌슨은 시베리아 횡단 철도의 수용 능력을 회복할 철도기술사절단의 급파를 승인했다. 7월 미국 철도위원회는 기관차 2,500대와 화차 4만 량의 조달을 승인했다.[36] 독일에 맞선 공동의 전쟁 수행 노력의 일환으로 러시아 민주주의를 안정시키는 데 아직 늦지는 않았을 것이다.

그러나 결말 없는 전투를 한 철 더 끌고자 들쭉날쭉한 참호선에 쭈그리고 앉아 있는 것은 페트로그라드 소비에트의 혁명정신에 근본적으로 위배되는 일이었다. 중대한 위험도 있었다. 군대가 아무런 움직임도 없이 여름을 지난다면, 임시정부는 볼셰비키의 전복 행위에 대응하는 데 필요한 능력을 모조리 잃어버릴 수 있었다. 영국이 이미 러시아의 군사력을 신뢰하지 않고 있다는 징후는 심히 불길했다. 러시아 정부는 무슨 일을 벌이든 협상국의 동조를 받아야 했지만, 자신들이 더는 전쟁의 적극적인 참여국이 아니라면 어떤 수단을 쓸 수 있는가? 윌슨처럼 러시아의 민주주의 혁명가들도 안으로부터 전쟁의 진로를 바꿀 수 있으리라고 도박을 할 수밖에 없었다. 1917년 5월 케렌스키와 체레텔리, 그들의 동료들은 러시아 민주주의의 협상을 통한 강화의 호소를 진지하게 받아들이라고 다른 협상국을 압박하고자 군대를 전투 능력을 갖춘 부대로 재건하려 미친 듯이 노력했다. 이들은 독일을 격파할 수 있으리라고 생각할 만큼 현실 인식에 문제가 있지는 않았다. 그러나 러시아가 오스트리아에 1916년 브루실로프가 해낸 것과 같은 타격을 가할 수 있다면, 협상국은 분명히 그들의 말에 귀를 기울일 것이다. 그것은 2월혁명의 소심함이 아니라 절박한 욕구를 드러내는 범상치 않은 도박이었다.[37]

레닌의 러시아 11월혁명

러시아가 물자 부족을 겪고 있지 않았음은 분명하다. 자체의 동원 노력과 연합군이 공급하는 풍부한 물자 덕분에, 1917년 초여름 러시아 군대는 그 어느 전쟁 때보다 장비를 잘 갖추었다. 병사들이 싸움에 나설 것이냐가 문제였다. 5월과 6월에 케렌스키와 브루실로프, 엄선된 일단의 정치위원들은 냉담한 러시아 군대를 분기시키고 레닌의 이단적인 복음을 설파하는 볼셰비키 선동가들에 의해 점점 더 널리 퍼지는 영향력을 무력화시키고자 필사적으로 노력했다. 러시아 군대에 혁명전쟁의 구호를 전파할 정치위원 직을 처음으로 도입한 자는 레닌과 트로츠키가 아니라 1917년 2월의 민주주의 혁명가들이었다. 케렌스키는 회고록에서 치명적인 공격에 앞서 예비포격을 거두었던 1917년 7월 1일의 숨 막히는 순간을 이렇게 묘사했다. "갑자기 쥐 죽은 듯한 고요가 찾아왔다. 작전 개시 시간이었다. 잠시 동안 우리는 병사들이 전투를 거부할지도 모른다는 끔찍한 두려움에 사로잡혔다. 그때 우리는 보병 제1선이 장전된 소총을 들고 독일군 참호 제1선으로 돌격하는 것을 보았다."[38] 군대는 진격했다. 남쪽에서는 군대가 젊은 전쟁 영웅 라브르 코르닐로프의 힘찬 지휘에 따라 불안에 떠는 합스부르크 군대를 잠식했다. 그러나 볼셰비키의 전복 활동이 매우 심했던 북쪽에서는 대다수 부대가 독일군을 앞에 둔 채 명령을 거부하고 참호에 머물렀다. 7월 18일 러시아군이 쩔쩔매고 있을 때 독일이 반격했다.

결과적으로 이로 인해 러시아 역사뿐만 아니라 독일의 역사도 결정되었다. 1917년 7월 19일 에르츠베르거가 제국의회에 강화결의안을 제시한 바로 그 순간에, 그가 카이저 정권에 도전을 제기할 때 토대로 삼은 전제가 뒤집혔다. 유보트 작전은 실패했을지 모르지만, 동부전선에서 독일군은 전쟁을 승리로 이끌기 위해 각오를 다졌다. 독일군이 공격을 개시한 지 몇 시간 만에 러시아군의 방어는 무너졌고 패주가 이어졌다. 영국이 플란데런의 끔찍한 학살극에 잡혀 있는 동안, 1917년 9월 3일 카이저의 군대는 일찍이 튜턴 기사단의 중심지였던 리가로 의기양양하게 진군했다. 협상국의 승리가 매우 가까워 보였던 1916년 가을의 사건들을 거울에 비춰보는 것처럼, 이번에는 독일의 승리 가망성이 협상을 통한 강화 가능성을 지워버렸다. 힌덴부르크와 루덴도르프는 라트비아로 들어간 지 며칠 안에 정예부대인 발트 사단들을 수천 킬로미터 남쪽 이탈리아 도시 카포레토를 둘러싼 구역의 진지에 빽빽하게 집결시켰다.[39] 10월 24일 독일 돌격부대가 이탈리아군 전선을 돌파했다. 남쪽의 베네치아를 향해 돌진한 이들은 그 구역의 제1선 전체를 혼란에 빠뜨렸다.[40] 며칠 안에 이탈리아군의 희생자는 34만 명에 달했는데, 그중 30만 명이 포로였다. 그 외 35만 명의 병사들이 허둥지둥 퇴각했다. 독일군과 오스트리아군이 베네치아를 향해 진격하는 동안 40만 명의 민간인이 공포에 떨며 피난했다. 이탈리아는 위기를 넘겼다. 로마에 거국일치 정부가 들어섰다. 프랑스와 영국이 원군을 쏟아 부었다. 오스트리아-독일 군대의 진격은 피아베강 전선에서 멈추었다. 그러나 독일에서는 군국주의가 새롭게 활기를 띠었다. 여름철 의회를 주도했던 에르츠베르거와 사회민주당, 제국의회 다수파의 활동은 중단되었다. 반역자 민주주의자들이 승리를 향한 마지막 공격을 방해하지 못하게 막으려는 수십만 명의 격노한 민족주의자들이 신생 정당인 독일조국당DVLP에 떼로 몰려들었다.[41]

러시아는 케렌스키의 민주주의 전쟁 수행이 실패하면서 한층 더 극적인 충격을 받았다. 혁명적 방어주의의 옹호자들은 굴욕을 당했다. 대체로 마지못해 모질게 마음먹고 최후의 공세에 나선 농민 병사들은 이제 모두 그 대의를 포기했다. 7월 17일, 전장의 흐름이 바뀌려 할 때, 페트로그라드 수비대의 과격해진 병사들이 전쟁을 즉각 중단시키려고 시내 중심부로 행진했다. 이들은 볼셰비키 지도부의 명령 없이 행동한 것 같았지만, 시위가 격화되면서 레닌과 당 지도부가 반란에 뛰어들었다. 봉기는 이튿날에 가서야 진압되었다. 이제 혁명은 공공연히, 그리고 폭력적으로 분열했다. 임시정부는 민주주의적 자유에 깊이 헌신했음에도 볼셰비키 지도부의 일제 검거를 명령할 수밖에 없었다. 차르 체제가 무너진 뒤로는 볼 수 없던 조치였다. 그러나 임시정부는 볼셰비키 세력의 진정한 기반이었던 반란을 일으킨 수비대의 무장을 해제하지 않고 볼셰비키 조직을 해체하지도 않는 치명적인 실수를 저질렀다. 사형은 여전히 금기였다.

러시아 민주주의는 좌파의 공격을 견뎌냈지만 주된 위험은 우파에서 다가왔다. 브루실로프의 명성이 누더기가 된 상황에서, 권력 장악에 혈안이 된 인물은 케렌스키가 총사령관으로 승인한 코르닐로프 장군이었다.[42] 코르닐로프는 몇 주 동안 드러내놓고 음모를 꾸민 뒤 1917년 9월 8일 쿠데타를 실행에 옮겼으나 여름 공세의 운명을 결정한 바로 그 군대 때문에 실패했다. 병사들은 대부분 더는 전투에 나서라는 명령에 따를 의지가 없었다. 코르닐로프는 체포되었다. 그러나 누가 통치할 것인가? 재앙과도 같은 공세를 시작했고 코르닐로프와 은밀히 공모한 것처럼 보여 케렌스키는 완전히 신임을 잃었다. 체레텔리와 페트로그라드 소비에트 집행위원회의 멘셰비키들은 합법성을 얻기 위해 분투했다. 이들은 트로츠키와 알렉산드라 콜론타이 같은 이름난 볼셰비키 선동가들을 감옥에서 석방하라는 요구에 저항할 수 없었다. 마지막 수단은 제헌의회였다. 전술적인 고려사항 때문에, 그리고 러시아같이 큰 나라에서 전시 상태이자 시민사회의 혼란이 극심한 때에 총선거를 실시하기는 이루 말할 수 없이 어려웠기에, 제헌의회 선거 날짜는 거듭 연기되었다. 8월에 최종적으로 결정이 내려졌다. 선거는 11월 25일에 치르기로 했다. 흔히 이것이 1917년 가을 레닌에게 문을 열어준 위험스러운 권력의 공백기였다고 얘기된다. 그러나 실제로 그 국면을 결정한 것은, 레닌과 트로츠키로 하여금 행동에 나서게 한 것은 제헌의회가 곧 그 공백을 민주주의적 권력의 강력한 원천으로 채울 가능성이었다. 10월 23일 페트로그라드의 비밀 집회에서 레닌은 이렇게 속내를 드러냈다. "이제 권력을 장악할 때가 왔다. 지금이 아니면 다시는 기회가 없을 것이다…. 제헌의회를 기다리는 것은 어리석은 짓이다. 제헌의회는 결코 우리 편이 되지 않을 것이다…."[43]

볼셰비키에게 노동자와 농민은 물론 부르주아까지 포함하는 보통선거로 구성된 제헌의회는 단지 부르주아 권력을 은폐하는 장치에 지나지 않았다. '모든 권력을 소비에트로'는 처음부터 레닌의 지침이었다. 코르닐로프 쿠데타라는 당혹스러운 사건 이후, 지극히 중요한 페트로그라드 소비에트는 볼셰비키가 확고하게 지배했다. 트로츠키가 지휘한 페트로그라드 소비에트는 11월 7일 전 러시아 소비에트 대회를 개최하기로 결정했다. 이 전국대회가 제헌의회의 적절한 대안이 되리라고 생각되었다. 그러나 동시에 볼셰비키는 전 러시아 소비에트 대회를 페트로그라드 소비에트만큼 확실하게 장악하지는 못했다. 레닌은 여름 회기의 전 러시아 소비에트 대회에서 다수를 차지한 멘셰비키와 사회혁명당이 자신의 '강화' 정책을 조소했음을 잊지 않았다. 그런 일이 되풀이되지 않도록, 트로츠키는 선제적으로 쿠데타를 일으킬 계획을 세웠다. 임시정부의 잔재 세력을 쓰러뜨리고 페트로그라드에 완전한 사회주의 정부를 세워 레닌을 비판하는 자들에게 상황을 돌이킬 수 없음을 각인시키려 한 것이다. 전 러시아 소비에트 대회 개최일 하루 전인 11월 6일 저녁, 적위대(Krasnaya Gvardiya. 1917년 러시아혁명과 1918년 내전 초기에 소비에트 권력을 위해 싸운 노동자와 농민 자원자들로 구성된 준군사 집단*)가 도시의 모든 주요 거점을 점령했다. 대체로 저항 없이 권력을 장악한 뒤, 11월 7일(구력으로 10월 25일) 밤 10시 40분 레닌은 전 러시아 소비에트 대회를 소집해도 되겠다고 확신했다. 대회는 즉각 기존의 다수파인 멘셰비키와 사회혁명당을 몰아냈고 중앙집행위원회를 새로 선출했다. 위원회는 레닌과 그 동지들이 지배했다. 쿠데타 다음 날, 레닌은 제헌의회 선거를 완전히 취소하자고 제안했다. 그러한 '부르주아 민주주의' 연습은 필요 없었다. 그러나 볼셰비키 집행위원회는 이를 거부했다. 2월혁명의 민주주의적 기대를 그렇게 대놓고 조롱하면 득보다 실이 많다고 판단했기 때문이다.[44]

선거는 11월 마지막 주 정해진 대로 치러졌다(〈표 2〉). 너무 자주 대수롭지 않게 넘겨지기는 하지만, 이 선거는 러시아 인민의 정치적 능력을 보여주는 기념비적 사건으로, 또한 20세기 민주주의 역사의 이정표로 우뚝 설만하다. 최소한 4,400만 명의 러시아인이 투표했다. 그것은 지금까지 역사상 인민의 의지가 가장 크게 표명된 선거였다. 1916년 미국 대통령 선거에서 투표한 미국인보다 1917년 11월에 투표한 러시아인이 거의 세 배나 많았다. 1940년대까지 서방의 어떤 선거도 이 놀라운 선거를 능가하지 못했다. 투표율은 60퍼센트에 약간 못 미쳤다. 참여율은 도시보다 '후진적인' 시골에서 다소 높았다. 부정선거의 증거는 거의 없었다. 러시아 유권자의 투표는 러시아 사회의 기본 구조와 1917년 2월 이후 전개된 정치적 사건들의 추이를 명확하게 반영했다. 오랫동안 잊힌 이 사건을 연구한 선도적인 역사가는 이렇게 평했다. "그 선거에 근본적으로 잘못된 것은 없다고… 우리는 결론 내릴 수 있을 것이다. 도시민이 재산권을 위해 투표했을 때, 병사와 그 아내가 평화와 동원 해제를 위해 투표했을 때, 농민이 토지를 위해 투표했을 때, 그 놀라운 선거에 비정상적이거나 비현실적인 면이 있는가?" 이들에게 민주주의 경험이 부족했을지는 몰라도, 혁명 러시아의 '유권자는 기본적으로 자신들이 무엇을 하고 있는지 알았다.'[45]

혁명 정당들이(농민의 사회혁명당과 우크라이나의 그 자매 정당, 멘셰비키와 볼셰비키) 거의 80퍼센트를 차지했다. 볼셰비키의 쿠데타 이후인데도, 혁명적 방어주의를 옹호한 정당들이(사회혁명당과 멘셰비키) 여전히 인기가 가장 많았다. 그러나 1917년 가을 이들의 입지는 고통스럽게도 지리멸렬했다. 반면 이와 대조적으로 도시 지역에, 특히 페트로그라드 주변에는 강력한 소수파가 집결하여 볼셰비키를 지지했다. 1917년 봄 이래로 사회혁명당과 멘셰비키는 볼셰비키에 폭넓은 기반의 혁명 동맹을 구축하자고 간청했다. 그러나 레닌과 트로츠키는 전혀 관심이 없었다. 대신 두 사람은 자신들보다 더욱 전투적으로 계급전쟁을 옹호한 농민, 즉 사회혁명당의 좌파와 기회주의적으로 연합했다. 제헌의회의 첫 번째 회의는 1918년 1월로 연기되었고, 그동안 볼셰비키는 소비에트 정권을 공고화하고 레닌의 가장 인기 있는 구호인 '땅과 빵과 평화'를 실현시키는 데 착수했다.

〈표 2〉 민주주의 역사상 가장 큰 사건: 1917년 11월 러시아 제헌의회 선거 결과

	100만 명	비율
사회혁명당(농민)	15.9	38
사회민주당 볼셰비키	9.8	24
사회민주당 멘셰비키	1.4	3
기타 사회주의자들	0.5	1
입헌민주당(자유주의자)	2.0	5
기타 비사회주의 정당	1.3	3
우크라이나 사회혁명당	4.9	12
이슬람 정당	0.9	2
기타 민족 정당	1.7	4
기타	3.4	8
	41.8	100

침몰한 러시아 민주주의

쿠데타 직후, 농민 사회혁명당의 노련한 지도자인 빅토르 체르노프는 러시아의 민주주의 혁명을 구하려는 마지막 필사적인 노력으로 영국과 프랑스, 미국에 즉각적인 강화라는 레닌의 매력적인 약속에 대응할 수 있는 깜짝 놀랄 만한 외교 정책의 해법을 달라고 호소했다. 그러나 헛수고였다. 반응이 없었다. 여름에 서쪽으로 혁명의 전염병이 확산될 것처럼 보이자, 연합국은 러시아의 위협을 차단하기로 결정했다. 적어도 미국 정부는 임박한 재앙의 규모를 어느 정도 감지했다. 1917년 8월 초 케렌스키 공세가 실패한 뒤, 하우스 대령은 윌슨에게 편지를 보내 즉각적인 강화를 위한 긴급한 조치가 절대적으로 필요하다고 밝혔다. "독일의 무릎을 꿇리는 것보다 러시아가 굳건한 공화국으로 결합되는 것이… 더욱 중요하다. 러시아 내부의 혼란이 독일이 개입할 수 있는 수준까지 도달하면, 조만간 독일이 정치적으로나 경제적으로나 러시아를 지배하게 된다고 생각할 수 있다. 그렇게 되면 진보의 시계는 정말로 거꾸로 돌 것이다." 하우스는 이렇게 주장했다. 반면 민주주의가 러시아에 '견고하게 확립'되면, '독일의 전제 정권은 몇 년 안에 대의제 정부에 자리를 내줄 수밖에 없을 것이다.'[46] 진보를 위해 미국은 그 힘을 이용하여 이전 상태를 기본으로 하되 알자스로렌에 관하여 체면을 세워주는 약간의 '조정'을 곁들여 즉각적인 강화를 강요해야 했다. 프랑스 정부는 반대하겠지만, 하우스는 프랑스가 어떤 경우에든 그 겨울에 굴복할 것 같다고 생각했다. 윌슨은 '역사상 유례가 없는 중대한 위기의 하나[원문 그대로]'에 봉착했다.[47] 하우스는 윌슨이 '이 대단한 기회를 잃지 않기를' 기도했다.[48] 미국인의 피가 쏟아져 강물처럼 흐르기 전에, 미국 정부의 관여가 돌이킬 수 없는 지경에 이르기 전에, 그는 승리 없는 평화라는 기획을 되살려야 했다.

하우스가 1917년 8월 중순이 아니라 5월에 민주주의 러시아의 전략적 중요성을 인식했다면, 윌슨이 강화를 타진한 혁명적 방어주의 옹호자들에게 적극적으로 대응하거나 단독강화를 수용하겠다는 의사를 피력했다면, 러시아의 민주주의를 구할 수 있었을 것이다. 그러나 그는 둘 중 어떤 대응도 하지 않았다. 미국의 참전은 강화의 문을 닫았고, 윌슨은 이를 다시 열기를 거부했다. 하우스 대령은 진보의 지정학을 꿰뚫어 보았지만 때를 놓쳤다. 8월 말, 윌슨은 바티칸이 제시한 강화 방안을 무시하듯 치워버리면서 카이저 정권과는 어떠한 강화 협상도 없을 것이라고 단언하여 앞서 그를 지지했던 자들을 분노하게 만들었다.[49] 러시아의 마지막 절망적인 호소는 응답을 받지 못했다. 불운했던 농민 정당을 연구한 뛰어난 역사가는 이렇게 평했다. 우리는 전쟁을 지속하겠다는 연합국의 결의가 볼셰비키를 대신할 민주주의적 대안의 가능성을 '완전히 죽여'버렸는지[50] 아니면 '단순히 그러한 발상이 살아남을 수 없는 분위기만 조성했을 뿐'인지 결코 알지 못할 것이다. "그러나 그것이 양자택일의 문제가 아니었다는 점에는 합리적인 의심의 여지가 없다."[51] 볼셰비키 적위대가 겨울 궁전을 점령했을 때, 케렌스키는 미국 대사관 깃발의 보호 아래 호위를 받아 탈출했다.

4장

중국, 전쟁의 세계로 들어가다

1917년 7월 21일 러시아에서 케렌스키 공세가 실패한 직후, 상하이에서 발행되는 주간지 《리뷰 오브 파 이스트_Review of Far East_》에서 일하던 미국의 자유주의적인 중국 전문기자 토머스 프랭클린 페어팩스 밀러드는 미국 정부에 힐난을 퍼부어 주목을 받았다.

그렇다. 세계 전쟁의 문제가 민주주의의 운명을 가름하는 시금석으로 좁혀지고 있는 때에, 러시아와 중국이라는 두 대국이 처음으로, 그리고 불안정한 상황에서 공화주의를 시험해보는 것은 민주주의에 매우 불편한 일이다…. 그러나 현지 상황과 일반적인 상황이 매우 좋지 않기 때문에, 나아가 이러한 실험이 전쟁으로 인하여 세계 전역에서 민주주의라는 대의와 연결되기 때문에, 미국이 러시아와 중국이 사태 진전에 단순한 구경꾼으로 남아 있기는 사실상 불가능해지고 있다. 러시아를 고무하고 격려하고 지지하는 조치는 미국이 이미 취했다. 공화국을 유지하려고 애쓰는 중국을 고무하고 격려하고 지지하는 조

치를 지체 없이 궁리하여 실행해야 한다.[1]

1940년대가 되면 중국의 역사와 소련의 역사가 공산주의라는 표지로 결합되어 있는 것은 자연스러워 보인다. 그러나 쏜살같이 지나간 1917년의 순간에는 다른 종류의 연결이 가능해 보였다. 중국과 러시아는 미국에 합류하여 민주주의 동맹을 결성할 수 있었다. 기회를 잡을 의지가 있기만 했다면, 유라시아의 자유주의적 미래라는 매력적인 전망이 더 가능성이 커 보였다. 앞으로 보겠지만, 이는 고독한 미국인 기자의 상상만은 아니었다. 러시아와 마찬가지로 중국에서도 1917년에 관건은 공화주의 혁명의 미래였다. 러시아와 마찬가지로 중국의 국내 투쟁도 세계대전과 뒤얽혔다. 러시아에서 그랬듯이 중국에서도 애국적인 공화주의의 열정이 분출되어 시작된 한 해가 비참한 내전으로 추락하며 끝났다. 그 결과, 1917년 말이 되면 서부전선이 여전히 교착 상태에 머물러 있었는데도 광대한 유라시아의 정치 질서는 동쪽 끝에서 서쪽 끝까지 흔들렸다.

수십 년의 혼란, 군주제에서 공화국으로

중국 전문기자 밀러드가 행동에 나서라는 놀라운 요구를 하게 만든 베이징 위기는 1917년 2월 독일과의 외교 관계를 단절하기로 한 우드로 윌슨의 결정과 다른 중립국들에게 자신을 따르라고 한 권고로 촉진되었다. 윌슨은 '국제법의 올바르고 합리적인 이해와 인류애의 명료한 명령'으로 단호한 태도를 취했으며, 다른 모든 중립국이 '같은 길을 걷는' 것이 '당연하다'고 본다고 잘라 말했다.[2] 중국의 정치 지도자들에게 이는 직접적인 도전이었다. 미국만큼은 아닐지언정 중국도 그 분쟁에서 벗어나 있을 수 있었다. 1914

년 9월 일본은 돌연 산둥반도의 칭다오青島에 있는 독일 조계지를 점령했다. 1916년 중국의 자원병들은 협상국을 위해 전시 근로 봉사를 하고 있었다. 1917년 3월 초순 독일이 유보트 작전을 강화하고 있을 때, 프랑스군 수송선 '아틀라스Atlas'함이 어뢰 공격을 받으면서 500명의 중국인 노무자가 익사했다. 중국 정부는 미국 정부와 마찬가지로 독일의 공격으로부터 자국 시민을 보호해야 할 의무가 있지 않은가? 미국 정부와 함께 이에 대해 분명한 태도를 취하지 않은 것은 굴욕적으로 무능함을 인정한 것이나 매한가지였다. 게다가 이는 풋내기 중화민국이 미국에 동조하고 그로써 1911년에서 1912년으로 넘어가는 겨울에 신해혁명으로 시작된 정치적 변화를 완성할 천재일우의 기회를 놓치는 격이었다.[3]

1912년 2월 수백 년간 이어진 청나라가 마침내 무너져 공화국으로 대체되었다는 사실은 현대사의 진정한 전환점이다. 공화주의가 아시아에 도달했다. 중국의 보수주의자들은 공화주의에 소스라치게 놀랐다. 그러나 일본인들에게도 공화주의는 격한 충격이었다. 이들은 메이지 유신 이후 비교적 최근인 1889년에 독일제국의 헌법을 토대로 군주제 정체를 확정했기 때문이다. 중국은 수천 년 동안 왕조의 통치를 받았기에 공화국이 순조롭게 자리 잡기에는 좋지 않은 곳처럼 보일 수 있었다. 지금처럼 그때에도 서구의 학자들은 아시아적 가치관은 권위주의적 지도를 '요구한다'는 점을 기쁘게 확인했다.[4] 그러나 수십 년간의 혼란을 거치며 군주제로부터 공화국으로 넘어가는 중국의 이행 과정은 놀랍도록 견고한 것으로 드러났다.[5] 1913년 중국의 첫 번째 총선거는 초등교육(소학小學)을 받은 21살 이상의 남성에 제한된 선거로 치러졌다. 그러나 당대의 기준으로 보면 이는 결코 박하지 않았다. 중국인 유권자의 절반 이상이 투표장에 나오지 않았음을 감안하더라도 2,000만 표가 행사되었음을 보면 이 선거는 역사상 가장 거대한 민주주의적 사건의 하나였다.[6] 게다가 부패가 만연했음에도 혁명을 주도한 정당인 국민당은 확실한 과반수를 획득하여 공화주의적이고 의회주의적인 정책에 대한 지지를 얻어냈다.

그러나 국민당이 승리의 기쁨을 누리기도 전에 그 의회 지도자는 대총통 위안스카이와 연계된 암살자가 쏜 총탄에 쓰러졌다. 주로 남부 성들에 집중된 반란이 짧게 지속된 뒤, 쑨원과 국민당 지도부는 망명했다. 위안스카이는 의회를 정지시켰고 혁명가들이 마련한 임시 헌법을 중단시켰다. 영국과 일본의 중개로 외국 차관을 받았으나 미국의 윌슨 행정부로부터는 배척당한 위안스카이는 다시 권위주의 통치로 돌아가려 했다. 위안스카이는 청나라의 마지막 시절에 중북부의 현대식 군대인 북양신군北洋新軍의 지휘관으로서 전국적인 인사가 된 자로 새롭게 유행하는 제도인 헌법을 전혀 믿지 않았다.[7] 그러나 위안스카이는 중국 정치 지도자 대다수의 반대를 감안하지 못했다. 1915년에서 1916년으로 넘어가는 겨울 동안 위안스카이가 군주 자리에 오르려 하자 전국적으로 폭동이 일어났다.[8] 1916년 봄, 전통적으로 베이징의 대항 세력이었던 남부의 성들이 일본인 첩자들의 부추김을 받아 공공연히 반대에 나서서 연방주의적 헌법을 요구했다.[9] 이보다 더 위협적이었던 것은 위안스카이 군벌의 젊은 지휘관인 안후이安徽 성의 돤치루이와 즈리直隸 성의 펑궈장이 후원자에게 반기를 든 것이다. 활발하게 움직인 중국의 새로운 언론은 위안스카이의 절대권력 추구에 반대하여 전국적으로 격한 항의를 불러일으켰다.[10] 자신이 국민 분열을 초래하고 있고 그로써 일본과 러시아에 개입할 기회를 주고 있음을 깨달은 위안스카이는 치욕스럽지만 군주가 되려는 야심을 단념했으며 돤치루이를 국무총리에 임명했다. 돤치루이는 단연코 자유주의자가 아니었다. 그는 독일에서 군사 훈련을 받았고 위안스카이가 품은 권위주의 강화라는 시각에 충실했다. 그러나 돤치루이는 훗날 독일인들이 말한 이른바 현실적 공화주의자 Vernunftrepublikaner였다.[11]

신뢰를 잃은 위안스카이가 1916년 6월 갑자기 사망하자 1911년 봉기의 얼굴 중 한 사람이자 1913년에 국민당이 선호한 대총통 후보였던 리위안훙이 대총통이 되었다. 리위안훙은 제일 먼저 1912년 헌법을 복구했고 위안스카이가 해산한, 국민당이 압도적 다수를 차지한 의회를 다시 소집했다. 참의원 부의장으로 예일 대학교에서 수학한 왕정팅의 지휘에 따라 의회는 새로운 헌법의 초안 마련에 돌입했다. 1917년 2월 의회는 유교의 국교 지위를 해제하기로 결정했다. 중국 마르크스주의자 첫 세대를 포함하여 서구의 영향을 받은 신세대 지식인들이 베이징 대학교를 떠맡았다. 요컨대 중국 정치가 건설적인 개혁의 시기로 진입하는 것처럼 보였다. 중화민국을 미국의 윌슨 대통령과 제휴하게 할 외교 정책은 이러한 공화주의 공고화 정책의 이상적인 보완제로 보였다.

일본과 유럽의 제국주의자들에 반대하는 미국은 많은 중국인에게 커다란 희망으로 다가왔다. 민족주의자였던 청년 학생 마오쩌둥은 1917년 초에 친구에게 보낸 편지에 이렇게 썼다. "일본은 우리나라의 강력한 적이다." 마오쩌둥은 '20년' 안에 '중국이 일본과 싸워야 한다고, 그렇지 않으면 파멸할 것'이라고 확신했다. 반면 중국과 미국의 선린관계는 나라의 미래에 필수적이었다. "동양과 서양의 두 공화국은 사이좋게 가까워질 것이며 경제와 무역에서 기꺼이 호혜적인 협력자로 움직일 것이다." 이 동맹은 '천년의 위대한 노력'이었다.[12] 베이징 주재 미국 대사였던 진보주의 정치학자 폴 라인시는 그러한 대화를 격려할 수 있어서 기쁠 따름이었다. 라인시는 비록 일시적으로 워싱턴과의 전신 연결이 끊어졌지만 1917년 2월 초 독자적으로 중국에 1,000만 달러의 차관을 제안했다. 중국이 전쟁을 준비하고 미국을 따라 독일과의 외교 관계를 단절할 수 있도록 하려는 조치였다.[13] 그러나 라인시와 영국 대사관 둘 다 보고했듯이, 중국 정부는 깊이 고심했다. 아무런 행동도 하지 않으면 굴욕적일 수 있었다. 미국과의 연합은 확실히 유혹적이었다. 그러나 미국이 그토록 공개적으로 협상국과 거리를 두려 하는 마당에 프랑스와 영국, 그리고 특히 일본이 중국과 미국의 제휴를 어떻게 해석할 것인가? 라인시가 국무장관 랜싱에게 보고했듯이, 대총통 리위안훙과 국무총리 돤치루이는 주저했다. 중국이 교전국이 되고 이로써 '더 적합한 군사 조직'이 필요하게 되면 일본이 연합국에 '그러한 조직을 감독할 권한'의 위임을 요구할 수 있다고 두려워했기 때문이다.[14] 중국 정부가 거부하면, 중국은 미국의 지원을 기대할 수 있을까? 이제 많은 것이 윌슨 대통령에게 달렸다.

베이징 주재 미국 대사관의 열의와는 대조적으로, 미국 정부의 분위기는 신중했다. 1917년 2월 10일, 라인시가 보낸 전문을 읽은 윌슨은 랜싱에게 이렇게 말했다. "중국이 보일 수 있는 반응에 관한 이 전문과 앞선 전문들에 마음이 편치 않다. 우리는 중국을 파멸의 위험으로 이끄는 것인지도 모른다." 윌슨은 이렇게 말을 이었다. "… 만일 우리가 굳이 중국으로 하여금 지금 우리가 하고 있는 일을 따라하게 한다면, 우리는 가능한 모든 방법으로 중국을 돕고 지원할 준비를 해야 한다…. 과연 상원과 우리의 은행가들이 우리가 중국에서 불러일으킨 기대를 충족시키리라고 보아도 되는가?"[15] 국무장관 랜싱은 이에 동의했다.[16] 중국의 군사력을 키우는 모든 조치는 '일본의 통제권 요구를 정당화할 위협'으로 여겨질 수밖에 없었다. 랜싱은 경고했다. 미국 정부가 중국의 독자적인 노력을 장려하려 한다면, 그들은 '일본의 반대에 맞설 준비'를 해야 했다.[17]

동양의 프로이센 일본의 대 중국 전략

라인시나 밀러드 같은 중국통 자유주의자들에게 일본과의 대결은 언짢지 않았다. 그러나 앞서 보았듯이, 윌슨은 세계적인 인종 간 균형을 심히 우려했다. 윌슨은 결국 무산되었지만 미국의 중립을 지키려 노력하던 중에 자신이 '백인 문명'의 수호자임을 느꼈다. 유럽이 분열한 상황이니 동양에서 대결에 나설 때가 아니었다. 인종적 환상을 제쳐놓으면, 일본은 감안해야 할 세력임이 분명했다. 메이지 유신 이래 일본은 어마어마한 침략 기록을 가졌다.[18] 1895년 일본은 청나라를 굴복시켜 엄청난 배상금을 뽑아냈으며 조선을 전리품으로 얻어냈다. 1905년 이제 영국의 동맹국이 된 일본은 러시아에 굴욕적인 패배를 안겼다. 1914년 8월, 영국 외무장관 그레이의 요청으로 일본의 성급한 대 독일 전쟁 선포와 산둥반도 침공이 허용되었다. 그 요청은 일본 외무장관 가토 다카아키가 획책했다. 베이징이 타격 거리 안에 있는 황허강 하류에 자리 잡은 산둥반도는 중국의 세 가지 주요 종교적 전통, 즉 유교와 도교, 불교의 성지로 귀히 여겨진다. 따라서 산둥반도의 점령은 중국의 위신에 새롭게 파괴적인 타격을 가했다.

더 나쁜 일이 뒤따랐다. 위안스카이는 다른 협상국의 보호를 받고자 독일에 전쟁을 선포하게 해달라고 요청했다. 그러나 일본은 중국의 독립을 드러내는 것이라면 모조리 거부했다. 대신 1915년 1월 일본은 중국에 21개의 요구사항을 전달했다. 이는 곧 그 전쟁이 낳은, 제국주의의 가장 극악무도한 표현으로 전 세계에 악명을 떨치게 된다. 21개조 요구사항의 첫 네 항목은 익히 알려진 세력권 외교의 표현이었다. 식민지 조선에 붙은 지역인 중국 북부와 만주에서 이익을 확보한다는 일본의 익히 알려진 목적을 강력히 재천명한 것이다. 반면, 악명을 떨친 제5항은 베이징 중앙 행정부와 군대, 재무부에 대한 지배권을 요구한 것으로서 중국 전역에서 일본에 다른 모든 나라보다 더 우선하는 권리를 주게 될 것이었다.[19] 제5항의 요구는 다른 이해관계 당사국들에 대한 도전이었으므로 서구에서 논란거리가 될 수밖에 없었다. 그러나 일본의 어느 누구도, 심지어 베이징의 위안스카이 측근의 누구도 고려하지 못한 것은 중국 국민의 애국적 분노였다.[20] 일본의 요구가 알려지자, 베이징에서 4만 명이 항의 시위로 행진을 벌였다. 일본 상품 불매운동이 나라를 휩쓸었다. 유행을 좇는 중국 여성들은 일본이 러시아에 승리한 뒤 큰 인기를 끈 일본식 머리 스타일을 버렸다. 베이징 대학교 학생들은 국가의 위신이 더럽혀진 것을 되새기고자 날마다 21개조 요구사항을 암송하기로 했다. 일본은 21개조 요구를 국지적 기습으로 의도했지만, 이는 단번에 국제적 추문으로 바뀌었다. 영국 외교관들이 중국과 일본의 대결을 막고자 애쓰는 동안, 《워싱턴포스트_Washington Post_》는 분노한 독자들에게 21개조를 상세히 전달했다. 의회에서는 일본을 '동양의 프로이센'으로 비난하는 항의 연설이 이어졌다.

일본의 정치 세력 중에는 이러한 꼬리표에 부응하려는 자들이 분명히 있었다. 메이지 유신의 주역 중 생존해 있던 가장 유력한 인물인 겐로元老 야마가타 아리토모를 중심으로 한 무리는 일본이 협상국 편으로 합류한 것은 실수였다고 생각했고, 이를 어느 정도 공개적으로 드러냈다. 일본이 결국에는 미국과의 대결을 피할 수 없으리라고 확신한 이들은 전제국가인 제정 러시아와의 보수적 동맹을 지지했다. 이 관계는 1916년 여름에 체결된 비밀조약으로 공고해졌다. 그러나 중국을 향한 일본의 의도를 의심하는 것이 분명히 정당하기는 했지만, 서구의 평자들은 반일 감정 때문에 일본 제국주의 정책의 양면성을 보지 못했다. 일본 제국주의는 중국의 무너져가는 체제에 대면하고 러시아의 호전적이고 팽창주의적인 전제국가와 경쟁하는 상황에서 종종 개혁적 정신의 자유주의와 협력했다. 이는 영일동맹으로 일본의 팽창이 보장된 이후 한층 더 맞는 얘기였다. 1914년까지 일본의 경제 발전과 공공 재정은 런던 금융가에 매우 크게 의존했다. 그렇다고 일본이 국내 정치에서 자유주의적이고 반제국주의적인 진부한 표현들을 쏟아낸 것도 아니었다. 1912년 7월 메이지 천황이 사망한 뒤 네 개 정부가 이어졌는데, 전부 엘리트층 내부의 경쟁과 대중의 항의로 단명했다. 1914년 4월에 취임한 총리 오쿠마 시게노부는 자신의 시대와 계급의 선입견에 깊이 젖은 자였다. 그러나 그는 또한 서구 사상을 접했으며 메이지 시대 초기에 영국식 입헌군주제의 옹호자로 여겨졌다. 1914년 새로운 다이쇼 시대大正時代의 위기를 타개하고자 은퇴 생활에서 돌아온 오쿠마는 다수의 눈길을 끄는 인사들로 내각을 구성했다. 여기에는 법무장관을 맡은 일본 '헌정의 신憲政の神様' 오자키 유키오 같은 일본 자유주의의 진정한 영웅들이 포함되었다. 의회에서 그의 주된 지지 기반은 도시카이同志會로 알려진 정당이었다. 도시카이는 일본 정당 정치의 잡다한 파벌 중 정통 자유주의 경제 정책을 일관되게 고수했다. 그 핵심은 금본위제, 일본과 영국의 긴밀한 관계 유지였다. 이 연결의 화신은 영국 주재 일본 대사를 지낸 외무장관 가토였다. 종전 후 도시카이는 일본 의회 정치의 주된 자유화 세력으로 탈바꿈했다. 1925년 이들은 완전한 남성 선거권의 도입을 관철시킨다.

이러한 변화가 폭력적인 체제 전복 없이 이루어졌다는 사실 때문에 그 의미를 낮게 평가해서는 안 된다. 중화민국의 거친 민주주의 연습에 비하면, 1919년에 이르기까지 일본의 선거는 6,000만 명의 인구 중 고작 100만 명의 유권자만 참여한 조용한 사건이었다. 그러나 20세기에 들어선 이후 대중의 정치에 대한 관심은 극적으로 되살아났다. 신문 발행 부수는 1905년 일간 163만 부에서 1924년 625만 부로 급격하게 증가했다.[21] 1905년 러일전쟁 발발 이후 일본은 대중 선동의 물결에 거듭 몸살을 앓았다. 유럽의 역사적 사고에 깊은 영향을 받은 일본 지식인들에게, 일본이 중국만큼이나 역사적 변화의 파고에 휩쓸렸다는 것은 명백한 사실이었다. 문제는 그것이 외교 정책에서 지니는 힘이었다.

오쿠마와 가토가 일본을 전쟁에 밀어 넣었을 때, 중국의 전쟁 옹호자들처럼 이들도 제국의 확장을 넘어서는 역사적으로 중대한 목적의식을 지니고 있었다. 가토는 에드워드 그레이와 영일조약을 거론하여 전쟁 선포의 정당성을 입증함으로써 겐로 야마가타 주변의 주류파에 포진한 더 보수적인 인사들을 뒷방으로 내몰 수 있었다. 이러한 시각에서 보면, 21개조는 제국 군부 내에 널리 퍼진, 한층 더 과격하고 인종주의적인 해석의 대결을 억제함으로써 서구인들의 눈에 일본 외교 정책의 체면을 유지하려는 가토의 추가적인 노력의 산물이었다. 이 도박은 끔찍한 역효과를 초래했다. 중국 정부가 굴욕적으로 양보할 수밖에 없었지만, 일본은 큰 논란을 불러일으킨 제5항의 요구를 국제적 항의를 무릅쓰고 고수할 수는 없었다. 영국은 일본과 중국의 타협을 주선했다. 일본 자유주의의 큰 희망이었던 외무장관 가토는 사임했고, 1915년 여름부터 한 해 뒤 위안스카이가 사망할 때까지 일본의 중국 정책은 위험스러운 새로운 모험주의로 기울었다. 가토가 떠난 오쿠마 내각은 쓸데없이 국제 사회의 존중을 얻어내려는 대신 참모차장 다나카 기이치에 설득되어 베이징의 중앙 권력을 철저히 공격하는 데 전력을 다했다. 일본은 무자비한 분할지배 정책으로 태평양의 위협적인 전략적 지형에서 중국을 제거하려 했다. 위안스카이에게서 굴욕적인 양보를 얻어내는 동시에 쑨원 같은 민족주의자들을 후원하여 그에게 반기를 들도록 했던 것이다. 그러나 1916년 봄 다나카가 중국을 내전 직전으로 내모는 데 성공하기는 했지만, 이는 일본의 장기적인 전략적 지위를 굳히는 데 긍정적으로 작용하지 않았다.

1916년 여름 일본 제국주의의 자유주의적 변형이 실패로 돌아가면서 자라목의 군국주의자요 조선 총독으로 무자비함을 보여주었던 데라우치 마사타케 장군이 이끄는 새로운 정부가 들어섰다. 데라우치는 오쿠마와 달리 일본 헌법의 자유화를 향한 모든 조치에 공공연히 적대적이었다. 그는 집무를 시작하면서 자신의 정부가 의회의 통제를 '초월'할 것이며 외교 정책보다 더 민감한 정책 분야는 없다고 선언했다. 대양의 차원에서 미국의 위협이 다가온다고 본 데라우치 정부는 일본이 이에 대응하여 이익권역이라는 지역적 정책을 뛰어넘어야 한다고 주장했다. 일본이 각각 중국 중앙부와 남부에 자리 잡은 영국과 프랑스와 나란히 만주에서 한 자리를 차지하는 것으로는 충분하지 않았다. 다나카가 추구한 것과 같은 파괴적인 분할지배 전술에 몰두한 것은 말할 필요도 없었다.[22] 일본 정부는 태평양 건너편에서 다가오는 위협에 맞서기 위해 중국 전체를 일본의 영향력 아래 두어 그 권역에서 서구 강국들을 완전히 몰아내는 데 힘을 집중해야 했다. 그러나 21개조 요구사항 중 악명을 떨친 제5항이 물의를 일으키면서 일본은 교훈을 얻었다. 일본은 심히 야심적인 이 과제를 추진하려면 새로운 도구를 써야 했다. 새로운 계획은 군사적 차원을 배제하지 않았다. 일본은 장기적인 정부 간 군사 협정을 도모하려 했다. 그때 이후로 일본의 중국 정책은 베이징의 중앙정부를 통해 진행되었으며 은행가들, 특히 내무장관 고토 신페이의 그림자 같은 인물이었던 니시하라 카메조가 정책을 주도했다.[23]

전쟁 이전 대서양 권역의 금융 구조를 뒤집어놓은 엄청난 원심력은 태평양 권역에서도 작동했다. 1916년 일본의 국제수지는 매우 견실하고 협상국의 재정 상태는 매우 절망적이어서 일본 정부는 협상국에 자금을 빌려주는 위치에 있었다(〈표 3〉). 미증유의 상황이었다. 첫 번째 차관은 러시아가 영국 계정으로 일본제 소총을 구매한 대금을 지불하기 위한 1억 엔이었다. 일본은 또 중국의 주된 외국 자금 공급원이 되어 중국 정부에 영향력을 행사했다. 이와 같은 장기적 금융 헤게모니 전략으로의 전환은 일본 국내 정책으로 더욱 강화되었다. 총리 데라우치와 그의 권위주의적 패거리는 의회를 '조월'한 체했지만 의회의 지원이 필요했다.[24] 축출된 외무장관 가토의 비판과 오자키 유키오 같은 급진적 자유주의자들의 호된 공격이 가져올 효과를 상쇄시키기 위해, 독립적이라는 데라우치의 보수 정권은 사실상 지방

〈표 3〉 적자에서 흑자로, 다시 적자로: 일본의 허약한 국제수지, 1913~1929년(100만 엔)

| | 경상수지 | | | 자본수지 | | | | | |
	종합수지	무역수지	운송수입	자산 대비 순채무	일본의 대외채무	일본의 대 중국 차관	프랑스, 러시아, 영국에 대한 정부 차관	기타 민간 해외 투자	해외 보유 정화正貨
1899~1913	-951	-1,409	270	-1,223	2,069	60		540	246
1914	9.56	-5	39						212
1915	265	176	50						379
1916	575	371	158				263		487
1917	784	568	274				443		643
1918	868	294	455				575		1,135
1919	107	-74	368	1,399	1,822	236	575	1,085	1,343
1920	-393	-388	268						1,062
1921	-307	-361	140						855
1922	-98	-268	111						615
1923~1929	-1,022	-2,259	906	-738	2,549	94		1,717	0

의 지주 정당인 입헌정우회立憲政友會(리켄 세이유카이)에 의존했다. 가공할 인물인 그 지도자 하라 다카시는 전혀 진보적이지 않았다. 그는 일본에 닥친 민주주의의 파고에 저항했으며 1917년의 부정선거에서 득을 보아 의회의 제1당이 되어 기쁠 따름이었다. 하라 다카시는 중국 민족주의의 열망을 조롱했다. 그러나 그는 향후 미국이 지배적인 세력이 될 것이라는, 새로운 세상의 주된 특징 하나만큼은 흔들림 없이 확신했다. 21개조에 대한 미국의 성난 반응으로 일본이 중국 정책을 조심스럽게 고려해야 한다는 점이 명확해졌다. 일본은 그 한계를 인식해야 했다. 단순히 중국의 크기만 생각해도 신중할 필요가 있었다. 1916년 12월 외무장관 모토노 이치로는 이렇게 말했다. "우리가 중국을 보호령으로 삼거나 분할해야 한다고 말하는 자들이 있으며 유럽의 전쟁을 이용하여 중국을 완전히 우리 영토로 만들어야 한다는 극단적인 견해를 옹호하는 자들이 있지만…. 우리가 일시적으로 그렇게 할 수 있다고 해도 (일본)제국은 그 상태를 매우 오래 유지할 만한 실질적인 힘을 갖고 있지 않다."[25] 중국의 어느 군벌은 같은 점을 더욱 투박하게 표현했다. 일본은 그렇게 공격을 가했어도 자신들이 중국을 '집어삼킬' 수 있다고 '확신하지 못했다.' "약하며 어리석고 분열되어 있지만, 셀 수 없을 만큼 인구가 많고, 이들이 살아남는다면 결국에는 중국 때문에 일본은 배가 터질 것이다."[26]

두 정부의 분열과 내전이 시작되다

이것이 1917년 2월 초 윌슨이 중립국에 격하게 호소했을 때의 미묘한 상황이다. 일본과 중국은 어떻게 반응할 것인가? 적어도 미국 대사는 자신의 임무에 확신을 가졌다. 중국 정부는 공화국을 공고히 하고 일본의 영향력을 막기 위해 미국에 합세하여 즉각 독일과의 관계를 끊어야 했다. 2월 초 라인시 대사와 그의 팀은 연속해서 5일 동안 돤치루이 총리와 리위안홍 대총통을 압박했다. 그 팀의 일원이 말했듯이, 라인시는 'V대형으로 늘어선 억세고 단호한 미국인들'의 선두에 서서 '중국을 자급의 노선을 넘어 세계의 일에 관여하도록 가차 없이 몰아댔다.'[27] 2월 7일 중국 정부는 때 맞춰 국제사회에 들어가려는 이러한 열망을 선언으로 발표했다. 독일의 국제법 위반에 직면하여 '중국은 세계 속의 그 지위를 위해 침묵하지 말아야 한다. 중국은 이를 기회로 삼아 새롭게 민주주의 시대로 진입할 것이고 다른 나라들과 동등하게 국제 사회의 일원이 될 것이며 단호한 정책을 통해 연합국으로부터 우호적인 대우를 받을 것이다.' 영국 대사관은 내각의 대다수와 중국 신문 독자의 80퍼센트가 찬성했다고 본국에 알렸다. 민족주의적인 남부의 신문《중원보中原報》는 이렇게 썼다. "지금은 행동할 때이다. 우리는 정의와 인류애, 국제법의 편에 서야 한다….".[28] 그러나 중국이 독일과 국교를 단절한 지 며칠 만에 이러한 희망은 산산이 깨져 절망으로 바뀌었다. 월슨 대통령과 국무장관 랜싱은 참전하려는 중화민국의 바람을 끌어안지 않았고 정중하지만 실망스러운 반응을 보였다. "미국 정부는 중국의 의사를 높이 평가하지만 중국을 위험에 빠뜨리고 싶지 않다. 미국 정부는 유감스럽게도 지금 어떠한 확답도 줄 수 없다…. 그러므로 중국 정부는 연합국에 파견된 자국 대표들과 상의하는 것이 좋겠다. 일본의 태도를 모르니 신중할 필요가 있다." 월슨은 이러한 메시지에 중국이 기운을 잃을까 봐 그러한 효과를 상쇄하고자 라인시에게 자신이 중국의 독립을 진심으로 지지한다는 점을 구두로 전해달라고 요청했다.[29] 그러나 라인시의 지나치게 뜨거운 약속이 무색하게, 1917년 4월을 기준으로 30억 달러가 협상국에 전달되고 있었음에도, 중국을 위해 승인된 자금은 1,000만 달러도 되지 않았다.[30]

일본으로부터는 매우 다른 메시지가 왔다. 1914년 이래로 일본 정부는 중국이 독일에 맞선 전쟁에 참여하는 것에 부정적인 태도를 취했다. 그런데 이제 데라우치 내각은 포괄적 헤게모니라는 새로운 전략을 시험하고 싶어 했다. 2월 13일, 니시하라가 중국을 일본의 조건에 따라 전쟁에 끌어들이는 임무를 띠고 베이징에 도착했다. 라인시에 지지 않으려고 일본은 국제 사회의 존중을 바라는 중국의 욕구를 이용했다. 니시하라는 중국을 부추겨 유럽에 상당한 요구를 제시하게 했다. 여기에는 의화단의 난 진압 후 부과된 배상금의 10년 지불 유예, 관세 인상을 통해 중국 정부가 실행 가능한 과세 기반을 확립하도록 허가할 것, 전쟁이 지속되는 동안 외국 조계에 중국군 부대가 주둔할 권리가 포함되었다. 게다가 니시하라는 라인시와 달리 약속에 내걸 만한 것이 있었다. 니시하라는 중국에 도착한 지 며칠 만에 큰 액수의 차관을 협상했다. 1917년 2월 28일 니시하라는 2,000만 엔의 초기 인도분에 대해 정부의 승인을 받았다. 이는 독일에 전쟁을 선포하는 순간 즉시 지급될 예정이었다.

일본 정부의 새로운 중국 전략은 상당한 이익을 내는 것 같았다. 미국을 위협하기가 놀랍도록 쉬워 보였다. 유럽의 전쟁이 위태로운 상황에서, 영국과 프랑스는 사실상 일본이 요구하는 것은 무엇이든 다 들어주려 했다.[31] 1917년 1월, 두 나라는 동지중해에서 오스트리아-독일의 유보트 위협에 맞선 전투를 돕기 위해 일본이 함대를 급파한 데 대한 대가로 독일이 산둥반도에 갖고 있던 권리를 종전 후 일본이 보유한다는 데 비밀리에 찬성했다. 일본이 '이익권 제국주의'를 넘어서는 정책을 추구할 때 부딪친 진짜 문제는 중국으로 판명되었다. 일본 정부에 그것은 분할지배 정책과 협력적인 중국 중앙정부의 공고화를 후원하는 정책 사이의 선택으로 보였는지 모른다. 그러나 중국 민족주의가 각성하면서 일본 정부는 근본적인 딜레마에 직면했다. 1915년 일본의 21개조 때문에 중국인들은 일본에 맞서 단합했다. 베이징 정부와 협력한다는 일본의 새로운 정책은 의도하지 않은 결과를 가져왔다. 일본에 협력한 중국인들이 신뢰를 잃게 되고 1916년에 다나카의 비밀 첩보원들이 전복적인 수단을 통해 힘들게 얻어내는 것과 정확히 동일한 분열을 초래한 것이다. 국무총리 돤치루이가 일본의 넉넉한 차관 제의를 수용했다는 소문이 새나가면서, 민족주의적 반대의 물결이 일었다. 쑨원은 중국 남부의 반란 근거지에서 참전에 반대한다는 점을 분명히 알렸다. 쑨원은 국무총리 돤치루이가 미국인들에게 표현한 두려움을 되풀이해 말했다. 그는 전쟁을 수단으로 '한 나라가 그 지위를 높일 수 있는지는 그 나라가 확보한 힘에' 좌우된다고 역설했다. "중국이 연합국에 합류하면 국내에서는 개선보다는 혼란이 초래될 것이다."[32]

중화민국의 미래를 위한 전투는 1917년 4월 미국이 독일에 전쟁을 선포하면서 시작되었다. 국무총리 돤치루이는 베이징에 군벌 지도자들을 소집해 회의를 열어 대응했다. 이들은 중국이 다른 나라의 선례에 따라 참전해야 한다고 의견을 같이했다. 그러나 돤치루이는 의회의 반응을 걱정했다. 의회는 독일과의 외교 관계 단절은 가결시켰지만 일본에 신세를 진 정부의 전쟁 선포를 지지하지 않을 수도 있었다. 돤치루이와 측근 군벌 지도자들은 솜씨를 부려 수하들을 무장시켜 의회를 포위하기로 결정했다. 이 노골적인 위협 행위에 격노한 국민당 다수파는 애국적인 견지에서 전쟁 선포가 필수적이라는 데 의견의 일치를 보았지만, 돤치루이와 친일 세력이 사퇴해야만 중국은 그 명예를 지키러 참전할 수 있다고 선언했다. 돤치루이가 이를 거부하자, 리위안훙 대총통은 그를 해임했다. 돤치루이 군벌은 반란을 일으키겠다고 선포하며 베이징을 떠났다. 군벌들의 의회에 대한 도전은 불법 행위였고 '나라의 분열'을 초래하거나 중국을 '조선처럼 [일본의] 보호령'으로 전락케 할 위험이 있었다.[33] 실제로 일본 정부는 새로운 정책의 원칙을 최선을 다해 고수하면서 상당히 자제했다. 돤치루이의 여러 도움 요청을 거부했던 것이다. 일본은 권위주의 정부와 상대하기를 원했다. 군벌 중에서도 심히 반동적인 인사였던 장쉰을 베이징으로 불러들여 결정적인 몰락을 재촉했던 이는 바로 대총통 리위안훙이었다. 그는 장쉰이 위안스카이 군벌에서 파생된 두 군벌, 즉 돤치루이의 안후이파와 펑궈장의 즈리파에 맞설 대항세력이 될 수 있다고 믿었던 것 같다. 그러나 장쉰은 자신만의 생각이 있었다. 그는 황궁을 점거하고 청 왕조의 복고를 선포했다. 대총통 리위안훙은 가택연금에 처해졌다가 일본 대사관 수비대에 의해 구출되었다.

리위안훙이 혼란을 초래하면서 일본이 중화민국의 보전을 명분으로 베이징에 직접 개입할 길이 열렸다. 니시하라는 북부 군벌 즈리파에 넉넉하게 자금을 제공했고, 즈리파 군대는 즉시 수도를 다시 점령하고 장쉰 군대를 내몰았다. 안후이파와 즈리파가 권력을 나누었고 돤치루이는 국무총리 자리에 복귀했다. 즈리파 지도자 펑궈장이 리위안훙을 몰아내고 대총통이 되었다. 그러나 1917년 여름 국민당 의원들은 두 번이나 신뢰를 잃은 군벌의 베이징 귀환을 받아들이지 않고 남부로 자리를 옮겨 그곳에서 오랜 지도자 쑨원을 수반으로 민족주의 정부를 수립했다. 한편 베이징에서는 의화단의 난 진압 기념일인 8월 14일 돤치루이가 베이징에 남은 의회를 통해 전쟁을 선포했다. 그는 조국을 전쟁 당사국으로 만들었고 이로써 많은 중국 정치가들이 국제 무대에 진입할 소중한 입장권으로 보았던 강화회의에 한 자리를 확보했다. 돤치루이는 또한 중국의 군주제 복귀 운동을 완전히 끝장냈다. 그러나 북부와 남부에 두 개의 정부가 별도로 존재함으로써 중국의 30년간에 걸친 분열과 내전이 시작되었다.

이 분쟁에서 어느 편이나 외부의 도움을 기대했다. 영국과 프랑스가 유럽에 발이 묶여 있었고 러시아는 혁명적 소요에 휘말렸으며 일본은 북부 군벌을 확고히 지지했기에, 남부의 민족주의 정부는 미국에 의지했다. 남부 광둥의 호법군護法軍 정부 외무부장으로 일한 우팅팡은 청나라의 저명한 관료였고 미국 대사를 역임한 자로 런던의 링컨 법학원Lincoln's Inn에서 변호사 면허를 받은 최초의 중국인이었다. 1917년 7월, 미국 신문이 때때로 중국의 벤저민 프랭클린이라고 부른 우팅팡은 미국 정부에 직접 호소했다.[34] "나는 작금의 위험한 상황과 반란을 일으킨 독군督軍들의 태도를 생각하여 윌슨 대통령이 전 세계에서 민주주의와 입헌정치라는 대의를 지키는 자로서 미국의 중국에 대한 태도에 관하여 공식 성명을 발표하고 리위안훙 대총통을 열렬히 지지하기로 결심해야 한다고 진정으로 요청하는 바이다."[35]

그러나 백악관은 우팅팡 같은 자들이 자유주의의 강력한 신임장을 지녔음에도 편들기를 거부했다.[36] 1917년 여름, 중국 의회가 전쟁 선포 문제를 두고 군벌들과 맞섰을 때, 미국 국무장관 랜싱은 '중국의 대독일 전쟁 참전이나 현상 유지는 부차적인 고려사항'이라는 점을 알렸다. "중국에 가장 필요한 것은 그 정치적 실체를 되찾고 지속시키며 앞서 그토록 뚜렷한 진전을 이룬 국가 발전의 길을 따라 계속 전진하는 것이다. 작금의 중국 정부 형태나 그 정부를 움직이는 자들을 감안할 때, 미국은 그 선린관계로 인하여 어쩔 수 없이 중국에 도움을 주어야만 할 때에 한하여 관심을 갖는다. 그러나 중국이 단독으로 책임을 지는 하나의 통합된 중앙정부를 유지하는 것에 미국은 관심이 깊다…."[37] 이는 심히 굴욕적이었다. 그해에 들어선 직후 중국의 정치가들은 중국이 반독일 연합에 합류하면 그 국가 집단의 전위에서 인정받을 수 있다는 생각에 감격스러워했다. 그런데 이제 랜싱은 중국이 그러한 연합에 들 준비가 되어 있지 않다고 공공연히 주장하고 중국 내부 투쟁에서 누구 편도 들지 않겠다고 말하고 있었다. 반면 일본제국은 어느 한 편을 선택했고 중국을 권위주의 체제하에서 전쟁에 들어가도록 이끌고 있었다. 돤치루이와 군벌들이 그 권위주의 체제의 우두머리가 된다면 중국 정부는 확실히 '단독으로 책임을 지는 하나의 통합된 중앙정부'가

될 것이나, 이것이 진정 미국의 관심을 끌 성격의 체제였을까? 게다가 피상적인 견고함이 어떠하든 간에, 그러한 정부가 정녕 중국의 정치적 미래를 결정할 항구적인 해법이 될 수 있는가?

베이징이 혼란스러운 파벌 정치에 휩싸인 상황에서, 미국 정부는 중대한 원칙의 문제들이 위태로웠다는 사실을 인정하지 않았다. 우팅팡은 남부 광둥 정부의 쑨원에 합류하러 가는 길에 상하이에서 공개서한으로 한 번 더 미국에 호소했다. 그는 이렇게 강조했다. "유럽의 전쟁은… 프로이센 군국주의를 종식시키기 위한 싸움이다. 나는 중국에서 벌어지고 있는 작금의 분란이 정확히 동일한 원인에 기인한다는 점을 미국이 이해하기를 바란다." 우팅팡은 자유주의적 배경을 지녔기에 자유주의적 국제주의의 언어를 능숙하게 이용했다. "우리는 민주주의와 군국주의 간의 싸움에 참여하고 있다…. 나는 미국인들에게 인내심을 가지고 중국에 기회를 주기를 요청한다. 민주주의는 승리할 것이다…. 나는 성조기와 중국의 오성기가 영원한 우정의 상징으로 함께 휘날리는 날을 보고 싶다."[38] 1917년 헌법 작성자의 한 사람으로 참의원 부의장을 지냈던 왕정팅은 이 점을 한층 더 강력하게 주장했다. 왕정팅은 미국의 태도가 유럽의 일을 대할 때와 아시아의 일을 대할 때 확연히 다르다고 조롱했다. "미국이 전제적 군국주의에 의해 민주주의 통치 원리가 질식하지 않게 막는 것이 주된 목적으로 공언된… 세계 전쟁에 관여하고 있는 때에 미국이 그 힘과 영향력을 해외의 어느 곳에서는 써야 하고 다른 곳에서는 쓰지 말아야 한다는 것은 매우 우스운 일이 되고 있다." "가장 중요한 요건은 옛 군주제로의 복귀나 군사 과두지배 체제의 유지, 진정한 공화주의를 향한 점진적인 진전 가운데에서 이 마지막 내안을 가져오는 데 미국의 영향력이 확신하게 행사되어야 한다는 것이다. 이것이 중국 정치에 개입하는 것이나 마찬가지라면, (미국은) 그 책임을 감당해야 한다."[39]

베이징의 여름 위기에 뒤이어 미국 정부는 중국과 일본에 대한 정책을 좀 더 조화롭게 수립하고 있다는 몇 가지 징후를 보였다. 그러나 중국 민족주의자들에 관한 한, 이러한 고려의 결말은 전혀 위안이 되지 않았다. 랜싱은 중국 대신 일본을 상대하기로 결정했다. 1917년 11월 랜싱과 일본 특사로 미국에 파견된 이시이 기쿠지로는 베이징 정부와 협의하지 않고 성명서를 발표했다. 성명서는 중국의 문호개방 정책을(모든 외국의 무역과 투자에 동등하게 진입을 허용한다는 원칙) 확인했지만 또한 일본이 지리적 근접성을 이유로 북부 중국에서 '특별한 이해관계'를 갖는다고 인정했다.[40] 컬럼비아 대학교 법과대학 졸업생인 주미 중국 대사 구웨이준(웰링턴 쿠)은 일본과 미국이 중국의 관여 없이 중국의 미래를 논의하는 것은 받아들일 수 없다고 즉각 항의했다. 구웨이준이 윌슨 행정부 내의 은밀한 대화를 들었다면 한층 더 분개했을 것이다. 9월 하우스 대령은 어마어마한 인구의 중국을 국제사회의 위임통치를 받게 하자고 윌슨에게 제안했다. 그 행정부는 미국과 일본, 그리고 '다른 강국들'이 '중국의 동의'를 받아 지명한 세 명의 수탁자로 구성될 것이었다. 그는 중국이 '개탄스러운 상황에 처했다'고 느꼈다. "질병의 창궐, 위생 시설 부족, 새로운 노예 제도, 유아 살해, 기타 잔인하고 퇴락한 관행들 때문에 나라 전체가 문명에 대한 위협이 되고 있다. 정의로운 법 집행이라 할 만한 것은 없으며, 의사소통이 충분하지 않다…." 국제사회의 '신탁통치는 합의된 햇수 동안만 지속될 것'이지만 "중국의 질서를 회복하고 문명과 구매력을 발전시키고 중국을 후진적인 국가에서 벗어나게 하고 중국을 세계에 대한 위협이 아니라 축복이 되게 할 정도로 충분히 길게' 지속되어야 했다.[41]

이러한 터무니없는 환상에 비하면, 일본의 전략은 적어도 베이징 정부를 권한이 있는 상대로 인정하고 그들과 직접 협의해야 한다는 기본적인 인식에서 출발했다. 그러나 이로써 일본은 이제 미국이 피하기를 원하는 결과에 대면했다. 일본은 내전에서 어느 한편을 들었고, 이러한 관여는 분쟁의 강도를 높혔다. 일본과 동맹한 중국인들은 위험천만한 내기를 하고 있었다. 이들은 일본이 마음대로 쓰라고 건네준 재원이면 그 지원이 불러온 반대를 극복하기에 충분하리라고 도박을 하고 있었다. 1917년 2월 돤치루이가 니시하라와의 면담에서 말했듯이, 그의 의도는 일본의 도움을 이용하여 '행정 개혁'을 관철하는 것이었다. 니시하라가 도쿄에 알린 바에 따르면, 이는 돤치루이가 정적들을 쳐부수고 중국 전체를 지배하려 한다는 뜻이었다. 1917년 8월 대독일 전쟁 선포 직후 돤치루이는 라인시 대사에게 '언제라도 지역 군벌 지도자들이 나라의 평화를 깨뜨리지 못하도록 중국 군대 조직을 전국화하고 통합하는 것'이 자신의 첫 번째 목적임을 설명했다.[42] 어느 탁월한 군벌 전문가가 말했듯이, 그 시대의 큰 역설 중 하나는 중국에 혼란을 가져온 것은 노골적인 지방주의가 아니라 국가를 통일하려는 과도한 야심이었다.[43] 일본 자금을 넉넉하게 받은 돤치루이는 1917년 10월 향후 10년간 나라에 큰 소동을 일으킬 북-남 간 군사적 통일전쟁의 첫 번째 싸움에 착수했다. 그러나 돤치루이는 이 군사 전략을 실행하면서 대총통 펑궈장이 이끄는 즈리 군벌의 지지를 확보하는 데 실패했다. 돤치루이는 즈리 군벌이 중국 중앙의 요충지였던 후난湖南성을 되찾으려는 군사 활동을 거부하자 부득이 사퇴했다. 일본도 돤치루이의 사퇴가 완전히 나쁘지만은 않았다. 군사 실력자에 의한 중국 통일은 어쨌든 분명치 않은 전망이었고, 하라 다카시는 그렇게 되면 결국 미국이 행동에 들어갈지 모른다고 걱정했다. 일본 정부는 1918년 북-남의 화해를 중재하려 노력했다. 중재가 이루어지면 자유주의자들의 개입 요구가 잠잠해지고 추락한 일본의 국제 이미지도 어느 정도 회복할 수 있었다.[44]

일본 내 정치 상황이 미묘하게 균형을 이룬 상태임을 생각하면, 이 순간 미국이 단호한 조치를 취했다면 당연히 순응적인 반응이 나왔을 것이다.

일본의 몇몇 제국주의자가 음험하게 심사숙고하기는 했어도, 일본 정부에서 미국과의 대결에 찬성하는 자들은 확실히 다수가 아니었다. 1917년 선거로 하라 다카시와 입헌정우회는 과격한 반서구주의자들을 제어하는 데 필요한 과반수를 차지했다. 미국이 니시하라가 동원한 규모의 자금을 중국에 공급할 수 있었다면, 이는 매우 결정적으로 균형을 깨뜨렸을 것이다. 온 세계를 돌아다닌 금융경제학자 제러마이어 젱크스는 윌슨에게 급히 서한을 보내 이렇게 말했다. 협상국을 위해 책정한 30억 달러의 '1퍼센트면 중국이 국내 문제를 정리할 수 있게 할 것이다….' '5퍼센트'면 중국을 일본으로부터 완전히 해방시켜 '실제로 이 전쟁을 수행하는 데 매우 중요한 요소'가 되도록 할 수 있다.[45] 청나라가 몰락한 지 6년이 지난 1917년 말, 미국 정부가 마침내 아시아 전략에 얼마간의 재정을 투입하려는 징후를 보였다. 랜싱은 군대 재건과 남부 철도망 구축에 5,000만 달러를 공급하자고 제안했다. 추가로 1억 달러를 쓰면 중국의 통화 안정에 도움이 될 것이었다. 그 자금은 월스트리트 주도로 국제 사회 은행가들이 조합을 결성하여 모으기로 했다.[46] 윌슨은 그 계획을 승인했으며, 미국 육군부는 10만 명 규모의 중국군 부대를 프랑스에 투입한다는 생각에 기뻤다. 그러나 중국으로 흘러들어간 자금은 단 한 푼도 없었다.

랜싱과 윌슨이 1917년 2월 처음으로 중국 딜레마를 논의했을 때, 이들은 의회와 월스트리트를 잠재적인 장애물로 언급했다. 1917년 12월 랜싱이 차관 계획을 띄우자마자 재무장관 윌리엄 깁스 매커두가 이를 침몰시켰다. 그는 의회에 중국에 대규모 정부 차관의 승인을 요청할 생각이 없었고, 중국을 위한 자금 마련이 전쟁 채권Liberty Bond과 경쟁하기를 원하지 않았다. 매커두가 마침내 차관에 동의했을 때, 이는 전적으로 민간 차원으로 국한되었고 총액은 겨우 5,500만 달러였다. 그러나 미국의 일관된 전략이 보이지 않는 상황에서 제이피모건은 일본과 협력하는 경우가 아니면 중국에 차관을 제공하는 데 아무 관심이 없다고 즉각 선언했다.[47] 중국 중앙부의 영국과 남부의 프랑스처럼 일본도 그 이익권에서 영향력을 행사하고 어느 정도의 안전성도 보장받을 수 있었다. 미국의 재원은 잠재적으로 훨씬 막대했지만, 미국 정부가 중국의 정치 발전에 대한 일관된 시각에 힘을 쏟기를 거부한 탓에 자금 유입이 막혔다.

미국의 건설적 개입 실패

1917년 봄 미국의 참전은 많은 사람에게 자유주의적 공화주의를 위한 초국적 십자군 전쟁의 선포처럼 보였다. 그러나 1917년 말이 되면 미국이 그렇게 포괄적인 전쟁을 지휘할 능력이나 의지를 지녔다는 희망은 이미 흔들린 상태이다. 건설적인 정책으로 중국에 관여하지 못한 것은 확실히 부분적으로는 인종적이고 문화적인 편견의 관점에서 설명할 수 있다. 1920년대 말에 가서야 미국은 중국 민족주의를 진지하게 고려했다. 그러나 이러한 거부가 중국에만 국한되지는 않았다. 러시아의 경험이 암시하듯이, 미국은 1917년 여름 동안 윌슨이 약속한 듯한 세계적인 민주주의 전쟁의 관리라는 어려운 과제를 받아들이지 못했다. 혁명적 공화주의의 일정이 풍전등화의 위협에 처했던 중국과 러시아에서 정치적인 수사법과 실제의 재원 투입은 당혹스러울 정도로 불일치했다. 중국의 참전보다는 중국 국가의 통일성을 더 우선시해야 한다는 랜싱의 성명서가 1917년 7월 페트로그라드를 향한 것이었다면 당연히 엄청난 환영을 받았을 것이다. 그러나 여름이 다 끝날 때에야 하우스 대령 정도만 페트로그라드의 민주주의 실험을 부호하는 것이 전략적으로 어마어마하게 중요하다는 점을 깨달았다. 역으로, 블라디보스토크를 통해 러시아에 쏟아부은 자금과 병참 지원이 중국을 향했다면,

이는 중일 관계의 싸움터에 극적인 충격을 주었을 것이다. 앞으로 보겠지만, 이 유형은 유럽에서도 되풀이된다. 1918년 윌슨은 민주주의 체제가 된 독일에 자유주의적 평화를 약속하여 큰 희망을 불러일으키지만, 결국 그러한 기대는 꺾이고 만다.

여기에 하나의 유형이 있다. 진실로, 윌슨이 그들에게 직접 얘기하는 모양새를 취했음에도 중국과 러시아, 독일은 그의 전략에서 대상이었을 뿐이다. 이 나라들은 윌슨의 진정한 대화 상대자가 아니었다. 그러한 해외에서 일어나는 변화는 확실히 환영받았지만, 그래 봤자 장기적인 과정이었고 미국은 그로부터 거리를 유지해야 했다. 윌슨의 공적인 발언과 그의 외교, 전략은 그 나라들을 향하지 않았다. 그가 어쩔 수 없이 참여해야 했던, 영국제국과 미쳐 날뛰는 일본, 복수심에 사로잡혀 예측이 안 되는 프랑스와의 위험스러운 연합을 억제하기 위한 것이었을 뿐이다. 이러한 연합은 구세계의 교활한 제국주의자들이 미국에, 의회와 월스트리트에 강력하고 이기적인 친구들을 많이 갖고 있었기에 한층 더 위험했다. 다른 모든 고려사항을 지배한 것은 아시아나 먼 유럽의 불확실한 진보의 전망이 아니라 가까운 국내의 이 세력들의 네트워크를 지배하겠다는 윌슨의 단호한 결심이었다.

5장

브레스트리토프스크 조약

1917년 12월 2일, 서부 러시아의 음침한 병영에서 볼셰비키 정권과 동맹국
(독일, 오스트리아, 오스만제국, 불가리아) 대표들이 모여 앉아 강화를 위한 협
상을 했다. 넉 달 뒤 이들은 그 악명 높은 브레스트리토프스크 조약을 체
결했다. 이 조약으로 러시아는 전쟁 이전 제국 전체 인구의 3분의 1에 해당
하는 5,500만 명의 주민이 살고 있는 영토와 농토의 3분의 1, 공업의 절반
이상, 석탄 생산량의 90퍼센트 가까이를 차지하는 광산을 빼앗겼다. 브레
스트리토프스크 조약은 역사에서 독일 제국주의의 무도함과 강화를 체결
하려는 레닌의 단호한 결심을 보여주는 상징으로 전해져왔다.[1] 그러나 볼
셰비키와 동맹국이 1918년 3월 3일의 최후의 모진 강화조약에 이른 길은
구불구불했다.[2] 일반적으로 히틀러에게서나 볼 수 있는 탐욕스러운 제국
주의적 행위로 기억되는 조약치고는 놀랍게도 협상은 길게 이어졌고 실질
적이었으며, 그 표현에는 자결권의 언어가 쓰였다.[3] 볼셰비키 편에서는 예
상한 일이었다. 레닌과 외무인민위원 트로츠키는 어쨌거나 국제 관계의 새

로운 원리를 주창한 자들로 유명했다. 그러나 실제로 브레스트리토프스크에서 볼셰비키만큼이나 독일도 새로운 정통성의 기준에 따라 동쪽에 현대적인 평화를 가져오려 노력했다. 달리 말하자면 적어도 독일 외무장관 리하르트 폰 퀼만과 제국의회 다수파에 속한 그의 지지자들은 그렇게 했다. 이들은 동쪽에 자유주의적 질서를 수립하여 차르의 전제적 제국을 대체함으로써 주도권을 쥐려는 매우 분명한 의도를 지녔다.

그러한 강화조약으로 러시아가 큰 영토를 잃으리라는 점은 전혀 놀랍지 않았다. 레닌이 설득력 있게 주장했듯이, 자결권의 원리가 진지하게 받아들여진다면 이는 영토상의 기존 상태를 보존하겠다는 모든 주장을 극복할 것이었다.[4] 페트로그라드에서 폭력으로 쿠데타를 공고히 하고 있던 볼셰비키가 무슨 권리로 차르가 정복한 영토 소유권을 주장할 수 있겠는가? 레닌의 추산에 따르면 동유럽 주민의 절반 이상이 억압받는 민족들이었다.[5] 최종 조약은 러시아의 시각으로 보면 매우 가혹했다. 러시아가 빼앗긴 영토 중 독일에 직접 병합된 곳은 아주 작았고, 대신 브레스트리토프스크 조약은 오늘날 발트 국가들과 독립국 우크라이나, 자캅카스 공화국을 탄생시켰다.[6] 물론 1918년에 이 모든 정치 체제는 마구잡이로 독일제국의 '보호' 아래에 떨어지게 된다. 따라서 이 국가들은 흔히 독일 제국주의의 '꼭두각시'로 치부되었다. 그러나 그렇게 하면 이는 볼셰비키의 비난에 동의하는 것이다. 1991년 이후로 '브레스트리토프스크의 시간'으로 탄생한 이 모든 피조물은, 그 밖의 더 많은 것이, 국제 사회의 합법적인 구성원으로 여겨지게 되었다. 그때처럼 지금도 폴란드와 발트 국가들은 서방에서 보호자를 찾는다. 오늘날 이들은 미국이 지배하는 북대서양조약기구와 유럽연합의 열성적인 회원국이다. 독일은 그 두 기구에서 지배적인 국가이다. 이들이 안보를 크게 걱정하지 않는다면, 이는 21세기 초 유라시아의 지도와 많은 관련이 있다. 유라시아에서 러시아의 힘은 브레스트리토프스크 조약이 체결될 때보다 훨씬 더 철저하게 제한되어 있다. 차르 시절의 과거나 소련 해체 이후 시절과 비교하면, 동부전선에서 브레스트리토프스크 조약 방식의 강화는 본질적으로 불합리하지 않았다. 그 조약이 신뢰를 잃은 이유는 독일이 일관되게 자유주의 정책을 유지하지 못했다는 데 있다. 독일이 정직하지 못하다는 의심은 볼셰비키를 희생자처럼 보이게 만들고 서방 강국들에게 다시 주도권을 넘겨주는 효과를 가져왔다.

1918년 1월, 브레스트리토프스크에서 독일과 볼셰비키가 회담을 가진데 대한 대응으로 로이드조지와 우드로 윌슨 둘 다 성명서를 발표하여 자신들이 전후 세계를 위해 구상한 자유주의적 국제 질서를 강력히 천명해야 한다고 느꼈다. 두 성명서 중 세계 곳곳에서 반향을 일으킨 것은 우드로 윌슨의 14개조 선언이었다. 냉전의 전설은 윌슨이 레닌과 트로츠키에 맞섰다고 하지만, 실상은 전혀 그렇지 않다. 윌슨은 그들을 달래기로 했다. 그 과정에서 윌슨은 레닌과 트로츠키를 민주주의 강화의 잠재적 상대자로, 통합된 '러시아 국민'을 독일 침공의 희생자로 묘사함으로써 브레스트리토프스크의 왜곡된 전설을 공고히 하는 데 일조했다. 한편 베를린과 빈의 민주주의자들이 두려움에 떨며 바라보았듯이, 볼셰비키의 혁명 전술은 독일 군국주의의 가장 공격적인 충동과 결합하여 동유럽에 올바른 질서를 수립하려는 모든 시도를 철저히 무산시켰다.

독일의 정치적 미래를 건 조약

전투를 즉각 중단한다는 약속에 충실하게 볼셰비키는 1917년 11월 말 독일에 협상을 갖자고 요청했다. 그러나 어떤 조건으로 강화조약을 체결할 것인가? 1917년 봄 레닌은 혁명적 방어주의자들을, 그들의 민주주의적 강화를 위한 '페트로그라드 방식'을 가장 단호하게 비판한 자로서 '무병합'이라는 보수적인 신조와 '자결권'이라는 혁명의 구호 사이의 유약한 타협을 짓밟았다. 그러나 이제 임시정부가 무너졌으니 어떤 대안이 있겠는가? 1917년 11월에도 여섯 달 전이나 매한가지로 해답은 분명하지 않았다. 확실히 레닌은 새 정권의 첫 몇 주 동안 자신의 정책이 독일이 어떠한 조건을 제시하든 단독강화를 수용하는 것이라고 감히 큰 소리로 말하지 못했다. 동맹국도 이러한 희생을 요구하지 않았다. 독일은 휴전을 받아들이면서 볼셰비키가 양심에 거리낌 없이 내놓을 수 있는 것이라면 어떠한 형태든 페트로그라드 강화 방식을 토대로 협상할 수 있다고 동의했다. 나아가 독일은 러시아에 공식적으로 협상국 진영에서 빠지라고 요구하지도 않았다. 대신 러시아와 독일은 공동 선언을 발표하여 다른 모든 교전국에 회담 참여를 요청했다. 브레스트리토프스크의 협상은 '새로운 외교'의 요건에 부합하게 여느 때와 달리 매우 공개적으로 수행되어야 했다.[7] 이러한 메시지를 전파하기 위해 볼셰비키가 정기적으로 독일군과 친교 활동 시간을 갖는 것까지 허용되었다. 브레스트리토프스크의 분위기는 구식의 귀족적 기사도와 혁명적 혁신이 기이하게 뒤섞인 것이었다. 회담은 현대 최초의 강대국 간 회의로 사회혁명당 테러리스트였다가 볼셰비키로 전향한 여성 아나스타시야 비첸코가 소비에트 정권을 대표하는 전권위원으로 참석했다.

이 놀라운 시작을 선전을 위한 속임수로 치부하고픈 생각이 들기도 하지만, 그렇게 한다면 이는 그때 작용한 힘들을 심각하게 과소평가하는 것이다. 1917년 11월 볼셰비키의 권력 장악력은 정말로 불안정했다. 레닌과 트로츠키의 협력자로 같이 권력을 잡은 사회혁명당 좌파는 전혀 협상국의 친구가 아니었으며 2월혁명에 참여한 다른 모든 정당과 마찬가지로 카이저와 단독강화를 체결한다는 생각을 철저히 거부했다. 대다수 볼셰비키 활동가처럼 이들도 수용할 수 있는 조건에 합의가 이루어질 수 없다면 '혁명

전쟁'을 선포하고 러시아 인민과 독일 인민의 반란의 에너지를 모아 공동으로 제국주의에 맞서 저항한다는 생각을 고수했다. 1917년 12월 독일 국내전선의 분열은 더욱 명확해졌다. 1917년 4월 첫 번째 대규모 파업의 물결이 솟구친 이래로 여름 내내 공업지대에서 소요가 들끓었다. 강화결의안을 통과시킨 제국의회 다수파는 온존했다.[8] 11월 의회주의자들은 힌덴부르크와 루덴도르프가 베트만홀베크 대신 내세운 꼭두각시 총리 게오르크 미카엘리스를 밀어내 세를 과시했다. 이번에 의회주의자들이 고집한 자는 실질적인 힘을 지닌 인사로서 전임 바이에른 총리이자 20세기 독일을 통치한 기독교민주주의 계열 정당의 긴 명부에 제일 먼저 이름을 올린 게오르크 폰 헤르틀링이었다. 제국의회 다수파는 자신들의 제국의회 의원인 진보인민당의 프리드리히 폰 파이어를 부총리로 선택했다.

독일은 '의회정치화'의 길에 들어섰다. 그러나 이 첫걸음이 대중의 소요를 잠재우기에 충분했는가? 그리고 이것이 좌파를 만족시켰다면 우파의 반발을 불러일으킬 가능성은 없었는가? 1917년 8월 이후 극단적인 민족주의 정당인 독일조국당이 전쟁을 승리로 끝맺고자 독일 정치권의 우파를 동원했다. 이를 위해 공공연한 군사 독재가 필요하다면 더욱 좋았다.[9] 독일조국당은 비록 대중주의적이고 파시즘을 떠올리게 하는 특성을 보여주었지만 실제로는 전쟁 이전의 민족주의 진영에서 전혀 벗어나지 못했다. 그러나 이제 제국의회 다수파의 지도자들은 독일 우파의 집요한 지연작전이 개혁의 진척을 방해하고 다수파 내부의 흔들리는 좌파를 과격하게 만들 가능성에 유의했다. 1917년 가을, 전쟁에 반대하는 이탈 정당인 독립사회민주당에 대한 지지가 눈에 띄게 늘어났다. 독일 노동계급에서 가장 큰 목소리를 낸 자들이, 아마도 다수파였을 텐데, 협상을 통한 강화와 계엄령의 해제, 프로이센의 민주화, 식량 배급의 즉각적인 개선을 요구했다는 데에는 의심의 여지가 없었다. 다가올 겨울에 독일의 식량 사정은 참으로 걱정스러웠다. 다수파 사회민주당의 가장 정력적인 지도자 중 한 사람인 프리드리히 에베르트가 1917년 12월 20일 제국의회에서 동료들에게 분명하게 설명했다. "4월이나 5월이면 우리 곳간은 바닥이 날 것이다. 하루에 110그램으로 줄어든 배급 빵 말고는 아무것도 없다. 이는 견딜 수 없는 일이다."[10] 러시아가 휴전을 간청하는 상황에서, 동쪽에서는 우크라이나의 곡창지대가 꿈결같이 손짓하고 있었다. 그러나 독일과 오스트리아는 전면적인 점령에는 이르지 못했기에 절대적으로 필요한 식량 공급을 제대로 해내려면 무역 협정이 필요했다. 볼셰비키는 휴전으로도 만족할 수 있었겠지만, 동맹국은 최대한 빠르게 실질적인 강화협정을 체결해야 했다.

전쟁 이전에 독일 외무장관 퀼만은 '자유주의적 제국주의자'로 이름을 떨쳤고 이러한 국내 문제를 진지하게 고려해야 한다는 점을 이해했다. 독일 국내전선에 필요했던 것은 1917년 7월 제국의회 강화결의안과 조화를 이루는, 즉각적이고 이익이 되는 강화조약이었다. 그러나 독일 우파는 휴전 조건에도 크게 분노했다. 독일군이 승리하고 있는데 러시아 혁명가들이 제안한 강화 방식에 구속될 이유가 무엇인가? 퀼만은 왜 그러는가? 결정적인 군사적 승리를 거뒀는데도 마음대로 할 수 없는 이유가 무엇인가? 독일조국당이 볼 때 답은 명확했다. 보수파의 거두인 쿠노 폰 베스타르프 백작이 제국의회의 상임위원회에서 말했듯이, 국내에서나 국외에서나 공히 '민주주의'의 침투력이 작동하고 있었다.[11] 12월 6일 프로이센 보수주의자들이 태도를 분명히 했다. 프로이센 상원은 카이저가 계몽되었다는 듯이 대담하게 보여준 개혁의 자세를 공개적으로 거부하면서 남성 보통선거 법안을 부결시켰다.[12] 루덴도르프의 긴밀한 협력자인 막스 바우어 대령은 만족스럽다는 듯이 논평했다. '고작 유대인과 프롤레타리아트 밑에 깔려 죽으라고' 독일의 최고로 훌륭한 아들들의 목숨을 내던져야 하는가?[13]

독일 우파의 노선은 분명했다. 민주화는 항복의 전주곡이었다. 독일의 전략을 더 세련되게 설명한 자들은 다른 가능성도 볼 수 있었다. 마티아스 에르츠베르거나 베트만홀베크의 가까운 협력자였던 쿠르트 리츨러 같은 자들에게 국내의 민주화는 독일이 영국과 미국의 정책에 걸맞은 강국 정책을 추구할 수 있게 해주는 유일한 토대였다.[14] 대다수 사회민주당원의 불굴의 헌신은 독일 노동계급의 강력한 애국심의 힘을 보여주는 증거였다. 그러나 민주주의가 독일의 힘을 펼치는 데 새로운 에너지와 정통성을 부여한다면, 그것은 또한 스스로를 구속하는 논리도 강요하여 무분별한 영토 획득의 성향을 억제할 것이었다. 병합을 통해 영토를 확대하면 조야한 군사적 개념의 안보는 충족되었을지 모른다. 그러나 제국의회에 부여된 권한이 제한적이었던 비스마르크 헌법에서도, 폴란드인 소수민족을 수용하는 데에는 걱정스러운 문제가 따랐다. 독일의 미래를 민주화한 국민국가 Volksstaat로 예상한다면 언어와 문화, 종교에서 이질적인 주민들이 살고 있는 거대한 영토를 어떻게 병합할 수 있겠는가? 독일은 분노한 아일랜드인 소수민족이 힘의 균형의 한 축을 이루고 있는 웨스트민스터 의회의 상황에 처하기를 원하지 않았다. 총리 헤르틀링에게 결론은 명백했다. "우리는 국민국가로 남기를 원한다. 그렇지 않은가? 그리고 외국인 주민 분파들을 통합하기를 원하지 않는다."[15]

극우파의 범독일주의 이데올로그들은 독일인이 백만 명의 노예계급 위에 군림하는 미래를 상상했을지 모른다. 범독일주의의 과격한 지도자인 하인리히 클라스는 동유럽에 '주민 없는' 땅을 창출하기 위해 토착민의 대량 제거를 심사숙고하기도 했다. 1917년에 전쟁 이전 주민의 상당수가 도피하면서 그러한 환상이 조장되었다.[16] 독일의 병합주의자들에게 주된 표적 중 하나였던 라트비아의 쿠르제메Kurzeme(쿠를란트)에서는 60만 명에 달했던 전쟁 이전 라트비아 인구 중에서 1918년까지 절반 이상이 도피했다.[17] 오스만제국이 아르메니아계 주민을 제거하는 데 쓴 방법은 독일 정치가들 사이에서는 비밀이 아니었다. 그러나 대다수는 오스만제국의 사례를 역겹게 보았다. 완고한 보수주의자들조차 벨기에 주민을 노예로 삼고 동유럽을 깨끗이 치운다는 범독일주의 담론을 위험하고 실행 불가능한 일로 무시했다.[18] 1917년 7월 강화결의안이 논의될 때 에르츠베르거는 자신을 성원하는 제국의회에, 제국주의적 망상에 탐닉하는 비용보다 범독일주의에 정신병원 침상을 마련해주는 비용이 훨씬 더 적을 것이라고 말했다. 사회민주당의 대변인이 선언했듯이, '인민을 양떼처럼 분배하고 나누고 아무 데나 처넣을 수 있는' 시절은 오래 전에 지나갔다.[19]

1915년 10월 크게 오해를 받은 프리드리히 나우만의 통합된 『중부유럽 *Mitteleuropa*』의 미래상에 관한 책이 출판된 이래로, 독일이 일종의 연방제국주의를 토대로 중부유럽에서 차지할 패권 지대에 관한 논의가 활발히 전개되었다.[20] 국민자유당NLP의 구스타프 슈트레제만은 독일이 1억 5,000만 명의 소비자 권역을 확실하게 만들어야 한다고 주장했다. 그는 그 토대 위에 서라면 독일이 미국 산업의 힘에 맞설 수 있으리라고 생각했다.[21] 그 시점에 러시아는 여전히 싸우고 있었다. 1917년 차르 권력이 붕괴하고 미국이 참전하자, 독일의 똑똑한 전략가들에게 독일로서는 자결권 요구에 대한 지지가 차르제국을 폭파할 가장 좋은 수단임이 분명했다.[22] 얄궂게 볼셰비키도 동의했다. 레닌과 그가 신임한 부관 이오시프 스탈린은 11월 15일 권력을 장악하고 열흘이 지나지 않아(구력으로 11월 2일) 러시아인권선언을 발표했다. 이 선언은 분리 독립까지 포함하여 자결권을 인정한 것처럼 보였다.[23] 따라서 외무장관 퀼만에게 브레스트리토프스크의 협상은 동유럽에서 독일의 확실한 군사적 우세는 물론 새로운 정통성 원리의 절대적인 인정을 바탕으로 새로운 질서를 세울 기회를 제공하는 듯했다. 독일은 병합이 아니라 동유럽의 작은 국가들을 자국의 보호 아래 경제적, 군사적 블록으로 만듦으로써 유럽 대륙 차원의 세력을 확보하려 했다. 1916년 가을 독일과 오스트리아가 러시아 영토에서 잘라낸 영토로 수립된 폴란드 왕국이 그 시작이었다. 새로운 폴란드는 경제 · 군사 측면에서는 독일에 긴밀하게 결속되겠지만, 사회 · 문화적인 영역에서는 '국민으로서 의사를 표현할' 자유를 부여받을 것이었다.[24] 총리 베트만홀베크는 1916년 이렇게 말했다. "이제는 병합을 말할 때가 아니다. 작은 국가들이 강국에 바짝 달라붙어[원문 그대로] 상부상조할 때가 왔다."[25] 사회민주당의 주요 인사 에두아르트 다비트는 브레스트리토프스크의 사령부에 있는 막스 호프만 장군에게 독일이 자결권과 국내 개혁을 기꺼이 포용한다면 빌헬름 황제의 세계 정책 Weltpolitik에 담긴 가장 무모한 야망까지도 넘어설 수 있을 것이라고 설명했다. 러시아와 동유럽의 신생국들과 협력하면, 독일은 협소한 '중부유럽'을 벗어나 페르시아만부터 인도양과 태평양에 이르기까지 유라시아 전체로 영향력을 확대할 수 있을 것이었다.[26]

이러한 미래상은 당연히 이기적이다. 그러나 이와 같은 대안적인 형태의 독일 헤게모니를 옹호한 자들을 얼간이나 나치제국의 선구자로 치부하고 말 수는 없다.[27] 이들에 반대한 독일 우파는 그들을 실질적인 위협으로 보았다. 민족주의자들이 독일판 민주주의 강화를 옹호했다는 이유로 사회민주당 지도자 필리프 샤이데만을 혹독하게 비난한 것은 비스마르크 시대의 강경한 퇴역군인들에게도 충격적이었다. 브레스트리토프스크 조약을 둘러싼 다툼의 와중에 에르츠베르거는 리투아니아와 우크라이나의 독립을 옹호했다는 혐의로 군사법원에서 두 차례 기소될 뻔했다.[28] 그러나 총리 베트만홀베크와 쿠르트 리츨러 같은 참모들에게도 이러한 대안적 미래상은 쉽게 내버리고 말 것이 아니었다. 이들은 지극히 단순한 민족주의 옹호자들이 가정한 선택, 즉 노예제와 무제한의 완전한 주권 사이의 선택은 역사에 의해 부정당했다고 믿었다. 대다수에게 완전한 주권은 언제나 망상이었다. 중립조차도 예외적인 상황에서만 선택할 수 있는 방안이었다. 우드로 윌슨이 알아챘듯이, 가장 강한 국가도 고립을 통해서만 힘을 유지할 수 있었다. 대다수가 진정으로 선택할 수 있는 방안은 여러 패권 국가 중 하나를 고르는 것이었다. 발트 국가들은 러시아에서 떨어져 나오면 다른 강국의 세력권 안에, 독일이나 러시아가 아니면 영국의 세력권 안에 들어갈 수밖에 없었다. 독일제국의 더 멀리 내다보는 전략가들이 제시한 비전은 큰 나라들이 작은 나라들의 경제적·군사적 독립성을 보장하는, 협상을 통해 결정되는 주권이었다.[29]

그 제안을 독일제국에서 나왔다는 이유로 깊이 생각하지도 않고 내버려서는 안 된다. 20세기의 경험에 비추어보면, 그러한 미래상의 정당성은 원칙적으로 거부하기 어렵다. 1945년 이후 그러한 미래상은 유럽과 동아시아에 확립된 상대적인 평화와 번영의 필수적인 구성요소가 되었다.[30] 게다가 동유럽의 새로운 질서라는 이 미래상은 독일제국에 변화를 가져올 국내 개혁 정책과 연결되어 있었다. 브레스트리토프스크에서 독일은 단지 동유럽의 새로운 질서만 논한 것이 아니다. 이들은 독일의 정치적 미래에 관한 싸움을 하고 있었다.[31] 그러나 1917년 12월 2일의 휴전 조건이 공허하지 않다고 인정한다면, 독일이 페트로그라드 강화 방안을 단순히 말로만 지지한 것이 아니라면, 그렇다면 독일과 볼셰비키의 관계가 어떻게 잔혹한 세력 투쟁으로 변질되었는지, 1918년 여름 카이저의 군대가 어떻게 거의 1942년 히틀러의 국방군이 스탈린그라드로 진격하면서 점령한 것만큼이나 넓은 러시아 영토의 일부를 점령했는지 설명하는 게 더욱 중요해진다.

윌슨의 유명한 14개조 선언 발표

1917년 12월 22일에 시작된 브레스트리토프스크 공식 강화 회담의 첫판은 기괴할 정도로 잘 진행되었다.[32] '자결권, 무병합, 무배상'의 휴전 원칙이 합의되었다. 크리스마스에 동맹국과 볼셰비키 협상자들은 무병합의 강화와 점령군의 철수라는 기본 원칙에 합의했음을 알리는 공동선언을 발표했다. 그들은 협상국이 그 방안을 지지할 수 있다는 희망을 버리지 않았다. 오래 기다린 강화협정이 곧 체결되리라고 기대한 대규모 군중이 빈에 모였다. 양측의 의도대로 협상국은 회담의 성공에 당황했다. 동부전선에서 자유주의 조건에 따라 강화조약이 체결되면, 서부전선에서 날마다 수천 명의 목숨을 버릴 이유가 어디에 있겠는가? 트로츠키가 영국과 프랑스가 이탈리아의 참전을 매수할 때 이용한, 제국주의적 이익 분배를 보여주는 비밀 조약인 1915년 런던 조약의 전문을 공개함으로써 협상국의 당혹감은 더욱 커졌다. 이미 11월에 영국과 미국은 전쟁 목적을 새롭게 정립할 필요가 있다는 데 합의했다. 그러나 프랑스도 이탈리아도 그러한 융통성을 묵인하지 않으리라는 것이 곧 분명해졌다.[33] 이탈리아는 카포레토 전투에서 비틀거리고 있었다. 파리에서는 전쟁을 끝까지 속행하기로 결심한 조르주 클레망소가 총리에 올라 강화를 둘러싼 분열적인 논의를 막았다. 1917년 11월 말 영국이 미국도 참여한 첫 번째 연합국 회의를 주최했을 때, 전쟁 목적을 둘러싸고 굴욕적인 논쟁이 벌어질 위험성이 매우 클 것으로 생각되어 클레망소는 의장 권한으로 전체 회의를 고작 8분으로 제한했다.[34] 윌슨과 로이드조지 둘 다 별개로 주도적인 조치를 취해야 한다고 결론 내렸다.

그러나 미국 정부와 영국 정부의 상황이 절박했다 하더라도, 브레스트리토프스크 협상을 가까이에서 본 자라면 누구나 그곳도 폭풍전야였음을 감지할 수 있었을 것이다. 독일 측의 노련한 사기꾼들에게는 언제나 분명했듯이, 크게 환영받은 크리스마스 선언은 독일이 볼셰비키를 위한 마음에서 준 선물이 아니라 러시아제국 밑에 설치한 폭탄이었다. 기본적인 예비 조치로 양측은 러시아의 분쟁 지역에서 군대를 철수하기로 합의했다. 볼셰비키는 이 합의로 분쟁 지역의 주민투표 시행에 앞서 독일이 1914년의 기존 상태를 인정했다고 확신했다. 볼셰비키에게는 기적과도 같은 일이었다. 독일 우파가 퀼만을 맹렬히 공격한 것도 바로 이 오해 때문이었다. 사실을 말하자면, 독일의 협상자들은 자결권을 전쟁 이전 러시아제국 영토 전역으로 확대한다는 자신들의 생각을 레닌과 스탈린의 결정에 맡길 뜻이 전혀 없었다. 퀼만의 생각에 폴란드와 리투아니아, 쿠르제메의 주민들은 차르의 억압적 통치에서 해방된 뒤 사실상의 독립을 선언했다. 그들은 이제 러시아에 속하지 않았고 철군에 관한 크리스마스 합의의 조건에도 해당하지 않았다. 이 민족들은 독일의 보호를 받아 레닌이 공개리에 옹호한, 내전에서 빠져나올 권리를 행사했다.35

퀼만은 자신에게 반대하는 패거리를 거미줄로 얽어맸다. 그러나 독일의 속임수만큼이나 볼셰비키의 자기기만도 그 거미줄의 재료였다. 단독강화를 향한 첫 번째 위험스러운 발걸음을 내디딜 때, 그것은 레닌과 트로츠키에게 너무 잘 맞아서 협상은 예기치 않은 승리로 제시될 수 있었다. 그러나 겉보기에 관대한 크리스마스 합의에 뒤이어 소비에트 측이 보여준 환호는 독일 대표단 지도부의 걱정을 불러일으킬 정도였다. 볼셰비키가 합의의 본질을 알아차리면 그 충격은 강화 협상 전체를 좌초시킬 것이기 때문이었다. 회담에 참여한 독일군 최고위 장교였던 호프만 장군은 현실 정치의 성실한 대표자로 자처하기를 좋아하고 범독일주의적 병합주의자들의 과도함과 독일 자유주의자들의 감언이설 둘 다 반대한 자였는데 퀼만의 사기에 가까운 접근법에 마음이 편치 않았다. 호프만은 12월 27일 오찬에서 소비에트 정권에 실제로 무엇이 그들을 기다리고 있는지 확실하게 알려주는 임무를 다소 즐겁게 떠맡았다. 크리스마스 합의가 적용되는 영토, 독일군이 점진적으로 철수할 영토이자 그다음으로 자결권의 원칙이 적용될 영토는 1915년 이래로 독일이 점령한 국경 지대가 아니었다. 북쪽과 동쪽으로 더 나아간 지역으로 독일군 진격의 마지막 국면에 점령된 에스토니아, 벨라루스의 일부, 우크라이나 일부를 포함했다. 결과적으로 선전 활동에 재앙이 초래되었고, 이는 브레스트리토프스크 조약의 신뢰를 영원히 무너뜨렸다. 독일 제국주의의 '속임수'가 드러났다. 로이드조지와 윌슨이 자유주의적인 전쟁 성명서를 마지막으로 다듬고 있는 동안, 연합국의 선전가들은 호시절을 맞이했다. 호프만 장군은 국제적으로 극단적인 군국주의의 대표자로 악명을 떨치게 되었다. 폴란드와 우크라이나, 리투아니아, 라트비아의 대의가 옳든 그르든, 볼셰비키 정권의 반론이 얼마나 미심쩍든, 독일제국의 자결권 지지는 이제 교묘한 책략으로 비칠 뿐이었다. 이후 몇 주 동안 베를린과 빈에서 벌어진 사건들도 훨씬 더 많은 것이 위태로운 상황에 처했음을 충분히 증명할 수 있어야 했다.

빈이 서서히 굶주리기 시작한 지 3년차에 접어드는 상황에서 브레스트리토프스크의 크리스마스 성명은 큰 희망을 불러일으켰다. 이후 며칠간 '프로이센 군국주의자들'의 꼴사나운 탐욕 덕분에 오스트리아 주민들이 향후 몇 달 동안 굶주릴 수 있다는 것이 분명해지자 즉각적인 반응이 일어났다.[36] 1월 14일 어마어마한 대중 파업이 빈을 휩쓸었다. 브레스트리토프스크 회담에 오스트리아 대표로 참석한 체르닌 백작 오토카르는 단독강화를 청할 쪽은 곧 볼셰비키가 아니라 빈이 될 것이라고 퀼만을 위협할 수밖에 없었다. 그러나 퀼만은 완전히 가로막혔다. 힌덴부르크와 루덴도르프는 자신들의 공격이 가져온 재앙 같은 정치적 귀결은 안중에도 없었다. 카이저가 제국 안에 거주하기에 바람직하지 않은 새로운 폴란드인 주민의 숫자를 최소화하는 방식으로 독일의 동쪽 국경을 재조정하기로 브레스트리토프스크 협상단과 뜻을 같이했을 때, 루덴도르프와 힌덴부르크는 사임하겠다고 협박했다. 1918년 1월 8일, 연립정부의 정당들이 모여 자유주의적 강화 원칙에 대한 독일의 약속을 재확인하는 새로운 제국의회 결의안의 가능성을 논의했을 때, 에르츠베르거는 그들이 이제 이중의 위협을 처리해야 한다고 평했다. 독일 노동자들은 파업에 나서겠다고 을러댔지만, 카이저의 장군들도 군사 독재권을 받지 못하면 반란을 일으킬 준비가 된 것 같았다.[37]

그러나 베를린의 긴장은 페트로그라드의 상황에 비하면 아무것도 아니었다. 1918년 1월, 유리한 강화조약을 체결할 수 있다는 환상이 사라지자 볼셰비키는 마침내 상황의 심각성을 깨달았다. 널리 비난을 받은 혁명적 방어주의자들은 1917년에 독일과의 단독강화 회담을 고려하지 않았다. 이제는 레닌과 트로츠키까지 빠져든 딜레마를 예견했기 때문이다. 독일과 타협하기를 거부하면 침공을 초래하여 재앙을 떠안을 위험이 있었다. 그러나 굴욕적인 강화조약을 수용하면 내전을 각오해야 했다. 볼셰비키는 언제나 그랬듯이 독일에서 곧 혁명이 터질 수 있다는 기대를 위안으로 삼았다. 트로츠키는 판돈을 키워 대응했다. 전 세계에 급진적인 강화 방안을 호소했고 협상국에는 아일랜드와 이집트에도 자결권을 적용하라고 요구했다.[38] 빈에서 들려온 소식은 확실히 고무적이었다. 그러나 레닌은 냉철한 결론에 도달했다.[39] 레닌은 페트로그라드 앞에 주둔한 러시아 군대의 사정을 알았기에 혁명적 저항 전쟁이라는 관념이 몽상이라며 거부했다. 소비에트 정권은 아무리 턱없는 조건이라도 단독강화를 체결해야만 했다. 사회혁명당 좌파는 이를 승인하지 않을 것이다. 니콜라이 부하린 같은 볼셰비키 지도자들과 트로츠키도 이를 거부했을 것이다. 일반 병사들의 태도가 어떠했든 간에, 어떤 대가를 치르더라도 강화를 체결해야 한다는 것은 결코 혁명 지도부에 널리 퍼진 생각이 아니었다.

볼셰비키가 직면한 딜레마를 이용하고 싶은 마음이 간절했던 페트로그라드의 미국과 협상국 대표들은 독일의 공격이 '민주주의적 전쟁' 동맹을 재건할 기회를 줄지 궁금했다. 트로츠키는 확실히 받아들일 준비가 된 것 같았다. 1917년의 마지막 며칠 동안 윌슨이 개인적으로 러시아에 파견한 밀사였던 에드거 시슨은 워싱턴에 이렇게 전문을 보냈다. "물론 강화 협상에서 독일이 러시아에 속임수를 썼다는 사실이 드러나면 선전 기회와 이익이 어마어마하게 생길 것이라는 점을 분명히 알 것이다…. 대통령이 미국의 반제국주의적 전쟁 목적과 민주주의적 강화조건을 재천명한다면, 나는 이로써 독일에 크게 한 방 먹일 수 있다…. 그리고 군대든 어디서든 러시아의 처지를 효과적으로 이용할 수 있다."[40] 답변이라도 하듯이, 1월 8일 윌슨은 곧 전시의 가장 유명한 선언이 되는 14개조 선언을 발표했다. 14개조 선언문은 20세기 내내 국제 자유주의의 성명서로서 자결권과 민주주의, 국제연맹에 대한 미국의 지지를 널리 알렸다고 추정되었다. 선언문은 흔히 20세기의 거대한 이데올로기 투쟁에서 미국의 첫 일제 사격으로 묘사된다. 그러나 이 해석은 1918년의 현실보다는 훗날 냉전의 엄중한 대결과 더 많은 관계가 있다. 1918년 1월 윌슨이 하려 했던 것은 1917년 이래로 거의 최고조에 이른 혼란의 해결이었다.[41] 그 전해에 윌슨은 '승리 없는 평화'라는 자신의 방식을 포기할 수밖에 없었고, 그로써 러시아의 민주주의자들에게 패배할 것이 확실한 전쟁을 강요했다. 그 재앙의 주된 수혜자였던 레닌과 트로츠키는 자신들이 경멸한 반대파인 민주주의자들이 제안한 강화 방식을 토대로 협상했다. 한편 제국의회의 다수파와 자결권을 토대로 한 그들 방식의 강화는 독일 군국주의의 진정한 의도를 숨기기 위한 연막에 불과한 것처럼 보이게 되었다. 따라서 주도권은 협상국과 윌슨에게 넘어갔다. 미국 대통령이 이 뒤틀린 상황에 대응하여 내놓은 14개조는 결코 급진적인 성명서가 아니었다. 흔히 윌슨의 국제주의에 뿌리가 있다고 여겨지는 두 가지 핵심 조건인 민주주의와 자결권은 그 성명서 어디에서도 찾아볼 수 없다.[42] 윌슨이 하고자 한 일은 지난 열두 달 동안 우선은 강화, 그다음으로는 전쟁에 관한 그의 정책이 탈선하여 초래된 비참한 상황에 대응하는 것이었다. 그는 급진주의가 아니라 보수적인 진화론적 자유주의를 반영한 조건으로써 대응했다.

14개조 중 다섯 개 조항은 윌슨이 1916년 5월부터 헌신한 새로운 국제 정치 체제의 자유주의적 미래상을 재천명했다. 비밀 외교는 종식되어야 했다. 대신 '공개적으로 체결된 공개적인 강화조약'(제1조), 항해의 자유(제2조), 자유롭고 평등한 무역을 가로막는 장벽의 제거(제3조), 군비 축소(제4조)가 있어야 했다. 14개조는 곧 국제연맹으로 알려지게 될 '국가들의 보편적인 결사'가 '… 큰 나라와 작은 나라를 막론하고 정치적 독립과 영토 보전을 상호 보증하기 위한 특정한 조약에 따라' 이루어져야 한다고 요구했다(제14조). 그러나 이 국제적인 체제는 회원국들에 특정한 형태의 국내 헌법을 약속하지 않았고 요구하지도 않았다. 14개조 어디에서도 윌슨은 민주주의를 규범으로 언급하지 않는다. 오히려 그는 민족들이 정부 형태를 선택할 자유가 있다고 강조했다. 그렇지만 이는 단호한 자결권 행위의 관점에서 진술되지 않았다. '자결권'이라는 표현은 14개조에도 1918년 1월 8일 윌슨의 의회 연설에도 보이지 않는다. 그해 1월 폭발성을 지닌 이 개념을 국제 무대에 내던진 것은 볼셰비키와 로이드조지였다. 윌슨은 늦은 봄까지 이를 채택하지 않는다.[43]

식민지 문제에 관하여 윌슨이 관심을 두었던 것은 억압받는 민족의 권리가 아니라 제국주의 국가 간 경쟁의 폭력이었다. 제5조는 서로 싸우는 국가들의 권리 주장은 전쟁이 아니라 '자유롭고 열린 자세로 임하는 절대적으로 공평한 조정'에 의해 해결되어야 한다고 요구했다.[44] 종속된 주민들에 관해서 말하자면, 윌슨은 단순히 '모든 주권 문제를 결정할 때… 해당 주민의 이익은 자격의 결정을 기다리는 정부의 정당한 권리 주장과 동등한 중요성을 가져야 한다는 원칙의 준수'를 요구했을 뿐이다. 식민국의 권리 주장이 종속민의 권리 주장에 못지않은 중요성을 부여받았다는 사실은 그렇다 치고, 윌슨이 여기서 그 주민들의 목소리가 아니라 이익을 얘기했다는 것이 중요하다. 이는 식민지 정부를 바라보는 심히 온정주의적인 견해와 완벽하게 양립했다.

이러한 단어 선택의 의미는 윌슨이 유럽의 전쟁에서 쟁점이었던 영토 문제에 관해 말해야 했던 것과 대조해보면 분명해진다. 이 점에서도 그는 자결권이라는 절대적인 권리를 인용하지 않았다. 그는 자결권을 행사할 능력에 차이가 있다는, 보수적인 19세기 자유주의의 특징적인 견해를 보였다. 저울의 한쪽 끝에서 그는 벨기에에서 '그 나라가 다른 모든 자유국과 공통으로 누리는 주권을 제한하려는 어떠한 시도도 없이' 군대를 철수하고 그 나라를 원래대로 되돌려놓아야 한다고 요구했다(제7조). 알자스로렌은 반환되어야 하고 프랑스의 점령된 영토는 독일의 지배에서 '해방'되어야 한다(제8조). 이탈리아의 국경은 '명확하게 인정된 민족의 경계선을 따라' 조정되어야 했다(제9조). 그러나 합스부르크제국과 오스만제국의 민족들(제12조), 발칸 민족들(제11조), 폴란드(제13조)에 관해서는 논조가 더욱 온정주의적이었다. 이들에게는 '우호적인 조언'과 '국제적인 보장'이 필요했다. 이러한 외국의 감독으로 보장하려 했던 것은 '자결권'이 아니라 '삶의 안전과 전혀 방해받지 않는 자율적인 발전의 기회'였다. 이는 윌슨의 세계관에 특유한 사회생물학적 어휘이다. 다만 강도를 약하게 조절했을 뿐이다. 14개조에 '프랑스의' 급진주의의 요구는 전혀 없었다.

윌슨은 러시아의 상황을 성명서의 중간쯤에서 다루었다(제6조). 1917년 11월 이후의 사건들을 고려하면, 우리는 그가 러시아 국민과 폭력으로 이들을 대표할 권리를 강탈한 볼셰비키를 뚜렷이 구분하느라 고심했으리라고 추정할 수 있다. 국무장관 랜싱은 윌슨에게 은밀히 보낸 전갈에서 미국이 레닌 정권을 '지구상의 어느 설내적인 왕징민큼이니 지유를 위협하는 전제적 과두지배 체제로' 비난해야 한다고 요구했다.[45] 그러나 14개조에서 그러한 구분은 이루어지지 않았다. 반대로 윌슨은 볼셰비키에 임시정부에는 전혀 보여준 적이 없는 찬사를 보냈다. 윌슨은 1917년 5월에는 협상국과 보조를 맞춰 알렉산드르 케렌스키와 이라클리 체레텔리에게 전쟁을 지속할 필요성에 관하여 훈계했던 반면, 이제는 단독강화에 합의하려는 볼셰비키 대표단을 '진실하고 진지하다'고 묘사했다. 윌슨은 러시아 인민의 대변자인 볼셰비키는 '진정한 현대 민주주의 정신'에서 말하고 있다는 견해를 피력했다. 윌슨은 '그들이 솔직함과 원대한 시각, 고결한 정신, 인간의 보편적인 감수성으로써… 받아들일 옳고 인도적이며 명예로운 것'에 대한 러시아의 '관념'을 이야기했다. "그것은 틀림없이 인류의 모든 친구들로부터 찬탄을 불러일으킬 것이다…. 현재의 그 지도자들이 믿거나 말거나, 우리가 러시아 국민이 자유와 질서 있는 평화라는 그들의 지고의 희망을 달성하도록 돕는 특혜를 받을 길이 열리기를 진심으로 바라고 희망한다." 윌슨은 브레스트리토프스크에서 협상하는 볼셰비키의 입장을 반영하여 강화협상이 모든 외국 군대의 철수로 시작해야 한다고 요구했다. 그래야만 러시아가 '자국의 정치적 발전과 국가 정책을 아무런 방해도 받지 않고 곤경에 빠지지도 않은 채 독립적으로 결정할 기회'를 얻을 수 있기 때문이었다. 이러한 방식에서 두드러진 것은 바로 윌슨이 폭력적으로 해체되는 과정에 있던 제국에 관하여 '러시아'와 '국가 정책'이라는 용어를 아무런 곤란을 느끼지 않고 사용했다는 사실이다.[46] 14개조 내용이 세계 곳곳에 퍼지던 그 순간, 우크라이나와 발트 지역, 핀란드의 민족주의 운동은 윌슨이 그렇게 절절히 칭찬했던 소비에트 정권과 관계를 끊고 있었다.[47] 그러나 페트로그라드를 향한 그의 견해는 너무도 압도적으로 우호적이어서 뉴욕의 어느 기고가는 미국 정부가 레닌 정부를 공식적으로 승인하려 한다고 속단했다. 이는 시기상조였다. 그러나 이는 윌슨의 성명서를 냉전의 첫 국면을 알리는 일제 사격으로 본 훗날의 해석보다는 14개조를 확실히 더 그럴듯하게 이해한 해석이었다.

독일에 관해 말하자면, 소란스러운 1917년 여름 내내 윌슨은 4월에 태도를 바꿔 취한 견해를 고수했다. 제국의회 다수파는 신뢰할 수 없었다. 그들의 개혁주의적 신조와 강화결의안은 독일 제국주의를 가리기 위한 핑계였다. 윌슨이 페트로그라드의 혁명적 방어주의자들의 구애를 거절하고 스톡홀름에서 진행되던 일을 방해한 것도 바로 이와 동일한 이유 때문이었다. 이제 늦었지만 1918년 1월 미국 대통령은 의회에 14개조를 제시하면서 독일 정치권에서는 '독일과 오스트리아의 더욱 자유주의적인 정치인들'과 '이미 가진 것을 지키는 것 이외에 다른 생각은 없는 군대 지휘관들' 간에 싸움이 벌어지고 있다고 인정했다. 윌슨은 이 싸움의 결과에 '세계 평화'가 달려 있다고 선언했다.[48] 윌슨은 자신의 14개조가 오스트리아와 독일의 야당에 의해 채택되면 전체적인 강화 회담의 문을 열 수 있으리라고 기대했던 것 같다. 그러나 윌슨의 행동은 너무 늦었다. 그가 1917년 여름에 협상을 진지하게 고려했다면, 러시아와 독일 양국에서 공히 정치 양상이 근본적으로 달라졌을지도 모른다. 러시아에서 분투하던 임시정부가 6월이나 7월에 즉각적인 강화를 제안하여 지금 윌슨이 트로츠키에게 보내는 것과 같은 찬사를 받기를 기대했다면, 임시정부는 어떻게 했을까? 상상에 맡길 뿐이다. 미국이 막 참전했고 러시아의 민주주의적 열정이 홍수처럼 터진 상태에서, 그러한 강화 체결 움직임은 영국과 프랑스에 엄청난 정치적 압력을 가했을 것이다. 그러나 1918년 초 독일 내 힘의 균형은 제국의회 다수파에 불리하게 바뀌었고 협상국은 이전보다 더 강경해졌다. 14개조가 선전의 측면에서 얼마나 성공을 거두었든 간에, 그것은 브레스트리토프스크의 그늘에서 독일과 협상하는 데 쓸 수 없었다.[49] 결과적으로, 1918년 1월 윌슨이 구원한 것은 볼셰비키였다. 볼셰비키 신진가들은 윌슨의 성명서를 러시아어로 번역하여 페트로그라드 곳곳에 붙였다. 레닌은 자신이 제국주의자들을 싸움 붙이는 데 성공했다는 표지로 이를 트로츠키에게 타전했다.[50]

6장

잔인한 강화조약

윌슨 대통령이 '러시아' 국민에 대한 따뜻한 지지 선언을 발표한 지 이틀이 지난 후인 1918년 1월 10일, 우크라이나 인민공화국UNR의 대표들이 브레스트리토프스크에 도착하여 자신들만의 강화조건을 제시했다. 이 때문에 회담의 정치적 양상이 바뀌었다. 몇 주에 걸친 협상 초기에는 페트로그라드 방식에 관해 전체적인 합의가 있었다. 자결권이 합의의 기조였다. 독일 외무장관 퀼만이 자결권으로 뜻하고자 한 바가 드러나면서 분노가 일어 독일이 불리한 상황에 놓였다. 그러나 첫 번째 회담에서 문제가 된 영토는 발트 국가들이었다. 이 나라들은 독일 병합주의자들이 소중히 여긴 곳이었지만 결국 시시한 잡고기에 불과했고 어쨌거나 이미 카이저의 군대가 아무 방해 없이 통제하고 있었다. 소비에트 정권은 멀리 떨어진 곳에서 안전하게 독일 제국주의의 위선을 비난할 수 있었다. 이들은 패를 내보일 필요가 없었다. 볼셰비키를 독일 제국주의에 희생된 민주주의적 강화의 진지하고 열성적인 옹호자로 보는 윌슨 식의 해석은 여전히 신뢰할 수 있었다.

우크라이나는 다른 차원의 문제였다. 우크라이나는 일급 전략 자산으로, 그 처리 방식에 따라 러시아의 미래와 동유럽의 새로운 질서의 형태가 결정될 것이었다. 1918년이 시작할 때, 독일도 볼셰비키도 우크라이나를 통제하지 못했다. 이곳에서 새로운 질서에 관한 양자의 서로 대립되는 미래상이 직접 충돌하고 도덕적이고 정치적인 균형의 복잡성이 완전히 드러나게 된다.

'러시아 민주주의 연방공화국'의 탄생

이런 식으로 말하면 성급한 판단이기는 하지만, 1917년에서 1918년으로 넘어가는 겨울 동안 우크라이나는 권력의 진공 상태에 있었다. 차르 체제가 무너진 뒤, 러시아의 다른 곳과 마찬가지로 키이우(키예프)에도 혁명 권력이 확립되었다. 페트로그라드와 달리 우크라이나에서는 혁명가들이 즉각 초보적인 의회인 라다Rada를 세웠다. 이 회의체에서 현지 농민 사회혁명당을 비롯한 민족주의 성향의 정당들이 확실하게 과반수를 차지했다. 그러나 독립을 주장하는 견해는 두드러지지 않았다. 우크라이나 혁명가들은 러시아의 '정의의 승리…'에서 일익을 담당하고 싶은 마음이 간절했다. 어쨌거나 러시아가 아니라면 '그렇게 광범위하고 민주적이며 모든 것을 망라하는 질서가 이 세상에 있겠는가? 새로운 위대한 혁명 국가에서 볼 수 있는 무제한의 언론의 자유, 집회의 자유, 결사의 자유가 어디에 있겠는가?'[1] 1917년 여름 동안 임시정부의 자유주의자들은 진정한 자치를 원하는 우크라이나 인민공화국의 요구를 교묘하게 회피했다.[2] 그러나 우크라이나 정치인들은 제헌의회를 기다렸다. 제헌의회가 확실하게 연방헌법에 찬성할 것이기 때문이었다. 우크라이나 인민공화국이 우선 민족 자치를 선언하고 이어 1917년 12월 완전한 독립을 선언할 수밖에 없었던 것은 페트로그라드에서 합법적인 권위가 무너졌기 때문이었다. 임시정부와의 의견 차이가 무엇이었든 간에, 라다는 자신들을 대변한다는 볼셰비키의 주장을 받아들일 수 없었다. 동맹국은 우크라이나 인민공화국과 의견이 같아서 기쁠 따름이었다. 동맹국은 즉시 우크라이나 인민공화국에 초청장을 보내 브레스트리토프스크 회담 참여를 권했다.

볼셰비키에 이는 끔찍한 전망을 가져왔다. 전쟁 이전에 우크라이나는 전 세계 곡물 수출의 5분의 1을 담당했다. 미국이 수출한 곡물의 두 배였다. 페트로그라드와 모스크바는 빈과 베를린만큼이나 그 곡물이 필요했다. 또 우크라이나는 공업 국가로 발전해야 할 러시아의 미래에 필수적이었다. 그 지역은 러시아에서 쓰이는 점결탄 전부, 철의 73퍼센트, 강철의 60퍼센트를 생산했다. 우크라이나의 망간은 유럽의 모든 용광로로 수출되었다.[3] 키이우에 독립정부가 수립되면, 이는 소비에트 정권에 막대한 타격을 줄 수 있었다. 게다가 라다는 독일인들에게 합법성을 가장할 수 있게 한 발트 지역과 폴란드의 귀족의회와 달리 외세의 작품이라고 간단히 치부할 수 없었다. 브레스트리토프스크에서 볼셰비키는 그때까지 독일의 침공을 저지한 민족 해방의 옹호자로 자처할 수 있었다. 그러나 이미 12월에 소비에트 당국과 우크라이나 인민공화국 간의 첫 번째 논쟁이 적대 행위로 악화되면서, 레닌과 스탈린이 자결권을 지지하는 데 붙은 너무도 중요한 단서가 무엇인지 분명해졌다. 볼셰비키는 자결권을 승인했지만, '혁명적 대중'이 통제한다는 조건이 덧붙여졌다. 볼셰비키가 보기에 우크라이나 라다는 그 지역의 멘셰비키와 사회혁명당 아첨꾼들이 섬기는 유산자들의 회의에 불과했다. 1918년 초 볼셰비키 선동가 카를 라데크는 페트로그라드 주민을 부추겼다. "식량을 원한다면… 외쳐라. '라다를 타도하자!'" 우크라이나 의회는 '유다처럼 배반하여' 동맹국의 초대를 받아들임으로써 '제 무덤을 팠다.'4 우크라이나 대표단이 브레스트리토프스크에 도착했을 때, 엄선된 반反 라다 볼셰비키로 구성된 우크라이나 소비에트공화국이 초라한 용병 군대로 키이우를 공격하고 있었다.(차르 체제가 무너진 뒤 우크라이나에는 정부를 자처하는 여러 파벌들이 있었는데 그중 두드러진 것은 독일의 인정을 받은 키이우의 우크라이나 인민공화국과 페트로그라드 소비에트 정권의 지지를 받은 하르키우의 우크라이나 소비에트공화국USR이다.*) 발트 지역에서의 섀도복싱 이후, 동부전선 강화의 진정한 관건이 뚜렷하게 드러나고 있었다.

1월 12일, 크리스마스 위기 이후로 여러 나라의 언론에서 독일 군국주의자의 전형으로 조롱을 당한 막스 호프만 장군은 소비에트 정권으로부터 '정당한' 자결권 절차에 관해 속 터지는 훈계를 끝까지 들은 뒤 평정심을 잃었다. 그는 독일제국의 대표자들이 왜 볼셰비키로부터 정당성에 관해 훈계를 들어야 하냐고 다그쳤다. 그에게 볼셰비키 정권은 '다른 생각을 지닌 자들이라면 모조리 잔인하게 억압하는, 순전히 폭력 위에 선' 정권이었다.5 볼셰비키는 이미 우크라이나의 민족적 제헌의회를 공격하고 있었다. 만일 독일이 발트 지역에서 철수해야 한다면, 볼셰비키도 우크라이나에서 철수해야 했다. 그러나 트로츠키는 뻔뻔했다. 그의 반박은 마르크스주의 국가 이론을 적용한 고전적인 사례였다. "… 장군이 우리 정부가 무력 위에 서 있다고 말한 것은 옳다. 역사상 모든 정부가 다 그렇다. 사회가 서로 싸우는 계급들로 구성되어 있는 한, 정부의 권력은 힘에 의지할 것이며 무력을 통해 그 권세를 시위할 것이다." 독일이 볼셰비키 공산주의에서 반대한 것은 '우리는 파업자들을 가두는 것이 아니라 노동자를 내쫓는 자본가들을 가둔다는 사실, 우리는 토지에 대한 권리를 제기하는 농민에게 총을 쏘지 않고 농민에게 총을 쏘려는 대시주와 장교들을 체포한다는 사실…'이다. 트로츠키는 이어 말했다. 볼셰비키 공산주의가 쓰는 '폭력', '수백만 명의 노동자와 농민이 지지하는 폭력, 인민을 노예 상태에 머물게 하려는 소수를 겨냥한 폭력, 이 폭력은 신성한 무력이며 역사적으로 진보적인 무력이다.' 브레스트리토프스크에서 온 번역문을 읽은 카이저는 여백에 이렇게 썼다. "우리는 그 반대이다!"[6]

트로츠키의 진술은 심히 명료하여 20세기 내내 메아리쳤다. 그가 옳다면, 정부가 언제나 궁극적으로는 폭력 위에 서 있다면, 어떻게 정치적 행위를 도덕적 관점과 일치시킬 수 있는가? 실제적인 권력의 요구사항들과 도덕적 정언명령 사이의 이 모순이 뜻하는 바는, 액면 그대로 받아들이면, 비극적이거나 아니면 혁명적이었다.[7] 둘 중 어느 시각에서든, 세상을 바꾸는 혁명에 모자란다면 타협도, 권력의 폭력적 토대의 순화도 진지하게 받아들여질 수 없었다. 이 놀랍도록 솔직한 언쟁은 비참하게도 회담의 퇴보를 가져왔다. 그들은 오로지 무력의 역사적 효력에 관해서만 합의할 수 있었다. 그렇게 정반대의 견해를 지닌 당사자들 간의 협상을 통한 강화는 무장 휴전이나 매한가지였다. 건설적 강화조약을 옹호한 독일인들과 우크라이나인들이 방관하면서, 트로츠키의 혁명적 냉소주의와 호프만 장군의 현실 정치가 결합하여 자결권 원칙의 실질적인 의미를 제거해버렸다. 두 사람이 함께 합의를 모색하는 과정으로서의 협상은 끝내버리고 대신 노골적인 힘의 시험장으로 격하시켰다.

트로츠키의 뜻 깊은 반박이 있고 며칠 지나지 않아서, 볼셰비키는 폭력을 역사를 만드는 수단으로 쓰겠다는 비타협적 공언을 생생하게 증명했다. 1월 18일 아침 협상은 중단되었고 트로츠키는 독일의 요구 조건을 온전히 보여주는 지도를 갖고 페트로그라드로 귀환했다. 그러나 그날 볼셰비키의 첫 번째 일정은 강화조약이 아니라 러시아 민주주의 혁명의 최종적인 타파였다. 1918년 1월 18일은 제헌의회의 첫 번째 회의가 예정된 날이었다. 트로츠키가 브레스트리토프스크에서 독일인들과 입씨름을 하고 있을 때, 중무장한 적위대는 러시아 수도의 거리에서 볼셰비키에 반대하는 항의자들을 쓸어버리며 수십 명을 살해했다.[8] 회의는 오후 4시에 열렸고 즉시 선거의 승자인 사회혁명당 지도자 빅토르 체르노프를 의장으로 선출했다. 밖에서는 적위대의 대포가 의사당을 조준하고 있었다. 안에서는 다수파가 레닌과 그 밖의 많은 사람들이 2층에서 지켜보는 가운데 거친 목소리로 끝없이 회의를 방해하는 볼셰비키 의원들에 맞서고 있었다. 회의는 위협을 견뎌내며 2월혁명 지도자들의 연설을 계속해서 들었다. 그중에는 법의 보호를 박탈당해 숨어 지낸 조지아 출신 멘셰비키인 이라클리 체레텔리도 있었다. 그는 만일 제헌의회가 '파괴되면… 뒤이어… 내전이 일어나 민주주의의 생혈을 빨아낼 것'이라고 경고했다. 볼셰비키는 '반혁명의 문을 열 것이다….'[9] 1월 19일 이른 아침, 볼셰비키 대표단이 관리직원들과 적위대에 회의실 폐쇄를 맡기고 오만하게 물러났을 때, 러시아 제헌의회는 러시아 급진파가 수세대 동안 소중히 여긴 목표인 평등주의적 토지법을 가결시켰다. 의사당에 불은 꺼졌지만, 체르노프가 '러시아 민주주의 연방공화국'의 탄생을 엄숙하게 선포하는 소리가 들렸다.[10]

제헌의회는 다시는 열리지 않는다. 제헌의회의 폭력적 억압은 한때 혁명에 걸었던 민주주의적 희망을 박살내는 일격이었다. 막심 고리키는 이렇게 썼다. "거의 백 년 동안 최고로 훌륭한 러시아인들이 제헌의회라는 관념을 붙들고 살았다…. 이 관념을 위한 투쟁에서 수천 명의 지식인과 수만 명의 노동자와 농민이 목숨을 잃었다…." 이제 레닌과 그의 인민위원 정부가 '이 관념에 경의를 표하고자 시위를 벌인 민주주의를 총살하라고 명령했다.'[11] 그러나 볼셰비키는 태연했다. 《프라우다Pravda》는 머리기사에서 체르노프와 체레텔리를 '은행가와 자본가, 지주의 돈을 받고 일하는 고용인들… 미국 달러의 노예들'이라고 비난했다.[12] 레닌은 냉랭하게 의회 정치의 부고 기사를 실었다. 그는 '다른 세계에서 온 자들'이라는 제목으로 단 한 번뿐이었지만 제헌의회 회의에 참석해야 했던 경험에서 느낀 고뇌를 설명했다.[13] 그것은 레닌에게 악몽이었다. "그것은 마치 역사가 우연히… 시계를 되돌린 것 같았다. 1918년 1월은 1917년 5월이나 6월이 되었다!" 노동자와 병사의 소비에트가 하는 '진실한', '활기찬' 활동이 중단되고 제헌의회에 내던져지는 것은 '감언이설의 세계, 교활하고 공허한 변론의 세계, 자본가들과의 타협에… 기대 늘어놓은 약속의 세계'에 빠지는 것과 같았다. "그것은 끔찍했다! 살아 있는 인간의 세계에서 송장 더미 속으로 옮겨지는 것, 시체의 악취를 호흡하는 것, 그 미라들의 공허한 '사회적'… 진술을 듣는 것, 체르노프와 체레텔리의 말을 듣는 것은 정말로 견디기 어려웠다." 사회혁명당 출신의 제헌의회 의원들은 볼셰비키의 협박에 아랑곳없이 내전의 위기 앞에서 단합하자는 호소에 박수를 보냈는데, 레닌은 이들을 죽음에서 돌아온 자들이라고 조롱했다. 지난 여섯 달 동안 관 속에 누워 있다가 돌연히 깨어나서 기계적으로 반혁명을 성원했다는 것이다. 볼셰비키와 2월혁명의 사람들은 이제 바리케이드를 사이에 두고 서로 대적했다. 레닌은 평화를 요구한 자들에 반대하여 '우연에 의해서가 아니라… 불가피하게… 내전이 된 계급 투쟁'을 환영했다. 물론 레닌은 자신만의 불가항력적인 일들을 만들고 있었다. 독일과의 굴욕적인 단독강화를 토대로 일당독재를 수립하려는 시도만큼 내전을 불러일으킬 가능성이 큰 것은 없었다.

또한 러시아의 막대한 대외 채무의 지불을 거부하기로 한 결정만큼 그 독재정권을 러시아의 우방인 협상국으로부터 고립시킬 가능성이 큰 것은 없었다. 이는 1917년 12월 이래로 영국 정부와 프랑스 정부가 예상했던 것이고 1918년 2월 3일 전 러시아 소비에트 중앙집행위원회 간부회가 최종적으로 승인했다. 러시아의 대외 채무는 전쟁 이전에 쌓인 것이 49억 2,000만 달러였고 전쟁이 시작된 이후로는 39억 달러였는데, 이 후자의 금액은 영국 정부와 프랑스 정부가 공식적으로 보증했다. 소비에트 정부가 전임 정부의 채무에 대한 책임을 인정하지 않은 것은, 영국 정부가 항의했듯이 '국제법의 토대 자체'에 도전하는 행위였다. 볼셰비키는 차르 정부에 내준 차관은 러시아를 서유럽 자본주의의 종복으로 만들려는 의도에서 계획된 제국주의의 함정이라고 응수했다. 러시아 국민은 빚진 것이 무엇이든 '오래 전에 피의 바다와 시체의 산으로 갚았다.' 차후로 채무 이행 거부 문제는 소비에트 정권과 서유럽 강대국 간의 화해를 가로막는 근본적인 장애물이 된다. 레닌과 트로츠키는 돌이킬 수 없는 선택을 했다.[14]

강화도 없고 전쟁도 없다

한편 브레스트리토프스크에서 동맹국의 최대한의 요구에 대면한 볼셰비키는 지연 전략을 펼쳤고, 전략적 후퇴의 관리 임무는 트로츠키에게 맡겨졌다. 협상의 결과가 궁극적으로는 폭력에 좌우된다면, 동맹국이 확실하게 우세를 차지하겠지만 완전한 우세를 차지하기는 어려웠다. 동부전선에서는 독일이 군사적으로 우월했지만 더 넓은 시각에서 전쟁을 보면 시간은 그들 편이 아니었다. 루덴도르프와 힌덴부르크는 러시아에 거둔 승리를 발판으로 서부전선에서 대대적인 공세를 계획하고 있었다. 독일 최고사령부는 마지막이 될 것이 틀림없는 공세의 일정을 고려할 때 러시아 상황의 해결이 절실히 필요했다. 게다가 비록 트로츠키와 볼셰비키 좌파가 혁명적 전복의 가능성을 과장했다고 해도, 독일과 오스트리아에서 공히 국내전선의 단결은 이제 심각하게 의문시되고 있었다. 1918년 1월 오스트리아를 휩쓴 대규모 파업은 아드리아해에 있던 오스트리아 함대의 군사 폭동으로 정점에 달했다.[15] 독일에서도 버틸 수 없는 한계점까지 긴장이 고조되었다. 1월 28일, 빈에서 벌어진 항의 시위가 잦아든 지 한 주 뒤에, 독일 공업지대의 도시들이 전례 없이 심한 노동쟁의에 휩쓸렸다. 파업 노동자들은 러시아와의 합리적인 강화조약 체결, 국내 정치 개혁, 계엄령 해제, 프로이센의 3등급제 선거제도 폐지같이 노골적인 정치적 요구를 제시했다. 다수파 사회민주당 지도부는 처음으로 파업 운동을 전폭적으로 지지해야 한다고 판단했다.[16] 파업이 볼셰비키를 지지한다는 암시는 없었다. 러시아에서 폭력이 발생했기에 다수파 사회민주당과 독립사회민주당 둘 다 레닌에게서 멀어졌다. 프롤레타리아트 독재가 아니라 민주주의가 그들의 목적이었다. 그러나 파업은 요구 조건에서 절제를 보여주었음에도 사회민주당과 제국의회 다수파 내 부르주아 협력자들의 사이를 갈라놓았다. 독일조국당이 오른쪽에서 짖어대는 가운데, 가톨릭중앙당과 진보인민당은 '불충한' 사회주의자들과 지나치게 가까이 연합할 수는 없었다. 브레스트리토프스크의 협상이 결정적인 지점에 이른 바로 그때, 윌슨 대통령이 누가 독일을 대변하는지 알고 싶어 했던 그 순간, 제국의회의 진보적 동맹은 엉망이 되었다.[17]

2월 초, 퀼만과 오스트리아 협상단 대표 체르닌 백작은 자신들이 염두에 두었던 동유럽의 합법적 질서는 난파했지만 그 잔해로부터 무엇이라도 구하려는 마음에서 트로츠키가 자결권 문제를 진지하게 생각하게 하려는 마지막 노력을 기울였다. 우선 그들은 소련 대표단과 우크라이나 라다 대표단 사이에 싸움을 붙였다. 예상대로 볼셰비키는 욕설을 퍼부었다. 그러나 우크라이나 대표단도 독일이 지켜보는 가운데 겁을 먹지만은 않았다. "제헌의회를 무너뜨리고 돈으로 고용한 적위대의 총검에 의지하는 볼셰비키 정부는 결코 러시아에서 자결권이라는 매우 정당한 원칙을 적용하려 하지 않을 것이다. 우크라이나 공화국뿐만 아니라 돈강 지역과 캅카스, 시베리아 등의 지역도 그들을 자신들의 정부로 보지 않는다는 것을, 심지어 러시아 국민들도 결국에는 그들의 권리를 부정하리라는 것을 그들은 너무도 잘 알기 때문이다."[18] 트로츠키는 이러한 항변에 확실히 당황했다. 그러나 그가 라다에 한 답변은 앞서 호프만에게 준 답변과 동일했다. 소비에트 정권에 충성하는 군대가 막 키이우를 점령했다. 라다 정부는 도피했고, 사실상 브레스트리토프스크의 논리 정연한 젊은 사절들이 대표하는 그 영토는 그들이 앉아 있는 회의실보다 더 크지 않았다. 이는 상당히 진실에 가까웠다. 그러나 분명하게 드러나지는 않았지만, 그 싸움이 단순한 힘의 시험으로 귀착된다면, 단연 최고로 강력한 패를 쥔 자는 트로츠키가 아니라 호프만 장군이었다. 자신들이 원하는 것을 기정사실로 만들 능력이 있음을 확신한 동맹국은 트로츠키의 위협을 무시했고 라다 대표단을 공식적으로 인정함으로써 회의를 끝내버렸다.

그러나 오스트리아는 그보다 더 많은 것이 필요했다. 국력이 완전히 소진된 상태에서 그들은 껍데기만 남은 우크라이나 정부와 정식으로 조약을 체결해야 했을 뿐만 아니라 실행 가능한 곡물 인도 계약도 필요했다. 볼셰비키가 우크라이나 북부를 대부분 점령하고 있었기 때문에 체르닌 백작은 트로츠키와 합의를 이루기 위한 노력을 포기할 수 없었다. 이는 두 사람이 발트 국가들 문제를 다시 다루고 사실상의 자결권을 위한 기본적인 규칙을 세워야 했음을 의미했다. 2월 6일, 체르닌은 트로츠키와 개인적으로 만난 자리에서 발트 지역에 자치권을 부여할 회의체들에 관한 타협의 토대를 상세히 설명했다. 이에 동맹국과 소비에트 정권 둘 다 승인한 요건들이 포함되지 말아야 할 이유가 있는가? 트로츠키는 그러한 건설적인 회담에 말려들기를 거부했다. 트로츠키는 필사적인 오스트리아가 어떤 양보를 하든 간에 자결권이라는 원칙은 그의 적인 제국주의자들의 손에서는 이데올로기적 올가미에 지나지 않는다고 역설했다. 강화조약에 관해 말하자면, 그는 바보가 아니었다. 트로츠키는 독일이 원하는 것은 무엇이든 다 가질 수 있음을 이해했다. 이러한 현실에서 그의 관심을 끈 것은 독일이 취한 것이 아니라 독일이 그것을 취한 방법이었다. "러시아는 무력에는 굴복할 수 있어도 궤변에는 굴복할 수 없다. 러시아는 결코··· 독일이 점령하고 있는 영토를 자결권을 빙자하여 소유하는 것을 인정하지 않을 것이며 독일로 하여금 뻔뻔스럽게 요구 조건을 들고 나오게 할 것이다···. 그리고 잔인한 강탈 행위에 반대하는 세계 여론에 호소하며 굴복할 것이다." 당시 감옥에 갇혀 있던 독일 급진주의자 카를 리프크네히트가 썼듯이, 브레스트리토프스크 조약의 결과는 혁명의 관점에서 보면 '그것이 비록 강요된 항복의 강화협정'으로 귀착되었을지언정 '전혀 무익하지는 않았다.' 트로츠키 덕분에 '브레스트리토프스크는 멀리 도처에서 읽히는 판결문을 내놓은 혁명 재판소가 되었다···. 그 판결문은 독일의 탐욕과 교활한 거짓말, 위선을 폭로했다.' 그러나 그것은 호프만 장군과 루덴도르프의 정체를 폭로하기만 한 것은 아니었다. 리프크네히트에게도 그렇거니와 트로츠키에게 더욱 중요했던 것은 그 강화조약이 독일 민주주의 다수파의 개혁주의적 환상에 내린 '좌절의 평결'이다.[19] 러시아에서도 그러했듯이, 타협도 위선도, 완전한 혁명에 모자라는 민주주의적 강화의 가능성도 없어야 했다.

의미 있는 합의의 여지는 이제 남김없이 사라졌다. 2월 10일 동맹국은 러시아 대표단에 자신들이 우크라이나와 별도로 강화조약에 서명했고 소비에트 대표단은 이를 인정해야만 한다고 통보했다. 독일과 오스트리아는 우크라이나와 조약을 체결함으로써 잉여 곡물을 전부 구매할 권리를 얻었다. 그러나 우크라이나는 굶주리거나 강탈당해서는 안 되었다. 동맹국이 신용으로 곡물을 구매하는 것도 허용되지 않았다. 곡물 값은 공산품으로 지불할 수 있었다.[20] 우크라이나 협상 팀은 독일이 제공한 기차에 올라타 도피 중인 정부를 대표한 자들이었는데도 놀라운 양보를 얻어낼 수 있었다. 오스트리아 정부는 너무도 절실하게 강화가 필요했기에, 체르닌 백작은 완전한 문화적 권리를 보유한 루테니엔Ruthenien(루테니아)주를 신설함으로써 오스트리아헝가리 왕국 내 우크라이나인 소수민족의 지위를 높이는 데 동의했다.[21] 더욱 놀라웠던 것은 체르닌이 헤움Chełm을 우크라이나에 양도하기로 동의한 것이다. 헤움은 오스트리아와 독일이 1916년 11월 이론상으로 인정한 폴란드 국가의 자결권에 따라 폴란드에 주기로 약속한 도시였다. 1918년 첫 몇 주까지는 폴란드보다 우크라이나가 독일과 오스트리아에 더 필요했다.

볼셰비키는 힘의 대결을 초래했기에 이제 중대한 결정을 내려야 할 상황에 직면했다. 판에 박힌 생각을 가진 자들에게 선택할 수 있는 길은 두 가지뿐이었다. 페트로그라드와 모스크바에서 압도적으로 인기가 높았던 대안은, 군대의 최전선에 있지 않은 자들이라면, 독일의 조건을 거부하고 전쟁을 재개하는 것이었다. 어떤 러시아 정부도 항복한 적이 없었다. 혁명 정부가 처음으로 항복하는 정부가 되어서는 안 될 일이었다. 당 중앙위원회의 다수는 러시아와 협상국의 연결을 복원하자는 트로츠키의 생각을 지지했다.[22] 니콜라이 부하린 등 볼셰비키 좌파의 다른 결벽주의자들은 러시아 농민과 노동자의 혁명적 에너지에 기댔다. 레닌은 그것에 아무 매력을 느끼지 못했고 냉소 섞인 경멸을 보였다. 혁명전쟁의 희망은 '낭만적인 것과 아름다운 것을 갈망하는 자들을 만족시킬 수' 있겠지만 '계급 간 힘들의 객관적인 상관관계를… 고려하는 데에는' 철저하게 실패했다.[23] 레닌은 이제 어떤 대가를 치르더라도 강화조약을 체결해야 한다고 공공연히 요구했다. 트로츠키는 러시아의 황폐해진 북부전선을 질리도록 보았기에 레닌의 관점이 유효함을 알아볼 수 있었다. 그러나 레닌과 달리 트로츠키는 부하린의 혁명전쟁과 레닌의 파멸적인 강화 사이에 제3의 길이 있을 수 있다고 생각했다. 트로츠키는 러시아가 일방적으로 전쟁을 포기한다고 선언함으로써 간단하게 회담을 끝내버리자고 제안했다. 독일에서 혁명이 일어나기를 기다릴 것이 아니라 제국의회 다수파가 전투의 재개를 막을 수 있기를 바라자는 것이었다. 1월 22일, 레닌의 즉각적인 해결 호소가 당 집행위원회에서 거부된 뒤, 트로츠키의 대담한 새로운 전략이 근소한 차이로 지지를 얻었다. 2월 10일 트로츠키는 우크라이나와의 조약을 인정하는 대신 '강화도 없고 전쟁도 없다'고 선언하며 협상을 그만두었다. 페트로그라드에서는 기쁨에 겨운 반응이 나왔다. 트로츠키는 1917년의 큰 희망이었던 '승리 없는 평화'를 가져오지는 못했을지언정 적어도 패배를 명백히 인정하지 않은 채 싸움을 끝냈다.[24]

독일 군국주의, 진격을 재개하다

이제 모든 것은 독일의 대응에 달렸다. 트로츠키의 놀라운 선언 후 볼셰비키 대표단은 자신들을 심하게 괴롭힌 호프만 장군이 웅얼거리며 훈계하는 꼴을 보아 기뻤다. 일방적으로 전쟁을 중단한다는 생각은 전혀 '들어보지 못한…' 방식이었다.[25] 퀼만의 법률 전문가들이 확인했듯이, 3,000년간의 국제법에 그러한 선례는 단 한 번뿐이었다. 고대 그리스의 어느 폴리스가 전쟁의 지속과 강화협정의 체결 둘 다 거부한 적이 있었다.[26] 트로츠키는 독일의 온건 세력이 군국주의자들을 억제할 만큼 강할 것이라고 도박을 했다. 제국의회 다수파의 힘이 강했던 1917년 여름에 이와 비슷한 전략을 시도했다면, 아마도 '강화도 없고 전쟁도 없다'는 현상 유지 전략은 고수할 만했을 것이다. 그러나 1918년 2월 트로츠키는 독일의 진보동맹의 힘을 과대평가했다. 오히려 그의 협상 전술이 그 토대를 흔드는 데 크게 기여했다.

대결의 절정은 2월 13일 바트홈부르크에 있는 카이저의 거처에서 열린 회의였다. 트로츠키가 기대했듯이, 총리 헤르틀링과 외무장관 퀼만은 교전의 재개에 강력히 반대했다.[27] 동부전선에서 새롭게 피를 흘린다면 국내전선은 깊은 환멸을 느낄 것이었다. 모든 가용한 병력은 분명히 서부전선에 투입해야 했다. 그러나 루덴도르프는 강경했다. 게다가 호프만 장군의 지지까지 받았다. 트로츠키가 말을 하려 하지 않았다면, 독일 군부는 사실을 만들어내려 했다. 제국의회와의 추가 협의는 고사하고 장황한 토론도 필요 없었다. 카이저로 말하자면, 제국의회를 언급하는 것만으로도 분노의 폭발을 초래하기에 충분했다. 그러한 분노는 독일에 널리 퍼진, 위기에 처했다는 분위기를 드러냈다. 카이저는 선출직 정치인들이 전쟁과 평화의 문제에 개입할 일은 없다고 고함을 질렀다. 문제는 더 넓은 범위의 싸움이었고, 독일은 철저하고 무자비하게 전진해야 했다. 며칠 전 볼셰비키 라디오 방송국들은 호엔촐레른 왕조의 혁명적 전복을 호소했다. 카이저는 똑같은 방법으로 대응했다. "우리는… 최대한 빨리 볼셰비키들을 쳐 죽여야 한다."[28] 그는 큰 동물을 사냥하며 행복했던 시절을 떠올리며 이렇게 말했다. "볼셰비키는 호랑이다. 그놈들을 포위하여 총으로 쏘아 쓰러뜨려라."[29] 카이저의 머리를 떠나지 않은 것은 영국과 미국이 동유럽의 세력 공백을 이용할 가능성이었다. "앵글로색슨족의 손으로 조직된 러시아는 커다란 위험이다…. 볼셰비키를 격파해야 한다. 이에 더하여 다음과 같이 제안한다…. 우리는 에스토니아를 도와야 한다. 발트 지역은 강도에 맞서 도움을 청해야 한다. 그러면 우리는 지원할 것이다(아르메니아에서 오스만제국이 한 것과 유사하다). 발트 지역의 무장경찰대를 만들어 질서를 회복하라…. 이는 치안 활동이지 전쟁이 아니다."[30] 청년튀르크당의 '특별 경찰' 부대가 자행한 잔학행위는 독일에도 잘 알려져 있었다. 따라서 이러한 발언은 오싹한 의미를 띤다.

이 모든 발언을 매듭지으며 카이저는 돌연 어둠의 세력을 꿰뚫어 보는 능력을 드러냈다. 그는 어둠의 세력이 암약하고 있다고 의심했다. "러시아 국민은 유대인의 복수에 내맡겨졌다. 그들[볼셰비키]은 세상의 모든 유대인과 교류하고 있다. 프리메이슨도…."[31] 같은 회의의 다른 기록에는 한층 더 넓은 차원의 음모가 덧붙여졌다. 카이저는 이렇게 비난했다. "윌슨은 호엔촐레른 가문의 제거를 전쟁 목적으로 선포했으며 이제는 국제 유대인 사회 전체, 즉 그랜드 오리엔트 로지Grand Orient Lodge와 더불어 볼셰비키를 지원하고 있다."[32] 카이저의 생각에는 윌슨이 14개조 연설에서 했던 볼셰비키를 달래는 듯한 발언이 워싱턴과 페트로그라드에 촉수를 뻗고 있는 세계 유대인 음모의 환상을 불러낸 것 같았다. 이러한 분노의 폭발 이후 토론은 중단되었고 카이저는 산책을 하며 기운을 회복했다.

브런치 뷔페 시간에 제국 정부에서 제국의회 다수파의 대표자로 활동한 진보적 자유주의자인 부총리 프리드리히 폰 파이어는 외무장관 퀼만에게 위로를 구했다. 퀼만의 회고록에 따르면, 폰 파이어는 매우 흥분한 상태였다. "그[파이어]는 자신이 다년간의 의회 경험을 통해 국가의 결정적인 일들을 꿰뚫어 보는 통찰력을 갖게 된 것 같다고 내게 말했다. 그러나 오늘 회의로 그는 이전에 생각하지 못했던 많은 것에 눈을 뜨게 되었다." 카이저의 분노가 드러낸 '독일 국가의 역사에 숨은 커다란 모순과 깊은 나락'은 그를 '크게 동요하게' 했다. 퀼만은 이렇게 대답했다. 자신도 "오랫동안 그러한 나락에 익숙했다. 그러나 생사의 문제를 위임받은 정치인이 주요 의원들에게 아주 솔직하게 견해를 밝히고 그들이 단계적으로 처리해야 하는 어려운 문제들을 제시하는 것은 불가능했다."[33]

실제로 2월 13일 카이저의 반유대주의적 감정의 격발은 일회성에 그치지 않았다. 1917년에서 1918년으로 넘어가는 겨울 동안 그는 과격한 민족주의 선전의 영향을 점점 더 많이 받았고, 부관들에게 보내는 그의 일일 문서는 대개 '유대인 파괴분자들'에 대한 욕설이 뒤섞여 있었다. 한층 더 심각했던 것은 바트홈부르크 회의 전 몇 주 동안 마침내 루덴도르프가 자신이 병합하기로 결심한 폴란드 영토 내의 많은 폴란드인과 유대인을 처리하는 문제에 마주했던 것이다. 그는 범독일주의 환상에서 해법을 가져왔다. 200만 명이나 되는 많은 사람을 집에서 쫓아내야 했고, 특히 정치적으로 위험한 대규모 유대인 주민이 확실하게 무력해지도록 주의를 기울여야 했다. 루덴도르프는 그들이 미국으로 '이주하기'를 바랐다.[34] 루덴도르프의 점점 더 과격해지는 정책을 지배한 것은 유대인을 향한 적대적 태도와 볼셰비키 공산주의가 제기한 혁명의 위협을 제거할 필요성만이 아니었다. 작금의 전쟁이 마지막 전쟁이 아니리라는 가정도 있었다. 시간이 지나며 더욱 과도해진 그의 요구를 추동한 것은 현재의 전쟁이 향후 몇 세대 동안 휘몰아칠 서유럽 강국들과의 훨씬 더 큰 전면적인 대결의 전초전이라는 시각이었다. 요컨대 바트홈부르크 회의는 독일 군국주의자들에게 필요한 행동의 자유를 주었다. 2월 18일 독일군은 진격을 재개했다.

브레스트리토프스크 조약, 레닌의 일당독재를 떠받치다

호프만 장군은 일기에 감개무량한 듯 이렇게 썼다. "러시아 전체는 더럽게 우글거리는 거대한 구더기 더미에 지나지 않는다."[35] 그의 군대는 남쪽과 동쪽으로 온전한 철로를 따라 사실상 아무런 저항도 받지 않고 이동했다. 3월 초 키이우가 독일의 수중에 떨어졌다. 트로츠키의 도박은 제대로 역풍을 맞았다. 페트로그라드의 부르주아 진영은 카이저 군대의 도착을 고대한 반면, 위험스러운 암살 성향을 지닌 사회혁명당은 레닌이 혁명을 배반했다고 악담을 퍼부었다. 볼셰비키 지도부는 심각하게 분열했다. 유일한 공통분모는 가혹해지기만 하는 혁명적 규율과 동원의 요구였다. 2월 14일 적군赤軍이 소집되었고, 트로츠키는 동원된 군대의 선두에 섰다.[36] 2월 21일 러시아 전체가 새로운 혁명 법령의 가공할 지시를 받았다. 법령은 파괴분자와 부역자는 모조리 즉결 처형하겠다고 위협했고 몸이 성한 부르주아지는 전부 강제노동대로 징집한다고 선언했다.[37] 독일군의 진격을 저지할 수 없었기에 레닌은 이틀 간 토론을 거친 후 2월 초 브레스트리토프스크에서 제시된 강화조건을 수용하자고 볼셰비키 당 중앙위원회를 설득했다.[38] 그러나 이제는 그것으로 충분하지 않았다. 독일은 자신들이 통제한 지역의 자결권 형태와 소비에트 정권과 우크라이나 사이의 즉각적인 강화를 완전히 마음대로 결정하겠다고 요구했다.

2월 23일 볼셰비키 당 중앙위원회는 한 번 더 모였지만, 레닌의 사퇴 위협조차도 다수파를 움직이기에는 역부족이었다. 독일의 강화된 요구를 받아들이자는 레닌의 제안은 의장이었던 트로츠키가 기권한 후에야 통과되었다. 혁명의 내부 요새였던 페트로그라드 소비에트에서 레닌은 사회혁명당과 볼셰비키당 내부 좌파 양쪽의 분노에 찬 반대에 직면했다. 그러나 레닌은 단호했다. 전쟁에 대한 영웅적인 환상을 버려야 했던 제1차 세계대전의 병사들처럼, 레닌은 혁명가들이 역사적 진보에 대한 환상에서 벗어난 새로운 시각을 감수해야 한다고 역설했다. "혁명은 유람 여행이 아니다! 혁명의 길은 가시밭길이다. 무릎으로 기어 오물을 통과하고 필요하면 바짝 엎드려 흙먼지와 거름더미를 뚫고 공산주의를 향해 기어가라. 그러면 이 싸움에서 우리는 승리할 것이다…."[39] 그날 밤이 끝날 때 레닌의 제안은 근소한 차이로 통과되었다. 찬성 116표 대 반대 85표, 기권 26표였다.

2월 26일 볼셰비키의 항복 소식을 전달받은 독일군은 며칠간의 행군이면 소비에트 수도에 닿을 거리에서 멈춰 섰다. 나흘 후, 백발의 늙은 볼셰비키 그리고리 소콜니코프가 러시아 지방 농민들의 따가운 눈총을 받으며 독일이 제시하는 조건을 그대로 수용할 준비를 한 채 브레스트리토프스크로 돌아왔다. 최초의 비교적 우호적인 회의 이래로 사정이 크게 나빠진 데 당황한 독일과 오스트리아의 외교관들은 일련의 소위원회를 세워 절차의 잔인함을 누그러뜨리기를 바랐다. 소위원회를 통해 강화조건의 기술적인 논의를 상세히 진행시키려 했던 것이다. 그러나 그들에게는 당혹스럽게도 볼셰비키 대표단은 조약의 조문을 진지하게 고려하는 시늉조차 하지 않았다. 회담을 더 지속해보았자 양측이 다 솔직하게 인정했듯이 단지 무력에만 의존하는 해법이 정당화되었을 것이다. 양측은 눈앞에 놓인 문서에 서명하고 떠났다.

브레스트리토프스크 조약으로 시간을 벌기로 한 레닌의 결정은 분명히 볼셰비키당 내부 규율을 가장 혹독하게 시험한 것이었다. 독일 침공이 임박했다는 사실에 힘입어 레닌은 필요한 다수를 확보했지만, 이제 비준을 두고 격한 논쟁이 벌어졌다. 부하린과 카를 라데크, 알렉산드라 콜론타이는 이른바 좌익 공산주의자들이라는 당내 분파를 형성하여 레닌의 '역겨운' 강화조약에 저항했다. 3월 7일 페트로그라드에서 독일군 비행기가 하늘 위를 날아다니는 가운데 개최된 제7차 볼셰비키 전당대회는 우울하고 쓰라렸다.[40] 의결권을 지닌 대의원은 겨우 47명만 참석했다. 명부상으로 총 30만 명인 당원 중에서 고작 17만 명을 대표하는 자들이었다. 레닌은 한 번 더 좌익 공산주의자들의 비합리적이고 낭만적인 역사관을 비난했다. 그들의 태도는 '손에 검을 들고 우아한 자세로 죽어가며 **평화는 수치스럽고 전쟁은 명예롭다**고 말하는 귀족'의 태도였다. 반면 레닌은 국민의 목소리를 자처하며, 그러한 강화조약은 단순히 '세를 모으기' 위한 기회일 뿐임을 알고 있는 '모든 침착한 정신의 농민과 노동자의… 관점'을 토대로 주장을 펼쳤다.[41] 레닌은 당내 다수를 확보했지만, 좌익 공산주의자들은 포기하지 않았고 트로츠키는 계속 기권했다. 대표단은 레닌의 불쾌한 강화조약을 수용한 자신들을 위로하고자 '러시아 노동자와 농민이 자제력과 규율을 세워' 그들로 하여금 독일인 압제자들을 내몰 '해방주의적이고 애국적인 사회주의 전쟁'에 대비할 수 있게 할 '매우 강력하고 무자비하게 단호하고 엄

한 조치'를 약속하는 결의안을 지지했다.[42]

레닌은 혁명적 자기희생의 유혹이 상존하는 이 역사적으로 중요한 폭력과 혼동의 시기에는 명민함과 정밀한 분석이 중요하다고 강조했다. 레닌이 일련의 중대한 변화를 요구한 것도 당이 그러한 지도력을 갖춰 입장을 분명히 하고 결연히 혁명의 길을 가도록 하기 위해서였다. 카를 마르크스와 프리드리히 엥겔스에 의해서 탄생한 사회민주주의라는 전통적인 호칭은 여전히 자랑스럽기는 하지만 이제 더는 적절하지 않음이 분명했다. 제헌의회를 해산한 소비에트 정권은 '일반적인(즉 부르주아) 민주주의의 기준'과 확실하게 관계를 끊어야 했다. 레닌이 인정한 단 하나의 선례는 1871년의 파리코뮌이었다. 차후로 당의 명칭은 그 자랑스러운 유산을 반영해야 했다. 자유주의자들이 위선적으로 보편적인 인권을 이야기한 반면, 제대로 된 공산주의 정권은 '자유와 민주주의'가 '모두를 위한 것이 아니라 착취당한 노동 대중을 위한' 것임을, '이들을 착취로부터 해방하기 위한' 것임을 분명히 해야 했다. "… 착취자들은 '무자비한 억압'을 각오해야 한다."

레닌의 싸움은 전 러시아 소비에트 대회에서 절정에 달했다. 대회는 페트로그라드를 버리고 모스크바를 회의 장소로 선택했다. 전체 대의원 1,232명 중에 볼셰비키는 795명, 사회혁명당 좌파는 283명, 사회혁명당 우파는 25명, 멘셰비키는 겨우 32명이었다.[43] 3월 14일 레닌은 감동적인 연설을 통해 러시아에 '우리가 처한 패배와 분할, 예속, 굴욕의 나락을 맨 밑바닥까지 정밀하게 재보라'고 요청했다. '해방'의 의지를 단단히 굳힌다면 더욱 좋았다. 그는 소비에트 정권이 재건을 위한 시간을 벌 수 있다면 '예속에서 독립으로… 다시 일어날' 것이라고 약속했다. 비준 동의안은 압도적 다수를 차지한 볼셰비키가 통과시켰다. 그러나 사회혁명당 좌파는 만장일치로 반대했으며 11월혁명(10월혁명) 이후로 참여하여 권력을 공유했던 인민위원회의Sovnarkom에서 사퇴했다. 좌익 공산주의자들 중에서는 115명이 기권했고 더는 당무에 관여하지 않았다. 브레스트리토프스크 조약은 페트로그라드 소비에트의 민주주의 강화 방식에 따라 협상이 시작되었지만 레닌의 일당독재를 떠받치는 추진력이 되었다.

이와 동시에 독일에서도 그 잔인한 과정이 판박이처럼 전개되었다. 1918년 3월 17일 독일 정부는 유령 같은 의식을 주최했는데, 여기서 라트비아의 쿠르제메 출신 독일인 지주들의 대표단이 카이저에게 대공의 지위를 취하라고 정식으로 청원했다.44 발트 지역은 새로운 봉건제의 터전이 되어야 했다. 브레스트리토프스크에서 협상이 시작된 지 석 달 반도 더 지난 그 이튿날 매우 다른 정치적 환경에서, 제국의회는 조약의 비준을 토의하고자 모였다. 마티아스 에르츠베르거는 제국의회 다수파의 동료들을 규합하여 폴란드인과 리투아니아인, 라트비아인의 자결권을 존중하라고 요구하는 긴급 결의안을 통과시키려 했다. 나아가 정부의 동의를 전제로 전쟁 채권의 추가 승인을 얻어내려 했다.45 그러나 우파의 승리를 막지는 못했다. 1916년 이후로 무제한 잠수함전의 가장 적극적인 옹호자 중 한 사람이었던 구스타브 슈트레제만은 동부전선의 독일군이 '자결권이 적용되지 않는다!'는 것을 증명했다고 선언했다. "나는 윌슨의 보편적인 국제연맹을 믿지 않는다. 강화조약 체결 이후 그것이 비누거품처럼 사라지리라고 생각한다."46

그러나 이렇게 의기양양한 태도가 무색하게 1918년 봄이면 대단한 승리의 강화조약조차도 1914년 8월 독일의 전쟁 착수를 가능하게 한 국민 통합을 회복시킬 수 없었다. 독립사회민주당은 브레스트리토프스크 조약을 능욕의 조약Vergewaltigungsfrieden이라고 비난했다. 사회민주당에서는 한때 충성스러웠던 에두아르트 다비트기 기어져 정부의 근시안적 태두를 맹렬히 공격했다. 독일은 동유럽에서 오래 지속될 수 있는 새로운 질서를 세울 유일무이한 기회를 도박으로 날려버렸다. "동유럽 전체와 정치·경제를 포괄하는 선린 관계를 구축할 멋진 가능성이 사장되었다."⁴⁷ 에르츠베르거가 브레스트리토프스크 조약에 찬성했다고 자주 욕을 먹기는 했지만, 그의 지지는 엄격한 조건부였다. 그는 제국의회 상임위원회의 예비 토론에서 이렇게 말했다. "만일 폴란드인과 리투아니아인, 쿠르제메 주민들의 자결권이 신속히, 충실하게, 진실하게 이행되지 않으면, 동유럽 강화조약의 가치는 그 조문이 적힌 종이의 값도 안 될 것이다."⁴⁸ 3월 22일 투표 날이 왔을 때, 사회민주당은 기권했고 독립사회민주당은 반대했다. 몇 달 전 브레스트리토프스크에서 크리스마스 합의가 이루어졌다는 소식이 처음 들려왔을 때 나타난 것과 같은 대중적 흥분은 전혀 없었다. 러시아 세력의 축소가 독일에는 큰 이익이었지만, 동부전선의 강화조약이 전쟁을 끝내지는 못했다. 대신 동부전선에서 거둔 승리는 서부전선에서 승리를 거두기 위한 마지막 시도의 토대가 되었다.

카이저의 마지막 전투

그 전해 가을부터 힌덴부르크와 루덴도르프는 공세를 위한 전력을 모으고 있었다. 겨울 동안 서부전선의 독일군은 147개 사단에서 191개 사단으로 늘어난 반면 동부전선의 독일군은 병력을 빼앗겨 85개 사단에서 47개 사단으로 줄어들었다. 서부전선의 독일군은 1914년 이래 처음으로 수적 우위를 차지했다. 1918년 3월 21일 루덴도르프는 능숙한 양동작전으로, 그리고 독일군 병력의 거의 절반을 영국군 구역에 집중시켜, 공격 시점에 2.6대 1까지 승산을 높였다. 오전 4시 40분부터 1만 1,000문의 대포와 박격포가 생캉탱 인근의 영국군 전선에 5시간 동안 궤멸적인 예비포격을 퍼부었고 뒤이어 너비 50킬로미터의 전선을 76개 사단이 집중 공격해 돌진했다.⁴⁹ 원스턴 처칠은 이를 '세계사에서 가장 거대한 돌격'이라고 묘사했다.[50] 단일 전투에 그토록 많은 병력이나 화력이 집중된 적은 없었다. 밤이 되자 독일군의 선두 공격조들은 10킬로미터까지 전진했다. 아미앵에서는 카이저의 군대가 서부전선을 둘로 가른 것처럼 보였다.

3월 23일 카이저는 국경일을 선포했고 파리를 향해 초대형 곡사포 '뚱보 베르타Dicke Bertha'로 첫 일제 사격을 가해 그날을 축하했다. 카이저는 기분이 들떠 부관에게 이렇게 말했다. "영국 의원이 강화를 청하러 온다면, 그는 먼저 제국의 깃발 앞에 예를 표해야 할 것이다. 이 싸움에 민주주의에 대한 군주제의 승리가 걸려 있기 때문이다."[51] 카이저 스스로가 그렇게 말하지 않았다고 해도 제국의회 의원들로부터도 똑같은 찬사를 받아내려 했던 것은 분명하다. 제국의회의 진보적 다수파의 추진력은 멈추었다. 그러나 마찬가지로 제국 정부가 독일 국민 대다수의 의지에 반하여 전쟁을 수행하고 있다는 것도 분명했다. 비용은 섬뜩할 정도였다. 카이저의 마지막 전투로 판명될 싸움에서 첫날에만 독일군의 사망자와 부상자는 4만 명에 달했다. 그 전쟁 전체에서 가장 심각한 손실이었다. 둘째 날의 사망자 중에는 루덴도르프의 의붓아들도 포함되었다.[52] 자유주의자인 막스 폰 바덴 공이 루덴도르프 장군에게 독일이 결정적인 성공을 거두지 못할 경우의 전말을 설명해달라고 요청하자, 그는 이렇게 간단히 대답했다. "글쎄요, 그러면 독일이 사라지겠죠."[53] 카이저 빌헬름은 동부전선에서 합리적인 강화 조약을 체결하는 데 실패했고 비스마르크 헌법의 건설적인 개혁을 완수하지 못했다. 황제와 그 정권의 운명은 이제 전투의 평결에 달려 있었다.

7장

무너지는 세계

1918년 5월 14일 저녁 레닌은 전 러시아 소비에트 대회 중앙집행위원회에서 연설했다. 그가 국제 상황을 설명하기 위해 선택한 용어들은 거칠었고 그답지 않게 초현실적이었다. 그는 러시아 사회주의가 '제국주의의 약탈이라는 사납게 이는 바다 한가운데의 오아시스'에 있다고 말했다.[1] 제국주의자들은 그 전쟁을 제어할 수 없게 되었다. 소비에트 정권의 생존이 그점을 보여주는 가장 명확한 증거였다. 레닌이 보기에 소비에트 정권의 파멸이 자본주의 국가들의 최우선 공동 관심사였음이 분명했다. 그들은 서로 협력하여 러시아혁명의 불꽃을 끄려 했지만, 제국들의 경쟁이 낳은 힘의 작용이 이를 방해했다. 동양에서는 미국이 일본을 저지했다. 서양에서는 영국과 독일이 사생결단을 벌이느라 어느 쪽도 페트로그라드 정권에 대적하지 못했다. 모든 제국주의 세력은 언제라도 연합하여 소비에트 정권에 맞설 수 있었다. 그러나 제국주의적 경쟁 때문에 세상 어느 먼 곳에서 갑자기 분열을 초래한 것일 수도 있다. 진정한 혁명가들은 제국주의 전쟁이 억제되지 않고 지속된다면 문명이 완전히 파멸할 수도 있고 진보의 가능성이 소멸할 수도 있음을 직시해야 했다.[2]

자본주의가 최종 단계에 들어서면 제국주의적 파멸의 잔치에서 스스로를 태워 없앤다는 이 시나리오는 레닌 정치사상의 주된 특징 중 하나이다. 레닌이 그답게 명료히 강조했듯이, 이 싸움이 그가 주장한 대로 예측이 불가능한 것이라면, 이는 일반적으로 마르크스주의 혁명가들에게 보증서의 역할을 한 단선적인 역사 발전 관념을 뒤흔든다. 마르크스 이론이 '당연히' '직선적'이라고 생각한, '그리고 우리가 시작과 연속, 끝을 보기 위해서는 직선적이라고 생각해야만 하는' 역사의 진로는 '실제 삶에서는… 결코… 직선적이지 않다.' 그것은 '믿을 수 없을 만큼 심하게 꼬여 있다.' 수백 만 명의 사람들이 결코 스스로 선택한 것이 아닌 상황에서 자신들만의 역사를 만들어야 하는 괴로운 과정을 시작하면서, 대단히 큰 '갈지자' 행보와 '거대한' 그리고 복잡한 '방향 전환'이 이루어졌다.[3] 이 시기를 규정하는 특징은 경제가 아니라 폭력이었다. 러시아에서는 '온갖 전쟁과 얽힌' 내전이 이미 시작되었다. 소비에트 정권은 '제국주의 전쟁과 국가들 안에서 벌어지는 내전, 그 두 전쟁이 뒤섞인 전쟁, 제국주의자들이나 다양하게 결합한 제국주의 국가들의 패거리에 억압당하는 민족들의 해방전쟁의… 시대 전체에' 대비해야 한다. "대격변의 시기요 전쟁이 대중의 결단을 강요한 시기이자 위기인 이 시기가 시작되었다…. 그리고 이것은 단지 시작일 뿐이다."[4] 그렇게 종말론적 상황에서 마르크스주의의 통상적인 정치 논리는 뒤집혔다. 레닌은 1918년 4월 말 당에 전한 참으로 놀라운 성명서에서 이렇게 말했다. "만일 우리가 세계 프롤레타리아트의 단일한 군대로서, 첫 번째 군대로서… 선두에 섰다면, 이는 이 군대가 더 잘 조직되었기 때문이 아니다… 이 군대가 선두로 나아간 것은 역사가 합리적으로 발전하지 않기 때문이다."[5] 볼셰비키의 승리는 역사에 논리가 부족함을 보여주는 표현이었다.

섬 안의 오아시스였고, 미네르바(전쟁의 여신)의 혀가 기상천외하게 실수한 것이었다.

제국주의 전쟁을 지옥으로 본 레닌의 시각은 제1차 세계대전부터 오늘날까지, 많은 사람들의 귀를 사로잡은 현대 문명에 대한 폭넓은 비판 속에서 이어져 내려왔다. 그러나 레닌 자신은 그렇게 암울한 전망을 길게 붙들고 있기에는 정치적으로 사고하는 성향이 너무 강했다. 그의 세계 정세 해석은 정치적 전략에 봉사하는 시녀였다. 1918년 제국들의 경쟁이 폭풍처럼 몰아치던 중 소비에트 정권을 섬 안의 오아시스로 본 레닌의 시각은 독재를 해야 한다는 주장의 토대가 되었다. 그 순간의 시련을 극복하려면 독특한 역사적 통찰력과 정치적 융통성이 필요했다. 소련은 생존을 위해 독일에서 누가 권력을 쥐고 있든 간에 그들과 어떤 대가를 치르더라도 강화조약을 체결해야 했다. 레닌이 솔직히 인정했듯이, 이는 고통스러운 타협이었다. 그러나 그의 전술이 성과를 내 소련이 생존하고 독일은 패배했을 때 레닌에게 한층 더 큰 공이 돌아갔다.[6] 이 승리 이야기는 레닌이 그 전쟁의 정치적 논리를 얼마나 철저히 오해했는지, 그 오해가 그의 정권을 소멸에 얼마나 가깝게 이끌었는지를 무시한다.

일본의 시베리아 진출 야욕의 좌절

레닌이 브레스트리토프스크에서 단독강화를 체결하자 협상국은 분노할 수밖에 없었다. 1917년 12월로 돌아가 보자. 영국과 프랑스는 이미 동부전선의 회복을 위해 어떻게 개입할지 논의를 시작했다. 그러나 두 나라는 서부전선에서 소중한 병력을 옮겨올 여유가 없었고, 봄에 독일이 공세를 개시하자 그들의 상황은 확실히 절망적으로 바뀌었다. 대신 이들은 일본에 선제 조치를 취하라고 촉구했다. 확실히 일본에는 데라우치 정부가 공격에 나서기를 바라는 팽창주의자들이 있었다.[7] 1918년 3월 독일이 브레스트리토프스크에서 자국의 의사를 강요했을 때, 지극히 공격적인 내무장관 고토 신페이는 일본이 이 기회를 잡아 100만 명의 병력으로 시베리아에 진출해야 한다고 주장했다. 그 정도의 군대라면 향후 서구 열강이 동아시아에서 일본과 겨루려는 시도를 저지하기에 충분하리라고 보았다. 고토는 소비에트 정권보다는 윌슨의 14개조에 대한 세계의 열렬한 반응에 더 크게 불안했다. 고토는 이렇게 역설했다. "미국의 진정한 의도를 더 깊이 파고들어 보자. 미국이 채택한 것을 나는 도덕주의적 공격이라고 부르겠다. 미국은 달리 말하자면 정의와 인류애의 가면을 쓴 거대한 위선의 괴물일 뿐이다." 이러한 팽창주의적인 이데올로기 공격에 맞서려면, 최소한 총동원이, 그리고 이의를 제기하는 일본 내 자유주의 세력을 철저히 억압하는 것이 필요했다. 그래야만 아시아와 서구 간의 불가피한 '세계 전쟁'에서 나라를 이끌 지도력이 마련될 것이기 때문이었다.[8] 그러나 내각의 다수는 고토의 공격적인 시각을 공유하지 않았다. 영국과 프랑스의 간청에 응하여 시베리아의 황무지로 들어간다고 일본이 강해지지는 않을 것이었다. 게다가 일본이 러시아의 태평양 연안에서 대규모 작전을 수행한다면, 이는 중국 정부와 우호적인 관계를 수립한다는 데라우치 정부의 전략과 조화를 이루어야 했다.

볼셰비키가 권력을 장악하고 며칠 지나지 않았을 때 중국 주재 일본 대사는 폭넓은 군사적 합의를 제안했다. 일본은 중국군의 근간이 될 군사 기술과 장비를 제공하겠다고 제의하며 일본과 중국이 공동으로 주인 없는 극동의 러시아 철도망을 함께 통제하자고 했다.[9] 1917년 12월 중국에 파견된 일본 장부의 사절인 니시하리 기메코는 '동상의 지급'을 확보하고 '유럽 세력의 일본 바다 침입을 영구히 방지'할 일본과 중국의 '근본적인 연합'을 요구했다. 연로한 정치인 야마가타 아리토모는 일본과 중국이 '마치 몸은 달

라도 마음은 하나인 한 나라처럼' 행동할 수 있을 만큼 긴밀하게 동맹해야
한다고 주장했다.[10]

그러한 범아시아 반反서구 연합의 논의가 상서롭게 들리지는 않았기에,
고토와 그 일파는 자유롭게 행동할 수는 없었다. 요시노 사쿠조 같은 진보
주의자들이 주목했듯이, 일본의 군사 행동에 대한 대중의 지지는 크게 부
족했다.[11] 의회에서는 공격 옹호자들이 급진 자유주의자 오자키 유키오 같
은 자들의 반대에 부딪쳤다. 오자키 유키오는 윌슨의 14개조를 이용하여
'서구 동맹국들은 군국주의를 파괴하려 하는데, 데라우치 내각은 국내외에
서 군국주의를 강화하고 보호하려 한다'는 사실을 강조했다.[12] 1917년의 부
정선거 이후 야당의 자유주의자들은 조건을 제시할 위치에 있지 않았다.
그러나 압도적 다수를 차지한 하라 다카시의 보수적인 입헌정우회는 나름
대로 자제했다. '일본의 미래는 미국과의 긴밀한 관계에 달려 있다'는 하라
의 믿음은 흔들리지 않았다.[13] 그리고 그의 견해는 자유주의자인 원로 정
치인 사이온지 긴모치와 마키노 노부아키가 동의했다는 사실로 훨씬 더 강
력해졌다.[14] 이들은 일본이 아시아에서 이익을 추구하는 것에 반대하지 않
았다. 그렇지만 이들은 세련된 솜씨를 요구했다. 고토와 오자키 둘 다, 한
사람은 보수적인 목적에서 다른 사람은 자유주의적인 목적에서, 일본과 미
국 간의 전략적인 갈등과 국내의 갈등을 뒤섞었지만, 하라는 일본이 기꺼
이 협조적으로 나가면 미국은 일본 국내 질서에 이의를 제기하지 않을 가
능성이 매우 크며 일본이 중국의 권위주의적 군국주의를 후원해도 눈을 감
을 것이라는 가정에서 움직였다. 하라는 일본이 시베리아에 군사적으로 개
입하는 것에 반대하지 않았다. 그러나 군국주의자들이 미국 정부의 허락
없이 행동하면, 그는 데라우치를 과격해진 야당의 처분에 내맡기려 했다.

미국은 어떻게 결정할 것인가? 브레스트리토프스크 조약을 둘러싼 싸움
이 이리저리 흔들릴 때, 미국 정부 안에는 국무장관 랜싱이 이끄는 강력한

파벌이 있었다. 랜싱은 볼셰비키 공산주의를 정확히 레닌이 생각했던 관점에서, 즉 미국이 반드시 짓뭉개야 할 이데올로기적 천적으로 보았다. 랜싱은 러시아에서 '전면에' 부상하고 있는 것을 '여러 면에서 전제정치보다 더 두려워해야 한다'고 앞날을 내다보며 말했다.[15] 차르의 전제정치가 '무지의 폭정'이었다면, 레닌의 독재는 '지적인 폭정'이었다. 윌슨으로 말하자면 일본을 더 많이 걱정했다. 일본이 행동에 나설 것이라는 프랑스의 과장된 보고에 당황한 윌슨은 1918년 3월 1일 협상국의 합동 작전을 승인하겠다는 의사를 표명했다. 그러나 고작 하루 뒤에 그는 가장 과격한 조언자인 윌리엄 불릿이 급하게 보낸 메모에 영향을 받아 결정을 뒤집었다. 불릿에게 관건은 미국의 참전 근거였다. 윌슨은 협상국을 좀 더 진보적인 방향으로 이끌려는 희망에서 참전했다. 따라서 그는 러시아에 개입해야 하는 도덕적 책임을 회피할 수 없었다.

불릿은 이렇게 강조했다. "지금 러시아에는 인민에 의한, 인민을 위한, 인민의 정부가 발전할 조짐이 보인다." 민주주의의 진짜 적은 레닌의 인민위원회의가 아니라 동맹국만큼이나 협상국 안에도 살아 있는 반동적인 제국주의 세력이었다. 불릿은 이렇게 다그쳤다. "루덴도르프가 페트로그라드에 확고하게 자리를 잡고 있는데 연합국들이 데라우치를 이르쿠츠크에 데려다 놓는 것을 허용하면 이 러시아 민주주의에 안전한 세상을 만들 수 있는가?"[16] 1918년 3월 4일, 불릿의 논거가 승리했다. 대통령은 연합국의 모든 개입에 단호히 반대했다.[17] 윌슨은 개입에 대한 지지를 철회했을 뿐만 아니라 불릿과 하우스 대령의 조언에 따라 러시아혁명을 반동적인 독일에 맞선 민주주의 연합에 참여시키려는 시도를 재개했다. 윌슨은 브레스트리토프스크 조약 비준에 찬성하는 레닌의 논거를 듣기 위해 모인 3월 12일의 소비에트 대회에 직접 호소했다. 윌슨은 1월에 비해 한층 더 부적절한 상황에서 14개조의 메시지를 되풀이했다. 윌슨은 소비에트 대회가 무산된 제헌의회를 대신했다는 사실을 무시하면서 '민주주의에 결합하려는' 러시아의 노력에 '전적으로 공감한다'는 뜻을 밝혔다. 그는 러시아가 '그러한 발전을 방해할 수 있는 모든 사악하고 이기적인 세력'에서 자유로워야 한다고 요구했다. 그러나 하우스가 명확하게 설명했듯이, 윌슨의 실제 생각은 독일과 브레스트리토프스크 조약을 넘어섰다. "나의 생각은… 이를 기회로 삼아 극동의 상황을, 어쨌거나 일본을 언급하지 않고 해결하는 것이다. 당신이 러시아에 관하여, 그리고 독일에 반대하여 말하려 하는 것은 일본이나, 우리가 알기에 독일이 지금 시도하고 있는 것을 하려고 애쓰는 다른 강국들에도 적용될 수 있다."[18]

1918년 3월 막후에서는 트로츠키가 거의 매일 영국과 미국의 열정적인 사절인 브루스 록하트와 레이먼드 로빈스와 함께 소비에트 정권과 서방 강국들 간의 친선 관계 회복에 관해 대화를 나누었다. 북쪽의 무르만스크에서는 진격하는 독일군이 연합군의 비축 물자를 강탈하지 못하도록 하기 위해 3월 둘째 주에 소규모 영국군 파견대가 상륙했다.[19] 그러나 소비에트 대회에서는 엄정한 레닌주의 방침이 승리했다. 윌슨 같은 위선적인 자유주의자와 타협할 일은 없었다. 대회는 신랄한 성명서를 발표하여 혁명적으로 반격했는데, 이는 레닌의 헌신적인 추종자 알렉산드르 지노비예프의 말에 따르면 '미국 대통령의 얼굴에 따귀'를 갈기는 것이었다. 그렇게 윌슨의 메시지가 소비에트 대회에서 무시되었지만, 그 조언이 일본 내각의 상대적으로 명민한 각료들에게는 영향이 없지 않았다. 3월 19일, 하라의 고집에 따라 정부 내 개입주의자들은 한 번 더 굴복했다. 하라는 미국의 명백한 승인 없이는 아무것도 하지 않으려 했다.[20] 열의가 지나친 일본 해군의 어느 부대가 즉흥적으로 블라디보스토크에 상륙했을 때, 일본 정부는 즉시 철수를 명령했다. 4월 23일 데라우치 내각의 원로 매파였던 외무장관 모토노 이치로는 시베리아에 공격적으로 개입하는 정책을 실현시키지 못하자 무력감에 굴욕을 느끼고 사퇴했다. 그를 대신한 고토 신페이는 오히려 한층 더 공격적이었다. 그러나 그는 선임자보다도 운신의 폭이 좁았다. 윌슨 대통령은 영국 사절 윌리엄 와이즈먼에게 이렇게 말했다. "미국 정부는 이 상황의 열쇠를 쥐고 있다…." 워싱턴의 '재가'가 없으면 '일본 정부는 개입하지 않을 것이다.'[21] 윌슨이 알아보지 못한 것은(레닌도 마찬가지였지만 윌슨이 더 심했다) 그에게 그러한 영향력을 준 세력이었다. 그것은 바로 대양을 무대로 서구와 싸운다는 광포한 환상으로부터 나라를 빼내 미국과의 화해로 이끌기로 결심한 일본 의회의 다수파였다.[22]

불안정한 독일과 러시아 국내 상황

레닌은 일본을 두려워했지만 할 수 있는 일이 없었다. 동부 러시아에 대한 볼셰비키의 장악력은 너무도 미약하여 그 지역에서 일관된 정책을 전개하기가 어려웠다. 마찬가지로 극동에서 고조되던 반反볼셰비키 활동의 파고도 러시아 영토의 중심부를 장악한 공산당의 힘에 즉각 도전하지는 못했다. 레닌의 생존 전략의 토대는 독일과 체결한 브레스트리토프스크 조약이었다. 그러나 여기에는 모순이 따라왔다. 조약을 협상하는 과정에서 볼셰비키는 그 정당성을 제거하려고 할 수 있는 일을 다 했다. 그러나 약한 당사자가 그토록 말도 안 되게 조약의 정당성을 부정하는데, 어떻게 강한 당사자가 그러한 조약에 구속되겠는가? 볼셰비키의 눈에 띄는 냉소주의는 독일이 유사한 냉소적 태도를 취하게 했을 뿐이다. 독일이 무자비한 제국주의자의 역할을 떠맡은 바에야 그렇게 행동하지 않을 이유가 어디에 있겠는가? 그렇다면 그 동맹국들도 마찬가지 아닌가?

1917년 봄 독일군 최고사령부는 남동부 전선에서 동맹국인 오스만제국

군대를 쉬게 해주었다. 이 휴식의 시기에 탄생한 신생국 자캅카스 민주연방공화국ZKDFR은 과거에 러시아의 주였던 조지아와 아르메니아, 아제르바이잔을 대표하는 임시 의회 세임Sejm을 트빌리시에서 구성했다. 이들은 1917년 12월 우크라이나와 동일한 조건으로 브레스트리토프스크 회담에 참여하라는 초대를 받았다. 그러나 우크라이나와 달리 자캅카스 공화국의 혁명가들은 초청을 거부했다. 이들은 배신자 볼셰비키와는 같은 탁자에 앉고 싶지도 않았다. 브레스트리토프스크의 협의가 실패로 돌아갔을 때, 이들은 좋은 사냥감이 되었다. 1915년 이후로 아르메니아인이 겪은 참사를 기억하고 있던 독일 외무부는 재빨리 오스만제국 정부에 학살의 재개가 아니라 군사적 공격이 필요하다고 거듭 알렸다.[23] 그러나 독일 정부의 탄원은 허사였다.[24] 3월 첫 주 소비에트 정권이 브레스트리토프스크의 협상장에 황급히 복귀했을 때, 오스만제국은 1913년의 국경뿐만 아니라 1870년대 이래로 차르가 빼앗아간 영토 전부를 요구했다. 테러에 당한 수십 만 명의 아르메니아인이 이스마일 엔베르 파샤의 군대 앞에서 달아나는 상황에서, 이마저도 충분하지 않았다. 교전이 재개된 이래 튀르크인들이 피를 흘렸다. 촌락의 무슬림 주민들이 학살당하기도 했다. 자캅카스 민주연방공화국은 평화를 원한다면 아르메니아 영토를 대가로 지불해야 했다. 4월 28일, 독일군이 지켜보는 가운데, 튀르크인들은 자캅카스 민주연방공화국 대표단의 아르메니아인들에게 자신들의 요구가 받아들여지지 않으면 통합진보위원회iTC의 종족학살 특공대가 아르메니아인의 완전한 절멸을 완수할 것이라고 냉정하게 통고했다.[25]

독일은 미쳐 날뛰는 동맹국을 조금이라도 제어하고자 훗날 바이마르 공화국 국방군의 지도자가 되는 한스 폰 제크트 장군을 캅카스 전선의 참관인으로 급파했다. 그러나 제크트는 곧 러시아의 몰락으로 열린 앞날의 가능성에 도취했다. 제크트는 집으로 보낸 편지에 이렇게 썼다. "트빌리시를 거쳐 바쿠로 가는 철도 위에 섰을 때, 생각으로는 카스피해를 넘어 투르키스탄의 목화밭을 지나 올림포스산까지 가고 싶었다. 그리고 바라는 대로 이 전쟁이 한동안 지속된다면, 우리는 조만간 인도의 문을 두드릴 수 있을 것이다."[26] 쉽게 흥분하는 독일 외무부의 어느 관료는 만약 독일이 그 지역에 근거지를 확보할 수 있다면 '중국으로 이어지는 육로라는 관념이… 위험한 환상의 영역에서 실질적인 타산의 영역으로 이동할 것'이라고 적었다.[27] 그러나 엔베르 파샤 장군이 아제르바이잔과 바쿠 유전에 손을 뻗쳤을 때, 중국보다 더 크게 베를린의 관심을 끈 것은 범凡튀르크주의의 공격으로 영국이 페르시아에 개입하게 될 위험성이었다. 아르메니아가 오스만제국에 희생되는 동안, 독일은 흑해의 좋은 해안선과 풍부한 철광상을 보유한 조지아에 자국의 보호령이 되라고 제안함으로써 그 지역에 근거지를 마련하려 했다. 오스만제국 군대가 북진하는 마당에 조지아로서는 이를 거부할 수 없었다. 5월 26일 이들은 전열에서 이탈하여 자캅카스 민주연방공화국 세임에서 빠져나왔고 완전한 독립을 선언했다. 아르메니아인들에게 조지아 대표단은 그들을 기다리고 있는 끔찍한 운명에 유감의 뜻을 표했다. 조지아인들은 그들에게 이렇게 통고했다. 그렇지만 '우리는 당신들과 함께 물에 빠져 죽을 수 없다. 우리 민족은 구할 수 있는 것은 구하고 싶다. 당신들도 튀르크인들과 합의를 도출할 길을 찾아야 한다. 다른 방법은 없다.'[28]

아르메니아인의 구역으로 허락된 수백 제곱 마일의 황무지와 산악지대에 60만 명이 빽빽이 들어찼다. 이들 중 절반은 1915년 이래로 떠돌아다닌 무일푼의 난민이었다. 임시 수도인 예레반은 오스만제국 포대의 사정거리 안에 있었다 바다로 이어지는 길이 없고 철도망도 없는 상황에서, 오스만제국은 제한 구역 경계 너머의 버려진 들판에서 아르메니아인들이 농작물을 수확하지 못하도록 여름철부터 내내 그 땅을 봉쇄했다.[29] 군대를 대표하여 현장에 파견된 어느 독일인이 본국에 보고했듯이, 튀르크인들은 명백히 '아르메니아 민족 전체를 굶겨죽이려는' 의도를 드러냈다.[30] 한편 비교적 안전한 트빌리시에서는 독일 깃발이 조지아 깃발과 나란히 게양되었다. 오토 폰 로소프 장군이 카이저의 대리인으로 임시 협정을 체결하여 독일은 조지아의 망간 광석에 대한 권리와 포티 항 출입권을 획득했다. 독일군이 크림반도를 점령하고 러시아의 흑해 함대 대부분을 빼앗은 상황에서, 캅카스에 파견된 독일 기술팀은 루덴도르프가 최근에 품은 환상의 실행 가능성을 입증하기 위해 철도망을 점검했다. 그 환상은 독일군의 소함대를 육상으로 바쿠 항구까지 운반하는 것이었다. 유보트까지도 분해하여 가져갈 생각이었다. 그렇게 하면 그 소함대가 육지로 둘러싸인 카스피해에서 독일 해군의 우위를 확고히 굳힐 수 있다고 보았다.[31] 루덴도르프는 캅카스의 교두보에서 페르시아만의 영국 진지를 공격할 수 있을지 심사숙고했다.

그러나 이는 먼 미래에나 가능한 일이었다. 브레스트리토프스크 조약이 가져다준 즉각적인 보상은 우크라이나가 확실하게 동맹국의 실질적인 종속국이자 경제적 협력 국가가 된 것이다.[32] 봄철의 진격으로 농업의 핵심 지역을 점령한 독일군은 1918년 5월 초까지 도네츠 공업지대를 추가로 점령했다. 이미 1917년 12월에 베를린에는 사업가들의 위원회가 설립되어 독일의 동유럽 투자 가능성을 평가했다. 그러나 이는 장기적인 계획이었다. 가장 절박한 것은 곡물이었다. 1918년 오스트리아와 독일은 새로운 동맹국으로부터 최소한 100만 톤을 받을 수 있으리라고 기대했고 확신했다. 그러나 4월 말 우크라이나의 곳간을 '빼앗는 것'은 이러한 환상이 가져오는 것보다 더 많은 문제를 발생시키리라는 것이 분명해졌다. 오스트리아와 독일은 전면적인 점령으로 엄청난 비용을 써야 하는 것을 피하려면 협조적인 현지 권력이 필요했다. 키이우에서 쫓겨났다가 독일군의 호의를 되찾은 라다는 다시 자리를 잡으려면 숨 쉴 공간이 필요했다. 그러나 독일과 오스트리아의 경제적 요구가 크고 다급했기 때문에 이는 불가능했다.[33]

우크라이나에서는, 혁명 러시아의 다른 곳과 마찬가지로, 대중적 정통성을 확보할 유일한 길은 농민에게 토지 소유권을 양도하는 것이었다.[34] 1917년 여름 동안 전국적인 토지 몰수로 지주의 농장이 재분배되었다. 제헌의회 선거에서 농민은 촌락을 토대에 둔 농업에 미래를 약속한 정당, 즉 사회혁명당에 몰표를 던졌다. 사회혁명당은 동맹국이 볼셰비키에 맞서 싸울 때 의지할 만한 협력자였지만, 그 토지 정책은 동맹국의 이익에 정면으로 배치되었다. 수출 가능한 잉여 곡물을 최대한으로 늘리려면 시장 지향적인 대규모 농장에 경작이 집중되어야 했다. 라다가 자신들의 보호자인 독일을 위해 대농장의 복구를 관장했다면 완전히 평판을 잃었을 것이다. 독일로서는 토지 개혁을 강제로 뒤엎으려면 서부전선에서 수십만 명의 병력을 끌어와야 했으나 루덴도르프에게는 그럴 여유가 없었다. 만약 독일이 곡물 인도를 대가로 괜찮은 공산품을 제공할 수 있었다면, 그 갈등은 완화되었을지도 모른다. 브레스트리토프스크 조약에서 독일은 곡물과 공산품의 교환을 약속했다. 그러나 전쟁 수행의 부담 때문에 수출할 물품의 공급이 심히 부족했다.[35] 동맹국은 필요한 곡물을 구입하기 위해 우크라이나 중앙은행에 필요한 만큼 화폐를 발행하라고 명령함으로써 단기 임기응변에 의지했다. 이로써 그들은 구매력을 얻었고 징발을 피했지만, 몇 달 안에 화폐는 가치를 잃었다. 호프만 장군은 키이우에서 이렇게 썼다. "누구나 돈을 쌓아놓고 있다. 루블이 발행되어 뿌려지고 있다…. 농민은 이삼 년 먹고살기에 충분한 곡식을 갖고 있지만 팔려고 하지 않는다."[36] 이쯤 되면 강압적인 수단을 쓸 수밖에 없었다.

4월 초 독일군 점령군 사령관 육군원수 헤르만 폰 아이히호른은 모든 토지의 의무적 경작을 명령하는 법령을 발포했다. 그러나 그는 라다의 승인

없이 행동에 나섰고 라다의 의원들은 법령의 비준을 거부했다. 며칠 안에 독일 군부는 외교적 수단을 버리기로 결정했다. 독일군 쿠데타를 일으켜 라다를 내쫓고 차르 체제에서 기병 장교를 지낸 표트르 스코로파드스키에게 지휘를 맡겨 이른바 헤트만 정부$_{Hetmanate}$(헤트마나트)를 수립했다.[37](헤트만$_{Hetman}$은 중부유럽과 동유럽에서 군사 지도자에 부여되었던 호칭이다.*) 브레스트리토프스크 조약이 비준된 지 겨우 6주 만에 독일 군부는 경제적 필요성 때문에 자결권이라는 정당한 대의의 보호자로 행동하겠다는 주장을 포기했다. 스코로파드스키는 사실상 우크라이나어를 하지 못했고 보수적인 러시아 민족주의자들로 내각을 채웠다. 독일에 있는 실질적인 권력자들은 생존 가능한 우크라이나 국민국가를 창설한다는 계획에 관심을 잃은 것처럼 보였다. 대신 그들은 키이우를 러시아 전체의 보수주의적 재정복을 위한 발판으로 삼으려는 것 같았다.

남쪽으로부터의 이러한 위협이 충분히 무섭지 않았다고 해도, 5월에 레닌 정권은 북쪽에서 들어오는 한층 더 직접적인 공격에 직면했다. 핀란드는 발트 지역의 다른 나라들과 함께 1917년 12월 러시아에서 독립한다고 선언했다. 레닌의 민족 정책에 따라 소비에트 정권은 이를 인정했지만, 동시에 노동조합의 강력한 지지를 받고 있는 현지의 볼셰비키에게 헬싱키를 장악하라고 명령했다. 1월 마지막 주에 핀란드는 내전에 빠졌다. 1918년 3월 초 독일군이 우크라이나에 진입하자 카이저와 루덴도르프는 독일-핀란드 연합군을 위한 계획에 착수했다. 그로써 먼저 핀란드 볼셰비키를 일소하고 이어 남쪽의 페트로그라드로 진격할 생각이었다. 쌀쌀한 날씨 탓에 뤼디거 폰 데어 골츠가 이끄는 독일 원정군의 도착은 4월 초까지 지연되었다. 그러나 이들은 칼 구스타프 만네르헤임 장군의 핀란드 백위대$_{Suojeluskunta}$에 합류했을 때 앞서 잃어버린 시간을 보상받았다.[38] 격렬한 전투 끝에 4월 14일 이들은 헬싱키에서 적위대$_{Punakaarti}$를 몰아냈다. 폰 데어 골츠는 독일의 감사 표시로 그 도시의 환호하는 시민들에게 식량을 지원했다.[39] 핀란드 내전은 5월 15일에 끝났으나, 살상은 멈추지 않았다. 적위대에 의한 백위대 포로의 보복 총살에 뒤이어 핀란드-독일 전투단이 '백색테러'의 고삐를 풀어 5월 초까지 8,000명이 넘는 좌파 인사가 목숨을 잃었다. 그 밖에 포로수용소에서 적어도 1만 1,000명이 굶주림과 질병으로 사망했다.[40] 1918년 봄, 핀란드는 20세기 정치 폭력의 새로운 장을 열게 될 일련의 야만적인 반혁명 군사 활동의 첫 번째 무대가 되었다.

1918년 5월 첫 주, 테러가 한창인 가운데, 만네르헤임과 그를 지원한 독일군은 페트로그라드의 북쪽 관문을 지키는 러시아의 이노 요새를 향해 무섭게 질주했다. 소비에트 정권에는 마치 카이저와 그의 수하들이 브레스트리토프스크에서 불만스럽게 받아들였던 타협을 되돌리려는 것 같았다. 독일이 왜 단순한 조약 하나에 속박당해야 하나? 그나마 소비에트 정권도 종이 쪼가리에 지나지 않는다고 치부한 조약이 아닌가? 제국주의 국가들 사이에서 균형을 잡는다는 레닌의 전략이 유효하려면, 그는 단순히 브레스트리토프스크 조약을 재가하는 데에서 멈추지 말아야 했다. 레닌은 조약에 서명한 뒤 독일에 등을 돌렸고, 트로츠키에게 페트로그라드와 모스크바에 있는 협상국과 미국의 밀사들과 긴밀하게 접촉하라고 권고했다.[41] 5월 초 레닌은 두 번째로 필사적인 도박에 착수했다. 브레스트리토프스크 조약이 이제 독일 제국주의를 만족시키기에 충분하지 않다면, 강화조약이라는 말라빠진 뼈다귀에 살을 더 얹어야 했다.

5월 6일 레닌은 당 중앙위원회의 야간 회의를 소집하여 브레스트리토프스크 조약에 마지못해 동의했던 동료들에게 이제 더 많은 양보를 받아들여야 한다고 요구했다.[42] 당 내부 좌파의 반대를 예상한 레닌은 다시 공격에 나서서 좌익 공산주의의 '유치함'을 신랄하게 비판했다. 레닌은 특유의 인내심으로 이렇게 강조했다. '일급 멘셰비키 얼간이들을 제외하면 아무도'

역사 발전의 경로가 '**완벽한** 사회주의를 순조롭고 부드러우며 쉽고 평이하게 가져올 것'이라고 '기대하지 않았다.'⁴³ 그러나 레닌의 기준으로 보더라도 정책의 새로운 전환은 현기증을 일으킬 정도였다. 5월 14일 레닌은 독일 제국주의자들에게 포괄적인 경제 협력 계획을 제시하자고 제안했다.⁴⁴ 이를 변호하고자 레닌이 제안한 것은 그가 정통 마르크스주의에 가한 수정 중에서도 분명코 가장 기이했을 것이다. 역사 자체의 뒤틀린 논리에서 러시아혁명과 독일제국 간의 긴밀한 동맹의 필요성이 생겨났다고 그는 주장했다. 1918년에 역사는 '심히 **독특한 경로**를 취하여 국제 제국주의라는 단일한 껍데기 안에서 태어날 두 마리 미래의 병아리처럼, 나란히 존재하되 서로 연결되지 않은 사회주의의 두 절반을… 탄생시켰다.' 브레스트리토프스크 조약으로 결합된 소비에트 러시아와 독일제국이 그 두 마리 병아리였다. 러시아에서 실현된 사회주의를 위한 정치적 조건과 독일에서 실현된 경제적 조건 사이의 불화를 극복하려면, 조약이라는 껍데기를 실질적인 경제적 협력으로 채워야 했다. 레닌은 전기공학 산업의 부호인 발터 라테나우가 확립한 독일의 전설적인 전시 경제 조직이 '사회주의를 위한 경제적, 생산적, 사회경제적 조건의 물질적 실현의 가장 인상적인 구현'이라고 단언했다. 경제적, 정치적 제휴를 통해 이 조직과 기술의 잠재력은 볼셰비키의 정치적 급진주의에 이용될 것이었다.⁴⁵

레닌이 독일의 탐욕에 기댄 것은 잘못이 아니었다. 독일 정책을 뚜렷한 경제주의 시각으로 바라본 독일 외무장관은 레닌의 제안을 뜨거운 마음으로 붙잡았고 재정적으로나 기술적으로 러시아를 통제할 수 있는지 따져보기 위해 경영자들과 은행가들, 정치인들로 구성된 상설 위원회를 소집했다. 레닌이 희망했듯이, 크루프Krupp와 도이체방크Deutsche Bank는 군침을 삼켰다. 그러나 냉정하게 검토해보면 먹잇감은 예상만큼 구미가 당기지는 않았다. 러시아가 놀랄 만한 장기적 기회를 제시하기는 했지만, 이를 이용하려면 엄청난 투자가 필요했는데 전시에 그러한 자금을 모으기는 어려웠다. 재건에 필요한 수백만 톤의 강철도 독일에서 끌어올 수 없었다. 재건은 러시아 자체의 용광로를 재가동하여 시작할 수밖에 없었는데, 1918년 여름 러시아의 용광로는 대체로 꺼져 있었다.[46]

레닌은 이러한 어려움을 무시할 정도로 순진하지 않았다. 또한 독일에만 그러한 제안을 하는 것은 그의 '균형' 잡기 전략에 부합하지도 않았다. 러시아가 영국과 프랑스에 진 빚은 이미 너무 막대해서 두 나라는 레닌의 교묘한 전술에 유망한 표적이 될 수 없었다. 그러나 모스크바에 파견된 미국 사절, 그중에서도 특히 어디에나 모습을 드러낸 레이먼드 로빈스 '대령'은 기대에 부풀었다. 1918년 4월 20일 로빈스는 미국 대사에게 전문을 보내 결정을 내려야 한다고 촉구했다. 그는 미국 정부가 레닌에 '조직적으로 반대'할 계획이 없다면 '조직적으로 협력'해야 한다고 역설했다. 로빈스가 주저하는 미국 대사에게 보낸 전문대로, 더없이 큰 이익이 걸려 있었다. 러시아의 재건은 '세계에 남아 있는 최대의 경제적, 문화적 사업'이었다.[47] 이것이 '독일의 감독과 지원으로' 실행될지 '아니면 미국의 감독과 지원으로' 실행될지가 문제였다.

5월 14일 레닌은 독일 제국주의를 용인하자는 극적인 제안을 내놓은 바로 그날 떠나는 로빈스 '대령'에게 미국과의 미래 경제 협력에 관한 투자 설명서를 제공했다. 레닌이 인정했듯이, 향후 여러 해 동안 독일은 자국의 전후 회복에 여념이 없어 러시아의 주된 공산품 공급자라는 전쟁 이전의 역할을 회복할 수 없을 것이었다. 레닌은 이렇게 강조했다. "오직 미국만이 그러한 나라가 될 수 있다."[48] 러시아는 철도 장비와 농사용 기계류, 발전기, 광산 장비가 절실하게 필요했다. 러시아 전역에 거대한 건설 공사가 기다리고 있었다. 그 대가로 러시아는 짐승 가죽과 모피는 물론 석유와 망간, 백금을 포함하여 연간 최소 30억 금 루블에 해당하는 물품의 수출을 제안할 수 있었다. 그러나 로빈스가 워싱턴에 돌아왔을 때 그의 말을 듣는 사람은 없었다. 윌슨 대통령은 자신이 보낸 사절을 '조금도 신뢰하지 않는 사람'으로 치부했다.[49] 균형을 잡으려는 레닌의 노력은 실패했다. 레닌이 극적으로 독일로 기울면서 연합국 측의 저울은 로빈스의 첫 번째 대안, 즉 조직적 반대로 결정적으로 기울었다.

실제로 균형을 잡으려는 레닌의 노력은 1918년 5월 이후 좀 더 근본적인 의미에서 길을 잘못 들었다. 경제적 양보를 통해 독일의 공격을 모면할 수 있다는 생각은 그의 이데올로기적 상상의 산물이었다. 루덴도르프의 공격을 제한한 것은 소비에트 정권의 외교가 아니라 서부전선에서 필요한 군사적 자원과 독일 내부에 다시 나타난 불안정한 정치적 균형이었다. 1917년 이래로 제국의회 다수파는 동유럽에서 오래 지속될 유익한 강화조약에 찬성했다. 1918년 2월, 트로츠키가 의외로 협상을 포기한 데 뒤이어, 이들은 교전의 재개를 막는 싸움에서 패배했다. 그러나 제국의회가 3월에 브레스트리토프스크 조약을 정식으로 비준한 뒤로, 카이저와 군 지도부가 이를 무시하고 소비에트 정권을 무너뜨렸다면 이는 독일 의회에는 역사적인 모욕이 되었을 것이다. 그리고 그러한 공격을 뒷받침할 전략적으로 합당한 근거가 어디에 있었겠나? 외무장관 퀼만은 이렇게 지적했다. 볼셰비키가 아무리 밉살스럽다고 해도 '혁명에 맞선 무장 개입은 그 자체로는 독일 정책 과제에 속하지 않는다.'[50] 5월 22일 퀼만은 제국의회 외무위원회에서 자신으로서는 우크라이나의 스코로파드스키 정권을 이용하여 러시아의 권위주의 체제 회복에 착수하는 것이 심히 미심쩍다고 분명하게 밝혔다. 독일의 전략적 목적은 비록 페트로그라드의 볼셰비키를 용인하는 결과를 초래하더라도 우크라이나의 독립과 차르제국의 분열을 유지하는 것이어야 했다. "보수적이고 군국주의적인 독일이 다른 나라의 사회주의 정부를 지지하는 것은 이상하게 보일 수 있다. 그러나 우리의 이익을 지키려면 임박한 러시아의 재통합을 막기 위해 할 수 있는 일을 다 해야 한다. 통일된 러시아는 협상국에 가까워지기 쉽다."[51] 퀼만은 루덴도르프의 캅카스 진출에도 찬성하지 않았다. 그는 카스피해에서의 해군의 모험을 '욕망에 불타는 광기'라고 묘사했다.[52]

퀼만이 제국의회의 상임위원회에 그렇게 솔직하게 말하려 했다는 사실은 브레스트리토프스크의 치열한 강화 체결 과정이 독일 내에 분열을 초래했음을 보여주었다. 1918년 2월 외무장관은 부총리 파이어와 사사로이 실망감을 나누었다. 5월이 되면 동유럽에서 독일 군부는 공개적인 대응이 필요할 만큼 노골적으로 권위주의적 행태를 드러냈다. 5월 8일 마티아스 에르츠베르거는 독일군이 우크라이나에서 보인 고압적인 태도를 비난하며 세상이 떠들썩하게 빌헬름 체제를 또다시 공격했다. 자유주의적 신문 《포시헤 차이퉁*Vossische Zeitung*》은 키이우에 있는 에르츠베르거의 지인에게 정보를 얻어 스코로파드스키의 쿠데타를 둘러싼 수치스러운 사건들의 목격담을 실었다. 독일군 병사들이 불과 몇 주 전에 제국의회가 엄숙하게 조약을 체결한 주권국가의 의회인 라다를 급습했고, 덕망 있는 역사가인 우크라이나 대통령 미하일로 흐루셰우스키의 머리에 권총을 들이댔다. 라다의 의원들은 굴욕적인 몸수색을 당했고, 장관들은 독일군에 체포되었다. 새로이 들어선 헤트만은 반동적인 카자크인이었다. 독일은 그렇게 고압적이고 야만적인 행태로 동유럽에서 정당하고 생산적인 헤게모니를 확립할 기회를 상실했다. 에르츠베르거는 개탄했다. "독일군 병사는 이제 키이우에서 더는 무장하지 않은 채 다닐 수 없다…. 철도 종사자들과 노동자들이 파업을 준비하고 있다…. 농민은 곡식을 내놓지 않을 것이며, 징발하려 하면 유혈극을 각오해야 할 것이다."[53] 1918년 우크라이나는 동맹국에 강화조약에서 약속한 100만 톤이 대신 고작 17만 3,000톤을 전달했다.[54] 그러나 문제는 빵만이 아니었다. 에르츠베르거와 제국의회 다수파의 그 동료들이 걱정한 것은 누가 제국을 통제하는가라는 문제였다.[55] 나중에 에르츠베르거는 동유럽에서의 모든 조치는 독일 민간 정부의 승인을 받아야 한다고 요구한다. 독일이 정식으로 승인한 우크라이나와 발트 국가들의 내정에 군부가 간섭하는 일은 결단코 없어야 했다.[56]

예상되는 일이었지만, 제국의회의 민족주의적 의원들은 에르츠베르거의 개입에 격분했다. 국민자유당 지도자인 구스타프 슈트레제만은 에르츠베르거가 제안한 문민 통제를 거부해야 한다고 역설했다. 그것이 독일 정부의 근간을 흔들고 '독일은 군사 독재 국가이고 따라서 협상국은 독일과 교섭할 수 없다는 윌슨의 지적을 확증'하리라는 것이 이유였다.[57] 그 제안에 찬성한 자들은 동의할 수밖에 없었지만 반대의 결론을 도출했다. 권위주의적 위협은 실제였으며 중단되어야 했다. 서부전선에서 고무적인 소식이 들려왔지만, 루덴도르프와 힌덴부르크는 제국의 문민정부를 완전히 무시하고 행동할 수 없음을 알았다. 5월 18일 총리 헤르틀링의 긴급한 중재 이후, 루덴도르프는 핀란드−독일 연합군의 페트로그라드 진격을 중단하기로 동의했다.[58] 일본에서 그랬듯이, 민간인의 정치적 통제는 독일 제국주의자들의 과격한 환상을 저지하는 기본적인 안전장치가 되었다. 브레스트리토프스크 조약은 오명을 얻었고 정당성이 약했지만 전쟁이 더욱 격해지는 것을 막아주는 주된 방어선의 역할을 했다. 역설적이게도 이 불안정한 균형의 주된 수혜자는 볼셰비키였다. 그 균형의 유지 여부는 양측이 다 시도한 공격의 단계적 강화에 좌우될 것이었다.

8장

개입

1918년 5월 16일, 서부전선에서 독일의 공격이 잠시 소강상태에 접어들었을 때, 영국군 참모본부의 어느 문서에는 진정으로 종말론적인 시나리오가 적혀 있었다. 힌덴부르크와 루덴도르프가 레닌의 호의 덕분에 러시아에서 200만 명의 병력을 징집할 수 있다고 가정하면, 동맹국은 최소한 1919년 말까지는 전쟁을 계속할 수 있을 것이다. 영국군 참모들은 독일이 '종속 민족에서 충원한 군단병과 노예가 각각의 전선에서 싸우고 국내에서 일하는 고대 로마제국의 상황'을 닮아가리라고 추정했다. 서유럽 강국들과 달리 '야만적인' 독일인들은 '기독교의 어떤 기준에도… 방해를 받지 않았다…. 독일인들은 솔직히 이교도이자 기회주의자이고, 목적 달성에 꼭 필요하다면 어떤 방법이라도 서슴지 않고 이용할 것이다. 기관총을 들이댄 채 굶기고 매질하면 수백 년의 예속의 역사를 지닌 문명 사회에서 곧 필요한 효과를 낼 것이다.'[1] 6주 뒤, 서부전선에서 독일군의 마지막 공세가 절정에 달했을 때, 영국 정부는 미국에 '연합군이 시베리아에 개입하지 않으면' 독일이 러시아 전체를 지배하게 될 것이라고 알렸다. 그럴 경우 미국이 본격적으로 개입해도 협상국은 '최종적인 승리의 기회를 갖지 못할' 것이며 '그 와중에 심각한 패배의 위험'을 떠안을 것이다.[2]

레닌은 공산주의가 제기한 혁명의 위협 때문에 협상국과 일본, 미국이 그의 정권에 개입했다고 생각했지만 사실은 그렇지 않았다. 연합국의 뇌리에서 떠나지 않아 이들을 행동에 나서게 몰아댄 시나리오는 흐릿한 미래의 예감**이었다**. 그러나 그들의 마음에 있었던 것은 혁명의 유령도 냉전의 전조도 아니었다. 그것은 국방군Wehrmacht의 군사적 승리로 히틀러의 노예제국이 유라시아 전역에 확대되기 직전이었던 1941년 여름의 전조였다. 1918년에 영국과 프랑스의 간담을 서늘케 한 전망은 공산주의의 유령이 아니라 레닌 치하에서 러시아가 독일 제국주의의 보조군이 될 위험성이었다. 개입의 압박을 물리칠 수 없었던 이유는 레닌의 균형 잡기 정책이 실패했기 때문이었다. 그 실패는 1918년 5월 레닌이 독일에 기운 것에서 절정에 달했다.

윌슨, 연합군의 시베리아 작전 투입 선언

브레스트리토프스크 조약을 더 단단히 굳히겠다는 레닌의 필사적인 결의는 아직 러시아에 남아 있던 협상국 대표들에게는 충격이었다. 그들은 겨울부터 양측의 관계를 유지하기 위해 미친 듯이 노력하고 있었다. 영국 사절단의 우두머리인 브루스 록하트는 앞서 볼셰비키와의 협력을 옹호했으나 이제 태도를 바꿔 레닌이 지휘하는 러시아는 결코 독일의 손아귀에서 벗어나지 못할 것이라고 자국 정부에 조언했다. 협상국은 대규모 군사적 개입에 들어가야 했다. 필요하다면 러시아의 반反볼셰비키 세력의 협조가 없어도 괜찮았다. 그러나 이 점에서 어려움은 없었다. 5월 26일 러시아와 우크라이나에서 공히 대중의 절대적 지지를 받는 정당인 사회혁명당이 외국의 무력 개입을 지지한다고 선언했다. 사회혁명당 좌파는 협상국을 가까이할 뜻이 없었지만 볼셰비키에는 공공연히 반대했다. 차르 시절에 이들은 정치 테러라는 잔인한 기술을 개발한 선구자였다. 5월 30일 수도에서 테러 집단이 활동 중이라는 증거가 있다고 주장한 레닌은 계엄령을 선포했다. 한 차례 체포의 물결이 휩쓸고 난 뒤, 전 러시아 소비에트 대회 중앙집행위원회에서 멘셰비키와 사회혁명당의 위원은 모조리 축출되었다.[3]

페트로그라드와 모스크바에서 볼셰비키는 통제력을 유지할 수 있었다. 그러나 러시아의 광대한 영토 곳곳에서 소비에트 정권은 공공연한 도전에 직면했다. 1918년 봄, 발트해에서 태평양까지 어디에서나 정치와 전략은 세계적 차원에서 연결되었다. 그렇더라도 시베리아의 운명이 체코인 교수의 결정에 달려 있다는 사실은 분명 놀라움으로 다가왔을 것이다. 그는 워싱턴에서 망명 생활을 하던 중에 플란데런에서 블라디보스토크까지 여러 전장에서 싸우는 군대를 지휘하게 되었다. 문제의 그 교수는 사회학자이자 철학자인 토마시 가리크 마사리크였다. 그가 지휘한 군대는 애국적인 체코인 전쟁포로로 구성된 여러 사단으로 1917년 알렉산드르 케렌스키가 숙적인 오스트리아 군대에 맞서 허약한 러시아 전선을 지키기 위해 동원한 자들이었다. 브레스트리토프스크 강화회담에 뒤이어, 이 체코인들은 협상국의 대의에 충실히 따르겠다고 거듭 단언했고 아직 러시아 내부 깊은 곳에 있던 중 프랑스의 페르디낭 포슈 원수 휘하에 들어갔다. 조국에서 1,000킬로미터 넘게 멀리 떨어진 곳에서라도 동맹국에 맞서 계속 싸우기로 결심했던, 5만 명 규모의 훈련이 잘 되어 있고 강한 동기를 지닌 이 군대는 이제 볼셰비키와 남부 러시아 곳곳에 드문드문 퍼져 있는 독일군을 동시에 위협했다. 트로츠키가 이 체코인들에게 무장을 해제하라고 명령했을 때, 그가 독일의 지시를 받고 있었다는 추정이 있는데 놀라운 얘기도 아니다. 체코인들과 적위대 간의 무력 충돌은 시베리아 전역의 철도 연결 지점에서 벌어졌다. 5월 말에는 사실상 대륙횡단 철도망 전체가 마사리크 군단의 수중에 떨어졌다.

영국과 프랑스의 개입 옹호자들에게 이 체코 군단은 하늘에서 낙하산을 타고 떨어진 군대 같았다. 그러나 전후 강화조약을 생각하면, 마사리크는 윌슨 대통령의 승인 없이는 행동에 나서지 않았을 것이다. 체코 독립 문제에 관한 윌슨의 태도는 모호하기로 악명이 높았다.[4] 14개조에서 윌슨은 오스트리아와의 단독강화 가능성을 열어두고자 체코인들의 대의를 언급하지 않았다. 윌슨이 체코인들과 남쪽에 있는 그들의 슬라브인 형제들의 민족자치를 공개적으로 지지한 것은 브레스트리토프스크 조약이 비준된 이후, 1918년 5월 루마니아에 한층 더 가혹한 조약이 강요된 이후의 일이었다. 심지어 그때에도 윌슨은 시베리아의 체코인들이 볼셰비키와 싸우는 것을 보고 싶은 마음이 없었다. 주저했다는 점에서는 마사리크가 윌슨보다 더했다. 마사리크는 러시아의 '혁명적 민주주의'에 대한 공감을 지속적으로 표명했다. 미국 국무장관 랜싱이 체코 군대가 블라디보스토크로 철수하지 말고 시베리아 횡단철도를 따라 차단 진지를 세워 연합군에 꼭 필요한 도움이 되어야 한다고 마사리크를 설득할 수 있었던 것은 6월 초 영국의 철저한 전략 평가서를 손에 쥐었을 때였다.[5] 랜싱의 지시에 마사리크는 그 대가로 윌슨의 방식대로 합스부르크제국에 사형선고를 내리라고 요구했다.

시베리아 개입에 걸린 판돈은 점점 더 커졌다. 랜싱과 마사리크가 체코인들이 시베리아에서 지원하는 것과 합스부르크 왕조의 종식을 교환했듯이, 윌슨의 조언자로는 과격한 인사인 윌리엄 불릿은 개입을 중단시키기 위한 마지막 노력을 하고 있었다. 불릿은 하우스 대령에게 보낸 편지에 이렇게 썼다. "우리는 인류 역사상 가장 비극적인 실수를 저지르기 직전에 있다." 개입을 옹호하는 자들은 전형적인 제국주의 주창자들이었다. 혁명에 반대하여 무력 개입에 나선다면 '러시아에 민주주의를 재확립하기까지 얼마나 많은 세월이 걸리고 얼마나 많은 미국인의 목숨이 희생될 것인가?'[6] 랜싱보다 불릿이 정신적으로 윌슨에 더 가까웠다는 데에는 의심의 여지가 없다. 그렇지만 윌슨이 일본의 개입에 관해 말하면서 자신이 일본인들을 지배하고 있다고 자랑한 지 6주도 채 지나지 않았는데, 레닌이 돌연 독일을 끌어안음으로써 윌슨은 지배력을 잃었다. 주된 논거가 소비에트 정권에 대한 반대가 아니라 독일에 대한 반대라면, 그는 개입에 찬성하는 힘을 억제할 수 없었다.

1918년 6월 30일, 영국과 프랑스는 체코 민족의 열망을 지지한다고 공개적으로 선언하면서 '윌슨 대통령이 천명한 취지와 고상한 이상'을 그 명분으로 들었다. 한 번 더 윌슨은 자신의 이데올로기적 정책 논리에 빠졌으며, 이로 인해 거의 미칠 지경에 이르렀다. 윌슨은 1918년 6월 내각에 연합국이 러시아 개입을 옹호하면서 자신은 할 말을 잃었다고 말했다. "그들이 그토록 비현실적인 일을 즉시 실행해야 한다고 제안해서 그는 자신이 미친 것인지 아니면 그들이 미친 것인지 의아할 때가 많았다."[7] 미국 재무부의 어느 관료가 유럽을 방문한 뒤 영국 총리 로이드조지가 국제연맹을 토대로 강화조약을 체결한다는 생각을 공개적으로 조롱했다고 보고하자, 윌슨 대통령은 이렇게 대답했다. "불과 몇 년 전까지 이 나라를 통제했던 반동적인 세력이 여전히 유럽을 통치하고 있음을 나도 안다. 그러나 나는 필요하다면 유럽의 통치자들을 제쳐놓고 그 국민들에게 직접 다가갈 수 있다는 데 만족한다."[8] 개입을 주저하는 윌슨의 태도는 한 번 더 '승리 없는 평화'의 정책을 되살렸다. 그러나 독일이 서부 러시아 전체를 통제하기 직전이라는 것이 분명한 상황에서, 윌슨은 그 태도가 의미했던 '도덕적 동등함'의 입장을 유지할 수 없었다. 7월 6일, 윌슨은 선제적으로 움직였다. 윌슨은 사전에 일본이나 영국과 협의하지 않은 채 연합군이 미국과 일본의 병력으로 구성된 7,000명 규모의 2개 분견대가 시베리아로 들어가 개입할 것이라고 선언했다. 이들의 임무는 독일을 공격하는 것도 볼셰비키 정권을 무너뜨리는 것도 아니었다. 단지 체코 군단의 블라디보스토크 철수를 가리는 것이었다.

런던에서는 로이드조지가 격분했다. 윌슨은 몇 달간 위험스럽게 동요하다가 일방적으로 개입의 조건을 결정했고, 그 방식은 볼셰비키를 자극할 수밖에 없었다고 해도 그 정권을 무너뜨리기에는 크게 부족했다. 브루스 록하트가 훗날 논평했듯이, 부적절한 개입은 '무기력한 미봉책으로 그 상황에서는 범죄나 매한가지였다.'9 로이드조지가 윌슨으로부터 민주주의에 관해 배울 기분이 아니었던 것은 분명하다. 이 영국 총리는 워싱턴 주재 대사에게 분노의 전문을 보내 영국의 의도가 반동적이라는 추정에 거부 반응을 보였다. 레닌이 얼마 전에 독일 쪽으로 움직인 것 때문에 논쟁의 조건이 완전히 변했다. 반동 세력에 용기를 줄 수 있다는 이유로 개입에 반대하는 것이 한때 가능했을지 모르지만, 이제 로이드조지는 이렇게 역설했다. "내가 개입주의자인 것은 전쟁에서 이기고 싶은 마음 때문이지만 적어도 그만큼 내가 민주주의자이기 때문이기도 하다." 로이드조지가 러시아에서 '가장 찬성할 수 없는 것은 어떤 가면을 쓴 것이든 억압적인 정권의 장려이다.'10 오직 민주주의적 러시아만이 독일의 위협을 막아줄 진정한 완충 지대가 될 것이었다. 영국 합동참모본부 의장은 이렇게 말했다. "전쟁이 끝날 때까지 민주주의적 러시아가 독립적인 군사 강국으로 다시 설 수 없다면, 아시아 대부분이 독일의 식민지가 되는 것은 시간 문제일 뿐이며, 무엇도 적의 인도 진군을 막을 수 없다. 인도를 방어하기 위해 영국제국은 온통 불리한 조건에서 싸워야 할 것이다." 로이드조지가 강조했듯이, 러시아의 정치적 성격이 전후 질서를 규정할 것이었다. '전쟁이 끝날 때까지 러시아가 자유주의적이고 진보적인 민주주의 노선에 따라 안정을 찾지 못하면', '세계 평화'도 더 구체적으로는 '인도 국경의 평화와 안전'도 보장할 수 없었다.[11] 그러나 그가 유감스럽게 인정했듯이, '미국 없이는 아무것도 할 수 없었다.'[12] 그 불편한 진실에 비추어 볼 때, 영국의 전시 내각은 반감을 억누르고 윌슨의 열의 없는 시베리아 작전을 지지하기로 동의했다. 조만간 상황 변화에 따라 더 적절한 규모의 작전이 나오기를 바랄 뿐이었다.

독일 전쟁광의 무책임과 변덕

영국이 1918년 여름 루덴도르프 참모부 사무실을 들여다볼 수 있었다면 자신들의 두려움을 부채질할 충분한 근거를 발견했을 것이다. 6월 말까지 총리 헤르틀링은 동유럽에서 군대의 진격을 막아 5월 중순에 확정된 전선을 유지할 수 있었다. 이는 볼셰비키에 전달되었고, 따라서 볼셰비키는 믿을 만한 라트비아인 연대들을, 비록 이들은 자신들의 독립을 위해 싸운다고 믿었지만, 역시 자신들의 독립을 위해 싸우고 있던 체코인들을 저지하는 데 투입할 수 있었다.[13] 그러나 독일 내부의 균형은 불안정했다. 6월 말 루덴도르프 참모부가 준비한 문서 「독일 정책의 목적Ziele der deutschen Politik」에는 독일의 군사 정책이 브레스트리토프스크 조약 이래로 얼마나 과격해졌는지 분명하게 드러나 있다. 이제 루덴도르프의 목적은 단순히 이전 차르제국의 주변부를 지배하고 러시아의 나머지 지역에서는 볼셰비키의 파괴적인 욕망을 용인하는 것이 아니었다. 러시아에 민주주의의 요새를 세운다는 로이드조지의 시각을 뒤집듯이, 루덴도르프는 정치적으로 보수적인 성격의 완전한 러시아 국가의 재건을 목표로 삼았다. 그래야만 '독일의 정치적 미래에 위협이 되지 않을 뿐만 아니라 가급적 정치적으로나 군사적으로나 경제적으로나 독일에 의존하고 독일에 경제력의 원천을 제공하는…
믿음직한 우방이자 동맹국'으로서 그 나라를 의지할 수 있었기 때문이다.[14]
주변부 국가들인 핀란드와 발트 국가들, 폴란드, 조지아는 계속해서 독일
의 보호를 받아야 했다. 독일이 러시아 전체를 경제적으로 통제하는 대가
로 우크라이나는 소비에트 정권에 돌려줄 생각이었다. 독일제국에 얽매인
러시아는 독일의 유라시아 지배에 필요한 수단을 공급해야 했다. 러시아는
'범几아메리카 블록panamerikanischen Block'과 영국제국에 정면으로 대결할 수
있는 경제적으로 자족적이며 정치적으로 권위주의적인 '세계 국가'의 배후
지가 되어야 했다.[15]

이 새로운 전략적 시각은 1918년 7월 초 벨기에 스파에 있는 카이저의
사령부에서 마지막으로 전략 대토론회를 가졌을 때 정식으로 채택되었
다.[16] 그러나 퀼만이 제국의회에서 지적했듯이 독일의 후원으로 보수적인
러시아 국민국가를 재건한다는 생각은 모순으로 가득 찼다.[17] 볼셰비키에
반대하는 러시아인들 중 적당한 인사들, 특히 1917년 5월 페트로그라드 소
비에트에 의해 러시아 외무장관 자리에서 쫓겨난 입헌민주당의 파벨 밀류
코프와 미리 접촉해본 결과, 자존심 있는 러시아인이라면 누구도 브레스트
리토프스크 조약의 조건을 받아들이지 않을 것이라는 결론이 나왔다. 하물
며 루덴도르프의 한층 더 팽창주의적인 시각은 말해 무엇하겠는가.[18] 게다
가 퀼만과 제국의회가 근심스럽게 지적했듯이 독일 군부는 동유럽에서의
패권이라는 팽창주의적 시각을 서부전선의 전쟁에 필요한 것과 어떻게 조
화시킬 수 있는지에 관해서는 놀랄 정도로 태도가 불명료했다. 공격에 공
격을 더하여 프랑스에서 연합군의 전선을 거의 한계점까지 몰아붙이기는
했지만, 독일의 힘은 분명히 소진되고 있었다. 불길하게도 카이저는 6월
15일 즉위 13주년을 종말론적 연설로 축하했다. 전쟁에 모든 것이 걸려 있
었다. 동부전선에서나 서부전선에서나 타협의 여지는 없었다. "프로이센-

독일의 게르만족 세계관인 정의와 자유, 명예, 도덕이 존중받지 않으면 앵글로색슨족 세계관이 승리하는 것인 바, 이는 황금만능주의로의 추락을 의미한다. 이 싸움에서 하나의 세계관은 파괴될 것이다.”[19]

그러한 어법은 물론 1940년대 히틀러가 일련의 ‘식사 담화Tischgespräche’에서 늘어놓은 악명 높은 장광설을 떠올리게 한다. 그러나 비교하고 싶은 마음이 들기는 하지만, 이는 1918년과 1941년의 정치 상황에 근본적인 차이가 있음을 모호하게 만든다. 제1차 세계대전이 절정에 달했을 때에도, 19세기 입헌주의의 안전장치는 여전히 작동했다. 카이저가 그 묵시론적 연설을 한 지 열흘이 채 지나지 않았을 때, 외무장관이 제국의회 앞에서 카이저에게 직접적으로 반론을 제기했다.[20] 퀼만은 전쟁이 ‘엄청난 규모로’ 확대되었음을 고려할 때 독일이 브레스트리토프스크에서 가능했던 것과 같은 일방적인 강화Diktatfrieden를 서유럽에도 강요할 수 있다고 기대하는 것은 비현실적이라는 점을 깨달아야 한다고 역설했다. 루덴도르프가 기대했을 법한 최후의 최종적인 군사적 승리는 논외였다. 독일이 어떻게 미국이나 영국제국을 철저한 패배로 몰아넣을 수 있겠는가? 제국은 협상에 나서야 했다. 실로, 서부전선의 전투가 독일에 불리해지면서, 협상을 통한 강화는 독일이 기대할 수 있는 최선의 방책이었다. 한때 동유럽에서 자유주의적 강화조약을 체결해야 한다고 매우 열렬히 주장했던 에두아르트 다비트는 사회민주당을 대변하여 그 점을 설득했다. 차후로 전쟁의 강도를 더 높여야 한다고 주장한 세력은 유럽에 남은 ‘봉건적 질서의 잔재’였으며, 그중 ‘가장 강력하고 영향력이 가장 큰 잔재’는 이제 더는 러시아가 아니라 ‘오스트엘비엔(엘베강 동쪽)’에 있었다.[21] 이튿날 힌덴부르크와 루덴도르프는 커져가는 당혹감을 가라앉히고자 기자회견을 열었고, 그 장소에서 독일군 지도부는 공개리에 제국 외무장관의 견해를 부정했다. 군 지도부는 서부전선에서 궤멸적인 승리를 이끌어 전쟁에서 이길 수 있다고 강조했다.

담대하게도 퀼만의 발언을 공개한 사회민주당 일간지 《전진Vorwärts》의 그 날 발행분은 몰수되었다.

퀼만의 정치 이력도 끝장났다. 1918년 7월 9일, 퀼만은 제국의회 다수파의 지지를 받았는데도 카이저의 확고부동한 추종자인 파울 폰 힌체로 대체되었다.[22] 그러나 루덴도르프가 동부전선에서 품었던 제국주의적 환상에 대한 국내의 반대는 여전히 견고했다. 총리 헤르틀링은 새 외무장관의 성향이 어떠하든 간에 정부는 벨기에를 강화조약을 가로막는 극복할 수 없는 장애물로 만들지 않겠다고 제국의회에 약속했다. 독일은 다만 벨기에가 중립국이 되는 것이 온당하다고만 했다. 게다가 헤르틀링은 브레스트리토프스크 조약에 헌신적이었다. 헤르틀링과 부총리 파이어 모두 조약을 넘어서는 조치가 취해지면 사퇴하려 했다. 그러나 사회민주당에는 이제 이것으로 충분하지 않았다. 사회민주당은 비록 전쟁 채권의 추가 발행에 찬성표를 던졌지만 헤르틀링 정부에 대한 지지를 철회했다. 사회민주당은 1917년 여름 강화조약에 관한 공동의 방침을 토대로 가톨릭중앙당, 진보인민당과 연합했다. 그러나 헤르틀링 정부는 1918년 1월 파업 물결의 퇴조를 징벌을 내리듯이 임금과 배급식량을 삭감하는 계기로 삼았을 뿐만 아니라 그 공동 방침의 요구에 부합하는 외교 정책을 제시하는 데 완전히 실패했다. 한 해 전 사회민주당이 제국의회의 강화결의안을 전폭적으로 지지했을 때, 미군은 아주 조금씩 프랑스 땅에 발을 들였다. 이제는 매달 수십 만 명이 쏟아져 들어왔다.[23] 그렇게 국가적으로 위급한 순간에, 독일이 일관된 외교 정책을 갖지 못하고 전쟁광들이 무책임하고 변덕스럽게 국가의 진로를 마음대로 결정하는 수치스러운 상황을 사회민주당이 용인하리라고 어떻게 기대할 수 있겠는가?

'볼셰비키와 독일의 동맹'이라는 가시밭길

루덴도르프도 레닌도 브레스트리토프스크 조약의 본질적인 의미를 인정하지 않았지만, 그 공식적인 합법성 덕분에 독일의 정치인들은 카이저 정권의 점점 더 심해지는 과격화를 억제하는 데 필요한 결정적인 제어 수단을 얻었다.[24] 외무장관 힌체는 열성적인 민족주의자 의원들에게 이렇게 말했다. "브레스트리토프스크 조약은… 꿈쩍도 하지 않을 것이다."[25] 그러나 조약의 법률적 형태를 지지해야 한다고 주장하면서 문제를 회피한 것은 독일의 민간인들이었다. 합법성을 옹호하는 자들이 레닌 정권 같은 정권과의 조약을 얼마나 오래 지지할 수 있었을까? 볼셰비키는 조약을 경멸한다는 점을 숨기지 않았다. 레닌은 독일 실업계를 경제적으로 유인할 내용을 덧붙여 조약에 더 많은 의미를 채우려 했다. 그렇지만 독일 제국주의를 용인한 것 때문에 러시아 국내에서 격렬한 반대가 일어났다. 레닌은 그러한 반대를 무릅쓰고 얼마나 더 오래 독일 제국주의를 용인할 수 있었을까?

1918년 7월 4일 여전히 혁명 러시아에서 최고 권위를 인정받던 기구인 전 러시아 소비에트 대회 제5차 회의가 레닌의 새로운 외교 정책이 시작된 이래 처음으로 모스크바에서 열렸다. 볼셰비키는 전례 없이 공공연한 위협과 선거부정으로 견고한 과반수를 확보했다. 그러나 그 결과가 반대파의 침묵을 가져오지는 못했다. 자신의 지배력을 과신한 레닌은 독일과의 친선 관계 회복이라는 새로운 국면을 소개하는 임무를 세련된 게오르기 치체린에게 맡겼다. 그는 빈 회의에 파견된 차르의 사절 중 한 사람의 직계 후손이었다. 치체린은 독일 대사 빌헬름 폰 미르바흐 백작이 인민위원회의의 영예로운 손님으로 귀빈석에 앉아 있는 가운데 레닌의 새로운 친독일적 정설을 지루하게 개관했다. 그러나 청중이 그의 연설에 반응하면서 대회는 혼돈에 빠질 것 같았다. 우크라이나 농민 저항운동의 어느 대표자는 단상 위로 뛰어올라가 태연히 독일의 난폭한 점령을 비난하는 연설을 했다. 사회혁명당 좌파 인사들은 내빈으로 온 독일인들을 향해 위협적인 몸짓을 보이며 일제히 레닌주의에 반대하여 외쳤다. "브레스트리토프스크 조약을 타도하자! 미르바흐를 타도하자! 독일의 아첨꾼들을 타도하자!"26 트로츠키는 의자에서 일어나 현장을 진정시키고자 최선을 다했다. 그러나 결국 트로츠키는 적나라한 협박에 의지할 수밖에 없었다. 그는 선동 행위에 나선 대의원들을 즉각 체포하겠다고 경고했다. 이튿날 레닌이 대회장에 나타나 직접 자신의 정책을 변호했다. 그러나 반란을 일으킨 사회혁명당 좌파는 겁먹지 않았다. 독일에 그 어느 때보다 더 가깝게 다가서는 레닌의 정책은 소비에트 권력을 증진하기는커녕 '독일 제국주의의 독재'로 이어지고 있었다. 미르바흐 백작이 러시아혁명의 신성한 집회인 소비에트 대회에 참석한 것은 이러한 굴종을 인정하는 언어도단의 행태였다. 사회혁명당 좌파는 과반수를 차지한 레닌파의 아우성에 기죽지 않고 브레스트리토프스크 조약의 폐기를 요구했다.

이튿날 이들은 위협을 실행에 옮겼다. 체카Cheka(비밀경찰) 기관원을 가장한 암살자들이 독일 대사관에 들어가 미르바흐 백작을 사살했다. 의도는 명백히 러시아와 독일 사이를 이간질하는 것이었다. 라트비아 적위대는 잠깐 망설인 끝에 사회혁명당 좌파의 무기력한 봉기 시도를 진압했다. 독일은 러시아의 반대파가 희망한 대로 반응했다. 이들은 650명 규모의 완전 편성 대대 병력이 대사관 수비대로 페트로그라드에 주둔하는 것을 포함하여 한층 더 굴욕적인 양보를 요구했다. 이에 레닌조차도 침울해졌다. 그에게서 좀처럼 보기 힘든 일이었다. 그러한 요구에 응한다면 이는 볼셰비키가 러시아의 지위를 '작은 동양 국가'로 떨어뜨리고 있다는 비난이 옳다는 뜻이었다. 동양에서는 서구 강국들이 자국 군대로 대사관을 지키겠다고 요구할 수 있었기 때문이다.27 독일은 일종의 양보로서 모스크바에 파견할 군대를 평상복에 비무장 상태로 보내기로 동의했다. 한편 볼셰비키는 잔인한 억압으로 대응했다. 체카가 살인에 책임이 있는 자들을 체포하지는 않았지만, 소비에트 국가의 테러 기구가 제도적 형태를 갖추기 시작한 것은 바로 레닌의 독일 정책을 둘러싼 투쟁이 절정에 이르렀던 1918년 여름이었다. 7월 초 백군이 시베리아의 기지에서 체코인들을 옆에 세우고 서쪽으로 진군할 때, 체카는 첫 번째 집단 처형을 실행했다.[28] 7월 16일에서 17일로 넘어가는 밤에 로마노프 황실 가족의 모든 구성원이, 즉 차르 니콜라이 2세와 그의 아내 알렉산드라, 네 명의 딸과 아들이 살해되었다. 8월 초 레닌은 '쿨라크Gulag와 사제, 백군에 맞선 무자비한 대규모 테러'와 '신뢰할 수 없는 분자들'을 처리할 더욱 영구적인 기구인 '수용소'의 설치를 호소했다. 《이즈베스티야Izvestia》는 혁명의 생존을 위한 '생사의 투쟁'에서 호소할 '법정은 없다'고, 단지 죽이지 않으면 죽임을 당한다는 명령만 있다고 주장했다.[29] 북쪽에는 영국군이, 태평양 방면에는 일본군과 미군이 공격을 준비하고 있는 상황에서, 볼셰비키가 의도적으로 도발한 내전은 더 큰 세계적 싸움에 통합되고 있었다.

1918년 7월 29일, 레닌은 당 중앙위원회에 실로 과감한 상황 판단을 내놓았다. 영국-프랑스 제국주의가 '만든 사슬'에 포위된 러시아는 '그 전쟁에 휩쓸렸다.' 이제 혁명의 운명은 '전적으로 누가 승리를 채갈 것인가'에 달렸다. "… 소련의 지속적인 생존이라는 문제는 온전히… 이 군사적 질문으로 환원되었다."[30] 영국 사절 브루스 록하트가 이것이 협상국에 대한 전쟁 선포인지 대답하라고 압박하자, 레닌은 답변을 회피했다. 그러나 볼셰비키들은 막후에서 선택을 했다. 5월 이래 채택된 정책의 논리에 따르면, 레닌은 독일을 한층 더 가깝게 끌어안고 있었다, 8월 1일 치체린은 레닌이 개인적인 승인을 받아 미르바흐의 후임 대사인 유명한 민족주의 정치가 카를 헬페리히를 만났고 영국군이 반反소비에트 기지를 설치하고 있던 무르만스크로 군대를 보내 전선을 안정시켜 달라고 독일의 개입을 요청했다.[31] 하루 뒤 이 특별 요청이 크렘린에서 나온 것이 분명하다는 사실을 확인한 헬페리히는 자국 정부에 그 메시지를 전달했다. 우선 레닌은 독일과의 관계를 돈독히 하려고 했다. 이 일로 우드로 윌슨은 개입 요청을 계속 거부하기가 어려워졌다. 이제 윌슨이 어쩔 수 없이 개입을 승인하자, 이는 레닌이 브레스트리토프스크 조약의 불편한 잠정적 상태를 적극적인 군사 협력으로 바꾸는 계기가 되었다. 독일 좌파의 위대한 지도자이자 오랫동안 레닌을 비판했던 로자 룩셈부르크가 예리하기 그지없는 통렬한 공격으로 말했듯이, 그것은 러시아혁명이 '볼셰비키와 독일의 동맹'을 향해 걸어갈 수밖에 없었던 '가시밭길'의 '마지막 단계'였다.[32]

놀랍지 않게도, 루덴도르프는 독일-핀란드 연합군을 이끌고 북부 러시아의 영국군에 대적할 기회를 잡았다. 호프만 장군은 제국의회를 을러 협조를 끌어내고자 협상국의 진지를 포위한다는 어리석은 생각을 실행하려 했다. 그 포위는 무르만스크로부터 볼가강을 거쳐 바쿠와 바그다드까지 이어질 것이었다.[33] 그러나 루덴도르프에게는 극복할 수 없는 한계가 있었다. "볼셰비키와 군사 동맹을 체결하고 그들과 나란히 서서 싸우는 것은 우리 군대로서는 불가능하다고 나는 생각한다."[34] 독일의 개입에는 러시아의 정치적 재편이 동반되어야 했다. 이것은 독일의 페트로그라드와 크론슈타트 점령과 더불어 시작될 것이었다. 루덴도르프는 당시 러시아가 무정부 상태에 있음을 감안해도 새로운 대중적인 러시아 정권을 군사적으로 후원하는 데 6개 사단이면 충분하리라고 생각했다. 8월 중순 독일은 이른바 종석崇石작전Schlußstein에 관하여 핀란드와 러시아 전문가들과 일급비밀의 참모 회담을 가졌다. 약 5만 명의 병력이 공격 준비를 갖춘 채 전진 기지로 이동하고 있었다. 이 공격은 페트로그라드를 거쳐 무르만스크의 영국 진지로 휘몰아칠 것이었다.[35]

레닌 정권은 독일에 완전히 항복할 지경에 이르렀다. 1918년 8월 27일 양측이 브레스트리토프스크 부가조약을 최종적으로 승인했을 때 이러한 인상은 더 강해졌다. 소비에트 정권은 독일의 보호에 대한 대가로 최초의 조약에 포함되지 않은 배상금 총액 60억 마르크(14억 6,000만 달러)를 지불하겠다고 제안했다. 리보니아 총독관구와 에스토니아 총독관구가 러시아 영토에서 공식적으로 제거되어 독일의 발트 지역 지배권이 공고해졌다. 소비에트 정권은 또한 캅카스의 독일 보호령인 조지아의 독립을 인정하기로 동의했으며, 소비에트가 아제르바이잔을 되찾는 즉시 바쿠에서 생산되는 석유를 적어도 25퍼센트까지 동맹국에 공급하기로 합의했다.[36] 조약의 조건에 따라 독일과 핀란드는 볼셰비키가 소련 영토에서 협상국 군대를 전부 몰아내도록 노력한다고 보장하는 대가로 페트로그라드 공격을 삼가기로 했다. 소비에트 정권이 이 의무를 이행할 수 없는 경우, 독일과 핀란드가 개입한다는 비밀 조항이 삽입되었다.

조약 안에는 종석작전을 실행시킬 방아쇠가 들어 있었다. 그러나 결정적으로 독일 외무부는 핀란드–독일 연합군의 배치는 소비에트 정권의 명시적인 요청이 있어야만 가능하다는 점을 분명히 했다. 페트로그라드를 루덴도르프에게 넘기는 것은 공산주의자들의 결정에 달렸다. 물론 레닌은 그러한 조건을 강경하게 요구할 처지가 아니었다. 적군은 독일–핀란드 합동 공격에 기껏해야 형식적으로만 저항할 수 있었을 것이다. 진정한 억제 요인으로 작용한 것은 베를린의 민간인 정부였다. 이미 8월 초에 독일 외무부는 루덴도르프로부터 부가조약의 틀 안에서만 행동하겠다는 약속을 받아냈다.[37] 바로 이러한 억제력 덕분에 레닌 정권은 독일제국과 군사적으로 얽히는 일을 피할 수 있었다. 만약 그랬다면, 이는 로자 룩셈부르크가 말했듯이 혁명의 철저한 파멸까지는 아니어도 혁명의 '도덕적 파산'을 의미했을 것이다. 페트로그라드 점령의 정식 허가는 떨어지지 않았다. 대신 독일 외무부는 루덴도르프의 항의를 무시하고 소비에트 정권이 스스로 방어할 수 있도록 소총 20만 정, 탄약 5억 발, 석탄 7만 톤을 공급하기로 했다.[38]

그러나 브레스트리토프스크 조약의 허약한 법적 토대를 고수하려는 독일 정부의 의지는 이제 가장 혹독한 시험을 거쳐야 했다. 사회혁명당 좌파 테러단은 볼셰비키 정권의 취약성이 심화되고 있음을 감지하여 판돈을 키웠다. 브레스트리토프스크 부가조약이 가조인된 지 사흘 후인 8월 30일, 레닌은 모스크바 교외의 공업 지구에서 앞선 강화조건의 약속을 대체한 강렬한 새 구호를 전하고 있었다. "승리 아니면 죽음을!" 레닌이 미헬손 군수 공장을 떠날 때 암살자의 총탄이 그의 목과 어깨를 가격했다. 동시에 이루어진 공격에서 페트로그라드 체카 수장인 모이세이 우리츠키가 사망했다. 7월 이후 힘을 더해간 억압 정책은 이제 공공연한 '적색 테러' 선언으로 바뀌었다. 페트로그라드에서만 500명의 정치범이 즉결처형에 처해졌다. 추가로 수천 명이 더 총살되었다. 나라 전역에서 반혁명 활동을 했다는 의심을 받은 자는 누구든 체포되어 점점 더 늘어가는 정치범 수용소에 억류될 수 있었다. 7월 말, 레닌은 영국 사절 록하트의 공식적인 전쟁 선포 요구를 거절했다. 1918년 9월 1일 영국 대사관이 습격을 받아 인질들이 끌려갔다. 육군 무관 한 명이 살해당했다. 이후 소비에트 러시아는 '군영'으로 통치된다. 트로츠키가 이끄는 혁명군사위원회가 당 중앙위원회의 업무를 대부분 넘겨받았다.[39]

적색 테러의 무자비한 학살은 단호한 반反볼셰비키 개입을 요구하는 독일인들을 크게 자극했다. 제국의회 다수파는 부가조약의 비준에 반대했다. 부가조약은 독일과 볼셰비키에 반대한 애국적 러시아인들을 단합시킬 수밖에 없었기 때문이다.[40] 루덴도르프는 아직 기회가 있다고 생각하고 군대에 종석작전을 최대한으로 준비시켰다. 서부전선에서 추가로 공군 부대가 이동했다. 1918년 9월 8일 독일과 핀란드의 공병 팀이 페트로그라드 주변

"싸울 수 있어서 너무나 자랑스럽다" 하우스 대령(좌)과 우드로 윌슨(우), 1915년.

Irish Rebellion, May, 1916.

Sackville Street in ruins.

부활절 봉기 직후, 더블린, 1916년.

루마니아 부쿠레슈티로 행군하는 독일군, 1916년 12월.

황제가 되려는 자
위안스카이, 1916년.

러시아 제헌의회에 투표하려고 줄지어 기다리는 남녀, 1917년 11월.

러시아 민주주의를 기다리며 제헌의회 회의장인 타브리체스키 궁, 1918년 1월.

르노 FT 경전차와 함께 있는 미군과 프랑스군 병사들, 1918년.

눈을 가린 러시아 협상자 합스부르크 왕국 군대와 함께 브레스트리토프스크로 가고 있다.

브레스트리토프스크 조약에 서명하는 바이에른 대공 레오폴트, 1918년 3월.

키이우(키예프)의 독일군 부대, 1918년 8월.

독일의 제8차 전쟁 채권 포스터, 1918년 3월.

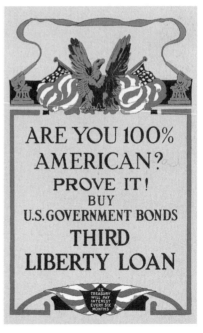

미국의 제3차 자유공채 포스터, 1918년 4월.

독일혁명의 도화선 킬 군항의 해병들, 프리드리히 슈트라세, 1918년 11월 7일.

스카퍼플로로 항복하러 가는 힌덴부르크함, 1918년 11월 21일.

도버에 도착하여 환영을 받는 우드로 윌슨, 1918년 12월 26일.

베르사유의
클레망소와 윌슨,
로이드조지,
1919년.

에서 무르만스크 방향으로 이어지는 수송로를 조사하기 시작했다. 독일 외무부가 루덴도르프의 공격을 언제까지 반대할 수 있을지는 전혀 확실하지 않았다. 브레스트리토프스크 부가조약에 뒤이어 곧 등장한 적색 테러에 독일 외무부는 참으로 불편한 처지에 몰렸다. 모스크바에서 다시 페트로그라드로 이전한 대사관은 어느 외교관이 두려움에 차 표현한 바에 따르면 '성 바돌로메 축일 대학살'의 한가운데에 있었다. 다수가 독일의 보호를 기대한 절망적인 러시아 부르주아지는 자신들이 60억 마르크라는 하찮은 액수에 '악마에게 팔렸음'을 알아챘다.[41]

에르츠베르거가 자유주의적인 부총리 파이어와 대화하면서 브레스트리토프스크 부가조약을 비판하자, 파이어는 정부의 태도가 제국의회에 조약 원문을 제출하여 비준을 요청하지도 못할 정도로 너무 불분명하다는 점을 인정했다. 외무장관 힌체는 그 조약에 서명한 뒤 사후에 이 헌법 위반 행위에 대해 사면을 신청하려 했다.[42] 미르바흐의 후임자로 솔직한 인물이었던 민족주의자 카를 헬페리히는 그러한 미봉책에 만족하지 않았다. 8월 30일 그는 항의 표시로 사임하며 독일 정부의 변명하는 듯한 태도를 비난했다. 독일 정부에서 브레스트리토프스크 조약을 옹호한 자들은 '과도함에서 자코뱅당에도 거의 뒤지지 않는' 정권을 '고의적으로 그릇되게 대표하는' 잘못을 범하고 있었다. 헬페리히는 레닌 정권을 하나의 정부로서 독일 정부와 대등하게 '겉치레로 대우'하는 것에 찬성할 뜻이 없었다. 그는 '그 정권과 연대하려는, 아니면 최소한 연대하는 시늉이라도 하려는' 노력을 지지할 수 없었다. 제국 정부가 볼셰비키의 폭력을 너그럽게 넘기는 것은 비단 러시아의 손해만이 아니었다. 그것은 독일 국내전선의 사기도 훼손할 것이었다.[43] 그러나 헬페리히의 항의에도 외무부는 브레스트리토프스크 조약을 제국의회의 어느 의원이 말한 대로 '독일 군부를 저지하는 일종의 보호장치'로서 고수했다.[44] 근자에 핀란드에서 목격된 것과 같은 반혁명 전쟁을 수행할 수 있도록 루덴도르프에게 동부전선에서 마음대로 행동할 자유를 주는 대안은 너무 끔찍해서 깊이 생각할 수 없었다. 사기가 꺾인 독일 외교관들은 볼셰비키에 반대하는 발언을 공개적으로 하지 말라는, 독일 시민이 위험에 처했을 때에만 개입하여 테러 행위를 막으라는 지시를 받았다.

1918년 9월 24일, 외무장관 힌체는 독일의 파산한 정책이 유감스럽게 정점에 도달했을 때 러시아 정세에 관하여 제국의회의 판단을 그르치게 했다. 힌체는 독일이 이제는 거의 동맹에 가까운 관계를 맺고 있는 정부가 자행하는 테러에 관한 질문에 이렇게 대답했다. "대러시아에서 혁명의 솥은 여전히 끓고 있다…. 분명 테러 행위가 자행되고 있다. 그러나 언론이 전하는 규모로 진행되고 있는지는 심히 의심스럽다…." 외무부는 '구체적으로 조사했고 알려진 (처형의) 수치는 대체로 크게 과장되었다는 공식적인 보고를 받았다.'[45] 날마다 폭력의 증거가 들어오자 페트로그라드의 독일 영사는 앞서 했던 말을 후회했다. 힌체가 나중에 인정했듯이, 볼셰비키 정권의 진정한 성격을 의도적으로 모호하게 한 것은 '더 높은 차원의 정치적 관심사'를 거론함으로 정당화되었다.

갑작스러운 독일의 패배로 동력을 잃은 개입의 정치학

1918년 여름 개입의 정치학은 페트로그라드 소비에트의 민주주의 강화 공세가 시기적으로 제국의회 강화결의안과 고통스러울 정도로 거의 일치할 뻔했던 1917년 7월의 그 순간 이래로 자유주의 대의가 얼마나 심각하게 궤도에서 이탈했는지를 보여준다. 1918년 5월이 되면 독일과 미국의 진보주의자들은 점점 더 밉살스러워지는 소비에트 정권과의 잘못된 강화를 폭력성의 악화를 막는 유일한 도구로 붙잡고 있었다. 레닌으로 말하자면 제국주의 국가들끼리 서로 싸우게 만든다고 주장했지만, 사실을 말하자면 그는 유감스러운 단독강화와 독일 제국주의와의 진실로 수치스러운 동맹을 구분하는 선을 넘어도 한참 넘었다. 루덴도르프는 단지 소비에트 정권의 파멸만을 원했다. 그러나 독일 정부와 제국의회 다수파가 그를 막았다. 그들은 동유럽에서 볼셰비키도 독일 군부의 자의적인 통치도 원하지 않았지만 브레스트리토프스크 조약이 전쟁의 악화를 막을 최선의 방법이라고 생각했다.

이렇게 혼란스러운 상황에서, 그러한 주장을 논파한 것이 런던과 파리, 워싱턴의 개입 옹호자들이었다는 사실은 전혀 놀랍지 않다. 독일과 협력하려는 레닌의 의사가 한층 더 뚜렷하게 드러나면서, 그들은 정치적으로나 전략적으로나 분명하게 태도를 정할 수 있었다. 볼셰비키 정권은 태생적으로 가증스러웠기에 독일 군국주의, 전제 정치와 동맹을 맺었다는 것이다. 일본과 미국, 영국, 프랑스가 현지 러시아인들의 지원을 받아 군사적으로 개입하면 두 적을 타격할 수 있을 것이었다. 로이드조지와 랜싱이 강조했듯이, 그 개입에서 전략적 명령과 민주주의의 추구는 불가분의 관계로 얽혀 있었다. 전쟁은 양자를 융합했으며, 서부전선의 전쟁이 더 오래 계속되었다면 볼셰비키 정권이 살아남을 수 있었을지 상당히 의문이다. 일본이 파견할 인력은 충분했으며, 일본 군부는 기회를 잡을 방법을 알았다. 그들은 의회 정치인들의 주저를 극복하고 11월까지 7만 2,000명의 병력을 시베리아에 투입했다.[46] 이러한 전쟁의 심화를 막은 것은, 볼셰비키가 루덴도르프에게 항복하여 역사적 정통성을 빼앗기는 일이 없도록 그들을 구원한 것은 서부전선에서의 독일의 급작스러운 패배였다.[47] 이로써 종서자전이 실현되지 못했을 뿐만 아니라 연합군의 개입은 거의 시작하자마자 동력을 잃었다.

민주주의적 승리
확보하기

9장

협상국의 기운을 북돋다

1918년 3월 21일에서 7월 15일 사이에 독일은 프랑스 북부의 연합군 전선에 다섯 차례 공격을 퍼부었다. 6월 초 독일은 한 번 더 파리 점령을 목전에 둔 것 같았다. 프랑스는 미친 듯이 정부 조직을 보르도로 옮기려 준비했다. 그러나 7월 18일 프랑스의 반격에 의해 며칠 만에 기세는 극적으로 바뀌었다. 카이저의 지치고 굶주린 군대는 제국 국경으로 후퇴했다. 9월 캐나다와 영국, 남아프리카, 호주의 군대가 결정적으로 힌덴부르크 방어선을 돌파했다. 협상국은 눈부신 군사적 승리를 거두었다.[1] 사실상 봄과 초여름의 주요 방어 전투는 영국군과 프랑스군이 별다른 도움 없이 수행해냈다. 연합국이 반격하는 동안 미국의 군사 활동이 더 중요해졌지만, 존 퍼싱 장군이 이끄는 군대가 전쟁에 승리를 가져올 정도로 성장하기까지는 여러 달의 전투 경험이 필요했다. 미국은 경제 동원에서 참으로 결정적인 기여를 했다. 그러나 동부전선의 전쟁이 보여주었듯이, 협상국이 정치적으로 단합하지 못했다면 군사적 노력도 경제적 노력도 소용없었을 것이다. 러시아는 해체되어 내전에 빠졌다. 합스부르크제국과 오스만제국은 비틀거렸다. 1918년 여름이 되면, 독일제국 체제의 미래는 점점 더 공공연히 의문시되었다. 독일인들이 패배를 분석하고 설명하게 되었을 때, 그들은 다른 무엇보다 정치적 요인에 집중했다. 이것이 바로 그 악명 높은 '등에 칼을 맞았다'는 전설의 이면이었다. 그들은 연합군의 선전과 로이드조지와 클레망소의 선동 능력이 엄청난 영향력을 행사했다고 보았다. 독일에 부족했던 것은 대중주의적이고 민주주의적인 '지도자Führer'였다.[2] 그러나 로이드조지와 클레망소가 의심의 여지없이 강력한 카리스마를 지닌 인물이었지만, 그들의 인성에만 초점을 맞추면 어떠한 힘들이 작용했는지 놓치게 된다.

1917년에 프랑스와 이탈리아의 전쟁 수행을 뒤흔든 위기는 심각했다. 프랑스 군대 내부의 반란과 이탈리아의 카포레토 전투 패배가 가져온 충격은 혁명 이전 러시아제국이 겪은 것과 비슷했다. 프랑스와 이탈리아 두 나라 모두 처음에는 억압으로 대응했다. 항명한 수천 명의 프랑스군 병사들은 군법회의에 회부되었고, 본보기로 몇 명이 처형되었다. 이탈리아에서는 카포레토의 재앙에 뒤이어 대대적인 보복이 전개되었다. 최근의 역사 서술에서 흔히 볼 수 있듯이, 두 경우에서 모두 그 위기의 순간부터 이후 10년간 두 나라를 덮친 정치 폭력과 전쟁, 기타 트라우마의 점차적 확대까지 이어지는 과정을 추적할 수 있다.[3] 전쟁을 1917년을 지나 끝까지 끌고 가는 데에는 엄청난 노력이 필요했는데, 이로써 초래된 양극화와 극단적 수사법, 개인적인 원한과 울분이 종전 직후 극단주의의 첫 번째 거센 파고와 1930년대 두 번째 내습을 유발했다.[4] 이탈리아에서는 1917년 11월 카포레토에서의 굴욕적인 와해에 대한 분노가 좀처럼 사그라지지 않고 무솔리니 파시스트 운동에 울려 퍼졌다.[5] 그러나 이것만으로는 프랑스 제3공화정의 몰락은 고사하고 무솔리니의 권력 장악도 설명하지 못한다. 1917년의 위기를 1940년 유럽의 파시즘과 협력 행위collaboration와 직접 연결하면 협상국의 전쟁 수행 노력이 거둔 성공을 올바르게 평가하지 못한다. 협상국의 생존과 1918년 11월의 최종 승리에서 강압과 검열이 일정한 역할을 한 것은 분명하다. 협상국은 또한 더 부유했고 전략적으로 더 좋은 위치에 있었다. 그러나 그 나라들의 정치적 생존은 그들이 국민의 강력한 지지에 의존할 수 있었다는 사실에, 그 정치인들이 국내 민주주의의 확대와 식민지의 참정권 확대를 약속함으로써 전쟁의 위기에 대응하는 데 성공했다는 사실에 힘입었다. 동맹국은 그렇게 하지 못했다.

민주주의는 제국주의를 이길 수 있는가

1917년 3월에서 11월 사이 프랑스의 전쟁 수행 노력은 극심한 위기에서 힘들게 빠져나왔다. 우드로 윌슨의 '승리 없는 평화'의 호소와 페트로그라드의 강화 제안에 뒤이어, 사회당SFIO은 정부를 떠났고 정당 간 신성동맹 Union Sacrée은(제1차 세계대전 중의 정치적 휴전. '부르주아 전쟁'에 관여하지 않는다는 사회당의 공언과는 반대로 좌파도 대부분 참여했다*) 깨졌다. 짧은 기간 동안 내각은 세 차례나 무너졌다. 가을이 왔을 때 프랑스는 독일로부터 어떠한 조건을 끌어내든 할 수만 있다면 강화조약을 체결하기로 결심한 것 같았다. 러시아의 민주주의가 생존 투쟁을 벌이는 가운데 런던과 워싱턴에는 신속한 해결을 보려면 프랑스의 집요한 알자스로렌 반환 요구를 단념시켜야 한다는 견해가 있었다. 그러나 대다수 프랑스 국민은 여전히 전쟁을 지속하겠다는 단호한 결의를 보여주었다. 1917년 11월 16일 클레망소가 총리직에 오르면서 불확실성의 시기가 들연 끝났다. 그는 자신의 최우선 관심사를 선언했다. "총력전… 전쟁, 오로지 전쟁."6

클레망소는 1870년 미국에서 돌아온 뒤 1871년 비스마르크와의 강화조약 비준을 거부하고 끝까지 싸울 것에 찬성한 과격파 의원으로 이름을 떨쳤다. 그러나 그는 전투적인 애국자였을 뿐 공화국의 정치적 기반을 좁힐 마음은 없었다. 사회당은 클레망소가 1906년 생디칼리스트들의 첫 번째 대파업의 물결을 파괴했다며 그를 악마로 묘사했다. 클레망소는 파업이 공화국을 위협한다고 생각했다. 그러나 클레망소는 누가 뭐래도 좌파 인사였다. 1917년 그는 사회당에 장관을 맡을 사람들을 보내달라고 청했다.[7] 그러나 사회당은 그를 멀리했다. 개혁주의적인 노동운동 지도자 알베르 토마는 페트로그라드에서 돌아온 지 얼마 되지 않았는데 총리직에 야심을 가졌다. 결국 클레망소는 하원에서 지속적으로 괴롭힘을 당했는데도 두 명의 사회당원을 내각의 일원은 아니지만 행정관으로 정부에 들였다. 한편 클레망소가 솜씨 좋게 관계를 잘 유지한 노동조합 지도부는 강화조약 체결을 호소하는 대신 조합원들의 좌절감을 임금 인상 요구로 배출시켜야 한다는 분명한 신호를 받았다. 클레망소에게 인플레이션은 국민의 단합된 전쟁 수행 노력을 위해서라면 기꺼이 지불할 수 있는 작은 대가였다. 강화조약 이야기가 더 나오지 못하도록 클레망소는 좌파의 많은 잠재적 도전자들에게 패배주의와 그보다 나쁜 것을 들어 비난을 퍼부었다.

　클레망소가 조제프 카요와 전 내무장관 루이 말비 같은 자들을 기소한 데에는 개인적인 원한도 한몫했다. 그러나 무엇보다 클레망소는 아테네의 영웅 데모스테네스(기원전 4세기 후반 아테네의 정치인으로 마케도니아의 필리포스 2세에 맞서 저항할 것을 주장한 주전파였다*)를 모델로 삼았기에 프랑스의 저항 의지가 꺾이지 않을 것이며 프랑스 공화국은 동맹국에 맞선 대서양의 민주주의 연합에서 영국, 미국과 나란히 설 역사적 기회를 잡을 수 있다는 점을 증명해야 했다.[8] 프랑스 공화국이 이 순간 망설인다면, 이는 역사적 임무를 저버리는 행위였다. 클레망소가 '전쟁, 오로지 전쟁'을 고집한 의도는 단지 평화주의자들만 침묵시키려는 것이 아니었다. 그는 지나치게 야심찬 전쟁 목적의 논의도 이에 못지않게 좋아하지 않았다. 1915년에서 1917년 봄 사이에 러시아제국의 외교관들은 프랑스에 자신들과 협정을 맺고 오스만제국뿐만 아니라 독일까지 공동으로 분할하자고 거듭 촉구했다.[9] 1916년 전면적인 베르됭 공격에 직면한 아리스티드 브리앙 내각은 프랑스는 라인란트를 후원하고 러시아는 동쪽에서 토지를 강탈하여 독일을 분할하는 방안을 따져보며 기분을 냈다. 1917년 3월 차르 체제가 무너지지 않았다면, 이는 당연히 공식 정책으로 확정되었을 것이다. 클레망소가 잘 이해했듯이, 새로운 국제 정치 시대에 그러한 발상은 프랑스 외교에 골칫거리가 되었을 것이다.

그렇게 분에 넘치는 야심이 프랑스 국내 정치, 프랑스, 연합국과의 관계를 어떻게 해쳤는지 알고 싶으면 이탈리아를 보기만 하면 된다. 클레망소는 전후 질서에 관한 논의를 성공리에 억눌렀지만, 1915년에서 1919년 사이에 이탈리아 정치는 향후 국제 질서에서 자국이 차지할 위치에 대한 상이한 시각들이 충돌하면서 분열했다.[10] 1914년 이탈리아는 전쟁 이전 동맹의 조건에 따라 동맹국 편으로 참전해야 했지만, 1915년에는 런던 조약을 체결하여 협상국으로부터 넉넉한 제국주의적 이득을 약속받았다. 1917년 윌슨과 러시아 혁명가들이 똑같이 자유주의적 강화를 요구하면서 이 약속은 악명을 떨치게 된다. 카포레토의 참사 이후 이는 이탈리아의 군사력에 우스울 정도로 어울리지 않았을 뿐만 아니라 나라의 전쟁 수행 노력에 확실하게 해를 끼쳤다.

1917년 11월 신임 총리인 자유연합당Unione Liberale의 비토리오 오를란도는 이탈리아인들에게 칸나이의 처절한 패배에서(기원전 216년) 회복한 로마 공화정을 본받자고 호소했다. 그는 거국내각을 구성했으며, 빈진 입상을 건지힌 이탈리아 사회당PSI을 대대적으로 탄압하기를 거부했다. 그 덕에 오를란도는 윌슨주의에 찬성하는 필리포 투라티가 이끄는, 전쟁에 찬성하는 사회주의자들과 긴밀한 관계를 수립할 수 있었다. 급진적 농민운동가로 《아반티*Avanti*》의 편집자를 지냈고 훈장을 받은 참전용사였던 레오니다 비솔라티는 세간의 이목을 끄는 종합적인 복지 조치들을 이행할 책임을 맡았다. 그는 매우 정력적인 재무장관 프란체스코 니티의 도움을 받았다. 흔히 '미국인'이라고 불렸던 그는 퇴역군인을 지원하기 위해 수억 리라를 챙겼다.[11] 동시에 이탈리아의 예금자들이 대의를 위해 집결했다. 1918년 1월에 발행된 전쟁 채권에 60억 리라라는 전대미문의 금액이 모인 것이다. 그러나 이탈리아가 자체의 재원만으로 생존한 것은 아니다. 10월과 11월의 절망적인 몇 주 동안 프랑스와 영국, 미국이 이탈리아에 병력과 장비를 쏟아 부었다. 수많은 촌락과 도시에서 급조된 시민 행렬이 이탈리아와 미국의 우정을 축하했다. 행렬에는 때때로 성조기를 손에 든 성모 마리아가 등장했다.[12] 이탈리아 군대에서는 윌슨주의 선전가들이 새롭게 창설된 선전국Servizio P과 열성적으로 협력했다. 선전국은 처음으로 이탈리아 장교 계급과 사병들 간의 엄청난 사회적, 문화적 간극을 메우려 했다.

이렇게 오를란도는 어느 정도 사회적 평화를 회복시켰다. 그러나 이탈리아의 전쟁 수행 노력은 그 나라가 그 분쟁에 들어간 방식에서 기인한 정치적 불확실성 때문에 그늘이 졌다.[13] 의회가 런던 조약의 세세한 내용을 평가하지는 않았지만, 이탈리아 정치 지도자들, 특히 외무장관 시드니 손니노가 나라를 가증스러운 구세계 제국주의와 공모하게 했음을 암시하는 소문이 무성했다. 1918년 2월 13일 이탈리아 하원에서 조약 전문이 낭독되었을 때 이러한 우려는 충분히 확인되었다. 그 결과는 폭발력이 있었다. 정부 인사들이 앉은 곳에서도 분노가 터져 나왔다. 장관들은 이탈리아가 수치스러운 병합주의적 요구를 위해 싸우고 있었음을 처음으로 알았던 것이다. 전쟁 이전 이탈리아 자유주의의 지도자로 1915년에 협상국과의 동맹에 반대한 조반니 졸리티는 즉각 전쟁을 중단하라고 요구했다. 그러나 그것이 선택 가능한 유일한 방안은 아니었다. 이탈리아가 구식의 비현실적인 제국주의적 야심을 포기하기만 했다면, 협상국에 우호적인 사회주의자들과 자유주의자들에게는 이탈리아의 전략적 이익이 새로운 자결권 시대와 양립하지 못할 이유가 없었다.[14] 앞서 보았듯이, 1918년 봄에 협상국과 미국은 합스부르크제국이 해체되어야 한다는 데 동의했다.[15] 독일의 진보주의자들이 동유럽에 자유주의적 헤게모니를 확립하기를 바랐던 것처럼, 이탈리아의 진보주의자들도 자국이 남동부유럽 전역에서 자결권 확보의 촉진자이자 보호자 역할을 수행하는 미래를 내다보았다. 이는 19세기의 전설적인 이탈리아 애국자이자 범汎유럽주의자인 주세페 마치니를 떠올리게 하는 전망이었다.

1918년 4월 영국 정부의 적극적인 권고에 따라, 이탈리아 정치권에서 전쟁에 찬성하지만 병합주의에는 반대하는 파벌이 로마에서 합스부르크제국 전역의 피억압 민족들의 대회를 주최했다. 총리 오를란도는 이러한 미래상에 확실히 매력을 느꼈지만, 거국내각을 결속시키려 애쓰느라 감히 런던 조약의 아버지인 손니노를 내치지 못했다.[16] 손니노는 전쟁 이전에는 이탈리아 정치권에서 개혁의 옹호자로 가장 두드러진 인사였지만 런던 조약에 흥분하여 우파의 품에 안겼다. 극단주의적인 독일조국당의 거울 이미지를 보여주듯이, 하원의 3분의 1인 158명의 의원이 손니노를 지지하여 이른바 국방의원단Fascio parlamentare per la difesa nazionale을 결성했고 단호하게 후퇴를 막으려 했다. 국제적 기질을 지닌 진보주의자들이 보기에, 손니노가 사악한 런던 조약에 완강히 집착하면서 이탈리아는 '시대착오'에 빠질 위험이 있었다.[17] 협상국에 우호적인 어느 사회주의자는 이렇게 화를 토해냈다. 손니노는 '이렇게 이탈리아를 마키아벨리즘으로 고발되어 심판 받게 함으로써… 스스로 자기 정치의 신뢰를 떨어뜨리고 있음을 깨닫지 못한다.' 손니노는 '세계 정세의 주된 흐름을' 보는 눈이 없다. "그 흐름을 벗어나면 원대한 정치는 없다."[18]

민주주의와 제국 사이의 모순이 1917~1918년의 절박한 정치 상황의 원인이었다면, 영국이 가장 큰 희생자가 되리라고 생각할 수 있다. 영국 정부는 확실히 국내와 제국에서 똑같이 엄청난 도전에 직면했다. 그러나 이러한 어려움을 무릅쓰고 연합국의 전쟁 수행 노력을 그 소름 끼치는 4년 차까지 끌고 간 것은 영국이었다.[19] 전쟁이 끝났을 때 정치 체제가 가장 손상되지 않고 전략적 목표를 대부분 달성한 것도 영국이었다. 1916년에서 1922년 사이 영국은 세계에서나 유럽에서나 역사상 가장 탁월한 지도자의 위치를 차지하게 되었다. 이는 대체로 유리한 상황에서 출발했기 때문이었다. 영국은 동맹국의 힘이 곧바로 미치지 않는 곳에 있었고 제국의 자원에 도움을 받을 수 있었다. 그러나 이는 또한 영국 정치 지도자의 적응력을 보여주는 증거였다. 로이드조지도 클레망소처럼 큰 소리로 전쟁 수행 노력을 옹호한 사람이었다. 국내전선에서 반대나 저항의 혐의가 있는 자들은 혹독하게 괴롭힘을 당했다. 서부전선에서 영국군 병사들의 규율은 가혹하기로 악명이 높았다. **그러나** 이러한 강압은 전쟁 이전 로이드조지의 정치적 페르소나의 특징과 결합했다. 1906년에서 1911년 사이 허버트 헨리 애스퀴스 총리의 자유당 정부에서 과격파의 깃발을 든 이가 로이드조지였다. 그는 상원까지 싸움을 끌고 가 상원의 예산안 거부권을 깨뜨렸고 재분배적 성격이 강한 세제 정책을 밀어붙였으며 사회보험 제도를 도입하고 노동조합의 자유로운 단체교섭권을 보장했다.

로이드조지는 국내에서 보수주의의 골칫거리가 되기 전에 급진적인 반제국주의자로 이름을 떨쳤다. 1901년 보어전쟁 중에 로이드조지는 강경한 민족주의의 심장부인 버밍엄에서 소란을 피우는 군중에게 영국제국은 '종족적 오만함'을 버려야 한다고 주장했다. 영국제국은 국민의 자유에 대한 공통의 헌신으로 결합한 '두려움 없는 정의'의 지대로 탈바꿈해야 했다. 로이드조지는 이렇게 강조했다. "우리는 어디에나 자유를 주어야 한다. 캐나다에 자유를 주어야 하고 호주와 뉴질랜드에도 자유를 주어야 하며 아프리카와 아일랜드, 웨일스, 인도에 자유를 주어야 한다. 우리는 인도에 자유를 주기까지는 결코 인도를 제대로 통치하지 못할 것이다."[20] 일견 모순처럼 보이는 '자유주의적 제국'이라는 관념은 약속이 실망으로 바뀌는 순환이 거듭 반복되어 그 역사를 어지럽혔음에도 공허하지 않았고, 20세기 벽두에 역사적으로 소멸하고 있지도 않았다. 로이드조지가 전시에, 주요 직책은 대부분 보수당이 장악한 연립정부의 수장으로서 극적인 변화를 주도할 수 있었다는 사실은 눈부신 세계 변화의 시기에 자유주의적 제국주의의 타당성이 회복되었음을 증언한다.

또 다른 아일랜드, 인도의 자치 문제가 불거지다

아일랜드에서 점차 강도를 높여가는 긴장으로 시간을 허비할 수 없다는 사실이 무섭도록 분명해졌다.[21] 자유당은 1906년 집권했을 때 오랫동안 저지된 글래드스턴의 자치(영국 안에서의 아일랜드 자치) 약속을 이행하기 위해 힘쓰고 있었다. 덕분에 자유당은 의회 내 온건 아일랜드 민족주의 당파의 지지를 받았다. 이들은 1910년 애스퀴스 정부의 선거 패배 후 실제로 하원에서 결정권을 쥐고 있었다. 아일랜드는 비록 부정할 수 없는 식민 정착지였고 실로 영국 식민주의의 기원이었지만 제국의 다른 지역과는 달리 영국의 필수적인 구성 요소였다. 아일랜드는 영국 의회에 과도하게 많은 의원을 보냈다. 전쟁 전 마지막 선거에서 선출된 670명의 의원 중 아일랜드 선거구에서 선출된 의원은 103명이었고, 이 중 84명이 존 레드먼드가 이끄는 온건 민족주의자들의 아일랜드의회당IPP 소속이었다.[22] 그러나 자치를 향한 조치는 아일랜드 북부 주 얼스터에서 견고한 다수를 차지한 프로테스탄트 사회의 격렬한 저항을 불러일으킬 수 있었다. 그들은 영국의 직접 통치를 유지하고자 있는 힘을 다했다.

1914년 봄, 아일랜드 위기는 영국을 찢어놓았다. 아일랜드에 주둔한 군대는 보수당의 격려와 국왕의 은밀한 지지를 받아 의회의 뜻이 어떠하든 얼스터에 자치를 허용하지 않겠다고 경고했다. 내전의 소문이 결코 가볍지 않았기에 1914년 7월 영국 외무부는 독일에 아일랜드에 의지하여 영국이 프랑스를 돕지 못하도록 할 생각은 하지 말라고 경고하는 것이 최선이라고 판단했다. 1914년 8월 공공연한 폭동의 위협이 있음에도, 애스퀴스 정부는 자치법이 의회에서 통과되도록 했다. 그러나 곧 법률 발효가 유예되었다. 이행 연기는 아일랜드 민족주의를 희생시키며 통합파Unionists에 양보한 것이었지만, 전쟁이 확실한 자치의 첫 번째 시험이라고 믿은 레드먼드는 당이 전쟁 수행 노력을 지지하게 했다. 전쟁 발발 전 신페인Sinn Fein 운동으로 집결한 소수 과격 민족주의자들에게 문을 열어준 것이 바로 이 타협과 지연 정책이었다.

1916년 4월 24일 월요일 과격한 아일랜드 민족주의자들이 영국에 대한 자살 공격을 시작하면서 더블린은 총탄과 포탄에 폐허가 되었다.[23] 반란을 진압하기까지 한 주간의 극심한 전투가 벌어졌다. 영국 정부의 당혹감은 군 지휘관들이 현장에서 보여준 잔인한 진압으로 배가되었다. 봉기는 진압되었지만, 그 결과는 반란자들이 기대했듯이 영국의 통치 전략에 재앙을 떠안겼다. 이들은 흐릿해지고 있던 잔인한 압제자라는 영국의 이미지를 단번에 되살려냈고 레드먼드와 온건파의 신뢰성을 파괴했다.

아일랜드 자치가 다루기 힘든 문제였다면, 1916년 영국 정부는 인도에서 제국의 '또 다른 아일랜드'를 곧 대면하게 될 수 있다는 생각에 괴로워했다. 아일랜드에서와 같이, 1906년 자유당 정부가 수립되자 제국의 인도 지배 문제에 대한 자유주의적 해법의 모색이 새로운 힘을 얻었다. 1909년 영국령 인도제국British Raj의 운영에 더 많은 인도 엘리트를 참여시키기 위해 입법위원회 제도를 확대했다(1909년의 Indian Council Act*). 그러나 1916년에는 이러한 방식이 확실히 힘을 잃고 있었다. 1916년 5월 아일랜드계 영국인으로 신지학神智學 신봉자인 애니 베산트가 첸나이에서 시작하여 인도 전역에 영향력을 펼쳤다. 베산트는 뭄바이에서는 더블린 봉기의 흥미진진한 이야기로 수만 명의 군중을 즐겁게 해주었다.[24] 과격한 힌두 지도자 발 강가다르 틸라크가 인도 민족주의의 근본주의 파벌을 되살려냈고 자치 요구에 합세했다. 1916년 봄 알라하바드에서 힌두교도가 지배한 인도국민회의Indian National Congress와 전 인도 무슬림연맹All-India Muslim League의 지도자들이 광범위한 헌정 개혁을 요구하는 공동 선언을 발표했다. 이러한 협력은 전례가 없는 것으로 12월 러크나우에서 별도의 선거인단을 두어 소수파인 무슬림의 권리를 보호한다는 합의가 이루어지면서 더욱 공고해졌다.[25] 이와 같은 종교 공동체 간의 협약에 영국인들은 심히 불안했다. 인도 아대륙의 8,000만 명에 달하는 무슬림을 보호한다는 것이 영국 통치의 정당성을 옹호하는 기본적인 근거였기 때문이다. 만약 아일랜드의 경우와 달리 다수파와 소수파가 영국 정부에 맞서 공동의 대의를 내세울 수 있다면, 영국령 인도제국의 종말은 생각보다 훨씬 더 빨리 찾아올 수 있었다.

로이드조지가 1916년 12월 제국의 전쟁 수행 노력을 위한 정치적 기반을 확대하기로 결심하고 집무에 들어갔을 때의 상황은 바로 이와 같은 인도와 아일랜드에서의 이중의 위기였다. 전략의 근간은 단합된 제국 전시내각IWC의 수립이었다. 남아프리카 연방의 얀 스뮈츠 같은 제국 정치인들이 그 내각에서 매우 두드러진 역할을 부여받았다. 그러니 로이드조지는 또한 인도국민회의의 1915년 회의 의장이었던 사티엔드라 프라사노 신하가 제국 내각에 정식 구성원으로, '인도인의 대표' 자격으로 참석해야 한다고 역설했다.[26] 자유주의적인 보수당원 오스틴 체임벌린은 인도부 장관Secretary of State for India으로서 인도 총독 첼름스퍼드 자작 프레더릭 세시저에게 사티엔드라 프라사노 신하가 '작금의 상황에서 인도가 총리에 가장 근접한 지위의 인물로 내세울 수 있는 자'라고 말했다. "… 제국 안에서 인도가 차지하는 위치는 이로써 완전히 인정되며, 인도인들이 진정으로 바랐지만 몇 달 전에는 결코 기대하지 못한 진전이 이루어졌다."[27] 다른 양보가 추가되었다. 1917년 3월 초 인도 정부는 영국산 면제품 수입에 대해 보호 관세를 부과할 권한을 획득했다고 선언하여 큰 박수를 받았다. 이는 매우 간절히 바라던 자치 혜택 중 하나였는데, 영국의 자유주의자들에게는 제국의 논리 전체를 훼손하는 것이었다. 광대한 영역에 퍼진 영토가 경제적으로 자급할 수 있게 둔다면, 그러한 영토를 붙들고 있는 게 무슨 소용인가? 그러나 로이드조지는 단호했다. 의회는 인도가 원하는 것을 주어야 했다.[28]

그렇지만 이제 경제적, 정치적 양보로도 충분하지 않았다. 1917년 봄이 되면, 영국 정부가 해본 적이 없는 일을 해야 한다는 것이 분명해졌다. 영국은 인도 통치의 궁극적인 목적을 엄숙하게 공개적으로 규정해야 했다. 오스틴 체임벌린은 1917년 5월 22일 내각의 동료들에게 이렇게 설명했다. "우리가 자유와 정의, 스스로 자신의 운명을 개척할 민족의 권리를 위해 싸우고 있다는 논지의 부단한 되뇜, 러시아혁명[2월혁명]과 그 혁명이 이 나라와 다른 곳에서 받아들여진 방식, 이곳에서 인도 대표단을 접대한 일, 제국 회의에서 인도에 부여된 지위. 이는 개혁의 요구를 강화했고 온갖 의견을 자극했다…." 영국이 충분히 대담한 제안을 들고 나오지 못한다면, '비록 변변찮은 존재일지언정 온건 분자들이 극단주의자들의 손아귀에' 떨어질 위험이 있다.[29] 그렇게 되면 영국은 폭력으로 대응해야만 할 것이었다. 영국의 온건한 협력자들은 신뢰를 잃고 인도는 자생적인 인도 판 신페인당의 수중에 떨어질 것이었다.

1917년 여름, 지나치게 긴장한 인도 주지사들은 이미 이 재앙 같은 위신 추락 과정의 첫 단계를 실행하고 있었다. 이들은 유럽의 어지간한 국가 크기의 영토를 다스렸다. 1917년 5월 24일 애니 베산트의 항의 운동의 근거지인 첸나이의 주지사 펜틀런드 남작 존 싱클레어는 본국 정부가 극적인 양보 조치를 심사숙고하고 있음을 알지 못한 채 돌연 자치 가능성을 부정하는 성명서를 발표했다. 이는 엄청난 항의의 물결을 초래했다. 심히 위험한 테러의 위협에 직면한 벵골 주지사 로널즈헤이 백작 로렌스 던더스는 반대자들을 진압하려면 전시 보안 조치의 확대가 필요할 수 있다고 암시했고, 이는 판사 시드니 롤럿이 위원장을 맡은 '인도의 혁명 운동과 연관된 범죄적 음모'에 관한 조사위원회의 설립 계기가 되었다. 6월 16일 첸나이 주지사는 베산트를 가택연금에 처했다.[30] 이는 곧바로 과격파에 이롭게 작용했다. 자치 선동은 인도의 정치 지도자들에 두루 확산되었다. 막 남아프리카에서 돌아온 모한다스 간디(마하트마 간디)는 이 싸움에 투신하여 청원 운동을 벌였고 농민 100만 명의 서명을 받았다.[31] 간디는 첼름스퍼드 총독과 만나 경고했다. 겨우 몇 달 전에는 벽지의 과격한 요구처럼 비쳤던 자치가 '인도의 운명을 좌우하는 순탄한 길에 들어섰다⋯.'[32]

남성 보통선거권과 여성 참정권이 확대되다

아일랜드가 공공연히 반란을 일으키고 인도에서는 정치적 열기가 솟구친 1917년 봄과 여름에, 영국 정부는 국내에서도 고조되는 위기에 직면했다. 5월 초 수십만 명의 노동자가 노동조합 공식 지도부를 무시하고 침여한 진례 없는 파업이 일어났다. 정부는 국토방위법DORA의 예방적 권한에 따라 주도적인 노조 대의원들을 체포하여 대응했다.[33] 1월 독립노동당ILP은 윌슨의 '승리 없는 평화' 연설에 환호했고, 여름에 리즈에서 개최한 회의에서는 페트로그라드 방식을 토대로 한 협상을 통한 강화를 지지하는 결의안을 2 대 1의 표 차이로 통과시켰다. 실제적인 혁명적 전복의 위협은 없었지만, 단지 영국제국의 정통성만이 아니라 영국 의회 정치 제도 전체의 정통성도 다루어야 한다는 것이 분명해졌다. 영국에서는 1910년 이래로 선거가 없었다. 선거는 전쟁이 끝날 때까지 연기될 것이었으나, 그전에 정당들은 어떠한 유권자들을 지지 기반으로 삼을지 결정해야 했다.

전쟁 이전 에드워드 시대의 영국에서는 여성 참정권을 둘러싼 싸움이 치열했고 노동계급 참정권의 추가 확대에 대한 은근한 요구가 지속되고 있었다. 1910년 남성 유권자는 남성 전체의 3분의 2에 약간 못 미쳤는데 빈곤한 도시 지구에서는 선거권이 없는 남성이 60퍼센트를 웃돌았다.[34] 바로 그 같은 지구에서 수십만 명의 남성이 전쟁으로 목숨을 잃은 뒤에는 이러한 상황을 유지하기가 어려워졌다. 대체적인 예상에 따르면, 유권자를 대폭적으로 확대하면 정치적 균형은 자유당과 신흥 정당인 노동당에 결정적으로 유리하게 기울 것이었다. 그러나 독일제국의 경우와는 달리 영국의 민주화는 민주주의 세력과 반민주주의 세력 간의 파멸적인 대결의 문제가 될 수는 없었다. 1918년 2월 영국은 공개적인 논쟁이 거의 없이 역사상 최대의 선거권 개혁을 이루었다.

당시에나 그 이후에나 많은 평자가 이 극적인 개혁의 원활한 이행을 영리한 절차적 해법의 공으로 돌렸다.[35] 1916년 가을 정당 간 의회 협의회가 그 문제를 논의하기 시작했다. 하원 의장인 보수당의 귀족 출신 온건파 제임스 라우더가 주재한 협의회는 세련된 타협 모델이 되었다. 1917년 초 정당 간 협의회는 이미 남성 보통선거에 합의했고, 몇 달 안에 여성 참정권에 관한 타협안에도 합의를 이루었다. 이로써 수백만 명의 여성이 참정권을 얻었지만 전체적으로 남성 유권자가 다수를 유지했다. 의회에서 뜨거운 논쟁의 대상이 된 유일한 문제는 비례대표제 도입 제안이었다. 소수파에 발언권을 주기 위한 이 보수적인 조항을 삭제한 이는 로이드조지였다. 갈등의 회피는 인상적이었다. 그러나 그것은 질문을 초래했다. 헌법 개정의 중요 과정을 절차적 조정에 불과한 것으로, 어느 보수적인 근본주의자가 평했듯이 '미리 씹어놓은 정치적 이유식'으로 보이게 한 것은 무엇인가?[36] 논리적인 합의라는, 이렇게 이상화한 이미지 뒤에는 더 근본적인 것이 놓여 있다. 두 기성 정당의 지도부가 개혁이 확실하게 뇌물도 아니고 강압적인 위협에 내어준 양보도 아닌 것처럼 보이도록 함으로써 정치 과정의 정당성을 확보하는 데 힘을 쏟았다는 사실이다. 즉 정치적 차이와 무관하게 일련의 하향식 개혁들로 누구나 평화로운 왕국이라는 영국의 이미지를 지키는 데 이해관계가 일치했던 것이다.[37] 그러나 이처럼 잘 꾸며진 외양의 배후에서는 탁자를 내려치는 소리가 들렸고 원칙의 문제들이 충돌했다. 대중의 공개적인 항의가 주는 위협은 개혁의 동력을 유지하는 데 필수적이었다. 결정적으로 민주주의적인 페미니스트들과 노동당, 노동조합운동 간의 강고한 동맹은 여성 투표권을 배제하고 군인과 남성 전쟁 노동자들에게만 선거권을 주는 개혁은 수용하지 않을 것임을 분명히 했다. 반대로 페미니즘 활동가들은 노동당과의 동맹에 헌신했기에 1917년 초 결정적인 순간 자신들은 제한적인 여성 참정권만 획득했는데도 남성 보통선거권을 지지하기로 했다.

보수당은 상황이 불가피함을 인식하고 선제적으로 행동에 나섰다. 1916년 8월 솔즈베리 경 제임스 개스코인세실은 다소 감정적인 이름을 붙인 '참호투표법Trench Voting Bill'을 발의했다. 보수당 중앙당은 청년 노동자 유권자와 선거권을 얻는 노동조합원이 늘어날 가능성에 관한 우려스러운 예측을 숨겼다. 당의 교외 기반이 공황에 빠질까 두려웠기 때문이다. 동시에 보수당 지도부는 당원들이 공개적으로 반민주주의적 정서를 분출하여 당혹스러운 상황이 전개되는 일이 없도록 노력했다.[38] 노스클리프 경 앨프레드 함즈워스를 필두로 언론은 민주주의적 합의를 지지했다. 1917년 《더 타임스_The Times_》는 선거권 반대자들을 분열적이고 비애국적인 자들로 묘사했다.

그 결과 나타난 역사적 변화 과정은 저절로 움직이는 듯했다. 1917년 9월 저명한 헌법학자인 브라이스 경이 동료 앨버트 다이시에게 말했듯이, 1866년 개혁법을 둘러싼 싸움과는 확연하게 대비되었다. 그때는 논쟁의 양편 모두 선거권의 '적합성이 검증되어야 한다'고 가정했다. 이제는 '누가 감정적인 젊은 여성 참정권 운동가들에게 이야기할 때, 그는[원문 그대로] 많은 여성들이 정치를 아는지 정치에 관심이 있는지 조사하는 것이 적절하다고 보지 않는다. 그에게는 그들이 인간이라는 사실이면 충분하다. 그들은 그 자격으로 투표권을 갖는다.'[39] 한편 좌파에서는 전투적인 참정권 옹호자들이 10년간의 활동과 저항으로 길이 닦인 것이 분명하지만 이제 저절로 움직이는 것 같았던 이상한 변화를 놀란 눈으로 바라보았다. 전투적인 참정권 운동가였던 밀리센트 포셋은 1917년 봄 승리에 들뜬 참정권 운동가들과 노동당 집회에서 이렇게 말했다. "하원 의장이 주재한 협의회의 결과는 참정권 운동의 지칠 줄 모르는 에너지와 생명력을 보여준다. 협의회는 참정권 확대에 반대하는 자가 제안하고 주재했으며 처음에는 그러한 자들이 절반을 차지했다. 비록 그 구성은 확연히 참정권 확대에 반대하는 듯했지만, 뚜껑을 열어보니 참정권이 나왔다."[40]

영국에서 선거권 개혁에 관한 논쟁이 이루어지던 내내 더 넓은 세계에 대한 공공연한 참조는 드물었다. '의회들의 어머니'인 영국 하원은 외국인들로부터 아무런 교훈도 배우지 못했다. 어쨌거나 영국 정치에 '외국'의 영향력이 전혀 없었다는 사실은 그 위기의 심각성을 보여준다. 그러나 영국 정치가 이렇게 전략적으로 편협했는데도 1917년 영국 헌법 논의에는 국제적 관심사가 다소간 공공연히 침투했다. 라우더는 하원 의장이 주재한 협의회를 회고하면서 뜻 깊은 말을 했다. 그는 전쟁 이전 시기를 괴롭힌 참정권을 둘러싼 '당내 논쟁과 국내의 논쟁을 재개'하면 '국가가 크고 새로운 문제들에… 힘을 쏟아야 할 바로 그 순간에 영국은 연방 자치령과 식민지 앞에서 신뢰를 잃을 것'임을 '매우 강하게 느꼈다.' "시간이 흘러가면서 나는 이러한 견해가 옳다는 점에 점점 더 깊은 인상을 받았고, 실패의 위험이 보인다 싶으면 동료들에게도 종종 그 견해를 강조했다."[41] 라우더에게, 영국의 다른 보수주의자들과 마찬가지로, 민주주의에 대한 저항은 시대착오적인 짓이 되었다.

영국 전쟁 채권은 인도 자치의 권리증인가

로이드조지 정부가 1917년 여름 국내 위기를 헤쳐 나가는 동안, 인도의 상황은 급속히 위기로 치달았다. 7월 체임벌린은 인도부 장관 자리에서 사퇴했다. 그로써 그는 전적으로 인도 정부와 인도군의 책무였던 1915년의 비참한 메소포타미아 원정의 책임을 인정했다. 로이드조지는 후임자로 보수당원인 아닌 자유당원을 선택했다. 케임브리지 대학교에서 공부한 에드윈 몬터규였는데 유명한 유대인 은행가 집안의 자손으로 문화적으로 영국에 동화된 자였다. 몬터규가 본 상황은 분명했다. 영국은 '우리를 유명한 제국 건설자로 만든 용기와 확신'을 되찾아야 했다. 다른 방법은 세계 곳곳에 '여러 개의 아일랜드를 만드는 것'이었다.[42] 영국령 인도제국의 행정부는 너무 엄격하고 관료주의적이었다. 인도 행정부는 효율적이라는 평판에만 의존할 수 없었다. 영국의 제국 전략을 연구한 저명한 역사가의 말을 빌리자면, '정치적이 되어야, 그 입장을 옹호해야, 여론을 설득해야' 했다.[43] 이를 위해 활동계획서는 필수적이었고, 몬터규가 보기에 1917년에 유일하게 수용할 수 있는 구호는 '자치'였다.[44] 몬터규는 2억 4,000만 명의 인도인이 단일 국민국가가 되는 자치는 상상하지 않았다. 그는 이렇게 선언했다. "목적은… 하나의 거대한 자치 국가가 아니라 하나의 중앙정부로 연합한 일련의 자치주와 자치 제후국이다." 그는 서두르지 않았다. 몬터규는 여전히 자치가 '여러 해… 여러 세대'에 걸쳐 실현될 사업이라고 믿었다.[45] 그러한 제한 조건은 19세기에 제국을 정당화하는 주된 핑계였다. 그러나 몬터규가 집무를 시작했을 때, 개혁을 향한 이 점진적인 접근법은 낡은 것이 되고 있었다. 1917년 여름 그가 체임벌린에게 보낸 편지에 썼듯이, 그들은 당장에 '자치'를 약속해야 했다. 자치에 조금이라도 못 미친다면 무엇이든 쓰라린 실망을 야기할 것이었다. 차라리 아무런 성명도 내놓지 않는 것이 나았다. 그러나 그럴 경우 '무자비한 억압의 확대와 전부는 아닐지라도 다수의 온건한 자들의 소외'를 단단히 각오해야 했다.

8월, 더는 결정을 미룰 수 없었다. 그들의 고통에 대해 영국이 아무런 양보를 하지 않으면, 온건파는 다가올 인도국민회의의 연례 회의에서 철저하게 패할 것이었다. 더는 시간을 낭비할 수 없었기에 전임 총독이자 보수당의 거물인 커즌 경은 타협을 제안했다. 인도에 자치나 자결권이 아니라 '더 완전한 책임 정부의 실현'을 약속해야 했다. 커즌이 책임을 강조하면서 무엇을 의미하고자 했는지는 지금도 확실하지 않다. 아마도 그는 인도인들의 '무책임한' 반대를 경고하고자 했을 것이다.[46] 그가 힌두인 상류계급의 폭정으로부터 인도를 보호한다는 영국의 익숙한 변명을 되풀이했는지도 모른다. 커즌의 의도가 무엇이었든지, 그 방식에 따라 몬터규는 1917년 8월 20일 하원에 역사적으로 중요한 성명서를 제시할 수 있었다. 영국령 인도제국의 궁극적인 목적은 '영국 정부의 보호 아래 인도에서 책임 정부를 점진적으로 실현하기 위해 행정부의 모든 부문에 인도인의 참여를 확대하고 자치 제도들을 점차 발전시키는 것'이었다. 인도에서 그렇게 열의 없는 선언도 진정한 열광을 불러일으키던 시절이 있었지만, 그럴 때는 지나갔다. 그럼에도 그 함의는 가볍지 않았다. 몬터규가 체임벌린에게 털어놓았듯이, 그들이 단순히 '자치'를 약속했다면, 이는 인도가 '힌두 독재자'의 지배를 받을 수 있다는 뜻으로 해석되었을지도 모른다. '책임 정부'는 분명히 그러한 통치자가 '일정 형태의 의회 제도에 책임을 져야' 함을 의미했다.[47]

인도에서 첼름스퍼드 총독은 좀 더 구체적인 태도를 보일 필요가 있음을 알았다. 그는 주지사들의 반대를 무시하고 애니 베산트의 가택연금을 해제하라고 명령했다. 1917년 가을 크게 승리했다고 주장한 것은 영국 정부가 아니라 자치의 대의였다. 1917년 12월 초로의 아일랜드계 영국인 여성인 베산트가 귀족적인 인도국민회의의 역사상 가장 열띤 대중 집회를 성공적으로 주재하는 어울리지 않는 광경이 연출되었다. 인도 민족주의는 점차 대중운동이 되고 있었다.

베르사유 조약 이후 '자치'와 같은 간명한 자유주의적 묘책들이 복잡한 역사적 현실에 잘 들어맞지 않는 것은 흔한 일이었다. 그러나 슐레지엔(실롱스크)와 주데텐란트(수데티)의 사정이 아무리 곤란했어도 몬터규 장관이 인도를 위한 '책임 정부' 체제를 만들어내려 애쓰던 중에 대면한 문제에 비하면 별것 아니었다. 그 과제에는 종교와 민족, 카스트, 계급의 구분선에 따라 극도로 다양한 인간 집단들로 분리된 아대륙 전체에 적용될 헌법을 고안하는 것이 포함되었다. 그뿐만이 아니었다. 영국인들이 주저 없이 '전제적'이라고 불렀던 영국령 인도제국의 헌법과 대의제 정부의 요구 사이의 모순도 다루어야 했다. 몬터규는 역사적 선언을 한 지 몇 주 지나지 않아 다소 침울한 상태에서 총독에게 보낸 서한에서 이렇게 썼다. "이 문제에 관해 생각하면 할수록 이 지리의 엄청난 어려움을 더 깊이 깨닫는다…. 이런 식으로 이도 저도 아닌 해법을, 아니 그 정도도 안 되는 해법을 시도한 나라가 세상에 있는가? 전제적이면서 독립적인 행정부는 흔하다. 자치

제도는 이제 유일하게 타당한 통치 형태로 받아들여진다(나는 그 이유를 도무지 모르겠다). 그 둘을 어떻게 통합할 수 있는가? 당신이라면 그 나라의 국민에게 부분적으로만 책임지는 외국 기관이 관리하는 통치 형태를 받아들일 수 있겠는가?"[48]

'이도 저도 아닌 해법'의 기본 계획은 1917년에서 1918년으로 넘어가는 겨울 몬터규와 첼름스퍼드, 인도국민회의 지도부, 전 인도 무슬림연맹이 공동으로 고안해냈다. 상세한 내용은, 특히 선거 규정에 관한 것은 1919년에 영국 의회 위원회에서 더 다듬었고 인도인 최초로 작위 귀족에 오른 사티엔드라 프라사노 신하가 의회에서 그 과정을 이끌었다. 인도의 통치 권한은 중앙 행정부와 주정부, 지방정부 사이로 분할되었다. 중앙정부와 주정부는 일부 임명으로 일부는 다양한 규모의 선거인단을 통한 선거로 구성되는 입법위원회에 책임을 져야 했다. 1922년 영국이 인도 지방정부에 대한 모든 공식적인 통제를 중단하자 두드러지게 도시 지역의 선거권이 급속하게 확대되었다.[49] 유럽의 중간 크기 국가와 비슷한 주의 차원에서는 유권자 구성이 다양했으며 지주와 도시 사업가에게 특별히 유리한 대표권이 부여되었다. 상위 카스트의 지배를 방지하기 위해 브라만이 아닌 계층들에게는 별도의 선거인단을 제공했다. 1916년 러크나우에서 인도국민회의와 전 인도 무슬림연맹이 합의한 방식에 따라 유권자는 어디서나 힌두교도와 무슬림 사이에서 배분되어야 했다. 몬터규와 첼름스퍼드가 인정했듯이, 이러한 타협은 자유주의적 이상과는 거리가 멀었다. 그러나 이는 여성 참정권 문제에서 채택된 해법이 증거가 되듯이 반동적이지도 않았다. 여성 참정권은 주 차원에서 결정되어야 했고, 첸나이 주의회 선거에서는 많은 여성이 투표권을 얻었다. 유럽에서도 이보다 더 많은 여성이 투표권을 누린 나라는 소수의 매우 자유주의적인 나라뿐이었다.

몬터규-첼름스퍼드 개혁은 곧 1919년의 대규모 대중 동원에 묻혀버렸다. 그러나 1918년 봄 몬터규와 첼름스퍼드가 공동으로 쓴 보고서는 여전히 자유주의적 제국의 기본적인 실천 과제를 강력하게 재천명했음을 주장할 수 있었다. 보고서에 따르면 책임 정부는 영국의 인도 지배의 목적이어야 했다. 그것만이 영국이 '알고 있는 최선의 정부 형태'였기 때문이다.[50] 인도에서 인종적으로 이중의 기준을 유지하는 것은 장기적으로는 불가능했다. 많은 차이가 인도 사회를 분할했지만, 그 사회는 점점 더 강하게 통합되고 있었다. 문맹 농민은 책임 있는 시민으로 성장하고 있었다. 영국은 도박일지언정 자치 능력의 성장을 촉진하는 최선의 방법은 인도인들에게 책임을 넘겨주는 것이라고 확신해야 했다. 자치를 이행해야 '자치의 능력을 끌어낼 것'이기 때문이었다. 동시에 골칫거리인 민족주의자들을 억압하지 말고 영국의 '자식들'로 인정해야 했다. 그들의 '자치' 열망은 '유럽의 역사와 사상을 배워서 생긴 불가피한 결과'였다. 장기적으로 영국의 지배는 '그것이 낳은 욕구'를 충족시킬 때에만 정당하다고 말할 수 있었다. 영국 정부는 감사를 기대하지 말아야 했고 감사가 표명되지 않더라도 분노로 대응하지 말아야 했다. 영국이 고마워하는 제국의 신민들로부터 감사의 박수를 기대할 수 있는 시점은 지났다. 그러나 항의나 불만이 자치를 방해하지는 말아야 했다. 어느 관리는 훗날 이렇게 말했다. "전제 정부로부터 책임 정부로의 점진적인 이행은 위험을 감수하지 않고는 실행될 수 없다."[51] 영국은 '우리 자신에 대한 믿음'으로 뒷받침되는 자유주의적 일정을 지속시켜야 한다.

심히 찜찜하기는 했지만 인도의 정치가들은 한 번 더 이러한 호소에 응했다.[52] 전쟁이 끝날 때까지 간디는 인도 전역을 여행하며 자유주의적 제국의 전쟁 수행 노력에 힘을 보탤 지원병을 모집했다. 그는 지치기 독립을 뜻하지는 않지만 인도인은 캐나다와 호주처럼 '제국의 동반자가… 되어야 한다'고 강조했다.[53] 과격한 힌두 민족주의자 틸라크는 동포들에게 영국의 전쟁 채권을 '자치의 권리증'으로 보라고 요구했다.[54] 1919년 영국의 통치에 반대하는 대규모 민중 봉기를 촉발한 것은 몬터규-첼름스퍼드 제안의 부적절성에 대한 불만이 아니었다. 봉기에 불을 지핀 것은 인도인들이 한번 더 그 해법에 품었던 신뢰가 몬터규 같은 자유당 인사들이 필사적으로 피하고자 했던 가혹한 조치로 침해되었다는 사실에 대한 격한 분노였다.

미국은 아일랜드의 손을 들어줄 것인가

오랫동안 끓어오른 민족주의적 분노, 장기간 지속된 자유주의의 약속, 전쟁의 압박이 1917년 로이드조지 정부가 직면한 위기의 주된 동력이었다. 1917년 봄 러시아의 민주주의 혁명(볼셰비키의 쿠데타가 아니다)이 압력을 더했다. 그러나 이러한 요인들 속에서 미국은 어떠한 모습으로 나타났는가? 애니 베산트는 1917년 여름 가택연금에 처해 있는 동안 자신이 세계적인 네트워크의 중심에 있다고 생각했다. 베산트는 호주에 영국 정부의 징집 요구를 거절하라고 호소했다. 억류 중에 갖고 있던 잡지의 사본을 일본과 미국에 있는 지지자들에게 보냈는데 목적은 이러했다. "영국의 우방들은 그들 모두가 유럽에서 싸우며 지키려던 원칙을 영국이 인도에서 짓밟지 못하도록 압력을 행사할 수 있었다. 미국의 언론이 그 문제를 우리가 바라는 대로 다룬다면, 인도 정부는 그 행위를 덮어 가릴 수 없을 것이다…. 영국 민주주의는 인도 정부가 자유에 전쟁을 선포했음을 미국을 통해 들을 것이며, (미국) 대통령은 인도를 위해 개입할지도 모른다…."[55] 그러나 인도에 '윌슨주의의 계기'를 마련하는 것이 매력적이기는 해도, 이는 있었다면 기껏해야 만약 한줌의 민족주의자들의 마음속에만 있었을 것이다.[56] 인도의 정치를 세계와 연결할 것은 제국 내부의 정치, 즉 런던과 아일랜드, 중동의 제국 정책이었다. 아일랜드에 대해서는 같은 말을 할 수 없었다. 아일랜드는 제국 안의 나머지 지역보다 대서양 건너편에 더 의지했다. 그래서 영국 정치에 많은 영향을 미치는 아일랜드 문제는 영-미 관계와 상당히 깊이 뒤얽혔다.

1916년 신페인당의 호소에 가장 민감하게 반응한 대중은 미국의 아일랜드인 사회였다.[57] 그리고 미국에 윌슨의 '승리 없는 평화'를 즉각적이고 직관적으로 이해한 주민들이 있었다면, 그것은 아일랜드계 미국인들이었다. 신페인당의 무서운 경쟁에 직면하여 영국 정부에 이렇게 요구한 자는 그때까지는 온건했던 민족주의 정당인 아일랜드의회당Irish Parliamentary Party의 하원 지도자 존 딜런이었다. "당신들은 어떻게 유럽을 대할 수 있는가? 내일 미국은 어떻게 대할 것이며, 어떻게 억압받는 민족들의 옹호자로 처신할 수 있는가? 강화회의에서 듣게 되겠지만 '돌아가 당신들 집이나 잘 정리하라'는 말을 들으면 어떻게 해명할 것인가?"[58] 미국의 참전은 이러한 압박을 덜어주기는 했지만 제거하지는 못했다. 윌슨은 1917년 4월 2일 의회 연설에서 미국을 신뢰할 수 없는 전제국가에 맞서는 민주주의의 편에 두었다. 그러나 그는 협상국의 위치는 결정하지 않았다. 영국 정부와 나눈 서한에서 그가 미국과 영국 간의 '충심에서 우러난 절대적인 협력'을 가로막는 유일한 장애물로 강조한 것은 아일랜드의 난국이었다. 차르의 전제정치가 무너진 뒤 '피치자의 동의에 의한 진정한 통치 계획이 반反프로이센 세계 도처에서 채택되었다'는 점을 증명하는 데 필요한 것은 아일랜드 자치가 전부였다.[59]

무슨 일이든 해야 했다. 그렇지만 무엇을 해야 하는가? 영국 자유당은 아일랜드 내전을 촉발하지 않고 자치를 부여할 방법을 알았다면 오래 전에 그 기회를 붙잡았을 것이다. 1917년 3월 로이드조지는 하원 연설에서 영국 정부가 볼 때 그 문제는 이미 1914년 8월에 의회가 결정했다고 앞서 했던 말을 되풀이했다. 이제 자치 이행 방법에 관한 합의는 아일랜드인들에게 달렸다. 1917년 봄 영국 정부가 고려한 한 가지 방안은 제국 안에서 자치정부를 유지하는 이점을 알리는 수단으로서 호주와 캐나다의 압력을 이용하는 것이었다. 그러나 캐나다에서는 얼스터 프로테스탄트의 영향력이 너무 강했고, 호주에서는 아일랜드계 가톨릭교도가 너무 강력했다. 아일랜드 문제는 영국 정치뿐만 아니라 제국 전체의 정치에서도 내부적인 문제였다.[60] 미국이 이 교착 상태를 해소할 결정적인 외부 세력이었는가? 제국의 전쟁 수행에서 미국이 중요했음을 감안하여 보수당 지도자들은 1916년에 이미 얼스터의 프로테스탄트 폭동은 있을 수 없다는 점을 받아들여야 했다. '우리가 미국 여론의 힘 때문에 헌법을 바꾸어야 한다는 생각'에 반대하는 일은 셀본 경 윌리엄 파머 같은 불굴의 통합파에 남겨졌다.[61]

로이드조지는 모든 아일랜드인이 참여하는 타협을 이뤄내고자 더블린에서 헌법 제정 회의를 소집했다. 그러나 이제 이 정도로는 아일랜드 민족주의 과격파를 만족시킬 수 없었다. 신페인당과 그 협력자들은 아일랜드 문제는 '잉글랜드가 억압하거나 구워삶을 수 없는' '만국의 완전한 배심원'인 전후 강화회의에서 다루어야 한다며 회의를 거부했다.[62] 회의에 참석하기로 동의한 온건한 민족주의자들도 이제는 캐나다나 호주가 누리는 자치령 지위를 요구했다. 한편 통합파는 아일랜드 남부에 자치를 부여하는 데 동의했으나 그 대가로 얼스터는 영구히 제외되어야 했다. 이는 다수파인 프로테스탄트를 만족시키겠지만, 수십만 명의 가톨릭교도가 분개한 소수파로 북아일랜드에 갇혀 불이익을 당해야 했다. 영국 정부가 필요할 경우 무력을 써서 타협안을 강요할 수 있다면, 미국은 어떻게 나올 것인가? 미국 정부가 자치를 요구한다면, 로이드조지는 눈앞에 놓인 마음에 들지 않는 선택에 대한 책임을 윌슨과 함께 나눌 수 있었을 것이다. 헌법 제정 회의의 격렬한 협의 과정 내내, 영국은 버킹엄 궁전의 조지 5세에게 보낸 비밀

보고서를 백악관에도 전달했다.[63] 그 취지는 분명했다. 미국의 개입을 바라는 마음은 민족주의자들의 비타협적인 태도를 부채질했다. 영국과 미국이 타협안을 전심을 다해 지지하지 않는다면, 아일랜드는 '각각 자결권 신조에 의지하는 다수파와 소수파…'로 영원히 분할될 위험에 처할 수밖에 없었다.[64]

이 문제의 해결을 재촉한 것은 전쟁이었다. 1918년 3월 독일의 봄 공세가 연합군 전선과 충돌했을 때, 그 순간에 절실히 필요한 요소는 인력이었다. 신페인당은 영국 국가를 위한 참전을 단호히 거부했다. 반대로 영국 노동운동은 더블린과 코크가 병역 의무를 면한다면 런던과 맨체스터에서의 징집을 결코 받아들이지 않겠다는 의사를 분명히 했다. 아일랜드에서의 징집에 일말의 정당성이라도 부여하려면, 즉각적인 자치 이행이 유일한 방법이었다. 그러나 그렇게 하려면 남부는 얼스터의 제외를 수용해야 했고 얼스터는 이 제외가 일시적이라는 점을 수용해야 했다. 최악의 상황을 걱정한 외무장관 아서 밸푸어는 마지막으로 결정을 내리기 전에 먼저 미국 대통령의 의견을 듣고자 백악관과 접촉하는 놀라운 행보를 보였다. 밸푸어는 이것이 미국 정부에 영국 내정에 관여하게 하는 전례 없는 일임을 잘 알았기에 아일랜드인의 징병이 '겉으로 보기에만 순수하게 국내' 문제라는 점을 설명할 필요가 있다고 생각했다. 이 문제에 관한 결정이 미국 여론의 균형을 흔들 수 있었다면, 이는 동맹에 중요한 의미를 지녔을 것이다.[65] 결국, 백악관은 아일랜드 문제 해결에서 책임을 나누자는 영국의 권유를 거부했다. 하우스 대령이 기계적으로 자치의 필요성만 거듭 이야기했을 뿐이다. 그러나 영국 정부의 강경론자들은 이러한 과정을 침착하게 바라보지 못했다. 어느 저명한 제국주의자는 밸푸어의 문의는 자신으로서는 '영국 정치인이 제 이름을 내설 것이라고는 결코 생각하지 못한' 종류의 '문서'라고 노발대발했다. 영국 내각이 미국인들 앞에 자신들의 치부를 드러냄으로써 윌슨과 하우스 대령에게 '자신들을 위해 결심해달라고' 수치를 무릅쓰고 요청한 것이었다. 그러나 백악관의 거부 가능성을 줄이는 것은 비록 국가의 위신에는 해로웠을지언정 반드시 필요했다. 1918년 4월 16일 로이드조지가 하원에 아일랜드인 징병을 선언했을 때, 이는 단지 자치의 대가로만 제시되지는 않았다. 로이드조지는 이 결정이 '우리의 당당한 싸움의 목적인 자결권 원칙'과 완전히 양립하며 영국 정부는 '미국의 전폭적인 지원'을 기대할 수 있다고 의회를 안심시킬 수 있었다.[66]

1917년 5월 커즌 경은 상원 연설에서 아일랜드 문제의 조화로운 해결이 '지구상에서 자유를 사랑하는 가장 위대한 세 나라 즉 프랑스, 미국, 우리의… 세계적인 협력의 길을 닦을 것'이라는 전망을 제시했다. 따라서 '아일랜드 문제의 해결'은 '지극히 중요한… 세계사적 요인'으로 나타날 것이었다.[67] 1918년 4월의 자치 타협안에 대한 미국 정부의 뜨뜻미지근한 반응은 그렇게 원대한 기대에 전혀 부응하지 못했다. 이유는 충분했다. 아일랜드의 정치적 미래는 전혀 해결되지 않았다. 신페인당은 무력으로 징병에 저항할 준비를 하고 있었다. 분할과 잔혹한 내전으로 가는 길이 빤히 보였다. 그러나 영국 정부는 공들여 자치 방안을 내놓으면서 미국과의 심각한 불화를 방지하기 위해 할 만큼 했다. 윌슨은 아일랜드 문제를 베르사유 강화회의에서 논의해야 한다는 신페인당의 요구를 물리쳤다. 아일랜드 문제는 여전히 영국제국 내부의 일이었다.[68] 미국은 적어도 이와 같은 최소한의 의미에서는 협조적이었다. 미국이 제국을 재건하려는 영국의 광범위한 노력을 얼마나 지지할지는 아직 미결 상태로 남았다.

중동에 유대인 국가를 건설하다

미국이 얼마나 멀리 갈지 알아보려는 노력 중 가장 중요한 것은 그 전쟁 중에 제국주의적 팽창의 주된 지역이었던 중동에서 이루어졌다.[69] 19세기 중반부터 영국의 중동 정책은 병든 오스만제국을 러시아제국의 팽창으로부터 보호하여 수에즈 운하를 지키려는 욕구와 발칸반도에서 자행된 '튀르크인의 잔학 행위'에 대한 자유주의적 분노 사이에서 분열했다. 1914년 10월 오스만제국이 동맹국 편에 서기로 결정하자 영국 정부의 정책은 결정적으로 튀르크인들에 반대하는 쪽으로 전환되었다. 12월 영국 정부가 이집트를 보호령으로 선언하자 러시아가 팽창주의적으로 오스만제국 영토에 대한 권리를 주장했고, 영국과 프랑스는 1916년 봄 이른바 사이크스-피코 협정 Sykes-Picot Agreement으로 이를 봉쇄하려 했다.[70] 이 협정에 따라 북부 메소포타미아의 일부와 시리아, 레바논이 프랑스의 세력권으로 할당되었다. 팔레스타인 본토는 완충지대로 국제적 관리에 두기로 했다. 영국은 이집트 동쪽의 광대한 땅을 차지하기로 했다. 그로써 영국은 가자와 하이파에 해군 기지를 둘 수 있었다. 1917년 러시아가 몰락하고 프랑스가 쇠약해지며 메소포타미아에서 영국이 군사적 지위를 회복하면서 로이드조지 내각은 제국의 목표를 새롭게 하여 훨씬 더 공격적인 전략을 세웠다. 커즌 경과 앨프리드 밀너 자작의 생각에 영국은 전쟁이 끝나면 동부 지중해와 동아프리카의 통제권을 주장하여 제국주의적 경쟁을 완전히 억제해야 했다. 또한 인도양과 그곳에 이르는 길에서 영국판 먼로 독트린을 수립해야 했다. 이는 제국 전체가 관련된 사업이 될 것이었다. 인도군은 튀르크인들에 맞선 모든 전투에서 결정적인 역할을 수행했다.[71] 1917년 영국 정부는 독일의 동아프리카 식민지를 인도에 위임통치령으로 내줄 수 있는지 헤아려보았다.[72] 영국 해군부는 인도양과 태평양에 해군 함대를 주둔시키는 계획으로 소란스러웠다.

이러한 포괄적인 제국의 비전은 승리의 순간에, 1918년 봄 브레스트리 토프스크 조약 체결과 루덴도르프의 서부전선 공세에 뒤이어 위기가 절정에 달했을 때 처음으로 구상되었으나 프랑스가 무너지고 유럽 대륙의 통제권이 광포한 독일의 수중에 떨어질 경우에는 영국이 물러나 은거해야 할 방어요새로 전환하게 되었다.[73] 그래서 그러한 팽창주의가 장차 지배적 국가가 될 미국과 어떻게 어울릴지 결정하는 것이 한층 더 긴요했다. 밀너는 이렇게 말했다. '이 세계에 남아 있는 자유로운 국민들, 즉 미국과 이 나라, 그리고 영연방 자치령'은 '최대한 가까운 동맹으로 결합'해야만 한다.[74] 이러한 야심이 중동에서 모든 제국주의적 팽창에 반대하는 윌슨의 태도와 어떻게 부합할 수 있을까? 미국 정부는 심지어 오스만제국에 전쟁을 선포하는 것도 거부했다.

한편 차르의 몰락으로 러시아 정치도 바뀌었다. 1917년 5월 저명한 애국자이자 자유주의자인 파벨 밀류코프는 페트로그라드 소비에트의 압박에 의해 외무장관직을 사임했다. 오스만제국에 대한 러시아의 요구를 지지했다는 것이 이유였다. 민주주의 러시아가 흑해 해협의 국제적 관리만 요구하는 마당에, 영국이 어떻게 자신들의 권리 주장을 정당화할 수 있다는 말인가? 1918년 여름에 어느 중동 전문가가 말했듯이, '공공연한 병합이 더는 실행 가능하지 않고 연합국들의 선언과 부합하지 않는다'면 영국은 자결권의 선봉대가 되어야 했다.[75] 1915년 영국 정부는 아르메니아 소수민족의 대의를 공식적으로 지지했다. 1916년 여름 영국은 아라비아에서 일어난 반란을 후원했다. 1917년 영국의 제국 전략가들이 시온주의의 대의를 비호한 것은 러시아혁명과 미국의 융성으로 제기된 특정한 난제를 다루기 위함이었다.[76]

1914년 이래로 영국과 미국의 소수 시온주의 활동가들은 영국 정부에 자신들의 보호자가 되어달라고 촉구했다. 이는 밸푸어와 로이드조지 같은 자들에게 아첨하는 것이었다. 그들이 구약성서의 신앙에 깊이 빠져 있었기 때문이다. 그러나 이는 전혀 확실한 연합이 아니었다. 영국의 유대인은 숫자가 적었고 현지 사회에 깊이 동화되었다. 1914년 국제 시온주의 조직의 중앙 사무소는 독일에 본부를 두었으며 드러내놓고 중립을 선언했다. 1915년 유럽과 미국의 시온주의자들은 카이저의 군대가 서부 폴란드에서 차르의 군대를 몰아냈을 때 흥분을 감출 수 없었다. 돌이켜 보면 믿기 힘들지만, 동유럽에 신앙의 자유를 허용하는 새로운 체제의 확립은 독일어를 쓰는 유대인들이 브레스트리토프스크 조약에 걸었던 한 가지 기대였다. 1916년 12월 로이드조지가 집무를 시작했을 때, 영국의 시온주의자들이 영국제국과 새롭게 협력을 추구한 이유는 바로 이 불균형을 교정하고 '세계 유대인'으로 하여금 다시 협상국의 대의를 지지하게 하기 위함이었다. 1917년 봄이면 영국 정부의 유력 인사들은 아르메니아인과 아랍인에 더하여 시온주의의 대의를 영국의 피보호자로 추가해야 한다고 요구하고 있었다. 8월 에드먼드 앨런비 장군의 군대가 마침내 예루살렘 진격을 준비했을 때, 외무부는 하임 바이츠만이 이끄는 영국 내부의 작은 시온주의자 모임에 팔레스타인에 유대인 국가를 세우는 것에 찬성한다는 선언문을 작성하라고 요청했다.

내각은 그 제안을 활발하게 토론했다. 커즌 경과 인도부 장관 에드윈 몬터규는 격하게 반대했다. 커즌 경은 오스만제국이 아닌 러시아를 주된 위협으로 보았다. 몬터규는 인도 정책에 관한 자신의 중대 선언에 몰두해 있었기에 지구상 최대의 무슬림 인구가 살고 있는 인도의 지배자인 영국이 그저 무심하게 오스만제국에 대적하려는 태도에 견을히지 않을 수 없었다. 영국이 오스만제국에 맞서면 전 인도 무슬림 연맹과 힌두교도 자치주의자들의 동맹이 공고해지는 불길한 결과가 초래될 수밖에 없었다. 그러나 몬터규는 장관 자격으로만 얘기하지 않았다. 그는 동화된 영국 유대인 사회에서 돋보이는 인사다. 그 자격으로 몬터규는 '유대 민족' 전체를 대표한다는 시온주의자들의 주장에 크게 분개했으며, 바이츠만이 그토록 간절히 이용하려 했던 자신의 비유대인 동료 장관들의 반유대주의적 반작용에 심히 민감했다.[77]

영국 내각이 시온주의 대의를 지지해볼까 생각했던 이유는 무엇보다도 '세계 유대인'에게 미국과 혁명 러시아의 사정에 영향을 미칠 힘이 있다고 믿었기 때문이다. 1917년 공공연한 반유대주의자였던 《더 타임스》의 페트로그라드 통신원은 차르 체제의 전복에 유대인이 역할을 했다는 널리 퍼진 억측을 부채질했다. 뉴욕 유대인의 로비가 힘을 발휘했다는 추정은 아일랜드계 미국인 집단의 힘에 관한 비슷한 걱정을 되풀이한 것으로 미국 민주주의의 작동에 관한, 결코 칭찬이 아닌 관념을 반영했다. 시온주의 활동가들은 이러한 생각을 막기 위해 아무것도 하지 않았다. '세계 유대인'의 대변자라는 역할은 바로 그들이 간절히 되고 싶었던 것이다. 미국 유대인 사회 내에서 시온주의에 반대한 자들은 자신들이 '유대인 대중'의 민주주의적 열망에 맞서 싸우는 반동적인 부자 엘리트로 취급되고 있음을 알았다. 혁명 러시아의 거대한 시온주의 단체들이 실제로 오스만제국을 겨냥한 공격적 요구를 거부하는 데 압도적으로 찬성했다는 소식은 알려지지 못했다.

한 번 더, 미국이 결정적 요인이었다. 윌슨은 그에게 부여된 역할을 떠맡으려 했는가? 1917년 8월 미국 대통령이 팔레스타인에 관한 선언에 열의가 없음이 드러났을 때, 영국 내각은 물러섰다. 10월에는 측근들의 끈덕진 로비로 윌슨의 모호한 태도가 바뀐다.[78] 커즌 경은 이렇게 중요한 '정치적 고려사항들'을 생각하여 반대를 철회했다. 몬터규는 표 대결에서 졌으며, 내각은 팔레스타인에 국가를 건설하려는 유대인의 열망을 영국이 후원한다고 알리는 밸푸어의 짧은 선언문을 승인했다.

1917년 11월 2일 선언문은 영국 유대인의 지도자로 간주된 로스차일드 경(월터 로스차일드)에게 급히 보내졌다.

누가 전쟁의 이데올로기적 지도력을 거머쥘 것인가

1917년 11월 20일, 로이드조지는 프랑스 정부와 이탈리아 정부가 흔들리고 자신의 지도력도 문제시되는 가운데 영국 전시내각과의 합동 회의에 참석하고자 전시에 처음으로 영국을 방문한 미국 정부 대표단을 직접 환영했다. 회의는 여느 때처럼 다우닝가 10번지의 내각 회의실에서 열리지 않았다. 옆방의 국가재정위원회 회의실에서 열렸는데, 로이드조지는 손님들에게 1770년대에 그곳에서 노스 경(프레더릭 노스)이 미국 식민지인들을 반란으로 내몬 불운한 정책을 '결정하고 지휘했다'고 알려주었다. 로이드조지는 그것이 '중대한 실수'였다고 인정했다.[79] 영국은 교훈을 얻었다. 유럽이 전쟁의 혼란에 빠져 있는 동안, 영국은 자유주의적 미래라는 이미지로 제국을 재건하고 있었다. 인도의 개혁 일정과 중동에서의 새로운 정책은 제국을 '거대한 국민들의 공동체'로 재편하려는 로이드조지의 결의를 보여주는 증거였다. 아흐레 뒤 파리의 연합국 회의에서 영국과 미국 대표단은 다른 열여섯 개 대표단과 합류했다. 볼셰비키와 독일이 브레스트리토프스크에서 어려운 과제를 내놓았지만, 프랑스와 이탈리아는 약해진 상태이기에 더 광범위한 전쟁 목적의 논의를 거부했다. 이러한 난국에 로이드조지가 보인 대응은 설득력이 있었다.

로이드조지는 우선 카리스마를 지닌 남아프리카 연방의 얀 스뮈츠 상군을 스위스로 보내 오스트리아와 비밀리에 논의하게 했다. 오스트리아인들은 확실히 절망적인 상황에 처했기에 잘 설득하면 더는 독일에 의존하지 않게 할 수 있을 것 같았다. 스뮈츠가 오스트리아에 전한 메시지는 당시 영국인들이 스스로를 어떻게 이해하고 있는지를 보여준다. 스뮈츠는 오스트리아 공사에게 오스트리아가 독일을 버린다면 영국 정부가 '오스트리아를 지원하여' '그 예속 민족들에게… 최대의 자유와 자율권'을 줄 것이라고 보장했다. "오스트리아가 진정으로 자유주의 제국이 될 수 있다면… 오스트리아는 중부유럽에서 영국제국이 나머지 세계에 대해 갖는 지위와 매우 유사한 지위를 얻게 될 것이다…." 그것은 자애로운 자유주의의 수호자였다.[80] 이것은 분명 환상이었지만, 실질적인 힘을 지닌 환상이었다.

그러나 비밀 외교는 브레스트리토프스크의 화려한 선전에 대한 대응으로는 충분하지 않았다. 1918년 1월 18일, 로이드조지는 런던의 감리교 중앙회관에서(1946년 국제연합의 첫 번째 총회가 열리는 장소이다) 열린 노동운동 조직자들의 전국 회의를 기회로 영국제국의 전쟁 목적에 관하여 중대 선언을 했다. 연설문은 노동당 주전파와 제국 대표자들과 긴밀히 협의하여 작성했다. 로이드조지는 협상국이 민주주의적 평화를 위해 싸우는 민주주의 국가들의 연합이라고 선포했다. 영국 총리는 '빈 조약Treaty of Vienna의 시절은 오래 전에 지나갔다'고 선언했다.[81] 그는 민주주의적 평화는 자결권의 평화가 될 것이라고 공개리에 천명하며 정부는 피통치자의 동의로써 다스릴 것임을 보장했다. 그것은 조약의 신성함을 회복시킬 것이며 평화가 유지되고 군비 부담이 제거되도록 애쓰는 국제기구의 지지를 받을 것이었다. 윌슨이 여전히 14개조 연설문을 다듬고 있을 때, 로이드조지가 그보다 앞서 나간 것처럼 보였다. '영국 민주주의'의 수호자인 로이드조지가 독일에 맞선 전쟁의 이데올로기적 지도력을 거머쥘까? 이 질문은 이상하지 않았다. 훗날 하우스 대령이 인정했듯이, '로이드조지의 연설이 나왔을 때…' 백악관의 분위기는 '침울했다.'

윌슨은 며칠 뒤 의회에서 연설할 예정이었지만, 로이드조지가 이미 그러한 연설을 한 마당에 무엇을 덧붙이겠는가? 하우스 대령은 기죽지 않았다. "나는 상황이 나빠진 것이 아니라 좋아졌다고 단언했다." 로이드조지는 미국과 영국 간의 잠재적인 다툼 가능성을 제거했을 뿐이다. 한층 더 '대통령이 행동에 나설 필요'가 있었다. "… 대통령이 연설을 하면, 그 연설은 로이드조지의 연설을 압도하여 곧 잊히게 만들 것이며 대통령은 한 번 더 협상국의 대변자가, 실로… 온 세계의 자유주의자들의 대변자가 될 것이다."[82] 결국 하우스 대령이 옳았다. 그리고 세계 여론이 윌슨의 14개조에 훨씬 더 크게 주목하려 했다는 것, 그렇지만 윌슨의 연설에서 그가 아니라 로이드조지가 말한 것을 읽으려 했다는 것은 다가올 일의 전조였다.

그렇다고 핵심을 흐리지는 말아야 한다. 1918년 11월 영국제국의 지도자들이 확신에 차 있었다면 이는 그들이 새롭게 출현하는 자유주의 세계질서의 중심 기둥으로서 제국의 토대를 안전하게 했다고 느꼈기 때문이었다.

10장

민주주의의 병기창

정치적 정통성의 위기 때문에 러시아는 무너졌고 곧 동맹국들도 그렇게 되지만, 프랑스와 영국, 이탈리아는 그러한 위기를 막아냈다. 그러나 협상국 주민들을 거리로 내몰지 않고 그 나라들의 군대를 전선 너머로 밀어붙이는 데에는 엄청난 경제적 노력이 필요했다. 제1차 세계대전 교전국 중 가장 부유한 나라도 현대의 기준으로 보면 풍요롭지 않았다. 전쟁 이전 프랑스와 독일은 일인당 소득이 대략 오늘날의 이집트나 알제리에 비할 만했고, 운송 기술과 통신 수단, 공중보건 수준은 훨씬 낮았다. 그렇지만 주요 교전국은 그러한 한계를 지녔음에도 1918년에 전체 생산고의 40퍼센트 이상을 그 전쟁의 파괴적인 목적에 쏟아붓고 있었다. 이는 경제적 잠재력에 대한 현대의 이해가 바뀌는 결정적인 순간이었다. 1914년으로 돌아가 보면, 경제의 세계화 때문에 전쟁을 오래 지속하기는 불가능하다는 것이 전통적인 자유주의적 관념이었다. 교역과 금융이 붕괴하면 전투는 몇 달 안에 중단되리라고 생각되었다. 금융시장이 멈추고 탄약 재고량이 바닥을 친 1914

년 가을 그 위기가 실제로 들이닥쳤다. 둘 다 단호한 국가 개입으로 극복되었다. 각국 중앙은행이 뉴욕과 런던, 파리, 베를린의 금융시장을 책임졌다.[1] 수입과 수출은 엄격한 규제를 받았다. 희귀한 원료와 식량은 배급제로 분배되었다. 산업 생산력의 동원과 기술 혁신은 전투를 제한하기는커녕 전쟁에 날개를 달아주었다.[2] 그와 같은 엄청난 노력은 현대 경제력에 관한 세 가지 새로운 미래상을 낳았는데, 그중 둘은 그 전쟁의 진부한 이미지의 일부로 남았고, 세 번째가 더 중요한데 대체로 기억에서 지워졌다.

그 전쟁이 낳은 첫 번째 경제 모델은 국가가 계획하는 자급적인 국민 경제였다. 1918년 5월 레닌은 독일이 경제적, 산업적 근대성의 정점이라며 독일로 방향을 돌린 자신의 행위를 정당화했다.[3] 그는 사회주의의 미래에 초석이 될 일종의 국가자본주의가 탄생한 곳이 바로 독일이라고 역설했다. 국제적인 전기공학 기업집단 아에게AEG의 최고경영자인 발터 라테나우는 기업이 국가 권력과 완벽하게 결합하는 새로운 형태의 조직자본주의를 옹호한 자로 유명해졌다.[4] 독일을 조직적인 계획경제의 전형과 동일시하는 이러한 태도는 역설적이다. 1916년이 되면 독일의 전쟁 수행 능력은 조직과 생산 측면에서 이미 열등하다는 것이 극명하게 드러났기 때문이다. 1916년 가을 힌덴부르크의 군비 확충 계획은 로이드조지가 영국 군수장관으로서 거둔 큰 성공을 능가하려는 헛된 노력으로 생각되었다.[5] 1918년이면 협상국과 미국의 생산 능력과 이 나라들이 해낸 협력, 무시할 수 없는 위험을 기꺼이 감수하려는 그들의 의지가 결합되어 연합국은 압도적인 우위를 차지했다.[6] 모든 차원에서 전장을 신기술의 시대로 만든 것은 연합국 군대였다. 1918년 8월 8일 힌덴부르크 방어선에 대한 최절정의 공격이 시작되었을 때 2,000대의 연합국 항공기가 하늘에서 압도적인 우위를 보여주었다. 특히 청년 헤르만 괴링이 지휘한 독일 비행대는 5대 1로 열세였다. 지상에서는 불균형이 한층 더 심했다. 1917년에 프랑스나 영국의 보병

부대가 수행한 모든 주요 공격은 수백 대에 이르는 전차의 지원을 받을 수 있었다. 전투에 투입된 독일군 전차는 소수에 지나지 않았다. 그러나 진정으로 결정적인 차이는 화력에 있었다. 포격전은 1918년에 절정에 달했다. 1918년 9월 28일 영국 포대는 독일군 방어선의 마지막 돌파를 준비하면서 단 하루 동안 예비 포격으로 100만 발을 퍼부었다. 24시간 동안 초당 11발을 발사한 것이다.[7]

　1918년 11월 독일의 계획경제는 한층 더 강력한 두 번째 경제적 미래상, 즉 '민주주의적 자본주의'라는 성공한 모델 앞에서 굴복했다. 민주주의 체제의 전쟁 수행 능력에서 중심을 차지한 것은 널리 선전된 미국의 경제 잠재력이었다. 제1차 세계대전은 미국의 국부가 유럽사에 극적인 인상을 남긴 시점이었다. 온 세상을 돌아다닌 공학자이자 자선가인 허버트 후버는 미국의 풍요를 보여준 첫 번째 위대한 사절이었다. 그의 식량 구호 단체는 먼저 점령지 벨기에에서, 이어 전쟁에 찢긴 유럽 전역에서 활동했다. 한편 헨리 포드가 새로운 대량생산 번영의 시대를 알리는 예언자로 세계적인 명사가 된 것도 시기적으로 정확히 그 전쟁과 일치했다. 포드는 1914년 1월 모델T 생산 라인에 일급 5달러라는 전설적인 임금제를 도입했다.[8] 윌슨의 전쟁 선포에 뒤이어 포드는 하루에 2인용 전차 1,000대, 초소형 잠수함 1,000척, 하루에 항공기 엔진 3,000기, 항공기 15만 대를 생산하겠다는 놀라운 약속을 했다. 이 중 어느 약속도 실현되지는 않았다. 유럽인들은, 특히 영국, 독일, 프랑스, 이탈리아는 20세기 초에 항공기를 많이 생산한 나라였다. 그러나 포드의 전설은 그의 자동차만큼이나 강했다. 1917년 겨울 영국 장군 에드먼드 앨런비가 유명한 예루살렘 진격의 공을 '이집트 노동자들과 낙타, 모델T'에 돌렸는데, 이는 틀린 말이 아니었다.[9]

　미국의 '생산주의productivism'는 곧 20세기 초의 지도적 이데올로기 중 하나로 확고히 자리를 굳혔다. 더 높은 시간당 생산성은 국내에서, 또 국제적으로 화합이라는 새로운 시대의 문을 열어젖힘으로써 어려운 정치적 선택을 피할 수 있게 해주었다. 이러한 미래상은 자유주의자들뿐만 아니라 사회주의자들의 마음에도 들었고, 심지어 새로운 유형의 '반동적 근대주의자들' 중에서도 신봉자들이 나왔다.[10] 그러나 '생산주의'와 이에 연관된 미국의 풍요라는 신화는 아직 폭넓게 지지를 받는 이데올로기는 아니므로 마땅히 조심스럽게 다루어야 한다. 미국의 생산력에 대한 찬사는 과장되었다. 역사가들은 미국 생산력을 찬양하다 보면 미국의 대량생산 능력이 1940년대에 확립한 지배적인 위치를 시대착오적으로 앞선 시대로 투사하게 된다. 하나의 이데올로기로서 미국 '생산주의'는 어떤 세력에 도움이 되었는지 모호하며, 확실한 물질적 이익을 강조함으로써 미국 국력의 진정한 핵심에 주목하지 못하게 한다. 1918년에 미국 국력의 토대는 다른 무엇보다도 물건이 아니라 자금이었다. 미국의 잠재적 지배력이 갑자기 유럽사에 그림자를 드리웠다면, 이는 정치보다는 경제 영역에서 훨씬 더 뚜렷했다. 미국의 자원이 실제로 유럽에 흘러들어간 방식을 더 자세히 들여다보면, 그렇게 그림자가 드리워질 때 미국이 어떤 의도를 갖고 있었다는 것과 그 발판이 아직 허약했다는 점이 눈에 띈다.

전쟁에서 세 번째 경제 모델이 탄생하다

1917년 여름부터 협상국의 군사적 계획은 100만 명의 미군이 1918년 말까지는 유럽에 도착하리라는 가정을 토대로 수립되었다.[11] 그러나 그해 초 대서양을 건넌 미군은 겨우 17만 5,000명이었고, 존 퍼싱 장군이 이 병력으로 편성할 수 있었던 부대는 규모가 큰 보병 사단 두 개뿐이었다. 미국에서는 보병이 될 자들이 떼를 지어 입대를 신청했다. 그러나 이들은 나무로 만든 소총과 낡은 기관총으로 훈련했다. 이들에게 유럽의 전장을 지배한 중무기는 전혀 없었다. 1918년 초 미국은 새로운 군대에 공장에서 만든 최신 무기를 공급할 수 없었다. 미국이 전쟁 물자를 엄청나게 공급하기는 했지만, 협상국의 주문은 원료와 반제품, 폭약, 화약, 탄약에 집중되었다.[12] 실제로 쓰이는 전쟁 무기는 여전히 유럽인들이 설계하고 제작했다. 미국의 무기 생산이 증가했을 때, 그것은 유럽의 유형을 따랐다. 포드의 주된 기여는 그가 약속한 수천 대의 전차가 아니라 미국 기술자들이 프랑스와 영국, 이탈리아, 독일의 설계를 뒤섞어 만든 리버티 항공기 엔진Liberty aero-engine에 필요한 실린더를 낮은 비용으로 대량생산하는 공정을 개발한 것이다. 디트로이트의 위용이 이미 전설적이었지만, 미국만의 새로운 대량생산 시스템이 진정으로 결정적인 영향력을 갖기에는 시간이 부족했다.[13] 1918년을 1944년과 혼동해서는 안 된다. 1918년에는 프랑스군이 미국 무기를 갖고 싸운 것이 아니라 미군이 프랑스 무기를 갖고 싸웠다. 미국 육군 항공대가 하늘에 날린 항공기의 4분의 3은 프랑스에서 만든 것이었다.[14]

미국인들이 영국인과 프랑스인에게서 배우는 처지에서 서부전선에서 훈련을 시작하리라는 사실은 놀랍지 않았고, 이 대서양 간 노동 분업은 효율적이었다. 그러나 미국인들의 기여와 속도를 제한한 한 가지 요인이 있었다. 수송이다. 100만 명의 미군 병사를 보낸다는 약속이 이루어졌을 때, 이들은 주로 미국 선박을 타고 유럽으로 건너갈 것으로 생각되었다. 그러나 미국 정부 내의 분란 탓에 1917년에 실제로 건조된 화물선은 거의 없었다. 그해 말까지 미국 참모본부가 사용한 선박은 고작 33만 8,000톤에 불과했다. 여름까지 병력 균형을 결정적으로 바꾸려면 최소한 그 열 배를 모아야 했다.[15] 뒤이은 힘겨운 노력은 전쟁의 마지막 고비 동안 윌슨 행정부와 유럽의 같은 편 국가들 사이의 관계를 극명하게 보여준다.

1914년 이후 영국과 그 협력국들이 세계 해운 선단을 사실상 독점한 것은 미국 주도의 세계 질서라는 윌슨의 미래상에 직접적인 도전이었다. 1916년 9월에 통과된 해운법Merchant Marine Act은 영국 상선단에 필적할 만큼의 미국 상선단을 구축하고자 제정되었다.[16] 그러나 이는 평시의 조치였고, 미국 해운업계는 상호 경쟁 때문에 세부사항에 좀처럼 합의하지 못했다. 1917년 4월 유보트 작전 때문에 미국이 어쩔 수 없이 손을 쓰게 되었을 때야, 연방정부는 비상권한을 이용하여 공적 소유의 상선단을 구축하고 운용했다. 그러나 그때쯤이면 영국이 선수를 쳐서 미국 내 비어 있는 선가船架와 건선거乾船渠를 전부 매입했다. 이에 윌슨은 외국의 추가 주문을 일시적으로 중단시켰다. 미국 정부는 영국과 프랑스의 미결제 주문을 사들였다. 결과적으로 1917년 10월이 되면 선체를 강철로 만든 미국 내 모든 화물선을 연방정부가 통제하게 되었다. 이를 토대로 비상선단협회EFC는 대규모 선박 건조 계획에 착수했다. 미국의 실업가들은 특유의 쇼맨십과 기업가적 에너지, 기술적 시각을 결합하여 일찍이 보지 못한 어마어마한 목표를 충족시키기 위해 앞다퉈 나섰다. 1918년 후반 여섯 달 동안 미국의 조선소는 1913년에 전 세계에서 진수된 선박의 총량만큼 많은 선박을 인도했다. 1918년 7월 4일(독립기념일) 하루에만 100척의 선박이 인도되었다.[17] 그러나 1918년 삼사분기에 군사적 위기는 이미 지나갔다.

진정으로 결정적인 시기, 즉 프랑스에서 미국 육군이 절실하게 필요했던 1918년 3월에서 7월 사이에, 미국 조선소는 사실상 화물선을 더 건조하지 못했다. 그뿐만 아니라 위기가 절정에 이르렀을 때에도, 윌슨 행정부는 유럽의 전쟁에 필요한 것을 확실하게 우선시하지 않았다. 실제로 연방정부가 징발한 선박 중 병력 수송에 할당된 것은 극히 일부였다. 1918년 4월 독일군이 파리가 포 사정거리 안에 들어오는 곳까지 진격했을 때, 윌슨은 여전히 미국에 이익이 되는 브라질 교역로와 일본 교역로에 대한 감시를 늘려야 한다고 고집했다. 그래서 영국과 프랑스의 함대가 부담을 떠안았다.

이미 1월에 영국은 우선순위를 변경했다. 속이 뒤집어지는 일이었다. 한 달에 15만 명의 미군 병사를 수송할 수 있는 수용력을 확보하고자 식량 수입을 삭감했던 것이다.[18] 3월 21일 독일군의 공세로 연합군 전선에 구멍이 뚫리자 한층 더 과감한 조치가 필요했다. 로이드조지는 윌슨에 역습을 가했다. 꾸물거리는 미국 대통령을 제쳐놓고 미국 국민에게 직접 호소했던 것이다. 윌슨은 영국 대사의 소환까지 고려했을 정도로 심히 격앙되었다. 윌슨은 한 번은 이렇게 훈계했다. "나는 영국인들이 미워서 전쟁에서 발을 뺄지도 모른다."[19] 그러나 미국 군 당국은 반응을 보였다. 5월에 25만 명이 이동했다. 1918년 2월에서 11월 사이에 전부 178만 8,000명이 대서양을 건넜는데, 적어도 절반은 영국 배를 타고 갔다.

수송의 애로 탓에 대서양 횡단 전시 경제는 가장 원시적인 경제적 거래, 즉 병력과 물자의 거래로 축소되었다. 최대한 많은 병력을 수송하기 위한 방편으로 미군 병사들은 사실상 군장과 장비 없이 배에 올라탔다. 영국과 프랑스는 새로 온 미군 사단들에 소총과 기관총, 대포, 항공기, 전차를 공급했다. 사실상 그들은 비축 물자가 바닥을 보이고 있는데도 이를 미군에 보급해야 했다. 이 인간 화물이, 잘 먹어서 건강하고 전투를 가장 훌륭하게 수행할 연령대에 있는 청년 무리가 미국이 군사적 승리에 보탠 주된 기여였다. 그들과 비슷한 청년들은 유럽에서는 가슴 아플 정도로 드물었다.[20] 미군 병사들은 전투 경험이 부족했기에 곧바로 최전선에 투입할 수 없었다. 그렇지만 이들은 궁극적인 승리를 약속하는 존재였고 독일군의 돌파 가능성을 막아주는 전략적 완충제였다. 이탈리아 전선에는 단 하나의 미군 연대가 순전히 선전 효과를 위해 파견되었다. 오하이오주 출신의 건장한 청년 1,000명으로 구성된 그 연대의 3개 대대는 수만 명의 보충병이 왔다는 인상을 주려고 군복을 갈아입으며 도시에서 도시로 빠르게 이동했다.[21]

대규모 병력의 대서양 이동을 실제로 가능하게 한 것은 1915년 이래로 협상국이 고안해낸 연합국 간의 놀라운 경제 협력 시스템이었다. 연합국 간 협력은 원래 밀의 구매와 구매 자금 조달에, 이어 석탄 분배에 국한되었지만 1917년 가을 너무도 중요했던 해상 수송 역량의 공동 통제로 확대되었다.22 런던에 본부를 둔 연합국해운위원회AMTC는 영국과 프랑스를 비롯한 모든 교전국 정부의 대표자들로 구성되었다. 각 대표는 기본적으로 자국 정부에 충성해야 했지만, 집단적으로는 민간인이든 군인이든 말 그대로 모든 유럽 주민의 삶에 영향을 미칠 결정을 내릴 수 있는 정부 간 기구가 되었다. 1918년 초 상황이 다급해지자 근본적으로 새로운 형태의 협력과 조정을 찾아낸 것은 윌슨이 아니라 협상국이었다. 협상국은 독일의 마지막 맹공을 저지하면서 차후 국제연맹에서 실현될 것을 모조리 뛰어넘는 정부 간 협력의 선례를 만들었다. 1916년부터 프랑스와 러시아, 이탈리아는 전부 영국의 신용에 의지하여 자금을 빌렸다. 1916년 공동의 적에 맞서 연합국의 장기적 경제 협력 계획을 대담하게 세우려는 경제협의회가 파리에서 열렸다. 1917년 11월, 재앙 같은 카포레토 전투가 끝난 뒤, 연합국 최고작전회의Supreme War Council가 설치되었다. 1918년 4월 영국과 프랑스의 병사들은 단일한 최고사령부의 지휘를 받으며 싸웠다. 5월 페르디낭 포슈 원수의 조정 권한은 북해부터 동부 지중해에 이르는 서부전선 전 구간으로 확대되었다. 동시에 영국과 프랑스의 배급 식량은 공동 구매와 공동 수송 계획으로 서로 간에 견주어 결정되었다. 이러한 협력은 영국인 아서 솔터와 그의 가까운 동료이자 친구인 프랑스인 장 모네 같은 한 세대의 사업가와 기술자, 기술 관료의 관여를 통해 제2차 세계대전 이후 유럽석탄철강공동체ECSC의 기능적 통합이 주도한 유럽연합 계획에 영감을 주게 된다.23

그 전쟁에서 탄생한 이 세 번째 경제 모델, 즉 연합국 간 협력이라는 모델은 역사적 기억 속에서는 독일의 계획경제와 미국 자본주의의 풍요라는 두 주요 경쟁자 때문에 빛을 잃었다.24 이는 우연의 일치가 아니었다. 승전국들은 국가의 규제에 분노한 자유주의적 정치경제 체제였다.[25] 그리고 프랑스와 이탈리아, 영국 내부의 이러한 반대는 미국 정부에게서 큰 공감을 얻었다.[26] 윌슨 행정부는 그러한 연합국 간 협력 제도를 깊은 의혹의 눈초리로 바라보았다. 유럽 제국들의 카르텔 협정과 보호무역 체제를 깨뜨리는 것이 전쟁 이전 문호개방 정책의 주된 목적이었다. 미국 정부는 1916년 파리 협의회의 대담한 요구에 깜짝 놀랐다. 그것을 세계에 카르텔을 확산시키려는 계획이자 문호개방 정책의 무조건적 거부로 보았던 것이다. 이에 미국의 저항은 거의 공공연한 적대에 가까웠다.[27] 연합국 간 협력 기구에서 오래 일한 미국인들은 '미국의 정세에 어둡고…, 유럽인의 시각을 갖게 되었다'는 우려에 기피되었다. 윌슨은 런던에서 일하는 미국인이 '영국인화'하는 데 여섯 달이면 충분하다고 생각했다.[28] 그러나 실제로 미국인의 유럽 개입은, 퍼싱의 독립적인 미군만큼이나 후버의 벨기에 구호 사업도, 협상국이 설치한 협력적인 병참 기구에 의존했다. 1918년 벨기에가 계속 식량을 공급받았다면, 이는 후버의 조직적 재능과 미국의 후한 기부 때문만은 아니었다. 연합국 공동 수송 기관이 미국의 구호물자 운반을 프랑스와 영국, 이탈리아 국내전선의 요구보다 더 중요히 여겼기 때문이기도 했다.[29]

돈이 다른 모든 문제를 결정하다

퍼싱 장군과 윌슨 행정부가 심히 비협조적인 행태를 보이는 상황에서, 영국에서는 서부전선의 전략적 균형을 제로섬 게임으로 논의하는 것이 일반적이었다. 1918년에 전쟁에서 승리하면 이는 영국제국의 승리가 될 것이고 전쟁이 1919년까지 연장된다면 영국은 프랑스처럼 완전히 힘이 소진될 것이었다. 인도나 아프리카에서 많은 병력을 새롭게 징집할 수 있다고 해도 승리는 미국이 가져갈 터였다. 어떤 이들은 심지어 영국과 프랑스가 미국의 군사적 기여가 없으면 차라리 더 잘 해낼 수 있는 것이 아닌지 생각하기 시작했다. 윈스턴 처칠은 대서양 양편의 단합을 호소했다. 그는 이러한 견해를 밝혔다. "절박한 군사적 요구를 제쳐놓는다고 해도, 영국군과 미군이 전장에서 함께 뒤섞여 손실과 고통을 감내한 것이 영어를 쓰는 사람들의 향후 운명에 이루 헤아릴 수 없을 만큼 큰 영향을 미칠 수 있다." 그것은 '만일 독일이 전쟁을 시작할 때보다 더 강해진 상태로 전쟁을 끝낸다면, 우리의 유일한 안전 보장이 될 것'이었다.[30]

더 냉정한 다른 이들은 자주의 환상은 어쨌거나 헛되다고 지적했다. 승리가 1918년에 오든 1919년에 오든, 대규모 미군이 관여하든 말든, 협상국은 미국에 의존했다. 디트로이트의 항공기 엔진과 피츠버그의 강철 뒤에는 실체가 분명하지는 않아도 궁극적으로는 결정적인 달러 신용 대부가 존재했다. 1915년 이래로 월스트리트는 협상국의 돈줄이었다. 1916년 11월 연방준비위원회의 돌연한 개입이 없었어도, 제이피모건의 공감 어린 협력에도 불구하고, 협상국의 신용은 분명 1917년에 한계에 도달했을 것이다. 그러나 부유한 민주주의 국가인 미국은 민간 자본시장의 한계를 뛰어넘어 이를 근본적으로 새로운 지형의 금융 경제력으로 대체함으로써 영국과 프랑스, 이탈리아에 막대한 차관을 제공했다. 협상국이 독일에 대해 결정적인 우세를 차지하는 데 도움을 준 것은 바로 이와 같은 미국 공적 자금의 직접적인 투입이었다. 1917년 4월 24일 미국 의회는 전쟁 채권인 자유공채를 승인하여 장기적인 자금 공급의 토대를 놓았다. 미국의 초기 전쟁 수행을 위한 허용 자금은 50억 달러였는데, 이 중 30억 달러가 협상국에 대한 차관으로 할당되었다. 미군 부대와 달리 미국의 자금은 신속히 전달되었다. 1917년 7월 재무장관 윌리엄 매커두는 이미 영국에 6억 8,500만 달러를 전달했다.[31] 1918년 정전 당시에 투입된 총액은 70억 달러를 약간 웃돌았다.

1919년 봄에 도달한 최대치는 100억 달러였다.

돈이 다른 모든 문제를 결정했다. 1917년 4월 이전에 영국 해운은 대부분 달러 지출을 줄이기 위해 호주로 가는 매우 긴 여정에 묶여 있었다. 1917년 4월 이후, 달러가 풍부하게 공급되자 구매와 운송은 훨씬 더 효율적인 대서양 항로에 집중될 수 있었다. 공공 차관과 수출 장려의 연결은 미국과의 새로운 관계를 규정하는 또 다른 특징이었다. 1917년 4월에 이르기까지 협상국은 미국을 비롯한 해외에서 물자를 구입할 자금을 미국에서 빌렸다. 미국 의회의 지출 승인에 부가된 한 가지 조건은 빌려준 달러를 오직 미국에서만 써야 한다는 것이었다. 1917년 4월 이후 미국 연방정부는 공적 자금이 투입된 거대한 수출 계획을 운용하고 있었다. 미국의 재정 기관과 미국 사업계의 생산 능력은 과거 그 어느 때보다도 더 강하게 얽혔다. 17세기에서 19세기 사이에 에스파냐와 네덜란드, 영국이 행사한 이전의 '금융 헤게모니'는 어느 것도 규모나 크기에서 이와 가까운 협력을 보여주지 못했다. 미국 정부의 요청에 따라 다른 연합국 합동 기관들과는 다르게 수립된 연합국병참협의회Inter-Allied Supply Council는 미국 재무부 차관보의 엄중한 감독을 받으며 활동했고 미국 전쟁산업위원회War Industries Board에 직접 주문했다.[32]

영국 재무부에 조언을 하는 뛰어난 청년 경제학자 존 메이너드 케인스 같은 비판자들이 예견했듯이, 독일에 통렬한 일격을 가하려면 영국은 미국의 처분에 맡겨져야 했다. 로이드조지는 기꺼이 이러한 위험을 감수했다. 미국이 대서양 동맹에 자국의 이익이 있음을 이해하리라고 기대했던 것이다. 그러나 케인스가 1917년 여름 워싱턴에서 직접 경험하듯이, 대서양 협력의 현실은 민주주의 동맹이라는 수사법이 암시하는 것만큼 확실하지 않았다. 케인스에게는 윌슨 행정부가 영국을 '재정적으로 완전한 무기력과 종속'의 지위로 떨어뜨릴 기회를 정말로 즐기는 것처럼 보였다.[33] 그 종속은 가장 기본적인 수준에서는 통화제도에서 드러났다. 전쟁 이전에는 국제적인 금본위제가 파운드화의 금 평가gold parity에 연동되었다. 1914년 이후에 파운드화는 더는 국내에서 자유롭게 태환될 수 없었지만 명목상으로는 여전히 금에 연계되어 있었고 뉴욕에서는 여전히 태환이 이루어졌다. 협상국으로서는 자국 화폐의 대 달러 가치를 유지하는 것이 지극히 중요했다. 이들은 리라나 루블, 프랑, 파운드의 가치가 급락하면 달러 채무를 상환할 가망성이 없었다. 그렇게 되면 채무 상환 비용이 엄청나게 늘기 때문이다. 1917년 1월, 케인스는 재무부에 보낸 비밀문서에서 금본위제를 포기하지 말라고 강력하게 권고했다. "우리는 금본위제를 맹목적으로 숭배했다. 우리는 그것에 엄청난 긍지를 느낀다…. 독일 화폐 가치의 하락과 우리 화폐 가치의 안정성을 지적하는 것이 우리가 가장 좋아하는 선전 방식이었다."[34]

케인스는 과연 그답게 핵심을 짚었다. 협상국의 대 미국 의존은 반드시 필요한 것은 아니었다. 독일처럼 협상국도 미국의 재원 없이 싸워볼 수 있었을 것이다. 그러나 그렇게 되면 전쟁은 영국과 프랑스, 러시아가 1917년 초에 계획했던 것과는 매우 다른 성격이 되었을 것이다. 협상국을 월스트리트로 이끌기로 한 영국 정부의 결정은 의도적인 고위험 전략의 일부이자 '결정적' 일격을 가하려는 최선의 노력이었다. 덕분에 실로 협상국은 전장에서나 국내전선의 물질적 조건에서나 인상적인 물질적 우위를 확보했다. 그렇지만 미국을 끌어들인다는 결정이 내려지자, 그것이 군사 전략과 협상국 선전의 초석이 되자, 이는 엄청난 의존을 초래했으며, 미국의 참전 전후 윌슨 행정부는 이 점을 의식했다. 1917년 봄 윌슨의 재무장관이자 사위였던 윌리엄 매커두는 준비 통화를 파운드에서 달러로 대체할 작정임을 매우 분명히 밝혔다.[35] 첫 번째 주치로서 매커두는 의회가 승인한 자유공채의 자금은 파운드나 프랑의 가치를 유지하는 데 쓰여서는 안 된다고 건의했다. 1916년에서 1917년으로 넘어가는 겨울 윌슨이 신용 공급을 봉쇄했을 때 영국 정부가 그 자금을 제이피모건과 계약한 당좌대월을 상환하는 데 쓰는 것도 허용되지 않았다. 그래서 영국 정부는 심한 압박을 받았다. 먼저 1917년 6월 말에, 뒤이어 7월 말에 다시 영국은 채무불이행 직전에 몰렸다.[36] 이로 인해 영국 정부와 월스트리트는 공황에 가까운 상태에 빠졌다. 윌슨 행정부가 장기적으로는 달러가 파운드를 대체하더라도 단기적으로는 파운드의 가치를 방어하는 것이 협상국의 전쟁 수행 능력을 보강하는 가장 저렴한 방법이라고 납득하기에 충분할 정도였다. 전쟁이 끝났을 때, 협상국은 그 운명을 맞이했다. 미국 달러가 금에 확실하게 연계된 유일한 국제 통화로 등장한 것이다.

미국의 지원이 달러와 파운드의 양자 간 환율에 국한되었다는 사실은 영국제국 내부의 통화 관계에 비추어볼 때 큰 의미가 있다. 영국제국에는 두 개의 기본 화폐가 있었는데 서로 균형을 이루지 못했다. 하나는 대체로 남아프리카에서 공급되는 금과 연계된 파운드였고, 다른 하나는 불안정한 은본위제를 기반으로 하는 인도의 루피였다. 전쟁으로 이 구조는 심한 압박을 받았다. 영국이 자치령과 인도에서 들여오는 수입품은 급증한 반면, 제국으로 나가는 영국의 수출품은 간신히 명맥만 유지했다. 제국이 영국에 지급을 요구할 것은 엄청 쌓였지만, 달러와 금이 절실히 필요했던 영국 정부는 제국이 미국 같은 제3 시장에서 급증한 수입에 탐닉하는 것을 허용할 수 없었다. 전쟁 발발 후 며칠이 지나지 않아서 영국 정부는 남아프리카 금광에서 나오는 생산고의 독점을 선언하여 인위적으로 공식 가격을 낮게 정했으며 운송비와 보험료로 터무니없이 많은 이득을 보았다. 금을 높은 시장 가격으로 미국에 직접 판매하려던 남아프리카의 은행들은 제재를 받았고 적과 협력한다고 비난하는 악의적인 선전전에 희생되었다.[37] 사실상 영국의 전쟁 수행에 보조금을 제공할 수밖에 없었던 광산 회사들이 항의했음에도, 가격은 전쟁이 끝날 때까지 고정되었다. 그 결과, 세계의 주된 금 공급선의 하나가 런던에 집중되었지만, 또한 뜨거운 민족주의적 저항이 유발되었다. 트란스발의 광산 지역에서는 보어인 활동가들이 남아프리카가 금 정련소를 설치하고 자체의 화폐를 주조하여 자신들의 금을 완전히 통제해야 한다고 거세게 요구했다.

남아프리카에서는 영국인 소유의 거대 광업 회사들이 소수의 백인 광부를 고용하여 생산한 한 가지 주요 상품에 이목이 집중되었지만, 인도에서는 전시의 금융 관계가 잠재적으로 한층 더 폭발력이 있었다. 주로 농업에 의존하여 생계를 꾸리는 2억 4,000만 명의 주민과 영국 간의 관계에 연루되었기 때문이다. 인도 '경제의 수탈'은 오랫동안 민족주의적 담론의 주제였다.[38] 전쟁 이전 상황의 장점이 무엇이었든 간에, 일단 전쟁이 시작된 뒤에는 '수탈'이 명백한 현실이었다. 1915년 가을부터 무역수지는 결정적으로 인도에 유리하게 바뀌었다. 정상적인 상황이었다면 이는 인도의 수입 확대나 귀금속의 유입을 유발했을 것이다. 그러나 인도의 구매력이 '불필요한' 수입의 급증으로 넘쳐흐르지 못하도록 인도 아대륙까지 전시 통제가 확장되었다.[39] 인도가 수출로 벌어들인 것은 런던의 은행 계좌에 묶인 채 영국의 전쟁 채권에 투자되었다. 요컨대 인도는 전쟁 자금 모집에 비자발적으로 참여했던 것이다. 인도 정부가 그때 전비 마련을 위해 초등교육처럼 오랫동안 공언했던 투자 분야의 지출을 삭감했기 때문에, 그 상황은 더욱 고통스러웠다.[40]

1916년 초 인도 화폐와 은의 연계는 공식적으로 끊어졌다. 이후 인도의 이름으로 런던에 묶인 영국 국채가 루피의 가치를 보증하게 된다. 파운드가 전쟁 이전의 가치를 계속 유지한다는 가정하에, 이 채권은 전쟁이 끝나면 지금地金이나 물자로 상환될 것이었다. 그러나 전후에는 통화 가치가 하락할 가능성이 컸기 때문에 인도는 그에 비례하여 손실을 볼 수밖에 없었다. 그사이 인도는 더는 등가의 귀금속으로 보증 받지 않는 지폐로 넘쳐났다. 심지어는 시절이 좋아도 인도의 농민은 지폐를 보유하기를 지극히 주저했다. 인플레이션의 위험성이 점점 더 확실해지는 가운데, 그때까지 시장에 남아 있던 은도 사라졌다. 이 때문에 루피 지폐가 넘쳐나도 결국에는 정화로 바꿀 수 있다는 허구를 유지하기가 더욱 어려워졌다. 1916년 4월 인도 정부는 대응책의 하나로 미국에서 은을 구매하여 유통시켰다.[41] 그렇지만 달러가 절대적으로 부족한 상황에서 이 또한 결코 수요를 충족시킬 수 없었다. 미국의 참전도 즉각적인 위안이 되지 못했다. 오히려 1917년 9월 미국 정부는 인도가 영국에 신용으로 물자를 인도한다면 미국도 동일한 특혜를 받아야 한다고 강조했다. 미국은 인도로부터 1,050만 달러에 상당하는 액수의 루피로 신용 거래를 얻어냈다.

1918년 초 인도의 통화제도는 붕괴하기 직전이었다. 뭄바이에서는 상인들이 너나없이 루피 지폐를 자취를 감추고 있는 은으로 바꾸려고 다투면서 거래소에 소동이 일어 몬터규–첼름스퍼드 개혁의 정치적 논의가 빛을 잃었다. 영국 정부의 위치가 불안정했기에 오로지 미국만이 영국령 인도의 통화제도를 보증할 재원을 지녔다. 3월 21일 미국 정부는 미국의 막대한 은 보유고를 시장에 내놓겠다고 선언했다. 피트먼 법Pittman Act에 따라 은 3억 5,000만 온스의 매각이, 온스당 1달러의 고정 가격으로 승인되었다. 인도 정부는 런던에 묶인 자금으로 미국 보유의 은을 구매해 자국의 은 재고를 보충할 수 있었다.[42] 사실상 인도는 파운드와의 연결이 끊겼으며 은–달러 체제로 이동했다. 루피의 가치는 대략 은 3분 1 온스로, 즉 35.5센트로 평가되었다. 루피의 대 파운드 가치는 즉시 16펜스에서 18펜스로 올랐다. 이와 같은 파운드의 평가절하로 영국의 수입 비용이 늘어났다. 그러나 정치적으로는 큰 위안이 되었다. 인도의 통화 관리자가 경고했듯이, 영국 정부가 은의 수요를 충족시키지 못했다면 이는 영국령 인도에 군사적 패배나 심지어 '독일군의 노퍽 상륙'보다 더 큰 타격을 주었을 것이다.[43]

비대칭적 금융기하학의 시대가 오다

제1차 세계대전으로 미국은 확실하게 세계 경제의 지배적인 세력으로 등장했다. 런던과 워싱턴에 널리 퍼진 논의는 미국이 영국의 패권적 지위를 어떻게 이어받을 것인가의 문제가 관건이라는 인상을 줄 수 있었다. 그러나 이는 그 전쟁이 초래한 상황의 새로움을 크게 낮춰보는 것이다. 빅토리아 시대의 영국은 허세만 부렸을 뿐 프로이센이나 나폴레옹 3세의 프랑스, 알렉산드르 3세의 러시아에 대해 미국이 축적하고 있는 것과 같은 성격의 세력을 누린 적이 없었다. 협상국은 독일을 무찌르기 위한 싸움에서 전례 없이 미국에 의존했다. 이 새로운 비대칭적 금융기하학은 제국주의 시대를 규정했던 강국 간 경쟁의 종식을 알렸다. 그 의미는 이중적이었다. 한편으로 협상국의 대서양 협력을 통한 전쟁 수행은 독일에 패배를 안겼다. 그러나 이는 동시에 미국을 전에 없이 우월한 위치에, 카리브해의 속주나 필리핀이 아니라 유럽의 강국인 영국과 프랑스, 이탈리아보다 우월한 위치에 올려놓았다. 그것은 기본적인 줄기에서 정확히 우드로 윌슨이 '승리 없는 평화' 전략으로 얻고자 했던 단독 패권이었다. 그로써 미국 정부가 윌슨이 원한 세력을 실제로 얻을지 아닌지는 세 가지 질문에 좌우될 것이다. 유럽의 민주주의 국가들은 서로 협력하여 새로운 채권자의 금융상의 요구에 순응하려 했는가? 미국 정부는 새로운 국제 경제 질서에 대한 자신들만의 시각, 즉 다각적 시각에 미국을 끌어들이려는 유럽 강국들의 노력을 막을 수 있었는가? 미국의 제도는 완전히 새로운 성격의 금융상의 지도력이라는 어려운 과제를 수행하기에 적합했는가?

그러한 지도력이 필요했음은 1918년에 고통스럽게도 명백해졌다. 미국의 지원이 있었는데도 영국과 프랑스, 이탈리아 각국의 통화가 지닌 근원적인 약점이 확연히 드러났다. 그리고 통화가치 불안정에 인플레이션이라는 더 근본적인 세계적 추세가 덧붙여졌다. 1923년 바이마르 공화국을 괴롭힌 전후의 초인플레이션은 전설적인 이야기이다. 그러나 그것이 유일무이한 사례가 아니었다. 전쟁이 끝난 뒤 그 여파로 폴란드와 오스트리아, 러시아 전부 파괴적인 초인플레이션으로 고생했다. 이 나라들은 1920년 이전에는 다른 교전국들과 근본적으로 다르지 않은 길을 걸었다. 1914년에서 1920년 사이, 인플레이션은 전 세계를 휩쓸었다. 시에라리온에서는 쌀한 컵의 가격이 다섯 배나 올랐다.[44] 짐바브웨의 수도 하라레에서는 노동자의 실질임금이 절반으로 줄었다.[45] 인도처럼 이집트에서도 통화의 본위금속은 효과가 의심스러운 영국 국채 보증에 쓰였다. 통화 공급은 즉시 두배로 늘었고, 이는 도시 생계비의 급증이라는 재앙을 초래했다(〈표 4〉).[46]

이러한 규모의 가격 변동은 구매력과 부를 둘러싼 심각한 사회적 갈등을 촉발했다. 수요가 많은 물품의 생산자들과 일반적으로 가격을 마음대로 정할 수 있는 자들은 전쟁에서 이익을 얻었다. 반면, 영국제국처럼 강한 영향력을 지닌 구매자들은 시장을 자신들에게 유리하게 조정할 수 있었다. 영국은 남아프리카의 금 가격을 결정했을 뿐만 아니라 이집트 면화의 가격도 조작했다.[47] 모든 교전국 경제에서 필수적이었던 전시 노동자들은 높은 임금을 받아냈다. 그러나 이에 따라 고용주들과 전쟁 계획을 수립하는 당국은 낮은 급여를 받는 여성 노동자를 늘리고 남성 노동자를 줄일 동기가 생겼다. 인플레이션이 심해지면서, 소득을 둘러싼 싸움은 보편적인 만인 대 만인의 투쟁으로 확대되었다. 가장 위험했던 것은 농민이 곡식을 가치가 떨어진 통화로 바꾸기를 점점 더 꺼렸다는 사실이다. 공산품의 유혹만이 그들이 자급자족으로 후퇴하지 못하게 막을 수 있었다. 1917년 차르의 군주정을 무너뜨린 것은 빵의 배급을 기다리던 빈민의 폭동이었다. 1918년이 되면 중부유럽의 많은 나라가 굶주렸으며, 인도양과 태평양의 경제 전체가 극심한 식량 위기에 직면했다.[48] 일본에서는, 1918년 8월

〈표 4〉 전시 세계 가격 체계의 난맥상: 도매물가의 변동(1913년=100)

	1913	1914	1915	1916	1917	1918	1919	1920	1921
유럽 교전국									
프랑스	100	102	140	189	262	340	357	510	346
네덜란드	100	105	145	222	286	392	297	281	181
이탈리아	100	95	133	201	299	409	364	624	578
독일	100	106	142	153	179	217	415	1,486	1,911
유럽 중립국									
에스파냐	100	101	119	139	160	204	195	222	190
덴마크	100	112	143	189	250	304	326	390	
노르웨이	100	115	159	223	341	345	322	377	269
스웨덴	100	116	145	185	244	339	330	347	211
영국제국									
영국	100	99	123	161	204	225	235	283	181
호주	100	106	147	138	153	178	189	228	176
캐나다	100	100	109	134	175	205	216	250	182
뉴질랜드	100	104	123	134	151	175	178	212	205
인도	100	100	112	125	142	178	200	209	183
남아프리카	100	97	107	123	141	153	165	223	160
이집트	100	98	103	128	176	211	231	312	173
서반구									
미국	100	97	107	128	170	203	203	197	123
페루	100	105	125	160	195	217	227	238	
아시아									
일본	100	96	97	117	149	196	240	258	201
중국	100	91	97	117	133	148	155	147	134

논란이 되었던 시베리아 개입에 막 착수했을 때, 데라우치 마사타케 총리의 정부가 어촌에서 해안의 공업도시까지, 이어 도쿄까지 휩쓴 엄청난 식량 폭동의 물결에 무너졌다.[49]

이렇게 높은 인플레이션 파고를 몰고 온 궁극적인 동인은 유럽과 미국의 세계 화폐 체제의 심장부에서 시작된 통화 팽창이었다. 전쟁 비용이 급격하게 늘어났지만 어떤 교전국에서도 세입은 그에 따라가지 못했다. 국가는 전쟁이 끝나고 한참 지난 뒤에야 상환되는 공채를 발행함으로써 구매력을 걷어낼 수 있었다. 그러나 많은 잉여 구매력이 여전히 시장에 남아 있었다. 게다가 채권의 대부분은 자금 여력이 있는 개인이 아니라 은행이 매입했다. 채권은 가계 자금을 묶어놓았다기보다는 은행에 현금을 받고 중앙은행(영국은행, 프랑스은행, 독일은행)에 되팔 수 있는 안전한 투자 대상을 제공했다. 그러므로 채권은 마치 예금처럼 신용 창조의 피라미드에서 토대역할을 했다. 각국 중앙은행은 인플레이션 펌프로 바뀌었다. 영국제국의 파운드 권역 전체가 런던과 재무부, 영국은행에서 시작된 인플레이션에 휩쓸렸다. 바로 이 동일한 메커니즘을 통해 새로운 금융 권력 구조의 핵심인 미국에도 급격한 인플레이션이 닥쳤다.

미국의 전시 금융 역사는 윌슨주의의 열성 지지자들에 의해 자유공채의 이야기로 전해졌다.[50] 전쟁 이전에는 단지 50만 명의 부유한 미국인만 정기적으로 공채에 투자했다. 전쟁이 끝날 무렵 재무부 차관보 러셀 레핑웰은 2,000만 명의 미국 시민이 자유공채를 매입했고 200만 명이라는 적지 않은 숫자의 미국인이 자발적으로 판매단에 합류하여 사실상 나라 구석구석까지 돌아다녔다고 주장했다. 300억 달러가 넘는 돈이 모였다. 이 어마어마한 대중 동원을 윌슨 행정부는 민주주의의 중대한 진전이자 월스트리트의 지배라는 오랜 악습과의 단절이라고 치켜세웠다. 실제로 그것은 많은 경우 엄청난 압박이 동반된 강압적인 동원이었다. 특히 근자에 들어온 이민자들에게는 100퍼센트 미국인임을 증명하라는 압박이 가해졌다. 공식적인 자유공채 선전에 겁도 없이 의문을 제기하는 자는 누구든지 엄한 징역형을 선고받았다. 만약 이러한 자유공채 발행에 이와 동등한 금액의 민간저축이 동반되었다면, 자유공채는 인플레이션을 유발하지 않고도 연합국의 전쟁 수행 노력 전체에 견고한 토대가 되었을 것이다. 이후 전쟁 채권을 둘러싼 어법이 바로 이와 같았다. 수백만 명의 보통 미국인이 힘들게 벌어들인 돈을 연합국의 전쟁 수행에 쏟아 부었고 따라서 상환 받아야 했다. 그러나 자유공채가 대중의 상상 속에서는 확실히 매우 중요해 보였고 집단적인 전쟁 수행 노력에 필수적이었음을 부정할 수 없었다고 해도, 자유공채와 실제의 저축 사이의 관계는 전혀 간단명료하지 않았다. 미국 가계와 기업의 저축은 1918년에 실제로 침체되어 있었다. 따라서 연방정부로 유입되는 자금은 대체로 은행 신용의 증가로 채워졌다. 재무부와 연방준비위원회는 미국의 허약한 금융 제도의 혼란을 필사적으로 막으려 했기에 이러한 통화 팽창을 승인했다. 지불준비금 기준은 완화되었다. 재무부는 자유공채의 각 회차를 발행하기에 앞서 단기 재정증권을 발행해 은행에 직접 대량으로 넘겼다. 자금을 미리 앞당겨 쓴 것이다. 그다음 자유공채 판매로 모은 달러로 이 재정증권을 상환할 예정이었다. 그러나 실제로는 엄청난 양의 재정증권이 은행에 남아 있었고, 그래서 재무부는 늘 차환의 압박에 시달렸다(〈표 5〉).[51]

정부 지출이 급증하고 민간 수요는 크게 억제되지 않는 상황에서 보상은 제2차 세계대전에서와 같이 실제의 경제 활동 증가를 통해 올 수도 있었다. 그랬다면 구매력의 확대에 추가적인 상품과 용역이 동반되었을지도 모른다. 전쟁 초기에 협상국의 조달 주문이 고용과 산출을 밀어 올려 미국 경제에 이러한 효과를 가져왔다.[52] 그러나 1916년 생산의 확대는 한계에 도달했다. 1914년 가격으로 측정한 미국 국내총생산은 1916년 413억 달

〈표 5〉 전시의 지성장 경제: 미국, 1916~1920년

	10억 달러, 현재 가격				10억 달러, 1914년 가격				국민총생산에서 차지하는 몫		
	국민총생산	연방정부 지출	육군부와 해군부	저축	국민총생산	연방정부 지출	육군부와 해군부	저축	연방정부 지출	육군부와 해군부	저축
1916	43.6	0.7	0.3	7.0	41.3	0.7	0.3	6.6	2	1	16
1917	49.9	2.1	0.7	7.0	42.1	1.8	0.6	5.9	4	1	14
1918	61.6	13.8	7.0	4.4	42.9	9.6	4.9	3.1	22	11	7
1919	65.7	19.0	11.3	7.6	41.0	11.8	7.0	4.7	29	17	12
1920	82.8	6.1	1.7	5.6	41.0	3	0.8	2.8	7	2	7

러에서 1918년 429억 달러로 아주 조금 증가했다가 1919년에 410억 달러로 다시 빠졌다.[53] 허세를 부려 선전한 것과는 달리 생산고나 생산성의 실질적인 증가는 없었다. 수요는 증가하고 생산고는 정체된 상황에서 그러한 결과는 불가피했다. 전쟁 비용은 인플레이션 택스inflation tax(현금이나 고정 이율 채권을 보유한 자가 물가상승 때문에 입는 구매력 손실*)를 통해 조달되었다. 실제의 생산고는 거의 증가하지 않았는데, 1916년에서 1920년 사이에 명목상의 국민소득은 436억 달러에서 828억 달러로 급증했다. 물가가 두 배로 올랐다. 1914년 포드는 일급 5달러를 지불하여 전 세계적으로 큰 화제를 불러일으켰다. 1917년 늦여름이 되면 이는 겨우 최저 생계비였을 뿐이다. 생계비가 급증하면서 실질임금은 하락했다.[54] 1914년에서 1916년 사이에 미국 수출산업이 벌어들인 이윤은 경이적이었다.[55] 노동조합이 조합원의 실질소득을 유지하려고 분투하면서, 1917년에서 1919년 사이에 전례 없는 노사분규가 파도처럼 밀려와 미국을 뒤흔들었다.

전시 동원은 새로운 국제 경제 질서의 견고한 닻이 되기는커녕 미국 경제의 안정을 심히 해치는 효과를 가져왔다. 미국 국민과 윌슨 행정부의 주요 정책 결정권자들 모두 깨달았다. 그들의 나라는 이제 세계 위기를 초월한 군계일학이 아니라 그 위기에 휘말려 위험에 처한 나라였다. 전후의 반동을 위한 무대가 마련되었다.

11장

휴전: 윌슨주의 각본의 실행

1918년 7월 초 서부전선의 전투는 독일에 결정적으로 불리하게 돌아갔다. 7월 22일 루덴도르프는 마른강 돌출부에서 전면 퇴각을 명령했다. 그해가 시작된 이래로 독일은 90만 명의 병사를 잃었다. 미군은 매달 25만 명씩 투입되었다. 프랑스에는 이미 강력한 25개 사단이 조직되어 있었고, 대서양 건너편에서 55개 사단이 편성 중에 있었다.[1] 한 주 지날 때마다 독일은 전력 면에서 심히 불리해졌다. 그러나 이것이 전쟁의 즉각적인 종결을 의미하지는 않았다. 독일군은 10월이 되어서야 서서히 무너진다. 히틀러 정권은 한층 더 압도적인 열세에 직면하고도 종말론적 마지막 저항을 위해 모든 강압과 선전의 수단을 다 이용하여 제국을 결집시켰다. 1918년에도 이와 똑같이 하기를 원한 자들이 있었다. 이들이 우세를 잡았다면, 1919년 에도 1944~1945년에 독일과 중부유럽의 대부분을 폐허로 만든 것과 같은 지옥이 펼쳐졌을지 모른다. 그러나 카이저 정권의 잔여 세력과 제국의회 다수파, 수많은 보통의 독일인 덕분에, 전쟁은 1918년 11월 11일 아침에 끝났다.

오늘날까지도 1918년 11월의 강화 결정은 민주주의 정치의 놀라운 승리라는 정당한 대우를 인정받지 못하고 있다. 그것은 독일로서는 매우 어려운 결정이었다. 그러나 휴전은 영국과 프랑스, 미국에서도 논란거리였다. 그 지도자들도 강화를 선택하기가 매우 힘들었다. 독일의 완전한 항복을 받아내기까지 싸우는 대신 휴전을 결정한 것이 옳았는가? 10월이 되자 독일의 방어력은 무너지고 있었다. 전쟁이 몇 주 더 지속되었다면, 협상국은 그해가 끝나기 전에 무조건 항복을 강요할 수 있었을 것이다. 그렇지만 독일은 철저한 패배의 절박한 상황에서 스스로를 구해내는 데 성공했을 뿐만 아니라 놀랍게도 강화 조건을 두고 흥정했다. 독일은 확실히 1917년 1월 윌슨이 약속한 '대등한 강화peace of equality'를 주장할 처지에 있지 않았다. 그렇지만 휴전을 협상하는 과정에서 독일 정부는 매우 의도적으로 윌슨과 그의 패배 없는 평화의 약속을 핵심 문구로 써넣었다.

독일, 윌슨에게 강화 협상을 요청하다

7월 독일의 마지막 공세가 실패로 돌아가고 프랑스가 즉각적으로 반격한 뒤, 영국군은 아미앵 진격으로 독일을 궁지로 몰아넣었다. '독일군의 암울한 날'이었던 8월 8일 이후 루덴도르프와 힌덴부르크는 다시는 균형을 되찾지 못했다.[2] 그러나 희망적인 생각 덕분에, 그리고 스파의 카이저 사령부와 베를린 사이의 통신선이 뒤죽박죽이 된 덕분에, 9월 둘째 주에 가서야 독일 정치인들은 군사적 상황이 진정으로 심각하다는 사실을 분명히게 깨달았다. 1917년 11월 제국의회 다수파는 중앙당의 게오르크 폰 헤르틀링을 총리로 세웠다. 그는 국내전선에서 시민권을 보호하고 프로이센을 민주화하며 동쪽에서 오래 지속될 수 있는 정당한 강화를 끌어낼 수 있으리라는 기대를 받았다. 그러나 헤르틀링은 이 모든 면에서 실패했다. 브레스트리토프스크의 큰 실패로 독일은 결과적으로 국제적 행위자로서의 신뢰를 잃었다. 사회민주당의 프리드리히 에베르트는 제국의회의 상임위원회에서 이렇게 비난했다. "우리는 본질적으로 정직하지 못한 정책을 추진하고 있다. 우리는 얻을 수 있는 것만 취해야 한다. 그리고 화해와 협상을 이야기해야 한다…. 정치의 차원에서 우리가 마주한 것은 폐허의 전장뿐이다!"[3] 1918년 9월 중순 오스트리아는 공개적으로 강화를 호소했지만 헤르틀링 정부는 이에 반응하지 않았다. 동맹국이 무너지고 있는 차에 독일은 분명히 협상을 해야 했지만, 그렇게 하려면 새로운 정부가 필요했다. 물론 영국과 미국 두 나라 모두 독일의 정권 교체를 기대한다고 말했다. 카이저 주변의 보수주의자들조차 이제는 민주주의적인 외양을 용인해야 할지도 모른다는 생각에 익숙했다. 그러나 권력은 그들의 손아귀에서 벗어나고 있었다. 제국의회 다수파를 차지한 정당들에 서유럽의 비위를 맞추는 것은 요점이 아니었다. 그들은 권력을 요구했다. 기존 체제가 정치적으로 파산했기 때문이었다. 오직 진보인민당과 중앙당, 사회민주당만이 일관된 외교 정책을 수립하고 이에 필요한 대중의 지지를 끌어올 수 있을 것 같았다. 1917년 2월의 러시아 혁명가들처럼 이들도 항복이 목적은 아니었다. 그 반대였다. 이들은 국내전선을 민주주의적 토대 위에 올려놓음으로써 상대적으로 강한 위치에서 협상할 수 있기를 바랐다.[4] 1918년 9월 12일 마티아스 에르츠베르거가 사회민주당에 중앙당과 합세하여 새로운 제국 정부를 수립하자고 처음으로 권했을 때, 진보인민당의 주요 대변인인 프리드리히 나우만은 뜻 깊은 역사적 유비를 선택했다. 그는 사회주의자들의 정부 참여가 프랑스의 급진파 레옹 강베타가 1870년 가을 비스마르크의 침공군에 맞서 저항의 힘을 되살렸을 때 솟구친 것과 같은 열띤 애국심을 제국에 가져

다주기를 기대했다.[5]

10월 초 자유주의적 인사인 막스 폰 바덴 공은 사회민주당과 진보인민당, 중앙당이 합의한 통치 강령을 기반으로 총리에 취임했다. 내부적으로 그의 정부는 프로이센의 민주화, 계엄령의 종식, 완전한 의회주의 헌법을 약속했다. 국제연맹 같은 기구를 토대로 한 강화는 논리적으로 이러한 국내 개혁주의를 보완하는 것이었다. 독일 정부는 벨기에의 완전한 회복과 차르 체제에서 해방된 모든 영토의 완전한 자치를 제안했다. 그러나 강화가 거부된다면, 독일의 새로운 정부는 민주주의적 국민총동원에 착수하여 강철 같은 의지로 끝까지 싸울 것이었다.[6] 그러한 정부가 윌슨 대통령에게 중재를 요청하려 했다는 사실은 놀랍지 않았다. 그러나 그것이 필연적인 선택은 아니었다. 새로운 총리는 미국 대통령을 신뢰하지 않았다. 막스 폰 바덴 공은 특히 미국 정부에만 일방적으로 다가가는 데 반대했다. 그 논리는 다음과 같다. 영국과 프랑스는 그러한 중재 요청을 협상국과 미국을 대립하게 함으로써 협상에서 이득을 취하려는 기도로 여길 수밖에 없었을 것이다. 그러한 조치는 독일 정부의 정직하지 못함을 보여주는 다른 증거로 해석될 수 있었다. 신뢰성과 일관성을 기치로 내건 정부가 출범할 때 쓸 방법으로는 좋지 않았다. 독일이 진정으로 강화를 체결할 의지가 있다면 미국의 협력자들을 이용하여 수단을 얻으려 할 것이 아니라 전장에서 압도적인 승리를 거두기 직전에 있는 나라인 영국과 프랑스와 직접 강화를 모색해야 했다는 것이다.[7]

윌슨을 향한 이러한 적대감은 사회민주당 내 유력 인사들도 공유했다. 당내 우파인 알베르트 쥐데쿰은 비망록을 작성하여 독일과 유럽 전체의 진짜 적은 미국 자본주의라고 주장했다. 윌슨은 '공공연히 세계의 중재자 역할을 갈망하고 있었다.'[8] 그의 목적은 유럽 대륙을 경제적으로 미국에 의존하는 민족 공화국들의 집합체로 격하시켜 유럽 전체를 비천한 존재로 만드는 것이었다. 유럽이 이 집단적인 '모독'을 피할 유일한 방법은 사회민주당이 프랑스 사회당과 영국 노동당과 함께 유럽의 민주주의적 강화 조건을 결정하려 노력하는 것이었다.

그러나 이는 제국의회 다수파의 대표자들 중 다수 의견이 아니었다. 1918년 8월 마티아스 에르츠베르거는 『국제연맹: 세계 평화로 가는 길*Der Völkerbund: Der Weg zum Weltfrieden*』을 탈고했다.[9] 에르츠베르거의 목적은 널리 퍼진 견해와는 반대로 윌슨은 위선자가 아닐 뿐만 아니라 사실상 미국의 민주적이고 반군국주의적인 정치에 깊이 뿌리 내린 자유주의 전통의 대표자라고 독일 국민을 설득하는 것이었다. 게다가 영국 정부와 프랑스 정부가 호전적인 표현을 내뱉기는 했지만 국제연맹이라는 발상은 그곳에서도 진정한 지지자를 갖고 있었다. 독일제국은 1914년 이전에 이미 국제 중재에 관한 헤이그 회의를 조롱함으로써 잘못된 길을 걸었다. 독일은 새로운 평화의 정치를 적에게 넘겨주지 말아야 했다. 독일은 평화의 연맹이라는 관념이 자국 역사의 일부라고 주장해야 했다. 중세 한자동맹 같은 시조가 있었고 철학자 이마누엘 칸트의 영구평화체제에 관한 이론이 있지 않았는가. 게다가 이 전쟁을 겪은 후 평화가 독일의 이익이라는 것을 누가 의심할 수 있겠는가? 에르츠베르거는 이 전쟁이 일종의 연맹체 결성으로 끝난다면 독일로서는 실보다 득이 더 많으리라고 역설했다.[10] 필리프 샤이데만과 사회민주당으로 말하자면, 전쟁은 독일에는 정치 수단으로서 효용을 잃었음이 분명하게 증명되었다. 병사들이 어떠한 공로를 세웠든 간에, 독일은 세계적인 동맹을 이겨낼 수 없었다.[11] 오히려 독일은 강력한 집행부를 갖춘 일종의 연맹체가 감독하는 강제적인 국제 중재를 받아들여야 했다. 에르츠베르거는 세계 여론의 힘으로 강해지고 기독교적 가치와 민주주의적 가치의 공동 지지로 지탱되는 연맹체를 예상했다. 여론은 확실히 모호했다. 그러나 독일의 군국주의자들은 너무도 오랫동안 여론의 힘을 무시

했다. 10월에 에르츠베르거의 책 초판 5만 부는 몇 주 만에 다 팔렸다.[12]

그러나 독일의 국제주의는 다른 무엇보다도 대서양주의적이었다. 1918년 9월 18일, 서부전선에서 마지막 위기가 터지고 막스 폰 바덴 공이 취임하기 두 주 전, 에르츠베르거는 제국의회 동료들에게 국제연맹을 '대양 건너편 윌슨을 향한 중대한 의사 표시'의 첫걸음으로 지지해야 한다고 강조했다.[13] 총리가 반미주의를 표명했는데도 이 전략이 우세했다.[14] 10월 6일 막스 폰 바덴 공은 윌슨에게 14개조에 제시된 원칙, 즉 자결권과 무병합, 무배상의 원칙에 따라 강화를 협상하자고 요청했다. 이 조치의 극적인 함의는 베를린에서도 놓칠 수 없었다. 독일은 자세를 낮추고 있었다. 생존 확보에 필사적이었던 독일은 미국을 세계 정세의 중재자로 세우려는 윌슨의 명백한 욕구를 이용했다. 독일 정부가 윌슨이 제안한 '승리 없는 평화'를 실제로 수용할 가능성은 1916년 12월 '평화 문서' 이후로 늘 협상국 전략에는 악몽이었다. 1918년 가을에 이르기까지, 독일 내 정치적 분열 때문에 독일 정부가 이러한 선택지를 붙잡기는 불가능했다. 1917년 7월 제국의회의 평화 호소는 독일이 러시아에 군사적으로 승리를 거두면서 빛을 잃었다. 브레스트리토프스크에서 진보적인 강화를 체결하려던 노력은 독일 군국주의자들과 볼셰비키 사이의 재앙 같은 상호작용 때문에 틀어졌다. 1918년 가을 독일의 자유주의적 강화 시도는 한 번 더 실패에 가까웠다. 11월 휴전 협상의 정치는 우선 군 폭동을, 그다음 혁명을 초래하지만, 독일 정부는 이미 윌슨에게 영국과 프랑스에 패를 내놓게 할 수단을 주었다. 독일은 패배함으로써 윌슨에게 협상국이 주지 않으려고 그토록 애를 썼던 지위를 부여했던 것이다. 미국 대통령을 한 번 더 전투원에서 유럽사의 중재자로 바꿔놓은 것은 휴전이었다. 붕괴 직전 독일은 윌슨에게 그 후 내내 평화의 역사를 규정한 각본을 쓸 수 있게 했다.

윌슨, 독일 정부와 일방적으로 강화회담을 열다

1918년 9월 27일, 전쟁의 끝이 가까웠음을 인지한 윌슨은 뉴욕에서 4차 자유공채 발행 연설을 통해 '자유주의' 강화의 기본적인 개요를 한 번 더 정리했다. '안전하고 지속적인 평화'는 오직 '공평한 정의'를 위해 '이익'을 희생해야만 얻을 수 있었다. 이 평화의 한 가지 '절대적으로 필요한 수단'은 일종의 국제연맹이어야 했다. '5개 각론'으로 알려진 평화의 기본 원칙을 체계화하려는 새로운 노력에서 윌슨은 자신이 독일에 맞선 동맹에 참여할 때 얼마나 주저했는지 한 번 더 상세히 밝혔다. 국제연맹은 전쟁 중에 결성될 수 없었다. 그렇게 되면 승자의 도구로 전락할 것이기 때문이었다. 새로운 질서는 승자와 패자를 똑같이 공평하게 다루어야 했다. 어떠한 개별 이익도 모두의 공동 이익보다 우선할 수 없었다. 연맹 안에서는 어떠한 특별 양해도, 호전적인 배척이나 봉쇄도 있을 수 없었다. 모든 국제 협약은 완전히 공개적이어야 했다. 한 번 더 윌슨은 '일반 대중의' '분명한' 생각을 표현하고 있다고 주장했으며, 유럽의 지도자들에게 용기가 있으면 자신의 원칙에 이의를 제기하라고 했다. 놀랍지 않게도, 영국과 프랑스는 침묵한 반면 막스 폰 바덴 정부는 간절한 마음으로 완전히 동의한다는 신호를 보냈다. 독일 정부는 10월 7일 윌슨에게 보낸 첫 번째 휴전 문서에서 14개 조와 더불어 그의 9월 27일 연설까지 토대로 삼아 협상하자고 제의했다.

윌슨이 독일의 민주화 과정을 늘 심히 회의적인 시선으로 바라보았음을 인정하고 시작한다면, 1918년 10월 이후 사건의 추이를 이해하기가 훨씬 더 쉬워진다. 이 미국 대통령은 너무도 자주 보편주의자로 인식되지만 이는 오해이다. 사실은 정반대의 인물이었다. 윌슨에게 진정한 정치 발전은 뿌리 깊은 민족문화적ethno-cultural이고 '인종적racial'인 영향력에 의해 철저히 결정되는 점진적인 과정이었다. 독일에 관한 그의 견해는 지극히 단순했다. 1917년 여름 이래로 윌슨은 독일 '군대의 거장들'이 '… 승리하면 버티고 패배하면 의회 정부를 허용한다'는 두 갈래 전략을 추구하고 있다고 확신했다.[15] 그래서 제국의회 다수파와 바이마르 공화국의 운명은 윌슨의 계산에서 부차적인 중요성만 지녔다. 파리 강화회의에서 윌슨은 독일 대표단과의 만남을 피하고자 최선을 다했다. "그는 구체제의 늙은 철혈 인간들과의 만남을 피하지 않았겠지만, 새로운… 이러한 정체 모를 인간들을 본다는 것은 생각만 해도 싫었다."[16] 에베르트와 에르츠베르거 같은 '정체 모를 인간들'은 올바른 방향에서 몇 가지 조치를 취할 수도 있겠지만, 독일에 진정한 자치정부가 뿌리를 내리기까지는 몇 십 년까지는 아니어도 최소한 몇 년은 걸릴 것이었다. 윌슨에게 독일과의 협상은 다른 무엇보다도 승전국을 단단히 단속하는 수단이었다. 이제 독일이 패전 직전에 몰렸으므로, 윌슨은 그의 새로운 세계 질서를 위협하는 주된 인자는 프랑스와 영국의 제국주의라고 믿었다. 바로 그렇기 때문에 윌슨은 미군 병사 수십만 명이 협상국과 나란히 서서 싸우고 있었는데도 영국 정부나 프랑스 정부와 협의하지 않고 일방적으로 독일 정부에 응답하기로 했다. 윌슨은 독일에 어떤 입장인지 더 상세히 설명하라고 요구했고, 이에 막스 폰 바덴 정부는 14개조를 전적으로 수용하며 일종의 '합동위원회'의 감독에 따라 모든 점령지에서 독일군을 철수시키겠다고 기쁜 듯이 반응했다.

1918년 10월 영국과 프랑스는 희한한 상황에 처했다. 군사적 승리의 순간에 윌슨이 갑자기 세계 정세의 중재자라는 미국의 초월적 지위를 다시 잡으려는 것처럼 보였다. 그러한 시각은 그들이 1917년 1월에 처음 대면했던 것이다. 1918년 봄부터 미국 정부와 유럽 국가들 사이에 긴장이 크게 고조되었다. 협상국은 루덴도르프의 마지막 공격에 윌슨이 너무세 내응한 데 분노했다. 여름 동안 러시아에 개입하는 문제를 두고 양자 간 관계는 더 나빠졌다. 결과적으로 미국보다는 영국이 국제연맹에 더 확고히 헌신한 것으로 드러났지만, 윌슨과 로이드조지는 국제연맹의 체제를 두고도 이미 다투고 있었다. 윌슨의 측근 집단에서 유럽인들에 관한 얘기는 잔인할 정도로 적대적이었다. 유럽 쪽에서는 독일 정부와 일방적으로 강화회담을 여는 윌슨의 뻔뻔스러움에 대한 영국 내각의 적대감이 공식 회의록에도 드러났다. 10월 초 로이드조지의 회의 내용을 담은 기록을 보면 분노를 터뜨리는 대목이 나온다. 윌슨은 독불장군처럼 행동하고 있었다. 그는 진보와 정의의 이름으로 독일을 곤경에서 벗어나게 해주고 있었다. 《더 타임스》조차도 윌슨의 평화 문서를 위대한 자유주의적 제스처로 치켜세웠을 때, 로이드조지는 가까스로 참아냈다.[17] '승리 없는 평화'의 기억이 비단 유럽에서만 다시 각성된 것도 아니었다. 미국에서도 공화당이 휴전이 아니라 무조건 항복을 요구하고 있었다.

윌슨은 자신의 일방적인 외교가 초래한 분노를 염려했지만 독일이 그에게 준 기회를 잡기로 결심했기에 판돈을 키웠다. 10월 14일, 미국 대통령은 막스 폰 바덴의 두 번째 휴전 통지에 대응하면서 독일이 정말로 민주주의를 향한 길에 접어들었음을 보여주는 증거를 요구했다. 그 함의는 분명했다. 카이저는 퇴위해야 했다. 이번에도 윌슨은 독일의 진정한 변화만큼이나 국내 여론도 걱정했다. 그는 강력하다는 인상을 주는 동시에 자유주의적이라는 인상도 주어야 했다. 그러나 영국 정부와 프랑스 정부가 보기에는 이 또한 중대한 실수였다. 독일에서 민주화를 강화의 조건으로 삼으면 역효과를 내기 쉬웠다. 개혁의 옹호자들이 적의 꼭두각시로 보일 수 있었기 때문이다. 영국과 프랑스가 옳았다.

베를린에서 윌슨의 두 번째 문서의 영향은 실망스러웠다. 막스 폰 바덴 정부는 여전히 미국 정부와의 협상에 전념하고 있었다. 10월 말 군사적 상황은 심히 긴박하여 제국의회 다수파는 연합군의 침입에 맞서 대중적 저항 운동을 벌인다는 생각을 버렸다. 그러나 독일 극우파에 윌슨의 카이저 퇴위 요구는 불을 지르는 짓이었다. 루덴도르프는 민간 정부의 의사를 무시하고 베를린으로 가서 항의했으며 우파 세력을 결집하여 카이저의 제국 깃발을 지키기 위한 최후의 전투에 대비하려 했다. 10월 26일 막스 폰 바덴은 그를 해임했다. 해군을 복종시키는 일은 그처럼 쉽지 않았다. 독일 해군부는 플란데런 해안을 따라 구조 작전을 수행할 준비를 한다는 핑계로 북해로의 마지막 대규모 출격을 명령했다. 영국 해군과 최후의 일전을 벌이려 했던 것이다. 장교 계급의 자살과도 같은 이 반란이 최종적인 붕괴를 초래했다. 1918년 11월 초 며칠 동안 킬 군항에 정박한 함대의 해군 병사들은 반란을 일으킨 장교들의 명령을 따르기를 거부했다. 전화와 전신으로 그 소식이 퍼지면서, 이들의 용감한 본보기는 독일 전역에서 혁명의 물결을 일으켰다.

1917년에서 1918년으로 넘어가는 겨울, 브레스트리토프스크에서 독일 군국주의자들의 공격은 동쪽에서 정당한 강화를 중재하려는 제국의회의 노력을 방해했고 베를린과 빈에서 파업을 촉발하여 민주주의적 반대파를 분열시켰다. 이제 서쪽의 강화를 방해하려는 우파의 시도는 카이저 정권의 전면적인 붕괴로 이어졌다. 독일의 극단적 민족주의자들의 반항과 불합리한 태도 때문에, 전쟁에서 질서정연하게 민주주의적으로 탈출하려는 독일 의회주의자들의 시도는 거의 재앙에 가까운 실패로 귀결되었다. 11월 초 며칠 동안 폭동과 반란에 관한 소문이 독일 전역에 쏟아지면서 권위가 실추된 막스 폰 바덴 정부는 숨죽인 채 서쪽에서 소식이 들어오기를 기다렸다. 윌슨은 협상국을 압박하여 독일이 기꺼이 동의한 휴전 조건을 받아들이게 할 수 있을까? 연합국은 독일 국가가 좌파의 혁명과 우파의 반란 사이이 충돌로 찢기기 전에 협상에 나설까? 11월 4일, 영국과 프랑스가 태노를 고수하고 그들이 보는 앞에서 독일의 군사적 방어가 허물어지는 것처럼 보였을 때, 독일 정부는 공포에 휩싸였다.

11월 9일, 독일 공화국이 선포되다

독일의 시각으로 보면, 윌슨의 자유주의적 도덕주의는 영-미 제국주의의 음험한 재주가 준비한 비열한 전술일 수 있었다. 나중에 베르사유에서 프랑스와 영국의 난도질로 이어졌으니 윌슨의 도덕주의는 독일을 속여 휴전으로 이끌기 위한 것으로 보였다. 영국과 프랑스의 시점으로 보면 사정이 달랐다. 1918년 10월 윌슨은 협상국과 아무런 조정 과정도 거치지 않고 독일 정부와 협상을 개시했다. 영국과 프랑스는 상황을 어느 정도 파악하기 위해 윌슨에게 자신들과 협력하여 최종 휴전 조건을 정할 고위급 대표단을 유럽에 파견해 달라고 요청했다. 10월 27일 두 나라는 파리에서 하우스 대령과 만났다.[18] 영국과 프랑스, 이탈리아는 우선 강경 노선을 취하겠다고 위협했다. 14개조를 포함한 강화 방안은 미국 대통령의 일방적인 선언이므로 찬동할 수 없다는 것이었다. 프랑스와 이탈리아는 국제연맹이라는 발상에 반대하지 않았지만 그것이 강화조약의 문구에 들어가는 것은 원하지 않았다. 영국은 항해의 자유를 지지하겠다는 서약을 거부했다. 영국은 그렇게 자신들을 무력하게 만드는 제한 조건을 받아들이느니 차라리 자신들만의 힘으로라도 끝까지 전쟁을 하려 했다. 독일의 강화 문서는 윌슨과 협상국 간의 근본적인 차이를 재차 드러냈다. 1918년 가을과 겨울에, 승리가 다가오면서, 윌슨은 여러 계제에 주변 사람들에게 자신의 기본 입장을 밝혔다. 유럽의 세력 정치에 대한 그의 반감은 육지와 바다를 구분하지 않았다. "그는 일찍이 독일이 세계의 천형이라는 깨달음을 얻지 못했다면 영국과 결판을 낼 준비를 했을 것이다."[19] 독일의 패배로 그 순간이 왔을 것이다. 10월 말 미국의 내각에서 윌슨의 어느 동료가 그에게 협상국에 그들이 원하지 않는 강화를 받아들이라고 강요하지 말라고 경고했을 때, 그는 이렇게 되받아쳤다. "그들은 압박을 당해봐야 한다." 그들은 확실히 압박을

받았다.[20]

독일과의 문서 교환은 대중적 분노를 일으켰다. 1918년 마지막 국면의 전투에서 사상자는 그 전쟁의 어느 전투에서 발생한 것만큼이나 끔찍하게 많았다. 이 때문에 전쟁에 대한 염증이 심해졌을 뿐만 아니라 인력 문제도 한층 더 다급해졌다. 1918년 11월 초 며칠 동안 조르주 클레망소는 세네갈 지도자 블레즈 디아뉴와 징병을 대가로 토착 세네갈인의 정치 권리를 약속한 협정을 체결할 수밖에 없었다. 그 징병으로 프랑스는 1919년에 승전에 기여했다고 주장하는 데 필요한 돌격 부대를 얻었을 것이다.[21] 아일랜드에서는 사태가 타협점을 지나쳤다. 전쟁이 겨울까지 지속된다면, 영국 정부는 반항적인 수십만 명의 피니언Fenian(아일랜드 독립에 헌신한 자들)을 강제로 징집해야 하는 상황에 직면했을 것이다. 비록 표현은 호전적이었지만 클레망소도 로이드조지도 전쟁을 위한 전쟁은 원하지 않았다. 두 사람이 독일이 거의 완전히 붕괴했음을 알지 못했다고 해도, 그들이 역사적 승리를 얻었다는 사실은 분명했다. 그들은 1919년에 들어선 후에도 계속 싸웠다면 독일에 무조건 항복을 강요할 수 있었겠지만, 미군이 훨씬 더 큰 몫의 공을 가져갔을 것이다. 프랑스와 영국이 당장에 강화를 체결한다면 영웅으로 환대받을 수 있을 것이었다. 유일하게 그들의 승리를 위험에 빠뜨릴 수 있었던 것은 휴전을 방해하려는 어설픈 시도였다. 그렇게 했다면 그들은 윌슨의 평화와 민주주의라는 미래상에 반대하는 반동적인 존재로 보였을 것이다.[22]

게다가 하우스 대령은 유럽을 '압박하라'는 지시를 받았는데도 실제로는 윌슨보다는 양보할 의지가 더 컸다. 하우스 대령은 14개조를 강화의 기본 원리로 수용하는 대가로 연합군 총사령관인 포슈 장군이 휴전의 군사적 조건을 결정한다는 데 동의했다. 프랑스에 만족스럽게도 포슈는 독일군의 완전한 무장 해제와 라인강 동쪽 독일군의 철수를 강력히 주장했다. 연합군이 라인란트의 거점들을 접수하고 라인강 동안의 교두보를 점령해야 했다. 이는 최종 강화조약이 아니라 임시적인 요구였지만, 포슈는 이러한 요구가 받아들여지자 깜짝 놀랐다. 그는 이러한 요구가 심히 과격하여 독일 정부가 거부할 수밖에 없을 것이고, 그로써 자신에게 진정으로 결정적인 승리를 얻기까지 전쟁을 지속할 기회가 주어지리라고 생각했다.

독일 정부에 관해서 말하자면, 하우스 대령은 한 발 더 나갔다. 그는 독일에 제시할 최종 문서에 영국제국이 일련의 명백한 단서를 첨부한다는 데 동의했다. 이는 짜증스러운 일이었지만 적어도 영국에 좀 더 견고한 법적 지위를 부여했다. 영국은 응징적 배상을 요구하지 않는 강화도 받아들일 수 있었다. 그렇지만 전쟁으로 세계 도처가 폐허로 변했는데 독일군이 물리적으로 파괴한 지역에만 배상을 제한하는 것은 공정하지 않았다. 그래서 휴전 문서에는 독일이 그 공격으로 초래한 모든 손실에 책임을 져야 한다고 적시되었다. 두 번째 단서는 항해의 자유와 관련된 것이다. 영국은 같은 편 국가들의 정당한 해상 이익을 문제 삼지 않았다. 1917년 이래로 영국은 윌슨 행정부에 해군 협력을 고려해보라고 계속 촉구했다.[23] 영국 정부는 쌍무 조약 체결에 실패하자 일본과 프랑스를 포함하는 4자 협정을 제안했다. 그러나 대양을 중립지대로 만들면 공격자들이 무제한의 행동의 자유를 얻을 수 있었다. 독일의 패배로 대서양의 통제권이 결정되었다. 국제 연맹은 경제 제재라는 강력한 수단을 얻게 된다면 효과적인 해상 봉쇄에 의존할 것이었다. 자유주의적 세계 질서의 유일하게 안전한 토대는 침략적인 국가의 위협을 제거하고 세계 교통의 대동맥을 신뢰할 수 있는 국가에 맡기는 것이었다. 하우스 대령은 그 원칙을 인정하지 않았지만 영국이 휴전 조건에 그러한 단서를 집어넣을 수 있게 했다. 영국과 미국이 합의에 이르자, 클레망소는 선택의 여지가 없었다.

11월 5일 독일 정부에 휴전 조건이 통지되었다. 독일은 깊이 안도했다.

바로 그 순간에 비스마르크 국가는 혁명으로 일소되고 있었다. 11월 9일 독일 공화국이 선포되었다. 한 번이 아니라 두 번이었다. 먼저 독일 사회 민주주의의 과격파가, 뒤이어 온건파가 선포했다. 11월 10일 독일군은 극심한 혼란에 빠져서 콩피에뉴의 휴전 대표단은 스파의 사령부와 안전하게 통신을 주고받을 수 없었다. 11월 11일 오전 2시가 되어서야 에르츠베르거가 이끄는 대표단은 베를린으로부터 새로운 혁명 정부가 그들의 휴전 협정 서명 권한을 인정한다는 확답을 받았다. 그러한 상황에서 협상국이 14개조를 향후 강화의 기본 원칙으로 수용했다는 사실은 10월 초 제국의회 다수파가 시작한 외교의 놀라운 승리였다. 프랑스와 영국은 독일이 얼마나 해체의 위기에 가깝게 내몰렸는지 깨달았다면 윌슨의 계획을 쉽게 틀어지게 할 수 있었을 것이다. 며칠 안에 혁명이 눈사태처럼 휘몰아쳐 독일은 연합군의 진격에 조금도 저항할 수 없었을 것이다. 실제로 일어난 일은 그 반대였다. 독일 정부는 윌슨에게 강화의 정치를 결정하게 했다.

미국에서 거부당한 윌슨의 일방적 외교

윌슨의 미래상에 공감한 자들은 그 후 줄곧 휴전조약을(1918년 11월 11일 오전 5시 45분 콩피에뉴에서 연합국과 독일이 체결한 조약으로 오전 11시부터 발효되었다*) 그 시대의 토대가 되는 문서로, 세계와 독일에 '자유주의적 강화'를 약속하는 것으로 해석했다. 최종적인 베르사유 강화조약을 비판한 자들은 맹약과 계약, 헌법을 이야기했다.[24] 실로 윌슨이 불러낸 것은 바로 신성한 강화력이었다. 그러나 이러한 태도는 일종의 상동각전이었다. 지극히 불안정한 강화의 정치적 토대를 보강하려는 수사법상의 노력이었던 것이다.[25] 1918년 10월 윌슨이 독일 정부와 일방적으로 협상을 벌였고 영국과 프랑스는 윌슨의 조건을 수용할 수밖에 없었기 때문에 뒤이은 휴전조약의 토대는 허약했다. 막스 폰 바덴을 포함하여 윌슨에게만 치우친 해법의 효력을 의심한 독일 정부의 인사들은 이 점을 잘 이해했다. 영국 정부와 프랑스 정부는 겉으로 드러내지는 않았지만 극도로 분노했다. 백악관 안에서 윌슨은 비판적인 장관들의 의견을 무시했다. 휴전 회담과 동시에 독일의 군대와 정치가 붕괴했다는 소름 끼치는 시간의 일치도 그러한 시각의 타당성을 더했다. 훗날 존 메이너드 케인스 같은 자들은 독일이 속았다고, 협상국은 속임수를 써서 여전히 전투적인 용감한 적으로부터 휴전을 이끌어냈다고 비난했는데, 이는 현실을 뒤집는 이야기이다. 협상국은 끝까지 독일 국가를 주권을 지닌 상대국으로 대우했지만, 독일제국은 사실상 붕괴되어 혼돈에 빠져 있었다. 1918년 11월 9일에서 11일 사이에 독일 정부와 군대 둘 다 소멸 상태에 있을 때 콩피에뉴에서 자신들이 마치 계속해서 싸울 수 있는 정부와 군대를 대표하는 것처럼 협상한 것은 독일인들이었다. 독일인들은 협상 대표의 배반에 항의했겠지만, 11월 초 두 주간 독일 전역에서 일어난 일들에 비추어 보면, 적어도 영국과 프랑스로 말하자면, 이는 그들의 정직하지 못함을 드러내는 또 다른 증거였을 뿐이다.[26]

윌슨은 위험성이 높은 내기를 하고 있었다. 그는 자신의 계획에 따른 강화조약을 미군의 힘으로써 강요하는 것을 보류했다. 그는 14개조를 토대로 이루어진 휴전이 협상국을 억제할 것이라고 도박을 했다. 이 도박이 성공하려면 윌슨은 여론을 동원하고 특히 세계 권력의 새로운 중추인 워싱턴을 통제해야 했다. 그러나 휴전조약 체결 전 주에 윌슨이 장악하지 못한 곳이 바로 그곳이었다. 군사적 승리가 임박했는데도, 미국은 아직도 격한 논쟁에 휩싸여 있었다. 클레망소와 로이드조지가 윌슨에 대놓고 도전할 여력이 없었던 반면, 미국 국내에서 대통령에 반대한 자들은 그렇지 않았다. 수만 명의 미군 병사가 북동부 프랑스의 아르곤 숲에서 목숨을 내던지고 있던 바로 그 순간에, 윌슨이 독일 정부와 일방적으로 전문을 교환하려 한다는 사실은 격분을 야기했다. 10월 7일 상원의 공화당 의원들은 완전한 승리를 요구하는 토론을 시작했다. 애리조나주 상원의원 헨리 F. 애시허스트는 연합국이 '라인강부터 베를린까지 화염과 피로 뒤덮인 길'을 질주해야 한다고 요구했다. 이처럼 윌리엄 셔먼 장군의 애틀랜타 진격을 연상시키는 표현은 당연히 윌슨을 불편하게 했다. 윌슨은 애시허스트를 따로 불러 협의하면서 자신의 진짜 전략적 목적을 밝혔다. 독일이 무조건 항복하면 영국과 프랑스가 기세를 떨칠 텐데, 자신은 '지금 미국을 힘과 정의의 위치에 올려놓는 것만 생각한다'는 것이었다. "나는 향후 100년을 내다보고 움직이고 있다."[27] 윌슨의 반대자들은 동요하지 않았다. 10월 21일 상원의원 마일스 포인덱스터는 윌슨이 계속해서 독일과 협상한다면 그를 탄핵하자는 동의안을 제출했다.[28] 며칠 뒤 전 대통령인 윌리엄 하워드 태프트와 시어도어 루스벨트는 유럽의 어느 나라도 감히 하지 못한 일을 했다. 14개조를 공개적으로 거부한 것이다. 시어도어 루스벨트는 그만의 독특한 방식으로 이렇게 말했다. "대포의 맹렬한 포격으로써 우리 뜻대로 강화를 결정하자… 타자기 자판 두드리는 소리에 맞추어 강화를 논하지 말자."[29]

이는 엄포가 아니었다. 워싱턴은 중간선거 열기로 가득했다. 1916년 대통령 선거 때처럼 당파 간 대립은 격렬했다. 10월 21일 《로키 마운틴 뉴스 Rocky Mountain News》는 '민주당 안의 볼셰비키'라는 격한 반反월슨 정치의 새로운 담론을 만들어냈다.[30] 루스벨트는 뉴욕의 청중에게 3시간 동안 연설하면서 사회민주당 인사들이 득실거리고 레닌과 제휴한 독일 정부와 거래하려는 윌슨의 의지는 그가 '독일화한 사회주의자들과 온갖 수준의 볼셰비키들'에게 정말로 공감한다는 사실을 드러낸다고 말했다.[31] 10월 26일 윌슨은 이에 대한 대응으로 위험한 도박을 했다. 중간선거에서 현저히 두드러진 역할을 해야 했던 대통령은 유권자에게 이렇게 선언했다. "올해 여러 분의 투표를 유럽의 국민들은 단 하나의 관점에서만 볼 것이다. 그들은 세세하게 차이를 두지 않을 것이다." 민주당의 과반수 확보를 '지지하지 않는 것은 전쟁을 지지하지 않는 것이요 전쟁의 과실을 얻으려는 우리 강화위원단의 노력을 지지하지 않는 것으로 해석될' 것이었다.[32] 이는 윌슨이 생각하는 대통령의 지도력에 완전히 부합하는 호소였다. 그러나 이는 선례가 없는 것으로 충격적일 정도로 뻔뻔한 태도였으며, 이 때문에 선거의 균형이 그에게 불리해졌다고 본 자들이 많았다. 1918년 11월 5일 공화당은 상원과 하원에서 공히 과반수를 차지했다. 윌슨의 강력한 반대자인 헨리 캐벗 로지가 상원 다수파의 지도자로 부상했으며 외교위원회 의장이 되었다.

1918년에 윌슨과 민주당에 퍼부어진 악담은 대부분 무책임한 행태였다는 데에는 의심의 여지가 없다. 그것은 마치 바이러스처럼 미국 정치 체제에 널리 퍼져 1919년 공산주의 공포증이 미쳐 날뛰는 데 일조했다. 민주당이 사회주의에 찬성했다는, 바로 그렇기 때문에 매국노라는 비난은 오늘날까지도 미국 우파의 선동적인 담론에 메아리치고 있다. 그러나 이러한 비난이 의견 차이의 요점을 흐리게 해서는 안 된다. 윌슨의 일방적인 외교는 비범한 실력 행사였다. 그 동기는 독일 민주주의에 대한 그의 걱정이 아니라 영국과 프랑스를 자신의 특별한 미래상 속의 미국 세력에 종속시키려는 욕구였다. 윌슨을 비판한 공화당 인사들은 매우 다른 강화를 구상했다. 루스벨트가 영국 외무장관 아서 밸푸어에게 확인해주었듯이, 미국은 '강화 협상에서 독일의 무조건 항복과 프랑스와 영국에 대한 절대적인 충성에' 찬성해야 했다. "… 미국은 동맹국들과 적국 사이의 중재자가 아니라 적국과 협정을 체결해야 할 동맹국의 일원으로서 행동해야 한다." "우리는 국제연맹을 위한 실행 가능한 계획이라면 무엇이든 기꺼이 환영하지만, 바라건대 그 계획은 현재의 우리 동맹국들로 시작해야 하며 우리의 힘의 준비 태세와 우리의 방어에 덧붙여진 부가물이어야만 하지 결코 그 대용물일 수

2부 민주주의적 승리 확보하기

는 없다."[33] 루스벨트는 기자였던 친구에게 자신이 기꺼이 '동맹'이라고 부르고 싶은, 영국제국과 미국 사이의 잠정적인 협정에 관해 이야기했다.[34] 클레망소와 로이드조지가 반동적인 인사가 아닌 것처럼 윌슨을 비판한 공화당의 주요 반대자들은 이제 고립주의자가 아니었다. 이들의 공통점은 미국의 세계적 지도력에 대한 윌슨의 독특한 시각을 거부한 데 있다. 이들이 이해한 전후 질서의 토대는 미국과 이들이 배타적인 민주주의 클럽에서 협력자로 인정한 다른 국가들, 특히 영국과 프랑스 간의 특권적인 전략적 동맹이었다. 이것이 바로 독일을 위협한 미래상이요 윌슨이 심히 혐오한 미래상이었다. 이 점에서 그가 독일 정부와 제휴한 것은 결코 당파적 상상의 산물이 아니었다.

12장

시달리는 민주주의

1918년 10월에서 12월 사이에 유럽의 구세계는 붕괴했다. 합스부르크 왕가와 호엔촐레른 왕가의 왕국뿐 아니라 바이에른과 작센, 뷔르템베르크 왕실과 11개의 공국과 대공국, 그보다 작은 7개의 영방군주국이 일소되었다. 이 나라들의 몰락에 사람들은 크게 슬퍼하지 않았다. 독일과 오스트리아, 헝가리는 공화국을 선포했고, 폴란드와 체코슬로바키아, 핀란드, 라트비아, 리투아니아, 에스토니아도 마찬가지였다. 두 세계대전 사이 유럽에 관한 놀라운 일 중 하나는, 그 시대의 다른 정치적 난제가 무엇이든 간에 군주제를 회복하려는 세력의 무력함이었다. 공화주의 원칙의 유일한 예외는 남南슬라브족의 신생국 유고슬라비아였다. 유고슬라비아는 그 전쟁 중에 민족 정체성의 축으로 다시 정통성을 인정받은 세르비아 왕실을 중심으로 건국되었다. 그러나 왕조들의 몰락은, 러시아혁명이 증명했듯이 단지 첫 국면이었을 뿐이다. 그다음으로 무엇이 올까? 1917년 러시아의 경우처럼, 중부유럽에서 1918년 가을에 무대를 지배한 것은 사회민주주의자들과 자유주의자들이었다. 진정한 공산주의자들은 어디서나 아주 작은 소수파였다. 그럼에도 소비에트 정권이 형세를 관망하며 시나브로 동유럽으로 침투하리라고 생각하기는 쉬웠다. 베를린에서 공화국이 선포된 그다음 날, 소비에트의 주요 신문 《프라브다》는 1918년 11월 10일을 독일 노동계급의 봉기를 알리는 국경일로 기려야 한다고 주장했다. 이것이 세계 혁명의 신호탄이었을까?

우드로 윌슨은 미국 대통령으로는 역사상 처음으로 유럽 방문에 올랐을 때 분명 자신이 전 세계적 격동의 중심에 있다고 생각했을 것이다. 윌슨은 1918년 12월 '조지 워싱턴 호'에서 참모들에게 이렇게 훈계했다. "보수주의자들은 지금 이 세계에 어떤 힘들이 작동하는지 깨닫지 못하고 있다. 자유주의만이 유일하게 문명을 혼란으로부터, 세계를 집어삼킬 극단적 급진주의의 쇄도로부터 구할 수 있다…. 문명이 태풍을 피할 수 있으려면, 자유주의는 그 어느 때보다도 더 자유주의적이어야 한다. 나아가 더 급진적이어야 한다."[1] 러시아가 세계 혁명이라는 하나의 미래상을 제시했다면, 윌슨은 많은 사람에게 다른 미래상을 제시한 것 같았다. 14개조는 휴전조약에 적시되었기에 이제 전 세계적으로 놀라운 가치를 획득했다. 한국과 중국, 일본에서는 시위자들이 윌슨의 구호를 깃발에 써넣었다. 쿠르디스탄의 산악지대에서는 튀르크 민족주의 지도자 케말 아타튀르크가 튀르크인과 쿠르드인의 관계를 14개조를 바탕으로 해결해야 한다고 주장하며 부족장들의 세속적인 차남 이하의 아들들과 대결했다.[2] 리비아 사막에서는 새로 건국된 트리폴리타니아 공화국의 이름으로 협상한 현지 베르베르인들의 저항운동이 적인 이탈리아에 한 수 가르쳤다. "제국주의 시대는 저물었고, 19세기에 기능했던 것은 20세기의 두 번째 10년내에 들어선 지금 더는 가능하지 않다." 이들은 엄격한 윌슨주의 조건에 따라 강화를 체결했으며 국제연맹의 상징을 그린 차량의 행렬로 그 순간을 축하했다.[3]

그러한 사건들은 극적으로 정치적 지평의 확대를 예고했다. 이는 레닌과 윌슨의 대치라는 이미지가 냉전 시대에 글을 쓴 역사가들에게 흥미로웠던 것과 거의 동일한 방식으로 우리의 세계화 시대에도 흥미롭다.[4] 그러나 1919년의 세계적 혁명은 윌슨주의적 혁명이나 레닌주의적 혁명의 형태로 발생하지 않았다. 유럽에서는 혁명이 세 세대 전인 1848년에 일어난 혁명처럼 멀리 퍼지지 않았다.[5] 1919년 급진적 사회주의의 패배는 1848년 유럽 자유주의자들이 겪은 좌절보다 한층 더 결정적이었다. 윌슨의 '혁명'은 널리 소문난 대실패로 끝났다. 레닌과 윌슨은 1924년 깊은 실망을 안은 채 서로 몇 주 차이를 두고 사망했다. 진실로 믿음이 깊은 윌슨주의자들과 레닌주의의 동조자들은 이후 내내 이 실패로부터 극적인 결론을 도출했다. 1918~1919년의 유산된 혁명이나 실패한 혁명이 20세기의 나머지 시간을 결정했다는 말이 있다. 레닌과 윌슨 두 사람을 실망시키고 과거와의 진정한 단절을 불가능하게 했던 것은 보수주의와 증오에 찬 민족주의, '구세계'의 완강한 제국주의였다.[6] 단절하기는커녕 오히려 1차 세계대전의 폭력은 앞으로 닥칠 한층 더 심한 폭력과 결합되었다.

그러나 마르크스레닌주의의 실패든 윌슨주의의 실패든 실패의 담론 때문에 그 위기를 헤치며 전진한 힘을 놓치지는 말아야 한다. 혁명이 없었다면, 광범위한 반혁명도 없었을 것이다. 비록 레닌주의나 윌슨주의의 각본을 따르지는 않았지만, 그 전쟁으로 매우 강력한 변화의 힘들이 분출했다. 결과가 윌슨과 레닌의 추종자들이 기대했던 것보다 더 보수적이었다면, 자칭 진보의 옹호자인 이 힘들이 그 실망스러운 결과에 양면적인 영향력을 행사했다는 점은 인정해야만 한다.

독일, 비틀대며 민주주의로 향하다

1918년 11월, 분노한 암살자에게 입은 치명상에 가까운 부상에서 회복한 레닌은 결코 혁명적 공세의 국면에 있다고 생각하지 않았고 몹시 불안해했다. 레닌은 러시아에서 시작된 혁명이 세계적인 운동으로 확산되는 것을 보고 기뻤지만, 때는 그에게 전에 없이 위험한 순간이었다. 레닌은 권력을 장악한 이후로 자신이 독일제국을 협상국의 압도적인 힘에 맞서게 하면서 균형을 맞추고 있다고 생각했다. 이제 독일이라는 평형추는 사라졌다. 레닌은 이렇게 평했다. "독일이 국내의 혁병 운동으로 찢기고 있을 때, 영국과 프랑스의 제국주의자들은 자신들이 세상의 주인이라고 생각했다."[7] 1918년 7월에 시작된 연합국의 러시아 개입은 분명코 더 강해질 것이었다. 독일 혁명에 관해서 레닌은 러시아의 2월혁명 때처럼 신중한 태도를 취했다. 11월에 권력을 잡은 애국적인 독일 사회주의자들은 협상국의 '자유주의적 제국주의자들'보다 나을 것이 없었다. 독일군이 우크라이나에서 급히 철수하면서 볼셰비키는 키이우를 장악할 수 있었다. 트로츠키는 새롭게 창설된 적군赤軍에서 신속히 수십만 명을 동원했다. 그러나 레닌과 트로츠키가 대면한 과제는 만만치 않았다. 브레스트리토프스크 조약으로, 그 조약 없이도, 한때 차르제국이었던 광대한 땅이 독립을 선언했다. 일본군과 미군, 영국군, 프랑스군이 북쪽 먼 끝에서 크림반도와 시베리아에 이르기까지 주요 교두보를 점령했다. 사방에서 상당한 반혁명 군대가 집결하고 있었다. 북쪽의 아르한겔스크에는 영국군의 지원을 받는 예브게니 밀레르(오이겐 뮐러)가 있었고, 발트 지방에는 니콜라이 유데니치의 군대가 핀란드인과 독일인, 에스토니아인과 협력했으니, 남쪽에서는 안톤 데니킨의 의봉군이 카자크와 영국, 프랑스의 지원을 받았고, 동쪽에서는 알렉산드르 콜차크의 군대가 체코 군단이 점거한 시베리아의 거점들을 넘겨받았다.[8] 서유

럽을 위협하기는커녕, 지난 200년간 러시아가 이토록 쇠약해지고 사방에서 포위된 적은 없었다.

레닌이 짐작했듯이 협상국에는 소비에트 정권을 완전히 파괴하기를 원하는 자들이 있었다. 곧 육군부 장관이 되는 윈스턴 처칠은 볼셰비키의 위협을 근절해야 한다고 보았다. 1919년 1월 그는 이러한 전문을 보냈다. "바르샤바부터 블라디보스토크까지 유럽과 아시아가 전부 레닌의 지배를 받는다면, 우리는 어떤 형태의 강화를 체결해야 하는가?"[9] 1918년 12월 29일 프랑스는 소비에트 정권에 치명상을 안기고자 광범위한 봉쇄를 선포했다. 그러나 혁명적 국제주의의 정치가 포위당했다면, 반혁명의 정치도 마찬가지였다.[10] 레닌은 7월의 개입이 볼셰비키를 향한 적대감으로 촉발되었다고 생각했지만, 실상은 그렇지 않았다. 그가 정권을 독일제국에 넘기기로 결심한 것처럼 보였기 때문이었다. 독일의 항복은 자본주의적 제국주의 국가들을 단합시켜 공산주의 정권에 맞서게 하기는커녕 오히려 소비에트 정부를 구원했다. 휴전조약 덕분에 레닌이 루덴도르프와 한층 더 긴밀히 협력한다는 비난을 면했을 뿐만 아니라 개입은 시작하자마자 추진력을 빼앗겼다. 게다가 독일군이 철수하면서 이제 애국적인 러시아인들의 눈에 외세의 하수인으로 비친 것은 볼셰비키가 아니라 백군과 반反볼셰비키 세력이었다.

1919년 1월 16일 주요국 정부들이 러시아의 상황을 논의하고자 케도르세의 프랑스 외무부 청사에 모였을 때, 로이드조지는 태도를 분명히 했다.[11] 그는 볼셰비키가 적어도 독일 군국주의자들만큼 '문명에 해롭다'는 점을 의심하지 않았다. 그들을 철저히 파괴해야 한다는 주장의 논거는 충분했다. 그러나 적군의 힘이 강해지는 상황에서 그것은 결코 작은 일이 아니었다. 침공에는 최소한 40만 명의 병력이 필요했다. 어디서나 동원 해제의 바람이 강력한 때에, 회의실 안의 그 누구도 필요한 자원을 제공하겠다

2부 민주주의적 승리 확보하기

고 약속할 뜻이 없었다. 독일과의 전쟁을 끝낸 결과가 러시아에 대한 전면적인 공격의 시작이라면 서유럽에서는 극심한 분노가 일어날 수밖에 없었다. 로이드조지는 영국 전시내각에 이렇게 의견을 밝혔다. '우리의 국민군은 자유를 위해서라면 어디라도 갈 것이나' 총리가 어떻게 믿든 간에 '그들에게 볼셰비키 공산주의의 진압이 자유를 위한 전쟁이라고 납득시킬 수는 없다.'[12] 크림반도로 파병된 프랑스 해군 병사 1만 명은 이미 폭동을 일으켰다.[13] 협상국은 봉쇄 정책을 지속할 수 있었다. 그러나 (로이드조지는 이렇게 말을 이어갔다) 러시아에는 1억 5,000만 명의 민간인이 있었다. 봉쇄 정책은 '번영의 차단선'이 아니었다. "그것은 죽음의 차단선이었다." 그리고 죽은 것은 볼셰비키가 아니라 협상국이 도우려던 러시아인들이었다. 이로써 남은 대안은 협상 하나뿐이었다. 그러나 누구와 어떠한 조건에서 협상할 것인가?

로이드조지는 '로마제국이 외진 곳에 있는 속국들의 우두머리들을 소집한 것과 다소 비슷한 방법으로', 서로 싸우는 러시아의 모든 파벌을 미국과 협상국 '앞에 모습을 드러내도록' 파리로 불러들이기를 원했다. 그러나 볼셰비키에 철저히 반대한 프랑스는 말을 들으려 하지 않았다. 그들은 '범죄자들과는 어떤 약정도 맺지 않으려' 했다.[14] 또한 볼셰비키에 반대하는 러시아 안의 협력자들을 버릴 생각도 없었다. 다른 나라들보다 프랑스가 러시아에서 잃을 것이 많았다. 결국, 러시아의 모든 파벌을 마르마라해의 '왕자들의 섬(프렌스 아달라르Prens Adalari)'에 초청하여 외부를 차단한 채 회의를 열자는 제안에 합의가 이루어졌다. 클레망소는 오로지 영국과 미국과의 불화를 피하기 위해 동의했다.

소비에트 측에서는 윌슨과 협상국과 논의를 한다는 발상이 브레스트리토프스크의 상처를 일깨웠다. 트로츠키는 모든 회담에 반대했다. 적군은 휴전 요청을 무시하고 계속 싸웠다. 그러나 레닌은 대화할 뜻이 있음을 알렸다. 따라서 계획된 회의가 무산된 책임은 백군에게 돌아갔다. 영국 정부와 프랑스 정부의 강경파에게 격려를 받은 백군은 초청을 거부했다. 그래서 개입주의자들에게 다시 기회가 찾아왔다. 1919년 2월 14일에서 17일 사이에, 로이드조지가 파리에서 자리를 비웠을 때, 처칠이 군사적 해법에 대한 미국의 지지를 얻으려 했다. 그러나 윌슨도 로이드조지도 이를 거부했다. 대신 윌슨은 조언자 중에 가장 과격한 윌리엄 불릿을 러시아로 급파했다. 불릿은 게오르기 치체린, 레닌과 집중적으로 대화를 나누었지만, 3월 말 불릿이 서쪽으로 돌아왔을 때, 파리 강화회의는 독일과의 강화에 열중해 있었기에 심히 논란이 된 러시아 문제를 다룰 여유가 없었다. 한편 로이드조지는 한 발 물러나 만일 러시아인들이 종종 주장하는 바와 같이 열렬한 반反볼셰비키라면 그들 스스로 레닌을 끝장내야 한다고 주장했다. 우드로 윌슨도 러시아인들이 끝까지 싸우도록 내버려두는 것을 더 좋아했다. 5월이 되면 혁명 전염의 최악의 공포는 사라졌다.

새로운 러시아-독일 동맹의 위험성이 실제적이었다면, 소비에트 정권과 타협하거나 그 위협을 제거하라는 압력은 더욱 심했을 것이다. 그러나 1918년에서 1919년으로 넘어가는 겨울에 레닌은 독일의 새로운 공화국과의 관계를 촉진하기보다는 협상국을 달래는 데 훨씬 더 관심이 많았고 그 감정은 대단히 상호적이었다. 전쟁이 평결을 내렸다. 혁명가들과 반혁명가들의 폭넓은 환상이 어떠했든 간에, 힘의 중심은 동쪽이 아니라 서쪽에 있었다.[15]

독일 사회주의의 두 파벌인 사회민주당과 독립사회민주당은 러시아의 독재정권에 우호적이지 않았다. 레닌 정권과 러시아에 퍼진 혼란은 독일의 혐오스러운 동유럽 정책의 실패를 떠올리게 했다. 새로운 독일 공화국이 신속히 베를린의 소비에트 대사관을 폐쇄하고 러시아의 식량 인도 제의를 거절한 것은 결코 놀랍지 않았다. 소비에트 정권을 가장 직접적으로 겨냥한 정치적 도전 두 가지가 전부 독일 좌파로부터 나온 것도 우연의 일치가 아니었다. 극좌파에서는 로자 룩셈부르크가 독일 노동계급의 봉기를 호소했다. 독일 노동계급의 봉기가 진정한 마르크스주의 혁명을 이끌고 레닌의 하향식 독재 체제를 무색하게 하리라고 보았던 것이다.[16] 중도파에서는 오랫동안 사회민주당 정통 마르크스주의의 절대적 권위자였던 카를 카우츠키가 소비에트 정권의 테러를 비난했고 사회주의자들에게 의회민주주의 제도에 자신들의 이익이 있음을 인정하라고 호소했다.[17]

독일 민주주의의 확립이 그 시기의 최우선 과제였다.[18] 사회민주당과 제국의회 다수파의 협력자들은 최대한 빨리 제헌의회 선거를 실시하고자 했다. 날짜는 1919년 1월 셋째 주로 정해졌다. 그러나 독립사회민주당과 그보다 더 좌파인 소수 집단에 이는 혁명 전체를 위험에 빠뜨리는 짓이었다. 로자 룩셈부르크는 이렇게 말했다. "지금 국회에 호소하는 것은 의식적이든 무의식적이든 혁명을 부르주아 혁명이라는 역사적 단계로 되돌리는 것이다." 이는 혁명을 적에게 되돌려주는 행위였다.[19] 1월에 선거를 실시하면 현상이 고착될 수밖에 없었다. 만일 독일이 진정한 혁명의 순간을 맞이할 수 있다면 1789년 프랑스혁명을 재현할 것이 아니라 미래를 약속하는 소비에트 체제로 지체 없이 전진해야 했다. 룩셈부르크에게는 충격적이게도, 1918년 12월 베를린에서 독일의 소비에트(레테Räte) 대회가 열렸을 때, 대다수 대의원은 민주화에 찬성했다. 이들은 중공업의 사회화와 군대의 철저한 개혁을 원했다. 그러나 이들이 가장 간절히 원한 것은 제헌의회였다. 이러한 지지를 바탕으로 사회민주당은 1월 셋째 주에 선거를 실시하자고 주장했다. 그리고 이중으로 확실하게 하고자 두 가지 '협정'으로 자신들의 태도를 공고히 했다. 하나는 노동조합과 고용주 사이의 협정으로 독일 경제의 원활한 작동을 유지하기 위한 것이었다.[20] 나머지 하나는 임시정부와 군 지휘부의 잔여 세력 사이의 협정이었다. 너그럽게 해석하자면, 이 두 협정을 결합한 것은 독일이 '볼셰비키의 상황'으로 추락하는 일은 없어야 한다는, 혼란도 내전도 없어야 한다는 결의였다.[21] 사회민주당이 두려워한 것은 1918년 11월 9일 이전 한 주 동안 독일 전역을 휩쓴 혼란의 재발이었다.

이 두려움은, 나중에 밝혀진 대로 완전히 근거가 없지는 않았다. 그렇지만 혼란을 초래한 것은 바로 통제권을 주장하려는 정부의 어설픈 시도였다. 베를린의 혁명적인 병사들이 도심을 비우기를 거부하고 급여를 요구하면서 결과적으로 크리스마스와 신년 휴일 동안 독일의 수도에서 격렬한 시가전이 벌어졌다. 동시에 로자 룩셈부르크와 카를 리프크네히트가 지휘한 스파르타쿠스단은 1919년 1월 1일 다른 극좌파 그룹들과 연합하여 독일공산당KPD을 창당했다. 독일공산당은 다수파 사회민주당과 독립사회민주당이 쇠약해지는 곳에서 주도권을 잡으려 했다. 반란을 일으킨 좌파 성향의 베를린 경찰서장이 해임되자 1월 5일 대규모 거리 시위가 촉발되었는데, 이 작은 집단은 룩셈부르크의 반대를 무릅쓰고 행동에 나설 때가 왔다고 결정했다. 무장이 부실한 소규모의 공산당원 분조들과 독립사회민주당의 동조자들이 바리케이드를 치고 사회민주당 신문을 발행하는 사무소를 점거했다. 도시 중심부에서 공공연히 도전 행위에 들어간 것이다. 임시정부는 어떻게 대응하려 했는가? 군사인민위원 구스타프 노스케가 봉기를 진압하라고 요구하자 프리드리히 에베르트는 사회민주당 대표로서 이렇게 대꾸했다. "당신 혼자 하라!" 이에 노스케는, 그의 회고록에 따르면 이렇게 대응했다. "겁날 것 없다! 누군가는 개가 되어야 한다!"[22] 중재가 실패한 뒤 1월 11일 토요일 아침, 노스케의 명령에 따라 정규군이 바리케이드를 뚫고 총리 집무실로 향했다. 에베르트는 그곳을 찾아와 군대가 내전을 자초한 무책임한 소수파의 저항을 물리치고 국회가 계속될 수 있도록 역할을 했다고 치하했다. 혁명위원회의 주요 인사 53명이 체포되어 재판을 받았고 최종적으로 1919년 여름에 석방되었다. 극좌파에서 가장 심한 증오의 대상이었던 카를 리프크네히트와 로자 룩셈부르크는 그만큼 운이 좋지 않았다. 두 사람은 1월 15일에 체포되어 곤봉으로 구타당했고 총살되었다. 노스케의 치안 정책의 이미지에 먹칠을 한 것은 200명이나 사망한 봉기의 폭력이 아니라 바로 이 살인이었다. 그것은 공화주의적 처벌이 아니었다. 사회민주당이 허가한 반혁명적 만행이었다. 살인의 소식은 당원들 사이에 공포의 파문을 일으켰다. 정부 사퇴 요구가 제기되었다. 그러나 노스케의 대응은 강경했다. "전쟁은 전쟁이다."[23]

폭력적인 충돌은 독일 극좌파에 재앙이었다. 그러나 이는 군사 독재의 전주곡이 아니었다. 스파르타쿠스단 봉기 진압 후 한 주가 지난 1919년 1월 19일, 독일 성인 인구의 83퍼센트가 넘는 3,000만 명의 남녀가 제헌의회 선거를 치렀다. 이제 1차 세계대전 이후 서방 세계에서 가장 인상적인 민주주의의 표현이었다. 독일 인구는 6,100만 명이고 미국 인구는 1억 700만 명이었는데도, 1920년 미국 대통령 선거에서 투표한 자들보다 독일 제헌의회 선거에 투표한 자들이 300만 명이나 많았다. 사회민주당은 38퍼센트를 득표하여 제일 좋은 성과를 올렸다. 독일처럼 내부적으로 분열한 사회에서 이는 놀라운 일이었다. 독일 역사상 어느 정당도 그보다 많은 표를 얻지 못했다. 히틀러의 인기가 최고조에 달했던 1932년 선거에서 그가 얻은 표보다 많았다. 1950년대 전후 경제 기적이 절정에 도달하면서 콘라트 아데나워가 승리할 때까지 어떤 정당도 그보다 많이 득표하지 못했다. 그러나 이는 과반수에는 미치지 못했고, 사회주의자들의 통합 정부를 구성할 때 사회민주당의 협력 정당이 될 가능성이 있다고 추정되는 극좌파의 독립사회민주당은 고작 7.6퍼센트를 얻었다. 이 시점까지는, 베를린에서 발생한 폭력 때문에 사회민주당과 독립사회민주당의 동맹은 어쨌거나 불가능했다. 그들은 균형을 이루지 못한 내전에서 서로 반대편에 있었다.

1919년 1월의 선거는 사회주의 공화국에 반대하는 선거였지만 그렇다고 반동에 찬성하는 선거도 아니었다. 사회민주당은 극좌파의 사회주의적 모험주의에 단호히 반대하면서 1917년 여름 이래로 추구한 전략의 추진을 확인했다. 사회민주당은 중앙당과 독일민주당과 함께 극좌파와 극우파 둘 다무시할 수 있을 만큼 든든한 민주주의적 과반수를 확보하려 했다. 전쟁 이전의 마지막 선거인 1912년 선거에서 제국의회 다수파인 세 정당, 즉 사회민주당과 중앙당, 진보인민당은 3분의 2를 득표했다. 1919년 1월 19일 세정당(사회민주당, 중앙당, 독일민주당)의 득표는 전체의 75퍼센트라는 상당한수치에 이르렀다. 독일 유권자는 확실한 과반수를 주었지만, 이는 사회혁명이 아니라 민주화에, 그리고 놀랍도록 유리한 휴전을 얻어낸 외교에 준표였다. 구스타프 슈트레제만 패거리의 비스마르크주의적 국민자유당NLP을 포함하는 우파는 15퍼센트도 득표하지 못했다. 이렇게 극적인 결과에고무된 다수파 정당들은 자유주의적 권리와 사회민주주의의 기본적인 요구를 다 포함하는 공화주의적 헌법의 제정에 착수했다. 당원들이 단결하자이 정당들은 마음을 단단히 먹고 평화와 대면했다.

유럽 사회주의의 단층선이 드러나다

1871년에는 공화국이 파리 코뮌을 진압한 뒤 사회주의 혁명의 요구에 무력으로써 맞섰다. 1919년에는 독일에서 동일한 폭력적 평결이 내려졌다. 이것이 유럽 사회주의와 전후 재건에서 사회주의가 맡게 될 역할에 어떤함의를 지녔는가? 독일에서 선거가 실시되고 두 주가 지난 2월 3일, 사회민주당과 독립사회민주당은 베른에서 열린 국제사회주의위원회International Socialist Commission(베른 인터내셔널)의 종전 후 첫 번째 회의에 대표를 파견했다.[24] 전쟁 이전 인터내셔널의 계승 조직인 이 기구의 회의에 26개 정당이 참여했다. 독일과 오스트리아의 대표들이 프랑스 사회당SFIO과 영국 노동운동의 과거 동지들을 대면한 것은 1914년 이후로 처음이었다. 대회의 조직자들은 되찾은 단합을 과시함으로써 볼셰비키의 폭력을 거부한 민주주의적 변혁의 정치를 뒷받침하고자 했다. 이들은 또한 '민주주의적 강화'를 이루어내려는 윌슨 대통령의 노력에 힘을 보태려 했다. 윌슨은 1918년 12월 몇 주 동안 협상국 수도를 방문했을 때 유럽 좌파의 지지를 환영한다는 점을 분명히 밝혔다. 그가 프랑스에 도착했을 때 앞장서서 미국 대통령을 환영한 것은 사회당이었다. 12월 27일 윌슨이 버킹엄 궁전에서 접대를 받을 때, 그는 눈에 띄게 간소한 복장으로 나타나 단호히 크롬웰적인 자세를 취했다. 그의 메시지는 솔직했다. "당신들은 여기로 건너온 우리를 사촌으로 말하면 안 된다. 형제라고 말하는 것은 더욱 안 된다. 우리는 사촌도 형제도 아니다. 당신들은 또한 우리를 앵글로색슨족으로 생각하지 말아야 한다. 그 용어는 이제 미국 국민을 가리키는 데 쓰기에는 적합하지 않기 때문이다. 이 점에서 영어가 우리의 공용어라는 사실을 지나치게 중요시하지 말아야 한다…. 당신네 나라와 우리나라 사이에 더 긴밀한 관계를 세우고 유지할 수 있는 것은 두 가지뿐이다. 그것은 이상과 이해관계의 공동체이다."25 윌슨은 가치관의 공동체가 로이드조지의 연립정부보다 야당인 노동당에 훨씬 더 많이 구현되었다고 생각한다는 점을 숨기지 않았다.

그러므로 영국 노동운동이 베른 회의에서 제시된 윌슨주의 의제의 주된 배후 세력에 속했음은 우연의 일치가 아니었다.26 그러나 회의 자체는 난장판이었다. 전혀 인상적인 여론을 동원하지 못했다. 고통스럽게도 분명해진 것은 유럽 사회주의를 관통하는 여러 단층선이었다. 이 때문에 사회주의는 독일의 경우처럼 내분으로 추락하거나 거의 마비 상태에 빠졌다. 이탈리아 사회당PSI은 전쟁 내내 급진적 의제를 중심으로 단합한 유일한 정당이었다. 그러나 이는 그들이 베른 회의 참여를 거부했다는 뜻이다. 이탈리아 사회당은 '맹목적 애국주의자들'의 회의에 관여하지 않으려 했다. 그들 대부분은 자국의 전쟁 수행 노력을 지지함으로써 국제주의라는 대의를 배신했기 때문이다. 대신 이탈리아 사회당은 새로운 제3 인터내셔널, 즉 공산주의 인터내셔널(코민테른)에 합류하라는 레닌의 초대를 서유럽 정당으로는 처음으로 받아들였다. 공산주의 인터내셔널은 1919년 3월 19일 모스크바에서 첫 회의를 열었는데 참여는 미미했다. 프랑스 사회당은 조직의 통일성을 유지하는 데 성공했지만, 이는 베른 회의에서 보여준 활동이 보여주듯이 이데올로기적으로나 실천적으로나 완전한 모순을 대가로 얻은 성공이었다.

첫 회의에서, 1917년 위기 때까지 프랑스 정부에서 일한 이른바 '애국적' 사회주의자였던 프랑스 사회당 대표단은 1914년 7월의 파멸적인 사건들을 되짚어야 한다고 요구함으로써 회의를 독차지했다. 독일의 동지들은 그 중요한 시기에 어디 있었는가? 전쟁이 남긴 원한을 생각하면, 이는 예상할 수 있는 일이었다. 그러나 이러한 비난은 회의 조직자들이 '대등한 자들의 평화'라는 수사적 표현으로써 또는 전쟁 발발의 책임을 독일만큼이나 프랑스-러시아 동맹에도 돌렸던 램지 맥도널드의 시각으로써 공언한 윌슨의 국제주의와 근본적으로 충돌했다. 프랑스 사회당의 우파와 독일 다수파 사회민주당 간에 이틀 동안 위협적인 논쟁이 벌어진 끝에 회의 전체가 거의 궤도를 이탈했다. 사회민주당은 기꺼이 카이저의 어리석음을 비난했지만, 그는 여러 제국주의자 중 하나였을 뿐이다. 독일 사회주의자들은 무엇에 대해 사과해야 했는가? 그들은 1914년 8월에 프랑스-러시아 제국주의나 굶겨 죽이겠다는 영국의 위협에 굴복했어야 했는가? 그들은 카이저 정권을 무너뜨리고 혁명을 일으킨 정당으로서 베른에 왔다. 그들이 왜 자국의 제국주의적 과거와 단절하기 위해 아무 일도 하지 않은 프랑스의 동지들 앞에 머리를 조아려야 하는가? 프랑스인들이 민주적인 토대 위에서 알자스로렌 문제를 해결하고자 한다면, 주민투표를 실시하면 될 일이다. 그러나 프랑스 사회당 대표단의 애국자들은 이러한 이야기를 들으려 하지 않았다. 윌슨이 인정했듯이, 알자스로렌은 자결권의 문제가 아니라 그저 영토 회복의 정의에 관한 문제였다.[27]

독일 좌파 독립사회민주당의 대표자인 쿠르트 아이스너는 프랑스와 독일의 사회주의 정당 내 우파의 반항적인 애국주의와 비교하면 이채로운 인물이다. 모든 대표단 중에서 바이에른의 임시 총리인 아이스너만이 유일하게 제국주의를 전체적으로 비난했을 뿐만 아니라 자국의 중대한 허물도 기꺼이 인정하려 했다.[28] 1919년에 독립사회민주당을, 적어도 연합국에는, 독일 민주주의의 대표자로 받아들여질 만한 정당으로 바꿔놓은 것은 바로 애국적 집단과 관계를 끊겠다는 이러한 의지였다.[29] 그러나 동시에 아이스너와 그의 동지들이 독일 유권자에게 비참할 정도로 인기가 없었던 것도 그 때문이었다. 1919년 초, 독립사회민주당은 준군사 집단인 의용대 Freikorps의 총포에 맞서 좌로 더 이동하여 모든 권력을 소비에트로 넘기라는 볼셰비키의 구호를 채택하고 레닌의 코민테른에 가입할 것을 고려했다. 독립사회민주당은 비단 선거의 득표에서만 대가를 치른 것이 아니었다. 베른 회의가 끝나고 11일이 지난 2월 21일, 국회 선거에서의 압도적인 패배라는 평결을 받아들인 아이스너는 총리 사퇴서를 제출하고자 뮌헨 거리를 지나던 중에 우파 암살자가 쏜 총탄에 쓰러졌다.

폭력은 베른 회의의 의제에 오른 주제였다. 그러나 회의 참석자 절대 다수의 마음을 빼앗은 것은 우파의 간헐적인 공격이 아니었다. 그들의 관심을 끈 것은 레닌과 트로츠키가 공공연히 옹호한 체계적인 계급 테러였다. 회의 조직자들은 독립사회민주당 대표로 회의에 참석한 카우츠키를 따라 유럽 사회주의를 이 폭력적인 신조에서 떼어놓기를 원했다. 사회민주주의적인 국제사회주의위원회(베른 인터내셔널)는 곧 전투가 한창인 조지아 공화국을 격려하고자 대표단을 파견했다. 조지아에서는 사회민주주의가 다가오는 적군의 위협에 맞서 뿌리를 내리기 위해 분투하고 있었다. 그러나 베른에서는 볼셰비키 공산주의 문제에 의견 일치를 보지 못했다. 프랑스 사회당 우파가 반독일 선전으로 첫 이틀을 독차지한 뒤, 이제 프랑스 좌파가 오스트리아 사회당SPÖ의 과격파와 연합하여 러시아 독재정권 문제에 관한 공동 결의안을 막으려 했다.

베른 회의에서 프랑스 사회당의 어느 파벌로부터도 항의를 받지 않은 한 가지 동의안은 윌슨이 약속한 진보적 강화와 국제연맹에 대한 승인 투표였다. 물론 개혁주의적인 사회민주당으로서는 그러한 태도를 취할 이유가 충분했다. 강력한 국제연맹이 탄생하면 1914년 7월에 안타깝게도 부족했던 국제적 중재를 제공할 수 있을 것이었다. 노동법에 관하여 국제적인 협력이 이루어지면 살벌한 대외적 경쟁이 더는 국내 복지 조치에 반대하는 가장 두드러진 논거가 되지 못할 것이었다. 노동운동의 회합이 국제연맹을 철저히 민주적인 원칙 위에 세워야 한다고 요구하는 것은 이치에 맞는 일이었다. 그러나 급진 좌파의 대변인들은, 레닌주의 코민테른이 곧 그렇게 하듯이, 그러한 논의를 '부르주아 국제주의'로 치부할 이유를 쉽게 찾을 수 있었을 것이다. 베른에서는 좌파가 자제했다. 다른 차이점이 무엇이었든 간에, 독일과 프랑스의 온갖 사회주의자들이 의견의 일치를 본 것이 하나 있었다면, 윌슨이 '제국주의자'인 클레망소와 로이드조지에 어두운 그림자를 드리워서 그들 모두 기뻤다는 사실이었다.[30]

부정적인 고정관념을 만들면 확실히 정치적 결속을 촉진하는 데 효과를 볼 수 있다. 윌슨의 국제주의는 분열한 유럽 노동운동을 민주주의 세력으로 결합하는 데 도움이 되었을 것이다. 그러나 윌슨의 국제주의가 상처를 치유했다고 해도, 사회주의적 윌슨주의는 너무도 약한 힘이어서 전쟁과 볼셰비키의 권력 장악으로 조각난 단합을 회복하기 어려웠다. 레닌이 러시아를 더욱 공고히 장악하는 상황에서, 로자 룩셈부르크부터 구스타프 노스케까지 통합된 좌파가 중부유럽이나 서유럽 어디서든 민주주의에 찬성하는 다수파를 차지할 수 있다는 생각은 신기루였다. 여러 곳에서 민주주의적인 국가 개혁 일정은 과반수의 지지를 받았다. 그러나 그 토대는 통합된 사회주의 진영의 힘이 아니었다. 그것은 독일이 보여주듯이 극좌파를 제쳐놓고 기독교민주주의자들과 자유주의자들과 동맹하기로 한 사회민주당 우파의 결정에서 나왔다.[31] 그것은 고통스러운 선택이었다. 독일의 사례가 증명하듯이, 그러한 결정은 극좌파에 치명적인 영향을 줄 수 있었다. 그들이 레닌주의 내전의 수사법과 실천을 신봉함으로써 억압의 기회를 제공했다면 그 영향은 더욱 컸을 것이다. 윌슨주의는 이를 더 쉽게 만들지는 않았다. 윌슨주의의 어법은 에르츠베르거와 클레망소, 로이드조지 같은 자들을 의심했기에 폭넓은 진보적 동맹의 전망이 실제로 의지했던 바로 그 인사들의 신뢰를 해치는 데 일조했다. 윌슨주의는 온건한 사회민주주의자들에게 볼셰비키 공산주의를 배제한 급진적 국제주의라는 그릇된 희망을 제시함으로써 폭넓은 진보적 동맹을 고려할 만한 것이 아니라 반대로 고려할 수 없는 것으로 만들었다. 그 역설적인 결과는 유럽 노동운동 중에서도 볼셰비키 공산주의와 가장 멀고 윌슨주의와는 가장 가까웠던 영국에서 제일 명확했다.

노동계와 정부의 밀월을 가능케 한 전후 경제 사정

영국에서는 자유당의 주류와 조직 노동운동 사이의 다소 뚜렷한 동맹이 1870년대 이후 급진 개혁의 대들보였다. 1914년 노동운동은 대체로 전쟁을 지지했다. 1916년 12월 이래로 로이드조지는 언제나 노동조합 대표사를 전시 내각의 요직에 앉혔다. 그러나 1917년 윌슨이 열어놓은 강화에 관한 논쟁 때문에 이러한 편입은 실질적인 압박을 받았다. 1914년 이후로 램지 맥도널드는 전쟁에 반대하는 소수파를 이끌었으며 우드로 윌슨의 선전 그룹 역할을 한 영국 내 급진적 자유주의자들인 민주적 통제를 위한 동맹 Union of Democratic Control과 긴밀한 관계를 유지했다. 1917년, 앞서 전쟁에 찬성한 노동당의 아서 헨더슨이 스톡홀름 평화회의 참석을 허락하지 않는다는 이유로 로이드조지 내각을 떠났을 때, 이 반전 진영은 훨씬 더 중요해졌다. 로이드조지가 1918년 1월 전쟁 목적을 선언한 것은 노동당으로 하여금 계속 전쟁을 지지하게 하려는 노력이었지만, 헨더슨을 필두로 노동운동은 이제 자유당의 조력자가 아니라 대안 정부로서 경쟁할 준비를 하고 있었다.[32] 선거권이 크게 확대되었기에 노동당이 이제는 노동계급이 압도적으로 많아 유권자의 과반수를 차지할 수 있다고 주장하지 않을 이유가 없어 보였다.

이러한 예측은 조만간 옳았음이 증명된다. 1923년에서 1945년 사이에 영국식 사회주의에 충실한 강령을 바탕으로 노동당 정부가 세 차례 수립된다는 사실은 현대 정치사에서 상당히 놀라운 평화로운 이행으로 보아야 한다. 그러나 노동당은 1945년에 가서야 독자적인 힘으로 완전한 과반수를 얻을 수 있었다. 1923년과 1929년의 노동당 정부는 자유당의 지원에 의존했다. 1918년에는 자만심 탓에 큰 대가를 치르게 된다. 로이드조지가 신속한 전후 선거를 결정하고 노동당 후보들에게 자당 후보 명부로 확실한 당선을 제안했을 때, 노동당 지도부는 이를 거절했다. 노동당은 새로운 전국 조직에 의존하여 전체 의석의 거의 절반에 후보를 내며 극적인 성공을 기대했고 정부를 전쟁광이라고 비난하며 확실하게 선을 그었다.[33] 그러나 12월 14일 정부가 압도적인 승리를 거두었다. 로이드조지와 그에 협력한 보수당이 전직 총리 허버트 애스퀴스가 이끄는 자유당의 잔여 세력을 사실상 제거해버렸다. 300명의 노동당 후보 중에서 하원에 입성한 자는 57명뿐이었다.

역설적이게도 영국의 선거권이 폭넓게 확대된 상황에서 처음으로 치른 선거는 민주주의적 개혁의 승리로 축하 받기보다는 호전적 민족주의의 승리로 악명을 떨쳤다. 윌슨이 드리운 그늘 아래에서 '군복 선거khaki election'는 우파가 아니라 좌파로부터 비난 세례를 받았다. 낙선한 램지 맥도널드는 '이 의회의 퇴화'에 직면하여 인간 본성에 아주 실망했다.³⁴ 로이드조지와 보수당의 협력자들은 민주주의를 반동의 수단으로 바꿀 방법을 찾은 것 같았다. 보어전쟁을 철저히 반대했던 로이드조지는 이제 민족주의의 가장 천한 본능에 영합했다는 비난을 받았다. 최다득표당선제도의 전횡은 속았다는 느낌을 증폭시켰다. 자유당의 애스퀴스 파와 노동당이 총 투표의 3분의 1 이상을 가져갔지만, 이들이 차지한 의석은 겨우 전체의 8분의 1에 불과했다.³⁵ 그러나 이러한 상황이 괴롭기는 했어도, 선거제도가 뜻밖의 결과를 가져올 수 있음은 예측할 수 있었으며, 따라서 그 제도가 본질적으로 보수적인 제도는 아니었다. 1906년에는 그 덕에 자유당과 노동당의 연합이 압도적인 승리를 거두었다. 1917년 개혁 논쟁 중에 비례대표제를 추진한 것은 보수당이었다. 보통선거권 제도에서는 노동계급이 과반수를 차지하는 것이 불가피하다고 보았고 이에 대해 자신들을 보호할 안전장치를 원했기 때문이었다. 그러나 1918년에 유권자가 1910년에 비해 3분의 2가 늘었다고 해도 정부가 계산하지 못한 것이 있었다. 정적의 자멸에 가까운 무능력이었다. 1918년 노동당은 자유당의 애스퀴스 파와 아무런 합의도 이루지 못했다. 그리하여 야당의 표는 분산되었고, 그 결과는 충분히 예측할 수 있었다.

그렇지만 연립정부는 대중의 실제 분위기를 전혀 착각하지 않았다. 주전파 시위와 신문의 머리기사를 제외하면 정부를 뒷받침하는 민족주의적 열정의 높은 파고는 없음을 그들은 알고 있었다. 로이드조지가 '참호 투표'를 독려했는데도, 병사들의 대다수는 투표하기에는 너무 지쳤고 무관심했다. 보수당은 고작 총투표의 32.5퍼센트를 얻고도 하원에서 상당히 많은 의석을 차지했다. 1945년과 1997년의 역사적 패배를 제외하면 20세기 영국 선거에서 가장 낮은 득표율이었다. 물론 이는 부분적으로는 로이드조지와의 연립정부 구성 협약이 낳은 효과였다. 그러나 보수당 지도부는 로이드조지가 노동당의 성장을 막아줄 방패로서 반드시 필요하다고 확신했다.[36] 그리고 낮은 득표율은 1920년대 보수당의 선거 결과에 지속적으로 나타나는 특징이 된다. 그 10년간 보수당은 40퍼센트의 문턱을 단 한 차례만 넘었다. 겉으로 보기에는 연립정부가 의회를 지배했지만, 밑바닥에서는 확실히 변화가 감지되었다. 1918년 12월 4일 영국 선거에서 노동조합은 노동당 후보의 절반을 낼 정도로 강력했다.[37] 의회 밖에서는 실로 전례가 없는 노동자 동원의 물결이 이를 뒷받침했다.

1910년에서 1920년 사이 노동계급 투쟁 정신의 고조는 전 세계를 휩쓴 현상이었다.[38] 이것을 일어나지 않은 사회주의 혁명의 단순한 부대 현상으로 보지 말아야 한다. 그것은 당연히 변화의 힘을 지닌 사건으로 볼 만하다. 미국에서는 윌슨의 대통령 임기 중 마지막 18달 동안 이 때문에 우파가 돌연히 공포를 느꼈다. 프랑스에서는 베르사유 강화회의에 파견된 대표단이 1919년 노동절에 거리에서 싸움이 벌어지는 것을 목격했다. 1919년 여름 이탈리아 정부는 도시 지역 대부분에서 통제력을 잃기 직전이었다. 영국에서 그러한 호전성의 분출은 그다지 과격하지 않았을지 모르지만, 그럼에도 막강했다. 영국제국은 여전히 힌덴부르크 방어선을 타격하고 있었지만, 로이드조지 정부는 경찰 파업과 심각한 철도 운행 중단에 직면했다.[39] 상황이 심히 걱정스러워 정부는 지역 경찰에 군대의 지원을 요청할 수 있게 했다(〈표 6〉).[40]

전쟁이 끝에 다다르면서 억압은 물러가고 상당한 무마 조치가 찾아왔다. 1918년 11월 13일 로이드조지는 휴전 체결일 수준의 실질 구매력을 유지하겠다고 약속하는 관대함을 보여주었다. 그러나 이제 임금 인상이 노동조합의 유일한 요구는 아니었다. 유럽과 미국 전역에서, 심지어는 이제 막 탄생한 아시아 노동운동에서도 8시간 노동제는 국제연맹의 상징인 만큼 새로운 질서의 상징이기도 했다. 12월, 철도 총파업의 위협에 직면한 로이드조지는 내각의 보수당 동료들에게 임금 삭감 없는 8시간 노동제의 도입에 동의하게 했다. 바이마르 공화국도 그렇게 했고, 클레망소도 1919년 봄에 선례를 따랐다. 노동조합의 세 번째 큰 요구는 국가가 주요 산업을 통제해야 한다는 것이었다. 영국에서는 탄광이 주된 싸움터였다. 탄광은 영국은 물론 다른 대부분의 유럽 국가에서도 화석 연료의 공급원으로 압도적으로 중요했다. 철도 노동자와 부두 노동자, 광부의 이른바 '삼자동맹Triple

〈표 6〉 전쟁, 인플레이션, 노동계급의 호전성, 1914~1921년: 파업 숫자

	1914	1915	1916	1917	1918	1919	1920	1921
덴마크	44	43	66	215	253	472	243	110
프랑스	672	98	314	696	499	2,026	1,832	475
독일	1,233	141	240	562	532	3,719	3,807	4,455
이탈리아	905	608	577	470	313	1,871	2,070	1,134
네덜란드	271	269	377	344	325	649	481	299
러시아	3,534	928	1,288	707				
에스파냐	212	169	237	306	463	895	1,060	373
스웨덴	115	80	227	475	708	440	486	347
영국	972	672	532	730	1,165	1,352	1,607	763
미국	1,204	1,593	3,789	4,450	3,353	3,630	3,411	2,835

Alliance'은 영국뿐만 아니라 연합국 간 공급 네트워크 전체를 마비시킬 능력을 보유했다.

그러나 노동당의 정치적 지도력과는 달리 노동조합은 현실을 분명하게 인식했다. 그들은 자신들의 힘을 알았지만 또한 전면적인 파업에 돌입하면 정부가 무력에 의존할 수밖에 없으리라고 판단했다. 강력한 운송노조 지도자 어니스트 베빈은 이렇게 말했다. 만일 '삼자동맹'이 그 위협을 실행에 옮길 수 있다면, "나는 분명코 내전이 발발하리라고 생각한다. 일단 모든 운송노조가 참여하면 정부가 주권과 권력을 위한 싸움을 어떻게 피할 수 있을지 나는 알 수 없다. 또 국민은 그것이 무슨 의미인지 안다면 결코 뛰어들지 않을 것이라고 나는 믿는다."[41] 노동당이 선거에서 패배했으니 로이드조지는 의회의 지지를 받았을 것이다. 양쪽 다 그러한 충돌을 감내하기에는 '평화를 사랑하는 왕국'이라는 영국의 이미지에 너무도 큰 지분을 갖고 있었다. 그래서 노동조합과 로이드조지 연립정부 둘 다 충돌 대신에 흥정을 선호했다.

1919년 2월 24일, 삼자동맹을 달래기 위해 로이드조지는 국유화에 관한 정부조사단에 동의하라고 영국광부노조연맹MFGB을 설득했다. 1918년 11월 총리는 대담하게 '민주주의적 재건 계획'이라고 이름을 붙인 정책에 보수당의 주저하는 협력자들을 끌어들였다. 보수당 지도자 앤드루 보너 로는 아서 밸푸어에게 이 합의의 논리를 놀랍도록 솔직하게 설명했다. 보수당은 로이드조지가 이전에 적이었으니 그와 관계를 끊어도 이상한 일은 아니었을 것이다. 그러나 만일 그렇게 하면 보수당은 '자유당과 노동당의 연합세력'에 맞서는 위험을 무릅써야 했다. 보수당이 독자적으로 과반수를 끌어 모을 수 있었다고 해도, 그로 인한 양극화는 심히 위험했을 것이다. 도처에 널린 문제들을 '합리적으로 해결할… 유일한 방법'은 영국 사회의 어느 한 '부분'이 아니라 모든 주요 진영이 모여 수립한 정부가 그 문제들을 다루는 것이었다. 그렇게 하면 '적어도 가장 혁명적이지 않은 방식으로 반드시 필요한 개혁을 수행할 기회'가 있을 것이었다.[42] 결정적인 순간에 로이드조지는 내각의 동료들에게 이 기본적인 정치적 통찰력을 깨닫게 했다. 그들이 전쟁의 승리를 위해 많은 것을 쏟아 부은 마당에, 국내의 평화를 확보하는 데 필요한 수억 파운드의 자금을 두고 언쟁을 벌이는 것은 터무니없는 짓이었다. 전쟁이 1년 더 지속되었다면, 어떻게 해서든 추가로 20억 파운드를 더 모으지 않았겠는가? 이에 비하면, '7,100만 파운드는 볼셰비키 공산주의를 막아주는 저렴한 보험이었다.'[43]

물론 전시의 지출 관행이 무한정 지속될 수 없었다. 1919년 4월 30일, 재무장관 오스틴 체임벌린은 의회에 공공 지출을 절반 삭감한 예산을 제출했다.[44] 그러나 군사비는 대폭 삭감되었던 반면, 빵 값과 철도 요금, 전쟁 연금과 기타 동원 해제 비용 몫으로 예산의 5분의 1을 떼어놓았다. 복지비용이 제국 방어보다 명백히 우선시된 적은 과거 어느 때에도 없었다.

전쟁 이전에 로이드조지는 현대적인 누진세 제도의 도입을 둘러싸고 상원과 싸우면서 자신이 현대 민주주의의 위대한 건설자 중 한 사람임을 입증했다. 그때 그의 과제는 늘어난 복지비와 독일제국과의 건함 경쟁 자금을 마련할 민주적 토대를 찾아내는 것이었다. 1919년 독일의 패배에 기여한 그의 정부는 상상할 수 없을 정도로 큰 재정 위기를 맞았다. 1914년 영국의 국가 채무는 6억 9,480만 파운드에 불과했지만, 5년 뒤 그 수치는 61억 4,200만 파운드라는 아찔한 수준으로 치솟았다. 그중 10억 파운드가 미국에 진 빚이었는데 파운드 채무가 아니라 달러 채무였다(〈표 7〉).[45] 원리금 상환액만 1919년에 이미 예산의 25퍼센트를 차지했고 가까운 장래에 40퍼센트에 육박할 것으로 예상되었다. 무거운 부담이었지만 영국은 부자였다. 국내 부채와 대외 부채가 프랑스와 이탈리아에 안긴 부담은 한층 더 무거웠다. 당대의 계산에 따르면, 전쟁 중에 계약된 공채는 이탈리아에서 전쟁

전 국부의 60퍼센트에 달했다. 반면 영국에서는 50퍼센트였고 미국에서는 고작 13퍼센트였다.[46]

1918년 12월 11일, 로이드조지는 브리스틀에서 즉석으로 연설하며 '군복 선거' 중 가장 선동적인 발언을 했다. 배상 문제에 관하여 그는 환호하는 군중에게 독일은 쉽게 벗어날 수 있다는 기대를 하지 말아야 한다고 선언했다. "우리는 그들의 호주머니를 뒤질 것이다."[47] 로이드조지의 비판자들이 주장하는 바에 따르면, 총리는 이렇게 포퓰리즘에 의지하면서 베르사유 강화회의에서 재앙에 이르는 문을 열었다. 그러나 그의 연설을 단순히 대중 선동으로만 본다면, 이는 재정 위기의 현실과 전에 없이 심한 사회적 갈등을 무시하는 것이다. 노동계 좌파에서는 윌슨주의의 무배상 강화에 대한 이야기가 있었지만, 배상은 단순히 좌우의 문제가 아니었다. 전쟁 채무

〈표 7〉 새로운 재정 능력 위계: 베르사유 회담 직전 예산 상황, 1918년 12월(10억 달러)

	독일	영국	프랑스	이탈리아	미국
국부 총량(전쟁 이전)	75.0	75.0	60.0	20.0	250.0
전쟁 이전 연간 국민소득	10.0	11.0	7.0	3.0	40.0
전쟁 이전 정부 채무	1.2	3.5	6.6	2.9	1.0
전쟁 종결 시점의 정부 채무	40.0	40.0	28.0	12.0	23.0
전후 채무의 이자 비용 (감채 기금 제외)	2.0	2.0	1.4	0.6	1.0
세금 수입	1.9	4.0	1.5	0.9	4.0
전쟁 이전 저축	2.5	2.5	0.9	0.4	5.0
전쟁 이전 무역수지	−0.4	−0.7	−0.3	−0.2	0.7
전쟁 이전 육군 군비 지출	0.3	0.1	0.2	0.1	0.1
전쟁 이전 해군 군비 지출	0.1	0.2	0.1	0.1	0.2

2부 민주주의적 승리 확보하기

의 상환이 공교육과 사회보험, 공공주택을 수단으로 더 좋은 사회를 만들려는 노력을 방해하지 않으려면(이러한 의제는 유럽 전역의 새로운 자유주의자들과 개혁적 사회주의자들이 공유했다), 추가 자원을 찾아내야 했다. 훗날 배상을 비판하는 주요 인사인 존 메이너드 케인스는 1919년 봄에 이렇게 인정했다. '배상금 문제에 관한… 대중의 격앙된 감정'은… '독일이 실제로 얼마를 지불할 수 있는지 합리적으로 계산'하지 않았다. 그것은 독일이 부담의 상당 부분을 떠맡지 않는다면 유럽의 승전국들에 나타날 '용납할 수 없는 상황에 대한 근거가 충분한 판단'에서 비롯했다.[48] 영국 사회보험 제도의 아버지인 로이드조지가 배상금을 받아내고자 독일인의 호주머니를 뒤지겠다고 말했을 때, 그는 걱정 많은 중간계급 납세자에게 이 막대한 새로운 부담을 그들 홀로 떠맡는 일은 없으리라고 약속하고 있었던 것이다.

물론 로이드조지를 비판하는 자들에게는 미망인의 연금을 독일의 배상금과 연결하는 것이 바로 선동이었다. 각국 정부가 자국의 부유한 엘리트층에 높은 세금을 부과할 용기가 있는 한, 자유주의적 강화는 국내 개혁과 완벽히 양립할 수 있었다.[49] 소득이 아닌 재산에 부과되는 세금, 즉 자본 과세는 프랑스와 독일에서 그랬듯이 1919년 영국에서도 깊이 논의되었다. 정통파 경제학의 보루였던 영국 재무부를 포함하여 당대의 가장 유력한 몇몇 경제학자들이 자본 과세에 진지하게 주목했다.[50] 전쟁 이전의 이력이 증명하듯이, 클레망소도 로이드조지도 부자를 등쳐먹는 데 반대하지 않았다. 그러나 그처럼 과격한 조치를 이행하려면 바로 자유당과 노동당 간의 폭넓은 급진적 동맹이 필요했다. 그러한 동맹은 프랑스 사회당도 영국 노동당도 깊이 숙고하지 못했을 것이다. 재정적으로 더 급진적인 방안들이 애초부터 배제된 것은 좌파가 지속 가능한 대안적 과반수의 결집을 이끌어내지 못했기 때문이다.

어쨌거나 자본 과세가 널리 채택되지 않았다고 해서 유럽의 엘리트층이 아무런 상처도 입지 않고 도망갔다는 뜻은 아니었다. 어디서나 세율은 전례 없는 수준까지 높아졌다. 철저한 혁명이라는 목표는 실패했지만, 인플레이션을 통해서든 과세를 통해서든 제1차 세계대전의 한 가지 결과는 유럽 전역의 전례 없는 부의 평준화였다. 이러한 변화는 어느 한 나라에만 국한되지 않았다. 유럽의 주요 교전국 어느 나라도 이전과 같지 않았다. 뿐만 아니라 이는 서로 연결된 과정이었다. 배상금을 통해서, 전쟁 동안 누적된 막대한 국제 채무를 통해서, 유럽의 여러 정부와 사회는 과거 그 어느 때보다도 강하게 맞물렸다. 1919년 5월 27일, 프랑스의 불운한 재무장관 루이루시앵 클로츠는 하원에 고통스럽지만 세금 인상을 승인해달라고 요청했다. '프랑스가 상황이 요구하는 대로 어떻게 희생해야 할지 여전히 알고 있으며 따라서 정의가 힘에 맞서 승리할 수 있게 한 군사적, 경제적, 재정적 영역에서의 협정을 유지할… 가치가 있다는 점을 우리의 동맹국들'에 증명해야 하기 때문이다.[51]

과세는 이제 엄밀하게 말해서 국내 문제가 아니었다. 독일에 무거운 배상금을 물리는 것은 그 궁지에서 벗어나는 한 가지 방법이었다. 그러나 유일한 방법은 아니었다. 그 전쟁에서 미국과 협상국은 협력을 통해 승리를 가져갔다. 전쟁으로 극심한 상처를 입은 국민 경제에는 이 상호 지원이 평시까지 확장되는 것이 큰 희망이었다. 1918년 영국과 프랑스 두 나라 모두 재건 시기에 자신들을 안전하게 지켜줄 전후의 경제 조직 계획을 제안했다.[52] 이 계획들은 자국 주민에게 전례 없는 공약을 제시했다. 프랑스 사회주의자 레옹 블룸이 주목했듯이, 전쟁을 수행한 국가들이 역사상 처음으로 시민이 입은 피해를 보상하겠다고 약속한 것이다.[53] 이는 국내에서는 물론 국제적으로도 의미가 있었다. 1918년 1월 연대주의자요 사회개혁가였던 프랑스 상업장관 에티엔 클레망텔은 바로 이러한 정신에서 클레망소에게 자신의 확신을 담은 서한을 보냈다. "우리의 새로운 동맹국 미국은 분명코 이러한 사고방식에 동조할 것이며 북부 프랑스와 벨기에의 완전한 재건은 본질적으로 모두의 일이고 자유로운 국민들의 경제 연맹이 수행해야 할 기본 과제라는 데 동의할 것이다."[54] 바로 베르사유에서 이 도박이 시험에 내맡겨진다.

3부

미완의 평화

13장

누더기가 된 세계 질서

1919년 1월 18일 대망의 강화회의가 파리 외곽 베르사유에 있는 루이 16세 궁전 안 '거울의 방'에서 열렸다. 같은 장소에서 새로운 독일의 첫 황제가 선포된 지 50년 만의 일이었다. 혁명이 중부유럽에 소용돌이치고 1,200만 명의 미군과 협상국 병사들이 패배한 적의 국경에서 동원 해제를 기다리는 상황에서 우선 유럽의 평화를 전반적으로 논의하는 것이 당연해 보였을지 모른다. 그러나 3주 전에 미국 대통령 윌슨은 영국으로 향하는 긴 여정 중에 이미 그러한 우선순위에 동의하지 않는다고 분명히 밝혔다. 그는 영국 인들에게 미국은 '지금 유럽 정치에 관심이 없다'고 '단지 유럽의 평화에만' 관심을 두지는 않는다고 말했다. 미국의 관심사는 '세계 평화'였다.[1] 마치 구세계에 그 분수를 깨닫게 하려는 듯이, 1월 25일 전쟁최고위원회Supreme War Council의 첫 번째 결정은 유럽과의 회담을 시작하는 것이 아니라 다섯 개 강국 즉 미국과 영국, 프랑스, 이탈리아, 일본의 대표들과 중국과 브라질, 세르비아, 포르투갈, 벨기에의 대표로 규약위원회를 구성하여 국제연맹 규약의 초안을 마련하는 것이었다.(League of Nations' Commission. 파리 강화회의에서 규약에 관한 합의를 도출하기 위해 설치한 위원회. 처음에는 의장을 맡은 윌슨을 포함하여 15명으로 구성되었고, 나중에 체코슬로바키아와 그리스, 폴란드, 루마니아의 대표가 추가되었다. 의미를 분명히 하고자 '규약위원회'로 옮긴다.*) 2월 3일 월요일 콩코르드 광장이 내려다보이는 크리용 호텔 351호실 하우스 대령의 스위트룸에서 위원회는 정식으로 첫 회의를 가졌다. 평화연맹에 관한 논의는 17세기 말 이래로 늘 있었다. 이제 보름 만에, 도합 30시간 남짓 지속된 열두 번의 저녁 회의로 국제연맹의 첫 번째 설계도가 마련되었다. 2월 14일 피곤에 지친 우드로 윌슨은 북적이는 케도르세에서 열린 강화회의 전체 회의에 규약의 첫 번째 초안을 전달했다. 그 초안은 여러 달 동안 수정을 거친 후 베르사유 조약의 첫 부분이 된다.

윌슨을 다룬 어느 전기 작가의 말을 빌리자면, "1919년 2월 14일은 궁극적으로 윌슨의 삶이 정점에 달한 날처럼 보였을 것이다."[2] 윌슨은 의도적으로 그 드라마의 중심에 서서 한 차례를 제외하고 위원회의 회의를 전부 주재했다. 이는 그의 승리였다. 동시에 그의 패배가 된다. 윌슨주의 선전자들이 전하는 이야기에 따르면, 새로운 세계를 바라는 미국 대통령의 희망은 유럽과 일본의 탐욕 때문에 깨졌다.[3] 윌슨의 미래상을 국내에 있는 그 적의 손쉬운 먹잇감이 될 때까지 난도질한 것이 바로 그들이었다. 그러나 국제연맹을 구세계 제국주의의 악에 맞선 우드로 윌슨의 십자군으로 보는 이야기는 자멸적이었다. 그러한 해석은 1919년 초 영국과 프랑스, 일본 모두 강화회의가 새로운 세계 질서가 어떠한 형태를 갖출 것인가의 문제에 답해주기를 기대했다는 사실을 인정하지 못했다. 이 나라들은 지켜야 할 이익이 있었고 추구할 야망이 있었지만, 유라시아의 양쪽 끝에서 전쟁과 격변으로 심하게 흔들렸다. 전쟁 이전 시기의 제국주의적 관행이 지속될 수 없다는 사실은 명백했다. 제국주의적 '세계 정책'의 시대는 파멸을 초래하는 위험한 것으로 드러났다. 사람들이 막연하게 '구세계'나 '전통적' 제국주의를 말하곤 했지만, 그렇다고 세계 곳곳에서 주요 강국 간의 정면 충돌이 뿌리 깊은 관행도 아니었다. 그 시대는 1880년대에 시작되었다. 영국과 프랑스, 일본이 미국 대표단 못지않게 간절히 구축하려던 것은 새로운 안보 체제였다. 그들에게는 국제연맹 규약의 초안을 마련하는 그 순간이 윌슨이 전후 세계의 근본적 문제에 답해야 할 때였다. 그들은 미국으로부터 무엇을 기대할 수 있었나? 그들은 분명한 답변을 받지 못했다. 국제연맹을 매우 예리하게 비판한 자들에게 그것을 규정하는 기본적인 특징은 국제주의도 그것이 감추고 있는 제국주의 국가의 논리도 아니었다. 새로운 유형의 지역 조직이나 정치 조직을 명확하게 제시함으로써 20세기의 난제에 대응해야 했지만 그러지 못한 것이 특징이었다.[4] 윌슨 자신은 국제연맹 규약이 구속적이어서는 안 된다고 강력히 주장했다. 그것은 '포승줄이 되지 말아야' 했다. 그것은 '권력의 수단이지만 그것을 행사하는 자들의 재량에 따라, 상황의 변화에 따라 바뀔 수 있는 권력의 수단'이었다.[5] 세계의 다른 나라들을 괴롭힌 질문은 이러했다. 과연 누가 그 재량권을 행사할 것인가, 누가 그 권력을 휘두를 것인가?

국제연맹을 둘러싼 프랑스, 영국, 일본의 이해관계

윌슨과 그 측근들로 말하자면, 유럽과의 중요한 전선은 이미 1918년 말에 형성되었다. 12월 초 윌슨이 '조지 워싱턴 호'에 올라타 대서양 건너 유럽으로 갔을 때, 구대륙을 향한 윌슨 동아리의 태도는 강경했다. 윌슨은 영국이 '항해의 자유'에 반대하는 데 격노했으며, 할 수 있는 만큼 '독일에서 모든 것을 빼낸다'는 프랑스와 영국, 이탈리아의 구상을 격하게 비난했다.

윌슨은 '단호히 반대했다.' 그는 수행하는 기자들에게 이렇게 말했다. "앞서 내가 이것이 '승리 없는 평화'가 되어야 한다고 했던 말은 오늘 그 어느 때보다도 더 강력하게 적용된다."[6] '구세계'는 어떻게 답하려 했나?

12월 29일, 프랑스 총리 클레망소가 하원에서 연설했다. 여러 달 동안 그에게는 질문이 쏟아졌다. 정부는 14개조에 헌신했는가? 국제연맹을 지지했는가? 윌슨과 로이드조지와는 달리 클레망소는 전쟁 목적에 깊은 침묵으로 일관했다. 이제 마침내 그는 야유를 퍼붓는 자들에게 응수했다.[7] 그는 국제연맹이 고취한 희망에 경의를 표했지만, 안보의 기초는 이전과 동일하다고 선언했다. 프랑스는 군사력과 국경, 동맹에 의지해야 했다. 프랑스 총리는 단번에 다가올 논쟁의 윤곽을 결정한 것 같았다. 윌슨의 수석 보좌관 조지프 터멀티에게 클레망소의 연설은 파리의 강화회의에 개인 자격으로 참석한다는 미국 대통령의 논란이 되는 결정이 정당함을 입증하는 것이었다. '세력 균형과 국제연맹 간의 마지막 문제'를 다룰 무대가 준비되었다.[8] 그러나 클레망소의 행동을 윌슨주의적으로 해석하면 핵심을 놓치게 된다. 클레망소는 구식 세력정치의 진부한 옹호자가 아니었다. 그가 염두에 둔 대서양 안보 체제는 구식도 아니었고 반동적이지도 않았다. 실제로 그의 구상은 전례가 없는 것이었다.[9] 1917년 봄 이래로 그는 민주주의 강국 세 나라의 제휴를 이끌어내 '정의의 요새'를 이룰 강화를 가져올 하나뿐인 역사적 기회를 찬양해왔다.[10] 클레망소는 군축과 중재를 만병통치약처럼 이야기하는 데 회의적이었다. 그러나 그가 국제연맹에 관하여 정말로 걱정했던 것은 영국과 미국이 프랑스만 외로이 남겨둔 채 자족적인 고립으로 물러날 자유를 얻을 가능성이었다. 어떤 가능성이든 실현되지 못하도록, 이를테면 국제연맹 규약위원회에 프랑스를 대표하여 교섭에 나선 레옹 부르주아처럼 국제적 시각이 매우 뛰어난 프랑스 공화주의자들은 국제연맹이 강력한 집단 안보 규정을 갖춘 다국 간 민주주의적 동맹이 되어야 한다고 주장했다. 1919년 2월 초 국제연맹 규약위원회에서 진정으로 강력한 국제주의적 시각이 제시되었다면, 이는 윌슨이 아니라 프랑스 공화국 대표들이 내놓은 것이었다.[11]

프랑스에 못지않게 영국에도 미국과의 전략적 관계는 매우 중요했다. 로이드조지가 말했듯이, 세계 평화를 위한 조직으로서 국제연맹의 '실체'는 '영국과 미국 간의 협력' 위에 서야 했다.[12] 프랑스에 비해 영국은 국제연맹의 조직 체계가 아주 작기를 원했다. 이유는 바로 국제연맹을 미국과의 동맹을 가져다 줄 유연한 수단으로 쓰려 헸기 때문이다. 그러나 프랑스에도 해당되는 말이지만 영국이 제안한 것은 근본적으로 새로웠다. 1494년 토르데시야스 조약으로 에스파냐와 포르투갈이 신세계를 분할한 이래로 이에 비할 만한 전략적 구상은 없었다. 프랑스와 독일의 평자들로 말하자면, 그러한 영-미 공동 관리의 전망은 세계적인 정치력의 독립적인 중심지라는 유럽의 역할이 끝나는 새로운 시대를 여는 것으로 생각되었다.[13]

네 번째 강국은 어떠했는가? 1919년 미국 의회에서 '조약 투쟁Treaty Fight'이 진행되던 중에 일본 제국주의를 향한 비난은 베르사유 조약의 평판에 영구적인 손상을 입혔다. 일본의 이력은 악명이 높았다. 1918년 가을 일본군이 그해 여름 윌슨이 마지못해 동의한 숫자의 열 배인 7만 5,000명의 병력을 시베리아로 파견할 때 보여준 열의는 그 공격성을 드러낸 가장 최근의 사례였을 뿐이다. 그러나 역설적인 것은 바로 그 순간에 일본 정치의 추세가 강력하게 반대 방향으로 향했다는 사실이다. 1918년 9월, 전국적인 식량 폭동에 뒤이어 데라우치 마사타케의 보수 정권이 무너졌다. 하라 다카시가 원내 제1당의 대표로서 총리에 임명되었다. 일본 근대 정치사에서 그 자리에 오른 최초의 평민이었다.[14] 하라는 결코 진보적인 인사가 아니었다. 그러나 그의 보수적 전략은 미국과의 화해 모색을 토대로 삼았다. 하라는 자유주의적인 귀족 사이온지 긴모치와 마키노 노부아키와 연합했다. 두 사람이 파리에 파견된 대표단을 이끌었다. 사이온지는 1870년대에 프랑스에서 급진적 자유주의 동아리에 속한 클레망소와 친분을 쌓았고 일본 대중에게 인기가 있었기 때문에 대표단을 이끌 인물로 선정되었다.[15] 마키노도 전향하여 새로운 원리를 받아들인 자였다. 마키노는 이렇게 역설했다. "평화의 존중과 고압적 태도의 거부는 오늘날 세계의 추세이다." '아메리카니즘'이 이제 '지구 도처에 제시된' 상황에서 일본은 중국을 겨냥한 군국주의적 공격 정책을 지속할 수 없었다.

이는 단지 엘리트층 전략의 문제만은 아니었다. 여론이 점차 더 큰 중요성을 띠었는데, 서구의 평자들은 이 요인을 쉽게 과소평가했다. 강력한 민주주의 선동이 일본 전역을 휩쓸어 1925년에 남성 보통선거제가 도입되었다. 일본의 교수 집단과 수만 명에 달하는 대학생, 새로 등장한 대판大板 신문의 독자들은 과거 그 어느 때보다도 더 정치화되었다. 일본의 매우 유력한 자유주의 사상가인 요시노 사쿠조에게 1918년 11월의 승리는 역사에 대한 헤겔 식 평결이 분명했다. 그 전쟁으로 자유주의와 진보주의, 민주주의가 권위주의와 보수주의, 군국주의에 승리했다. 한때 저명한 자유주의적 제국주의자였던 요시노는 이제 '무병합'의 원리와 국제연맹을 '내부적으로 민주주의를 공고히 하고 외부적으로 평등을 확립함으로써 더 큰 국제적 정의를 향해 나아가는 작금의 일반적인 세계적 추세'를 대표하는 것으로서 끌어안았다.[16] 그러나 일본에서 대중의 정치적 동원의 시대는 좌파에 국한되지 않았다. 대중적 민족주의도 극적인 부활을 경험했다. 이들도 알기를 원했다. 강화가 새로운 세계 질서에서 자신들의 나라에 정당하고 대등한 지위를 얻게 해줄 것인가?

어떤 나라가 연맹의 회원국이 되어야 하는가

미국 대표단은 1919년 1월 파리에 도착하자 영국제국과 협력해야 할 실제적인 필요성을 이해했다. 규약위원회 회의가 시작되기도 전에, 미국과 영국의 협상 대표들은 독일제국과 오스만제국을 위임통치 제도로 처리한다는 데 합의했으며 국제연맹의 규약 초안을 준비했다. 윌슨은 이렇게 말했다. "국제연맹 규약을 공식화할 때 '어느 정도' 영국에 이로운 결과가 가도록 하여 영국이 자국의 견해가 최종안에 대체로 포함되었다고 느끼게 하는 것이 좋은 정책일 것이다."[17] 기본적인 규약은 분명했다. 이사회council와 총회Assembly가 있고, 주권과 영토 보전을 보호하며, 집단적인 강제 조치가 있을 것이었다. 규약의 극히 중요한 세세한 내용을 둘러싸고 의견이 갈렸다. 로버트 세실이 자세히 설명한 영국의 입장은 분명했다. 이사회는 제대로 작동하려면 규모가 작아야 했다. 강국들이 늘 의결권의 과반수를 가져야 했다. 어떤 강국도 약소 회원국의 분노를 이유로 중대한 국제적 대결에 마지못해 '끌려들어가는 일'은 없어야 했다. 사라예보 사건이 반복되는 일은 없어야 했다. 그러므로 이사회의 결정은 만장일치여야 했고, 그래서 간소한 의사결정 기구를 갖추는 것이 중요했다.

이러한 관념에 적합하게, 영-미의 첫 번째 공동 초안은 연맹 이사국을 다섯 개 강국으로 제한했다.[18] 다른 회원국들은 강국들이 의견을 구할 필요가 있을 때 소집되어야 했다. 이 규정은 당연히 '약소국'의 심기를 불편하게 했다. 의사록이 조심스럽게 기록했듯이, 규약위원회의 두 번째 회의에서 그 논의는 '매우 활발히' 신행되었다.[19] 약소국의 대표들은 자신들의 목적을 관철시키고자 미국과 영국의 반대를 무릅쓰고 규약위원회를 확대하여 추가로 그리스와 폴란드, 루마니아, 체코슬로바키아의 네 개 회원국을 포함해야 한다고 강력히 주장했다. 국가들의 절대적인 평등을 고집하는 것이 영국에는 '매우 비현실적'으로 보였지만, 그리고 강국들의 긴밀한 이사회가 갖는 실제적인 이점이 분명했지만, 세실은 진정한 국제주의자였고, 국제연맹의 최우선 목적은 '국가 간의 평등'을 긍정함으로써 '세계의 목소리'로서 움직이는 것이었다.[20] 윌슨은 규약위원회 의장이었기에 확실한 의견을 제시하지 않았다. 그는 영국에 공공연히 거리를 두지는 않았고 강국들이 특별히 더 많은 대표권을 가져야 할 강력한 이유가 있다고 역설했다. 어쨌거나 연맹의 결정을 집행하는 부담은 그 나라들에 과도하게 돌아갔기 때문이다. 게다가 이익의 문제가 대표성을 결정해야 한다면, 강국들은 세계를 무대로 활동하니 '늘 이해관계가 있었다.' 반면, 국제연맹 창설 이후 약소국들이 독립적인 외교를 수행할 이유는 이전보다 더 적었다. 자국의 기본적인 이익이 국제 공동체의 보호를 받는다는 사실을 알기에 만족하며 지낼 수 있기 때문이다.[21] 그러나 누구나 잘 알고 있듯이 윌슨이 제시한 규약의 첫 번째 초안은 약소국들이 이사회에서 의견을 낼 수 있게 했으며, 윌슨은 의장으로서 세르비아와 벨기에, 중국에 기꺼이 발언권을 주어 그들이 비판적으로 기여할 수 있게 했다.[22]

이러한 반대에 부딪치자 세실은 초안의 개정을 인정했지만, 이사회의 의석 배분 문제는 여전히 해결되지 않았다. 많은 대표들이 강국과 약소국의 구분에 마음이 편치 않았다. 하물며 '큰' 나라와 '중간 크기의' 나라, '작은' 나라로 삼분하는 윌슨의 한층 더 불쾌한 방식은 말해 무엇하겠는가. 게다가 벨기에 대표는 그러한 분류 방식은 무엇이든 '다른 국가들이 강국의 형태를 취하고 당연히 강국이라는 말을 들을 수 있는…' 가능성을 암시한다고 지적했다. 신흥 강국을 상임이사국의 지위에 올리는 조항과 작은 회원국들을 추가하여 이 나라들의 지위 상승으로 생긴 공백을 메우는 조항이 마련되어야 했다. 세실은 이에 답하여 벨기에가 독일을 이사회의 잠재 회원국으로 생각하고 있는지 물었다. 이에 전체적으로 당혹감이 표출되었으며, 프랑스 대표단의 두 번째 위원인 페르디낭 라르노드는 프랑스에는 진정 무엇이 관건인지 거듭 분명히 했다. 라르노드는 세실의 사고방식의 맥락을 생각하며 "'큰' 나라와 '작은' 나라라는 막연한 용어의 사용은 현명하지 않다고 여겼다." 국제연맹은 '이 전쟁의 결과'였다. 물론 다섯 개 강국만이 기여한 나라는 아니었다. "그러나 그 문제는 추상적으로 논의하거나 감정을 기초로 논의할 수 있는 것이 아니다. 엄정한 사실의 문제이다. 그 전쟁에서 영국과 프랑스, 일본, 이탈리아, 미국이 승리했다는 것이 사실이다. 연맹은 불가피하게 이 유력한 국가들을 중심으로 구성될 수밖에 없다…."[23] 프랑스의 다른 위원인 레옹 부르주아는 이렇게 말을 이었다. "전쟁이 진행되는 중에 다섯 나라는 일종의 국제연맹을 만들었다. 그들은 단일한 인식에 발분하여 싸웠다. 이제 그들이 단일한 인식의 영향을 받아 이 연맹을 창설하고 있음을 세상에 알리는 것이 중요하다."[24]

1919년 2월 13일 규약위원회의 아홉 번째 회의에서 윌슨의 최초 구상에 따라 5대 4로 강국에 유리하게 비율이 고정되었다.[25] 전체적인 의미에서 이는 국제연맹을 강국의 지배 수단이 아니라 '국가들의 가족'의 대표 회의, 즉 벨기에 대표 폴 이망스가 말했듯이 '국가들의 존엄성'을 지지하기 위한 회의소로 보는 관념 쪽으로 타협이 이루어졌다고 할 수 있다.[26] 연맹의 규약은 또한 강국과 약소국을 범주적으로 구분하지 않았다. 다섯 개 강국은 상임이사국으로 간단히 국가 이름으로 등재되었다. 이사회의 나머지 국가는 '다른 회원국' 중에서 선정하기로 했다. 2월에 합의된 규약 초안에서는 다섯 개 강국의 자격에 대한 어떠한 조건도 제시되지 않았다. 그 나라의 크기나 전쟁에서 수행한 역할도 언급되지 않았다. 강국과 약소국, 연합국, 보조국, 패전국의 구분도 없었다. 규약은 전 세계 국가들의 실제적인 위계를 전혀 언급하지 않았다. 동시에 규약의 문구를 변경해야 한다는 주장을 허용할 어떠한 기준도 구체적으로 명시되지 않았다.

규약의 모든 문제에서 이처럼 상이한 시각의 충돌이 반복되었다. 예를 들어보자. 어떤 나라가 연맹의 회원국이 되어야 하는가? 윌슨은 자신의 첫 번째 규약 초안에 '인민의 자치정부'를 가입 신청 국가가 충족해야 하는 기준으로 포함시켰다. 그러한 기준은 연맹을 민주주의 국가들의 연합체로 만들었을 것이다. 그러나 이 조항은 법률 전문가들이 삭제했다. 2월 5일 위원회의 세 번째 회의에서 윌슨은 '자치 국가만' 향후 연맹의 회원국이 될 수 있다고 요구하여 이를 교정하려 했다. 이에 답하여 레옹 부르주아는 과연 그답게 강력히 개입했다. 자치정부만으로는 충분하지 않았다. 그는 이렇게 말을 이었다. "정부 형태가 공화제든 군주제든 이는 중요하지 않다. 질문은 이래야 한다. 그 정부가 국민에 대해 책임을 지는가?"[27] 프랑스에 진정으로 문제가 되는 것은 연맹과 그 회원국들의 정치적 '성격'이었다. 최대한 어려운 시험이 되도록 그들은 가입 승인이 만장일치로 결정되어야 한다고 요구했다. 영국을 대변한 세실의 접근법은 그답게 융통성이 있었다. 그의 견해에 따르면 자치정부는 '정의하기 어려운' '낱말'이었다. "한 나라를 이 기준에 따라 판단하기는 어렵다." 결정적으로 영국은 인도의 포함을 강력히 원했는데, 인도가 자치정부를 향한 진전을 보여주고 있었지만 규약위원회는 인도가 이미 자격을 갖추었다고 인정할 뜻이 없었다. 이 골치 아픈 문제는 인도를 새로운 가입 신청 국가에 요구되는 조건이 적용되지 않는, 규약 최초 서명국으로 만들어 해결했다. 얀 스뮈츠가 그러한 절차상의 해법을 제시한 뒤, 세실은 윌슨이 찬성한 모든 방식에 기꺼이 동의했다. 독일이 주된 걱정거리였다면, 영국은 여하간 전체적으로 적용되는 공식을 피하는 것이 최선이라고 보았다. 어쨌거나 독일 제국의회가 '민주주의적 제도'였음은 이론상 부정할 수 없었다. 게다가 '몇 년 안에 제국의회는 독일을 진정한 의미의 입헌국가로 전환할 수 있었을 것이다.' 이전에 적이었던 국가에 엄격한 가입 기준을 요구하기 위해 세실은 연맹이 '가입을 원하는 국가에 적합하다고 판단되는 조건을 부과'할 수 있도록 조항을 수정하자고 제안했다. 그렇게 되면 연맹은 '어떤 국가에는 당신들은 너무 호전적이라고, 또 다른 국가에는 당신들은 너무 전제적이라고 말할' 수 있을 것이었다.[28]

당황스럽게도, 윌슨은 개정을 추동한 장본인이었지만 자신의 조건을 분명히 밝히기를 거부했다. 윌슨은 스스로 기꺼이 인정했듯이 '생애'의 '20년'을 '자치 국가에 관해 강의하고 내내 그것을 정의하는 데 바쳤다.' 그러나 그는 언제든 정연한 정의를 제시할 수 있다는 생각은 버렸다. 결국 그것은 일종의 실용적인 지혜의 문제로 귀착되었다. 윌슨은 그러한 정치 체제를 '알아볼' 수 있는 것은 '내 눈에 보일 때'라고 단언했다. 독일 제국의회나 독일 선거정치의 막강한 장치에 오도되지 말아야 했다. '이론상으로는 어떻게 보이든' 간에 '누구도 전쟁 이전의 독일 정부를 보고 그 나라가 자치 국가라고 말하지는 않았을 것이다.'[29] 프랑스가 특정 가입 신청 국가에 맞춤형 조건을 내걸자는 세실의 발상을 수용하자고 제안했을 때, 윌슨은 한층 더 당황스러운 허가 조건을 내세워 대응했다. 그는 매우 배타적인 가입 기준을 지나치게 엄격히 고집하는 것은 상책이 아니라고 말했다. 그렇게 하면 '우리 자신도 언제나 충족시키지는 못한 기준'을 세울 수 있기 때문이었다. "지금 여기에 참여한 모든 국가도 다른 국가들로부터 좋은 평판을 받지는 못했다."[30] 이는 프랑스의 불안을 고조시키기만 했다. 클레망소 유형의 공화주의자에게 국제적 합의 도출의 불가능성을 이유로 소극적 태도의 상대주의로 물러나는 것은 잘못된 짓이었다. 다름 아니라 세상이 갈등으로 찢어질 것 같았기 때문에, 민주주의자들은 친구와 적을 구분해야 하며 단결해야 했다. 바로 그렇기 때문에 국제연맹은 명확한 회원 기준과 효과적인 강제 장치를 갖추어야 했다. 그러나 영국과 미국은 프랑스의 방침에 반대했다. 결국 규약위원회는 누구도 만족하지 못한 타협안을 내놓는 데 그쳤다. 민주주의나 입헌주의, 책임지는 정부의 언급은 포기되었고, 가입 후보 국가에 단순히 '완전한 자치'정부일 것을 요구하는 수정안이 채택되었다. 그래서 식민지는 완전히 배제되었고 회원국 내부 헌법의 문제는 미결로 남았다.[31]

국제연맹과 국제군대의 창설 문제

국제연맹의 강제 장치에 관한 논의에서 기본적 시각의 차이는 한층 더 두드러졌다. 프랑스는 연맹이 진실로 안보를 효과적으로 보장하려면 국제적 군대를 배치할 수 있어야 한다고 강력히 주장했다. 그 군대는 상설 참모본부와 엄격한 군축 감독 제도를 갖추어야 했다. 이러한 제안이 실행되었다면 1918년 봄 마지막 위기에 설치되어 1919년 봄까지도 작동한 포슈 원수의 연합군 최고사령부는 상설 군사 기구의 모델이 되었을 것이다. 그러나 영국도 미국도 이를 수용할 수 없었다. 프랑스가 무모하게 그 문제를 추진했을 때, 영국은 국제연맹에서 타협의 범위를 정하게 될 조정의 힘을 보여 주었다. 2월 11일 아침, 로버트 세실은 '매우 솔직하게 그렇지만 은밀하게' 레옹 부르주아에 반박했다. 세실은 그에게 '미국은 연맹으로부터 얻을 것이 전혀 없다'고, '미국이 지원하겠다고 제의한 것은 사실상 프랑스에 주는 선물이며, 조금 약할지언정 어느 정도는 영국의 입장도 그러하다'고 일깨웠다. 세실은 '만일 국제연맹이 성공하지 못하면' 영국은 협상에서 물러나 별도로 '영국과 미국의 동맹'을 제안하겠다고 경고했다. 프랑스의 정책에 대한 심한 두려움이 적나라하게 드러난 상황에서 '회의는 점심 식사를 위해 산회했다.'[32] 이제 영국이 강경하게 나왔기에, 윌슨은 좀 더 타협적인 태도를 취할 수 있었다. 그는 프랑스에 최근의 그 전쟁이 '지휘권의 통일성이 절대적으로 필요하다는 점을 분명히 했다'고 기꺼이 인정했다. "그러나 지휘권의 통일은 오로지 문명을 위협한 즉각적이고 임박한 위험 때문에 가능했다. 평시에 지휘권의 통일을 실현하자는 것은 어떤 나라도 수용하지 않을 제안을 내놓는 격이 될 것이다…."[33] "우리는 무엇이 가능하고 무엇이 가능하지 않은지 구분해야 한다."[34]

막후에서는 베르사유의 익숙한 역할 분담이 역전되었다. 프랑스를 급진적 국제주의자에서 현상의 수호자로 바꿔놓은 것은 윌슨의 현실주의였다. 프랑스의 미래파적인 국제주의적 시각이 거부되었다면, 프랑스의 최소 협상 목적은 연맹 규약의 군축 조항을 완화하는 것이었다. 그 조항 때문에 프랑스의 안보가 편파적으로 위험에 빠지는 일은 없어야 했기 때문이다. 영국과 미국이 징병 폐지를 요구했을 때, 프랑스는 징병은 '민주주의의 기본적인 문제'이며 '보통선거권의 당연한 귀결'이라고 응수했다.[35] 결과적으로 나온 최소 공통분모의 타협은 영국과 미국의 동맹국들보다 이 두 나라에 훨씬 더 좋았다. 제8조에 따라서 군축의 목표 수준은 각국의 '지리적 상황을 특별히 감안'하여 조정해야 했다. 각 회원국에 허용될 군대의 '공평하고 합리적인' 수준은 이사회가 특별히 명시하지는 않은 절차에 따라 결정해야 했다. 국가 간에는 군사력에 관하여 '완전하고 솔직한 정보 교환'이 있어야 했지만 사찰이나 '통제'는 없을 것이었다. 연맹은 상비군 대신 '상설 위원회'를 갖추어 군축과 '육군과 해군의 현안'에 관해 조언하기로 했다.

규약이 제공하는 안보 체제는 제10조에서 중점적으로 다루었는데, 조항에 따르면 조약 서명국들은 '외부의 공격에 대비하여 모든 국가의 영토 보전과 기존의 정치적 독립성을 존중하고 수호'해야 했다. 그러나 윌슨에 반대한 공화당이 훗날 제기한 주장과는 달리, 국제연맹의 규약에는 결코 자동적인 강제 장치가 포함되지 않았다. '이러한 의무를 이행할 수단에 관하여 조언하는 것'은 이사회의 재량에 맡겨졌다. 규약의 진정한 골자는 분쟁을 늦추고 중재하기 위해 구체적으로 정한 절차에 있었다. 어떤 당사국도 분쟁을 중재에 맡기기 전에는 전쟁에 돌입할 수 없었다(제12조). 중재 재정은 여섯 달 안에 내려져야 했다. 분쟁 당사국은 전투에 들어가기 전에 추가로 석 달 동안의 냉각기를 존중해야 했다. 판결이 내려지면 그 조건을 공표해야 했고, 이는 새로이 설립된 국제법 기구의 토대가 될 것이었다(제15조). 분쟁 당사국을 제외한 이사국들의 만장일치 보고서만이 구속력을 지녔다. 연맹의 어떤 회원국도 이사회의 만장일치 권고안을 따르는 당사국에 전쟁을 선포하여 분쟁을 일으킬 수 없었다. 이 중재 절차를 따르지 않는 것은 연맹의 모든 회원국을 공격하는 행위로 여겨질 것이며 제16조에 의거하여 제재가 승인될 것이었다. 제재에는 철저하고 즉각적인 경제 봉쇄와 규약을 위반하는 국가의 시민들과 나머지 세계 사이의 모든 교류 금지가 포함되었다. 이사회는 합동 육해군 작전을 고려해야 할 의무가 있었지만, 조치를 취할 필요는 없었다. 이사회가 만장일치를 보지 못할 경우 다수 의견과 소수 의견을 공표하기만 하면 되었다. 벨기에가 이사회의 과반수 의견에 구속력을 부여하려 했으나 영국이 윌슨의 지지를 얻어 무산시켰다. 이사회에서 투표하지 않기로 한 결정은 뒤집을 수 없었다. 국제연맹은 어떤 강국에도 행동에 나서라고 강요할 수 없었다.

자신들의 책임을 더욱 제한하고 지킬 수 없는 현상의 방어에 휘말리지 않기 위해 영국은 국제연맹이 적절한 경우 국경을 조정할 권한을 가져야 한다고 역설했다. 그러나 이는 국제연맹 이사회를 세계의 모든 수정주의적이고 영토회복주의적인 대의를 위한 상고 법원으로 만들 위험이 있었다. 그래서 제24조에 따라 '발효되기 어렵게 된 조약들과 지속되면 세계 평화를 위험에 빠뜨릴 수 있는 국제적 상황을 연맹 회원국들에 재고하라고 조언'할 책임을 '때때로' 부여받은 것은 총회였다. 그러나 그러한 조언을 처방할 절차는 구체적으로 정해지지 않았고 규약은 그러한 조사의 결과가 어떻게 될지 상세히 설명하지 않았다. 제25조에 의거하여 서명국들은 연맹 규약에 모순되는 조약을 취소해야 했지만, 이번에도 역시 새로운 약속과 옛 약속 간의 충돌을 어떻게 해결할지는 상술되지 않았다.

강고한 국제 안보 체제를 구축하고 싶은 자들의 관점에서 볼 때 이는 심히 실망스러웠다. 그러나 윌슨으로 말하자면 이러한 논의를 촉발한 불신과 불안은 잘못된 출발점이었다. 윌슨은 이렇게 역설했다. "연맹의 어떤 회원국도 공격을 받을 때 고립되어 있을 것이라고 추정되어서는 안 된다…. 우리는 공격 받는 자들을 신속히 도울 준비가 되어 있지만, 이 세계의 조건에서 가능한 것만 제공할 수 있다…. 위험이 다가오면 우리도 올 것이며, 우리는 당신들을 돕겠지만 당신들도 우리를 신뢰해야 한다. 우리는 모두 상호 간의 선의에 의존해야 한다."[36] 레옹 부르주아와 페르디낭 라르노드는 너무 정중해서 윌슨 대통령이 싸울 수 있어서 '너무나 자랑스럽다'고, 1918년 봄 가장 위험했던 순간에 미국 병사들이 프랑스를 지키기 위해 고생하며 '날아갔다'고 말한 지 채 4년도 지나지 않았음을 지적하지 못했다. 대신 프랑스는 윌슨이 규약에 기재되어야 한다고 그토록 열변을 토하며 호소한 '상호 간의 선의'를 보여주는 징표를 요구했다. 그 전쟁에서 함께 피를 흘렸음을 인정하여 연대를 명시적으로 표현하는 진술을 규약에 포함시키면 안 되는가? 그러나 이 점에서 프랑스는 영국과 미국 탓에 거듭 좌절을 겪었다. 두 나라는 연맹이 그 전쟁의 깊은 원한 때문에 '부담을 떠안는' 일은 없어야 한다고 단언했다. 그러나 전시의 연대에 호소하지 않으면, 윌슨이 호소한 공동의 유대는 도대체 무엇이었는가?

이를 대신할 것으로서 레옹 부르주아는 국제연맹이 전쟁 이전 헤이그 평화중재조약(헤이그 조약)의 유산을 불러내야 한다고 제안했다. 그 경험은 쓰라린 교훈을 가르쳤다. 국제주의의 옹호자들은 단합해야 했나. 그 시업이, 윌슨이 즐겁게 상상했듯이, 막강한 여론의 지지를 받지 못했기 때문이다. 레옹 부르주아는 헤이그 조약의 옹호자들이 '우파의 반대자들'과 자칭

'현실주의자들', 속 좁은 자국 중심주의의 대표자들에게 '조롱과 야유'를 받았다고 일깨웠다. 헤이그 조약의 옹호자들은 '세상에서 처음으로 정의로운 조직을 세우려는 위대한 기획에 망신을 주려 한' 자들로부터 비판 세례를 받았다. 레옹 부르주아는 진심 어린 호소로 말을 맺었다. "내게는 빤히 보인다. 우리가 지금 수행하는 일에 대해서도 동일한 비판과 동일한 조롱이 쏟아질 것이며, 그들은 나아가 이 일이 무익하고 효과가 없다고 말할 것이다. 나는 이 점을 알리는 바이며 이것이 의사록에 기록되기를 원한다." 그러한 비난은 하찮지 않았다. 헤이그 조약을 겨냥한 조롱 섞인 비난은 '가장 충실한 옹호자였어야 하는' 자들의 지지를 잠식하는 데 일조했다. 라르노드는 이렇게 역설했다. 이렇게 무너지기 쉬운 상황에서 "헤이그 회의를 언급하지 않는 것은 배은망덕일 뿐만 아니라 그 이상이다. 이 전쟁에서 확실하게 일정한 역할을 한 관행에서 벗어나지 않는 것은 우리가 지닌 이해관계를 무시하는 것일 수도 있다."[37] 그러나 영국은 움직이지 않았다. 세실은 윌슨을 대신하여 의장 역할을 하면서 그 문제를 단순한 '형식의 문제'로 치부했다. 하우스 대령도 이유는 달랐지만 마찬가지로 반대했다. 미국 의회가 헤이그 조약을 단서도 달아 비준했기에, 국제연맹 규약에서 헤이그 조약을 언급하는 것도 '거대하고 매우 어려운' 문제들을 야기할 수 있는 '형식의 문제'였다.

국제연맹이라는 백지가 채워지다

클레망소는 국제 정세에 관한 한 결코 단순한 현실주의자가 아니었다. 오히려 그 반대였다. 1919년 4월 초 그는 베르사유 조약이 카이저를 국제 범죄자로 재판에 회부함으로써 극적인 선례를 만들어야 한다고 열정적으로 호소했다.[38] 그러나 라르노드와 레옹 부르주아가 규약위원회에서 좌절을 겪었기에 국제연맹이 프랑스에는 실패한 대의라는 클레망소의 의심은 더욱 확증되었다. 나쁜 상황에서 최선의 결과를 이끌어내려 한 클레망소는 영국과 미국에 합세하여 레옹 부르주아의 비현실적인 요구를 멀리했다. 영국과 미국과의 대서양 삼국 협정을 공고히 하면 더욱 좋았다. 그것이 클레망소의 진정한 목적이었다.[39] 민주주의적 동맹이 자리를 잡는다고 가정하면, 프랑스는 무의미한 국제연맹과도 함께 갈 수 있었다. 프랑스의 시각에서 진정한 위험은 국제연맹이 영-미의 배타적인 이국 패권 기구가 될 가능성이었다. 당시에도 그 이후로도 비판자들은 국제연맹이 영-미 패권을 뒷받침하는 편리한 수단이 되리라고 주장했다.[40] 그러나 이러한 주장에 실체가 있었는가? 영국은 확실히 국제연맹을 대서양 양쪽 두 나라의 공동 패권을 위한 공간으로 바꾸기를 원했고, 이러한 미래상은 적어도 미국 공화당의 일부 상원의원들에게는 매력적이었다.[41] 그렇지만 윌슨 행정부의 태도는 고무적이지 않았다. 특히 제일 중요한 문제, 즉 돈과 선박에 관하여 가장 미온적이었다.

1918년에서 1919년으로 넘어가는 겨울에 협상국 편에서는 국제연맹을 국제적 금융 거래의 정산 수단으로 삼자는 말이 있었다. 그러나 앞으로 보겠지만 그러한 계획 이야기는 빠르게 잦아들었다. 해군 문제에 관한 윌슨의 태도는 한층 더 걱정스러웠다. 윌슨은 12월에 런던을 방문하기에 앞서 《더 타임스》와 회견을 가졌는데, 신중하게 답변을 작성하여 임한 이 회견에서 그는 '영어를 쓰는 위대한 두 민주주의 국가 간의 최고로 너그러운 이해'의 필요성을 이야기했다.[42] 그러나 이 발언이 해군력의 향후 조직에 어떤 의미를 지녔는가? 윌슨은 1918년 10월 독일과 독립적으로 휴전에 관한 의견을 교환했을 때 영국에는 서주였던 항해의 자유를 거듭 요구했다. 윌슨은 10월 말 압박의 강도를 높이고자 의회에 두 번째 3개년 해군 증강 정책을 위한 자금의 승인을 요청했다. 그리고 12월 초 유럽으로 건너갈 때 돌연 그 의미가 무엇인지 분명히 했다. 만일 영국이 타협하지 않는다면, 미국은 '그들의 해군에 필적하고 그것을 뛰어넘는… 세계 최강의 해군을 건설'할 것이었다. "그리고 그들이 해군을 제한하지 않으면 더 끔찍하고 잔혹한 다른 전쟁이 일어날 것이고 영국은 지도에서 지워질 것이다."[43] 윌슨이 유럽에 도착했을 때 영국이 그 주된 목적을 달성할 가능성은 적어 보였다. 다시 말해 미국과의 우호적인 세력 공유 협정도 가능하지 않았고 미국이 세계적 제국의 예외적인 해군의 필요성을 인정할 것 같지도 않았다. 이렇게 서로의 욕구가 충돌하는 가운데 1919년 3월 말 양국 해군 장교들 간의 관계는 심히 악화되었다. 사령관들이 전쟁이 일어날지 모른다고 위협하는 지경에 이르러 이들이 서로 공격하지 못하도록 자제시켜야 할 정도였다.[44]

이렇게 긴장된 상황에서 국제연맹의 논의는 적어도 한 가지 중대한 점에서는 안도감을 주었다. 윌슨이 인정할 수밖에 없었듯이, 국제적 봉쇄를 내릴 권한을 지닌 국제연맹의 창설을 주장하고 동시에 항해의 자유를 절대적인 원리로 선포하는 것은 모순이었다. 영국 해군은 연맹에 필요한 제재를 부과하는 데 분명코 결정적인 역할을 할 것이었다. 윌슨은 '자신이' '조롱거리'가 될 것이라고 인정했다. 항해의 자유 이야기는 조용히 묵살되었다. 그러나 영국 해군과 미국 해군은 협력할 수 있을 것인가? 윌슨은 세계 최강의 해군 건설을 단호히 추진하려 했는가? 만일 미국이 일방적이고 공격적으로 나온다면, 영국은 대응하지 않을 수 있었을까? 국제연맹이 군축이 아니라 역사상 가장 치열한 군비 경쟁으로 시작된다면 조롱거리가 되고 말 것이었다. 그러나 베르사유 강화회의가 시작할 때, 미국의 전시 건함 정책은 뒤늦게 속도를 되찾았다.[45] 군함 건조를 제한할 필요가 있다는 제안은 무엇이든 유럽의 주제넘음을 보여주는 징후로 해석되기 쉬웠다. 그 결과는 진정으로 얄궂은 반전이었다.

1916년 이래로 윌슨은 미국이 막강한 해군을 만들어 영국이 새로운 질서의 조건들을 수용하게 할 필요가 있다고 주장했다. 보름 동안 강화회의가 깊은 위기에 빠지면서, 1919년 3월 말 로이드조지는 국면을 윌슨에게 불리하게 전환시켰다. 윌슨이 워싱턴에서 돌아왔을 때 상황은 당혹스러웠다(윌슨은 2월 말에 귀국했다가 다시 돌아왔다*). 그가 의회 지도자들과 대화를 나눈 결과, 국제연맹 규약은 먼로 독트린을 명시적으로 포함하지 않으면 통과되지 못할 것이 분명했다. 영국은 이의가 없었다. 자신들이 애초에 먼로 독트린을 부추긴 교사자였기 때문이다. 그리고 영국 해군은 사실상 19세기 내내 먼로 독트린의 받침대 역할을 했다. 그러나 해군에서 우세를 차지해야겠다는 미국의 주장은 매우 심란한 것이었다. 비단 영국에만 그런 게 아니었다. 4월 첫 주 회담이 교착 상태에 빠지자, 로이드조지는 윌슨이 전면적인 해군 군비 경쟁을 그만두기로 동의하지 않으면 먼로 독트린을 포함하는 수정된 규약에 영국이 서명하는 일은 없을 것임을 분명히 했다.[46] 이러한 로이드조지의 냉소적 태도에 경악했다. 그렇지만 그의 분노가 영국 정부의 논리를 바꾸지는 못했다. "국제연맹이 성공할 첫 번째 조건은… 영국제국과 미국, 프랑스, 이탈리아가 자신들 사이에 함대나 육군을 경쟁적으로 육성하는 일은 없으리라고 확고히 약속하는 것이다. 규약에 서명하기 전에 이러한 합의에 도달하지 못하면, 국제연맹은 속임수이자 놀림감이 될 것이다."[47] 윌슨이 미국 해군력을 이용하여 영국이 새로운 국제 질서에 관한 자신의 시각에 동의하게 한 것이 아니라, 영국이 윌슨의 규약을 미국 해군력을 억제할 볼모로 만들었다. 로이드조지는 미국이 1918년 해군 정책을 재고하고 군사력 확충 계획에 관하여 정기적으로 대화할 것이라고 윌슨이 인정한 후에야 4월 10일에 수정된 규약을 승인하기로 했다.[48] 그로써 국제연맹이라는 백지가 채워졌다. 영-미 동맹은 아니지만 적어도 대결을 피한다는 약속은 들어갔다.

14장

조약의 진실

프랑스에 강화회의는 시작부터 나빴다. 국제연맹 규약위원회에서 영국과 미국은 서로 협력하여 연맹에 대한 프랑스의 시각을 방해했다. 전후 질서의 세계적 구조가 될 규약에 유럽의 평화를 보장하는 데 꼭 필요할 조항은 거의 포함되지 않았다. 1918년 가을 휴전조약을 둘러싼 싸움에서 영국은 자신들의 매우 중요한 한 가지 목표를 확실하게 실현시킬 충분한 수단을 지니고 있었다. 독일 함대를 스카퍼플로에 묶어놓은 것이었다. 이에 비해 프랑스는 가혹한 휴전 조건에 기대어 안보를 추구할 수밖에 없었는데, 그래서 휴전 조건은 달마다 갱신되어야 했다. 베르사유의 이야기는 자국의 이익을 인정받으려는 프랑스의 노력이 주를 이뤘다. 1919년 6월 최종적으로 모습을 드러낸 조약은 양 대전 사이 프랑스에서 영향력이 큰 우파 역사가요 정치평론가인 자크 벵빌의 말을 빌리자면 '모두에게 너무 친절해서 잔인한' 조약이었다.[1] 어떻게 이런 일이 벌어졌는가? 우선 떠오르는 답변은 양자 간의 해로운 타협이라는 관점에서 생각하는 것이다. 프랑스는 가혹한 조치에 책임이 있었고, 반면 영국과 미국은 좀 더 너그러운 평화의 옹호자인 양 우쭐댔다. '지나치게 잔인하다'는 것은 특히 존 메이너드 케인스 같은 영국 자유주의자들의 판단이었다. 벵빌은 많은 동포들처럼 강화가 '너무 친절하다'고 생각했다.[2]

당연하게도 이렇게 단순한 역할 분담은 반박을 불러왔다. 프랑스는 독일에 정말로 복수가 하고 싶었고 영국과 미국은 정말로 너그러웠는가? 베르사유 조약의 위험한 성격에는 이러한 역할 분담의 문제를 넘어서는 더 깊은 이유가 있을까? 베르사유 조약의 친절함과 잔인함은 도덕주의적 자유주의의 변화무쌍한 감정 경제학을 드러내는지도 모른다.[3] 정당한 전쟁의 분노가 만들어낸 처벌의 욕구는 시간이 지나면서 언제나 혐오스러워질 가능성이 있었고 그에 못지않게 불안정한 반작용을, 이번에는 유화의 정신에서 반작용을 초래했다.[4] 어쨌거나 정당한 강화는 카이저의 목을 매달고 불합리한 폴란드인들을 억제하는 것 둘 다 의미할 수 있었다. 그러나 벵빌은 베르사유 조약의 야누스 같은 면모를 설명하려 하면서 범죄와 처벌의 감정 주기를 넘어서 강화조약의 더 깊은 역사적, 구조적 특징을 들여다보았다. 베르사유 조약이 잔인했든 아니면 친절했든, 그 해법에 관하여 벵빌에게 가장 인상 깊었던 것은 조약이 국민주권의 원리를 독일을 포함하여 유럽 전체로 확장시켰다는 사실이다. 통일된 자주적 독일 국민국가는 1871년 비스마르크에 의해 창설되어 재앙을 풀어놓았지만 새로운 질서의 기본적인 구성 요소로 당연시되었다. 벵빌에게 이러한 가정은 감상적인 19세기 자유주의의 두드러진 특징이었다.[5] 베르사유 강화조약의 특징인 잔인함과 친절함의 기괴한 혼합은 프랑스의 안보 요구와 국민국가 원리에 대한 자신의 낭만적인 집착을 조화시키려 한 클레망소의 노력이 가서온 직접직인 결과였다. 벵빌의 정치학을 어떻게 생각하든 간에, 그의 지적이 지닌 힘은 쉽게 부정할 수 없다. 17세기 유럽에서 근대국가 체제가 출현한 이래로 근대사 전체를 보아도, 독일 국민주권이라는 가정은 1919년의 조약을 독특하게 한다. 베르사유 조약 체제 특유의 문제들은 전부는 아닐지언정 대부분이 이로부터 발생했다.

프랑스는 영-미와의 전시 협력을 평시까지 확장할 수 있을까

프랑스가 라인란트의 비무장화, 전략적 교두보의 점령, 국제사회의 독일 감시, 독일 국경 영토의 박탈을 고집한 상황에서, 독일의 주권이 베르사유 강화조약의 의의를 보여주는 특징이라고 강조하는 것은 불합리하게 보일 수 있다. 클레망소는 자신의 협상 전술에 어울린다면 기꺼이 한층 더 과격한 해법의 옹호자들을 풀어놓았다. 그러나 프랑스 정치사에 예리한 감각을 지닌 벵빌이 잘 이해했듯이, 클레망소 같은 성향의 사람에게 독일 국민국가는 정말이지 부정할 수 없는 것이었다. 보편적 염원의 대상으로서의 자결권은 미국 대통령이 이해력이 부족한 유럽으로 들여온 관념이 아니었다. 1790년대 프랑스 제1 공화정이 혁명전쟁에 착수한 이래로, 프랑스의 안보를 다른 민족들의 자결권과 어떻게 조화시킬 것인가의 문제는 변치 않는 중대 관심사였다. 게다가 클레망소 같은 급진적 공화주의자들이 유감스러워하며 인정했듯이 프랑스의 오랜 침략의 역사는 독일 민족주의의 분노를 자극하여 재난을 초래했다. 베르사유의 '거울의 방' 위쪽에는 광포하게 라인강을 건너는 루이 14세를 묘사한 프리즈frieze가 있다. 프랑스의 첫 번째 혁명가들은 자신들이 부르봉 왕가의 유산과 관계를 끊고 있다고 생각했다. 그들은 노예가 된 유럽의 해방자를 자처했다. 그러나 그 혁명의 정당한 전쟁은 곧 나폴레옹의 제국주의에 길을 내주었다. 프랑스혁명의 퇴보로 유럽사가 비극적으로 뒤틀린 것은 클레망소의 독특한 공화주의적 역사관에 중요했다.[6] 1815년 빈 회의는 유럽에 평화를 강요했지만, 독일의 민족적 열망을 부정했다. 재앙 같은 결말은 1860년대에 찾아왔다. 허영심으로 가득한 보나파르트의 조카가 그 야심 때문에 비스마르크에게 문을 열어준 것이다. 1870년 나폴레옹 3세의 프랑스에 아무런 친구도 없었다면, 그럴 만한 이유가 충분했다. 클레망소는 자신과 자기 아버지를 감옥에 가둔 정권의 패배를 애도하지 않았다.(클레망소는 1862년에 시위를 호소하는 포스터를 붙인 혐의로 체포되어 파리의 마자스 감옥에서 77일을 갇혀 있었고, 급진주의자였던 그의 아버지 뱅자맹 클레망소는 1851년과 1868년에 체포되어 잠시 구금되었다.*) 독일의 상처받은 자존심이 프로이센의 공격으로 그 갈증을 풀었다는 것이 재앙이었다. 클레망소는 독일인들의 잔인하고 부당한 행위에 할 말이 많았다. 그러나 그는 1914년의 훈족(독일인)이 프랑스 자체의 뒤틀린 역사가 낳은 산물임을 부정하지 않았다. 그 역사는 이에 결코 작지 않은 역할을 했다.

물론 독일의 민족적 열망을 부정한 것이 프랑스만의 책임은 아니었다. 독일 주권의 파편화는 1919년 이전이나 이후에나 유럽사의 모든 총체적 해법을 규정하는 특징이었다. 30년전쟁을 끝낸 1648년의 베스트팔렌 조약은 프랑스의 주도로 유럽 신생국들의 주권을 인정했지만, 독일인의 땅은 종교를 기준으로 수백 개의 영방군주국과 공국, 자유도시로 분할된 신성로마제국에 귀속시켰다. 나폴레옹의 독일 점령에 따른 여파로 지도는 단순하게 정리되었지만, 1815년에도 기본적인 유형은 동일했다. 1919년 파리에서 기가 꺾인 독일 대표단이 받은 인색한 대접과 빈 회의에서 패전국 프랑스의 대표인 탈레랑에게도 베풀어진 환대가 종종 비교되었다. 그러나 이는 완전히 핵심을 벗어난 이야기이다. 탈레랑은 복고된 정통 왕조인 부르봉 왕가를 대표했다. 1815년에는 심히 은밀한 독일 통일의 주장조차도 오스트리아와 프로이센, 러시아의 비밀경찰 때문에 잠잠해졌다. 비교적 최근인 1866년, 오스트리아-프로이센 전쟁으로 이어질 위기 중에 프랑스 정치인 아돌프 티에르는 '유럽 정치의 가장 중요한 원리'는 독일이 독립 국가들로 구성되되 이 나라들은 연방을 넘어서지 않는 수준에서 결합되어야 한다는 것이라고 선언할 수 있었다.7 클레망소가 일견 불합리해 보이는 주장을 하게 된 배경이 바로 이와 같았다. "… 베르사유 조약은… 연이은 역사적 폭력의 분출에서 서로 짓밟은 국가들 간의 형평에 입각한 관계를 생각해내고 나아가 이를 어느 정도 실현했다고 자랑할 수 있다."8 베르사유 조약 후에는 통합된 독일 국민국가가 유럽의 중심부에 수립될 것이었다. 게다가 전후의 지도를 무심하게 들여다보기만 해도 결코 놓칠 수 없듯이, 독일은 동쪽의 세 제국이 동시에 무너진 덕분에 살아남았다. 그뿐만 아니라 1918년의 패배로 독일은 1871년에 승리했을 때보다도 훨씬 더 크게 몸집을 키웠다.

독일 국민국가의 존재가 뒤집힐 수 있었을까? 1918년 기자들과 군대의 고위급 인사들, 심지어는 케도르세 거리의 프랑스 외무부에서도 '새로운 베스트팔렌 조약'에 관한 이야기가 활발히 전개되었다. 프랑스는 필시 루이 14세 시절에 누린 지배적인 위치를 되찾을 수 있었을 것이다. 독일 민족주의는 아마도 억제되거나 반대에 부딪쳤을 것이다. 어쨌거나 독일의 통일은 폭력이 빚어낸 작품이었다. 1849년 프로이센 군대는 남부 독일의 애국적인 자유주의 혁명을 진압했다. 1866년 여름, 흔히 오스트리아-프로이센 전쟁이라고 잘못 명명된 전쟁에서 프로이센은 오스트리아만이 아니라 작센과 바이에른, 바덴, 뷔르템베르크, 헤센, 하노버, 나사우의 동맹에도 맞서야 했다. 10만 명이 넘는 독일인이 남북 내전이나 다름없는 싸움에서 죽거나 부상을 입었다. 아주 최근에 와서야 그러한 폭력으로 통일된 나라를 해체하면 안 될 이유가 있는가? 그러나 프랑스의 협소한 시각에서 생각하는 자에게는 그러한 미래상이 매력적이었겠지만, 이는 1871년 이후 독일

민족 정서가 공고해졌다는 사실을 무시한 것이다. 클레망소가 인정했듯이, 독일의 애국심은 낭만적 자유주의의 상상력이 꾸며낸 허구가 아니었다. 그것은 현실이었고, 그 전쟁을 통해 극적으로 재확인되었다. 더 중요했던 것은 독일의 재분할이라는 환상이 폭력의 문제를 회피했다는 사실이다. 프랑스가 독단적으로 움직여 라인란트의 분리를 보증할 수 있을지언정 그러한 분할을 어떻게 유지하기를 바라겠는가? 베스트팔렌 조약과 빈 조약은 여러 나라가 공동으로 보증하는 유럽 전체의 협정이었다. 20세기에도 그러한 해법의 계획은 불가능하지 않았다. 1945년 이후에도 독일의 분할이 강요되지 않았는가. 그러나 제2차 세계대전 후 독일의 분할을 거의 두 세대 동안 유럽 질서의 안정적 특징으로 만든 상황은 1919년 프랑스가 처한 딜레마를 온전히 보여준다.

제2차 세계대전 후 서독의 재건은 성공적인 '정권 교체'의 가능성을 보증하는 것으로 역사에 전해졌다. 이는 또한 종종 1919년의 '실패'와 대비되는 사례로 꼽힌다. 그러나 제2차 세계대전 후 재건에 막대한 자금과 정치적 자본이 투입되었음을 낮게 평가해서는 안 된다. 제1차 세계대전 후 모든 승전국이 힘을 합쳐도 그러한 재원을 동원하기가 훨씬 더 어려웠을 것이다. 그러한 재건 이행의 배경이 되는 강압적인 국제 체제를 억지로 미화해서도 안 된다. 1945년 이후의 평화 정착은 1919년에 심사숙고한 그 어느 것보다도 더 독일의 주권에 깊은 함의를 지녔다. 제1차 세계대전 후 격앙된 민족주의자들이 품은 여러 공포를 실현한 것이 제2차 세계대전이었다. 그 나라는 어마어마한 폭력에 점령당했다. 영토는 쪼개졌다. 1,100만 명의 독일인이 동쪽의 분쟁 대상이 된 접경지대에서 민족 정화 때문에 쫓겨났다. 희생자는 지금도 여전히 정확하게 계산하기 어렵다. 그러나 분노에 찬 민족주의자들은 그 탈출에서 100만 명의 독일 민간인이 희생되었다고 주장한다. 수많은 여성이 강간당했다. 승전국은 독일 전역에서 배상금과 점령 비용을 빼내갔다. 전범 사냥이 이루어졌다. 수천 명이 처형되었고, 수만 명이 투옥되고 영구히 공적 생활에서 차단되었다. 동쪽 점령지구와 서쪽 점령지구 양쪽에서 공히 정치와 법률, 사회, 문화의 제도가 강제로 개조되었고, 이는 널리 분노의 대상이 되었다. 그 재건의 성공과 정통성은 결국 연방공화국에서만 인정되었고 동독에서는 인정받지 못했다. 심지어 서독에서도 그렇게 인정받기까지는 과거와 단절해야 할 필요성을 집요하게, 때로 상당히 용감하게 주장한 시민들의 수세대에 걸친 열정적인 노력이 요구되었다. 동독의 공산당 독재정권은 역사상 가장 철저한 경찰국가에 의존해야 했다. 전체 이야기는 1989년에 가서야 소련의 몰락과 독일의 재통일로 해피엔딩을 맞는다. 그러나 1990년에도 독일의 재통일을 재가한 '2+4' 협상은 독일의 완전한 주권 회복이 아니라 그것이 북대서양조약기구와 유럽연합에서 계속 논의의 주제가 될 다양한 조건을 보여주었을 뿐이다.

서방 강국들의 전례 없는 노력이 이 놀라운 발전 경로를 가능하게 한 중대한 전제 조건이었다. 그러나 막강한 소련군의 힘도 이 방정식에서 그에 못지않게 꼭 필요한 요소였다. 1945년 이후 서독을 마구잡이로 서방의 품에 밀어 넣고 그 안에 가둔 것은 소련의 지배라는 매우 실질적인 위협이었다. 바로 이 때문에 1919년은 유럽사에서 유례없는 순간이 된다. 18세기 이래로 러시아는 독일의 역사에 그늘을 드리웠다.[9] 1917년에 독일이 러시아에 군사적 패배를 안김으로써 유럽 세력 정치의 이 기본적인 요인은 사라졌다. 이는 독일뿐만 아니라 프랑스에도 극적인 함의를 지녔다. 1890년대에 차르의 전제국가와 공화국 프랑스가 부조리하게도 동맹을 체결한 것은 두 나라 모두 통일된 독일제국이 두려웠기 때문이었다. 클레망소 부류의 프랑스 전략가들에게 그러한 동맹은 늘 심히 못마땅했다. 1917년 러시아혁명과 미국의 참전이 겹치면서 독일에 대비한 프랑스-러시아 동맹의 재개는 불가능한 동시에 불필요해졌다. 대신 프랑스 공화국은 미국과 영국과 정치적, 전략적 동맹을 체결함으로써 훨씬 편안한 기반에 안보를 맡기려 했다. 이 대서양 민주주의 동맹은 통일된 독일을 관리하고 통제하기에 충분할 정도로 강력할 것이었다. 독일은 동쪽에서 연합국이 견실한 신생국 폴란드와 체코슬로바키아를 후원함으로써 러시아로부터 안전하게 분리될 것이었다. 근본적인 질문은 이러했다. 프랑스는 영국과 미국과의 획기적인 전시 협력을 평시까지 확장할 수 있을까?

1918년 가을 영국 정부와 미국 정부 둘 다 알자스로렌을 주민투표 없이 돌려받아야 한다는 프랑스의 요구에 동의했다. 윌슨 대통령은 1919년 1월 프랑스 상원에서 연설하며 한 걸음 더 나간 것처럼 보였다. 그는 프랑스가 '자유의 변경에' 서 있다고 말했다. 프랑스는 '외롭게 재난'에 대면하거나 '누가 우리를 도우러 올 것이냐는 질문'을 할 일이 '결코 다시는 없을 것'이었다. 프랑스는 알아야 했다. "이번에 일어난 일이 언제고 다시 일어날 것이다. 의심이나 기다림, 짐작은 결코 없을 것이다. 그러나 프랑스나 다른 자유로운 국민이 위협을 받을 때면 언제라도 온 세계가 그 자유를 지킬 준비가 되어 있을 것이다."[10] '싸울 수 있어서 너무나 자랑스럽다'와 '승리 없는 평화'의 기억을 제쳐두면, '자유의 변경'이라는 관념은 공허한 빈말이 아니라면 근본적인 의미를 내포했다. 그 표현에는 상이한 정치적 가치 영역 간의, 즉 자유와 그 적 간의 구체적이고 절대적이며 영토적인 구분이 포함되었다. 이는 1947년에 해리 트루먼 대통령이 봉쇄정책과 마셜플랜, 북대서양조약기구의 정당성을 주장하기 위해 채택한 것과 같은 성격의 용어였다. 그러나 윌슨은 프랑스인들에게는 심히 유감스럽게도 자기 발언의 의미를 인식하지 못했다. 불과 몇 주 뒤 국제연맹 규약위원회에서 그는 '도덕적 동등함'이라는 용어로 되돌아갔다. 국제연맹 규약을 두고 프랑스는 후퇴를 선택했다. 독일 문제에 대해서는 그럴 수 없었다.

프랑스, 독일의 멱살을 잡다

프랑스의 첫 번째 목적은 독일의 무장 해제였다. 이 점에 관하여 미국은 관여하지 않았고, 영국과의 의견 차이는 절차상의 문제였다. 이러한 차이는 1919년 2월 징병을 금지하고 독일군을 10만 명 규모의 경무장 지원병으로 제한한다는 데 합의가 이루어지면서 해결되었다. 프랑스의 다음 목적은 남은 독일군을 그 국경에서 확실하게 멀리 떼어놓는 것이었다. 프랑스는 알자스 북쪽 탄광 지대인 자르 지방을 자신들이 통제하기를 원했다. 그 탄광은 독일군이 퇴각하면서 프랑스 북부 공업지대의 탄광을 침수시켜 빼앗아간 석탄을 프랑스에 돌려줄 것이었다. 라인강이 네덜란드를 향해 북쪽으로 더 흘러가면서, 독일의 라인란트는 강의 서쪽으로 뻗어 나갔다. 총사령관 포슈와 거칠게 짖어대는 민족주의적 여론은 라인란트를 독일에서 떼어내 벨기에와 룩셈부르크에 붙이거나 중립화할 수 있는 별개의 공화국으로 만들어야 한다고 요구했다. 전쟁 중에 클레망소는 그러한 논의를 모조리 중단시켰지만, 1919년 2월 25일 가장 가까운 조언자인 앙드레 타르디외가 회담에서 과격한 주장을 제시하는 것을 허용했다. 그렇지만 클레망소는 신중하게 기회를 엿보았다. 그는 윌슨과의 직접적인 대결은 피했다. 윌슨은 의회에 국제연맹을 받아들이라고 권하느라 파리에 없었기 때문이다. 3월 14일 윌슨이 돌아오자 강화 회담의 위기가 절정으로 치달을 준비가 되었다. 윌슨은 프랑스의 어마어마한 요구에 어이가 없었다. 그러나 클레망소는 강경했다. 회담이 당혹스럽게도 무산될까 두려웠던 로이드조지는 극적인 해법을 제안했다. 그는 윌슨에게 영국제국과 미국이 프랑스에 삼국 안보 보장을 제안하자고 권했다. 이러한 제안이 두 나라에는 극적인 이탈이었지만, 그리고 그러한 별개의 군사 동맹은 윌슨의 널리 알려진 국제연맹에 대한 여러 선언에 모순되었지만, 미국 대통령은 동의하지 않으면 회담

과 국제연맹 규약이 실패로 돌아가는 꼴을 봐야 한다는 점을 납득했다.[11]

이 제안의 의미를 클레망소도 놓치지 않았다. 프랑스 병사들의 담당 구역 지정 문제와는 완전히 딴판으로, 클레망소는 서방의 세 민주주의 국가 간 정치적 동맹을 매우 중요하게 여겼다.[12] 그는 영국과 미국의 그러한 제스처가 선례가 없는 것이라는 점을 이해했다. 그는 향후 독일과 전쟁을 하게 될 경우 그러한 제안이 프랑스가 기대할 수 있는 최종적인 승리의 희망을 줄 것이라고 인정했다. 그러나 클레망소는 며칠 동안 신중히 숙고한 뒤 세 강국의 회의에 복귀하여 자신의 요구를 새롭게 제시했다. 라인란트는 독일의 일부로 남아도 상관없지만 비무장화시켜 연합국이 공동으로 점령해야 했다. 연합군은 라인강 우안의 교두보를 점령해야 했고, 독일군은 그곳에서 최소한 50마일(약 80킬로미터)을 물러가야 했다. 자르 지방이 독일에서 분리되든 말든, 그곳의 석탄은 프랑스가 써야 했다. 영국과 미국의 반응은 분노였다. 로이드조지와 그의 조언자들은 퐁텐블로의 어느 저택으로 물러나 강화의 '자유주의적' 목적을 재천명하는 중요한 문서를 작성했으며 프랑스로부터 거리를 두고 유화의 세대를 위한 처방을 마련했다.[13] 4월 7일 윌슨은 프랑스를 완전히 버리겠다고 위협했다.[14] 그 이후 내내 안보조약의 제안에 더 협조적으로 대응하지 못한 클레망소의 잘못은 강화의 비판자들에게 그의 불성실을 가장 잘 보여주는 증거로 이용되었다. 그러나 이러한 비판 역시 프랑스가 말하려던 것을 진지하게 받아들이지 못한다.

프랑스의 근본적인 목표는 독일의 전반적인 위협으로부터, 나아가 패배의 전망뿐만 아니라 침공과 점령의 우려로부터도 자국을 보호하는 것이었다.[15] 물론 프랑스는 1870년과 1914년의 경험을 결코 잊지 못했을 것이다. 그러나 이 점에서도 그들은 상당히 새로운 측면에 더 유념했다. 전쟁 이진에 국제법의 협정들은 민간인의 삶을 전쟁에서 최대한 차단하는 방식으로 발전해왔다. 그러한 국제법의 발전 덕분에 노먼 에인절처럼 종종 조롱을 당한 자유주의적 이론가들은 민간인의 시각에서는, 국제법의 협정들이 존중된다면, 그들이 어떤 민간 정부에서 살고 일하는지는 아무런 상관이 없어야 한다고 주장했다.[16] 그러나 카이저의 군대가 벨기에와 북부 프랑스를 점령할 때 계획적으로 위반한 것이 바로 그러한 전쟁법들이었다. 연합국의 선전은 과장되기 쉬웠지만, 독일은 자신들이 벨기에와 북부 프랑스의 민간인 수천 명을 처형했다는 사실을 부인하려는 시도조차 하지 않았다. 그들을 비합법적 전투원으로 여기기로 결정했기 때문이다.[17] 그들은 또한 힌덴부르크 방어선으로 퇴각하는 동안 북부 프랑스의 광범위한 지역을 폐허로 만들었다는 사실도 부인하지 않았다. 프랑스는 1917년과 1918년의 독일 문서를 노획하여 그런 일이 전술적 이익을 위해서 저질러졌을 뿐만 아니라 자신들의 경제를 영원히 무력하게 만들려는 목적도 있었음을 확인했다.[18]

프랑스의 손실은 어마어마했다. 폐허가 된 지역은 국토의 4퍼센트에 불과했지만, 그곳에서 독일은 총 20억 달러에서 30억 달러에 이르는 손실을 입히는 데 성공했다.[19] 프랑스와 벨기에에는 심히 실망스럽게도, 윌슨은 유럽에 도착했을 때 황폐해진 지역을 돌아보기를 거부했다. 감정적으로 평정을 잃을까 두려웠던 것이 분명했다.[20] 프랑스는 그렇게 초연할 여유가 없었다. 그것은 사치였다. 프랑스가 보기에 독일이 당시에 발전하고 있던 국제적 정중함의 규범에 등을 돌린 것은 분명한 경고였다. 이로써 프랑스 정부가 패배를 방지하는 것만으로는 충분하지 않다는 점이 명백해졌다. 프랑스 정부는 독일의 또 다른 점령으로부터 시민을 보호할 의무를 저버릴 수 없었다. 이는 영토와 관련된 새로운 문제로 영토상의 해법을 요구했다. 이 문제는 공격자에게 손실이 돌아가는 방식으로 해결되어야 했다.

4월 8일, 며칠간 위태로운 협상이 이어진 뒤, 세 강국은 공공연한 실패를 피했다.[21] 자르 지역은 국제연맹의 복잡한 관리를 받게 되었고, 1934년으로 예정된 주민투표로 독일로 돌아가거나 프랑스에 귀속되는 것 중 하나를 선택할 권리를 얻었다. 그 동안 탄광의 산출량은 프랑스가 가져가기로 했다. 라인란트는 완전히 비무장화하여 15년간 연합국이 점령하기로 했다. 독일이 베르사유 조약에 규정된 의무를 이행하는 것에 따라서, 영국과 미국이 안보 보장을 이행하는 것에 따라서, 조건부로 단계적 철수가 이루어질 것이었다. 클레망소는 훗날 스스로 주장했듯이 프랑스가 기대할 수 있는 것을 전부 얻어냈다.[22] 그는 독일의 멱살을 잡았다. 그는 영국과 미국의 지지를 받았다. 두 나라가 물러섰다면, 이는 프랑스에 재앙이 되었을 것이다. 그러나 적어도 프랑스 정부는 조약의 조건에 따라 점령지에 기반을 다질 권리를 얻었을 것이다. 클레망소가 바란 것은 전시의 동맹을 약화시키는 것이 아니라 공고화하면서 이러한 보장을 얻어내는 것이었다. 조약이 강요한 영국과 미국과의 협력은 클레망소에게 거의 반反독일 요소만큼이나 중요했다. 영국과 미국의 파견 부대는 프랑스군과 나란히 독일을 감시하기로 했다. 독일의 군축을 감독하는 일은 공동의 책임이 될 것이었다. '책임'은 클레망소의 키워드였다. 그는 조약이 '전통적으로 대립되고 나아가 때로는 모순되기까지 한 이해관계들'을 공동의 목적으로 이끌려는 '욕구와… 신념, 의도', '의지'와 엮이지 않는다면 그 구속력을 믿을 수 없었다. 바로 이것이 1917년 이래로 연합국이 달성한 것이다. 전시의 협력관계가 '평시의 깨지지 않는 동맹'으로 바뀔 수 있다면, 프랑스는 더할 나위 없이 안전할 것이었다.[23] 클레망소가 그답게 감안하지 못한 것은 자신의 호전적인 태도로 인한 손해였다. 그는 영국과 미국의 반감을 샀으며, 그의 내각이 6월 4일 조약을 승인했지만 프랑스 여론의 강력한 목소리와 그들이 여전히 순진한 자유수의적 평회라고 본 것을 조화시키지 못했다.[24]

체코슬로바키아와 폴란드 국경의 확정

긴장은 동유럽에 안보 체제를 구축하려는 노력으로 더욱 심해졌다. 프랑스는 러시아와 독일의 관계 회복이라는 전략적 성격의 재앙을 막으려면 동유럽 국민국가들로 견고한 차단선을 세울 필요가 있었다. 그러나 강화조약의 어떠한 '잔인함'보다도 동유럽의 국경 확정이 독일을 더 심하게 괴롭혔고, 영어권 평자들은 이에 너무나도 쉽게 공감했다. 미국의 어느 군사 평론가는 1919년 4월 이렇게 말했다. "중부유럽에 가면 어디서나 프랑스의 군복을 볼 수 있다… 제국주의적 사고방식은 마치 일종의 광기처럼 프랑스인의 마음을 사로잡았고, 최대한 프랑스의 인도에 따라 고도로 군사화한 국가들을 조직하여 연이어 창설하려는 노력이 뚜렷하게 보인다…"[25] 폴란드와 루마니아, 체코슬로바키아는 프랑스의 경비견처럼 보였다. 그러나 그 문제를 이러한 방식으로 논의하는 것은 처음부터 독일에 선전의 승리를 주는 꼴이었다. 윌슨이 영토 문제의 해결을 비판하는 자들에게 직접 반박했듯이, 베르사유 조약은 '독일에 가한 의무와 처벌에서 가혹한 조약'이었다. "그러나… 그것은 단순히 독일과의 강화조약으로 그치지 않는다. 그것은 이전에는 전혀 자유로 가는 길을 찾을 수 없었던 여러 민족들을 해방한다."[26] 클레망소는 같은 태도를 취했다. 강화조약의 주제는 민족해방이었다. 강화조약을 결정할 자들은 '옛 것보다는 새로운 것을 중심으로' 생각하고 있었다.[27] 중부유럽에서 이러한 사고방식은 불가피하게 현존 국가들의 이익을 해쳤다.

체코의 사례에서, 그 문제를 어쨌거나 독일인의 문제로 보는 것은 처음부터 범독일주의의 대의를 인정하고 들어가는 것이었다. 보헤미아 왕국은 1526년 합스부르크 왕국에 병합될 때 서부 지역에 독일어를 쓰는 주민들이 사는 큰 땅을 갖고 있었다. 훗날 주테텐란트로 악명을 떨치게 되는 곳이다. 이 영토는 경제적으로 중요했고 이제 체코인의 국가가 생긴다면 자연스러운 방어막이 될 곳이었다. 번영을 구가한 그곳의 인구는 1913년이 되면 300만 명으로 늘어났고, 주민들은 민족과 언어에서 여전히 독일인이었다. 그러나 이 땅의 어느 곳도 1871년에 독일제국으로 통합된 국가들에 속한 역사가 없었다. 자결권의 원리에 따라 미국 대표단은 그 영토를 체코슬로바키아에 넘겨주는 것에 회의적이었다. 이를 오스트리아의 소유라고 하면 지리적으로 기괴한 형태가 만들어졌다. 그러나 이 땅을 독일에 붙인다면, 이는 협상국의 동맹인 체코를 희생시켜 이 중요한 영토를 패배한 독일제국에 넘기는 격이었다. 이는 클레망소와 로이드조지에게는 있을 수 없는 일이었다.[28] 만일 독일과 체코슬로바키아가 나중에 체코슬로바키아 정부가 동의할 만한 조건에 따라 영토를 교환하기로 결정한다면, 이는 두 나라와 국제연맹에 달린 일이었다. 강화조약을 결정할 자들이 할 일이 아니었다. 실제로 주데텐란트를 불만의 씨앗으로 만든 이는 히틀러 부류의 오스트리아인 범독일주의자였다. 바이마르 공화국은 그 문제를 아주 심하게 압박하지는 않았다.

정말로 폭발력이 있던 문제는 폴란드와 독일 사이의 국경이었고, 가장 고통스러운 문제는 슐레지엔과 관련되었다.[29] 슐레지엔도 한때 보헤미아 왕실 소유였고 따라서 합스부르크 왕국에 속했지만 1742년 프리드리히 대왕이 그의 기회주의적인 종군 중에서도 가장 악명이 높았던 전쟁에서 점령했다. 그때 니더슐레지엔(슐레지엔의 북서쪽 지역*)은 이미 철저히 '독일화' 했다. 그러나 오버슐레지엔(슐레지엔의 남동쪽 지역*)에는 폴란드인이 많았다. 문제를 더욱 복잡하게 한 것은 그 지역이 동유럽 산업혁명의 중심지였다는 사실이다. 독일의 자본과 기술이 그곳의 귀족 부호들의 기업가적인 에너지와 결합하여 경제 지도를 바꿔놓았다. 일곱 개 독일 봉건 영주 가문들이 슐레지엔의 4분의 1과 막대한 금속 광상과 철광의 대부분을 소유했다. 신생국 폴란드가 실질적으로 경제적 독립을 쟁취할 수 있으려면 이 공업 자원을 가져야 했다. 같은 이유에서 폴란드는 바다로 나갈 길이 필요했고, 그렇게 하려면 독일 민족의 영토를 관통하여 발트해 연안의 그단스크(단치히)로 이어지는 회랑을 도려내야 했다.

각국의 입장은 예측이 가능했다. 폴란드는 프랑스의 지원을 받아 그단스크 도시와 오버슐레지엔 전부를 넘겨받는 것을 포함하여 자신들에게 최대한 유리하게 해결되기를 원했다.[30] 영국과 미국은 그렇게 되면 자결권 원리가 지나치게 유린된다고 주장하며 반대했다. 논의는 1919년 2월에 시작되어 6월에 베르사유 조약이 체결되기 며칠 전까지 계속되었다. 폴란드의 발트해 출입구에 자리 잡은 항구 도시 그단스크는 독일의 주권에서 벗어났지만, 로이드조지와 윌슨의 고집에 따라 폴란드에 할양되지는 않았다. 대신 그단스크는 국제연맹의 관리를 받는 '자유도시'가 되었다. 그 회랑은 폴란드에 이익이 되도록 조정되어 독일인 소수민족의 규모는 최소한으로 유지되었다. 로이드조지의 강력한 주장에 따라 오버슐레지엔의 최종적인 경계를 결정하는 문제는 마지막까지 연기되어 결국 주민투표로 정하기로 했다.[31] 훗날의 비판자들, 특히 존 메이너드 케인스의 근거 없는 주장과는 반대로, 강화조약을 결정할 자들은 통합된 산업 체제가 국경 획정 때문에 와해되는 것을 무책임하게 좌시하지 않았다. 독일과 폴란드 간의 경계 획정 조약은 외교의 역사에서 가장 포괄적이고 전문적인 협정의 하나였다.[32] 유럽의 오랜 영토 재조정의 역사에서 정의와 힘의 명령이라는 두 보편적 원리를 복잡한 영토상의 현실과 조화시키고자 그 정도의 신중을 기한 적은 없었다. 여러 민족과 소수민족의 이익이 정치적으로나 경제적으로나 균형을 이루도록 그토록 세심하게 조정된 적은 없었다. 강화조약을 결정할 자들은 고된 위원회 활동을 통해 철도를 최대한 사용하기 편리하도록 국가의 영토에 할당하고자 국경을 조정하려 애썼다.[33] 폴란드가 독일에서 석탄을 빼앗을 수 없도록 복잡한 조항들을 집어넣었다. 중부유럽 역사의 세세한 내막은 국제사회 전체의 관심사가 되었다. 슐레지엔 문제에 관한 국제연맹의 최종 보고서는 벨기에와 브라질, 중국, 에스파냐의 대표들이 작성했다. 일본의 어느 자작이 보고자의 역할을 맡았다. 슐레지엔처럼 오랫동안 쓰라린 역사를 지닌 영토를 배경으로 보면, 베르사유 조약이 새롭게 진일보한 방식으로 외교를 전문가적 의사결정과 결합했다는 주장이 타당하다는 결론을 피하기는 어렵다.

한 번 더, 1945년 이후 시기와의 대조가 깨달음을 준다. 1918년에서 1926년 사이에 오늘날의 폴란드 영토에 거주한 독일인 주민 중 대체로 절반이 이주하기로 결정했다.[34] 1945년 포츠담 회의 이후 진행된 과정은 훨씬 더 잔인했다. 동유럽에 넓게 분포한 독일인 주민 전부가 3년 안에 총부리의 위협을 받으며 폭력적으로 추방되었다. 슐레지엔에서 그 숫자는 300만 명에 달했다. 10만 명에 가까운 사람이 사망한 것으로 확인되었고, 그 밖에 63만 명이 행방불명 즉 '어떤 운명을 맞았는지 모르는 상태'로 기록되었다.[35] 주데텐란트의 주민들도 동일하게 처리되었다.

그러나 그러한 참사는 미래의 일이었다. 1919년, 독일은 분노를 달랠 길이 없었다. 바이마르 공화국은 자국과 폴란드 사이의 새로운 경계선에 전혀 만족하지 않았다. 그렇지만 패배한 독일인들의 분노 그 자체는 불공정의 증거가 되지 못했다. 폴란드인들과 체코인들이 사실상의 자결권을 가져야 한다면, 달리 대안이 있었겠나? 아서 밸푸어가 말했듯이, 폴란드의 소멸은 구체제 세력 정치의 '커다란 범죄'였다.[36] 클레망소는 독일인들이 동유럽에서 자신들의 권리기 침해되었다고 불평하는 말을 듣고는 자신이 알고 있던 폴란드인 망명자들을, 슬라브어로 주기도문을 암송했다고 폴란드 어린이들을 구타한 프로이센 교사들에 관해 그들이 했던 얘기를 떠올렸다.[37] 베르사유 조약이 동유럽에서 전략적 방역선(완충지대 국가군)을 쳤을 뿐만 아니라 역사적 과오를 교정했다는 분명한 인식이 있었고, 이는 정당했다. 협상국이 자신들의 나라를 파괴하는 데 몰두해 있다고 독일이 주장했을 때, 밸푸어는 그 비난을 무시했다. 협상국이 힘들게 맞서고 있던 것은 '현대 프로이센'이라는 상당히 인위적인 창조물'이었다. "거기에는 약 140년 전까지 전혀 독일에 속한 적이 없으며 실제로 이 순간 독일에 속해서는 안 되는 슬라브인들이 많이 포함되어 있다."[38] 윌슨은 수천만 명의 폴란드인, 체코인, 슬로바키아인이 독립을 주장하면서 역사적으로 중요한 그 식민 지역에 남기로 한 독일인들은 슬라브인의 지배를 받는 달갑지 않은 처지에 놓이게 될 것이라고, 이는 유감스럽지만 '불가피'하다고 인정했다.[39] 정확히 얼마나 많은 독일인이 그렇게 끔찍한 운명을 겪었는지, 그 숫자를 독일의 주권하에 놓인 폴란드인과 어떻게 비교할 수 있는지는 어려운 논쟁거리로 남아 있다. 그렇지만 동유럽에서 잃어버린 '독일인'이 450만 명에 달한다는 말은 확실히 믿을 수 없다.[40]

게다가 체코슬로바키아와 폴란드의 독일인 소수민족 문제에 대한 상이한 반응이 암시하듯이 어떤 슬라브족이 관련되었는가에 많은 것이 좌우되었다. 체코 민족의 대의는 전후의 주창자들이 가장 잘 대변했다. 체코 대통령 토마시 마사리크는 미국인 유니테리언교도 페미니스트와 결혼했다. 그는 전쟁 기간의 대부분을 미국에서 보냈으며 어디서든 국제적 자유주의라는 새로운 담론을 매우 거침없이 옹호한 사람이었다. 그는 외무장관 에드바르트 베네시와 함께 체코 국가의 독립에 수반하여 발생한 헝가리와 폴란드에 대한 공격적인 영토상의 주장을 억제하고자 최선을 다했다. 결과적으로 체코슬로바키아는 전후시대의 모범 시민이라는 평판을 얻었다.[41] 주데텐란트 독일인 중에서 가장 큰 정치 세력이 새로운 다민족 정체에 능숙하고도 확실하게 통합된 사회민주당 좌파였다는 사실이 도움이 되었다.[42] 독립국 체코슬로바키아는 대단한 경제적 기반을 갖추었고, 체코슬로바키아 정부의 전후 재정 문제 관리는 이웃 나라들의 혼란과 대조되었다. 주데 텐란트의 독일인들은 체코슬로바키아 공화국 시민으로서 오스트리아와 독 일의 동포들이 겪는 굶주림과 폭력, 경제적 혼란을 운 좋게 피했다고 생각 할 수 있었다.

폴란드에 관해서는 이처럼 얘기할 수 없었다. 그 신생국이 대면한 어려 운 과제는 참으로 놀라웠다. 폴란드 공화국은 근본적으로 다른 정치적 전 통을 지녔고 매우 다양한 민족들이 뒤섞인 소멸한 세 제국, 즉 독일과 오 스트리아, 러시아로부터 땅을 떼어내 만들어야 했다. 1919년 폴란드는 가 난했고 인구가 과도하게 많았으며 수년간의 전쟁으로 폐허가 되었다. 그러 한 기반에서 성공적인 국민국가를 건설하려면 과감하고 현명한 정치 지도 자들의 더없는 노력이 필요했을 것이다. 출발점의 조건은 상서롭지 않았 다. 폴란드 정당들의 경쟁은 거의 전설적이었다. 러시아령 폴란드에서 두 드러졌던 민족민주운동_{Endecja}(엔데챠)과 오스트리아령 폴란드와 독일령 폴 란드에 퍼진 민족주의 사이에는 골이 깊었다. 민족민주운동의 종족민족주 의는 맹목적 배타주의와 반유대주의로 악명이 높았고, 변절한 사회주의자 유제프 피우수트스키가 이끈 후자의 민족주의는 상대적으로 더 진보적이 었다.[43] 이들의 극심한 불화는 모험주의적 외교 정책을 초래했고 이로 인 해 1918년부터 1920년 사이에 폴란드는 여섯 차례나 전쟁에 휘말렸다. 여 기에는 발트 국가들과 우크라이나에 대한 공격, 소련에 대한 파멸적인 공 격이 포함된다.[44] 동시에 폴란드는 새로운 국가를 통합하는 데 필요한 재 정 능력도 없는데 돈이 많이 드는 극적인 복지 정책을 시행했다. 결과는 파괴적인 인플레이션이었다.[45]

그러므로 독일인들이 폴란드 공화국에 편입되는 것을 유감스럽게 생각 할 이유는 충분했다. 그러나 기본적으로 독일인들은 폴란드와의 국경 분쟁 과 관련하여 모든 해법에 적대적이었는데 그 원인은 단순한 합리적 계산이 아니었다. 민족적 편견과 종족적 원한의 깊은 적개심이었다. 진정한 독일 민족주의자라면 폴란드인의 지배를 받는다는 것은 생각만으로도 몸서리를 칠 일이었다. 1919년에 유럽에서는 단지 국경의 재조정만 이루어진 것이 아니다. 1919년은 진정으로 식민주의에서 벗어나는 순간이었다. 정치와 문화, 민족의 기존 위계가 뒤집혔다. 그리고 이와 같은 혁명적 변화의 의식은 파리에서 폴란드 문제를 결정해야 했던 자들이 공유한 의심과 두려움의 태도를 설명하는 데 도움이 된다.[46]

1919년 3월 25일, 세 강국 간의 위기가 절정에 이르렀을 때, 로이드조지가 영국의 도덕적 지도력을 다시 주장하려 했던 퐁텐블로 회의에서 주된 문제는 폴란드였다. 퐁텐블로 문서Fontainebleau Memorandum는 자유주의의 감정 주기라는 관점에서 해석하면 죄책감이 이긴 순간이었다. 평화를 위해서는 독일에 좀 더 관대한 해법을 주어야 했다. 로이드조지는 가장 큰 위험은 동유럽에 새로운 알자스로렌을 만드는 것이라고 선언했다. 그는 기꺼이 이렇게 말했다. "장래에 전쟁이 일어난다면 세상에서 가장 왕성하고 강력한 종족의 하나인 독일 민족이 이전에는 독자적으로 안정된 정부를 세운 적이 없는 주민들로 구성되어 있지만 각각 본국과 재결합하기를 큰 소리로 요구하는 독일인을 많이 포함하는 다수의 작은 나라들에 포위되는 것보다 더 큰 원인은 생각할 수 없다. 폴란드 위원회Polish Commission의 제안에 따르면 210만 명의 독일인을 다른 종교를 갖고 있고 역사 내내 안정된 자치정부를 유지할 능력을 전혀 입증하지 못한 민족의 통제를 받게 해야 하는데, 이는 내가 판단하기에는 분명코 조만간 새로운 전쟁을 초래할 것이다…."[47] 다른 계제에 로이드조지는 더 솔직하게 폴란드인들이 '구제 불능'이라고 했다. 세실 경은 그들을 '동양화한 아일랜드인'이라고 칭했다. 얀 스뮈츠는 남아프리카식 표현 방식을 썼다. 그에게 폴란드인은 그저 '카피르족'(남아프리카에서 흑인을 경멸적으로 부르는 말*)이었을 뿐이다.[48]

스뮈츠가 처음에 위임통치제도라는 외국의 보호 감독을 제안했을 때 그 목적은 동유럽인들의 자결권에 관한 걱정을 불식시키려는 것이었다. 이는 그 지역의 누구도 수용하지 않았다. 그럼에도 국제사회의 감독은 1919년 조약에서 중부유럽에 관한 필수적인 요소였다.[49] 아드리아해의 리예카(피우메)처럼 그단스크에서도 각국의 양립 불가능한 권리 주장의 충돌은 국제적 처리로써 해결되었다. 1919년 여름 폴란드는 소수민족 보호 체제에 동의해야 했고, 이는 1920년대에 나머지 동유럽 지역에 하나의 모델이 되었다. 국제연맹에서는 새로운 소수민족들이 박해받을 경우에 도움을 호소할 기회를 얻도록 상임위원회 제도를 수립했다. 독일인들은 이 제도를 공격적으로, 매우 효율적으로 이용할 수 있었다. 1921년 3월에 슐레지엔의 운명을 결정할 주민투표에 관한 규정은 지극히 정교했다. 약 1만 5,000명 규모의 연합군 부대가 그 지역을 감시했고, 여러 나라의 관료 수백 명이 배치되었다.[50] 거의 전 주민이 투표에 참여했으며, 폴란드인들이 봉기를 일으키자 연합국 군대가 질서를 회복하고 폴란드인 반란자들을 독일인 거주지에서 몰아냈다. 이번에도 최종 분할을 결정하는 마땅치 않은 임무를 떠맡은 것은 국제연맹이었다. 불가피하게 그 결정은 독일의 기대를 충족시키지 못했다. 그러나 분명코 폴란드에 항복한 것도 아니었다.

베르사유 조약의 잔인함과 친절함을 쓰라리게 느끼다

독일인들이 강화조약에 성난 반응을 보인 것은 놀랍지 않다. 패전은 재앙이었고 그 결과는 충격적이었다. 1918년 11월 아슬아슬한 순간에 '윌슨수의'에 따른 휴전이 이루어지면서 독일의 대중은 자신들이 강화조약에 동등한 일원으로 대접받을 것이라고 오해했다. 휴전 협상은 미국 정부와 협상국 간의 더 큰 실력 행사의 일부였으며 '동등한 자들의 강화'란 차후 독일과 폴란드의 이익이 대등한 기반 위에서 처리될 것임을 뜻한다는 사실을 알아챈 것은 악몽과도 같았다. 그러나 비록 고통스럽기는 했어도, 독일의 불안은 전쟁의 여파로 초래된 조정의 가장 기본적인 결과였을 뿐이다. 그 조정의 깊은 상처는 모든 유럽 국가가 다 겪었다. 클레망소는 베르사유 조약이 독일에 19세기의 꿈을, 즉 국민국가의 요구를 인정했다고 주장할 수 있었을 것이다. 그러나 전쟁의 결과에 비추어 보면 이 주장은 그의 불성실을 의심하지 않을 수 없을 정도로 너무도 많은 질문에 답하지 않았다.

전쟁은 제국주의적 경쟁의 시대가 재촉했다. 그 경쟁 때문에 1890년대가 되면 국가의 주권으로 충분하다는 생각이 사라졌기 때문이다. 중요한 것은 세계 무대였다. 세계적 경쟁의 시대가 선포되면서, 해외 영토와 해군을 갖추지 못한 독일은 고립되었다. 클레망소 부류의 공화주의자라면 당연히 육지로 둘러싸인 커다란 유럽 국가는 아프리카와 태평양에 식민지를 갖고 있지 않아도 잘 지낼 수 있다고 답했을 것이다.[51] 그러나 그는 프랑스의 미래를 그렇게 협소한 시각에서 바라보지 않았다. 프랑스에는 제국주의 너머에 더 밝은 미래가 있었다. 프랑스 정부는 강력한 국제연맹을 위해 진지하게 폭넓은 제안을 했다. 그 제안은 거부되었다. 그렇지만 프랑스는 적어도 상임이사회의 일원으로 인정되었다. 프랑스가 제멋대로 했다면, 독일은 결코 국제연맹에 받아들여지지 않았을지도 모른다. 그리고 국제연맹이 단순히 영-미 패권의 수단에 머물렀다면 연맹 가입이 무슨 의미였을까?[52] 세기 전환기에 세계 정책Weltpolitik으로 기대했던 것은 단순히 국가들의 총회에 일원으로 참여하는 것이 아니었다. 정확히 그러한 운명을 방지하기 위해 클레망소는 국제연맹을 넘어서는, 영국과 미국과의 대서양 삼자 동맹을 기대했다.

그러나 이는 독일에 또 다른 질문들을 제기했을 뿐이다. 서유럽에서 그렇게 압도적으로 강력한 미래주의적 동맹이 수립되면, 고작 유럽 내의 주권국이라는 독일의 지위는 무엇이란 말인가? 독일은 이에 대응하여 동유럽을 바라보고 싶었을 것이다. 그러나 그곳에서도 독일은 포위되었다. 독일인들과 폴란드인들은 아시아인과 라틴아메리카인의 감시를 받으며 같은 투표소에서 투표했다. 베르사유 조약의 잔인함과 친절함은 너무도 쓰라리게 느껴졌다. 조약 안에서 국제 질서에 관한, 역사적으로 시대착오적인 시각들이 뒤얽혔기 때문이다. 세계적인 시대에 독일에 인정된 무방비의 주권은 이류의 지위를 드러내는 표지처럼 보이게 되었다. 강화조약의 비판자 중에서도 상상력이 더 뛰어난 자들은 독일이 정치적 색채를 빼앗긴 새로운 형태의 공허한 주권의 시험 대상으로 희생되었다고 보았다.[53] 독일이 분노 때문에 인정하기 어려웠던 것은 이 고통스러운 조정이 정도의 차이는 있지만 모든 유럽 국가들의 앞에 놓인 전망이었다는 사실이다.

15장

배상

1919년 4월 초 며칠 동안, 강화회담이 결정적인 국면에 접어들면서, 배상 문제가 강화조약의 설계자들에게 한층 더 중요해졌다. 배상금 지불은 재정적 측면에서만 중요한 것이 아니었다. 이는 독일의 베르사유 조약 준수를 검증하는 시험이었다. 악명 높은 전쟁 책임 조항인 제231조는 실제로 독일의 유죄를 진술하지 않았다. 그 조항이 밝힌 것은 연합국이 동맹국의 '공격으로 그들에게 강요된 전쟁' 때문에 입은 손실에 대한 독일의 '책임'이었다. 프랑스는 연합국이 공동으로 배상금 지불을 강제할 책임이 있다고 믿었다. 점령군의 최종적인 라인란트 철수와 자르 지방의 반환은 독일의 배상 의무 이행 여부에 달린 조건부였다. 프랑스와 연합국은 독일이 정기적인 배상금 지불을 시작하고 15년이 지난 후에 독일 영토를 떠나기로 했다. 적어도 클레망소는 독일이 배상금을 지불하지 않으면 프랑스는 떠나지 않을 것이라고 의회를 안심시켰다. 휴전 조건에 따라 제국의회의 다수파를 형성한 정당들은 독일이 카이저의 군대가 입힌 손실을 보상할 의무가 있다는 데에 전혀 이의를 제기하지 않았다. 또한 그 총액이 전쟁 이전의 온전한 가치로 수백억 금 마르크에 이를 것이라는 점도 문제 삼지 않았다. 그러나 이러한 기본적인 합의가 있었는데도 프랑스와 영국이 심지어 가장 온건한 수준에서 요구할 권리가 있다고 느낀 것과 독일이, 심지어 최대한 협조적인 순간에도 기꺼이 내놓으려 했던 것 사이에는 큰 차이가 있었다.

게다가 독일의 관점에서 보면 배상 요구에는 몇 가지 점에서 조약의 영토 규정보다 한층 더 밉살스러운 속성이 있었다. 피할 수 없는 가혹한 부채 압박이었다. 영토 상실은 국경 지역에만 직접적으로 영향을 미쳤지만, 배상금은 독일의 모든 남녀와 어린이에게까지 해를 끼쳤다. 배상금은 말 그대로 날마다 전 국민을 괴롭혔다. 그 부담은 향후 몇 세대 동안 사라지지 않을 것이었다. 민족주의 선전자들은 배상을 굴종이자 예속이라고 칭했다.[1] 라인란트를 점령한 세네갈 군대의 병사들이 독일인 여성을 강간하는 악몽은 정치 평론에서 더 심오한 짝을 찾았는데, 이에 따르면 독일은 배상금 때문에 식민지나 다름없는 지위로 전락했다. 이러한 외채의 부담 때문에 독일은 오스만제국과 페르시아, 이집트, 중국 같은 삼류 국가의 나락으로 떨어질 것 같았다. 그 나라들은 제국주의 시대에 주권국의 흔적은 지녔으나 실제로는 외국의 감시와 재정 통제를 받았다.[2]

프랑스에 이러한 두려움의 반향이 없지는 않았다. 자르 지방을 석탄 식민지로 삼는 환상에 빠진 자들이 있었다. 프랑스 정부 내에는 무모하게 독일제국의 '오스만제국화'를 얘기한 순간이 있었다.[3] 이와 같은 제국주의 시대의 자취는 독일이 자신들을 향한 금융상의 요구에 왜 그렇게 격노했는지를 이해하는 데 중요하다. 그러나 그들의 다른 주장, 다시 말해 조약에서 독일의 주권을 존중해야 한다는 클레망소의 강력한 주장처럼, 그들은 제1차 세계대전 후의 상황에 시대에 뒤진 시각을 덧씌웠다. 그것은 단순히 독일을 프랑스제국의 속령으로 보는 것이 원래 불가능하다는 것만은 아니었다. 그러한 역사는 나폴레옹 시대에 이미 폭력적인 결말에 이를 때까지 전개된 바 있다. 진정으로 오해를 유발하는 측면은 독일이 베르사유 조약에 따라 처한 상황을 유럽의 모든 교전국이 처한 세계적인 세력장에서 분리된 별개로 보는 것이었다. 역설적이게도, 국제 금융의 새로운 형태를 세운 이들이 협상국이기 때문에, 프랑스가 장래에 처하게 될 종속적 지위는 1919년 봄에 이미 독일의 처지보다 더 명확하게 드러났다.[4]

'안전'의 '보장'을 위한 경제 조직의 설립

종전 후 협상국은 자신들의 경제적, 재정적 지위가 영구히 변했다는 사실을 분명하게 알 수 있었다. 의심의 여지없이 프랑스가 가장 심한 충격을 받았다.[5] 전쟁 이전에 파리는 런던에 뒤이어 두 번째로 중요한 국제 신용의 원천이었다. 이제 프랑스는 궁핍한 채무자 신세였다. 프랑스의 한 가지 대응은 독일을 희생시켜 유럽 경제의 균형을 되찾는 것이었다. 프랑스의 중공업은 다른 무엇보다도 독일의 석탄과 알자스로렌의 광석 인도로 보강되어야 했다.[6] 이러한 유럽 산업의 재조정 노력은 연합국 간 대서양 협력을 종전 후까지 연장하는 것을 내다본 더 넓은 시각과 결합되었다. 전략적 관점에서 보면 이러한 시각은 대서양 삼각 민주주의 동맹의 절대적 우위를 역설한 클레망소의 주장과 일치했다. 그러나 클레망소의 생각은 수백 년간의 유럽사를 염두에 두었고 표현은 19세기 급진주의의 것이었던 반면, 그의 상업부 장관 에티엔 클레망텔이 밀어붙인 미래상은 근대주의적이고 기술주의적인 성격을 띠었다.[7] 1916년 런던 경제협의회London Economic Conference의 결의안에 따라 클레망텔은 주요 원료의 공동 통제를 위한 프랑스와 영국, 미국의 세계적 협력을 구상했다.[8] 클레망텔은 런던 경제협의회에서 직접 말했듯이 전쟁이 다름 아닌 '통제와 협력을 기반으로, 생산 과정에 질서를 부여할 수 있는 모든 것을 기반으로 새로운 방법의 응용을 허용하는 새로운 경제 시대의 시작… 세계 경제사에서 커다란 전환점을 이룰 새로운 질서의 시작'을 열기를 희망했다.[9]

프랑스가 품었던 서구 민주주의 국가들 간의 군사적 동맹이라는 미래상이 북대서양조약기구를 가리켰다면, 클레망텔의 미래상은 유럽 통합을 예기했다.[10] 그의 협력자 중에는 젊은 사업가 장 모네가 있었다. 그는 전쟁 시기를 런던에서 보내며 연합국 간 해운 통제 체제의 개선에 일조했다. 1919년 이후 모네는 전시에 같이 일한 동료 아서 솔터와 함께 잠시 동안 국제연맹의 경제위원회에서 일했다. 모네는 한동안 중국에서 기업 활동을 한 뒤에 1940년에 런던에서 드골 진영에 합류하여 한 번 더 연합국 간 경제 협력 문제에 힘을 쏟았으며 1945년에 프랑스 산업 근대화의 대부로 등장한다. 1950년 모네는 유럽석탄철강공동체의 기획자로 유명해진다.[11] 50년 뒤 『회고록』에서 모네는 1919년의 잃어버린 기회를 유감스러워하며 되돌아보았다. 그때 유럽은 대담한 산업 협력 조치를 취할 수도 있었다. "유럽인들이 통합을 선택하지 않으면 퇴락할 것임을 깨닫기까지는 여러 해, 많은 고생이 필요할 것이었다."[12]

그러나 1919년에서 1945년 사이에 미국의 입장도 최소한 유럽의 입장만큼은 변했다. 나중에 미국 대통령이 되는 해리 트루먼과 그의 전설적인 국무장관 조지 마셜 둘 다 1918년에 프랑스에서 전투를 목격했다. 1945년에 유럽으로 돌아온 두 사람은 유럽 대륙의 다른 국가들을 협력과 통합으로 이끌도록 프랑스 정부를 압박했다. 장 모네는 가장 적극적인 협력자였다. 다시 1919년으로 돌아가 보면, 윌슨 행정부는 매우 다른 노선을 취했다. 미국 정부는 클레망텔과 그의 통합주의적 계획에 확고하게 반대했다. 1918년 11월 21일에 이미 미국 재무장관 윌리엄 매커두는 런던의 미국 대표들에게 전문을 보내 연합국 간 협력 기구의 기능을 최소한으로 줄이고 '그로써 중요한 협상과 결정은 전부 워싱턴에 집중시키라'고 요구했다.[13] 식량 공급을 책임지고 있던 허버트 후버는 미국은 '강화 이후 어떤 정책이든 우리의 경제 자원을 연합국이 공동으로 통제하는 것처럼 보이기만 해도 동의하지 않을 것'이라고 공언했다.[14] 상시적인 공동 밀 구매 계획의 제안에 그는 '완전한 공포'에 사로잡혔다. 윌슨 행정부로 말하자면, 프랑스가 장려한 연합국 간 공동 조직은 실로 '영국'이 '세계에 우리의 식량을 외상으로 공급하기 위해 런던에 세운' '제도'였다.[15] 후버는 '도처에서' '정의'가 행해질 것을 보장하는 유일한 담보는 미국이 단독으로 움직이는 것이라고 역설했다.

　전시 규제가 빨리 제거되면 될수록, 자본과 상품의 자유로운 이동이 더 빨리 재개될 것이었다. 번영과 평화가 되돌아오고 미국은 신이 부여한 수단으로 그 우월함을 확고히 할 것이었다. 시장과 사업이 정치와 군사력을 대체할 것이었다.[16] 그러나 이렇게 세계 경제의 탈정치화를 밀어붙인 결과는 마음 같지 않았다. 경제에서 정치가 빠져나오기는커녕, 유럽은 재정적으로나 정치적으로나 가장 심한 혼란, 즉 배상금 문제에 한층 더 깊이 빠졌다. 1919년 2월 5일, 클레망텔은 명백한 대안을 갖고 10인위원회(Council of Ten, 파리 강화회의의 5개 연합국 정부 수반과 외무장관의 회의체*)의 경제초안위원회에 맞섰다. 프랑스는 온건한 강화 방안을 기꺼이 승인하려 했다. 그러나 이는 '공동의 합의에 기초한 조치들에 의해서 세계에 안전한 회복을 보장하기 위한 경제 조직'을 설립하는 것에 달렸다. 그것이 아니라면, '안전'의 '보장'은 '보복과 처벌의 강화'가 제공해야만 했다.[17]

연합국은 얼마나 많은 배상금을 요구할 것인가

겉으로 보기에 질문은 이처럼 단순했다. 연합국은 얼마나 많은 배상금을 요구할 것인가? 베르사유에서는 답이 없었다. 3대 강국이 현실적이면서도 정치적으로 수용될 만한 액수에 합의할 수 없었기 때문이다. 이 논쟁에서 합의를 가로막은 주된 장애물은 프랑스가 아니라 영국이었다. 프랑스와 미국이 합의를 이룰 가능성은 처음부터 보였다. 카이저의 군대가 입힌 손실의 배상은 휴전 조건에 명백하게 제시되었다. 이 점은 독일도 심각하게 문제 삼지 않았다. 프랑스의 재건 비용으로 연합국은 대략 640억 금 마르크(150억 달러)가 들 것으로 의견의 일치를 보았다. 프랑스는 다른 나라들의 무난한 주장을 감안하여 자신들이 가장 큰 몫을 가져간다면 모든 나라에 돌아갈 배상 총액이 그렇게 많지 않은 910억 금 마르크가 되어도 받아들이겠다고 선언했다. 프랑스 정부는 또한 최소한 55퍼센트를 할당받아 자국의 선취권이 인정된다는 조건에서 액수의 증가에도 기꺼이 찬성했다. 1919년 1월 프랑스와 미국 전문가들의 의견은 1,200억 금 마르크(286억 달러)라는 수치로 수렴했다. 1921년 5월 런던에서 최종적으로 결정되는 1,320억 금 마르크라는 수치에 매우 가까웠다.

프랑스의 요구에 대체로 이의가 없었다는 사실을 감안할 때, 프랑스의 최우선 목표는 최대한 빨리 배상금을 받아내는 것이었다. 북부 프랑스의 재건은 미룰 수 없었다. 수백만 명에게 주택을 제공해야 했고 마을을 다시 세워야 했으며 농장에 가축을 채워 넣어야 했고 공업시설을 재가동해야 했다. 우선 프랑스 국민의 서축이나 런던이나 뉴욕에서 들여온 대여금으로 그 자금을 충당해야 했다. 1922년 프랑스 정부는 이미 주로 국내 융자로 채운 배상금 계정에서 45억 달러에 상당하는 액수를 연금과 황폐해진 지역의 재건 비용으로 미리 지출했다. 결정적인 질문은 이것이다. 독일은 얼마나 빨리 자금 제공의 부담을 떠안을 것인가?[18]

영국의 상황은 완전히 달랐다. 영국의 영토는 심하게 파괴되지 않았다. 그러나 영국 정부는 선박에서 막대한 손실을 입었고, 주가 총액이 감소했으며, 협상국 전체에 자금을 공급하고자 어마어마한 규모로 돈을 빌렸다. 영국에 가장 중요한 점은 배상금의 배분 문제였다. 영국은 부유했기에 런던이 협상국 전쟁 수행 노력의 중심이 되었지만, 그 부가 향후 몇 십 년간 지나치게 많은 부담을 떠맡느라 사라지는 일이 없도록 확실히 할 필요가 있었다. 프랑스와 벨기에의 엄청난 손해에 대해서는 보상이 이루어지겠지만 눈에 덜 띄는 영국의 손실은 인정받지 못할 위험성이 있었다. 게다가 영국은 전쟁 이전에 이미 막강한 경쟁자였던 독일이 전쟁 후에 한층 더 대단한 경쟁자로 나타나는 일이 없도록 확실히 해야 했다. 1919년 봄 로이드조지 정부의 목표는 가장 단순하게 말하자면 독일에 인상적인 최종 총액을 떠안기고 그들이 실제로 얼마를 지불하든 최소한 그것의 4분의 1을 가져오는 것이었다. 영국 정부는 이 목표를 달성할 수 없다면 구체적인 합의를 모조리 방해하고 전후 위기의 혼란이 해소될 때까지 최종 협정을 연기하려 했다. 1918년 12월 로이드조지가 모을 수 있는 가장 강경한 전문가들이 애초에 제시한 요구는 총액 2,200억 마르크라는 숨 막히는 액수였다.[19] 독일의 가장 잘 알려진 전쟁 이전 국민소득 추정치의 다섯 배가 넘는 이 액수는 심히 과장되어 로이드조지를 불성실의 상징으로 만들었다. 이 수치에 로이드조지도 분명히 깜짝 놀랐다. 영국의 입장에서 유럽 경제의 균형을 유지하려면 독일이 절뚝거려야 했지만 짓뭉개져서는 안 되었다. 파리에서 프랑스와 미국이 합의한 1,200억 마르크라는 액수는 독일이 상대적으로 감당할 만한 부담이었겠지만, 동시에 이는 영국의 몫이 위험스러울 정도로 적어진다는 의미였다. 최종적으로 결정된 총액이 실망스럽다면, 로이드조지는 차라리 나쁜 소식을 연기하는 편을 택했다.

프랑스가 자국 몫의 삭감에 동의하지 않으려 하자, 로이드조지는 구체적인 손실 유형을 상세히 논의하자고 했다. 바로 이 시점에서 영국은 연금이라는 공성망치를 끌어왔다. 연금은 영국 국민보험National Insurance의 아버지인 로이드조지에게 소중한 주제였다. 그러나 미국의 법률 팀에는 영국이 연금의 포함을 고집한 것이 휴전 약속의 배반을 상징하는 것이 되었다. 독일은 재건 비용을 대고 카이저의 공격이 초래한 손실을 보상하기로 동의했다. 연합국의 복지 지출 비용을 포함시키는 것은 지나친 처사였다. 1919년 4월 1일 미국의 윌슨 대통령은 판결을 요청받았다. 뒤이은 논쟁은 흔히 윌슨이 유럽의 간계에 손을 들었음을 보여주는 전형적인 사례로 여겨진다. 제이피모건의 파트너인 토머스 러몬트가 쓴 바에 따르면, 윌슨은 몇 시간 동안 앉아서 논쟁을 경청한 뒤에 이렇게 좌절감을 토로했다. "논리! 논리! … 나는 논리 따위는 개의치 않아. 나는 연금을 포함시키겠어!" 바로 이때 윌슨은 독일을 영국과 프랑스의 증오에 내맡겼나? 러몬트는 분명히 자신의 글이 이런 식으로 해석될까 걱정했다. 그래서 그는 대통령의 훈계가 '즉석에서 내뱉은 말'이 아니라는 설명을 덧붙였다. 윌슨은 '논리에 대한 경멸'을 표현한 것이 아니라 단순히 형식적인 절차를 못 견뎠을 뿐이다. 장황한 용어들을 집어치우고 문제의 본질에 닿으려는 결의를 보여주었던 것이다. 그리고 "그 방 안에는 우리와 비슷한 감정으로 심장이 고동치지 않는 사람은 하나도 없었다…."[20] 당면한 문제는 '엄격한 법률 원리에 따라서는…' 해결할 수 없었다. 윌슨은 최초의도학설(doctrine of original intent, 법조문의 의미는 제정 당시에 결정되어 변하지 않는다고 보는 법률 해석의 원리*)을 참지 못했다. "그는… 비록 불완전하게 선언되었을지언정 앞서 선언된 원리의 새로운 의미와 폭넓은 적용의 필요성을 끊임없이 모색했다. 그리고 적에게 배상을 강요함으로써 정의가 바로 설 것이라고 생각했다…."[21] 휴전 조약의 문구가 어떻든 간에, 전쟁 미망인에게 보상하면 안 될 이유가 무엇인가? 4월 1일 윌슨은 요구의 종류를 늘리려는 영국의 압박에 개인적으로 찬성했다.

그러나 이 문제에 관해서만 특별히 접근법을 달리한 데에는 결과가 따랐다. 모든 연금 요구를 인정한다면, 배상금 총액은 실현 불가능한 액수로 늘어날 수밖에 없었다. 이는 독일을 자극하여 철저한 거부를 유발할 위험성이 있었다. 그래서 최종 협정은 연기되었다. 당장에 필요한 재건 비용을 벌충하고자 독일이 1919년과 1920년에 상당 액수를(대략 50억 달러) 대부분 현물로 전달하여 연합국이 쓰도록 했다.[22] 이러한 물품 인도는 배상금위원회가 감독하기로 했으며, 위원회는 또한 1921년 5월 1일까지 최종 액수를 결정하는 임무도 지녔다. 배상금 지불 일정은 적어도 1951년까지는 연장될 것이었다. 연간 지급액이 과도하다고 입증되면, 독일에 상고권이 주어질 것이었다. 동시에 독일은 1921년까지 이행해야 할 채무를 위해 200억 금 마르크의 차용증을, 1930년대에 만기가 돌아오는 액수를 위해 추가로 400억 금 마르크의 차용증을 발행하기로 했다(각각 48억 달러와 96억 달러). 독일의 경제 상황이 충분히 개선되면 추가로 400억 금 마르크가 요청될 것이었다.[23] 프랑스에 이상적인 것은 이러한 청구권을 투자자들에게 매각하여 긴급히 필요한 달러를 확보하는 것이었다. 그러나 배상금 채권을 거래하려는 그러한 시도를 확실하게 통제하고자 미국은 자신들이 배상금위원회에 참여해야 한다고, 그러한 매각에 앞서 만장일치의 결정이 필요하다고 역설했다.

케인스의 베스트셀러 『강화조약의 경제적 귀결』

이는 분명히 임시변통의 합의였다. 그러나 모두가 동의한 타협이었다. 우드로 윌슨은 그 거래를 성사시키는 데 일익을 담당했다. 주요 협상국 전부가 서명했다. 그렇지만 이들은 무엇에 동의했는가?[24] 베르사유에서 결정된 금융상의 합의에서 독일에 즉각적인 배상금 지불을 강요한 것 말고 다른 실체가 있다면, 그것은 협상을 계속한다는 미국과 프랑스, 영국의 합의였다. 영국의 경제학자로 영국 재무부의 고문을 지냈으며 베르사유 조약을 거세게 비판한 존 메이너드 케인스는 1921년 12월에 쓴 글에서 이 타협의 배후에 정치적 논리가 개입되었다고 인정했다. 배상금 협정은 현명한 해법이 아니었고 어느 모로 보나 실용적이지도 않았다. 몇 가지 점에서 베르사유 조약은 확실히 위험했지만, 사건들로부터 2년 이상 시간이 지난 뒤에 케인스는 이렇게 인정할 수 있었다. "세상에서는 대중의 열정과 무지가 역할을 하는 바, 민주주의를 인도하고 싶은 자는 반드시 이 점을 고려해야 한다…. 베르사유 강화조약은 대중의 요구와 주요 행위자들의 성격이 합쳐져 가능해진 최고의 덧없는 협정이었다." 1919년에 정말로 안전하고 실현 가능한 조약이 체결될 수 없었다면, 향후에 그러한 조약을 만들어내는 것은 세계 정치 지도자들의 솜씨와 용기에 달린 문제였다.[25] 2년 전 극도의 절망에 빠져 재무부의 직책에서 사임한 케인스는 인내심이 훨씬 더 줄어들었다. 베르사유 조약의 정치적 정당성을 케인스보다 더 크게 뒤흔든 사람은 없었다. 1919년 12월에 발표된 그의 통렬한 저작 『강화조약의 경제적 귀결The Economic Consequence of the Peace』을 보라.

여러 세대에 걸쳐 경제학자들은 케인스의 주장에 담긴 결함에 혹평을 가했다.[26] 그러나 그의 비판은 베르사유 조약 체결에 뒤이은 환멸의 분위기를 반영한 동시에 그러한 분위기에 크게 일조했다. 경제 전문가의 권위와 내부자의 의견, 훌륭한 표현력을 결합한 케인스의 책은 수십만 부가 팔렸다. 미국 상원에서 공화당이 윌슨의 조약을 공격할 때 그의 책을 글자 그대로 인용했다. 레닌과 트로츠키 둘 다 코민테른에서 케인스의 책을 필독서로 권했다.[27] 독일은 케인스를 두 팔 벌려 환영했으며, 케인스는 영국과 프랑스 사이의 분위기를 더욱 악화시켰다. 물론 케인스가 피상적으로는 독일 편에 섰으나 그가 과연 독일에 해악보다 이익을 더 많이 주었는지는, 독일의 관점에서 볼 때에도, 전혀 분명하지 않았다. 비록 부족했을지언정 성실하게 조약을 이행하려는 노력이 경주되었다면 바이마르 공화국이 1923년의 파괴적인 위기에서 벗어나는 것이 가능했을 때에, 그의 영향력은 어떤 형태든 배상금 지불은 불가능하다고 주장한 독일인들을 격려했다.[28] 물론 케인스가 이후의 재난에 개인적으로 책임이 있다는 것이 요점은 아니다. 케인스를 배상금 문제에 대한 안내자로 볼 것이 아니라 『강화조약의 경제적 귀결』을 이 책의 주된 관심사인 그 위기의 증후로 보아야 한다는 것이 요점이다.

케인스는 아마도 그 전쟁을 더 깊은 불안의 고통스러운 증상으로 본 영국 정치권 내부의 자유주의적 분파에서 가장 진솔한 인물이었을 것이다.[29] 케인스는 케임브리지 대학교 킹스 칼리지에서 영국 재무부로 임시 파견되어 영국의 전쟁 수행 노력의 중심에서 일하는 동안에도 개인적으로는 마음속 깊은 곳에서 의심을 떨치지 못했다. 1916년 그는 병역 면제를 받으려 했다. 전쟁 수행에 일조한다는 것이 명분이 아니었다. 그는 양심적 병역거부자였다. 케인스는 공무원이었기에 자신의 이름을 내걸고 책을 출간할 수 없었지만, 1916년 4월 가명으로 독립노동당의 평화에 찬성하는 입장을 강력히 지지하는 글을 기고했다. 상세히 설명된 주장은 몇 가지 점에서 윌슨의 '승리 없는 평화'의 호소를 예기했다. 그러나 케인스는 윌슨주의자라기보다는 윌슨주의자의 거울 이미지였다. 그는 로이드조지와 결정적 일격을 고수한 자들에 반대했다. 이유는 바로 그들이 경솔하게도 영국을 미국에 한층 더 깊이 의존하게 만들었기 때문이다. 윌슨이 '구세계'의 공격적인 충동으로부터 미국을 떼어놓으려 했던 반면, 케인스에게 유럽은 진정한 개인적, 문화적 자유와 자본주의의 허약한 혼합을 대표했다.[30] 그는 미국에서는 그러한 현상을, 진보적인 형태라도, 전혀 보지 못했다. 월슨과 케인스의 공통점은 미국과 유럽 사이에 거리가 유지되기를 바라는 마음이었다. 그러나 1919년에 이들이 맞닥뜨린 현실은 양자 간의 뒤얽힘이었다. 『강화조약의 경제적 귀결』에 드러난 평화의 담론을 케인스가 전문가로서 강화회담에 기여한 것과 비교하면, 최소한 그렇게 뒤얽힌 상태에서 벗어날 수 있다는 희망을 간직하는 데에 필요한 왜곡을 어느 정도 이해할 수 있다.

케인스의 베스트셀러는 영국의 시점에서 쓴 유럽에 관한 책이었는데, 그의 주장에 따르면 영국은 유럽 대륙의 위기 '밖에' 있었다.[31] 케인스의 메시지는 영국 정부를 향한 것으로서 지휘자의 역할을 떠맡으라고 호소했다. 그러나 두드러진 점은 그가 미국이 그 재앙에서 수행한 역할을 매우 조심스럽게 다루었다는 사실이다. 제3장에서 케인스는 3대 강국을 곤혹스럽게도 민주주의의 악당으로 묘사했다. 월슨은 깐깐한 장로교 전도사로, 로이드조지는 변덕스러운 기회주의자로 등장하지만, 강화조약의 진짜 원흉은 비스마르크의 정치를 흡수한 말라빠진 프랑스인 클레망소이다. 그러나 배상금 문제의 세세한 일처리를 감안하면 이렇게 정형화한 집단 초상의 단순한 묘사는 유지될 수 없다. 그다음 부분에 가서야 케인스는 조약의 조건과 배상 문제를 다룬다. 여기서 그의 주장은 미묘하지만 중요한 차이를 보인다. 주된 강조점은 독일에 제시된 모든 과도한 요구를 조목조목 비판하는 데 놓였다. 그러나 한 가지 질문이 따른다. 결과가 달라졌을 수 있을까?

케인스는 유일하게 위기를 완화시킬 수도 있었던 길은 영국과 미국이 예비 논의에서 건체적인 경제적 합의에 도달하는 것이었다고 주장했다. 이번에도 그는 영국을 강조했다. 그러나 이 점에서도 케인스는 월슨 개인에 대한 비판을 넘어선다. 문제는 미국 대표단이 경제적인 계획을 제대로 세우지 않고 파리에 도착했다는 데 있었다.[32] 그러한 영-미 공동의 제안에 무엇이 포함될 수 있었는지는 케인스의 모진 비판에는 끝날 때까지도 나타나지 않는다. 그가 제안한 첫 번째 치유책은 독일에 대한 요구를 축소하는 것이었다. 그러나 이는 케인스도 인정했듯이 훨씬 더 폭넓은 금융상의 재조정이 동반되어야만 용인될 수 있었다. 그는 다시 독일에 대한 모든 금융상의 주장을 앞장서서 포기하는 무거운 짐을 영국에 떠안겼다. 그러나 여기에는 연합국 간 모든 채무의 포괄적인 취소와 10억 달러의 새로운 차관이 따라와야 했을 것이다. 그래야만 배상금의 지불과 세계 무역의 재가동이 가능해질 것이기 때문이었다. 케인스는 프랑스의 요구를 가혹하게 비판하기는 했지만 책의 말미에서 연합국 간 채무의 삭감 없이 배상금의 축소만 따로 고려하는 것은 심히 부당하다는 점을 인정했다.[33]

그러나 『강화조약의 경제적 귀결』에서 케인스는 대안적인 금융상의 설계를 클레망소와 로이드조지의 어리석음에 대한 모진 논박이나 배상금이 어떻게 부과되었는지에 대한 역사적 설명과 전혀 연결하지 않았다. 그는 자신의 대안을 마치 완전히 새로운 발상인 듯이, 베르사유에서 놓친 엄청난 기회인 듯이 제시했다. 그의 책을 읽은 수십만 명의 전 세계 독자는 실로 케인스 고유의 제안이었던 국제 경제의 종합적인 재편 계획이 베르사유에서 고려되었으나 프랑스가 아니라 미국에 의해 거부되었다는 사실을 모른 채 넘어갔다. 책의 출간 당시에 케인스는 분명히 강화조약의 건설적인 수정을 바라면서 미국과의 비난전을 피하려 했다. 게다가 그는 윌슨과 마찬가지로 프랑스를 깊이 불신했다. 그러나 결과적으로 강화조약 체결 과정의 정치를 크게 잘못 전하게 된다.

케인스가 인정했듯이, 영국 정부는 독일에 무엇을 요구할 것인가의 문제를 미국에 진 채무의 해결 문제와 분리할 수 있었다는 사실 덕분에 전략적으로 행동할 여지가 있었다. 다른 협상국은 그러한 호사를 누리지 못했다. 1919년 초, 소소한 국민소득에 비해 심히 감당하기 어려운 수준의 외채를 떠안고 있던 이탈리아는 강화조약의 전제로서 미국 정부가 전쟁 비용 분담의 전반적인 재조정을 고려해야 한다고 제안했다.[34] 논리는 단순했다. 교전국 중에서 가장 부유하고 채무가 가장 적은 미국이 유럽의 동맹국들에 넉넉하게 양보할 수 있다면, 동맹국들은 독일에 대한 요구를 금전적으로나 정치적으로나 완화할 수 있을 것이었다. 클레망소 정부는 즉시 그 호소에 찬동했다. 미국의 대응도 그에 못지않게 신속했다. 1919년 3월 8일, 미국 재무장관 카터 글래스는 프랑스 정부에 전문을 보내 그러한 제안은 전부 은근히 채무를 이행하지 않겠다는 협박으로 생각하겠다고 알렸다. 그러한 상황에서 미국 정부에 새로운 신용 대부를 기대할 수는 없었다. 미국 정부는 클레망소에게 더는 채무 경감을 요구하지 않겠다고 공개적으로 약속하라고 강력히 주장했다.[35] 1919년 4월 베르사유의 협상이 교착 상태에 빠진 상황에서 프랑스가 다시 양보를 요구하자, 미국은 프랑스에 클레망소의 약속이 회의록에 기록되어 있음을 일깨웠다. 프랑스 정부는 재정을 건전히 유지하라는 굴욕적인 지적을 받았다.[36]

미국과 프랑스의 이러한 충돌은 영국에는 언짢은 소식이 전혀 아니었다. 로이드조지가 정부에 알렸듯이, 미국은 '프랑스가 대단히 탐욕스러웠다'는 견해에 도달하고 있었다. "영국에 대한 그들의 신뢰는 프랑스에 대한 의심의 증가에 비례했다."[37] 그러나 영국은 프랑스와 이탈리아의 제안에 담긴 논리에서 흠결을 찾을 수 없었다. 영국의 대응을 준비하는 과제는 재무부의 케인스가 맡았다. 영국의 대응은 3월 말 미국에 제시되었다. 케인스도 인정했듯이, 연합국 간 청구권을 완전히 무효로 하면 미국이 16억 6,800만 파운드의 손실을 입게 되었다. 그렇지만 영국도 협상국에 많은 자금을 빌려준 순 채권국으로서 6억 5,100만 파운드에 달하는 상당한 손실을 감당해야 했다. 7억 파운드의 채무를 경감 받게 될 이탈리아와 5억 1,000만 파운드의 채무를 덜게 될 프랑스가 주된 수혜국이 될 터였다. 강국늘

간에 그렇게 막대한 자금이 양도된 선례는 전혀 없었지만, 연합국 경제의 상대적인 힘과 그들이 전쟁에서 입은 손실에 비추어 볼 때 이는 불합리해 보이지 않았다. 케인스가 이후 매우 효과적으로 제시한 배상금 반대 논지는 전부 1919년 3월 미국 정부에 복잡하게 뒤얽힌 연합국 간 전쟁 채무를 유지하면 재앙 같은 결과가 초래될 것임을 납득시키기 위해 처음으로 쓰였다. 케인스는 프랑스의 절망적인 상황에 관하여 매우 솔직했다. 영국과 미국이 완전한 채무 이행을 고집하면, '승전국인 프랑스는 1870년에 패배하여 독일에 지불했던 배상금의 네 배가 넘은 금액을 우방과 동맹국에 지불해야만 한다. 비스마르크의 손이 오히려 동맹국이나 우방의 손에 비해 덜 매웠다.'[38] 여유가 있는 자들의 너그러운 양보가 없다면, 유럽의 주민들에게 극심한 분노를 불러일으킬 정도로 부적절한 배상 협정을 어떻게 받아들이라고 하겠는가?

케인스가 『강화조약의 경제적 귀결』의 독자들에게 말하지 않은 것은 그가 책의 말미에 제시한 제안이 프랑스와 이탈리아의 제안처럼 미국 정부에 의해 즉각 거부되었다는 사실이다. 미국은 어떠한 연결도 원하지 않았다. 윌슨 행정부는 영향력을 극대화하기 위해 채무를 진 각각의 연합국과 개별적으로 협의하고 최대한 신속히 자유로운 국제 무역과 민간 금융으로 복귀하기를 원했다. 케인스가 나중에 그의 베스트셀러가 될 정연한 역사 서술의 초고를 썼을 때의 목적은 바로 에드워드 시대의 자유로운 시장으로의 신속한 복귀라는 미국의 이러한 미래상을 반박하는 것이었다. 케인스의 주장에 따르면 자유주의적 자본주의 금융의 신속한 회복이라는 미국의 바람은 역사를 제대로 이해하지 못한 결과였다. 전쟁 이전의 세계 금융시장이 대규모 민간 대출로 활기를 띠었다는 것은 부정할 수 없는 사실이었다. 런던은 그 체제의 중심이었고, 월스트리트는 고객이었다. 그러나 케인스가 지적했듯이 그 체제는 탄생한 지 고작 50년밖에 되지 않았고 '허약'했다. 그 체제는 '지불 국가들의 부담이 그때까지는 숨 막힐 듯 무겁지 않았기 때문에' 그리고 물질적 이익이 명확했기 때문에 '살아남았다.' 대출은 철도 같은 '실물 자산'과 연계되었으며, 사적인 개인 채무자와 채권자 사이의 부채처럼 '소유권 제도와 더 폭넓게 결합'되었다. 국제적 대출은 진보의 약속으로 여겨졌다는 사실이 결정적으로 중요했다. 신속한 원리금의 상환은 향후 더 좋은 조건으로 더 많은 액수를 빌릴 수 있게 했다. 제1차 세계대전 후 민간 금융으로의 신속한 복귀를 호소한 자들은 그 전쟁이 '훨씬 더 막대한' 그리고 '명백히 위압적인 규모'의 채무 관계를 남겼음에도 '유추에 의해… 정부 간에도 이와 유사한 체제'가 '사회의 영구적인 질서'가 될 수 있다고 주장하고 있었다. 전쟁이 남긴 채무는 일상생활에서 '어떠한 실물 자산'에도 대응하지 '않았다.' 그리고 사유재산 제도와 전혀 직접적인 관계가 없었다. 자유방임 자유주의로의 즉각적인 복귀 시도는 비현실적인 동시에 위험했다. 영국과 프랑스, 독일, 이탈리아의 공업지대가 대규모 노동쟁의로 뒤집힌 상황에서, 정책 입안자들은 "국내의 자본주의가 현지에서 많은 호감을 받고 있고 일상의 생산 과정에서 실질적인 역할을 하고 있으며 현재의 사회 조직이 주로 그 무사함에 의존하고 있기는 하지만 그다지 안전하지 않다"는 사실을 잊지 말아야 했다.[39]

이러한 논증이 힘이 있었음에도, 그리고 배상금 협상이 만족스럽지 못한 방향으로 흐르고 있었는데도, 미국은 모든 극적인 채무 경감 계획에 대해 귀를 닫았다. 바로 이러한 미국의 완강한 거부에 대응하여 케인스는 국제적 재건을 위한 그의 두 번째 주된 제안, 즉 국제차관단 제안을 내놓았다. 『강화조약의 경제적 귀결』에서 케인스는 10억 달러, 즉 대략 2억 파운드의 국제 차관을 마련하자는 발상을 꺼냈다.[40] 케인스는 여섯 달 전에 베르사유에서는 더 야심적이었다. 그때 케인스는 채무 상환이 계속되도록 독일에 이 제안의 액수보다 여섯 배가 많은 12억 파운드의 외채를 발행할 수 있게 하자고 했다.[41] 그로부터 얻은 자금으로 독일은 전시 교역 상대국들의 가장 급한 요구를 해결하고 그로써 지불 능력을 유지할 수 있게 될 것이었다. 약 7억 2,400만 파운드는 즉각적인 배상 의무를 이행하는 데 들어갈 것이었다. 다른 연합국은 독일에 2억 파운드의 운영 자금을 공급하여 절실히 필요한 식량과 원료의 수입 대금을 지불할 수 있게 해야 했다. 이 채권을 사고 싶게 만들고자 4퍼센트의 이자소득세 면제를 제공할 것이었다. 외채는 독일에 대한 다른 모든 권리 주장에 앞서는 절대적 우위를 가져야 했고 모든 중앙은행이 일등급 저당물로 인정해야 했다. 우선 12억 파운드의 채권 발행을 패전국들이 공동으로 보증해야 했다. 그리고 전시 연합국의 국제차관단이 이러한 보증을 뒷받침해야 했다. 이 국제차관단 참여국들은 다시 국제연맹에 책임을 져야 했다. 클레망텔과는 달리 케인스의 목적은 장기적인 정부 통제의 정교한 구조를 만들어 이로써 자유무역이나 민간 대출을 대체하는 것이 아니었다. 그러나 그는 '봉쇄나 이와 유사한 조치의 형태를 띤, 자유로운 국제 교역을 가로막던 장애물을 조기에 제거하면 민간 기업에 해법을 찾아내는 과제를 안전하게 떠맡길 수 있다'고 믿는 자들을 혹평했다. 유럽의 회복이라는 문제는 '민간 기업에는 너무나 거대하며, 모든 지연은 그 해결을 더욱 불가능하게 한다.' 유럽과 미국 정부들은 기본적인 신용한도credit line를 복구해야 했다. 그래야만 뒤이어 민간 부문이 이를 넘겨받을 수 있기 때문이었다. 그렇지 않으면 절실히 신용이 필요한 나라들은 경제 위기와 정치적 불확실성, 지불 능력 감소의 악순환에 빠질 수밖에 없었다.[42] 자유주의적 경제를 구하려면, 비정치적인 국제 시장을 회복하려면, 훌륭한 정치적 수완이 필수적인 전제조건이었다.

유럽의 상황에 매우 정통한 미국의 금융 전문가들은 이 논리를 완벽하게 이해했다(〈표 8〉). 1919년 3월 29일 제이피모건의 토머스 러몬트는 재무부 차관보 러셀 레핑웰에게 보내려고 강력한 어조로 편지를 작성했다. 그는 이렇게 시작했다. "미국이 열쇠를 쥐고 있다." "지금 재무장관의 손에 진정한 장기적 평화조약을 체결할 힘이 있다고 나는 믿는다. 만일 그가 그 능력을 쓰지 못하면, 누구도 결과를 예단할 수 없다. 미국에도 나머지 세계만큼이나 끔찍한 결과가 초래될 것이다." 편지를 보내지는 않았다.[43] 그러나 1919년 5월 1일 러몬트는 경제 전문가 노먼 데이비스와 협력하여 미국 정부에 전문을 보내 재무부에 '신중하고 안전하게' 할 수 있는 일이라면 무엇이든 하라고 호소했다.[44] 그러나 은행가들의 공감과는 대조적으로 윌슨 행정부에 가까운 자들 사이에서는 매우 다른 논조가 지배적이었다. 1919년 4월 11일에 이미 후버는 윌슨에게 미국과 영국, 프랑스의 전시 동맹 위에서는 견고한 전후 질서를 세울 수 없다고 조언했다. 미국이 거리를 두지 않는다면 결과는 끝없는 요구의 연속일 것이었다. 반면 미국 정부가 힘으로 압박하여 영국과 프랑스에 배상 요구를 완화하게 할 수 있다면, 미

〈표 8〉 '같은 편'의 비정함: 연합국의 대 미국 채무(100만 달러)

	휴전 협정 이전의 차관	휴전 협정 이후의 차관	전쟁 물자 판매액과 구제금융	1922년 2월 채무 원금	1922년 2월까지 발생한 이자	1922년 2월 대 미국 채무 총액
영국	3,696	581		4,166	261	4,427
프랑스	1,970	1,027	407	3,358	197	3,555
이탈리아	1,031	617		1,648	145	1,793
벨기에	172	177	30	378	29	407
러시아	188		5	193	25	218
유고슬라비아	11	16	26	51	5	56
루마니아		25	13	36	4	40
그리스		15		15	1	16
연합국 총계	7,068	2,458	480	9,845	667	10,512

국은 독일의 친구로 보이게 될 것이었다. 유일하게 선택할 수 있는 방안은 그 혼란으로부터 완전히 빠져나오는 것이었다. 연합국 국가들은 미국의 보호를 받는다면 불합리한 요구를 하겠지만, 저마다 자국의 행동을 전적으로 책임지게 한다면 불합리한 요구를 삼갈 것이었다. 국제연맹이 '무장 동맹'을 '중심으로 선회하는 소수의 중립국들'이 되지 않으려면, 미국을 그 이전 동맹국들로부터 떼어놓는 것이 중요했다. 그렇지 않으면 '중부 제국들'과 러시아를 '독립적인 연맹으로' 밀어 넣을 수밖에 없었다. 계속해서 후버는 한 발 떨어져서 행사하는 미국의 힘이라는 두 사람이 공유한 미래상의 근저에 놓인 정치적 논리를 이제껏 윌슨이 했던 것보다 더 분명하게 상세히 설명했다. 후버가 보기에는 '불가피한 유럽의 혁명'은 '아직 끝나지' 않았다. 미국은 '그것을 단속할 마음이 없다'고 스스로 인정해야 했다. 미국은 '혁명을 거세게 억압'하는 데 관여하지 말아야 했다. 양보를 요구하는 것이 독일이나 오스트리아, 헝가리가 아니라 영국과 프랑스, 이탈리아라는 사실은 후버에게는 중요하게 보이지 않았다. 미국은 이전의 연합국들에 대해서도 '우리의 자주적인 행동을 완전히 불가능하게 만들… 조정의 조건들'은 받아들이지 말아야 했다. 미국은 '이 세계의 유일한 위대한 도덕의 보고'였으며 그 도덕적 자본을 온전히 보존해야 했다. 만일 유럽이 14개조 전부를 그대로 수용할 뜻이 없다면, 미국은 '유럽에서 완전히 물러나야' 하고 그 '경제적, 도덕적 힘'을 다른 세계에 집중해야 한다.[45] 이는 고립주의가 아니었다. 그것은 순수한 윌슨주의, 다시 말해 미국의 세계적 패권을 위해 유럽의 혼란에 휘말리기를 거부한 것이었다.

케인스의 계획에 대한 미국의 공식적인 반응은 프랑스에 보인 반응보다는 덜 모욕적이었다. 그럼에도 거부는 그에 못지않게 단호했다.[46] 재무부는 그 계획을 미국을 주된 배상금 청구자로 만들려는 유럽의 또 다른 노력이자 미국의 지불 능력을 위협하는 것으로 보고 비난했다.[47] 케인스의 계획은 세계를 불확실한 채무로 뒤덮고 인플레이션을 촉진하며 세계 경제에서 수많은 불화의 근원이었던 국가의 역할을 영구적으로 존속시킬 것이었다.[48] 미국 정부는 의회의 강력한 세금 인하 압박을 버틸 수 없었기에, 미국이 전시에 유럽에 빌려준 차관의 상환액을 삭감해줄 가능성은 배제되었다.[49] 미국 정부는 연합국 간 채무의 즉각적인 상환을 요구하면 극적인 위기가 초래될 것이라는 사실을 모르지 않았다. 1919년 9월 윌슨 행정부는 연합국 간 채무의 이자 지불을 2년간 유예하겠다고 선언했다.[50] 그러나 미국 정부는 이것이 협상의 일부가 아니라 일방적인 양보임을 분명히 했다. 원금과 이자는 언젠가는 완전히 상환되어야 했다. 미국 재무부는 채무국들에 공동 대응을 시도하지 말라고 거듭 경고했다. 미국은 유럽 국가들과 개별적으로 협상하려 했다. 전쟁 채무와 배상금 사이에는 아무런 연결고리도 없을 것이었다.

한편 프랑스는 극심한 달러 부족에 시달렸다. 가을에 뉴욕에서는 지방자치단체들이 발행한 몇몇 상당한 규모의 차관이 위험스러울 정도로 채무 불이행에 가까워졌다.[51] 미국 재무부는 프랑스가 새롭게 월스트리트에 접촉하는 것에 마지못해 동의했지만 미국의 투자자들이 최소한 6퍼센트의 이자를 기대하며 가치가 떨어진 프랑이 아니라 달러로 상환받기를 기대한다는 점을 강조했다. 실제로 재무부는 지나치게 낙관적이었다. 프랑스 정부는 30억 달러의 연합국 간 차관이 해결되지 않은 상황에서 월스트리트로부터 협상으로 단기 신용을 얻어내기는 어려울 것임을 알았다. 연방준비위원회 이사들은 프랑스가 12퍼센트라는 가혹한 이자율이라도 투자자를 끌어 모을 수 있나면 행운이라고 생각했다. 미국 재무부가 채찍을 휘둘렀음을 생각하면, 민간 자본 시장이 조건을 결정한 강화는 유럽의 시각에서 보면 불길하게도 '승리 없는 평화'와 비슷하게 보이게 되었다.

16장

유럽의 순응

1924년 초 아돌프 히틀러는 란츠베르크의 감방에 갇혀 『나의 투쟁』을 쓰면서 전후 질서를 뒤엎으려는 첫 번째 시도의 실패를 곱씹었다. 그는 1918년 11월 군 병원에서 거의 눈이 먼 채 깨어나 보니 휴전이 선포되었고 독일이 혁명으로 해체되고 있었다고 설명했다. 히틀러는 갑자기 모습을 드러낸 새로운 세계에 맞서 싸우고자 정치인이 되기로 결심했다.[1] 베니토 무솔리니는 전쟁 이전에 이미 정치인이었다. 그러나 그 전쟁으로 히틀러가 변했듯이 무솔리니도 변했다. 비록 전후 위기를 이용하는 데 히틀러는 실패하고 무솔리니는 성공했지만, 두 사람은 방법과 기본적인 역사관에서 깊이 일치했다. 근대 이탈리아와 근대 독일은 겨우 세 세대 전, 나폴레옹 시대 이후의 유럽 질서가 해체되던 19세기 중반의 격동에서 탄생했다. 히틀러와 무솔리니를 하나로 묶어주는 것은 제1차 세계대전으로 전개된 세계 위기에 대한 동일한 대응이었다. 베르사유의 3대 강국이 대표하는 세계 정세의 현실이 그들이 맞서 싸워야 할 대상이었다. 1919년 5월 로이드조지는 윌슨의 측근에게 이렇게 말했다. "미국과 영국, 프랑스가 함께하는 한, 우리는 세계가 무너지는 것을 막을 수 있다."[2]

히틀러와 무솔리니를 괴롭힌 질문은 로이드조지가 옳다면 독일과 이탈리아를 기다리는 역사는 무엇이냐는 것이었다. 1930년대의 허풍선이들은 무솔리니와 히틀러가 서유럽 민주주의 체제를 경멸하면서 전후의 삶을 시작했다고 할지도 모르지만, 그런 일은 없었다. 제1차 세계대전 종전 후 두 사람은 서유럽 강국들을 경외심과 두려움, 시기, 분노가 뒤섞인 감정으로 바라보았다. 1919년 봄 무솔리니는 이탈리아를 '프롤레타리아 국가'라고 불렀다.[3] 3대 강국의 경제력과 군사력은 명확했다. 그러나 민주주의 정치는 1919년에 죽지 않았다. 우드로 윌슨과 같은 세계적 명성을 얻은 자는 일찍이 없었다. 그럼에도 무솔리니와 히틀러가 진정으로 대중적인 현대 정치인의 모델로 본 자는 윌슨이 아니라 로이드조지였다.[4] 무솔리니와 히틀러에게 하나의 제국 전체를 활기차게 한 민중적이고 대중적인 이데올로기를 만든 이는 영국의 전쟁 지도자였다. 새로운 질서의 강력한 수호자들의 억압적인 힘에 맞서 반란자들이 일어설 수 없다면 미래는 바로 그 수호자들, 즉 서유럽 강국에 속할 것이었다.

1919년 3월에서 6월 사이 숙명적인 몇 주 동안 무솔리니와 히틀러는, 무솔리니가 약간 더 유명하기는 했지만, 여전히 군중 속의 한 명이었다. 그러나 이탈리아와 독일에서 공히 민족주의는 폭넓은 기반 위에서 기세를 더하고 있었다. 수백만 명이 파리에서 고안된 새로운 질서에서 자신들에게 부여된 자리를 수용해서는 안 된다고, 너무 늦기 전에 자율권을 주장해야 한다고 목소리를 높였다. 그럼에도 1919년 6월 28일 때가 되었을 때, 이탈리아와 독일 두 나라의 대표들은 베르사유 조약에 서명했다. 영국과 프랑스, 미국 간의 논쟁에서 강화조약을 불확실하게 만든 것이 무엇인지 볼 수 있다. 조약의 수용을 둘러싼 독일과 이탈리아 내부의 싸움에서는 상화조약을 안착시킨 힘을 볼 수 있다.

이탈리아, 불구가 된 승리를 받아들이다

이탈리아 군대는 1918년 여름 피아베강 전선에서 오스트리아의 마지막 공격을 막아낸 뒤 잠시 기다렸다가 카포레토 전투 1주년이 되는 10월 24일에 궤멸적인 공세에 착수했다. 며칠 만에 오스트리아헝가리 군대는 무너졌고 합스부르크제국은 해체되었다. 1918년에서 1919년으로 넘어가는 겨울 이탈리아 정치 지도자들은 힘들여 얻은 이 승리를 어떻게 이용할 것인가라는 문제에 직면했다. 1918년 전반기에 총리 비토리오 에마누엘레 오를란도는 결정적으로 중도좌파로 이동하여 이탈리아를 아드리아해 전역의 자결권을 지지하는 후원자로 만들 것 같았다. 그러나 12월까지도 시드니 손니노는 여전히 외무장관 자리를 지켰고, 오를란도가 카포레토의 재앙 이후 수립된 거국내각 정부는 와해되고 있었다. 전쟁에 찬성한 주요 사회주의자 레오니다 비솔라티와 오를란도의 재무장관으로 미국에 우호적인 인사였던 프란체스코 니티가 사임했다. 병합주의적인 런던 조약 지지자들이 일제히 달려들었다. 그러나 극좌파도 집결하고 있었다. 타협의 여지는 급속히 줄어들었다. 윌슨 대통령이 1919년 1월 이탈리아를 방문했을 때 수많은 군중이 모여들었다. 그러나 윌슨이 떠난 직후 비솔라티가 밀라노에서 열린 집회에서 국제연맹에 관한 그의 구상을 발표하려 했을 때, 그의 목소리는 무솔리니가 앞장서서 이끈 군중의 야유에 묻혔다.[5]

1918년에도 런던 조약은 여전히 국내 정치 문제였다. 1919년 그 조약은 새로운 국제 정치의 중요성을 시험하는, 국제적으로 유명한 사건이 되었다. 윌슨은 이탈리아에 불친절하지 않았다. 그는 오를란도와 즐거운 시간을 가졌다. 손니노는 정직하게 거래하는 사람으로 평판이 높았다. 윌슨은 결벽주의적인 지지자들에게는 실망스럽게도 패전국 오스트리아에 해를 끼치며 이탈리아에 지극히 너그러운 협정을 제시하려 했다. 이탈리아 정부에 브레너(브렌네로) 고개와 독일어를 쓰는 그 주민들에 대한 완전한 통제권을 주려 한 것이다.[6] 그러나 런던 조약은 가증스러웠다. 그 조항들에 따르면, 오로지 이탈리아의 영토 확대를 위해서 130만 명의 슬라브인과 23만 명의 오스트리아인, 수십만 명의 그리스인과 오스만제국 튀르크인을 이탈리아의 주권 밑에 집어넣어야 했을 것이다. 하지만 손니노는 요지부동이었다. 그는 회의 참여자 중에서 사실상 유일하게 그 새로운 기준에 겉치레로도 찬성하지 않았다.[7] 런던 조약은 윌슨으로부터 공공연한 비난을 받았을지언정 이탈리아와 영국, 프랑스가 진지하게 처리한 일이었다. 이탈리아가 50만 청년의 목숨을 바친 대가로 얻은 조약이 한낱 종이쪼가리 취급을 받아서야 되겠는가? 조약의 신성함을 위해서가 아니라면 무엇을 위해 연합국이 그 전쟁을 치렀겠는가? 영국과 프랑스의 간담을 서늘케 한 것은 만일 이탈리아가 그러한 태도를 고수했다면 국제적으로 정통성이 있는 두 체제 사이에서, 다시 말해 조약의 신성함과 자유주의적 질서라는 새로운 규범 사이에서 하나를 선택해야 하는 엄중한 상황에 처했을 것이라는 사실이었다. 유럽인들과 윌슨 사이의 정면충돌 가능성은 강화회의를 심하게 동요시켰다. 로이드조지에게 '유럽 국가들과 미국'이 과거의 유산 때문에 분열'한다면' 그것은 곧 '파멸'이나 다름없었다.[8]

영국과 프랑스가 이탈리아 전시 연립정부의 민주주의적 개입주의 파벌을 그토록 열렬히 지지한 것은 바로 목전의 갈등을 깨달았기 때문이다. 두 나라는 이탈리아 정부가 1915년에 약속받은 영토를 포기한다면 그 대신 자결권을 근거로, 다시 말해 중세 이래로 아드리아해 동해안을 따라 점점이 박힌 이탈리아의 몇몇 포령을 통해서 아드리아해에 영향력을 행사하겠다는 이탈리아의 주장을 지지하겠다고 제안했다. 역설적이게도 민주주의적 개입주의자들이 런던 조약에 따라 크로아티아에 할당된 이탈리아화한 항구 도시 피우메(리예카)에 대한 주장을 처음으로 제기했을 때, 그것은 이 대안 즉 자유주의적인 전쟁 목적의 일부로서 제기되었다. 런던 조약에서 피우메가 제외된 것은 오랫동안 이탈리아 민족주의자들의 가슴에 맺혔고, 1918년에서 1919년으로 넘어가는 겨울 오를란도는 피우메의 반환 요구를 비호했다. 이 조치는 민족주의적 군중의 마음을 진정시키는 데 도움이 되었겠지만 파리에서는 앞뒤가 맞지 않는 행태를 보여 손해를 초래했다. 1919년 2월 7일 이탈리아는 베르사유 회의에 터무니없이 독단적인 문서를 제시하여 런던 조약에 따른 권리를 요구했을 뿐만 아니라 민족자결권을 근거로 피우메도 요구했다.[9]

피우메는 이탈리아인의 도시였을지 모르나, 그 배후지 주민은 분명히 슬라브인이었다. 게다가 피우메는 신생국 유고슬라비아에서 유일한 주요 항구 도시였다. 윌슨 대통령은 오스트리아의 남은 땅에는 가혹한 강화조약을 떠안기려 했다. 그러나 협상국의 동맹인 유고슬라비아의 이익은 지켜줘야 했다. 윌슨의 전문가들은 이탈리아에 어떤 식으로든 양보하면 '구질서' 최악의 관습에 굴복하는 격이라며 강경하게 나왔다.[10] 영국은 필사적으로 윌슨과 충돌하지 않으려 했으며 신생국 유고슬라비아를 후원했다. 런던 조약의 이행과 피우메 둘 다 원하는 오를란도의 요구에 영국 외무장관 아서 밸푸어는 필요한 기회를 얻었다. 1915년 협정의 정신과 내용을 뒤집은 것은 영국이 아니라 이탈리아였다. 이탈리아의 피우메 요구를 감안하면, 영국은 이제 런던 조약의 당혹스러운 조항들을 지킬 책임이 없다고 느꼈다.[11] 영국에 비해 프랑스는 이탈리아의 압박에 더 취약했다. 그러나 이탈리아가 그 약점을 이용하려면 신속하게 행동해야 했을 것이다. 4월 초에 3대 강국이 독일에 관해 합의에 도달한 뒤, 클레망소는 이탈리아에 단호히 반대했다. 4월 20일 오를란도는 곤경에 처했음을 깨달았고, 이 이탈리아 총리가 눈물을 흘리는 곤혹스러운 장면이 연출되었다.[12] 4월 23일 윌슨의 고집에 따라 프랑스와 영국은 피우메가 유고슬라비아의 일부로 남을 것이라고 공동으로 선언했다.

이후 한층 더 전례가 없던 조치가 뒤따랐다. 윌슨은 우호적인 정부의 공식 대표단을 제쳐놓고 이탈리아 국민에게 성명서를 발표했다. 미국 대통령은 자국이 '이탈리아의 친구'라고 선언했다. 두 나라는 '호의와 피로써 결합되었다.' 그러나 미국은 '협력국들의 너그러운 위임에 따라… 강화조약을 개시할…', '스스로 정한 조건에 따라 개시할' 권한을 얻었다. 미국은 이제 '자신들이 관여하는 모든 결정을 그러한 원칙에 조화롭게' 해야 하는 '압박'을 받고 있었다. 윌슨은 이탈리아가 1918년 10월에 휴전 협상에 항의했으며 14개조의 포함에 반대했다는 사실을 언급하지 않기로 했다. 이제 그는 이탈리아인들에게 미국도 어쩔 수 없다는 사실을 인정하라고 요구했다. "미국은 달리 할 수 있는 일이 없다. 미국은 이탈리아를 신뢰하며 이탈리아가 그러한 신성한 의무와 확실하게 양립할 수 없는 것은 결코 요구하지 않으리라고 확신한다."[13]

이탈리아 국민에 대한 직접적인 호소는 유럽의 정치 제도에 거리를 두려는 윌슨의 태도가 가장 극적으로 표현된 것이다. 영국이 상습적으로 범죄를 저지르는 제국주의 국가로, 프랑스는 '이기적인' 국가로 여겨졌다면, 이탈리아의 정치인들을 향한 윌슨의 태도는 거의 경멸에 가까웠다. 1917년 10월 카포레토에서의 군사적 대패 이후 오를란도 행정부는 미국이 이탈리아에서 벌인 선전을 새로운 정부의 자유주의를 보여주는 표지이자 사기를 상당히 진작시키는 것으로 환영했다.[14] 1918년 8월 미국인 깅 연자들은 남부 이탈리아에서 윌슨이라는 이름을 '숭배'하고 그의 연설을 통째로 암기한 청중을 만났다고 주장했다. 미국 선전기구의 잭임자인 찰스 네러민에게는 윌슨이 이탈리아에서 '정부라고 불린' '인기 없는 악취'를 간단히 무시해도 될 것처럼 보였다. 윌슨은 이탈리아 국민 앞에 그들의 진정한 지도자를 자처하면 '매우 쉽게, 완벽히 합법적이고 자연스럽게 상황을 온전히 장악할 수 있었을 것이다.' 윌슨은 그저 '기대에 부푼 군중에 다가가 도덕 정치를 연출'하기만 하면 되었다.[15] 윌슨주의자들은 1919년 1월 윌슨의 이탈리아 방문 기간 동안 이를 시험하고자 했지만, 오를란도는 윌슨이 흠모의 분위기에 젖은 로마의 군중 앞에서 연설할 기회를 주지 않았다. 이제 윌슨은 잃어버린 시간을 만회하고 있었다. 언론 담당 비서인 레이 스태너드 베이커가 볼 때, 윌슨이 이탈리아 정부에 맞선 것은 '강화회의의 가장 중대한 순간'으로 '매우 오랫동안 은밀히 다투었던 두 나라'를 '전면에' 부상시켰다.[16] 윌슨은 공개 외교에 의존할 생각도 없었다. 4월 23일 윌슨은 프랑스에 절실히 필요한 1억 달러의 신용 대여를 승인하면서 이탈리아에 대한 추가 금융 지원은 중단하라고 명령했다.[17] 스태너드 베이커가 오를란도의 측근에게 미국은 곧 이탈리아 통화 리라에 대한 지원을 중단할 것이라고 경고했을 때, 대통령은 박수를 보냈다.[18]

오를란드는 이 점을 놓치지 않았다. 그는 윌슨이 '호엔촐레른 왕가를 독일의 통치 계급에서 제거할 때 사용한 방침에 따라 이탈리아의 국민에게 직접 연설했다'고 입에 거품을 물었다.[19] 강화회의에 참석한 모든 이가 분명하게 알았듯이, 미국 대통령은 이탈리아 총리의 자국민을 대변할 권리에 도전했다.[20] 4월 24일 저녁 오를란도와 손니노는 파리를 떠나 내각과 이탈리아 의회와 협의했다.[21] 진실로 두 사람은 파리뿐만 아니라 이탈리아 정치 지도자들 사이에서도 점차 고립되었다. 손니노는 극우파가 보기에 이제더는 충분히 과격한 인사가 아니었다. 오를란도는 좌파의 신뢰를 잃었다. 그러나 정부에 대한 불만이 곧 미국 대통령이 이탈리아에 제시한 조건을 기꺼이 수용한다는 뜻은 분명히 아니었다. 비솔라티나 사회주의자 가에타노 살베미니처럼 전쟁에 찬성하고 미국에 우호적인 자들조차도 분개했다. 이들은 '동등한 자들의 강화'가 이탈리아가 졸속으로 만들어진 유고슬라비아와 대등함을 뜻한다고는 생각하지 않았다. 살베미니의 생각처럼, 영국과 프랑스 때문에 자신의 더 큰 미래상이 좌초된 데 실망한 윌슨은 이탈리아에 화풀이를 하고 있었다. 미국이 먼로 독트린의 인정을 요구하면 다른 나라들도 그들만의 지역적 이익을 고려할 권리를 갖는다는 점을 윌슨은 왜 미국 국민에게 용기 있게 설명하지 못했는가?[22] 윌슨은 이탈리아를 희생시켜 '그 처녀성을 복원'하고 있었다."[23]

분노가 치솟는 중에 이탈리아 하원은 신임 투표로 오를란도의 기를 세워주었다. 로마에서는 미국 깃발을 모독하는 행위들이 나타났다. 대사관과 적십자사, YMCA의 건물은 무장 병력의 보호를 받아야 했다.[24] 그러나 이런 상황이 파리의 난국을 해결하지는 못했다. 오를란도는 강화회의에 다시 초대되기를 기다렸다. 그러나 결국 부름을 받지 못했다. 이탈리아는 새로운 질서에 중요했지만 실로 불가결한 요소는 아니었다. 국제연맹 규약은 약간 수정되어 느지막이 이탈리아의 합류를 허용했다. 3대 강국은 5월 7일 독일에 강화조약을 제시했으며, 오를란도와 손니노는 슬며시 베르사유로 돌아갔다. 돌아가지 않는다면 이탈리아의 승리가 국제 무대에서의 위험한 고립으로 바뀌었을 것이기 때문이었다. 그 나라는 적어도 영국으로부터의 석탄 인도와 미국의 금융 원조가 절실하게 필요했다.[25] 1913년 이탈리아의 석탄 수입은 월간 90만 톤이었는데 전쟁 마지막 두 해 동안에는 50만 톤으로 급락했다.[26] 이탈리아의 곡물 수입분도 마찬가지로 부족했다. 이탈리아는 전시 동맹이었던 국가들의 협력이 간절했다. 그러나 몇 차례 더 이어지는 굴복적인 논거가 보여주듯이, 이탈리아는 런던 조약을 완전히 인정받지 못했고 국민적 상징인 피우메도 얻지 못했다.

오를란도와 손니노는 지위를 유지하기 어려워져, 6월 19일 두 사람 다

사퇴했다. '라메리카노L'Americano' 프란체스코 니티가 이끄는 내각이 이들을 대신했다. 니티는 독일과의 베르사유 조약에 즉각 서명했다. 참신하며 합리적인 분위기를 띤 새로운 총리는 독일과 오스트리아의 통합 움직임을 모조리 막는 베르사유 조약의 조항은 유고슬라비아와의 협정 조건이 어떠하든 이탈리아의 국경은 유럽에서 가장 안전할 것임을 뜻한다고 지적했다. 그러나 니티는 전임자가 민족주의자들의 욕구에 영합한 탓에 제약을 받았다. 그는 피우메를 간단히 포기할 수 없었다. 대신 그의 정부는 그 도시와 배후지를 국제연맹이 관리하는 중립지대로 만들자고 제안했다. 1919년 9월 12일 이 제안은 극단적 민족주의자로 시인이자 선동가였던 가브리엘레 단눈치오를 자극했다. 그는 수천 명의 의용군을 이끌고 피우메 점령에 착수했다. 니티는 군대를 신뢰할 수 없었기에 단눈치오의 축출을 명령하지 못했다. 대신 그는 총선거를 요구했다. 진정으로 대표성이 있는 국회라면 그에게 이미 이루어졌어야 할 이탈리아 외교 정책의 재조정을 실행하는 데 필요한 지원을 해주리라고 기대했던 것이다.

1919년 11월 16일 선거 결과는 적어도 한 가지 점에서는 니티 정부에게 힘을 실어주었다. 피우메 쿠데타를 응원한 우파가 궤멸되었다. 전쟁 마지막 해에 손니노를 중심으로 집결한 158명의 국방의원단 중에서 15명만 당선되었다. 파시즘을 원내 정당으로 진출시키려던 무솔리니의 첫 번째 시도는 굴욕으로 끝났다. 토리노에서 그의 운동은 고작 4,796표를 얻은 반면 이탈리아사회당PSI은 17만 315표, 가톨릭 정당인 이탈리아국민당PPI은 7만 4,000표를 얻었다. 무솔리니 자신은 체포되어 잠시 갇혀 있었다.[27] 그러나 니티가 이끌었던 자유주의 세력은 압도적인 손실을 입었다. 의석의 75퍼센트를 차지했던 그들의 몫은 40퍼센트를 약간 웃도는 수준으로 하락했다. 앞날을 생각하는 대다수 이탈리아인처럼 니티도 사회당의 온건파와 협력하여 통치할 수 있기를 바랐다. 바로 선거에서 의석의 30퍼센트 이상을 획득한 이탈리아사회당이다. 그러나 이탈리아사회당은 1919년 10월 볼로냐 당대회에서 3대 1로 레닌의 과격한 코민테른에 합류한다는 운명적인 결정을 내렸다.[28] 이탈리아사회당의 가장 비타협적인 분파는 선거의 대성공과 거대한 파업과 토지 점거의 물결에 고무되어 즉각적인 혁명을 예상했다. 이는 다시 무솔리니의 두 번째 등장에 문을 열어주었다. 그는 이제 더는 기자나 의회 정치인이 아니었다. 이탈리아 사회주의 운동을 물리적으로 파괴하는 데 헌신한 새로운 성격의 강경 우파 지도자였다. 니티에게는 불운하게도 이러한 급격한 사태 악화를 막는 데 도움이 되었을 수도 있었던 개혁사회당PSRI은 1922년에 가서야 과격한 동료들과 관계를 끊었다. 대신 니티는 첫 번째 선거에서 20퍼센트라는 견고한 득표율을 보인 신생 가톨릭 정당인 이탈리아국민당의 묵인 덕분에 자리를 지켰다. 파업과 토지 점거에 직면한 니티는 기업가와 정치인으로서의 이력을 이끌어준 신념을 고수했다. 유럽 자유주의가 심각한 위기를 맞았다면 신세계의 지원을 기대해야 했다. 이탈리아를 괴롭힌 정치적, 경제적 위기는 미국의 도움으로만 해결될 수 있었다. 전쟁 내내 니티는 미국에서 자금과 물자를 확보하기 위해 애썼다. 이제 그는 피우메의 폭풍을 이겨내고 동포들에게 '불구가 된 승리'를 받아들이게 함으로써 월스트리트가 중심이 될 새로운 세계 질서에서 이탈리아가 호감을 받는 협력자로 수용되기를 기대했다.

강화조약의 수용을 두고 내전 상태에 이른 독일

1919년 5월 베르사유의 강화조약 체결 과정은 마지막 결정적인 국면에 들어섰다. 5월 8일 아침, 독일 내각이 전날 밤 자신들에게 제시된 강화조약의 조건을 검토하기 위해 모였을 때, 대통령 프리드리히 에베르트는 동료들에게 모든 참석자를 '전율'하게 한 '격정'을 억제하라고 부탁했다. 그들은 앞에 놓인 문서를 차분하게 검토해야 했다.[29] 사회민주당 출신의 법무장관으로 공공질서 유지의 책임을 맡은 오토 란츠베르크는 계엄령을 요청했다. 계엄령은 대중의 반응을 누그러뜨려 정부의 활동 여지를 최대한으로 늘리고 굴욕적인 조건을 받아들일 수밖에 없을 때 정치적 충격을 줄일 것이었다. 사회민주당의 필리프 샤이데만과 중앙당의 마티아스 에르츠베르거는 협상국을 자극하지 말아야 한다는 점을 이해했다. 그러나 둘 다 자국에 제시된 조건에 격노했다. 게다가 그들은 조약에 강경한 태도를 취하지 않으면 독일민주당에 대한 부르주아의 지지가 우파로 옮겨가면서 자신들에게 우호적인 그 정당 내 협력자들의 지위가 흔들릴 수 있다고 걱정했다. 그래서 독일의 첫 번째 민주주의 정부는 잘 조직된 애국적 분노의 물결을 앞장서서 이끌기로 결정했다.[30] 극우파가 분노의 극장을 장악할 위험성은 분명했다. 그러나 1월 선거 후 사회민주당과 중앙당, 독일민주당의 연립정부는 독일 사회의 구석구석에서 지지를 받고 있다고 믿을 이유가 있었다. 적당히 우울한 분위기를 만들어내고자 부적절한 연극 공연과 대중적 여흥을 즉각 금지했다.[31]

다수파 사회민주당의 노련한 지도자이자 독일 공화국의 첫 번째 총리인 샤이데만은 십대에 '뜨내기' 인쇄공으로 여기저기 돌아다니며 비스마르크 백작의 무료급식소에서 끼니를 구걸하는 신세로 전락한 적도 있는 자였다. 5월 12일 오후 샤이데만은 의회에서 베르사유 조약을 '수용할 수 없다'고 엄숙히 선언했다.[32] 그 조약에 서명한 손은 말라붙을 것이었다. 독일 전역의 여론은 잘 연출된 대중 저항으로 결집했다. 노동조합 지도부는 조약에 사형선고를 내렸다. 그해 초 독립사회민주당은 독일의 전쟁 책임 문제를 꺼내는 데 어느 정도 진척을 보였다. 1914년 7월 위기의 사건들을 조사하기 위한 비밀조사위원회가 설립되었다. 위원회는 이미 오스트리아가 세르비아에 도발적인 최후통첩을 보내는 데 독일이 공모했다는 확증을 제시했다.[33] 그러나 이제는 유죄를 드러내는 증거를 공개한다는 생각은 모조리 억압되었다.[34] 노동조합 지도자 카를 레긴은 베르사유 조약의 조건이 그 전쟁의 진정한 성격에 관한 모든 의심을 없애버렸다고 선언했다. 카이저와 그 측근이 전쟁을 촉발한 죄가 어떠하든 간에, 독일 국민은 이제 협상국의 약탈적 제국주의에 맞서 단합해야 했다. 외무장관 울리히 폰 브로크도르프 란차우 백작이 말했듯이, 공화국은 '노동자와 부르주아, 공무원'을 결집시켜 강화조약에 단호히 반대해야 했다.[35]

애국적 소동이 한창일 때인 5월 29일 독일 정부는 솜씨 좋게 반대 제안을 작성하여 제출했다. 제안의 목적은 군축과 배상에서 양보함으로써 영토 손실을 최소화하는 것이었다.[36] 바이마르 공화국의 첫 번째 연립정부에 참여한 정당들은 원칙적으로 군축에 반대하지 않았다. 이들은 에르츠베르거의 강권에 따라 징병 폐지를 수용했고 3년 내에 육군을 직업군인 10만 명으로 축소하기로 동의했다.[37] 대신 이들은 국제연맹이 독일의 안전을 보장해야 하며 전면적인 군축이라는 대의를 채택해야 한다고 요구했다. 바이마르 내각은 또한 상당 액수의 배상금 첫 인도분을 제시하기로 했다.[38] 프랑스와 영국이 최종 배상금 총액에 합의할 수 없는 상황에서, 독일은 1,000억 금 마르크(240억 달러)를 제안하고 첫 인도금을 200억 금 마르크로 제시했다.[39] 얼핏 넉넉한 제안으로 보이나 자세히 들여다보면 그렇지 않다. 프랑스는 재건에 막대한 선행 비용이 필요했지만, 독일은 고작 연간 10억 금 마르크만 지불할 것을 제안하고 있었다. 오랜 지불 기간 동안 원금에 붙는 이자도 없을 터였다. 독일 정부는 또한 많은 양의 징발된 물품의 가치를 인정받아야 한다고 주장했다. 교역과 배상의 순환을 가능하게 할 외국의 신용 차관을 요구한 것은 더 건설적이었다. 독일은 배상금을 마련하는 과정이 세계 경제로의 새통합 메커니즘이 되기를 바랐다.[40] 적어도 후세에 관해서는 이 반대 제안이 대성공이었다. 존 메이너드 케인스는 『강화조약의 경제적 귀결』에서 독일의 제안을 합리적인 기준으로 삼았다.[41] 1919년 6월 초 독일 정부는 자신들에 반대한 동맹을 이간질함으로써 1918년 10월의 묘기를 되풀이할 뻔했다. 이번에는 최후에 좀 더 관대한 조건을 호소하여 분열을 초래한 이가 윌슨이 아니라 로이드조지였다. 그때까지 가장 민감한 문제가 폴란드라는 사실을 인식한 영국 정부는 슐레지엔의 분할이 주민투표로 결정되어야 한다고 단언했다. 그러나 이 정도는 윌슨이나 클레망소도 기꺼이 양보하려 했다. 6월 16일 독일은 조약을 돌려받으며 한 주 안에 동의하지 않으면 침공에 직면할 것이라는 말을 들었다. 연합국은 대다수 군대를 해산했지만 1919년 6월에 여전히 전투 준비를 갖춘 44개 사단을 보유했다. 이는 어떤 저항이라도 압도하기에 충분했다.[42] 독일의 상황은 진실로 절망적이었다. 그러나 이 위기의 순간에도 독일은 주권을 유지했다. 패전국에게 베르사유 조약이 특별히 더 괴로웠던 것은 패배를 자신들의 의지에 따른 의식적인 선택으로 받아들여야 했다는 데 있었다.

강화조약의 조건은 프로이센의 장교 계급과 융커 귀족 사이에서 공공연한 반란의 위협을 촉발했다.[43] 폴란드에 넘겨준 땅은 프로이센의 핵심이었다.[44] 프로이센이 당당하게 승리를 거둔 동유럽에서 파멸적이고 굴욕적인 강화를 받아들일 이유가 무엇인가? 1812년 12월 토레게에서 국왕의 명령을 거부하고 프로이센의 힘을 러시아에 보태 나폴레옹에 맞선 전설적인 인물인 루트비히 요르크 폰 바텐부르크의 얘기(1812년 12월 30일 루트비히 요르크와 러시아의 한스 카를 폰 디비치가 오늘날 리투아니아의 토레게Tauragė에서 체결한 조약인Konvention von Tauroggen을 말한다*)가 떠돌았다.[45] 프로이센 정부는 경거망동하지 말라고 마지못해 경고했다. 그러나 프로이센 정부가 프로이센 국가의 '필수적인 이익Lebensinteressen'을 지키지 못하면 '유익한 성분들'은 이탈할 수밖에 없음이 분명해졌다. '동쪽 국가Oststaat'가 새로이 건설되

면 이는 장래의 '독일제국의 부활'을 위한 발판이 될 것이었다.[46](Oststaat-
Plan. 패전 후 동프로이센 정치인 아돌프 폰 바토키Adolf von Batocki가 엘베강 동쪽
대지주들의 영지로 독일제국을 만들자고 제안했다.*)

외무부의 견해와 바이마르 연립정부에 참여한 정당들의 다수 견해는 6
월 17일 독일의 강화회의 대표단이 작성한 문서에 반영되었다.[47] 이 문서
도 거부를 권고했다. 강화조약은 지지할 수 없었다. 그 조건이 독일의 자
존감을 모독하려는 의도를 지녔기 때문이다. 강화조약은 실행이 불가능했
다. 휴전조약의 조건과도 충돌했다. 강화조약은 배신이었다. 진실에 어긋
나게 독일에 홀로 전쟁의 책임을 떠안으라고, 사실상 폭행이나 다름없는
것을 정당한 조약으로 인정하라고 요구했기 때문이다. 독일 대표단은 정직
이야말로 강화조약의 유일한 불변의 토대라고 강조했다. 독일이 스스로 이
행할 수 없다고 확신한 조약에 서명하는 것은 이러한 기본적인 원리에 부
합하지 않았다. 연합국은 직접적인 대면 협상을 거부함으로써 자신들의 대
의가 정당하다는 확신의 부족을 드러냈다. 바이마르 헌법의 설계자인 독
일민주당의 후고 프로이스는 조약의 수용은 죽음이 두렵다고 자살하는 것
이나 매한가지라고 선언했다. 총리 샤이데만은 연합국이 조약을 강제로 떠
안기려 한다면 직접 베를린으로 와서 그 더러운 일을 수행해야 할 것이라
고 말했다. 샤이데만은 이렇게 역설했다. 본분을 지키는 한 '해체된 독일이
라도 다시 함께 있음을 보게 될 것이다.'[48] 이는 1919년에 되풀이된 말이었
다. 독일은 스스로를 처형하는 자가 되기로 동의하면 갱생의 희망을 빼앗
길 것이었다. 미래를 위해서 독일은 명예를 지켜야 했고 아무리 비참한 결
과라도 받아들여야 했다. 동쪽 국가를 꿈꾸는 환상가와는 달리, 내각은 무
장 저항을 전혀 고려하지 않았다. 그러나 놀랍게도 독일의 주권을 연합국
에 넘겨버리자는 샤이데만의 시각은 진지하게 고려되었다. 독일은 항복하
겠지만 동시에 그 신념을 선언해야 했다. "세계의 진보적이고 평화로운 발

전에 따라 우리는 곧 공평한 정의의 법정에 설 것이며, 그 앞에서 우리의 권리를 요구할 것이다."[49]

트로츠키의 '강화도 없고 전쟁도 없다'는 전술을 만지작거리는 데 내포된 위험성을 지적한 이는 분별력과 용기를 지닌 마티아스 에르츠베르거였다. 프랑스와 영국은 절대로 샤이데만의 환상에 동의할 만큼 어리석지 않았다. 그들은 패배한 독일에게 스스로 통치해야 하는 부담을 덜어줄 뜻이 없었다. 두 나라는 독일을 전부 점령하려 하지 않았다. 그저 이익이 될 만한 자산을 잘라내 가져가고 나머지는 빈곤한 혼돈 상태에 빠지도록 내버려두려 했을 뿐이다. 국제연맹은 매력적인 상고법원이었다. 그러나 이 중립적인 중재자는 독일이 조약을 비준해야만 탄생할 수 있었다. 독일의 자유주의자들이 여전히 세계 정치의 '진보적이고 평화로운 발전'을 기대했다면 대결보다는 협력의 길을 선택함으로써 고통스러운 배상금의 첫 번째 납부금을 전달해야 했을 것이다.[50] 베르사유 조약은 아무리 부당하고 부정하다고 해도 최소한 독일 국민국가를 온전히 보존할 기회는 제공했다. 에르츠베르거가 민주적인 시각에서 확신했듯이, 국민 대다수는 국민적 영웅이 아니라 평화를 갈망했다. 이는 독일제국에 속한 17개 국가의 총리들이 모인 비상회의에서 극적으로 확인되었다. 회의에서 바이에른과 뷔르템베르크, 바덴, 헤센은 조약의 수용에 강력히 찬성했다.[51] 프로이센이 폴란드에 영토를 할양하는 것은 고통스러웠지만, 독일이 강화조약에 동의하지 않으면 서쪽과 남쪽에서 프랑스의 침공에 맞닥뜨릴 것이었다. 이 점에서, 울리히 폰 브로크도르프 란차우가 경멸을 숨기지 않고 평했듯이, 에르츠베르거의 선동은 한계를 몰랐다. 브로크도르프 란차우는 그가 "세네갈 병사들과 니그로 병사들의 독일 여성 강간에 관해 세세히 얘기하고 싶지 않다고, 그렇지만 침공은 불가피하게 독일제국의 붕괴와 해체로 이어질 것이라고 서로 별개인 듯이 알렸다"고 비웃었다.[52]

이는 의심의 여지없이 불쾌했다. 그러나 에르츠베르거와 조약의 수용을 옹호한 다른 이들, 특히 사회민주당 우파에서 오랫동안 그의 동료였던 에두아르트 다비트는 독일의 미래를 지키는 데 집요하게 몰두했다. 독일 정부가 자국민의 평화의 열망에 부응하지 못하면 재앙이 초래될 것이었다. 1918년 10월 제국의회의 다수파는 휴전 협상의 책임을 떠맡았고, 해군의 폭동과 사회주의 혁명이 일어났는데도 최소한 무조건 항복이나 무차별적 점령은 피했다. 제국의회의 다수파가 마음을 다져 용기를 내지 못했다면, 독일은 한 번 더 재앙을 떠안았을 것이다. 독일 국가의 연속성에 대한 모든 충성을 거부한 정당인 독립사회민주당이 정부를 이끌었다면 협상국이나 러시아에 유리한 조건의 굴욕적인 강화조약이 체결되었을 것이다. 결과적으로 전면적인 내전이 벌어졌을 것이다. 독일은 러시아를 뒤따라 해체와 무정부 상태로 들어갔을 것이다. 전후 독일에서 좌파를 겨냥한 폭력을 부채질하는 특정 시나리오가 있었다면, 그것은 자본주의 전복의 두려움이 아니라 이처럼 서유럽에서 트로츠키의 재앙 같은 도박이 재연되는 악몽이었다. 독일제국의 통합성 보존이 최고의 목적이었다면, 유일하게 선택할 수 있는 방안은 1917년 여름 체레텔리와 케렌스키가 감행하지 못한 조치를 취하는 것이었다. 독일은 거국내각을 구성하여 굴욕적인 강화를 받아들여야 했다.[53] 문제는 수용에 필요한 과반수를 찾아내는 방법이었다.[54]

6월 초 내내 빌헬름 그뢰너 장군과 국방장관 구스타프 노스케는 고조되는 군사 반란의 기세를 꺾기 위해 날마다 고군분투했다.[55] 이들의 노력 덕분에 민간 정치인들은 결정을 내릴 수 있었다. 6월 18일 대통령 에베르트가 샤이데만 총리의 내각에 그 문제를 제기했을 때, 결과는 분열이었다. 에르츠베르거와 중앙당의 나른 두 인사는 소악에 찬성했나. 그러나 사회민주당 출신 장관들은 의견이 갈렸다. 총리 샤이데만은 외무장관 브로크도르프 란차우와 세 명의 독일민주당 출신 장관들과 함께 반대표를 던졌다.

각의는 오전 3시에 결론 없이 끝났다.[56] 몇 시간 뒤 사회민주당 원내 다수파는 조건부로 조약을 승인하기로 했다. 그러나 어떠한 조건이든 연합국이 받아들일 가능성은 없었기에, 그 결정의 유일한 효과는 총리 샤이데만이 지위를 유지할 수 없게 만든 것이었다. 샤이데만은 조약을 거부하겠다고 맹세했고 사임해야 했다. 연합국이 정한 시한까지 나흘이 남은 상황에서 독일에는 정부가 없었다. 의회에서 정당들이 조건을 논의했지만 쓸데없었다.[57]

1918년 11월 무모하게 제국의 최종적 몰락을 재촉했던 해군 장교단은 더 단호하게 대응했다. 1919년 6월 21일 아침 카이저의 깃발이 휘날리는 가운데 해군 소장 루트비히 폰 로이터는 영국 해군 기지 스카퍼플로에 억류되어 있는 독일 대양함대를 자침시키라고 명령함으로써 베르사유의 평화 교섭자들에 응수했다. 영국 해병대가 아홉 명의 독일 해군 병사를 죽이며 이 휴전협정 위반 행위를 막으려 애썼지만, 독일군은 전함 15척에 순양함 5척, 구축함 32척에 달하는 엄청난 규모의 카이저 해군 함대 대부분을 침몰시키는 데 성공했다. 해군 역사상 하루에 발생한 군함의 손실로는 최대였다. 독일에서는 육군 원수 힌덴부르크가 병사들에게 명예롭게 그와 유사한 길을 걸어야 한다고 강조했다. 독일군은 비록 서부전선에서는 압도당했을지언정 동부전선에서는 방어 거점까지 퇴각한 뒤 싸움을 재개해야 했다. 대통령 에베르트는 샤이데만의 후임자를 선택할 때 노동조합운동의 충실한 애국자 구스타프 바우어를 지명함으로써 선택의 가능성을 열어두었다. 바우어는 앞서 베르사유 조약에 강력히 반대했던 자였다.

대통령 에베르트가 마침내 반대 세력이 다수를 차지하지 못했다는 점을 인정한 것은 유예가 끝나는 마지막 날인 6월 23일 정오였다. 바이마르 공화국의 기반이었던 정당인 사회민주당과 중앙당 둘 다 심각하게 분열했다. 민주주의 정치의 작동에 필요한 최소한의 국가적 단결이 매우 위태로웠다.

결과적으로 조약에 책임이 있다고 비난을 받은 에베르트와 바우어, 정부 장관들이 마지막 회의를 떠나면서, 조약을 거부해야 한다고 주장한 독일민주당 지도자가 돌연 '책임감'에 사로잡혔다.[58] 독일민주당과 독일국민당DVP의 일부는 동료들에게 그들 간에 차이가 있음에도 강화조약에 서명한 책임이 있는 자들의 애국적 동기를 존중하겠다고 확약했다. 이는 이후로 바이마르 공화국 민주주의 정치의 기본적인 요소를 받아들인 자들을 규정하는 중요한 양보였다. 이 허약한 약속은 민족주의자들의 무책임한 반발로 곧 포기되지만, 1919년 6월 23일에는 단순한 약속만으로도 충분했다. 오후 3시 15분 몇 시간밖에 남지 않은 상황에서 의회는 결정직인 투표를 실행했다. 무기명 투표였다. 의회가 직접 베르사유 조약을 승인해야 하는 것도 아니었다. 조약 서명의 권한을 갖는다는 내각의 견해를 '의회의 대다수'가 추인했다고 선언되었다. 90분 뒤에 연합국에 정식으로 통고했다.

프랑스 정부는 축제 기분에 젖었지만, 독일 정부는 패배의 현실에 환멸을 느꼈다.[59] 그뢰너 장군과 국방장관 노스케의 경고는 7월 말 프로이센 근위대의 쿠데타 시도를 무산시키기에 충분했다.[60] 그러나 '동쪽 국가'의 창건을 옹호한 자들 중에서는 반란 운동의 중핵이 형성되었다. 1919년 가을 민족주의자들은 사회민주당과 에르츠베르거에 욕설을 퍼붓는 대중적 공격에 착수하여 계기를 만들었고, 이로 인해 이듬해 에르츠베르거는 부패에 연루되었다는 혐의를 받으며 정치권에서 밀려났다. 등에 칼을 맞았다는 전설이 실질적인 힘을 얻기 시작했다. 결정적인 순간은 베르사유 조약의 군축 조항에 따라 준군사집단인 의용대를 해체할 때가 다가온 1920년 3월이었다.[61] 3월 13일, 1917년에 강화 반대 집회의 선봉에 섰던 독일조국당의 최초 조직자 중 한 사람인 볼프강 카프와 의용대 조직자인 발디 폰 뤼트비츠가 추종자들을 이끌고 베를린에서 행진을 벌였다. 이들은 병사들이 지배하는, 정당과 무관한 내각과 베르사유 조약에 대한 굴종의 종식을 요구했다. 이들은 또한 즉각적인 총선거를 원했다. 그것이야말로 종전 직후의 궤도이탈이었던 좌파 중심의 의회를 일소할 것이라고 믿었기 때문이다. 결과적으로 반란 운동의 선거 예측은 완전히 틀리지만은 않았다. 그러나 그들의 실질적인 준비 상태는 변변치 못했다. 카프는 베를린에 영향력 있는 동지들이 거의 없었다. 게다가 반란 운동은 바이마르 공화국의 토대였던 실질적인 힘의 균형을 근본적으로 오판했다. 1918년 11월의 혁명적 격변 중에 노동조합은 현장의 급진주의를 진정시켜 의도적으로 작은 역할을 수행했다. 그러나 공화국에 대한 직접적인 공격에 직면하자 대응이 단호해졌다. 전국적인 총파업에 나라가 마비되었다. 3월 17일 폭동은 끝났다.

며칠 동안 노동운동은 노동자 세력의 승리를 축하했다. 독일민주당을 포함하여 바이마르 공화국의 모든 여당은 주요 산업의 국유화 요구를 재확인하는 성명서에 서명하라는 요청을 받았다.[62] 구스타프 노스케와 의용대와의 협력으로 오염된 사회민주당의 다른 지도자들은 축출되었다. 사회주의자들의 새로운 공동 정부에 대한 논의가 활발하게 진행되었다. 그러나 이들이 협력할 수 있었다고 해도, 독립사회민주당과 사회민주당은 의회에서 과반수에 한참 모자랐다. 그리고 좌파 통합의 환상은 독일 중공업의 심장부인 루르 지방에서 카프에 반대하는 총파업이 사회주의 봉기로 바뀌면서 달아오를 때만큼이나 빨리 사라졌다. 3월 22일 전투적 공산주의자들이 루르 적위대Rote Ruhrarmee의 여러 분견대로 조직되어 공업도시 에센과 뒤스부르크를 점령했다. 필사적인 중재 노력이 기울여졌지만, 5만 명의 무장 병력을 갖춘 급진 좌파는 힘을 시험해보고자 했다.[63] 혹독한 싸움과 소름끼치는 보복이 이어지는 가운데 수만 명의 친정부 군대가 루르를 탈환했다. 이번에도 역시 의용대가 선두에 섰다. 정부 쪽 사망자는 최소한 500명이었다. 1,000명이 넘는 반란자들이 죽었는데, 대다수는 체포된 후 처형되었다.

카프 폭동과 뒤이은 루르 봉기는 독일이 얼마나 내전 상태에 가까웠는 지를 보여주었다. 이는 또한 외국의 개입이라는 에르츠베르거의 악몽을 확인했다. 루르는 서부독일의 비무장 영토의 일부였다. 프랑스는 독일군 부대의 진입에 대응하여 프랑크푸르트를 장악했다. 그러나 놀랍게도, 이처럼 폭력의 강도가 높아졌는데도, 길이 잘 든 독일 민주주의 정치는 작동을 멈추지 않았다. 선거는 반란자들이 바랄 수 있는 한 가지 희망사항이었다. 루르에서 싸움이 종결되고 두 달이 지난 1920년 6월 6일 2,850만 명의 남녀가 바이마르 공화국의 첫 번째 의회 구성을 위한 투표에 참여했다. 80퍼센트에 가까운 투표율은 공화국을 건설한 정당들에 큰 타격을 가했다. 사회민주당과 중앙당, 독일민주당의 '제국의회 다수파' 동맹은 앞서 75퍼센트라는 지배적인 몫을 차지했으나, 이제 그 몫은 45퍼센트 밑으로 급락했다. 좌파 유권자들은 반혁명에 공모한 죄로 사회민주당을 응징하고 독립사회민주당을 의회에서 두 번째로 큰 정당으로 만들었다. 한편 독일민족인민당DNVP의 비타협적 민족주의자들의 득표율이 15퍼센트로 급증했다. 비스마르크 시절 이래로 독일 선거에서 보수적 우파가 달성한 것으로는 훌륭한 성과였다. 민주주의의 정치적 자본은 1919~1920년에 크게 소모되었지만, 결과적으로 공화국의 창설을 가능하게 한 타협은 뒤집히지 않았다. 독립사회민주당으로 간 표는 프롤레타리아트 독재를 위한 표였던 만큼이나 급진적 민주주의 공화국을 위한 표가 될 수도 있었다. 레닌주의 공산당의 득표율은 보잘 것 없었다. 고작 2퍼센트였다.

선거의 최대 승자는 독일국민당의 민족주의적 자유주의자들이었다. 그들의 주요 대변인인 구스타프 슈트레제만은 전쟁 중에 빌헬름 시대의 제국주의를 가상 요란스럽게 옹호한 자로 악명이 높았다. 혁명에 뒤이어 슈트레제만은 몰락했고 1920년 3월에는 공모했다고 해도 될 정도로 위험스럽게 카프 폭동과 가까웠다.[64] 그러나 그 위기가 지나면서 슈트레제만은 새로운 목적의식을 얻었다. 1919~1920년이 가르친 것은 베르사유 조약의 수용을 옹호한 자들이 옳았다는 것이다. 가까운 장래에 독일의 운명은 공화국의 운명에, 과거의 적이었던 서유럽 국가들과 타협할 그 능력에 달려 있었다. 에르츠베르거처럼 슈트레제만도 결정권은 다름 아닌 미국에 있다는 사실을 이해했다. 그러나 에르츠베르거가 윌슨 자유주의의 변덕스러운 정치에 의지했다면, 슈트레제만은 이탈리아의 프란체스코 니티처럼 좀 더 지속적인 힘, 즉 그가 미국 재계가 유럽 경제의 미래에 품은 전략적 이익이라고 확신한 것에 운명을 내걸었다.[65]

17장

아시아의 순응

1919년 6월 28일 조인식에 중국 대표단만이 유일하게 참여하지 않았다. 5월 첫 주부터 베르사유 강화회의는 세계에서 가장 큰 나라를 들끓게 했다. 회담에서 독일의 산둥반도 조차지를 일본에 넘기기로 한 결정은 현대 중국 민족주의가 탄생하는 계기로 역사에 전해진다. 중국은 일본의 공격과 서구의 위선에 동시에 희생되었다.[1] 그러나 중국의 순교와 일본의 공격이라는 이 선악의 이야기는 언제나 불완전했다. 양측에 똑같이 큰 이해관계가 걸려 있음은 1917년 중국의 참전과 위험한 시베리아 개입 정책으로 촉발된 위기로 분명해졌다. 1919년 강화조약 체결 시도로 아시아의 미래에 관한 기본적인 질문들은 세계적 의제에 포함될 수밖에 없었다.

베르사유 강화회의에서 거부된 일본의 '평등' 제안

'시대정신'에 부합하게 일본의 새로운 전후 정부는 강화회의에 서유럽에 우호적인 자유주의적 성향의 대표단을 파견했다.[2] 1918년이 끝날 때 총리 하라 다카시는 시베리아에 보낸 일본군 파견대의 3분의 1을 철수시켰다. 한편 하라 다카시가 중국통 행동주의자 다나카 기이치를 국방장관으로 내각에 들였음에도, 베이징 정부와의 협력 정책은 굳건했다. 1917년에 일본의 졸로 쓰였던 돤치루이 장군은 이제 사라졌다. 일본 정부는 상하이에서 북과 남의 평화 회담을 권하여 중국이 베르사유에 단일 대표단을 보낼 수 있게 했다. 그러나 통합된 중국 국가는 어느 길을 취하려 했는가?

베이징 정부는 돤치루이의 몰락 이후 일본의 후견에 저항하려는 징후를 거의 보이지 않았다. 남쪽의 쑨원은 가능하면 누구에게든 승인을 얻으려 했다. 1919년 1월 그는 포괄적인 경제 개발을 위한 놀라운 계획으로 세계 자본주의 지도자들의 관심을 끌려 했다.[3] 그러나 쑨원은 백악관으로부터도 인정받지 못했다. 베이징 주재 미국 대사인 폴 라인시는 일본 반대 운동을 계속했다. 그러나 중국의 발전에 대한 그의 시각은 심히 오만했다. 워싱턴에 퍼진 시각처럼 국제 사회의 대대적인 감독을 포함했기 때문이다. 1919년 초 일본은 국제채권단에 합류하기로 동의했다. 이는 얼핏 전쟁 시기의 고압적인 금융 외교를 끝내겠다는 뜻으로 보였다. 유일하게 내건 조건은 자신들의 중요한 자산인 만주철도가 채권단의 감독을 면해야 한다는 것이었다.

영국은 중국에 막대한 이해관계를 지녔기에 일본과 미국 사이의 충돌 가능성을 상당히 근심스럽게 보았다. 영국 정부는 일본의 협력자들을 포기하지 않으려 했고 미국의 진정한 의도에 대해 확신이 없었다. 중국과의 관계를 새롭게 수립하여 새로운 아시아 정책을 옹호하는 것은 베이징 주재 영국 대사 존 조던의 일이 되었다. 그는 이익권역을 폐지하여 중국 내 모든 외국 조차지를 중립화하고 국제화하기를, 그로써 '현재 그들이 너무 자주 쓰는 무의미한 표현들이 아니라 문호개방과 중국 통합의 현실 같은 용어'를 쓰기를 희망했다. 조던은 이렇게 역설했다. "1898년의 조차지를 획득하거나 물려받은 강국들 편에서 희생을 하지 않으면 중국 문제의 해법은 완전히 불가능해 보인다." 세계를 '경제적 자유와 군사적 안전을 보장'할 체제로 이끄는 것은 미국과 영국에 달렸다.[4] 영국과 미국이 여러 가지 선택 방안들을 견주어 보는 동안, 조던은 일본에 주도권이 넘어가지는 않을지 염려했다.

1919년 1월 미국 국무부 고문 프랭크 포크는 국무장관 로버트 랜싱에게 보낸 보고서에서 일본이 중국의 통합을 새로이 지원한 것을 비관적으로 해석했다.[5] 베르사유에서 그는 두 나라가 합세하여 아시아에서 서구가 갖고 있는 특권을 온 힘을 다해 공격할지 모른다고 경고했다. 베이징의 중국 정부가 일본의 후원을 받아 조약의 전면적인 수정을 요구할 수 있었다. 그러한 요구는 자유주의적 국제 질서의 새로운 어법에 완전히 일치했지만, '백인 국가들이' 동아시아에 대한 지배력을 상실하지 않고는 '충족시킬 수 없는' 것이었다.[6]

그러한 불확실성 속에서 미국은 파리의 협상을 일본과 중국 간의 대결의 무대로 바꿔놓을 수 있어서 기쁠 따름이었다. 1월 27일 일본이 독일이 산둥반도에 갖고 있는 조약상의 권리를 뻔뻔하게 요구할 때, 윌슨 대통령의 고집에 따라 중국 대표단이 참석했다. 그때 미국은 미국에서 교육받은 구웨이준이 이끈, 베이징의 북쪽 정부를 대변하는 중국 대표단에서 논리가 가장 정연한 자에게 전략을 잘 짜서 일본 정부를 향해 자유주의적 분노를 표출하라고 조언했다. 구웨이준은 독일의 특권에 대한 일본의 요구를 4억 명의 인구를 지닌 나라의 권리를 부당하게 침해하는 것이라고 비난했다. 구웨이준은 미국에서 교육받은 법률 지식을 펼쳐 보이며 사정변경원칙 rebus sic stantibus을 거론했다. 조약이 체결될 당시의 사정에 변화가 있으면 조약을 뒤집을 수 있다고 주장한 것이다. 서구 대표단은 그의 능변에 감명을 받았고, 파리의 공청회 소식이 동쪽으로 퍼지면서 며칠 안에 베이징 정부는 중국 전역에서 지지의 메시지를 받았다.[7] 중국 정치 지도자들이 참전을 결정한 애초의 의도는 회의장에서 한 자리를 확보하려는 것이었다. 이제 미국의 승인으로 중국은 외교적으로 일본에 대승을 거둘 것 같았다.

그러나 구웨이준이 인지하지 못한 것은 일본이 강압적으로 독일의 권리를 요구하지는 않았다는 사실이다. 1918년 9월 데라우치 정부는 베이징과의 선린관계를 발전시킨다는 새로운 정책에 따라 니시하라의 추가적인 넉넉한 재정 지원과 일본이 불평등조약의 구조 전체를 교정하려는 중국의 노력을 후원한다는 약속을 대가로 일본에 산둥반도 수비대를 유지할 권한을 부여한 합의에 총리 돤치루이의 서명을 받아냈다.[8] 한편 영국과 프랑스는 1917년 1월에 이미 일본 해군이 지중해에서 지원 활동을 벌이는 대가로 일본 정부의 권리 주장을 인정했다. 베이징 정부가 이러한 약속을 누설하자, 프랑스와 영국은 당혹스럽게도 산둥반도 문제에 관한 첫 논의를 중단시켰다.

일본 정부의 사절단에 베르사유 강화회의의 첫 며칠은 고통스러운 충격으로 다가왔다. 일본은 윌슨의 14개조를 인정했지만 회의 전체의 틀이 자유주의적 조건에 따라 구성되리라고는 예상하지 못했다. 일본은 확실히 중국인들 앞에서 자신들의 입장을 변론하게 되리라고는 예상하지 못했다. 서구의 의도는 무엇이었는가? 그들은 좀 더 공평한 국제 질서에 정말로 관심이 있었는가, 아니면 일본 우익이 의심했듯이 '현상을 동결하고 이류 국가나 하위 국가의 발전을 억제하려는' 의도를 지녔는가?[9] 국제연맹 규약에 종족 평등의 조항을 집어넣어야 한다는 일본의 요구를 결정적으로 돌보이게 한 것이 바로 이 불확실성이었다. 서구 전략가들이 의심했듯이, 이러한 요구는 범아시아적 호소력을 지녔고 일본에 제국주의적 침략자라는 이미지를 상쇄할 수 있게 할 것이었다. 그러나 이는 특히 국내 정치의 문제였다.[10] 1918년 쌀 폭동의 여파로 일본 정치의 양상은 돌이킬 수 없을 정도로 변했다. 대중은 동요했다. 의회의 주요 자유주의적 인사인 오자키 유키오는 1919년 유럽과 미국을 돌아본 뒤 오직 보통선거제만이 변화의 세력을 건설적인 방향으로 이끌 수 있다는 확신을 갖고 귀국했다.[11] 그러나 대중의 정치적 동원이라는 일본의 새로운 시대를 재촉한 것은 좌파만이 아니었다.[12] 대중적 민족주의도 극적인 부활을 경험했다. 1919년 봄 하라 정부에 종족 차별 금지 요구가 갖는 중요성은 바로 그것이 좌파와 우파의 전투적인 활동가들이 공히 동의할 수 있는 유일한 문제였다는 데 있었다. 서구는 어떻게 대응하려 했는가?

2월 9일에 이미 미국의 법률 전문가 데이비드 밀러는 하우스 대령과 아서 밸푸어가 곧 제시될 일본의 제안에 관하여 솔직하게 교환한 의견을 기록했다. 하우스 대령은 일본이 행동에 나서기 전에 미리 밸푸어를 설득하여 모든 인간은 평등하게 창조되었다는 취지의 독립선언문 인용문을 포함하도록 국제연맹 규약 전문을 수정하는 것을 받아들이게 하려 했다. "하우스 대령의 견해는 그러한 전문이 미국의 관행과 아무리 일치하지 않더라도 미국인의 정서에 부합할 것이며 미국 여론이 그 조문의 나머지 부분을 더 잘 받아들이게 만들리라는 것이었다."[13] 밸푸어의 반응은 놀라웠다. 밸푸어는 이의를 제기했다. 모든 인간이 평등하게 창조되었다는 주장은 '그가 진실이라고 믿지 않는 18세기 명제'였다. 19세기의 다위니즘 혁명은 다른 교훈을 가르쳤다. '어떤 의미에서는… 특성 국가의 모든 인간이 평등하게 창조되었다'고 주장할 수도 있겠지만, '중앙아프리카의 어느 인간이 유럽인과 평등하게 태어났다'는 주장은 밸푸어에게는 명백히 터무니없는 생각이었다. 이 놀라운 공격에 하우스 대령은 즉각 반박하지 못했다. 그는 중앙아프리카에 관하여 다툴 생각은 없었다. 그러나 하우스 대령은 '그가 일본을 향한 정책이 어떻게 지속될 수 있는지 보지 못했다'고 지적했다. 일본이 자국의 영토를 열심히 개발했고 팽창할 공간이 필요한 성장 중인 국가임을 부인할 수 없었다. 그들은 '백인 국가', 시베리아, 아프리카로의 출구가 봉쇄되었다. 그렇다면 어디를 바라보아야 하는가? "그들은 어디로든 가야 했다." 밸푸어는 이와 같은 그 시대의 기본 전제에 이의를 제기하지 않았다. 역동적인 주민들에게는 팽창할 공간이 필요했다. 실제로 영국-일본 동맹의 충실한 옹호자였던 밸푸어는 일본의 곤란한 처지를 '크게 동정했다.' 그러나 그는 중앙아프리카를 염두에 두고 일반적인 평등의 원칙을 인정할 수는 없었다. 일본의 정당한 이익을 충족시킬 다른 방법을 찾아야 했다. 어쨌거나 밸푸어는 분명히 그 제안을 일본이 의도했던 것보다 훨씬 더 넓게 해석하고 있었다. 일본이 아프리카인을 대변할 수 있다는 생각은 분명코 일본 정부 내에서 분노를 유발했다. 관건은 유럽-아시아 관계, 구체적으로는 아시아가 유럽과 함께 세계에 남아 있는 주인 없는 영토의 해결에 관여할 권리였다.[14]

일본 대표단은 첫 번째 시도가 가로막혔을 때 간단명료한 거부에 체념할 수는 없었다. 3월 말 그들은 약간 완화된 새로운 제안을 내놓았다. 종족을 전혀 언급하지 않고 오직 국가 차원의 차별 철폐만 요구했다. 그러나 이제 그들은 영국제국의 복잡한 국내 정치에 휘말렸다. 일본의 첫 번째 수정 요구를 봉쇄한 것은 영국 대표단의 권위자인 로버트 세실과 밸푸어였다. 그러나 압박이 가해지자 영국은 진짜 장애물은 자신들이 아니라 호주라고 강조했다. 이는 일본 대표단에 대한 압력을 더욱 높였다. 그들은 일본 국민에게 그렇게 명백히 중요한 원칙이 호주처럼 하찮은 나라의 반대 때문에 실패했다는 사실을 어떻게 설명해야 했는가? 그러나 영국은 영연방 자치령을 지지했으며, 윌슨은 이 경우에 호주를 후원할 수 있어서 기쁠 따름이었다. 캘리포니아의 아시아인 문제에 관한 태도에 비춰 볼 때, 영국 제국에 앞장서서 저항하도록 하는 것이 매우 편리했다.[15] 미국의 이민 규제 권한을 제한하는 규약을 의회가 승인할 가능성은 전혀 없었다.

그 문제는 4월 11일 국제연맹 규약위원회의 마지막 회의에서 수치스러운 절정에 도달했다. 일본은 이제 '모든 국민들의 동등한 대우'를 호소하며 전문의 수정만을 요구하는 쪽으로 물러섰다. 이를 토대로 그들은 규약위원회에서 확실한 과반수의 지지를 기대할 수 있었다. 프랑스 대표단의 말대로 그들은 영국을 곤란하게 만들 뜻이 없었다. 그러나 '수정안 거부에 찬성하기는 불가능했다. 수정안은 반박할 수 없는 정의의 원칙을 구현했기 때문이다.' 일본이 그 문제를 제기했을 때, 반대자들은 심히 면목이 없어 자신들의 반대표를 공식적으로 기록하지 말아달라고 요청했다. 세실의 기록이 보여주듯이, 악명 높은 반유대주의자인 폴란드 대표 로만 드모프스키만 영국과 함께 투표했다. 이로써 윌슨은 의장 권한을 이용하여 수정안의 통과에는 만장일치가 필요하다고 판정하여 수정안을 막을 수밖에 없었다.[16] 찬성 의견이 명백히 과반을 넘었는데도 일본의 제안은 거부되었다.[17] 하우스 대령은 '영국과 미국만 다수파에 반대하여 앵글로색슨의 완강함'이 증명된 것을 기쁘게 축하했지만, 그 사건으로 세실은 확실히 뒷맛이 씁쓸했다.[18]

산둥반도를 둘러싼 일본과 중국의 힘겨루기

아시아의 평화 정착 과정은 국제연맹 규약을 둘러싸고 일본이 받은 굴욕에서 결코 회복하지 못했다.[19] 4월 21일, 인종 평등 제안이 미국과 영국에 의해 거부된 지 열흘이 지났을 때, 일본의 외교자문단은 도쿄에서 회의를 갖고 최종 협상을 위한 전략을 수립했다. 외교자문단은 연맹 규약 문제로 굴욕을 당했음을 감안하여 일본은 산둥반도의 독일 조차지를 넘겨받지 못하면 회의에서 이탈하겠다고 위협해야 한다고 결론을 내렸다. 파리의 협상 초기에 일본은 독일의 태평양 섬 식민지들을 상당히 많이 확보했다. 일본은 영국과 프랑스와 함께 위임통치국이 되었다. 그러나 중국은 훨씬 더 중요한 문제였다. 외무장관 우치다 고사이는 대표단에 '우리 정부의 위엄을 지키는 데에 타협의 여지는 없어야 한다'고 전문을 보냈다.[20]

충분히 예견할 수 있는 일이었지만, 4월 말 다시 그 문제를 다루었을 때, 서구 강국들은 산둥반도를 '국제화'해야 한다고 제안했다.[21] 위임통치령 같은 구조가 고안되어야 했다. 위임통치령 모델은 얀 스뮈츠가 중부유럽을 처리하기 위해 제안했지만 그곳에서 거부된 바 있다. 1월에는 독일제국과 오스만제국의 파편들을 영국제국과 프랑스, 일본에 분배하는 데 위임통치령이 쓰였다. 그러나 산둥반도는 완전히 다른 문제였다. 일본은 그러한 발상을 완강히 거부했다.[22] 위임통치령은 '토착민이 여전히 근대 문명을 갖추지 못한… 식민지'에 적합했고, '… 발달된 문화를 지닌 나라인 중국 같은 경우에는' 완전히 다른 원칙을 적용해야 했다.[23] 일본 대표단은 자신들이 일본 정치권의 '온건'파에 속하는 정부를 대표한다고 윌슨에게 공들여 설명했다. 그들은 동아시아 국제 질서의 근본적인 수정을 기꺼이 고려했지만, 그들이 중국 민족주의의 희생양이 되고 있다는 사실은 이 때문에 특히 더 유감스러웠다. 서구 강국들은 국가들의 평등이라는 이름으로 중국 정부의 권리를 지킬 수 없었고, 동시에 중국 대표단이 자국 정부가 겨우 몇 달 전에 체결한 조약을 자신들의 무능력했음을 핑계로 무시하도록 내버려둘 수도 없었다. 일본 대표단의 어느 인사가 로버트 랜싱에게 말했듯이, '4억 명의 인구를 지닌 나라가 협박을 당해 조약에 서명했다고 불평하며 돌아다니는 것은 우습지' 않은가.[24] 일본은 단지 중국이 계약을 이행하기만을 원했다. 일본 대표단은 자국이 그 권리를 받지 못하면 강화회의를 떠나려 했다. 이탈리아와 달리 일본은 추가 요구로 자신들의 입장을 모호하게 만들지 않았다. 그리고 그들은 영국과 프랑스의 공감을 기대할 수 있었다. 사이온지는 특히 오랜 친구 조르주 클레망소에게 자신이 국내에서 받는 압박을 헤아려달라고 호소했다.[25]

월슨은 한 주에 일본과 이탈리아 두 나라가 한꺼번에 회담에서 이탈하지 않기를 간절히 원했다.[26] 그는 이중의 효과를 기대하고 이탈리아 국민에게 정부를 건너뛰고 직접 호소하여 아첨했지만 일본 국민에게는 그렇게 하지 않았다. 4월 22일 논의는 결정적으로 일본에 유리하게 바뀌었다. 서구 강국들은 중국 대표단에 공감을 표했지만 중국은 앞서 일본과 체결한 조약의 구속을 받는다는 점을 고려해야 한다고 말했다.[27] 타격을 줄이기 위해 영국의 제안으로 타협이 이루어졌다. 이에 따라 일본은 독일이 산둥반도에서 얻었던 경제적 특권만 넘겨받기를 원하며 그 영토를 행정적으로 영구히 통제하려는 의도는 없다고 공언했다.[28] 그러나 양측의 감정이 일촉즉발의 상황으로 치달았기에 이 정도로는 결코 충분하지 않았다. 월슨이 사과하고자 보낸 파견단도 중국인들이 14개조를 거론하며 4인위원회(Council of Four. 월슨, 로이드조지, 오를란도, 클레망소*)에 정식으로 항의하는 것을 막을 수 없었다.[29]

중국 엘리트층은 어떤 대가를 치르더라도 국제적 승인을 받는 것이 이익이었다. 그러므로 중국 내부 반응이 아니었다면 그 문제는 당연히 그쯤에서 멈추었을 것이다. 1915년 일본이 굴욕적인 21개조를 최후통첩으로 보낸 이래로, 중국의 여러 도시에서는 민족주의적 저항의 물결이 일었다. 1919년 5월 4일 일본이 산둥반도와 관련하여 성공했다는 소식이 들려오자, 이로 인한 분노는 혁명 이후로 쌓인 좌절감을 폭발시켰다.[30] 베이징 정부가 일본과 협정을 체결했다는 사실이 파리에서 폭로되었기에, 이러한 분노가 외부는 물론 내부도 겨냥했다는 사실은 전혀 놀랍지 않다. 항의의 주된 구호는 양쪽을 다 향했다. "외부적으로는 주권을 위해 싸우고 내부적으로는 반역자들을 몰아내자."[31] 수도에서는 재정총장이자 일본의 니시하라 차관을 들여온 핵심인물이었던 차오루린의 집이 불에 타 폭삭 주저앉았다. 베이징여자고등사범학교의 여러 학생들을 포함하여 당시 베이징 전체 학생 중 절반이 봉기에 참여한 것으로 보인다.[32] 과격한 청년만 그 대의를 지지한 것은 아니었다. 일본의 중재로 북-남 화해 회담에서 정기적으로 만났던 군벌과 정치인들은 즉시 특별회의를 소집했고 파리강화회의 대표단에 지시를 내렸다. "강화회의가… 중국의 입장을 지지하지 않는다면 4억 명의 중국인은… 결코 그것을 인정하지 않을 것이다."[33]

이와 같은 전례 없는 저항운동 때문에 파리의 외교관들은 궁지에 몰렸다. 구웨이준은 중국에 새로운 질서의 창립 회원 자격을 안겨주고자 혈안이 되어 있었다. 그러나 그는 산둥반도에 관하여 단서를 달지 않고는 베르사유 조약에 서명할 수 없었다. 윌슨과 로이드조지는 그러한 가능성을 배제했다. 중국을 예외로 삼는다면 회담 전체가 궤도를 벗어날 위험이 있었다. 베이징 정부의 외무장관은 분개한 지방 성들에 이익을 저울질해보면 어쨌거나 강화조약에 서명해야 한다고 알릴 수밖에 없었다. 중국인들은 일단 국제연맹 회원 자격을 확보하면 다른 나라들이 중국을 연맹의 이사회에 앉힐 것이고 중국은 그곳에서 시정에 나설 수 있으리라고 추정했던 것이다. 그러나 이 제안에 대한 반응은 추가적인 학생 시위와 파업이었다. 베이징에 계엄령이 선포된 상황에서 1,000명이 넘는 애국적 시위자들이 구금되었다. 6월 초, 보수적인 대총통 쉬스창의 거처 밖에 젊은 여성들이 떼를 지어 몰려들어 투옥된 남성 급우들의 석방을 시끄럽게 요구했다. 이에 연대하여 상인 사회가 전국적인 조합을 결성하고 일본 제품의 불매운동을 선언했다.[34] 상하이에서는 외국인 소유의 방직 공장에서 항의가 일어나 7만 명에 달하는 노동자들이 중국 역사상 최초의 공공연한 정치적 대중 파업에 나섰다. 한편 자국의 대의를 위해 본분을 다하고 싶었던 미국 전역의 중국인 대학생들은 의회를 에워쌌으며, 윌슨이 '일본 제국주의'에 너그럽다고 비난할 수 있어서 기뻤던 공화당 의원들에게서 자신들의 주장을 유달리 잘 경청하는 자들을 발견했다.

6월 10일 국무총리 첸닝순의 내각이 무너졌고, 하루 뒤 대총통 쉬스창은 사퇴를 청했다.[35] 제일 먼저 억류된 자들이 석방되었지만, 민족주의적 항의는 조금도 약해지지 않았다. 6월 24일 중국 정부는 파리의 대표단으로 하여금 결단하게 하는 것이 정부의 '전략'이라고 선언하는 굴욕적인 임시방편에 의지했다. 한편 대표단의 최고 연장자가 자리에서 물러나 프랑스의 요양소에 들어갔고, 대표단의 나머지는 격앙된 학생들의 피켓 시위에 라스파유 대로의 호텔 방에 갇혔다.(연장자는 루정상陸徵祥이고 나머지는 구웨이준과 차오루린이다.*) 6월 27일과 28일에 먼저 베이징 정부가, 이어 파리의 대표단이 각각 중국은 조약에 서명할 수 없다고 결정했다.

새로운 국제 질서에서 중국의 자리 찾기

일본 대표단은 베르사유 조약에 서명했고, 일본은 당연히 국제연맹 이사회의 일원이 되었다. 주요 강국으로서의 그 지위는 이제 확실했다. 그러나 일본은 심한 대가를 지불했다. 종족 평등의 요구가 거부되고 산둥반도를 둘러싸고 멸시를 받은 이중의 경험은 민족주의적 우파의 격한 반발을 불러왔다. 1919년 초 다나카 기이치의 부하인 우가키 가즈시게 장군은 이렇게 평했다. "영국과 미국은 국제연맹을 통해 다른 국가들의 군사력을 억제하는 동시에 그들의 장점인 자본주의를 이용하여 다른 나라들을 조금씩 잠식하려 한다. 군사적 정복과 자본주의적 잠식 사이에는 큰 차이가 없는 것 같다."[36] 일본은 잘 대응하려면 칼을 갈아야 했다. 1921년 10월 일본의 젊은 무관 세 명이 독일의 바덴바덴에서 만나 일본이 유럽 국가들로부터 무엇을 배울 것인지 논의했다. 루덴도르프는 현 시대를 거대한 진영으로 나뉜 세계 강국들의 새로운 총력전 시대라고 보았다. 이는 장래에 일본 우파 군국주의의 지도자가 될 이들에게 제1차 세계대전이 낳은 가장 고무적인 관념이었다. 전쟁 직후 독일에 있던 일본의 청년 장교들에게 이는 바로 자신들이 서구 강국들에 맞선 싸움에서 일본을 위해 구상한 미래였다. 그 중에는 훗날 큰 비난을 받는 제2차 세계대전의 일본 지도자 도조 히데키도 있었다.[37] 이들은 독일제국과 마찬가지로 심히 불리한 물질적 조건에서 싸워야 했다. 한편으로는 중국에 전제적 통치 구역을 확립함으로써, 다른 한편으로는 '무사도武士道를 죽음의 추구'로 설명하는 극단적인 사무라이 윤리를 중심으로 군대를 결집시켜 부족한 점을 메우려 했다.[38] 그러나 이러한 태도가, 심지어 새로운 서구 질서에 적대적인 민족주의자들 가운데에서도 대세는 아니었다. 서구의 위선을 어떻게 생각했든, 그들이 휘두른 힘은 존중을 받았다. 우가키 가즈시게도 총리 하라 다카시에 못지않게 '가까운 장래에 세계는 영-미의 영역이 될 것'이라고 확신했다.[39]

중국에서는 베이징 정부의 베르사유 조약 거부가 참으로 보기 드문 국민적 단결의 지지를 받았다. 그러나 중국이 애국적 시위를 넘어서 어떻게 새로운 국제 질서에서 자리를 찾을 것이냐는 미결로 남았다. 중국에는 다행스럽게도 베이징 정부는 1917년에 독일뿐만 아니라 합스부르크제국에도 전쟁을 선포했다. 중국은 베르사유에서 전개된 중대한 이해관계가 걸린 게임에서 떨어져 나와 파리 근교의 작은 강회회의의 무대에서는 좀 더 건설적인 외교를 펼칠 수 있었다. 중국은 5월 이래로 정한 입장을 고수하며 합스부르크제국의 계승국가들이 서구 강국들이 일반적으로 주장한 특권을 버려야 한다고 역설했다.[40] 중국의 전시 외교와 전후 외교는 오스트리아와의 생제르맹 조약이 체결된 1919년 9월 10일에 완수되었다. 이 조약은 베르사유 조약처럼 전문에 국제연맹 규약을 포함했으며 중국에 완전한 회원국의 권리를 부여했다. 1920년 12월 국제연맹 총회의 첫 번째 회의에서 지구상에서 인구가 가장 많은 나라였던 중국은 압도적 득표로 이사회에 들어갔다.

한 해 전인 1919년 12월 중국은 볼리비아 공화국과 명백히 동등한 지위를 규정하고 치외법권을 제외한 첫 번째 국제 우호조약을 성공리에 체결했다. 1920년 3월 중국은 바이마르 공화국과 외교 관계를 수립했다. 1920년 6월 베이징의 중국 정부는 볼리비아와 체결한 조약을 기본으로 페르시아와 조약을 체결했다. 이듬해인 1921년 5월에는 독일과 협상하여 양측에 자율적인 관세 결정권을 부여한 통상조약을 체결했다. 19세기 불평등조약에서 중국에 인정되지 않았던 관세 결정권은 베르사유 조약에서 독일도 얻지 못했다. 마오쩌둥 같은 급진적 학생들에게 중국의 상황과 바이마르 공화국의 상황은 매우 유사했다.[41] 두 나라 모두 서구 제국주의의 희생양이었다. 그리고 오랫동안 비스마르크와 독일의 조직자본주의를 찬미했던 민족주의 지도자 쑨원은 한 걸음 더 나갔다. 1923년 그는 "베르사유의 멍에를 제거하려면 중국이 강력한 대규모 현대적 군대를 확립하도록 지원하는 것보다 더 좋은 방법은 없다"고 제안함으로써 바이마르 공화국을 유인하여 베이징 정부와 협력하게 하려 했다. 중국은 독일이 지원을 '요청'할 수 있는 '일종의 극동의 숨겨진 힘'이 될 것이었다.[42]

그러나 중국-독일 동맹에서 어느 나라든 진정한 타개 방안을 발신하려면 상당한 상상력이 필요했다. 중국은 아시아 무대에서 쓸 수단이 필요했다. 서구 강국들이 중국 주변에 채우려던 외국의 감시망에서 빠진 고리가 하나 있었다. 러시아였다. 러시아는 베르사유 체제에서 배제되었고 내전에 시달리고 있었는데, 베이징 정부가 러시아와 협상하여 불평등조약 체제에 균열을 가져올 수 있었을까?

1918년 7월, 브레스트리토프스크 조약을 둘러싼 싸움이 절정에 이르렀을 때, 외무인민위원 게오르기 치체린은 소비에트 정권은 중국에서 모든 치외법권 주장을 포기한다고 선언했다. 한 해 뒤 부외무인민위원 레프 카라한이 그 약속을 되풀이했다. 그는 1917년 페트로그라드 강화 방안의 어법으로 소비에트 정권이 모든 '타국의 병합과⋯ 정복, 온갖 배상금'을 포기한다고 약속했다.⁴³ 소비에트 정권의 군사적 운이 좋아지면서, 크렘린은 이 제안을 재고할 수 있었다. 그러나 그것은 중국에 선례를 만들었다. 1920년 봄 팽창주의적이었던 카라한의 최초 성명서가 번역되어 널리 퍼져서 물의를 일으켰다. 1920년 5월 27일, 극동의 신장 지구에서 중국과 소련의 협상자들이 서명한 이른바 일리伊犁 의정서에서 소비에트 정권은 중국에 서구 강국들이 전부 거부한 두 가지 요구를 인정해주었다. 관세를 결정할 권한과 중국 내 러시아인들에 대한 사법권이었다. 그 직후 중국 정부는 러시아에 지불해야 할 의화단의 난 배상금을 일방적으로 취소시켰다. 뒤이어 중국 정부는 아직 자국에 남아 있던 러시아제국 대사관원에 대한 승인을 철회했고, 1920년 9월 25일 중국 군대가 북부의 항구 도시 톈진의 유럽 조차지 중 러시아 구역을 장악하고 중국 국기를 내걸었다.

동시에 중국 정부는 북동쪽 국경지방에 무장경찰대를 파견하여 하얼빈 법원에서 러시아인 관료들을 내쫓음으로써 그 지역의 통제권을 주장했다. 그들은 하얼빈에서 러시아가 소유한 동청철도東淸鐵道의 운행 지역에서 법을 집행하던 자들이었다. 시베리아 횡단철도의 마지막 구간인 1,400마일의 철도는 중국 북동부에서 전략적으로 매우 중요했다. 하얼빈 지배권의 획득은 중국의 통제권을 더 공격적으로 주장하는 과정의 서막이었다. 12

월, 중국 정부는 철도와 그 관리에 관한 '궁극적인 통제권'을 주장했으며 러시아인 경영진의 모든 '정치 활동'을 금지했다.[44] 그러한 요구가 인정되는 것은 차치하고 심사숙고의 대상이 될 수 있었다는 사실만으로도 러시아의 몰락으로 초래된 세력 균형의 변화를 보여주는 놀라운 증거가 된다. 중국이 그러한 요구를 영구적으로 유지할 수 있는지는 서구 강국들과 일본, 러시아에 좌우될 것이었다.

18장

윌슨주의의 대실패

우드로 윌슨은 1919년 7월 10일 베르사유 조약 원문을 상원에 제출하면서 드라마를 얘기하듯 말했다. "무대는 준비되었고 운명은 드러났다. 그것은 우리가 구상한 계획이 아니라 우리를 이 길로 이끈 신의 손이 만든 것이다. 우리는 되돌릴 수 없다. 우리는 다만 두 눈을 똑바로 뜨고 정신을 차리고 전진하여 그 미래상을 따라갈 수 있을 뿐이다. 우리가 태어나면서부터 그린 그림이다. 미국은 진실로 그 길을 보여줄 것이다. 빛이 우리 앞에 놓인 길을 비출 것이다. 다른 곳은 비추지 않을 것이다." "우리나 다른 자유로운 국민이 이 중대한 의무를 받아들이기를 주저할 것인가?" "우리가 감히 이를 거부하고 세상을 실망시킬 수 있을까?"[1] 표현은 강했지만 윌슨은 과장하고 있지 않았다. 승자와 패자 모두 미국을 새로운 질서의 추축으로 바라보았다. 윌슨이 6월 26일 파리를 떠날 준비를 했을 때, 로이드조지는 절망적인 마음으로 그에게 마지막 서한을 보내 미국 정부의 신용을 '세상의 재생을 위해 국가들의 재량에' 맡겨달라고 애원했다.[2] 그러나 미국 정부가 좌우한 것은 금융상의 재건만이 아니었다. 프랑스와 독일 사이의 평화가 영국과 미국의 공동 안보 보장에 달려 있었다. 아시아에서 일본 총리 하라 다카시는 자신의 외교 정책을 미국 정부에 내맡겼고, 중국은 국제연맹에 시정을 기대했다. 독일도 마찬가지였다. 윌슨에게 실망했지만 조약에 서명하는 대가를 치러야만 밉살스러운 베르사유 조약이 수정될 국제적 구조를 만들어낼 수 있음을 깨달았기 때문이다.

그러나 윌슨이 귀국할 때쯤 그가 의회에서 중대한 싸움에 직면할 것이라는 점이 분명해졌다. 윌슨은 정치사상가로 지낸 이른 시절부터 미국 헌법의 권력 분립에 마음을 빼앗겼다. 그를 정치로 내몬 것은 미국 국민국가가 대통령의 창의적인 지도력을 요구하는 전환점에 이르렀다는 인식이었다. 1913년 이래로 윌슨은 대통령직을 의회 활동을 추동하고 여론을 동원하는 새로운 방법으로 이용했다. 그는 연방준비위원회라는 새로운 국민경제관리기구를 설치했다. 제1차 세계대전은 미국인의 삶 전반에 국가 개입을 초래했다. 1919년에 베르사유 조약의 의회 비준뿐만 아니라 윌슨의 정치적 기획 전체도 시험을 거쳤다. 백악관과 상원 사이의 대치로 초래된 마비는 광범위한 사회경제적 위기 때문에 악화되었다. 그 위기는 1890년대의 큰 상처를 남긴 경기 침체와 인민주의적 동원 이래로 미국이 목도한 위기 중 가장 심했다. 이 재앙의 순간에 미국이 세계 정치에서 차지하는 중심적인 역할뿐만 아니라 이 새로운 질서의 추축으로서 미국이 지닌 허약성도 드러났다. 미국 역사는 이제 더는 국내의 드라마가 아니었다. 전후 미국의 정치적, 경제적 위기의 영향은 전 세계로 파급되었다.

윌슨, 국내와 유럽에서 동시에 도전받다

윌슨의 선전가들은 '조약 투쟁'을 대통령의 이상주의와 '구 정치'의 냉소적 태도 사이에 벌어진 큰 싸움의 2회전으로 묘사했다.[3] 1회전은 파리에서 치러졌고, 2회전은 국내에서 벌어질 참이었다. 처음부터 윌슨은 불리한 처지에 놓였다. 그가 일본과 협상국의 요구에 양보한 탓에 베르사유 조약의 정당성은 치명적인 손상을 입었다. 윌슨에 우호적이었던 좌파는 환멸을 느끼고 그를 버렸다. 《뉴 리퍼블릭*New Republic*》의 진보 인사들도 조약을 인정하지 않았다. 1919년 9월 공화당 상원의원 헨리 캐벗 로지는 외교위원회를 통해 윌슨을 추궁했다. 로지는 대통령에게 더욱 철저히 보복하고자 정부에 불만이 있는 미국 내 모든 소수파들로부터 증거를 끌어모았다. 심지어 젊은 윌리엄 불릿처럼 한때 윌슨주의자였으나 환멸을 느끼고 이탈한 자들까지 이용했다. 윌리엄 불릿은 윌슨과 그의 국무장관 로버트 랜싱 사이의 당혹스러운 불화를 공개적으로 떠벌렸다.[4] 그 싸움은 소모전이었다. 고혈압의 징후를 보인 대통령은 목숨을 걸었다. 상원의 허를 찌르고 미국 국민과의 직접적인 유대를 회복하기 위해 윌슨은 녹초가 되도록 전국 순회 연설에 나서 베르사유 조약을 옹호했다. 인디언서머의 작열하는 열기 속에서 대통령은 9월 26일 발작을 일으켰고 여정은 서부에서 중단되었다. 발작은 계속되었다. 11월 상원에서 조약에 대한 중대한 투표가 실시될 때, 윌슨은 몸의 일부가 마비된 채 병상에 누워 있었다.

대통령의 비판자들에게 이와 같은 영웅적 실패의 이야기는 그 자체로 윌슨의 왜곡된 현실 인식을 보여주는 징후였다. 실패 직후 헨리 로지의 소중한 증인 불릿은 지그문트 프로이트의 정신분석 소파에 앉아 위로를 구했다. 불릿과 프로이트는 공동으로 흥미로운 심리적 전기를 써서 실패한 대통령을 분석했다. 그들에 따르면 윌슨은 권위적인 장로교도 아버지가 만들어낸 가공의 언어 세계에 갇힌 인간이었다.[5] 타협에 관심이 있던 공화당원들과 민주당원들에게 대통령은 노새처럼 고집이 셌다. 상원의 과반수가 조약을 통과시킬 준비가 되어 있었다. 그러나 3분의 2가 필요했다. 소수였지만 비타협적인 고립주의자들이 분명히 있었다. 그러나 윌슨에게서 그의 평화조약을 앗아간 것은 이들이 아니었다. 진정으로 위험한 반대자들은 공화당의 주류 지도부였다. 그들을 고립주의자라고 말하는 것은 합리적이지 않다. 그들은 그 전쟁에서 윌슨보다 훨씬 더 공격적인 태도를 취하고 싶었다. 로지는 1919년 8월 12일 상원에서 대단한 연설로 국제연맹 규약을 공격할 때에도 윌슨이 썼던 것만큼이나 강력한 어조로 미국이 '이 세계의 최선의 희망'이라고 역설했다.[6] 시어도어 루스벨트처럼 그도 때로는 영국과 프랑스와 함께하는 삼각동맹을 고려할 의사가 있었다. 1919년 다른 저명한 공화당 인사들은 여전히 국제연맹의 적극적인 지지자였다. 로지처럼 국제주의적인 공화당 주류파와 온건한 민주당 의원들로 3분의 2가 만들어졌다면, 그들은 단서를 달아서 조약을 기꺼이 통과시켰을 것이다. 단서는 특히 연맹 회원국이 공격을 받을 경우 공동으로 지원한다는 연맹 규약 제10조에 부가되었을 것이다. 이들은 의회가 집단적인 강제 조치를 승인할 최종 권한을 가져야 한다고 요구했다. 규약의 표현은 강력하지 않았기에 쉽게 이러한 방향으로 해석할 수 있었다. 따라서 타협을 방해하는 궁극적인 장애물을 제시한 것은 윌슨 자신이었다. 그는 조약을 완전한 형태로 받아들여야 한다고 역설했다. 그렇지 않으면 필요 없었다.

11월 19일 상원의 첫 번째 중요한 투표에서 공화당은 조약의 통과를 좌절시켰고, 이에 윌슨의 지시에 따라 민주당 소수파는 단서를 달아 조약을 수용하자는 동의안의 제출을 막았다. 상원은 이후 다섯 달 동안 고심했다. 그러나 1920년 3월 8일 윌슨은 공화당 다수파에 양보하지 않을 것임을 재확인했고, 3월 19일 상원은 원래의 조약이나 수정안에 필요한 3분의 2를 찾아내는 데 실패했다.

조약이 수정안으로도 통과되지 못한 것이 대체로 윌슨의 탓임은 부정할 수 없다. 그러나 대통령에게 타협의 의사가 있었더라도 로지가 요구한 단서를 협상국이 수용했을지는 전혀 분명하지 않았다.[7] 이 점에서 제10조는 확실히 주된 장애가 아니었다. 영국은 국제연맹 이사회의 지시를 받는 것에 로지만큼이나 관심이 없었다. 미국은 영국제국이 집단적으로 한 표 이상을 행사하는 결의안이라면 어떤 것에도 구속될 수 없다는 로지의 주장 때문에 더 중대한 문제들이 생겼을지도 모른다. 로지는 또한 산둥반도에 대한 일본의 요구가 철회되기를 원했다. 1919년 가을의 난국을 확실하게 피하는 유일한 방법은 공화당이 파리의 협상단에 참여하는 것이었다. 윌슨은 직접 미국 대표단을 이끌고 파리로 갔다고, 공화당의 좀 더 까다로운 자들을 회담에서 배제했다고 많은 비판을 받았다. 이번에도 개인적인 허영심이 한몫했다. 그러나 1916년과 1918년의 선거전이 점점 더 거칠어졌기에 양당이 다 참여하는 대표단을 상상하기는 어려웠다. 그 두 번의 선거에서 외교 정책의 정치적 성격은 그 어느 때보다도 더 극명하게 드러났다.

그렇지만 조약 투쟁에는 정당 간 갈등보다 더 큰 것이 걸려 있었다. 윌슨과 공화당 간의 차이는 자유주의적 국제주의자들과 편협한 고립주의자들 간의 차이가 아니었다. 그럼에도 그 차이는 실제였다. 윌슨은 미국이 세계 질서를 감독한다고 보았던 반면, 조약에 대한 공화당의 시각은 주된 측면에서 유럽인들의 시각에 더 가까웠다. 로지는 국제연맹 규약의 모호한 약속보다 미국이 영국과, 심지어 프랑스와도 맺은 전시 동맹의 지속을 훨씬 더 선호했다. 만일 미국이 대외적으로 새로운 책임을 떠맡아야 한다면 자국 정치 체제의 제약조건에 대해 현실주의적인 태도를 취해야 했다. 전시의 동맹은 미국의 변덕스러운 민주주의적 유권자들도 납득한 강력한 정치적 논거를 지녔다.[8] 반면 국제연맹은 정체가 무엇인지 분명하지 않았다. 엘리후 루트처럼 법률적으로 사고하는 기질이 있는 공화당 국제주의자들은 국제연맹 규약의 자구를 윌슨보다 더 진중하게 받아들였다.[9] 그들은 미국이 어떤 원칙을 갖고 있는지 불분명한 단체에 대한, 법적 구속력이 있는 일련의 의무로 위협받고 있다고 보았다. 제10조에 들어 있는 제한 없는 막연한 약속은 미국 의회에 승인을 요청할 수 있는 것이 아니었다. 증거는 윌슨이 실제로 국제연맹을 정확히 협상국의 마수에서 미국을 떼어내는 방법으로 보았음을 가리킨다. 그가 8월 중순 백악관 오찬에서 상원 지도부에 역설했듯이, 제10조가 뜻하는 바는 도덕적 의무였을 뿐이었다.[10] 그러나 미국이 처음부터 노골적으로 지배권을 주장했다면 세계 여론의 발전을 선도할 능력을 상실했을 것이다.[11]

윌슨은 발작에서, 상원의 첫 번째 조약 거부의 충격에서 회복하면서 1920년 초 지도자의 역할을 다시 떠맡을 작정임을 분명하게 암시했다. 1919년 10월 7일에서 30일 사이에 베르사유에서 강국으로 인정받은 모든 나라, 즉 이탈리아와 영국제국, 프랑스, 일본은 독일과 체결한 조약을 비준했다. 그러나 이는 길고 복잡한 실행 과정의 시작이었을 뿐이다. 게다가 오스만제국과의 관계처럼 아드리아해 문제도 여전히 해결되지 않았다. 독일과 체결한 조약을 상원이 비준하지 않았고 미국이 오스만제국과 전쟁을 하지 않았음에도, 윌슨은 한 번 더 중재자를 자처했다. 실제로 상원과의 대결이 마지막 국면에 접어들면서 윌슨이 외부 세계에 대해 단호한 권위를 보여 행동하는 것이 더욱 중요한 듯했다.

1920년 2월 윌슨 대통령은 돌연 영국과 프랑스의 중개로 이루어진 피우메 문제에 관한 타협을 이탈리아에 지나치게 유리하다고 판단해 거부했고 유럽에서 완전히 발을 뺄 것처럼 위협했다. 이어 윌슨은 영국이 오스만제국에서 추구한 공격적 정책에 동의하지 않음을 드러냈다. 그러나 그는 다른 어느 나라보다도 프랑스를 더 압박했다. 3월 9일 윌슨 대통령은, 조약의 비준을 얻어내려고 마지막 시도를 준비하던 상원의 소수파 지도자 길버트 히치콕에게 보내는 공개서한에서, 논란거리였던 국제연맹 규약 제10조가 독일만큼 프랑스의 부활하는 군국주의도 막아주는 장치라고 암시하는 듯했다. 프랑스와 상원의 반대파가 항의했지만, 윌슨은 태도를 바꾸지 않았다. 심지어 나흘 뒤 군사 쿠데타가, 프랑스가 아니라 독일에서, 일어났는데도 그랬다. 카프 폭동은 명백한 위협이었는데도, 미국 정부는 국방군과 의용대를 추가로 루르 지방으로 이동시켜 루르 적위대를 진압하겠다는 독일 정부의 요청을 프랑스의 거부권을 무시하고 승인했다. 4월 프랑스가 프랑크푸르트를 점령하여 보복하자, 윌슨은 일부 상원의원이 실패한 강화조약 대신 지키기를 원했던 프랑스의 안보를 보장하는 조약을 상원에서 철회하여 대응했다.[12]

윌슨의 이 단호한 외교의 갑작스러운 재등장은 영국과 프랑스에 상당한 충격으로 다가왔다. 윌슨의 유산이 실패할 운명이었음을 후세의 우리는 알고 있다. 그러나 윌슨 자신도 알아챘던 것으로 보이는데, 1920년 3월 상원이 베르사유 조약을 두 번째로 거부한 것과 프랑스와의 충돌은 언제나 그렇듯이 국내전선과 국제적인 전선이 서로 엮여 진행 중인 싸움의 일부였을 뿐이다. 조약의 손상으로 그는 유럽에서 쓸 수단을 얻었다. 대통령과 의회가 대치할 가능성은 미국 헌법에 내재한 요소였다.[13] 윌슨은 대통령의 역할이 위기의 순간 미국 국민의 진정한 의지를 판단하는 자로서 행동하고 의회의 당파성에 맞서 이러한 개인적인 시각을 주장하는 것이라고 믿었다. 상원과의 첫 번째 충돌 이후 윌슨은 상원의 반대파에 일괄 사퇴를 요구하는 전례 없는 조치를 진지하게 고려했다. 그로써 조약 문제를 국민투표에 부치려 했다. 그렇게 놀라운 발상이 무산되고 난 뒤에야 윌슨은 1920년 총선거를 미국이 장래에 세계에서 떠맡을 역할에 관한 '중대하고 엄숙한 국민투표'로 보게 되었다.[14] 결국 윌슨은 자신이 국제 무대에 주입하고 있는 불확실성과 위험성을 과소평가했을 뿐만 아니라 국내에서 자신의 카리스마에 지나치게 의존했다. 윌슨은 안타깝게도 자신의 신체 능력을 과신했다. 그러나 그보다 더 중요했던 것은 그가 유권자에 의지하여 곤경에서 벗어나려 하면서 전쟁이 남긴 폭발성 강한 경제적, 사회적 유산을 이해하지 못했다는 사실이다. 1919년 가을이면 윌슨의 외교 정책뿐만 아니라 미국의 미래에 대한 그의 시각도 무너졌다.

인종 갈등과 노사분쟁… 후퇴하는 '새로운 자유'

윌슨의 진보적 열정이 정점에 달했던 1916년 그는 그때까지의 구태의연한 정치를 뛰어넘는 새로운 통치 방식을 만들겠노라고 약속했다. 국민의 일상적인 물질적 관심사가 공정하게 주목받을 것이었다.[15] 경제 문제와 사회 문제에 새롭게 주목하면 공적 생활의 탈정치화를 낳을 것이라는 생각은 시절이 가장 좋은 때라도 가능할 법하지 않은 전망이었다. 1919년 전시 동원의 여파에 격한 당파적 수사법이 결합하여 임금과 산업 통제, 농업의 상황을 격렬한 논쟁의 대상으로 만들었다. 1919년 7월 윌슨이 파리에서 돌아오자마자 백악관에서 몇 블록밖에 떨어지지 않은 곳에서 아프리카계 미국인 주거 지구 전체가 불길에 휩싸였다. 15명이 곤봉에 맞아 죽거나 총격에 죽거나 불타 죽었다. 시카고에서는 38명이 사망했다.[16] 1,000명에 달하는 아프리카계 미국인 가족이 집을 잃었다. 전부 합해서 25개 미국 도시가 1919년 여름 남북전쟁 이래로 가장 널리 확산된 인종차별 폭력으로 몸살을 앓았다. 백인 갱단은 전시의 사회적 변화를 상징적으로 보여주는 자들을, 즉 아프리카계 미국인 군인과 최근에 북부 도시로 이주한 자들을 표적으로 삼았다.

월슨에게도 인종차별적인 성향이 있었지만, 그는 정치적인 집단행동에 깊은 반감을 지녔으며 그것이 진보적인 지도력을 행사한다는 미국의 주장을 얼마나 심각하게 흔들었는지 이해했다. 한 해 전인 1918년 7월 26일, 폭력의 위협이 고조되자 월슨은 주정부 검사들에게 대통령 명의의 서한을 보내 폭민정치를 '법질서와 인도적 정의의 심장을 겨눈 일격'이라고 비난했다.[17] 월슨은 역사가로서 글을 쓸 때 큐쿨럭스클랜KKK이 원래 출현할 당시에는 정당하다고 보았다. 그러나 그때의 큐클럭스클랜은 월슨이 무법천지의 시기라고 보았던 내전 직후에 자위 활동을 위해 수립되었다. 그 무법상태는 의회 내 과격한 공화당 의원들의 범죄와도 같은 어리석은 행위가 조장하고 부추겼다.[18] '법정이 열리고 주정부와 중앙정부가 그 의무를 다할 준비와 능력을 갖춘' 정상적인 때에는 이에 대해 변명할 수가 없었다. '법을 무시하고 제멋대로 하려는 욕구'는 미국이 유럽에서 맞서 싸워 쳐부수려던 바로 그것이었다. 월슨은 이렇게 말을 이었다. "독일은 국가들의 세계에서 스스로 불법적인 존재가 되었다. 법의 신성한 의무를 무시했고 군대를 불법적인 폭력배로 만들었기 때문이다…. 만일 우리가 어쨌거나 민주주의가 약자를 보호하지 않는다는 것을 입증함으로써 스스로 망신을 초래한다면, 어떻게 다른 국민들에게 민주주의를 받아들이라고 권하겠는가?" 모든 불법적인 폭력은 독일의 선전에 도움이 되는 선물이다. "독일인들은 적어도 그러한 일들이 법이 사라진 혁명의 시기가 아니면 독일에서 일어날 수 없다고 말할 수 있다."[19]

전국평등권연맹NERL은 1919년 전국적인 인종폭동에 직면하자 직접적으로 월슨을 비난했다. 미국 내 소수 인종인 흑인은 월슨이 '폴란드와 오스트리아로 하여금 자국 내 소수 민족들을 위해 떠맡게 한' 것과 동일한 보호조치를 요구했다.[20] 물론 그럴 가능성은 전혀 없었다. 월슨은 단지 법의 올바른 집행만 주장했다. 연방수사국은 그 본연의 역할이 인종차별 폭력의 주동자들을 기소하는 것이 아니라 흑인 과격파와 그들의 국제적 전복 계획을 추적하는 것이라고 판단했다.[21] 인종 공포racial fear는 1919년 여름 침투성 강한 공산주의 공포와 뒤섞였다.

1918년 중간선거에서 공화당의 선거운동은 반反볼셰비키 선동을 독려했다. 1919년 2월 시애틀에서 일어난 총파업은 도시 전체로 퍼져 전국적으로 화제가 되었다. 미국 당국은 도처에서 적을 발견했다. 2월 19일 파리에서 조르주 클레망소가 총격을 받아 부상당하자 미국 비밀검찰국USSS은 국내의 세계산업노동자연맹IWW과 전투적인 여성참정권 운동가들을 탄압할 절호의 기회를 잡았다.[22] 1919년 6월 2일 법무장관 알렉산더 미첼 파머의 집 현관이 폭탄에 부서졌다.[23] 이와 동시에 여섯 개 도시에서 폭탄이 터졌다. 여름 동안 전국이 심한 흥분에 사로잡혔다. 세계산업노동자연맹 활동가들이 섬뜩한 군중 폭력에 당했다. 1919년 7월 30일 파머는 윌슨에게 존경받는 사회주의자요 반전 활동가로 1918년 9월에 치안방해 혐의로 10년 형을 선고받은 유진 뎁스를 석방하지 말라고 조언했다. 파머의 주장에 따르면, 뎁스를 석방하면 이를 '강화조약에 반대하는 자들이 과격한 분자들의 위법 행위에 지나치게 관대하다는 증거로 이용할 것이다.' 그것은 '많은 사람들이 조약의 진보적인 노동 조항에 편견을 갖게 할' 수 있었다.[24] 파머는 자비를 베풀 것이 아니라 조사하고 체포하고 추방해야 한다고 앞장서서 주장했으며, 이는 결국 1920년 1월 2일의 전례 없는 일제 검거로 귀결되었다. 미국 전역의 33개 도시에서 외국 태생의 과격파로 의심되는 자가 3,000명이나 체포되었다.[25]

물론 윌슨 행정부가 이처럼 보수적으로 방향을 전환하는 대신에 진보적 목적을 회복하는 것도 가능했다. 파머 자신은 노련한 노동 법률가였다. 조직노동운동과의 동맹은 1912년 '새로운 자유New Freedom' 강령의(1912년 대통령 선거전에서 윌슨이 제시한 정책과 그의 첫 번째 대통령 임기 중의 진보적인 정책을 일컫는 말*) 핵심 요소였고 1916년 윌슨이 근소한 차이로 선거에서 승리하는 데 한층 더 필수적인 역할을 했다. 1917년 이래로 새뮤얼 곰퍼스가 지도하는 미국노동총동맹AFL이 전쟁 수행의 협력자로서 한 역할은 국가와 민간 기업과의 관계에서 조직노동운동에 새로운 입지를 약속하는 듯했다.[26] 1919년 여름 민주당에는 전국적으로 노동조합을 인정하는 법률을 통과시켜 이 관계를 공고히 다지라는 요청이 있었다. '산업민주주의'와 '재건'의 이야기가 떠돌았다. 윌슨은 대중의 압력을 이용하여 주요 부문의 연방통제를 강화하는 데 반대하지 않았다. 1919년 7월 윌슨은 처남이었던 스톡턴 액슨에게 이렇게 속내를 털어놓았다. "석탄과 수력발전소, 그리고 아마도 철도까지 몇몇 물자는 확실히 국유자산이 되어야 할 것 같다. 어떤 사람들은 내가 이렇게 말한다고 나를 사회주의자라고 부를 것이다." 그러나 이 때문에 윌슨이 기가 꺾이지는 않았다.[27] 그러나 미국의 실업가들과 공화당의 친구들은 약점을 감지했다. 고용주들이 판돈을 키워 심각한 사회적 갈등의 불을 지펴 연방정부에 맞섰다면, 민주당이 조직노동운동을 편들려고 했을까?

재계의 반격은 전쟁이 끝나면서 시작되었다. 이미 1918년 12월 제너럴 일렉트릭 같은 회사는 앞선 18달 동안 양보했던 것을 되돌리고 있었다. 전시의 노동쟁의 중재 기구는 멈추었고 이어 노동조합에 불리하게 바뀌었다. 노동조합은 미국 역사에서 보지 못한 파업의 물결로 저항했다. 1919년 산업노동자는 다섯 명에 한 명꼴로 파업에 관여했다. 그러나 이들에게는 승산이 없었다. 특히 노동조합 반대 세력의 거대한 보루였던 철강산업에서 가장 승산이 낮았다. 1892년의 영웅적인 홈스테드 철강공장 파업Homestead strike 이래로, 철강산업은 노동조합을 협상 상대로 인정하는 데 단호히 반대했으며 전쟁 내내 그 태도를 고수했다. 1919년 8월 말, 윌슨 대통령이 직접 호소했는데도, 유에스스틸US Steel의 '판사' 엘버트 헨리 게리는 공적 중재에 동의하지 않았다. 공공연한 충돌을 절실히 피하려 했던 윌슨 행정부는 양쪽에 다 호소했다. 윌슨은 흥분을 가라앉히려는 바람에서 '자본과 노동의 관계를 전체적으로 개선할 근본적인 방법'을 논의할 노사협의회 Industrial Conference를 설치하겠다고 약속했다.[28] 그러나 고용주들이 태도를 바꾸지 않으면서 9월 22일에 두 번째 대규모 철강노동자 파업이 시작되었다. 그 주가 끝날 때까지 36만 5,000명의 노동자가 파업에 나섰다. 고용주들은 폭력으로 대응했다. 공업도시 펜실베이니아에서는 2만 5,000명의 민간 경호대가 도시를 뒤덮어 고압적인 경찰을 지원했다. 유에스스틸이 있는 인디애나주의 도시 게리에는 계엄령이 선포되었다.[29] 윌슨의 노사협의회는 극심한 협박전이 전개되고 있던 10월 11일에 회합을 가졌다. 일방적으로 폭력과 비난의 분위기가 심해지자 보통은 유순했던 미국노동총동맹의 지도자 곰퍼스도 사납게 대응했다.

같은 날, 노동장관의 압력에 광산 노동자들과 석탄 기업가들이 다른 큰 파업을 예방하고자 워싱턴에 모였다. 그러나 이 회담도 실패했고, 광산노동자연맹UMW은 11월 1일 파업을 선언했다. 윌슨은 이때 병상에 누워 점차 파머에 휘둘리고 있었는데 탄광 노동자 파업을 '도덕적으로나 법률적으로나 중대한 잘못'이라고, 싸늘한 겨울이 오기 전에 한껏 뽑아내려는 시도라고 매도했다.[30] 파머는 휴전협정과 더불어 사라졌을 전시의 권위에 기대어 광산노동자연맹의 파업 참여를 금지했다. 이 때문에 미국노동총동맹은 한층 더 대결적인 태도를 띠게 되었다. 미국노동총동맹은 파머를 무시했으며 파업 선언에 응한 39만 4,000명의 광부들을 지지했다. 그러나 파머의 법적 압박은 가차 없었고, 미국 노동운동은 영국 노동운동과 마찬가지로 전면 대결을 감수할 뜻은 없었다. 11월 11일 광산노동자연맹 시노부는 인정할 수밖에 없었다. "미국인으로서… 우리는 정부와 싸울 수 없다." 노동장관이 개입하여 14퍼센트의 일률적인 임금 인상을 허용한 뒤, 광부들은 일터로 돌아갔다.

그래도 이들은 철강 노동자들보다 더 나은 대우를 받았다. 철강산업 파업은 20명의 목숨과 1억 1,200만 달러가 넘는 임금 손실을 입고 1920년 1월 8일에 유에스스틸의 완벽한 승리로 끝났다. 미국 노동운동은 이 충격에서 결코 회복하지 못한다.[31] 산업민주주의 얘기는 사라졌고 '노사관계'의 새로운 관리 규율과 어용노조가 나타났다.[32] 1912년과 1916년에 윌슨에게 승리를 가져다준 민주당과 조직노동운동의 동맹은 깨졌다.

전쟁이 남긴 금융상의 불균형: 초인플레이션과 농업 위기

법무장관 파머는 1919년 마지막 날 제야 연설을 통해 미국의 사회 질서 전체를 위협하는 '공산주의 운동'에 맞서 무자비하게 싸우겠다고 약속했다. 위협을 당한 것은 유에스스틸의 대기업가들만이 아니었다. 파머는 '이 나라의 2,000만 국민이 자유공채를 갖고 있다'고 청중에게 상기시켰다.[33] "공산주의자들은 이것을 없애자고 말한다… 1,100만 국민이 저축은행에 계좌를 갖고 있으며 1,860만 명의 국민이 그들이 표적으로 삼고 있는 국영은행에 예금을 맡겨놓고 있다." 이러한 과장된 선동은 곧 파머를 웃음거리로 만들었다. 1920년 파업의 물결이 빠르게 잦아들면서 공산주의 공포증도 사라졌다.

쉽게 없어지지 않은 것은 수백만 미국 가정의 저축에 대한 매우 실질적인 위협이었는데, 이는 아나키스트나 외국인 과격파가 아니라 침투력 강한 익명의 인플레이션 효과였다. 1919년 10월이면 전쟁의 충격에 가장 잘 대처한 미국에서도 생계비지수는 1913년 이래로 83.1퍼센트가 상승했다.[34] 1917년 말까지 임금 인상은 심하게 지체되었다. 1918년에는 전쟁 수행의 압력으로 올라갔다.[35] 그러나 1919년 인플레이션이 심해지면서 실질임금은 한 번 더 잠식당했다. 파업은 민간 경호대를 투입하여 저지할 수 있었다. 노동조합 지도자들은 법원의 금지 명령으로 굴복시킬 수 있었다. 8시간 노동제까지도 양보할 수 있었다. 법무장관 파머는 사재기를 하는 자와 투기꾼을 단속하겠다고 약속했다.[36] 그러나 어느 것으로도 어마어마한 물가 인상으로 생활수준에 위협을 느끼는 수천만 명의 불만을 해결할 수는 없었다. 1919년 5월 매사추세츠주 민주당원들은 파리에 있는 윌슨에게 전문을 보내 이렇게 일깨웠다. "미국 시민들은 당신이 귀국하여 높은 생활비를 낮추는 데 힘을 보태기를 원한다. 우리의 생각에 그것이 국제연맹보다 훨씬 더 중요하다."[37] 그들의 호소는 허사였다. 1919년 말 '미국인이' 안락한 생활수준을 유지하기 위해서는 연간 2,000달러가 필요했다. 유에스스틸의 비숙련 노동자들이 파업 당시 얻으려 애쓴 것은 기본 생계비였던 1,575달러였다.[38] 1919년 파업의 물결을 재촉한 것은 볼셰비키의 전복 행위가 아니라 바로 이러한 사실이었다. 그 파업의 물결에서 3,600개의 개별 노사분쟁에 500만 명이라는 기록적인 숫자의 미국 노동자가 참여했다.

이러한 사회적, 경제적 혼란의 원인은, 세계 전역에서도 그렇거니와 미국에서도, 전복 행위나 도덕의 타락이 아니라 전쟁이 남긴 금융상의 불균형이었다. 마지막 자유공채인 승리채권Victory Loan은 1919년 봄 과도한 구매력을 흡수하고 정부 재정을 건전하게 하려는 바람에서 발행되었다. 채권 판매액은 45억 달러에 달했다. 그러나 전쟁 중에 그러했듯이 이 자금도 대부분 저축이 아니라 은행 신용에서 나왔고, 결과적으로 인플레이션 압력에 불을 지폈다. 1919년이 흐르는 동안 유통 화폐의 규모는 20퍼센트 급증했다. 인플레이션에 직면한 상황에서 예상할 수 있는 것은 노동자들이 생활수준을 지키기 위해 노동조합에 가입하리라는 것뿐이었다.

금융시장도 불안의 징후를 보이고 있었다. 가을 내내 재무부는 채권 싱환을 위해 단기 재정증권으로 30억 달러를 모으려 애썼다.[39] 시장은 장기 채권의 매입을 주저했다. 금융 사정에 근본적인 변화가 오리라고, 그것도 곧 닥치리라고 예상했기 때문이다. 1919년이 끝나는 마지막 몇 주의 시기에 바보가 된 것은 미국 대통령과 의회, 노동조합과 법무장관만이 아니었다. 재무부와 연방준비위원회 사이의 알력이 거의 한계에 도달했다. 장기 투자자를 유인하고 시장을 진정시키고자 뉴욕 연방준비은행은 떠들썩하게 이자율의 인상을 요구했다.[40] 그러나 1919년 내내 인플레이션이 급등하고 연방준비위원회의 보유고에서 금이 유출되고 있는데도 재무부는 저항했다. 재무부의 딜레마는 이자율을 크게 인상하면 이미 발행된 자유공채의 가치가 떨어진다는 데 있었다. 자유공채의 이자율이 고작 4.25퍼센트였기 때문이다. 새로운 채권에 더 높은 이자율을 제시하면 자유공채의 전매 가격이 낮아져 전쟁 수행에 자신들의 저축을 투자한 자들이 궁지에 몰릴 수밖에 없었다. 재무부 차관보 러셀 레핑웰이 1919년 9월 4일 연방준비위원회에 분명하게 밝혔듯이, 자유공채 가격이 액면 1달러당 90센트 이하로 떨어지면 행정부는 의회에서 감당할 수 없는 반발에 직면하고 채권 시장은 공황에 빠질 것이었다. 이는 채권이 전례 없이 널리 판매되고 지탱할 수 없을 정도로 낮은 이자율로 발행됨으로써 운명에 저당 잡힌 볼모였다. 연방정부가 이러한 규모로 공채를 관리한 적은 없었다. 전쟁 이전에도 국채를 보유한 자는 기껏해야 수십만 명의 부유한 투자자뿐이었다. 이제는 수백만에 이르는 평범한 가구의 자산이 걸려 있었다. 1919년 하반기에 재무부는 새로운 자금이 필요했는데도 이미 발행된 자유공채를 매입하여 그 가격을 조정하느라 어쩔 수 없이 9억 달러를 소비했다.[41]

유럽의 관점에서 보면, 미국은 세계 금융의 중심으로 유일하게 채무가 없는 나라처럼 보였을지도 모른다. 달러는 유일하게 여전히 금으로 견고히 보증되는 주된 국제통화였다. 그러나 인플레이션 때문에 달러를 금으로 바꾸는 것이 매력적인 상황인데 1919년 말이 되면 뉴욕 연방준비은행에서 유통 지폐 대비 금 보유고의 비율은 법이 정한 최저한도에 근접한 40.2퍼센트로 하락했다. 위기가 임박하자 뉴욕 연방준비은행 이사들은 준비금 요건을 일시적으로 정지시켜 열흘간의 유예기간을 두기로 결정했다. 그러나 연방준비위원회 이사회는 이 과감한 조치를 허용하지 않았다. 뉴욕 연방준비은행 총재인 벤저민 스트롱 주니어는 격노했다. 뉴욕의 은행들이 위험에 빠진 것은 재무부가 시의적절하게 이자율 인상을 허용하지 않았기 때문이었다. 그는 재무부와 연방준비위원회의 지시를 '충성스럽게' 따르곤 했지만, '이러한 일을 겪은 뒤로는 그러한 정책을 지속하느니 차라리 사임하려 했다.'[42]

1919년 11월 26일 워싱턴에서 연방준비위원회 이사회가 열렸을 때, 레핑웰은 개인적으로 스트롱을 유례없이 강하게 공격했다. 레핑웰은 '뉴욕 연방준비은행 총재란 자가 지시에 복종하지 않아 미국 재무부를 골탕 먹이려고' 했다고 그를 비난했다. 또 '영국과 공모하여 대서양을 오가는 금의 흐름을 미국에 불리하게 조작하려 했다'고 주장했다. 1920년 1월 15일까지 재무부는 보름마다 5억 달러를 빌려야 했다. 그때까지는 이자율 인상을 생각할 수 없었다.[43] 재무부는 스트롱의 충성심을 심히 의심했기에 뉴욕 연방준비은행이 허락 없이 일방적인 조치에 나설 경우 자신들이 그를 해임할 권한을 지녔음을 법무장관 파머로부터 확인받았다.

그런 일까지는 벌어지지 않았다. 결국 재무부는 새롭게 자금을 빌려 기존 채권자들을 보조하는 일을 계속할 여유가 없었다. 1920년 1월 2일 재무부는 12개월 만기 재무부 증권에 4.75퍼센트라는 높은 이자율을 제시했다. 3주 뒤 레핑웰은 이전의 태도를 완전히 뒤집었다. 재무부는 이세 '상업어음에 대해 (이자율을) 6퍼센트로 급격히 늘리는 것 말고는 상황을 진정시킬 방법이 없다'고 확신했다. 미국은 '위험스러울 정도로 금본위제에서 이

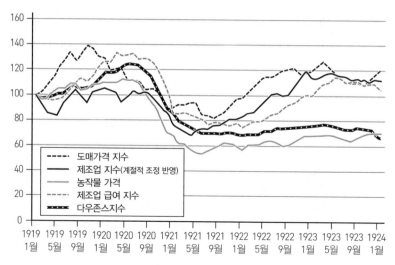

〈도표 2〉 잊힌 불황: 전후 미국이 받은 충격, 1919~1921년

탈하기 직전까지 왔다….' 이제 뉴욕 연방준비은행이 반대할 차례였다. 이 자율을 갑자기 절반가량 인상하는 것은 '부당했다.' 그것은 '연방준비위원회가 이성을 잃었거나 상황이 분명코 매우 위중하다'는 인상을 주었다. 시장을 진정시키기는커녕 오히려 공포에 몰아넣을 수 있었다. 그러나 레핑웰은 복수하고 싶은 마음이었다. "뉴욕이 공포에 빠진다면 그는 즐거울 것이다." 재무장관 카터 글래스가 결정 표를 던져 이자율은 단번에 6퍼센트로 인상되었다.[44] 6월이 되자 뉴욕 연방준비은행의 할인율은 7퍼센트를 찍었다. 연방준비위원회의 역사는 겨우 7년밖에 되지 않았다. 20세기의 남은 기간 동안 연방준비위원회는 두 번 다시 그렇게 심한 통화 축소를 시도하지 않는다(〈도표 2〉).

디플레이션의 압박 효과는 강력했다. 신용 공급을 갑작스럽게 바짝 조이자 미국 경제가 낭떠러지로 떨어졌다. 1920년 전반기에 인플레이션은 연평균 25퍼센트로 가속되다가 그해 후반기에 가격 수준은 연평균 15퍼센트 급락했다. 미국의 거시경제 기록 전체에서 이러한 갈지자 행보는 유일무이하다. 대공황 시기의 디플레이션은 훨씬 더 급격했지만 급속한 인플레이션 시기에 뒤이어 나타나지 않았다. 1920년에는 물가가 하락하면서 산업 생산고는 급감했고 실업이 급증했다. 1921년 1월 전국공업협의회NICB는 제조업 부문의 실업률이 20퍼센트를 넘었다고 추산했다.

그러나 최악의 피해를 입은 부문은 농업이었다. 미국 농민의 교역 조건은 악화되었고 이후 20세기 내내 회복되지 않는다. 1890년대에 미국 정치의 주류 세력은 이와 유사하게 파괴적이었던 디플레이션으로 촉발된 인민주의적 농민 동원으로 크게 흔들렸다. 윌리엄 제닝스 브라이언이 민주당을 장악한 때였다. 만일 그가 1896년 대통령 선거에서 승리했다면 미국의 금본위제 이탈을 공약했을 것이다. 1913년 윌슨의 제도적 혁신은 그러한 악마들을 매장시킬 것으로 생각되었다. 관세 인하와(수출 지향적인 농민과 노동계급 소비자들에 이롭다) 결합된 '새로운 자유'와 연방준비위원회의 새로운 관리 능력은 미국 자본주의의 균형을 진보적인 방향으로 재조정했어야 했다. 1919~1920년의 갈지자 변동은 전쟁이 초래한 엄청난 압박에 직면하여 그 새로운 제도들이 얼마나 허약한지를 드러냈다. 노동자들만 들고일어난 것이 아니었다. 면화 가격이 급락하자 농민은 '야간 폭력night riding'에 의지하여 부적절한 가격을 매긴 조면공장과 도매상 창고에 불을 지르려 했다. 새로운 세대의 인민주의자들이 정당을 초월하여 결성한 '농촌의원연합Farm Bloc'은 윌슨의 연방준비위원회에 '1920년 범죄'의 책임을 물었다. 공화당이 장악한 새로운 의회가 처음으로 취한 조치는 상하원 합동 농업조사위원회의 설치였다. 다수당의 지위에서 물러나는 민주당에는 당혹스러운 일이있다.[45] 한편 윌슨 정부에서 통화 관리 담당자였던 존 스켈턴 윌리엄스는 위기 대처의 잘못과 농작물 가격 폭락은 월스트리트의 모사꾼들이 꾸민 일이

라고 주장하여 농민의 격렬한 항의를 부추겼다.[46]

남부 전역과 서부의 대부분 지역에서 농업의 위기는 큐클럭스클랜의 두 번째 출현을 촉진했다. 큐클럭스클랜은 미국 심장부의 대중적 불만에 편승하고 동기를 유발하는 고도의 충원 방식을 갖추어 1919년 수천 명에서 1924년 400만 명으로 회원이 급증했다. 그들의 주장에 따르면 자격을 갖춘 백인 남성 중 여섯 명에 한 명꼴이었다.[47] 절정기에는 수천 명이 횃불을 들고 거대한 집회를 열어 집단적으로 가입했다. 북부 플로리다에서는 도시 주택 지구 전역에서 흑인 주민들이 쫓겨났다. 1923년 텍사스와 앨라배마, 인디애나에서 큐클럭스클랜 출신의 후보가 상원의원으로 선출되었다. 남부 일리노이에서는 백인 대 백인의 '큐클럭스클랜 전쟁'으로 큰 소동이 일었다. 오리건의 주 정치는 완전히 현지의 그랜드 고블린이 지배했다.(큐클럭스클랜 조직은 기초 단위 위로 네 개의 상위 단위가 있는데, 고블린은 그중 네 번째인 프로빈스를 감독하는 그랜드 자이언트를 보좌하는 역할을 맡았다.*) 오클라호마에서는 주지사가 계엄령에 의존해야 할 정도로 큐클럭스클랜이 주 의회와 법원, 경찰에 미치는 영향력이 강력했다.

1920년 인플레이션과 디플레이션이 꼬리를 무는 혼란 때문에 민주당은 선거에서 굴욕적인 패배를 당했다. 공화당 후보로 선거에 나선 워런 하딩은 불운한 민주당 후보를 60퍼센트 대 34퍼센트로 능가했다. 패배의 여파로 민주당의 움츠러든 잔여 세력은 나라 전역에 큐클럭스클랜의 영향력을 전파하는 수단이 되었다. 1924년 민주당 전당대회에서 악명 높은 '클랜베이크Klanbake' 즉 큐클럭스클랜의 핵심은 폭력 반대 강령을 지지한 가톨릭교도 앨 스미스(앨프리드 이매뉴얼 스미스)의 대통령 후보 지명을 방해하면서 당을 완전히 탈선시킬 뻔했다. 큐클럭스클랜이 선호한 후보를 떨어뜨리는 데는 103차례라는 기록적인 투표가 필요했다. 그는 바로 우드로 윌슨의 사위이자 전시에 재무장관을 지낸 윌리엄 깁스 매커두였다.[48](그렇게 많은 투표 끝에 두 사람 모두 승리에 필요한 3분의 2를 획득하지 못했음을 인정하고 사퇴했으며 존 데이비스가 후보로 지명되었다.*)

윌슨의 쓸쓸한 퇴장과 미국의 고립주의

윌슨은 1924년 2월 사망할 때까지 워싱턴에서 오래도록 앓았다. 그가 백악관을 떠나면서 익숙한 이야기도 같이 끝난다. 미국 국제주의의 첫 번째 파고는 꺾였다. 뒤이어 고립주의 시대가 찾아왔다. 그러나 이 용어는 오래도록 당대의 논쟁을 역사적으로 오해하게 만든다. 윌슨을 그의 모습 그대로, 다시 말해 세계적 차원에서 패권을 가져야 한다는 미국의 예외적인 권리 주장을 역설하는 데 몰두한 세기 전환기의 과격한 국가주의 옹호자로 인식한다면, 그의 정부와 이후의 공화당 정부들과의 연속성은 더욱 두드러진다. 상원의원 워런 하딩은 경기 침체가 막 시작된 1920년 5월 보스턴에서 그의 선거운동뿐만 아니라 그의 대통령 임기까지 규정하게 되는 표현을 만들어냈다. "현재 미국에 필요한 것은 영웅이 아니라 치유이며 묘책이 아니라 정상 상태이다." 그러나 그는 다른 줄기의 이야기를 덧붙였다. 요청되는 것은 '국제성에 몰입하는 것이 아니라 당당한 국가성의 유지'였다.[49] 당당한 국가주의는 윌슨 행정부만큼이나 1920년대 공화당 행정부들의 정책을 묘사하는 데도 어울리는 표현이었다. 당당한 국가주의는 내부 지향적이거나 고립주의적이지 않았다. 그것은 당연히 외부 세계를 향했지만 일방적이 예외론의 관점에서 말했다.

미국의 민족적 구성을 둘러싼 당대의 치열한 싸움과 외국인의 전복에 대한 염려, 급증하는 실업에 비추어 보면, 1920년 가을에 이미 의회가 '진정한 100퍼센트 미국인 이민법'을 활발히 논의하고 있었다는 사실은 전혀 놀랍지 않다.[50] 하딩은 취임한 지 몇 주 안에 유입 이민을 1920년 80만 5,228명에서 1921~1922년 30만 9,556명으로 축소한 법률을 승인했다. 남유럽과 동유럽, 아시아에서 들어오는 이민은 적은 숫자로 줄어들었다. 1924년 상한선은 연간 15만 명으로 더욱 축소되었다. 신세계는 수백 년 동안 모험적인 정착민들에게 열려 있었다. 대서양을 건너 미국으로 들어오는 이민을 막는 것은 19세기의 자유주의적 근대성과 20세기의 국민국가 규제의 중요성 증대 사이의 가장 결정적인 단절을 보여주었다.

그다지 새롭지는 않았지만 그럼에도 결정적이었던 자유주의의 반전은 무역 정책에서 일어났다. 윌슨이 저율 관세 정책을 토대로 미국의 지도력을 확립하려 했던 반면, 하딩은 1921년 5월 27일 긴급관세인상법을 서명하여 발효시켰으며, 뒤이어 1년 안에 포드니—매컴버 관세법Fordney-McCumber Tariff Act으로 관세를 평균 60퍼센트 인상했다.[51] 차별 금지를 근거로 연방 정부는 보복관세를 위협 수단으로 사용하여 주요 무역 상대국으로부터 양보를 얻어낼 권한을 부여받았다.[52] 하딩의 후임자들은 특별히 프랑스를 꼭 집어 압력을 가했다. 미국의 보호무역주의는 당연히 전혀 새로운 것이 아니었다. 그러나 포드니—매컴버 관세법의 온전한 의미는 프랑스가 미국과의 무역에서 적자를 보고 있을 뿐만 아니라 그 정부가 미국 납세자에게 30억 달러를 빚지고 있다는 사실을 떠올릴 때 분명해졌다.

미국의 단호한 국가주의가 어떻게 국제 경제에서의 중추적인 역할과 조화를 이룰 것인가? 연합국 간 채무의 원리금이 지불될 수 있으려면, 독일이 소소한 액수나마 배상금을 지불할 수 있으려면, 세계에 필요한 것은 보호무역주의가 아니라 미국이 세계 무역의 엔진 역할을 떠맡는 것이었다. 미국이 점점 더 깊어지는 이 뒤얽힘을 피하고자 했다면, 확실한 대안은 케인스가 주장했듯이 순 채권국인 영국과 미국이 빚을 탕감해주는 것이었다. 그러나 이는 그 상황의 근본적으로 새로운 다른 특징과 충돌했다. 1912년 연방정부의 채무는 10억 달러를 약간 상회했다. 7년 뒤인 1919년 연방정부의 총 부채는 300억 달러로 증가했다. 이는 미국 경제의 규모에 비하면 소소했다. 그러나 그 총액 중에서 외국이 빚진 전시 채무가 3분의 1이나 되었다. 정부 간 부채는 미국 국내 논의에도 중요했다. 그것은 전쟁이 만들어낸 새로운 세계의 확연한 특징이었다. 1919년 8월 윌슨 행정부는 협상국에 일방적으로 2년간의 채무 상환 유예를 선언했다. 로이드조지 정부는 윌슨에게 자국과 함께 좀 더 폭넓은 채무 탕감 정책을 취하자고 거듭 호소했다. 그러나 허사였다.

한편 1919년에서 1920년으로 넘어가는 겨울에 윌슨주의적 정치경제의 대실패는 미국의 유럽 채무자들에게 즉각적인 영향을 미쳤다. 연방준비위원회가 갑자기 기준금리를 50퍼센트 인상하면서 전 세계 경제에 디플레이션 충격이 가해졌다. 1919년 2억 9,200만 달러어치의 금을 수출하고 수십억 달러를 신용으로 해외에 제공했는데, 1920년에 신규 대외 신용 공급은 말라붙었다. 8억 달러에 가까운 금이 미국으로 돌아왔다. 이러한 디플레이션에 압력을 더한 것은 1918년에서 1924년 사이 무역수지 계정에서 미국이 올린 126억 달러가 넘는 흑자였다.[53] 심각한 정치적 위기에 미국의 연방준비위원회와 재무부는 세계 무역의 발전기 역할을 하기보다는 대규모의 일방적인 긴축을 실행했다. 우드로 윌슨이 좌절한 채로 무대에서 사라지고 있었지만, 미국의 상승은 20세기 초의 엄연한 현실이었다.

4부

새로운 질서의 모색

19장

극심한 디플레이션

제1차 세계대전에 뒤이은 몇 년 동안 보스턴에서 베를린까지, 뉴질랜드에서 뉴욕까지 도처에서 공산주의자들의 폭동이 목격되었다. 그들은 심지어 라틴아메리카까지 괴롭혔다. 라틴아메리카는 그렇지 않았더라면 20세기 초의 심한 폭력에서 대체로 벗어나 있었을 것이다. 1919년 새해 들어 부에노스아이레스에서는 금속가공 공장의 격렬한 파업으로 '비극의 주간(1919년 1월 7~15일)'의 살벌한 대결이 촉발되었다. 이 한 주 동안 700명이나 희생되었다. 뒤이은 반사회주의, 반유대주의 선동에서 아르헨티나 애국연맹 Liga Patriótica Argentina이 출현했다. 이 단체는 20세기 아르헨티나 우파의 배양장이 된다.[1] 1919년과 1920년 내내 애국연맹과 관련된 준군사집단이 군대, 경찰과 협력하여 파업을 방해하고 노동조합 조직자들을 협박했으며 무서운 국제적 혁명의 위협으로부터 아르헨티나를 지켜냈다. 수만 명의 좌익 혐의자들이 체포되었다. 국제적인 도시 아르헨티나 수도에서 일어난 이 반혁명의 정치는 남쪽으로, 사람 사는 세상의 맨 끝까지 확산되었다.

1921년 가을 헥토르 바렐라 중령이 지휘하는 악명 높은 제10 기병연대는 파타고니아에 도착하여 대륙 남단의 황량한 땅에 있는 거대한 양 농장에서 노동자들이 일으킨 폭동을 진압했다. 1921년 12월 제10 기병연대는 현지의 웨일스인 지주들과 애국연맹 단원들과 협력하여 노동운동가로 의심되는 사람을 무려 1,500명이나 살해했다. 새해에 부에노스아이레스로 돌아온 바렐라 중령은 국가의 구세주로 환대를 받았다. 한 해가 지나기 전에 그는 독일 태생의 아나키스트 쿠르트 구스타프 빌켄스가 쏜 총탄에 맞아 쓰러졌다. 슐레스비히 출신인 빌켄스는 잠시 동안이었지만 슐레지엔과 애리조나의 탄광에서 세계산업노동자연맹ɪww의 조직책으로 위험한 시기를 보낸 뒤 아르헨티나로 들어왔다. 빌켄스는 형을 선고받기 전에 애국연맹의 열성당원인 페레스 밀란의 총에 살해되었다. 그는 경찰의 협조를 얻어 빌켄스의 감방으로 몰래 들어갔다. 복수는 1925년에야 종결되었다. 아르헨티나 아나키즘의 대부인 러시아인 헤르만 보리스 블라디미로비치에 감명을 받은 유고슬라비아 태생의 광신자가 페레스 밀란을 총으로 쏘아 죽인 것이다.

놀라운 이야기다. 이 이야기는 제1차 세계대전 후 세계 여러 곳에서 세계가 분열한다는 느낌, 음모적인 공산주의자들의 영향력이 밀려든다는 환상, 절박한 경제 위기 상황, 파업과 노사분규의 물결, 편을 가리지 않는 격한 계급 갈등의 수사법과 폭력 등 다양한 형태로 되풀이될 수 있다. 19세기에는 빈번히 혁명이 발생했다. 이제 혁명이 성공한 때가 온 것 같았다. 그러나 러시아를 제외하면 극좌파는 어디서나 패배했다.[2] 아르헨티나와 미국처럼 세계 도처에서 국가와 유산계급의 자원은 기존 질서를 과감하게 지키는 데 동원되었다. 1922년 이탈리아에서, 1923년 불가리아와 에스파냐에서 새로운 유형의 권위주의적이고 준군사적인 반공산주의 독재정권이 수립되었다. 그러나 대부분의 장소에서는 폭력이 퇴조했다. 좌파가 곧 '파시즘'이라는 일반적인 꼬리표를 달아주게 되는 새로운 권위주의 체제는 주변부에 국한되었다. 미국의 경우처럼 대부분의 장소에서 공산주의 공포증과 외국인 마녀사냥, 불타는 십자가 기호 아래 모인 야간 집회는 돌이켜보면 정상 상태로의 복귀라는 진짜 과제에서 이탈한 광란 같았다. 정상 상태로의 복귀는 시가전이나 암살보다는 국내의 혼란과 국제적 혼란의 더 깊은 원인을, 특히 전쟁으로 인한 금융상의 문제를 다루는 데 달려 있었다. 미국이 증명했듯이, 이는 인플레이션 파고를 잠재울 수 있는가 여부에 좌우되었다. 그러나 이 점에서 미국의 역할은 단순히 모범을 보이는 데 그치지 않았다. 미국은 세계 경제의 추축이었다. 미국이 1920년 봄부터 추진한 디플레이션 기조는 1920년대의 '세계적인 테르미도르(프랑스혁명 때 산악파의 혁명정부를 무너뜨린 쿠데타가 벌어진 달 또는 그 쿠데타를 지칭*)'의 진정한 열쇠였다. 국내적으로나 국제적으로나 질서 회복의 주된 동력이었던 것이다.[3] 이는 20세기 세계사에서 지금까지 가장 저평가된 사건일 것이다.

전후 경제 재건이 낳은 새로운 위계질서

독일에서 전쟁에 뒤이은 인플레이션은 당연히 전설적인 수준이었다. 폴란드와 오스트리아도 비슷한 운명을 겪어야 했다. 그러나 1920년까지 인플레이션은 세계 전역의 모든 교전국과 비교전국에 공통된 경험이었다. 유럽과 아시아에서는 수요가 급증했다. 물가가 어디서나 상승했고, 미국을 제외한 모든 나라가 금본위제를 포기했다. 통화의 상대적 가치는 어느 정도의 차이를 허용한다. 1920년 2월 파운드는 3.40달러로 하락했다. 비교하자면 전쟁 이전에는 파운드당 4.92달러였다. 프랑스 프랑은 전쟁 중에는 부양을 빌어 달러 내비 5.45프랑으로 유지되었는데 1920년 4월 말에는 달러당 17.08프랑으로 가치가 급락했다.[4] 이탈리아 리라의 가치도 급락하여 수입 물가를 끌어올렸고 인플레이션을 부채질했다. 아시아에서는 1919년에 중국과 인도의 은 구매가 어마어마하게 증가하여 세계의 은 가격이 기록적인 수준에 이르렀다. 그 결과로 일본의 엔은 역내 두 주요 교역국에 대해 가치가 하락했으며 일본의 수출이 급증했다.[5] 이러한 변동은 각국 정부가 고통스러운 재정상의 처방 없이 전후 재건에 자금을 투입하면서 펼친 느슨한 재정 정책의 결과였다.

이러한 현상은 아마도 일본에서 가장 두드러졌을 것이다. 일본은 그 전쟁의 진정한 승전국에 속했고 피해를 입지 않아 지위와 경제적 능력이 엄청나게 커졌기 때문이다. 하라 총리의 정부는 이 호황에 편승하기로 했다. 이른바 다이쇼 민주주의 시대는 인플레이션의 고조와 풍부한 정부 지출 위에서 탄생했다. 전후 시기 정부는 예산 지출을 거의 두 배로 늘렸다. 이러한 돈 자랑의 핵심에 일본 철도 건설을 위한 8억 엔의 기간시설 사업이 있었다. 도로망 구축과 학교 건설은 보수적인 입헌정우회가 애호한 다른 사업들이었다. 그러나 단일 항목으로 가장 크게 증가한 것은 군사비였다. 시베리아 개입과 새로운 대규모 해군 증강 계획에 들어간 비용으로 군사비가 급증했다.[6]

전쟁으로 인한 손실의 스펙트럼에서 일본의 반대편에 있던 프랑스에서는 재건이 인플레이션을 부채질했다. 정규 예산은 균형 예산이었다. 그러나 임시 세출 계정의 막대한 결손이 프랑스에 어두운 그림자를 드리웠다. 파괴된 지역에 수십억 프랑을 투입한 것은 군대 해산에 따른 실업의 급증을 막는 데 도움이 되었다. 우선 프랑스의 채권 보유자들은 재건에 필요한 막대한 자금을 모으는 데 기여할 의사가 있었다.[7] 프랑스은행은 협조적이었다.[8] 그러나 이러한 상황이 얼마나 오래 지속될 수 있었을까?

인플레이션을 유발하는 경기 급등이 속도를 더하면서, 생계비 급증에 따른 불안이 감지되었다. 물가 상승은 실질 임금을 위협했고 노동자들을 노동조합에 밀어 넣었다. 1919년과 1920년 프랑스 정부는 대규모 노동절 파업과 총파업의 위협에 직면했다. 이탈리아에서는 1919년 여름 '붉은 2년 Biennio Rosso'이 시작되었다. 1919년 8월 30일 국제적 진보주의의 기치 아래 일본노동조합총연합회가 탄생했다. 일본의 노동조합 운동가들은 이렇게 선언했다. "세계는 변하고 있고 점차 앞으로 나아가고 있는데 오직 일본만 뒤처져 있다."9 이들은 8시간 노동제와 더불어 남성보통선거권, 억압적 치안법의 폐기, 교육의 민주화를 요구했다. 몇 달 안에 하라 정부는 도쿄에, 그리고 일본 철강 산업의 탄생지로 유명한 국영 야하타 제철소八幡製鐵所에도 파업을 처리하고자 헌병대를 투입했다.10 1920년 2월 보통선거제에 찬성하는 열띤 의회 활동과 대중 동원으로 위기의식이 심화되었다. 보수적인 원로 정치인 야마가타 아리토모가 이러한 견해를 밝힌 것도 당연했다. '물가 상승이 사회에 초래한 작금의 곤경'으로부터 나올 수 있는 '혼돈'의 '당황스러움'과 '소란스러움'을 "나는 늘 크게 우려한다."11

영국에서도 불안감이 상당했다. 로이드조지 정부가 의회에서 압도적인 다수를 차지하고 있었지만, 이는 여론의 실질적인 향배를 제대로 반영하지 못했으며 평화로운 왕국이라는 영국의 자기 이미지를 단번에 완전히 파괴할 것 같은 계급 갈등의 유달리 심한 악화와는 위험스러울 정도로 어울리지 않았다. 1918년에서 1919년으로 넘어가는 겨울 런던과 글래스고의 경종을 울리는 무질서에 뒤이어, 1919년에서 1921년 사이에는 혁명이 일어난 독일이나 이탈리아보다 영국에서 파업 일수가 더 많았다. 이러한 전투성은 노동계급에 용인된 '특권'을 향한 부르주아의 분노가 고조되는 원인이되었나. 1920년 2월 손 메이너드 케인스는 재무부에 이렇게 조언했다. "인플레이션 정책과 고물가가 지속되면 통화가치가 하락할 뿐만 아니라 그것이 가격에 미치는 영향 때문에 계약과 안전, 나아가 자본주의 체제 전반의 토대가 타격을 입을 것이다."[12] 한편 재무장관 오스틴 체임벌린은 재무부가 매주 단기차입금 상환을 위한 자금을 마련하려고 노력함에 따라 금융시장에 위협이 될까 우려했다.[13] 해답은 명백했다. 질서를 회복하려면 정통적인 재정 관행으로 돌아가야 했다(〈도표 3〉).

1920년 봄 미국에 앞서 세계를 디플레이션으로 끌고 간 나라는 일본이었다. 2월 은 가격의 장기적 상승이 역전되었다. 몇 달 안에 아시아 시장에서 금 가격은 은으로 환산하여 두 배로 올랐다. 이는 1919년의 추세를 뒤집은 것으로 은본위제의 중국 통화에 대해 일본 엔의 급격한 가치 상승을 초래했다. 수출 주문이 급감하자 1920년 3월 15일 도쿄 증권거래소가 붕괴했다.[14] 쌀값과 비단 가격이 급락했다. 170여 개에 달하는 일본 은행이 공황에 빠진 사람들의 인출 쇄도에 직면했다. 1920년 6월 도쿄 증권거래소의 지수는 전후 정점 대비 60퍼센트가 하락했다. 일본과 비교하면 영국의 디플레이션 조정은 정책적 성격이 더 분명했다. 1919년 12월 15일에 이미 체임벌린은 하원에 영국 정책의 장기적인 목적은 파운드의 전쟁 이전 금 평가를 회복하는 것이라고 엄숙히 선언했다. 이는 한가로운 위신의 추구나 반사적인 보수적 화폐 정책이 아니라 영국제국의 신용을 좋게 유지하기 위한 정책이었다. 금 평가가 회복되면, 영국에 수십억 파운드를 빌려준 채권자들은 전쟁 이전과 동일한 달러 가치의 통화로 상환 받을 수 있었다. 기꺼이 파운드를 빌려준 자들이(국내와 제국 전역에서 공히) 전쟁 때문에 입은 손실은 미국 재무부 증권에 투자하기로 한 자들보다 결코 더 크지 않을 것이었다. 남은 질문은 이러했다. 영국은 이처럼 세계 금융의 공동 지도력을 지닌다는 주장을 유지하기 위해 어떤 대가를 치러야 했는가? 전쟁 이전의 대 달러 환율로 돌아갈 수 있으려면, 영국의 물가 수준은 미국의 물가 수준과 조화를 이루어야 했을 것이다. 1919년 12월 영국의 물가지수는 1914년 대비 240이었는데 비해 미국의 물가지수는 190이었다.

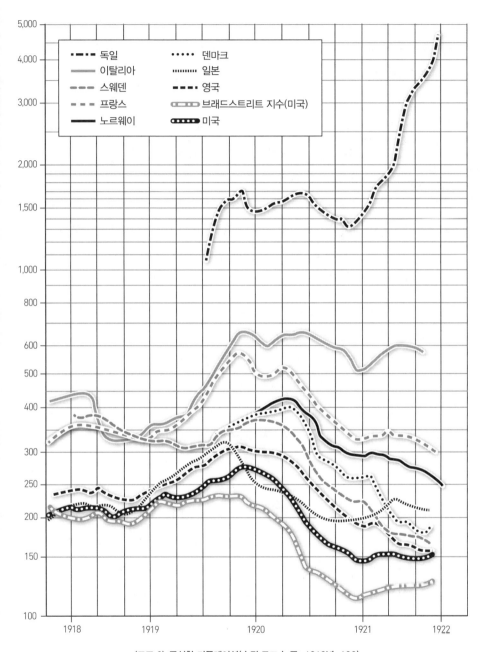

▪️▪️ 독일	⋯⋯ 덴마크
━━━ 이탈리아	⋯⋯⋯ 일본
━ ━ ━ 스웨덴	▬ ▬ ▬ 영국
─ ─ ─ 프랑스	▭▭▭ 브래드스트리트 지수(미국)
━━━ 노르웨이	◼◼◼ 미국

〈도표 3〉 극심한 디플레이션(수직 로그 눈금: 1913년=100)

이는 영국 물가가 크게 하락해야 함을 의미했지만, 미국의 물가가 상승한 상태를 유지하는 한, 재무부 관료들은 그 조정이 '합리적인 범위 안에' 있다고 판단했다.[15]

문제는 미국이 '그 범위 안에' 머물지 않았다는 사실이었다. 1920년 초 미국에서 금이 유출되면서, 영국 정부는 연방준비위원회가 과도한 디플레이션 압력으로 대응할지도 모른다고 우려했다. 이들의 걱정은 충분히 현실이 되었다. 미국 물가가 급락하면서, 파운드의 전쟁 이전의 금 평가를 회복하는 벅찬 과제는 한층 더 어려워졌다. 영국은 전시의 영국 인플레이션과 미국 인플레이션의 격차를 좁혀야 했다. 뿐만 아니라 이제는 미국의 디플레이션에도 맞춰가야 했다. 1920년 4월 영국은행은 연방준비위원회를 따라 이자율을 급하게 높여야 했고, 예산을 확보하기 위해 고소득에 대한 세금을 크게 늘렸고 지출은 30퍼센트 삭감했다. 결과적으로 12퍼센트 흑자를 남겨 채무 상환에 썼다.[16] 물가는 급락했고 이자율은 높아졌지만, 명목임금은 고집스럽게도 높은 수준을 유지했다. 생산자들은 턱없이 높은 실질 비용의 상승에 직면했고, 반면 채무자들은 역자산negative equity(저당물의 가치 하락) 상황에 빠졌다. 집단 파산이 이어졌다. 1920년 가을 영국 경제는 급속히 추락했다. 영국은행은 연방준비위원회에 미국 경제에 대한 긴축 정책을 완화해달라고 거듭 간청했다. 그러나 연방준비위원회는 거부했다. 정금이 미국으로 빠르게 되돌아오는 상황에서, 연방준비위원회는 긴축을 완화하는 대신 유입된 금을 '불태화했다(채권을 발행하거나 지급준비율을 높여 통화량을 조절하는 것*).' 미국은 신용 팽창을 허용하지 않고 회계의 묘기를 부려 넉넉한 금 보유고를 위장했던 것이다. 한편 영국의 상황은 한계에 도달하여 영국 재무부는 남은 금 보유고를 전부 뉴욕에 쏟아부을 것을 진지하게 고려했다. 연방준비위원회로 하여금 수치를 무릅쓰고 미국의 통화량 공급을 늘리게 하려는 의도였다.[17]

이 디플레이션이 전후 영국의 복구 정책에 미친 영향은 강력했다. 1919년에 약속된 사회복지 지출과 공공주택, 교육 개혁의 야심찬 계획은 쓰레기통에 버려진 신세가 되었다. 진보 세력은 로이드조지에 더없는 환멸을 느꼈다. 1920년 7월에서 1921년 7월 사이에 노동 조합원의 실업은 1퍼센트에서 23.1퍼센트로 치솟았다(〈도표 4〉). 노사관계의 세력 균형은 역전되었다. 1921년 4월 15일 영국 정부는 '삼자동맹' 파업의 가장 극적인 마지막 위협에 대응하고자 육군과 해군의 부대를 출동시켰다.[18] 런던에서 전차의 지원을 받는 11개 보병대대와 3개 기병연대가 대기했다.[19] 그러나 가장 강력한 세 노동조합 연맹 사이의 연대가 깨지면서 파업의 물결도 퇴조했다. 1922년 실업률이 여전히 20퍼센트에 육박한 가운데 50만 명이 약간 넘는 노동자들이 쟁의 행위에 돌입했다. 1919년에 비해 80퍼센트가 줄어든 숫자였다. 디플레이션을 추구하는 '반혁명'의 논리를 끝까지 밀어붙이려는

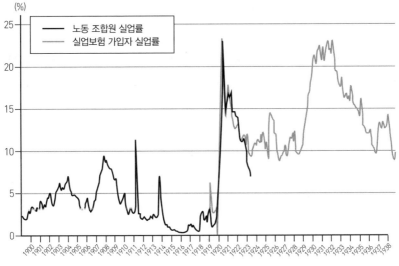

〈도표 4〉 영국의 양 대전 사이 '최초 충격': 1920~1921년 영국 실업률의 첫 번째 급증

자들이 있었다. 재무부 관료들 사이에서는 연금을 대폭 삭감하고 실업급
여를 '간신히 굶주림을 면할 정도의 최소한'으로 줄이자는 말이 돌았다. 그
러나 오스틴 체임벌린 재무장관이 반대했다. 제1차 세계대전의 여파로 국
가는 적절한 지원을 받을 시민의 권리를 부정할 수 없었다.[20] 실업 수준을
고려하면, 이 새로운 권리 개념이 예산에 미친 영향은 감당하기 쉽지 않았
다. 전쟁 이전에는 총 사회복지 지출은 국내총생산의 4.7퍼센트를 초과한
적이 없지만, 그 수치는 1920년대 내내 꾸준히 증가하여 1930년에 이르면
거의 두 배가 되었다.

　미국과 영국, 일본은 그 위기로 가장 심한 영향을 받았지만, 디플레이션
은 세계적인 현상이었다. 독일에서도 카프 폭동의 여파로 1920년 여름 물
가가 실제로 하락하기 시작하여 경제가 정상적인 상태로 복귀할 수 있다
는 희망과 금융이 경색되고 실업이 영국 수준으로 늘어날 수 있다는 공포
가 동시에 나타났다. 문제는 이것이었다. 이 역전을 얼마나 더 강하게 밀
고 나갈 것인가? 프랑스와 이탈리아, 일본은 재정 문제의 규모와 디플레
이션의 고통을 감안하여 전쟁 이전의 금 평가 회복을 마구잡이로 추진하
는 대신 안정화를 선택했다. 프랑스의 국민연합Bloc national 정부는 1919년
5월과 1920년 5월 두 차례 총파업 기도를 방해하여 좌파에서 평판이 나빴
다. 1919년 심각한 표정의 퇴역 군인 출신 의원들로 가득한 프랑스 하원은
겉으로는 윌슨주의의 판에 박힌 처방을 승인했다. 미국 대사 휴 캠벨 월리
스는 국무부에 이렇게 보고했다. "미국에 대한 실망 때문에, 미국 탓에 독
일 군국주의가 부활한다는 소문 때문에 민족주의적이고 군국주의적인 반
응이 뚜렷하게 나타났다."[21] 그러나 클레망소를 대통령의 지위에 올려놓으
려 했다가 오히려 은퇴시킨 어설픈 책략으로 총리직을 넘겨받은 알렉상드
르 밀랑은 결코 반동분자가 아니었다. 그는 의회 내 사회주의자연합Union
socialiste의 지도자로 일하다가 1899년 드레퓌스 사건에 뒤이어 '공화국 수

호' 정부를 자처한 좌파 연립 내각에 참여하기로 결정했다.[22] 밀랑은 이렇게 실용적 개혁에 관여하려는 의지 때문에 1904년 이후 프랑스사회당을 장악한 교조적인 자들의 미움을 샀다.

1920년 1월 총리로 집무를 시작한 밀랑은 전면적인 디플레이션이 아니라 제한적인 통화 안정화 정책을 실행했다. 세금을 인상했다. 정규 예산의 지출은 억제되었고, 윌슨주의자들이 프랑스 군국주의를 비난했지만 오히려 군사비도 삭감되었다. 전쟁 이전 시기와 비교하면, 프랑스 육군의 병력은 94만 4,000명에서 1920년 87만 2,000명으로, 1922년 73만 2,000명으로 축소되었다.[23] 프랑스은행은 화폐 공급의 무제한 확대를 중단시켰고, 인플레이션은 서서히 잦아들었다. 프랑은 1920년 4월 달러당 17.08프랑으로 저점을 찍은 뒤 1921년 12.48프랑까지 가치를 회복했다.[24] 그러나 폐허가 된 지역의 재건이 최우선 과제였기에 밀랑은 전면적이고 무차별적인 정부 지출의 축소는 시도하지 않았다. 서유럽에서 노사 분규가 가장 심했던 이탈리아에서는 프란체스코 니티가 성급하게 식량 보조금을 삭감하려 했다가 1920년 6월 총리 자리에서 내려왔다.[25] 1921년에 가서야 세계 물가의 급락과 더불어 조반니 졸리티가 비용이 많이 드는 보조금을 담대하게 없애버렸다.

위기가 시작된 일본에서 보수주의자들은 완전한 '정리'를 원했는지도 모른다. 그러나 일본은행은 경기 상승을 완전히 되돌리기는 불가능하다고 판단했다. 전시에 산업은 대규모 은행 융자를 바탕으로 성장했는데, 미국식이나 영국식의 디플레이션은 그러한 성장을 대부분 위험에 빠뜨릴 수 있었다.[26] 디플레이션 정책 대신 1920년 4월 27일 은행 신디케이트가 구성되어 주식시상을 부양했다. 1920년 12월 제국견사회사를 설립하여 비단 재고를 매입하여 비축했다. 1921년 4월, 하라 다카시 정부는 쌀 재배 농민의 장기적인 안정을 위해 포괄적인 정부 수매와 수입 규제 제도를 시행했다.

결과적으로 이러한 거대 국민 경제들이 영국과 미국의 선례를 따라 전면적인 디플레이션에 들어가기를 거부한 것은 세계 경제를 안정시키는 힘으로 작용했다.[27] 1920~1921년의 세계적 위기는 1929~1933년의 경기 침체에 비해 더 오래 가지 않았고 더 심해지도 않았는데, 이에 일조한 한 가지 요인은 바로 그 영향이 균일하지 않았다는 사실이다. 그러나 그 위기가 세계 경제 전반에서 동일하게 경험되지 않았다는 사실 자체가 중요했다. 덕분에 제1차 세계대전 후 세계 경제의 재건이 새로운 위계질서를 조직한 방식이 명백하게 드러났다. 밑바닥에는 폴란드와 오스트리아, 독일처럼 초인플레이션으로 가고 있던 무능력한 국가들이 있었다. 이 나라들은 '금융 조언가들money doctors'과 국제적인 안정화 조직들의 보호를 받는 신세가 되었다. 새로운 형태의 '축소된 주권diminished sovereignty'을 보여주는 사례였다.[28] 맨 위에는 미국과 영국이 있었다. 두 나라는 과감한 통화 긴축을 실행하여 전쟁이 초래한 금융상의 효과를 역전시킬 의지와 능력이 있었다. 이 양 극단 사이의 중간 지대에서 프랑스와 이탈리아, 일본을 비롯한 세계 대부분의 국가는 만족스럽지는 않아도 어쩔 수 없이 안정화를 선택했다. 이들은 초인플레이션이나 고통스러운 디플레이션이라는 최악의 결과를 피했지만 재건된 경제 질서에서 굴욕적으로 이류 국가의 지위를 받아들이는 대가를 치렀다.

동원 해제 당한 좌우파의 대립

1920년 이후 전개된 디플레이션의 순효과는 전후 정치 드라마를 길들인 것이었다. 디플레이션은 특히 노동운동의 돌진을 막았다. 실업이 급증하고 물가가 하락하면서, 노동조합의 기세는 약해졌다. 그러나 디플레이션이 국내외에 미친 영향은 좌파의 분쇄를 뛰어넘는 더 포괄적인 것이었다. 디플레이션은 우파를 억제하는 효과도 있었다. 혁명가들과 준군사조직의 일원들이 거리의 모퉁이와 쟁의 현장의 대치선, 회의장에서 폭력을 주고받는 동안, 디플레이션은 세계 전역에서 그리고 정치적 분열선의 양쪽에서 공히 전략적 동원 해제의 힘으로 작용했다. 1920년 가을 미국 의회에서는 윌슨 대통령의 극적인 해군 증강 계획을 국제연맹과 함께 역사의 쓰레기통에 내던지라는 요구가 거세게 일었다. 디플레이션 압력을 고려할 때 이러한 요구는 일본은 물론 영국에서도 강력하게 되풀이되었다.

19세기 이래로 제국주의적 모험주의를 옹호한 일본인들은 언제나 대중의 애국적 열정에 의지할 수 있었다. 전쟁 중에 수출과 대외 소득이 크게 급증하면서 일본 군대의 전력은 재정적으로 힘을 얻었다. 1919년 말이 되면 1915년 이래로 축적된 경상수지 흑자가 30억 엔에 달했다. 일본은 이제 국제적으로 순채권국이었다. 하라 다카시의 입헌정우회 정부에서는 이 '적극적인 정책'을 전후 시기까지 지속해야 한다는 목소리가 컸다. 일본은 기회를 잡아 영국의 후견에서 확실하게 벗어나고 지역 내 유일한 패권국가로 우뚝 서야 했다. 그러나 1914~1918년의 상황은 확실히 예외적이었다. 그리고 경이적인 인플레이션 경기는 일본 국내 정치에 심히 난처한 충격을 가했다. 식량 가격이 급등하는 가운데 군대의 시베리아 개입을 지지하는 열의는 확실히 부족했다. 1919년 가을, 《오사카 아사히 신문大阪朝日新聞》은 쌀 폭동 1주년을 회고하며 이러한 사설을 실었다. "우리 국민 대다수의 태도가 과거에 이른바 고난에 대면했을 때의 태도와 완전히 다르다는 것이 사실이다. 오늘날까지 국가가 해외에서 군사력에 의존했을 때… 일본 국민은 자신들의 욕구를 세쳐누고 국가를 열렬히 지지했다…. 그러나 지금은 당국이 해외에서 큰 위기에 처했다고 떠들고 있는데도 국민은 '나라가 어떻게 될 것인가?' 묻지 않는다. 그들은 '우리는 어떻게 될 것인가?' 울부짖고 있다." 국력이 크게 성장했는데도 국민 대다수는 '명예나 영광을 바라기에는 너무나 고생스러운 상황에 빠졌다.'[29]

영국과 미국은 디플레이션 정책으로 한 번 더 게임의 규칙을 바꿨다. 1921년 5월 입헌정우회에서 성장을 가장 공격적으로 옹호한 사람에 속하는 다카하시 고레키요는 일급 비밀 문서에서 일본의 위치를 다음과 같이 요약했다. 베르사유에서 일본은 주요 강국으로 인정받았다. 그러나 지금까지 중요성을 인정받아야 한다는 일본의 주장은 군사력에 의거했다. 이는 금방 사라지는 이점이었다. 경제력이야말로 세력의 토대로 오래도록 지속된다. 미국과 영국은 금본위제를 회복한다는 단호한 결의로써 자신들의 세계 경제 지도력을 재차 주장하고 있었다. 일본이 디플레이션 정책을 채택하면 경기 상승은 중단되겠지만, 임금과 물가를 억지로라도 끌어내리지 않으면 일본의 수출업자들은 곧 치열한 경쟁에 내던져질 것이었다. 국제수지가 악화되면서 일본은 한 번 더 외채에 의존하게 될 것이었다. 일본을 강국 클럽의 영원한 회원으로 만들 유일한 길은 중국과 진정으로 조화로운 관계를 수립하여 그것을 토대로 오래 지속될 경제적 번영의 기반을 마련하는 것이었다. 그러나 그렇게 하려면 군국주의적 모험주의를 확실하게 포기해야 했다.[30] 다카하시 고레키요와 입헌정우회가 군대의 개입주의적 야심을 용인한 반면, 야당에서는 반군국주의적 합의가 압도적이었다. 1921년 7월, 전쟁 이전 자유주의의 잔여 세력인 입헌국민당立憲國民黨은 일본이 군국주의를 버리고 산업주의를 취하자는 구호를 채택했다.[31] 그해 11월, 오자키 유키오는 주요 야당인 헌정회憲政會의 자유주의 진영을 대표하여 파멸적인 군사비 지출에 반대하는 전국적인 운동에 착수했다. 그의 호소와 수만 청원자의 호소는 응답을 받았다.[32] 국방비는 1922년 정부 지출에서 64.5퍼센트라는 높은 비중을 차지했는데 1923년에서 1927년 사이 40퍼센트 이하로 삭감되었다.[33]

영국에서도 채무 원리금 상환과 사회복지 지출이 늘어나고 예산이 급감함에 따라 군사비가 표적이 되었다.[34] 1919년 4월 첫 번째 예산 삭감으로 영국이 육군에 쓴 비용은 4억 500만 파운드에서 9,000만 파운드로 줄었다. 제국 군대의 원정과 유럽 평화 유지 활동은 4,800만 파운드로 해결해야 했다.[35] 육군 병력은 350만 명에서 80만 명으로 급감했다. 1922년 육군 예산은 6,200만 파운드로 축소되었다. 육군 참모총장 헨리 윌슨은 한때 대규모 군대를 주무르던 자였는데 이제는 여러 비상사태에 연이어 대응하느라 아일랜드와 라인란트, 페르시아 사이에서 부대를 돌리고 있었다.[36] 물론 영국은 제국의 기여를 기대했지만, 제국 군대의 비용을 인도에 부담시키려는 시도는 극심한 저항에 부딪혔다.[37] 중동에서 영국이 공중 폭격으로 반란을 '단속'하는 파렴치한 정책을 채택한 이유는 다른 무엇보다도 비용이 저렴했기 때문이었다. 이라크 위임통치령의 군 주둔지에는 처음에 30개 대대에 3,000만 파운드의 비용이 필요할 것으로 추산되었다. 1921년 3월 카이로 회의 이후 윈스턴 처칠은 바그다드에 4개 보병대대를 주둔시키고 8개 폭격기 비행중대로 이를 보강한다면 1,000만 파운드의 예산으로 관리할 수 있다고 판단했다. 이 작전에 투입된 더해빌런드 DH-9A(de Havilland) 폭격기는 대당 3,000파운드면 마련할 수 있었다.[38]

그러나 이는 전술적 조정이었다. 진짜 전략적으로 중요한 결정은 해군과 관련하여 내려야 했다. 1919년 봄 영국과 미국이 베르사유에서 충돌했을 때, 영국 해군은 다가오는 해에 필요한 재정을 어림잡아 1억 7,100만 파운드로 계산했다. 이는 한편으로는 긴축을 이유로, 다른 한편으로는 미국의 화를 돋우지 않기 위해서 거부되었다. 8월 15일 내각은 각 군에 '영국제국이 향후 10년간 큰 전쟁에 휘말리지 않을 것'이라는 가정 아래 계획을 수립하라고 지시했다. 해군에 이는 1920~1921년 회계연도에 지출을 6,000만 파운드로 급격히 줄여야 한다는 뜻이었다. 결과는 처절했다. 해군본부는 이렇게 지적했다. "영국이 이제 더는 바다에서 최강이 아니라는 점을 확실하게 이해해야 한다…. 우리는 유럽의 해역에서 최강이겠지만 대양 전체에 관해서 말하자면 미국과 패권을 나누어야 할 것이다."[39] 공동 패권을 항구적인 세계적 평화 유지의 토대로 삼는 것은 1916년 이래로 로이드조지 정부의 기본적인 바람이었다. 윌슨 행정부는 그러한 협정을 거부했지만, 전쟁이 남긴 금융상의 유산 때문에 그것은 이제 싫든 좋든 영국의 전략이 되었다.[40]

독일은 배상금을 지불할 수 있는가

금본위제 복귀로 상징되는 금융 안정의 재확립은 평화 유지 정책과 직접적으로 연결되어 좌파뿐만 아니라 우파에서도 팽창주의적 에너지를 억눌렀다. 보수적인 안정이라는 전제가 수용되었다면, 그것은 새로운 질서를 열망하는 모든 국가에, 프랑스나 일본 못지않게 미국과 영국에도 규율을 강요했다. 그리고 1920~1921년의 극심한 디플레이션 중에 그 압력은 영국뿐만 아니라 미국에서도 분명하게 감지되었다. 그러나 이렇게 기본적인 균형 상태에도 불구하고 선도적인 두 나라의 지위는 독특했다. 그들은 새로운 상태의 창조에 기꺼이 투자할 의사가 있다는 바로 그 사실 때문에 다른 나라들과 자신들을 분리시켰다. 베르사유 협상이 고통스럽게도 분명하게 했듯이, 승전국들 중에서도 새로운 질서를 갈망하는 국가들의 출발점은 전혀 동등하지 않았다.

　프랑스는 전쟁으로 파괴적인 손실을 입어 과거 그 어느 때보다도 더 남에게 의존해야 하는 처지에 몰렸다. 1920년 프랑스의 공공사업부 장관은 북부 탄광이 파괴된 탓에 프랑스는 연간 필요량인 7,000만 톤 중에서

5,000만 톤을 수입해야 할 것이라고 추산했다. 영국은 세계 시장에 대한 공급을 8,000만 톤에서 3,300만 톤으로 줄였는데, 프랑스는 그중 기껏해야 1,800만 톤을, 그것도 프랑의 평가절하 때문에 더욱 높아진 가격으로 가져올 수 있었다.[41] 프랑스는 자르 지방을 통제했기에 그곳에서 연간 800만 톤을 공급받을 수 있었다. 나머지를 보충하고자 프랑스 정부는 배상금으로 루르 지방의 독일 석탄 2,700만 톤을 요구했다. 그러나 1920년 봄 독일이 석탄 인도를 시작했을 때 프랑스가 받은 것은 기대한 양의 절반도 되지 않았다. 눈에는 덜 띄었지만 절박함에서는 결코 뒤지지 않았던 문제는 전쟁 채무였다. 프랑스와 독일의 관계는 흔히 라인강 양편의 서로 경쟁하는 두 민족주의 간의 투쟁으로 지극히 단순하게 이야기된다. 그러나 실제로 배상의 정치는 파리와 런던과 뉴욕을 얽어맨 복잡한 영향력의 그물이 결정했다. 이 복잡한 그물이 대체로 보이지 않았다는 사실은 미국의 힘이 가져온 효과였다. 파리 강화회의 이후 미국 정부는 배상과 전쟁 채무의 연결을 의제에서 제외하는 데 온 힘을 쏟았다. 그러나 유럽의 시각에서 보면 그 문제는 피할 수 없었다. 1920년 여름 프랑스 정부는 에스파냐와 아르헨티나에 진 소규모의 부채도 상환할 수 없다는 사실에 크게 난처해했다. 훨씬 더 큰 골칫거리는 1915년 제이피모건을 통해 계약한 첫 번째 협상국 채권에서 자국 몫으로 빚진 2억 5,000만 달러였다. 필요한 자금을 모으기 위해 프랑스는 8퍼센트라는 굴욕적인 이자율로 월스트리트에서 돈을 빌려야 했다.[42] 미국 정부가 뒤로 물러나 있는 동안, 1921년 초 몇 주간 프랑스 정부는 채무불이행 직전에서 비틀거렸다.

1919년 이래로 영국 정부가 선호한 정책은 연합국 간 청구권의 집단적 상각이었다. 그러나 윌슨 행정부는 이를 거부했다. 1920년 2월 미국에게 양보받기를 단념한 영국 재무부의 고위 공무원들은 과격한 생각을 했다. 영국은 자국만 일방적으로 케인스의 채무 탕감 계획안을 이행해야 한다는 것이다. 영국 정부는 미국에 진 채무를 이행하면서도 이전의 동맹국들에 대한 자국의 청구권을 포기해야 했다. 미국 정부는 분명히 이렇게 훌륭한 처신을 따라할 수밖에 없을 것이었다. 영국 외무부는 그 제안에 박수를 보냈다. 그 제안으로 '다가올 세대의' 영국은 호의를 얻을 것이고 '이 세계의 확실한 도덕적 지도력'을 갖게 될 것이었다. 그러나 외교관들은 만약 영국이 '미국이 창피해서라도 우리의 선례를 따르게' 하려 했을 때 미국 정부가 비슷한 반응을 보일지는 확신하지 못했다.[43] 영국은 확실히 긍정적인 신호를 받지 못했다. 윌슨 행정부는 영국 채무의 이자 지불 유예를 연장하는 데 동의했다. 그러나 먼저 배상을 해결하고 향후 영국제국의 무역 정책에서 미국을 차별하지 않는다고 정식으로 약속해야 한다는 조건이 붙었다.

오스틴 체임벌린 재무장관은 분개했다. 영국제국은 채무에 대한 어떠한 조건도 수용할 뜻이 없었다. 영국과 미국 양국 정부 간에 그러한 조건은 결코 문서에 적시되지 말아야 했다. 영국은 완전한 행동의 자유를 가져야 했다. 주권을 능가하는 것은 없었다.[44] "미국 국민은 다른 대륙에서, 말하자면 다른 세계에서 살고 있다." 체임벌린의 결론은 이러했다. "그들의 편협성과 무지, 이기적임을 비판하는 것은 쓸데없다. 쓸데없는 것 이상이다. 받아들일 의사가 없는 것을 고려해보라고 압박하는 탄원자처럼 보이는 것은 우리의 위엄에 어울리지 않는다."[45] 대신 영국은 그해 말 미국 수도에서 양자 간의 채무 회담을 열기 위한 협상팀을 꾸렸다.

영국은 재정적 여력이 있어서 여러 선택 방안을 견주어 평가할 수 있었지만 프랑스에는 그러한 여력이 없었다. 북부 프랑스 재건 비용은 필요하면 세금이나 차용을 통해, 아니면 편리한 것으로 입증된다면 예금자에 부과하는 세금인 인플레이션을 통해 국내에서 모을 수 있었다. 프랑스의 막대한 외채 부담은(미국에 30억 달러, 영국에 20억 달러) 금이나 달러로 상환해야 했다. 수출의 놀라운 급증이나(공격적인 디플레이션 정책을 펼치는 미국과 영국은 수출을 촉진하기 위해 아무것도 하지 않았다) 필수 수입품의 재앙 같은 축소가 없다면, 이 외화는 오직 배상금을 받아야만 확보할 수 있었다. 1921년 1월 밀랑이 대통령직에 오른 뒤 아리스티드 브리앙이 총리를 맡은 것은 프랑스의 배상 요구를 강화하기 위한 것이었다.[46] 밀랑처럼 브리앙도 개혁을 지향하는 사회주의자로 정치 활동을 시작했고 이후 정부에 참여하려는 의사가 있다는 이유로 좌파에서 배척당했다. 그는 국제주의자 기질을 가졌음에도 전시에는 총리로서 프랑스의 가장 공격적인 전쟁 목적에 찬성했다. 1921년 권좌에 복귀할 때 그는 평화를 정착시키려는 결의가 단호했다. 독일에서 카프 폭동의 실패와 1920년 6월 선거 이후 집권한 중앙당 정부가 도발에 몰두해 있는 것 같았고, 미국이 이전의 협력국가들을 지원하지 않아 이를 더욱 조장하는 것 같았기에, 평화 정착은 더욱 필요해 보였다. 1921년 3월 배상금 회담이 열렸을 때, 독일은 처음에 터무니없이 적은 액수인 300억 금 마르크를 제안했다. 그때부터 어떠한 타협도 이루어질 수 없었다.

협상국은 마지막으로 힘을 합쳐 대응했다. 1921년 3월 13일 영국군과 프랑스군이 공업도시 뒤스부르크와 루로르트, 뒤셀도르프의 교두보를 점령했으며, 라인란트를 독일의 나머지 지역과 분리하는 관세 경계선이 설치되었다. 프랑스군 참모본부는 루르 지역 전체를 점령하는 계획을 준비해놓았지만, 브리앙은 그러한 조치를 취하기 전에 영국의 지지를 얻고 싶었다. 독일인들은 자신들이 모험을 하고 있음을 알았기에 배상금 액수를 500억 금 마르크로 올려 대응했다. 이에 영국과 프랑스는 5월 5일 런던에서 1,320억 금 마르크라는 최종 조건을 제시했다. 두 제안의 차이는 겉으로 보기에는 매우 깊지만 처음에 느끼는 것만큼 크지는 않았다. 연합국의 요구에서 500억 마르크가 넘는 부분은 이른바 C등급 채권의 형태를 띨 것이기 때문이었다. 독일의 수출이 기적적으로 회복되지 않는다면 이 채권은 1957년까지 발행하지 않기로 했다. 결정된 배상액의 순현재가치NPV는 640억 금마르크, 즉 150억 달러를 약간 웃도는 것으로 추정하는 것이 합리적이다.[47] 같은 순간에 협상국이 미국에 공동으로 진 채무는 100억 달러에 이르렀다. 미국의 청구가 비슷하게 긴 기간에 걸쳐 이루어지지 않는다면, 고통스럽게도 재건의 선행 비용을 댈 여유는 거의 없을 것이었다. 이것이 독일에 극적인 영향을 미치리라는 것은 부정할 수 없었다. 독일은 당장에 막대한 액수를 지불해야 했고, 향후 35년간의 일정을 어떻게든 지킬 수 있다고 해도 독일의 국제 신용도는 수세대 동안 문제가 될 수밖에 없었다. 독일이 대응할 시간은 딱 한 주가 남았다.

윌슨이 1920년 3월 카프 폭동이 일어났을 때 프랑스의 프랑크푸르트 개입을 지지하기를 대놓고 거부하고 상원이 베르사유 조약 비준을 거절한 이래로, 독일의 외교 정책은 미국을 다시 유럽에 끌어들여 진정한 '동등한 자들의 강화'를 중재하게 하는 데 집중되었다. 그러나 배상을 둘러싸고 위기가 고조되고 1921년에 경계를 결정하기로 한 슐레지엔 문제가 눈앞에 다가오면서, 미국의 신임 국무장관 찰스 에번스 휴스는 윌슨이 수행하려 했던 역할을 감행할 마음이 없어졌다. 최종 시한이 끝나기 이틀 전인 1921년 5월 10일 독일 정부가 무너졌다.[48] 1918년과 1919년처럼 이때에도 독일 우파 안에서는 대결 정책을 요구하는 의견이 거셌다. 이들의 냉소적인 계산에 따르면 연합군이 서부 독일을 침공하면 애국적 저항이 고조되고 한 해 전 카프 폭동이 이루지 못한 것을 성취할 것이었다. 그러나 이전에 두 차례나 그랬듯이 1921년에도 국가이성이 승리했다. 5월 11일, 연합국이 통보한 시한까지 24시간이 남았을 때 베를린에 새로운 연립정부가 수립되었다. 이번에도 중앙당 출신 정치인이 정부를 이끌었다. 마티아스 에르츠베르거의 후계자인 요제프 비르트였는데 당 내 민중적 파벌의 지도자였다. 그의 첫 번째 업무는 협상국과 타협을 이루어내는 것이었다. 그러나 이러한 질문이 남는다. '(배상 의무의) 이행'이 정치적으로 바람직하더라도, 독일에 지불 능력이 있었는가?(〈표 9〉).

배상금과 1923년의 루르 위기와 초인플레이션 사이에 직접적인 연관은 없었다. 1920년 봄 카프 폭동의 실패 뒤에 금 마르크화는 달러 대비 가치가 올랐다. 물가는 3월에서 7월 사이에 20퍼센트 하락한 뒤 안정을 찾았다. 잠시 동안 마치 바이마르 공화국이 나머지 세계를 뒤따라 디플레이션 정책으로 재정 건전화의 길을 걸을 것 같았다. 다음에 어떤 상황이 전개될지 눈에 보이는 가운데 이는 매력적으로 보일 수밖에 없었다.[49] 그러나 영국에서 실업이 급증하면서 1920년대 초 전후 호경기의 종식은 독일에서는 확실히 유리한 점과 불리한 점을 다 지닌 것으로 보였다. 불안정하게 균형을 유지하던 독일 정치 체제는 영국 정부와 미국 정부가 자국민에 초래한 것과 같은 대량 실업을 버텨낼 수 없으리라는 두려움이 컸다. 어쨌거나 1921년의 배상금 위기는 이 일시적인 안정을 망쳐버렸다. 몇 달 동안 물가가 안정되었으나 그해 6월 인플레이션이 재발하여 8월에는 두 자리 숫자로 치솟았다. 민족주의적인 경제적 여론은 이제 과도한 수준의 배상금 때문에 안정을 가져올 수 있다는 생각이 모조리 터무니없게 되었다고 주장했다. 프랑스의 진정한 의도는 독일을 '오스만제국으로 만드는 것', 파산한 중국과 오스만제국을 예속시킬 때처럼 독일을 국제적인 채무 노예로 만드는 것이었다.

배상금에 대한 잇따른 요구가 독일을 혼란에 빠뜨리는 데 큰 역할을 하게 되리라는 점은 부정할 수 없었다. 1921년과 1922년 프랑스의 절박한 현금 요구를 반영한 배상금의 초기 배분 일정은 바이마르 공화국에 어마어마한 압력을 가했다.[50] 그러나 독일이 열악한 상황을 개선하고자 할 수 있는 일이 없었다는 주장은 현실주의적 평가가 아니라 패배를 받아들이지 않으려는 민족수의적 여론을 반영했다.[51] 공화국의 계획에 가장 열심히 헌신한

〈표 9〉 독일의 지불 내역, 1918~1931년 (1913년 기준의 10억 마르크)

	조약에 따른 지불 총액	국민소득	지불 부담 (국민소득 대비 %)
1913		52	
1918	1.3	37	3.3
1919	1.1	32	3.1
1920	1.3	37	3.4
1921	3.4	40	8.2
1922	2.2	42	5.2
1923	0.9	36	2.4
1924	0.3	42	0.6
1925	1.1	48	2.2
1926	1.2	46	2.5
1927	1.6	54	2.8
1928	2.0	55	3.5
1929	2.3	56	4.0
1930	1.7	53	3.2
1931	1.0	47	2.1
1918~1931 평균	1.5	45	3.4
1924~1931 평균	1.4	50	2.8

* 주(표에 제시된 자료): 연도별 추정치는 Webb과 Schuker의 자료를 조정하여 Bresciani-Turroni의 자료와 비교 검토한 것이다.

1918	휴전조약 인도분(Schuker)
1919	1918~1924년의 지출 총액(Schuker)에서 1918년과 1920~1924년에 해당하는 항목별 지불액을 제외한 나머지
1920~1922	조약에 따른 연 4회 지불액(Webb)
1923	루르 점령 비용(Schuker)
1924~1931	독일 국제수지 계정의 배상금 항목(현금 이전, 현물 지급, 제반 비용 포함)
1929~1930	영 안Young Plan 차관 이전금 포함

자들은 독일이 신뢰할 수 있는 재정 정책을 수행하여 영국과 프랑스에 책임을 떠넘겨야 한다고, 그로써 배상의 이행이 실질적으로 불가능하다는 점을 증명해야 한다고 주장했다. 케인스를 비롯한 연합국 전문가들이 거듭 지적했듯이, 독일은 전쟁 이전의 상태를 회복할 수 없다고 해도 그 뒤에는 일본이나 프랑스, 이탈리아처럼 분명히 더 미끄러지는 것은 멈출 수 있었다. 독일의 물가는 높은 수준에서 머물겠지만, 화폐 가치를 적당히 낮추어 환율을 유지하면 국제적으로 경쟁력을 가질 수 있었다. 그렇게 되면 재협상의 견고한 토대가 마련될 수 있었다. 반면 독일이 이에 동의하지 않으면, 무엇을 바랄 수 있겠는가? 무질서와 외국의 점령, 내전으로 추락하는 수밖에 없지 않은가?

환율을 훨씬 더 낮게 유지해도 지속적인 안정의 달성에는 고통스러운 재정적 결정이 필요하다는 것이 문제였다. 안정뿐만 아니라 배상의 이행에도 찬성하는 민주주의적 과반수를 찾아내기는 이중으로 어려웠다. 영국과 프랑스, 일본처럼 독일에도 기업에 우호적인 논거에 따라 안정을 요구하는 강력한 파벌이 있었다. 1918년 혁명의 사회적 성과를 되돌리고 8시간 노동제를 취소하고 임금을 인하하고 세금을 낮추면 독일은 세계 일류의 수출국으로 재탄생할 것이었다. 그러나 이는 정치적 반혁명이었고, 사회민주당은 1920년 선거에서 크게 후퇴했지만 여전히 가장 큰 정당이었다. 카프 폭동에 맞서 일어난 총파업이 증명했듯이, 노동운동은 공화국의 정책에 거부권을 행사할 수 있었다. 그래서 보수적인 재정 정책으로의 결정적인 전환은 봉쇄되었다. 그렇지만 사회민주당도 급격한 누진세와 부유세라는 선호하는 정책을 실행하는 데 필요한 과반수를 확보하지 못했다.

독일이 새앙에 빠신 섯은 바로 이 정치적 난국 때문이었다. 인플레이션이 가장 저항이 적은 방법이었다. 비르트 정부는 배상의 이행이라는 어법을 고수했다. 그러나 그 방법은 화폐를 찍어내 외환시장에 퍼붓는 것이었다. 결과적으로 국내 경기는 과열되고 환율은 급등했다. 영국과 미국과는 대조적으로, 1922년 겨울까지 바이마르 공화국의 실업은 무시할 만한 수준에 머물렀다. 배상금은 인플레이션 때문에 독일 예금자가 떠안은 엄청난 부담으로 지불했다. 그 방법을 더는 지탱할 수 없게 되었을 때, 새로운 대결이 촉발되었다.

미국의 유럽과 거리 두기

그렇게 명백히 불안정한 토대에서 지불된 배상금은 프랑스가 간절히 원한 재정 안정을 줄 수 없었다. 런던에서 결정된 배상금의 최종 조건에 따라 요구된 총액에서 프랑스의 몫이 순현재가치로 80억 달러를 상회했지만, 제이피모건이 1921년 봄 프랑스를 대신하여 모을 수 있었던 최대 자금은 7.5퍼센트라는 당혹스러운 이자율이 붙은 9,000만 달러였다.[52] 휴전협정 3주년이 다가오면서, 프랑스의 상황은 점점 더 절망적으로 바뀌었다. 1921년 말 연합국 간 채무의 지불이 유예된 막대한 이자를 지급해야 할 때가 왔다. 총액을 조정하여 프랑스의 신용을 회복시킬 수 없으면, 독일의 사정이 얼마나 절망적이었든 간에 배상금에 관하여 양보한다는 말은 있을 수 없었다.

유럽에서 압력이 고조되고 있다는 사실은 하딩의 새로운 행정부도 모르지 않았다. 신임 국무장관 찰스 에번스 휴스는 윌슨을 움직인 명백한 운명이라는 정신의 공화당 판을 구현한 인물이었다. 시어도어 루스벨트는 언젠가 휴스는 '구레나룻을 기른 윌슨'이라고 빈정거렸다.[53] 이제 상업부 장관으로 일하는 허버트 후버가 윌슨에게 충고했듯이, 휴스도 미국의 힘을 보존하는 최선의 방법은 바로 유럽을 멀리하는 것이라고 믿었다. 미국은 유럽의 싸움을 적극적으로 진정시킬 책임을 떠맡고 싶지 않았기에 미국 정부는 그 소동에서 멀리 떨어져 있어야 했다. 중립은 싸움에 휘말리는 비용을 피하는 데서 그치지 않았다. 미국의 청구권을 확실히 주장하는 것이 유럽인들에게 해결을 강요하는 최선의 방법이었다. 구세계의 정치적 울분이 재정적 압박에 누그러지면 시장이 모습을 드러내고 민간 자본이 더 지속 가능한 해결을 가져올 것이었다.

이와 같은 거리두기라는 미국의 전략이 진실로 다루기 힘든 유럽의 상황에 대한 대응이었음은 분명하다. 그러나 이는 또한 미국 내부의 곤경에 대한 대응이기도 했다. 윌슨의 대통령 임기에서 마지막 18달은 행정권의 한계라는 쓰라린 교훈을 보여주었다. 하딩 대통령은 의회의 과반수를 차지한 공화당의 꼭두각시로 널리 알려졌다. 그리고 1921년 봄 그의 새로운 행정부가 놀라울 정도로 적극적인 행동주의를 드러내기는 했지만, 오래지 않아 의회는 경고를 날렸다.[54] 그해 가을 대통령의 요청에 따라 상원의원 보이시 펜로스는 의회에 법안을 하나 제출했다. 법안이 통과되었다면 미국 재무부는 지불 기한 연장, 채무 교환debt swap과 다른 채권을 통한 부분 상환의 허용 등 행동주의적 외채 정책을 수행할 권한을 얻었을 것이다. 미국 행정부는 유럽인들에게 즉각적인 해법을 제시하고 싶지는 않았지만 기회가 된다면 타협의 중개에 필요한 법적 권한은 갖기를 원했다. 뉴욕 연방준비은행의 벤저민 스트롱이 이끈 미국 은행가들은 연동 해법의 필요성을 완전히 이해했다. 그러나 의회 내 '농촌의원연합'은 사태를 다르게 보았다.[55] 애리조나 상원의원 헨리 애시허스트는 이렇게 말했다. "우리는 유럽과 우리의 기독교 문명을 구했다. 그렇다고 위험이 지나갔으니 우리가 유럽인을 먹여 살리고 그 대도시들에서 나태하게, 때로는 화려하게 살게 해줘야 한다는 뜻은 아니다."[56] 전쟁 채무 문제에서 양보에 반대한 민주당은 훨씬 더 구체적이었다. 1920년 봄 이래로 혹독한 디플레이션이 경제를 짓누르고 있었지만, '우리는 미국 국민에게 공화국 역사상 과거 그 어느 때도 볼 수 없었던 과도한 세금을 부과하고 있다…. 우리는 이 차관의 이자만 받아도, 당연히 우리 국민에 부과한 세금을 7분의 1은 줄일 수 있다.'[57]

1921년 10월 24일 펜로스 법안은 하원을 통과했지만 내용은 뒤바뀐 것이었다. 법안은 재무부에 채무의 전략적 타협을 중개할 권한을 주기는커녕 상원의 5인위원회에 채무 정책의 통제권을 안겨주었고 외국 채권이 상환 수단으로 쓰이는 것을 확실하게 금지했다. 이후 영국은행 총재 몬터규 노먼은 친구인 뉴욕 연방준비은행의 벤저민 스트롱에게 미국 의회가 '우스운' 장애물을 만들었다고 체념한 듯 불평했다. "약간의 배상금 조정으로써 환율을 안정시켰다고 가정해보자. 그 즉시 연합국 간 채무 지불 때문에 안정이 깨지는 것을 보게 될 것이다."[58] 그러나 두 나라의 중앙은행장이 문서를 교환했다는 말이 언론에 새나간 것만으로도 분노의 폭풍을 촉발하기에 충분했다. 영국 정부와 미국 정부 모두 대서양 금융 회담 계획을 갖고 있지 않다고 잘라 말해야 했다. 미국 상원은 미국이 유럽으로부터 받을 돈을 한 푼도 깎아줄 생각이 없음을 확인하는 법안을 서둘러 통과시켰다.

20장

제국의 위기

유럽에서는 영국이 재정적으로 가장 강한 나라이자 정치적으로 가장 안정된 나라였다. 세계적으로도 그 전쟁은 영국제국의 승리로 끝난 것처럼 보였다. 영국의 경쟁국들은 기가 꺾였고, 영국 해군이 대양을 지배했으며, 제국의 육군은 유럽과 중동에서 승리를 거두었다(〈표 10〉). 그러나 휴전협정이 체결되고 1년이 지나지 않아서 영국제국의 지도는 위세가 아니라 끊이지 않는 반란을 보여주는 조망과 비슷하게 되었다.[1] 제국의 위기는 서인도제도에서 아일랜드와 이집트, 팔레스타인, 남아프리카, 인도, 홍콩에 이르기까지 세계 전역으로 퍼졌다.

전쟁의 선전 활동이 약소국의 권리와 자결권, 윌슨의 14개조에 호소했기에 영국 정부에 요구를 제시할 때 쓸 수 있는 공통의 정치 언어가 만들어졌다. 이러한 배경에서 보면, 모든 항의는 서로 그 역사적 순간의 중요성에 공동으로 호소함으로써 각기 다른 항의의 정당성을 입증했다. 동시에 인플레이션과 디플레이션의 길지자 행보는 식민지 경제도 휩쓸었다. 생

〈표 10〉 드문드문 배치된 영국제국 군대, 1920년 2월

	영국군	인도군
독일	16,000	
터키	9,000	14,000
이집트	6,000	20,000
팔레스타인	10,000	13,000
메소포타미아	17,000	44,000

계비가 급증함에 따라 위니펙에서 뭄바이까지 격렬한 노사분규가 일었다. 1919년 11월 트리니다드의 항만 노동자들은 물가가 두 배 오르자 임금의 25퍼센트 인상과 8시간 노동제를 요구했다.[2] 시에라리온에서는 1919년 7월 쌀값의 다섯 배 상승이 전례 없는 파업을 촉발했다.[3] 남부 로디지아에서는 전시의 인플레이션 때문에 노동자들이 맨발에 누더기를 걸치고 지내는 신세가 되었고 철도 노동자와 광부, 공무원이 파업을 일으켰다.[4]

　인플레이션이 안정을 해치기는 했지만, 1920년 디플레이션이 시작되었을 때 그것도 대가를 요구했다. 서아프리카에서는 전후 상품 거품이 터지면서 현지 기업가들이 범아프리카회의Pan-African Congress로 몰려들었다.[5] 파운드의 가치가 달러 대비 저점에서 반등하면서 금 가격이 폭락했다. 영국제국의 주요 금 생산지인 남아프리카 랜드(비트바터르스란트)의 광산은 기업들의 재무상태표에 통렬한 타격을 가했다. 임금이 대폭 삭감되고 흑인 노동자가 들어와 백인 노동자의 비율이 감소하면서, 1922년 3월 10일 랜드의 백인 광부들이 폭동을 일으켰다. 절정에 달했을 때 수만 명의 잘 무장한 타격대를 갖추었던 폭동에 대처하고자, 진일보한 통치술의 전형적인 인물이었던 남아프리카연방 총리 얀 스뮈츠는 2만 명의 병력과 대포, 전차, 공군까지 파견하여 파업을 진압하고 노동자들을 다시 일터로 돌려보냈다.[6]

전쟁 중에 독일과 일본은 유라시아 방면의 제국주의적 팽창을 뒷받침할 일관된 전략적, 정치적 논거를 정립하기 위해 노력했지만, 영국은 자유주의 제국이라는 공식을 성공리에 재발명한 것 같았다. 영국제국은 20세기 세계에서 자급적이고 스스로 정당성을 입증하는 전략적 단위로서 중요한 위치를 주장할 것 같았다. 1919년 이후 그렇게 득의양양한 시나리오는 실패했다. 영국 정부는 제국의 통치에 맞서는 저항을 극복하고 국가의 위세를 유지하는 데 필요한 내부 자원을 동원하느라 분투하고 있었다. 국제적인 정통성과 제국의 전략적 논거 둘 다 과거 그 어느 때보다도 더 깊은 불신에 처했다. 영국제국은 위기를 견뎌내야 했지만, 그들이 맞닥뜨린 도전은 이전에 경험하지 못한 것이었다. 그 어려운 과제 때문에 영국은 진정한 정치적 재앙에 위험스러울 정도로 가깝게 다가갔다.

아일랜드 내전, 영국제국 파멸의 축소판

아일랜드는 제국의 파멸을 축소판으로 보여주는 소우주였다.[7] 1918년 12월 '군복 선거'의 결과는 신페인당의 자살과도 같은 부활절 봉기로 초래된 양극화를 확인해주었다. 통합파가 얼스터에서 전승을 거두었다. 신페인당은 아일랜드의 나머지 지역 전체를 지배했다. 영국 정부에 협력한 온건한 민족주의자들은 정치에서 밀려났다. 1919년 1월 21일 민족주의자 의원들이 더블린에서 모여 아일랜드 의회, 즉 도일 에어런Dáil Éireann을 구성하고 아일랜드 공화국 임시정부를 선포했다. 남쪽 전역에서 '병행 국가parallel state'가 수립되는 동안, 공화수의자들의 무장 분파인 아일랜드공화국군IRA은 영국 지배의 토대를 고립시켜 근절하는 과제에 착수했다. 1920년 초 아일랜드에서는 게릴라전의 강도가 급증했고, 이 싸움은 이후 2년간 매복과 보복 공격으로 1,400명의 목숨을 앗아갔다. 인구가 고작 300만 명인 나라에서 이 규모의 사상자 숫자는 끔찍한 희생이었다. (인도 크기로 확대하면 사망자 숫자는 11만 명을 넘을 것이고 이집트라면 1만 4,000명이 될 것이다.) 폭력의 양만큼이나 질도 충격적이었다. 1920년 8월부터 일반적인 문민 통치는 철저한 억압으로 대체되었다. 아일랜드공화국군 활동가로 의심받은 자들이 4,400명 넘게 재판 없이 구금되었다. 이 또한 아일랜드 인구에 비하면 엄청난 숫자였다. 영국 내각은 아일랜드공화국군 지도자들의 암살과 농장과 여타 재산의 방화를 포함하는 보복을 공공연히 재가했다. 아일랜드 전역에 계엄령이 선포되었다. 정규군과 경찰대가 부족한 상황에서 영국 정부는 잔인한 준군사집단을 이용했다. 1921년 여름, 1914년 얼스터 폭동 계획의 공동 주모자였던 육군 참모총장 헨리 윌슨 원수는 10만 명 이상의 정규군으로 아일랜드를 뒤덮어야 한다고 요청했다.[8]

1921년 7월 로이드조지는 휴전을 끌어내기 위해 대규모 진압에 나서겠다고 위협했다. 그러나 영국 정부의 위협은 허풍이었다. 아일랜드를 군대를 동원하여 전면적으로 점령했다면 영국은 견딜 수 없는 부담을 떠안는 데서 그치지 않았을 것이다. 국내외에서 공히 이루 헤아릴 수 없는 정치적 손실을 떠안았을 것이다.[9] 그렇게 싸움이 확대되지 않은 것은 양측의 온건파들이 양보한 덕이었다. 영국의 보수당은 얼스터의 통합파에 자신들이 결국에는 북부 일부가 별개의 관할구역으로 남아야 한다는 조건으로 자치를 인정해야 한다는 점을 분명하게 밝혔다. 아일랜드 민족주의자들은 분할을, 통합파가 발언권을 지니며 영국제국에 계속 충성하는 아일랜드회의Council of Ireland를, 그리고 아일랜드 영토 내 영국 해군 기지를 받아들였다.

1921년 12월 아일랜드자유국Irish Free State은 '영국제국으로 알려진 국가들의 공동체 안에서' 정식으로 자치령의 지위를 얻었다.[10] 그러나 평화를 가져오기에는 이것으로 충분하지 않았다. 신페인당의 종말론적 급진주의의 마지막 폭발은 영국이 아니라 타협을 수용한 이전의 동지들을 겨냥했다. 그로 인해 아일랜드 공화국 안에서 발발한 내전은 영국과 싸울 때보다 더 많은 목숨을 앗아갔다. 두 전쟁을 합하면 아일랜드인 사망자는 비율로 따졌을 때 영국이 제국에서 손을 떼며 겪은 다른 대재앙, 즉 1947년의 인도 분할에 견줄 만한 수준으로 늘어난다. 이는 50년 동안 영국 정치 지도자들이 열중했던 아일랜드 자치 문제에서 자유주의적 해법을 도출하려는 노력의 굴욕적인 종결이었다. 20세기의 나머지 기간 동안에도 폭력은 지속되었다. 신페인당은 아일랜드가 영국에 진정한 전략적 부담이 되기를 바랐지만 그런 일은 결코 일어나지 않았다. 민족주의 전략의 성패는 미국의 인정과 지지의 획득 여부에 좌우되었다. 그러나 윌슨은 파리 강화회의에서 아일랜드 문제가 제기되는 것을 허용하지 않았다.[11] 뒤이은 내전은 세계 여론에서 극단적 민족주의자들의 평판을 크게 해쳤다. 영국 정부는 아일랜드 문제를 억제할 수 있었다. 그렇지만 로이드조지 연립정부의 공격적인 중동 정책으로 자초한 고통에 대해서는 같은 말을 할 수 없었다. 그곳에서 영국은 과도한 제국주의적 전략 목표를 야심차게 추진했다가 현지에서 저항을, 제국 전역에서 분노를, 유럽에서는 영국 정책의 대실패를 불러왔다.

진화가 어려운 중동의 민족주의 열기

수에즈 운하는 1867년 개통 때부터 1956년 프랑스와 영국이 개입할 때까지 영국의 전략적 관심 영역에서 늘 중심을 차지했다. 그러나 힘은 여러 방향으로 행사될 수 있었다. 영국을 중동의 패권국이라는 그 이력에서 가장 공격적이고 비참한 국면으로 내몬 것은 제1차 세계대전의 균일하지 않은 여세였다.[12] 독일의 극적인 진격에 대면한 1918년 봄부터 로이드조지의 주된 조언자였던 앨프리드 밀너는 제국의 외곽으로 후퇴하자고 주장했다. 영국은 프랑스에서 밀려나면 북해와 대서양에 닻을 내리고 앞바다에서 싸우거나 지중해의 끝에서 끝까지 점점이 박힌 기지에서 싸워야 했다. 1918년 10월 영국은 모든 전선에서 완벽하게 승리했다. 팔레스타인과 시리아, 페르시아, 심지어 캅카스에서도 영국 세력의 팽창에는 한계가 없어 보였다. 볼셰비키를 가둬놓은 상황에서 영국 정부의 주된 문제는 연합국, 즉 프랑스와 미국이었다. 베르사유에서 프랑스는 시리아에 우선권이 있다는 주장을 굽히지 않았다. 반면 로이드조지는 미국을 유인하여 독립적인 아르메니아 국가에 대한 위임통치를 받아들이게 하려 했다. 미국 정부는 그 가능성을 알아보기 위해 팔레스타인과 아르메니아에 조사단을 파견했다. 아르메니아는 윌슨이 개인적으로 천착한 주제였다. 그러나 얼마의 비용이 들지 분명했고, 경제적 이득은 아주 적었으며, 영국의 음모에 대한 의심이 짙어졌다. 의회는 1920년 봄 강화조약의 다른 부분과 더불어 아르메니아의 위임통치라는 발상도 단호히 거부했다.[13]

하지만 영국은 미국이 자결권의 적극적인 후원에 쏟은 관심을 과대평가하는 데서 그치지 않았다. 영국은 이 약속이 그 지역에서, 특히 이집트에서 영국 세력에 대한 도전으로 얻어낼 수 있는 힘을 과소평가했다. 1880년대에 이집트는 아프리카에서 새로운 제국주의적 경쟁의 중심이었다. 영국은 그 나라에서 오스만제국과 프랑스를 다 쫓아냈고 프랑스가 자금을 투자한 수에즈 운하의 지배권을 확보했다. 1914년 전쟁이 다가오면서 완전히 병합하자는 말이 돌았다. 그렇지만 영국 정부는 모든 가능성을 다 열어둔 상태에서 1914년 12월 보호령을 선포했고, 동시에 자치를 향한 길을 밟겠다고 약속했다.[14] 이는 상반되는 기대를 낳았다. 프랑스 지향적인 이집트 엘리트층은 협상국과 미국의 자유주의적인 수사법을 액면 그대로 받아들인 반면, 영국의 가장 팽창적인 제국주의자들은 '이집트를 아프리카와

아시아에 걸친 새로운 제국의 길잡이 별로 삼을' 수 있게 할 '오스만제국의 해체'를 기대했다.[15]

1918년 전임 교육부 장관이자 법무부 장관으로 새로운 민족주의 지도자로 급부상한 사드 자글룰은 자국 전체를 대표하는 와프드wafd 당의 이름으로 베르사유 강화회의에 참여해야 한다고 주장했다. 영국이 처음 보인 반응은 경멸이었다. 곧 대재난이 닥칠 수 있다는 경고를 받았을 때, 이집트 정부의 영국인 재정·법률 고문이었던 윌리엄 브러니에이트는 '침을 뱉어 불을 끄겠다'고 응수했다.[16] 이집트 민족주의가 자글룰과 그의 저명인사 친구들에만 국한된 채로 남았다면, 그 정도로 충분했을지도 모른다. 그러나 1918년에서 1919년으로 넘어가는 겨울, 이전에 볼 수 없었던 엄청난 대중이 모여 민족주의 대의를 지지하는 동맹을 이루었다. 1919년 3월 영국은 정치와 경제가 뒤섞인, 대체로 비폭력적이었지만 완전한 민중 봉기에 직면했다.[17]

이집트가 제국의 전쟁 수행 노력에 휘말려 경제가 와해된 것이 이러한 불안의 한 가지 동인이었다. 인플레이션이 만연했다. 물가는 세 배가 올랐고, 영양 실조가 깜짝 놀랄 수준에 이르렀다.[18] 식량 가격은 도시 빈민에게 최악의 타격을 가했지만, 면화를 재배하여 수출한 농민도 굶주릴 지경에 처했다. 그러나 스칸디나비아의 어느 외교관이 평했듯이, 이것은 단순한 식량 폭동이 아니었다. "토착민 전체가 정치 운동에 협력한 것은 이집트 현대사에서 처음이었다."[19] 1919년 3월 카이로가 소요에 휩싸이고 자글룰은 몰타에 억류된 상황에서, 영국은 협조적인 정부의 수반으로 일할 뜻이 있는 유력한 이집트인을 찾을 수 없었다. 계엄령이 선포된 가운데 팔레스타인 원정 승리의 영웅인 에드먼드 앨런비 장군이 고등판무관에 임명되어 서둘러 배를 타고 들어왔다. 그러나 수에즈 운하 지구의 막사에 있던 많은 영국군 병사들을 배치한 것만으로는 질서 회복에 충분하지 않았다. 전국적인 공무원 파업으로 정부가 마비되었기 때문이다. 국민적 단합을 상징적으로 과시하기 위해 콥트교도와 무슬림이 공동으로 1919년 부활절을 축하했다.

침을 뱉는 것으로는 이제 불을 끌 수 없었다. 그러나 영국 정부는 단호하게 지배력을 유지하려 했다. 베르사유에서 아서 밸푸어와 로이드조지는 프랑스와 미국으로부터 이집트의 보호령 통치를 인정받으려 노력했다.[20] 전략적 장악력을 확보한 다음 자글롤을 유배 생활에서 풀어줬고, 1919년 12월 앨프리드 밀너 경이 이끄는 위원회(밀너 위원회)가 카이로에 도착하여 '보호령 통치에서 (이집트의) 평화와 번영, 자치 제도의 점진적인 발전, 외국 이익의 보호를 가장 잘 촉진할 것으로 생각되는 형태의 헌법'을 고찰했다.[21] 그렇게 선심 쓰는 체하는 어법은 1914년이었어도 도발적인 태도였을 것이다. 전국적인 반란이 일어난 지 12달이 지난 시점에 이는 완전히 부적절했다. 밀너조차도 이러한 결론을 피할 수 없었다. "이집트에서 민족주의는 태도를 분명히 밝힐 수 있는 모든 사회적 성분들을 완벽하게 지배했다."[22] 이 나라를 통치하는 것이 불가능하게 되었다. 1920년 여름이 되면 영국이 독립국 이집트에 군대를 계속 주둔시키려면 협상을 해야만 한다는 것이 현지에 있는 사람이라면 누구에게나 분명했다. 밀러는 영국 내각을 이렇게 안심시켰다. "이집트가 우리의 제국 체제 전체에서 진정한 요충지이다." 그렇지만 영국이 '그것을 소유할' 필요는 없다. 영국은 '견고한 발판'만 있으면 되었는데, 그것은 수에즈 운하 지구에 영국이 군대를 주둔시킬 권리가 있음을 인정받고 수단의 나일강 상류 구역에서 그 지위를 공고히 함으로써 확보했다.[23] 과연 밀너는 기꺼이 이집트의 독립을 '영국의 개혁 작업의 효력을 입증하는 가장 두드러진 증거'로 보았다. "이집트가 영국과 긴밀한 동맹을 유지하며 독립 국가가 된다면, 이는 결코 우리가 착수한 정책의 폐기가 아니라 그 완성이 될 것이다…. 우리가 어쨌든 그것을 시도해야 한다는 것은… 우리의 성의를, 그리고 우리가 이집트에서 행하고 있는 작업의 타당성에 대한 우리의 확신을 보여주는 증거이다."[24] 그러나 영국 정부는 미적거렸다.

1922년 2월 영국 정부가 이집트의 독립 인정과 계엄령 해제에 동의하기까지는 사임하겠다는 앨런비의 위협이 필요했다. 문제는 아일랜드의 경우처럼 이집트 민족주의가 이미 너무 강력해져서 영국이 이 타협을 편안하게 생각할 수 없었다는 데 있었다. 1923년에서 1929년 사이에 치러진 선거에서 와프드 당은 온건한 국가 개혁 정책으로 연이어 압도적 과반수를 확보했다. 영국은 와프드 당의 권력 장악을 거듭 방해했고, 이는 결국 이집트의 첫 번째 자유주의적 헌법의 중지로, 1930년에 협소한 시각의 국가 독립을 영국의 이익과 조화시킬 수 있을 만큼 충분히 권위주의적인 정부의 수립으로 귀결되었다. 영국 정부는 이집트의 제한적인 독립국을 내어주면서 큰 대가를 치르게 했다. 이집트 민주주의 정치의 전망은 처음부터 훼손되었다.

이집트 민족주의를 향한 영국의 공격은 그 지역 내에 심각한 전략적 위협이 없음을 생각하면 한층 더 영문 모를 일이었다. 오스만제국과 독일은 패배했다. 러시아는 무장이 해제되었고, 미국은 그곳에 관심이 없었다. 이탈리아와 프랑스 두 나라 모두 영국과의 협정에 기대어 안보를 추구했기에 영국의 패권에 중대한 도전을 제기할 수 없었다. 때때로 영국이 압도적인 군사적 우세 때문에 더욱 공격적으로 나온 것처럼 보이기도 했다. 1918년 10월 토머스 에드워드 로런스가 에미르 파이살과 1,500명의 기병과 함께 다마스쿠스로 들어갔을 때, 영국은 1916년에 이미 프랑스에 할당된 영토에 대한 보호 권리를 주장하는 듯했다. 영국 정부는 독립적인 아랍 국가를 수립한다는 약속을 이행할 뿐이라고 주장했다. 그러나 영국은 파이살에게 팔레스타인에 시온주의자들의 나라를 세운다는 밸푸어 선언의 약속을 이행할 책임을 떠안겼다. 1919년 가을에 이미 아랍인들의 분노에 찬 반대를 불러일으킨 계획이었다.[25] 영국은 1920년 4월 산레모 회의San Remo Conference 에 뒤이어 프랑스와의 새로운 협정의 일환으로 파이살에 대한 지지를 철회했다.[26]

영국은 프랑스에 할당된 시리아 대신 이집트와 통합된 이라크 국가에 기지를 두고자 했다. 그러한 가능성은 즉시 메소포타미아에서 부족들의 격렬한 반대를 초래했다. 이러한 정황에는 아랑곳없이, 프랑스가 전차와 비행기로 시리아 민족주의자들을 날려버린 뒤, 파이살은 다마스쿠스에서 바그다드로 옮겨갔으며, 그의 형이 트랜스요르단의 왕위에 올랐다.[27] 아랍 정치인들의 굴욕은 1924년 3월에 대미를 장식했다. 이라크 제헌의회의 의원으로 선출된 자들이 무장한 영국 수비대에 의해 의사당 안으로 끌려가 이라크의 독립을 확정했지만 영국에 군대와 재정의 통제권을 부여한 영국-이라크 조약을 비준했던 것이다.[28] 중동에 자리 잡은 새로운 질서는 이론상으로는 독립 국가 이집트와 이라크에 닻을 내렸지만, 실제로는 정치적 정통성의 의도적인 무시 위에 세워졌다. 이러한 부족함은 결과적으로 영국 제국 전체의 도덕적 토대에 나쁜 영향을 가져왔다.[29]

오스만제국을 겨냥한 영국 정부의 공격은 더욱 노골적이었고, 그 결과는 한층 더 비참했다. 1918년 오스만제국의 해체는 협상국의 공식 정책이 되었다. 오스만제국은 아나톨리아와 동부 트라키아로 줄어들 것이었다. 1919년 5월 초 술탄은 이스탄불에 갇혀 프랑스와 영국의 감시를 받았다. 약 4만 명의 영국제국 군대가 아나톨리아의 철도를 따라 배치되었다. 그리스 군대는 이즈미르에 잔인한 점령 통치 체제를 수립했으며, 이탈리아 병사들은 아드리아해에서 겪은 좌절의 보상으로 에게해 해안에 교두보를 설치하고 있었다.[30] 동쪽에서는 아르메니아인과 쿠르드족의 자치운동이 일어났다.[31] 협상국의 오스만제국 정책에 정치적으로 합리적인 근거가 있었다면, 그것은 바로 오스만제국이 쇠락했고 잔인했기에 역사적 생존의 권리를 상실했다는 주장이었다.

그러나 이러한 논거는 튀르크 민족주의의 새로운 힘을 무시했다. 1915년 아르메니아인들을 죽인 학살자들은 스스로 불명예를 떠안았지만, 1920년 3월 오스만제국 의회 선거로 민족주의자들이 다시 압도적 과반수를 차지했다. 영국은 이스탄불을 점령하고 계엄령을 선포하며 그리스의 아나톨리아 내륙 공격을 지원하여 대응했다. 민족주의자들은 아나톨리아 고지대의 앙카라로 물러났고 그곳에서 튀르크 대국민의회TBMM가 민족봉기를 선포했다. 그럼에도 서구 강국들은 자신들의 길을 갔다. 1920년 8월 10일 술탄 메흐메트 6세는 세브르 조약의 굴욕적인 조항들을 수용해야만 했다.[32] 로이드조지는 협상국이 '모든 비튀르크인 주민을 튀르크인의 지배에서 해방한다'고 선언했다. 술탄은 또한 조약에 서명함으로써 튀르크인들이 왕조에 충성해야 할 의무를 면하게 해주었다. 민족주의 운동 지도자 케말 아타튀르크에게 그것은 '정부를… 인민의 손에 넘겨주는 것'을 의미했다.

1920년 여름 동안 그리스 군대는 아나톨리아 침공에서 순항했다. 그러나 11월 1일 예기치 않은 정세 전환으로 그리스의 왕당파 유권자들이 엘레프테리오스 베니젤로스의 팽창주의적인 자유당 정부를 거부했다. 겨울의 혹독한 싸움에서 새로이 구성된 튀르크 대국민의회 군대는 그리스의 진격을 저지했고 이어 그들을 몰아냈다. 1921년 1월 대국민의회는 새로운 헌법을 선포했으며 소비에트 정권과 조약을 체결했다. 여름에 그리스 군대는 한 번 더 진격했다. 이들은 앙카라에서 40킬로미터 이내의 거리까지 밀고 들어갔지만, 아타튀르크를 중심으로 결집한 튀르크 군대가 사카리아강 전선에서 3주간의 전투 끝에 침입자들을 빅실냈나.[33] 1921년 9월 중순 그리스 군대가 해안으로 길게 늘어져 처참한 철수에 들어가면서, 로이드조지의 중동 정책은 실패에 직면했다. 영국이 그리스를 지원한 탓에 튀르크인들은 러시아와 동맹을 맺었다. 그러지 않았다면 불가능했을 동맹이었다. 한편 중동에서 영국과 프랑스 사이에 적대감이 일면서 협상국의 협력에 금이 갔고 로이드조지의 유럽 정책도 흔들렸다. 그중에서도 최악은 영국의 오스만 제국 공격으로 인도의 상황이 관리하기 어렵게 될 것 같았다는 사실이다.

영국에 맞서는 비협력적 인도의 성장

영국의 인도 지배가 얼마나 큰 도전을 받을지는 1916년 발 강가다르 틸라크와 애니 베산트가 자치운동에 착수했을 때 분명해졌다. 1918년 몬터규 선언의 약속과 위험스러운 통화 위기의 억제는 불안을 완화하는 데 도움이 되었다. 그러나 1년이 지나지 않아서 영국 정부는 돌연 위압적인 규모의 대중운동에 직면했다. 1916년에는 수만 명의 군중이 모였지만, 1919년 영국 반대 운동에는 몇 백만 명이 결집했다. 인도국민회의와 인도자치연맹All India Home Rule League은 확실히 경제적 재난이라는 공통분모 때문에 새롭게 힘을 얻었다. 그리고 1919년 반란 고조의 책임을 경제적 요인에 돌리는 것은 영국령 인도의 영국인 행정관들에게는 너무도 편리했다. 인도인을 반란으로 내몬 것이 굶주림과 불만이라면, 경제 개선책만 내놓으면 될 일이었다. 생계비 증가로 소요가 일어났다면, 디플레이션이 해법이었다.[34]

전쟁 이전부터 인도 민족주의자들은 금본위제를 요구했다. 1920년 2월 영국 정부는 그들의 바람대로 될 것이라고 선언했다. 전후 경기가 최고조에 이르렀을 때 루피는 금본위제 화폐였다. 그러나 영국이 환율을 지나치게 높게 결정했기에, 결과는 안정이 아니라 금융 경색이었다. 그래서 1920년 여름이면 인도의 외환 보유고는 고갈되었고 사업가들 사이에서 불안이 유발되었다. 뭄바이의 부르주아지들이 처음으로 민족주의 운동에 가담했다.[35] 경제 문제의 탈정치화가 목적이었다면, 그 전략은 역효과를 냈다. 어쨌거나 영국령 인도 행정부는 소요의 동인이 경제라고 설명하고 넘어가려 했는데, 이는 반란의 규모를 제대로 파악하지 못한 실패의 일부였다. 영국령 인도 정부에 반대하는 봉기는 종교적 정서와 현지의 분노가 뒤섞이고 불만을 품은 수백만 명의 학생과 노동자, 농민의 과격한 에너지가 결합하여 이질적인 성분들의 파괴적인 소용돌이가 되었다. 경제적 불만이 한 가지 요인이었지만, 엄청난 인도 대중은 이제 영국 통치의 부당함에 격분하여 정치적 항의에 나섰다.

1918년 보수적인 영국인 주지사들을 설득하여 몬터규-첼름스퍼드 개혁의 자유주의 조항들을 수용하게 하려고 시드니 롤럿의 책임으로 위원회를 수립하여 광범위한 전후 보안 조치의 필요성을 고찰하기로 했다. 1919년 1월 인도 정부는 인도부 장관 에드윈 몬터규의 항의를 무시하고 전시의 비상통치권을 무한정 연장하겠다고 했다. 인도는 사실상 계엄 상태에 놓이게 되었다. 이는 전례 없는 대중 저항을 촉발했다.[36] 4월 초, 뭄바이와 라호르는 소동에 휩싸였고 아메다바드에는 계엄령이 선포되었다. 4월 10일 펀자브에서는 예방조치로서 무차별적인 체포의 물결이 휩쓸고 지나갔다. 암리차르에서는 이 때문에 폭력적인 반대시위가 촉발되어 유럽인 다섯 명이 살해되고 여성 교사 한 명이 폭행을 당했다. 백인 사회가 들끓는 가운데, 레지널드 다이어 준장이 300명의 식민지군 병사들과 함께 암리차르로 급파되었다. 4월 13일, 해산을 거부하는 2만 명의 군중과 대면한 그는 발포하라고, 발포를 멈추지 말라고 명령했다. 10분 뒤에 374명의 남녀와 어린이가 죽어 쓰러져 있었다. 그밖에 수백 명이 부상을 당했다. 전후 제국의 위기 내내 영국군 병사들과 제국 경찰과의 싸움에서 죽음은 흔한 일이었다. 그러나 암리차르의 학살은 폭력적 억압의 새로운 기준을 세웠으며, 다이어는 확실하게 메시지를 전달하려 했다. 몇 주 동안 테러와 욕보이기가 이어졌다.

아일랜드처럼 인도에서도 제국주의적 자유주의 내부의 긴장된 균형이 더는 유지될 수 없는 시점이 빠르게 다가오는 것 같았다. 인도의 민족주의자들은, 영국과 원만한 타협을 이루고자 했던 간디 같은 인사들을 포함하여, 다이어에게 그렇게 행동할 핑계를 제공한 무질서한 항의를 비판했다. 그러나 이들이 그렇게 일말의 죄책감도 없는 노골적인 폭력에 의존하는 통치 체제에 계속 협력하리라고는 결코 기대할 수 없었다. 첼름스퍼드 총독과 영국 내각은 사방에서 비난을 받는 호전적인 부하들을 전면적인 조사도 없이 외면할 수는 없었다. 그러나 이들은 정말로 실망했다. 몬터규는 총독에게 이렇게 말했다. "우리의 오랜 친구, 단호한 정부, 클럽 흡연실의 우상이 변치 않을, 피할 수 없는 결과를 초래했다." 그것은 폭력, 죽음, 그리고 더 심한 과격화였다.[37] 몬터규는 자신의 신념에 충실했다. 1920년 7월 그는 하원에 암리차르 사건 조사의 결과를 제출하면서 그 학살을 비난했다. 영국제국에 나쁜 평판을 안겨주려고 계산된 수치스러운 '종족 욕보이기' 행위였다는 것이다. 그는 다이어에게 '테러리즘'과 '프로이센주의'의 죄가 있다고 선언했다. 채찍을 휘두른 정부에는 당혹스럽게도, 보수당 의원석에서는 꼴사납게 다이어가 아니라 자유당의 인도부 장관을 향한 인종차별적 고함이 터져 나왔다.

힌두 사회의 분노가 충분하지 않았다고 해도, 영국은 1919년 초 다른 위협에 직면했다. 소수파인 무슬림 주민의 보호는 오랫동안 영국에게 인도에 머물 핑계를 제공했다. 1916년 인도국민회의와 전 인도 무슬림연맹 간의 러크나우 협약으로 이러한 근거는 의문시되었다. 1919년 봄, 오스만제국과 체결한 강화조약의 가혹함이 온전히 드러나면서, 영국은 첼름스퍼드 총독의 말을 빌리자면 '이슬람의 주적'이 되었다.[38] 이전에는 침묵했던 무슬림 주민들은 킬라파트 운동Khilafat Movement을 일으켜 칼리파로서 수니파 신

앙의 세속 보호자로 성별聖別된 자였던 오스만제국 술탄이 굴욕적인 대접
을 받은 것에 항의했다. 1920년 2월 오랫동안 반反영국 저항의 온상이었던
벵골에서 열린 킬라파트 운동의 회의에서 다수는 영국령 인도제국의 개혁
이 아니라 영국 통치에 맞선 전면적인 반란에 찬성했다. 범이슬람주의 지
도자 중에서도 가장 과격한 축에 들었던 압둘 바리는 지하드(성전)를 호소
할 것 같았다. 몬터규와 인도의 영국 행정부는 본국에 튀르크인 정책을 수
정하라고, 아니면 최소한 인도 정부에 독립적인 태도를 취할 수 있게 해달
라고, 다시 말해 영국령 인도를 오스만제국에 대한 공격에서 빼달라고 거
듭 요청했다. 그러나 영국 정부는 거절했다. 그 결과 인도는 단합하여 영
국에 맞섰다.

간디가 중추적인 역할을 떠맡게 된 이유는 바로 그가 이렇게 전례 없는
동맹을 지휘할 독특한 능력을 지녔기 때문이었다. 1919년 11월 간디는 델
리에서 열린 전 인도 킬라파트 회의에 힌두 인도의 유일한 대표자로 참석
했다. 바로 그 무대에서 그는 남아프리카에서 아시아인 인종차별에 저항하
고자 자신이 처음으로 고안해낸 비협력 전략을 인도에도 적용하자고 최초
로 주장했다.[39] 동시에 간디의 수많은 추종자들은 인도국민회의의 근엄한
회합을 바꿔놓았다. 1920년 12월 나그푸르 회의에는 1만 5,000명의 대의
원이 몰려들어 북적거렸다. 간디의 강력한 요구에 따라 회의는 촌락이 인
도 공동체 생활의 '기본적인 제도'로 인정받도록 재조직되었다. 그것은 지
역 엘리트들을 대신하여 간디가 이끄는 전국적인 지도부에 권한을 부여하
는 효과를 냈다. 점진적인 변화는 이제 의제에서 사라졌다. 간디는 회의의
열화와 같은 박수 소리와 함께 그해 안에 스와라지, 즉 자치를 실현하겠다
고 공인했다. 그 목표를 달성하기 위해 회의는 합헌적 방법뿐만 아니라 모
든 '정당하고 평화로운 수단'까지 채택하기로 결의했다.[40]

간디의 비폭력 수장은 영국 통치에 도전하면서도 인도부 장관 몬터규

와 신임 총독 리딩 경 루퍼스 아이작스가 여전히 소중히 간직하고 있던 자유주의적 열망을 이용했다. 1919년 12월 인도정부법Government of India Act이 영국 의회의 상원과 하원에서 수정 없이 통과되었다. 의회는 다소 내키지 않았지만 인도국민회의와 전 인도 무슬림연맹이 합의한 독립적인 별개의 유권자 집단을 승인했다.[41] 암리차르 학살 이후였는데도 1919년 12월의 인도국민회의는 여전히 몬터규 개혁을 불만족스럽지만 승인할 의사가 있었다. 간디도 아직은 협력을 거부하지 않았다. 간디가 마침내 영국 정부의 불성실을 확신한 것은 오스만제국과 체결한 세브르 조약의 가혹한 조건과 다이어의 학살에 대한 지극히 부적절한 공식 반응이었다. 1920년 8월 인도국민회의는 11월로 예정된 선거에서 협력하지 않겠다고 선언했다. 영국은 그대로 진행하는 수밖에 달리 방법이 없었다. 아직도 자신들과 협력할 뜻이 있는 인도인들을 실망시킬 수 없었던 것이다. 인도국민회의의 엘리트층에는 간디의 새로운 대중운동의 출현에 당황한 자들이 있었고, 1918년에서 1919년으로 넘어가는 겨울 이른바 '온건파'가 이탈하여 전국자유연맹National Liberal League을 창설했다. 몬터규-첼름스퍼드 개혁의 제한된 참정권은 그들의 마음에 꼭 들었다.

1925년, 새로운 헌법이 안정적 형태를 갖추기 시작했을 때, 825만 8,000명의 인도인에게 주 입법위원회Provincial Legislative Council 위원 선출 투표권이 있었다. 하원Legislative Assembly 의원 선출 투표권을 지닌 자는 약 112만 5,000명이었고, 상원Council of State 의원은 유력인사들로 구성된 3만 2,126명의 배타적인 집단이 선출했다. 전체적으로 보아 모든 수준에서 선거권을 지닌 자는 성인 남성 인구의 10퍼센트 미만이었다.[42] 그럼에도, 그리고 인도국민회의가 참여를 거부했는데도, 아주 많은 의석을 두고 지역 파벌들이 경쟁했으며, 유권자보다 훨씬 많은 사람들이 동원되었다. 1920년의 첫 번째 선거에서는 인도국민회의의 불참 덕분에 전국자유연맹이 좋은 성과를 거두었다. 영국과의 타협을 지지한 온건파가 하원을 지배했다. 가장 놀라운 결과는 마드라스 관구에서 나왔다. 힌두 상층계급의 불참으로 신생 정당인 정의당Justice Party(남인도자유연맹)이 대표하는 비非브라만 계급들이 크게 두드러졌다. 이들은 선출직 의원 98명 중에서 63명을 차지했다.

지방정부가 통째로 인도인에게 이전되었기에 영국의 제국주의적 자유주의는 마침내 약속을 지키고 있다고 주장할 수 있었다. 인도 민주주의는 그 놀라운 20세기 이력의 첫걸음을 내디뎠다. 그러나 '영국으로부터 물려받은 민주주의'라는 담론은 시작하기도 전에 신뢰를 잃고 있었다. 1920년의 정치적 사건은 인도식 대중 민주주의의 첫걸음이 아니라 영국에 반대하는 비협력의 눈부신 성장이었다. 인도의 첫 번째 총선거에서 주 입법위원회 의원 선출에 투표한 자들은 유권자의 25퍼센트에 불과했다. 마드라스 도시 힌두 선거구의 53퍼센트부터 주민들이 고도로 정치화한 뭄바이 도시 무슬림 선거구의 5퍼센트까지 지역별로 다양했다. 영국의 평자들도 인정할 수밖에 없었듯이, 이로써 구성된 입법위원회는 '비현실성의 분위기에서' 활동한 침묵의 입법위원회였다.[43]

1920년 인도의 정치적 상황의 '현실'은 간디의 대중적 저항운동이 결정했다. 영국 엘리트와 인도 엘리트에 똑같이 그것은 당혹스러운 신세계였다.[44] 간디가 보는 스와라지(자치)는 여러 점에서 의도적으로 이상주의적이었다. 그것은 영국 통치의 압제뿐만 아니라 근대국가나 경제 질서로부터도 해방된 미래를 호소했다. 간디의 스와라지는 식민지 개발이라는 시각을 모조리 거부했다. 그것은 기존 민족주의 엘리트층의 열망과 충돌했으며, 새로이 출현한 인도의 공산주의 운동은 이를 어리석을 정도로 시대착오적이리고 조롱했다. 1945년 이후, 간디가 인도 국민의 정신 지도자로 추앙될 때에도, 그의 공동체적 미래상은 가차 없이 밀려났다. 그러나 간디의 부정할 수 없는 힘은 그의 카리스마가 아니라 정치적 전술에 대한 그의 절묘한 이해에 있었다. 간디는 날마다 자신의 주위로 봉기 세력을 결집시켰고 영국이 대규모의 치명적인 폭력으로 대응할 수밖에 달리 도리가 없는 수준까지 도발하지 않고도 압박을 더 가할 수 있는지 가늠했다.[45] 비협력은 레닌의 전면적인 파국으로의 무모한 돌진이나 그것과 동일한 신페인당의 아일랜드 판 전략을 피하면서 혁명을 이루어내기 위한 의도적인 노력이었다. 비협력은 간디 자신이 아주 최근까지 찬동했던 자유주의적 제국의 정당성을 면밀히 조사하기 위해 계획한 전략으로서 그 목적에 완벽하게 들어맞았다.

암리차르의 참사에, 그리고 그 참사가 양측에서 피를 더 봐야 한다는 요구를 자극한 것에 충격을 받은 몬터규와 인도 총독 리딩은 사태의 악화를 막으려 했다. 그러나 1921년 가을 영국 내각은 인내심을 잃고 있었다. 로이드조지는 인도에 이렇게 전문을 보냈다. "인내하고 관용할 시간은 지났다고 나는 확신한다…. 대다수 인도인은 개혁이 잘 작동하도록 충성스럽게 협조하고 있으며, 이들이 누가 더 강한지, 간디인지 영국령 인도인지 의심하지 않도록 하는 것이 가장 중요하다…."[46] 아일랜드와 이집트의 운명이 둘 다 풍전등화에 처한 상황에서 '영국제국'은 '매우 위태로운 국면을 지나고' 있으며 '누구든 그 권위에 도전하는 자에 대해서는 단호하게 대처할… 의지와 능력을 지니고 있음을 의심의 여지없이 가장 명백한 방식으로 보여주지 못하면 살아남지 못할 것이다.' 로이드조지는 몬터규와 리딩에게 이렇게 일깨웠다. "내각은 세계 전역에서 우리가 차지한 지위를 매우 폭넓게 고찰하고 이를 토대로 시각을 정했다." 이는 명백한 사실이었다. 제국의 정책은 세계 정책이었다. 그러나 영국 내각에는 확실하게 인도에서 작동하고 있는 힘에 대한 평가가 부족했다. 인도 엘리트층 내부에서도 변화가 더 빨라져야 한다는 압력이 커지고 있었다. 간디에게 다수를 빼앗긴 상황에서, 문제는 영국이 소수 온건파의 협력이나마 지탱할 수 있느냐는 것이었다. 과격한 민족주의자들을 침묵시키지 못하면 온건파가 위험에 노출될 것이다. 그러나 암리차르 학살이 재발하면 아일랜드처럼 양쪽으로 분열한 상황이 전개될 수밖에 없었다.

1921년에서 1922년으로 넘어가는 겨울 인도국민회의가 웨일스 공 에드워드의 인도 국빈 방문 거부를 선언했을 때, 대결의 순간은 빠르게 다가오는 것 같았다.[47] 1922년 1월, 학살은 피했지만 간디의 비협력을 지지하는 자들이 3만 명 이상 주 당국에 체포되었다. 자제와 '비非대결'이라는 몬터규의 자유주의적 정책은 힘을 잃고 있었다. 1921년 12월 셋째 주 막판 타협을 절실히 원했던 리딩은 입헌 원탁 회의라는 발상을 들고 나왔다. 위험성은 매우 컸다. 인도 총독은 영국 정부나 주지사들의 승인 없이 행동했고 양측의 거센 항의를 예상할 이유가 충분했다. 인도 온건파가 지지를 표명한 새로운 선거 제도는 생긴 지 겨우 1년밖에 되지 않았다. 그렇게 빨리 수정을 제안하니 이는 당황했다는 뜻이었다.

결국, 1922년 새해에 리딩을 구원한 것은 간디의 성급한 움직임이었다. 이는 그답지 않은 조치였다. 인도국민회의 지도부 안에서는 회담을 지지하는 견해가 상당했지만, 간디는 고압적으로 원탁 회담 제의를 거절했다.[48] 이것이 리딩의 구원이었다. 리딩이 회담을 권유한 지 불과 며칠 후에, 로이드조지와 주지사들은 그러한 발상 전체를 격하게 비난했다. 만일 영국 정부가 총독의 제안을 부정한 바로 그 순간에 간디가 회담을 수용했다면, 인도 정부와 영국 사이의 전례 없는 불화가 공개적으로 드러났을 것이다. 그러나 1922년 1월에 실제로 고립된 이는 간디였다. 간디가 회담을 거부하면서 그가 위험한 과격 포퓰리스트라는 일부 중요한 인도 정치 지도자의 의심이 확고해졌다. 이제 형세는 영국 측에 유리하게 기울기 시작했다.

그러나 그러한 관점에서 말하는 것 자체가 상황의 심각성을 가리켰다. 1922년 초 멀리 내다보는 제국 관료들은 조만간 영국이 몬터규-첼름스퍼드 개혁 같은 거대한 정치적 제스처나 영국 정부가 요구하는 것과 같은 무력시위에 의존하여 인도를 지배할 수 없으리라는 점을 분명하게 깨달았다. 필요한 것은 그날그날의 임시방편이었다. 1922년 1월 중순 인도 정부의 내무부는 놀랍도록 난해한 평가를 내놓았다. 관료들은 '간디와의 싸움'이 '언제나 유리한 위치를 차지하기 위한 싸움'이었다고 평했다. 암리차르 학살 뒤에 리딩과 몬터규가 채택한 비대결 정책은 민족주의자들에게 주도권을 넘겨줄 위험이 있었고, 11월과 12월에 '전술적 이점'은 '한동안 간디에게 넘어갔다.' 그러나 1922년 초 관료들은 '온건한 여론'이 '정부에 찬성하는 쪽으로 바뀌고 있다는 명백한 징후를 보이고' 있음을 감지했다. 간디가 고압적으로 원탁 회의를 거부한 뒤, 인도의 유력 인사들은 정부가 시기를 적절히 선택한다면 그의 체포를 지지할 생각이 있었다. 그 순간은 간디가 영국 통치를 무너뜨리려는 의도를 공개리에 선언할 때 올 것이었다. 간디는 1920년 말에 1년 안에 스와라지(자치)를 달성하겠다고 공언했다. 그러나 한 해 더 자치는 오지 않았다. 영국의 제국 책략가들은 이 점에 주목했다. '… 조만간' 그는 '집단적인 시민 불복종을 선포할 수밖에 없을 것이다…. 그다음에, 오직 그때에만 정부는… 그 나라에서 얻을 수 있는 지지 세력을 소원하게 하거나 헌법을 파괴할 위기를 재촉하는 일 없이 그와의 마지막 싸움에 들어갈 수 있을 것이다.'49

실제로 그 순간은 매우 빨리 다가왔다. 1922년 2월, 영국 정부의 공격성이 극에 달했을 때, 간디는 그 지배력 때문에 실패했다. 간디가 인도 정부에 공공연히 도전한 뒤, 수많은 인도 청년이 자원하여 비협력 운동 단체에서 교육을 받았다. 2월 4일, 경찰이 우타르프라데시 주 초리초라에서 높은 식품비에 항의하는 시위를 폭력적으로 해산한 뒤, 자원자들이 경찰서를 불태워 그 안의 경찰 23명이 전부 사망했다. 영국 정부는 간디를 즉각 체포하라고 요구했다. 로이드조지는 이렇게 언성을 높였다. "인도에서 우리의 지위에 도전하려는 시도가 있다면, 영국은 온힘을 다해… 세계를 깜짝 놀라게 할 힘과 결의로써 인도의 지배권을 유지할 것이다." 이는 로이드조지가 아일랜드인들을 겁박할 때 쓴 전부 아니면 전무 전술과 동일했다. 노골적인 허세로 아일랜드보다 인도에서 훨씬 더 심했다.[50] 영국 대중은 확실히 '감사할 줄 모르는' 인도의 예속민들에 대한 인내심이 없었다. 그러나 대대적인 탄압의 욕구도 전혀 없었다. 영국 정부의 인도부India Office는 더욱 현실주의적인 관점에서 대응했다. 몬터규는 인도 정부가 영국의 지배뿐만 아니라 인도에 대한 의무도 분명히 해야 한다고 역설했다. 누구든 영국이 그 '인도 사명이 끝나가는' 것으로 생각한다고, 영국 정부가 '퇴각을 준비하고' 있다고 믿는다면 이는 '완전히 틀린 추론'임을 거듭 확인해야 했다.

간디는 초리초라의 폭력에 소스라치게 놀랐으며 2월 12일 시민 불복종 캠페인을 갑자기 취소했다. 그는 이제 영국 정부의 지명 수배자가 되었지만, 그 순간에도 인도 총독의 협력자인 인도 온건파의 간절한 호소에 따라 리딩은 자제했다. 인도 정부는 간디를 체포해야 했지만 그에 앞서 우선 무슬림 주민을 간디의 품에 안기게 한 기본적인 불만을 제거하여 도덕적 입지를 굳혀야 했다. 영국제국이 인도에서 자유주의적 조건에 따라 권위를 회복하려면 터키 임시정부와 공정한 강화조약을 체결해야 했다. 몬터규는 영국 내각의 완전한 지지를 얻지 못하고도 인도에 터키 문제에 관한 청문회를 요구하는 성명서의 언론 발표를 승인했다. 인도가 제1차 세계대전에 참전한 것은 부정할 수 없는 사실이었다. 메소포타미아와 팔레스타인에서 인도의 무슬림은 제국을 위해 목숨을 바쳤다. 인도 정부는 그들을 대변하여 영국군과 프랑스군은 칼리파의 전통적인 거소居所인 이스탄불에서 모조리 철수해야 한다고 단언했다. 술탄에게 '성지에 대한 종주권'을 돌려주어야 했기에 그리스인들은 아나톨리아에서 완전히 물러나야 했다. 그리고 그리스와 터키의 최종 경계선은 오스만제국의 트라키아가 터키에 속하도록 결정되어야 했다.[51]

영국 외무부 장관 조지 커즌이 격노한 것은 놀랍지 않다. '6,000마일 떨어진 곳에 있는 영국 정부의 하위 분과'가 본국 정부에 '자신들이 내가 어떤 노선을 추구해야 한다고 생각하는지' 명령하듯 제시하려 했다는 사실은 '심히 용납할 수 없는' 일이었다. 인도 정부가 '우리가 이즈미르나 트라키아에서 하는 일에 관하여 그 견해를 표명하고 널리 알릴 자격'이 있다면, '이집트나 수단, 팔레스타인, 아라비아, 말레이반도, 기타 여러 무슬림 세계에서 똑같이 하지 못할 이유는 무엇인가?' 세계적 제국을 어떻게 민주주의적 조건하에서 통치할까라는 문제의 핵심을 찌르는 이 질문에 답변은 없었다. 대신 1922년 3월 9일 몬터규는 사임할 수밖에 없었다. 이튿날 간디가 체포되었다. 소동은 없었다. 한 주가 지나기 전에 몬터규와 리딩이 자유주의적 제국의 새로운 토대를 얻어내고자 협상하기를 원했던 그 사람은 6년 징역형을 받았다.

고립된 제국이라는 환상

영국제국은 위기를 버티고 살아남았다. 그 결과 제국의 운명에 대한 보수적 해석은 향후 몇 년간 지배력을 유지했다. 그러나 이는 공허한 승리였다. 보수주의자들이 승리했지만 그들은 제국 전역의 고급 술집에서 열정적인 토론의 대상이었던 절대적 지배의 폭력적 행위를 실행할 필요는 없었다. 실제로 아일랜드에서 재앙의 문을 열어놓을 뻔했던 섬뜩하고 수치스러운 사태 악화를 방대한 제국의 다른 곳에서 되풀이할 필요가 없도록 영국을 구원한 것은 식민지 행정부의 멸시 당한 자유주의자들과 상대적으로 더 세련된 민족주의자들 간의 미묘한 전술적 조정이었다.[52] 자유주의는 반동 세력이 자신들의 위치를 지키기가 실제로 얼마나 어려운지 충분히 증명할 필요가 없도록 그들을 구원했다. 그러나 그 과정에서 자유주의적 계획 자체는 돌이킬 수 없는 손상을 입었다.

몬터규는 마지막까지도 자신의 인도 정책이 튀르크인을 혐오하는 비합리적 공격 때문에 망했다고 주장했다. 인도부 장관으로서 하원에서 행한 최후의 발언에서도 그는 제국을 진보의 수단으로 정당화한 매콜리 경(토머스 배빙턴 매콜리)의 유명한 견해를 강력히 지지했다. 몬터규는 이렇게 역설했다. "인도는 선의와 협력 위에서 영국 의회가 인도에 주지 않을 권리는 없다는 점을 깨달아야 한다…. 인도가 우리의 성의를 신뢰한다면… 영국 의회가 인도에 내놓은 제안을 수용한다면, 그때 인도는 그렇게 많은 인도인과 영국인이 최근까지 지키려고 싸우다 죽은, 지금 이 순간에도 세계를 구하고 있는 영국제국이 방종이 아니라 자유로운 권리를, 무질서가 아니라 자유를, 패주가 아니라 진보를, 평화를, 미래가 제공할 수 있는 최선의 운명의 실현을 주리라는 사실을 알게 될 것이다."[53] 그러나 몬터규는 자유주의적 제국 모델이 거듭 드러낸 모순을 무시했다. 자유주의적 미래상은 기본적인 변명을 제시했다는 점에서 제국 유지에 필수적이었다. 그러나 그러한 시각은 제국주의 세력의 실질적인 행태와 제국에 예속된 자들의 저항 때문에 언제나 애처로운 위선으로 전락할 가능성이 컸다.[54] 1830년대에 명료하게 표현된 자유주의적 제국 해석은 1850년대에 와서 인도 폭동에 일소되었다. 1917년에서 1922년까지 인도에서 자유주의로부터 억압으로 완전한 역전은 없었다. 그러나 자유주의와 반동을 오가는 요동은 어지러울 정도로 꾸준히 반복되어 제국의 의지를 꺾었다.[55]

물론 1920년대 초 위기에 뒤이어 제국의 곤경에 대한 현실적인 재평가가 있었던 것은 아니다. 안심은 쉽게 찾아왔다. 제국은 난국을 헤치고 나아갔다. 이러한 태도는 영국의 제국 운영자들이 '적절한 이동 배치'를 통해 언제나 민족주의적인 반세국수의 세력의 '측면을 공격'하고 '허를 찌르고'

그들의 '무장을 해제'할 수 있다는 영국 정부의 인식을 강화했다. 결정적으로 영국은 러크나우의 힌두–무슬림 협정이 깨질 것으로 기대했고, 1920년대 종교 공동체 간 폭력이 재발하면서 그러한 기대는 빗나가지 않았다. '능숙한 정치적, 헌법적 발 빠른 대응'과 전술적 솜씨는 제국의 달인들을 규정하는 특징으로 여겨졌다.[56]

그러나 유일하게 진정한 세계적 국가로 살아남았다는 사실을 빼면 제국의 긍정적인 활동은 무엇이었는가? 1920년대에는 세계적인 영연방 내에서 경제 발전이 이루어지리라는 약속이 하나의 답변이었다. 그러나 이것이 보수주의자들과 자유주의자들에게 똑같이 매력적이기는 했어도, 경제 발전에는 영국 정부로서는 여의치 않은 투자가 필요했다.[57] 1920년대에 런던에서 계속해서 세계로 차관이 흘러나갔지만, 이는 영국의 미국 자금에 대한 의존도를 높였다. 게다가 재원을 마련할 수 있었다고 해도 경제, 사회 발전과 교육받은 토착 중간계급의 창출은 제국주의에 반대하는 세력의 등장만 촉진할 뿐 아닌가? 결국, 몬터규 같은 자유주의자들이 인도 민족주의의 성장을 바로 그렇게 해석했다. 그리고 인도인들의 뜨거운 경제 민족주의가 보여주었듯이, 민족 발전의 장려와 더 넓은 시각의 세계적 영연방은 쉽게 충돌할 수 있었다. 캐나다와 호주, 남아프리카의 전례를 따라, 인도국민회의가 처음 제기한 요구들 중 하나는 영국에서 들어오는 수입품을 관세로 막는 것이었다. 민족주의에 대한 정치적 양보는 제국의 정당성을 보여주는 남은 논거인 경제적 통일성을 해쳤다.

이민 문제는 한층 더 폭발적인 긴장을 불러일으켰다. 호주와 캐나다, 케냐와 남아프리카의 소수 백인 정착민 사회는 백인 연대를 기꺼이 장려했다. 그러나 이는 총 3억 2,000만 명의 인도인에게서 이주나 토지 구매의 권리를 빼앗는 것이자 제국 전역에 퍼진 최소 250만 명의 인도인 이주 사회에 대한 차별을 영속시키는 것을 의미했다.[58] 간디는 전쟁 이전에 남아프리카에서 인도인의 권리를 위해 싸우면서 명성을 얻었다. 1919년 인종차별 철폐의 요구는 국제연맹 규약에서 제외되었다. 그러나 영국제국은 내부적으로 그 문제의 영향력을 회피할 수 없었다. 로이드조지는 1921년 7월 제국협의회Imperial Conference에서 이렇게 말했다. "우리는 제국 내부 모든 종족의 동의를 바탕으로 민주적인 제국을 건설하려 노력하고 있다…. 이것은 정말로 인간의 이야기를… 바꿔놓는다. 영국제국은 만약 성공한다면 변화의 산이 될 것이다."[59] (Mount of Transfiguration는 예수가 거룩하게 변한 산을 말한다. 『신약성서』 「마태복음」 17장.*) 영연방은 그렇게 높은 열망에 한참 못 미치게 되지만, 남아프리카의 기센 항의를 뒤로하고 '영국제국의 동등한 일원으로서의 인도의 지위와' 제국의 다른 곳에 거하는 '영국 인도인의 무능력한 생존 사이에 부조화'가 있다고 확인했다.[60] 결국, 1923년 케냐는 인도인의 정착을 새롭게 거부했다. 그렇게 함으로써 호주, 뉴질랜드, 남아프리카, 캐나다와 더불어, 이 문제에서는 영국 자체도 포함하여, 이제 케냐는 세계적 제국에 관한 일관된 자유주의적 시각의 필요조건으로 인정되는 동등한 대우라는 원칙과 충돌했다.

자치와 통일성 사이, 종족적 위계질서와 자유주의 사이의 긴장이 한층 더 분명해졌다고 해도, 영국제국은 1918년 이후 집단적인 승리 의식을 즐겼다. 전쟁이 가져온 연대는 잊히지 않았다. 1919년, 암리차르 학살에 뒤이어, 북서쪽 변경 전역에서 아프가니스탄인들이 시기적으로 부적절한 지하드를 시작해 영국은 북부 주들의 시크교도와 힌두인들과 더불어 인도를 지키는 수호자로서의 위치를 회복하는 데 도움을 받았다. 더 중대한 외국의 위협에 직면했으니 영연방은 분명코 다시 단결하려 했을 것이다. 그러나 1920년대의 가혹한 재정적, 전략적 현실 때문에 이 또한 실문을 비켜갔다. 제1차 세계대전은 확실히 제국의 힘을 증명했다. 그러나 널리 퍼진 영국제국이 잘 조직된 국민국가들의 지역적 도전에 취약하다는 점도 입증되었다. 내부의 대중 저항에 맞서 영국의 통치를 유지하는 것뿐만 아니라 세계적인 전략적 실체로서의 제국의 미래를 안전하게 하는 것도 문제였다면, 1918년 11월 그 힘이 절정에 달했을 때에도 고립적인 제국이라는 관념은 환상이었다. 진실로 강력한 국제연맹이 부재한 상황에서, 영국제국의 생존능력은 향후의 잠재적 도전자들, 즉 일본, 독일, 미국, 그리고 공고해진 소비에트 체제와의 타협에 좌우되었다. 그러나 이 강국들 중 한 나라와 특별한 관계를 맺는다면, 이는 다른 나라들에 대한 위험스러운 반목을 의미했는가? 이들 중 어느 나라라도 실제로 영국제국과의 동맹에 관심이 있었는가?

21장

워싱턴 회담

1921년 여름 아일랜드의 휴전은 장대한 제국협의회를 위한 무대를 마련했다.[1] 제국 전체 회의인 런던 제국협의회는 영국제국을 공동체(영연방)로 보는 관념이 완전한 형태로 출현하는 모체였다. 이로써 새로 수립된 아일랜드 자유국은 영국제국이 상위의 권위를 갖는다는 일관된 주장과 조화를 이룰 수 있었다. 그러나 제국 내부 헌법을 넘어서면, 당시의 가장 중요한 문제는 전략이었다. 전 세계에 펼쳐진 영연방은 어떻게 스스로를 보호할 것인가? 1918년 영국 해군부는 제국해군으로써 이 질문에 답하자고 제안했다. 영연방 각국이 기여금을 내 공동으로 자금을 마련하고 표준화한 훈련과 규율을 채택하며 제국해군 참모부에 영국 해군과 동등한 자격으로 참여한다는 것이었다.[2]

이를 설득시키고자 존 젤리코 제독이 18달의 여정으로 영연방 순회에 나섰다. 그는 서태평양을 위해 전함 8척과 순양전함 8척으로 함대 편성 계획을 세웠는데, 뉴질랜드가 1척, 호주가 4척, 나머지는 영국이 마련하기로 입안되었다. 함대는 싱가포르에서 지휘하고 연료는 인도양과 서태평양 곳곳에 산재한 석유 비축장에서 공급하기로 했다. 젤리코가 마음대로 했다면, '가능하면 인도 주민이 배치되고 그들이 유지하는' 인도해군이 이 제국 함대의 필수적인 일부가 되었을 것이다. 국제연맹 군대라는 프랑스의 발상처럼, 이러한 시각의 군사적 국제주의는 빠르게 사라졌다. 영연방 국가들과 인도 정부는 너무나도 열렬히 독립을 갈망했고 이러한 사업에 수반되는 비용에 심히 경계했다. 그러나 1921년 6월 런던에서 아서 밸푸어가 싱가포르에 대규모 기지를 건설하여 비상시에 영국 함대가 세계의 다른 쪽으로도 전개할 수 있게 하겠다고 선언했을 때, 이들은 박수를 보냈다.[3]

그러나 그러한 전환 배치는 영국 영해에서 해군이 필요하지 않아야 가능했다. 독일 함대가 스카퍼플로에 가라앉은 상황에서 영연방 국가들이 동의할 수 있는 것이 하나 있었다면, 그것은 향후 유럽에 관여하는 것을 최소화할 필요성이었다.[4] 프랑스는 의혹의 시선을 받았고, 동유럽의 '가만히 못 있는 토착 주민들'은 거의 노골적인 경멸을 받았다. 국제연맹의 설립 목적은 바로 '유럽 대륙의 골칫거리'의 처리였다. 호주와 캐나다에 '모국'이 사실상 그 유럽 이웃나라들의 안전에 지극히 중요한 이해관계를 갖고 있음을 일깨우는 일은 오스틴 체임벌린과 윈스턴 처칠의 몫으로 남았다. 미국이 베르사유 조약 비준에 실패했기 때문에 프랑스의 안보 보장은 공중에 떠버렸다. 영국 정부가 보기에 태평양에 대한 전략적 해결책의 모색이 그토록 결정적이게 된 것은 바로 유럽 내부의 다루기 힘든 갈등 때문이었다. 놀랍지 않게도 캐나다는 미국과의 특별한 관계를 강력하게 옹호했다. 하지만 이러한 관계가 1902년 이래로 동양에서 영국제국의 버팀목 역할을 했던 영일동맹과 조화를 이룰 수 있었을까? 미국으로부터는 실제로 무엇을 기대할 수 있었는가? 1921년 로이드조지는 유럽 문제에서 미국의 비협조적 자세에 크게 실망하여 영일동맹을 버리는 대신 오히려 강화하고 싶었다.

그러나 1921년 봄 워싱턴 주재 영국 대사 오클랜드 게디스가 신임 국무장관 찰스 에번스 휴스와 처음 만났을 때 그 일이 얼마나 위험할지 확실해졌다. 휴스는 세련된 진보적 공화당원이었지만 화를 못 참는 것으로도 유명했다. 게디스가 영국 정부는 일본과의 동맹을 포기하기 어렵다고 말하자 휴스는 냉정을 잃고 고함을 질렀다. "당신은 여기서 영국을 대변할 수 없다! 당신은 어디서도 말할 수 없다! 영국은 절대로 말할 수 없다. 카이저, 카이저의 이야기를 들어야 한다. 미국이 자국을 위해서는 아무것도 추구하지 않고 오로지 영국을 구하기 위해 그 전쟁에 뛰어들어(목소리는 점점 커져 고함으로 바뀌었고 이 대목에서 그는 소리를 질렀다) 승리하지 않았다면 어떻게 되었을까! 그런데도 당신들은 일본에 대한 의무를 이야기한다."[5] 그러나 만일 영국이 일본을 버리면, 미국은 무엇을 보장할 수 있었을까? 1919년 이래로 미국 정부는 양자 협력 관계에 엮이지 않으려고 애썼다. 제국협의회는 영국 정부가 어떻게든 미국과 일본 두 나라에 삼자 동맹을 수용하도록 할 수 있다면 그것이 이상적이라고 힘없이 결론 내렸다. 그러나 미국 정부 내에서는 일본에 반대하는 정서가 지배적이었기에, 그렇게 될 가능성은 적었다. 오히려 1921년 여름 영국 정부가 압박을 받는 것 같았다.

7월 8일 영국 정부에는 실망스럽게도 미국은 갑자기 영국뿐만 아니라 협상국 전체에 회의를 열어 군비 축소와 태평양의 미래를 논의하자고 권유했다.[6] 미국이 영국을 이탈리아와 프랑스와 동일한 조건으로 초대했다는 추정에 영국 정부는 크게 당황했다.[7] 로이드조지와 처칠은 영국이 참석을 거부해야 한다고 생각했다. 그렇지만 제국이 전략적 딜레마에 처해 있고 미국과의 협력에 깊은 이해관계가 있었으며 미국 의회가 연합국 간 채무라는 중대한 문제를 논외히러 했고 바로 그 동일한 상원의원들이 해군 군비 경쟁의 종식을 요구하고 있었기에, 영국 정부로서는 실로 선택의 여지가 없었다.

전례 없는 패권의 이양

1921년 11월 12일부터 1922년 2월 6일까지 워싱턴에서 열린 회의는 여러 점에서 3년 전의 파리 강화회의보다 더 극적으로 새로운 질서를 표현했다. 이 회담은 미국 수도에서 열린 최초의 강국 간 협의회였다. 개회 장소는 내셔널 몰National Mall 인근에 새로 지은 '미국혁명의 딸들DAR'의 웅장한 본부였다. 범凡아메리카 연합 건물Pan American Union Building에서는 업무 회의가 열렸다. 국내에서의 우세를 확신한 공화당은 초당적 협력을 과시함으로써 윌슨보다 더 나은 행태를 보였다. 유럽인들은 1919년 이후의 경험을 생각하며 마음을 놓지 않았다. 그러나 윌슨과 달리 공화당 행정부는 전시의 연대를 속 시원히 솔직하게 축하하면서 회담을 시작하기로 했다. 회담 첫날은 제1차 세계대전 전사자 추도일이어서 각국 대표단은 무명용사비 제막식에 참석할 수 있었다. 알링턴 국립묘지의 무명용사비 밑에 마른강 전역에서 발굴한 신원불명의 시신이 엄숙하게 안치되었다.

그러나 다른 무엇보다도, 미국 해군력의 적극적인 대변자였던 윌슨과 달리, 하딩 행정부는 해군력의 제한을 논의하기 위해 강국들을 워싱턴으로 불러들였다. 폭격기와 대륙간탄도탄의 시대가 도래하기 전에 널리 현대 전쟁의 가장 중요한 전략 무기로 알려진 것은 전함이었다. 해군력의 군축은 대서양에서 독일의 위협을 제거하는 것과 더불어 태평양의 안보에 관한 협정과 연계되어야 했고, 이는 다시 전쟁 이전 제국주의적 경쟁에서 결정적인 지역이었던 중국을 중립화한다는 미국과 영국, 일본 간의 합의로 뒷받침되어야 했다. 미국에서는 세 정책에 대한 정치적 지지가 확고했다. 산둥반도에 관한 윌슨의 타협은 크게 부정적인 평가를 받았다. 군축은 평판이 좋았다. 1920년 가을 이래로 미국과 영국, 일본을 강타한 무참한 디플레이션 위기가 추진력을 더했다. 워싱턴 회담은 해군 군축과 중국에 관한 협정을 통해서 문호개방이라는 미래상을 되살릴 것이었다. 그로써 군국주의가 제거된 국제적 영역을 창출하여 미국 자본의 자유로운 이동이 세상을 통합하고 평정할 수 있게 해야 했다.

하딩 행정부는 익숙한 미국 영토 안에서 움직였기에 윌슨보다 더 잘 회의를 통제하고 여론을 직접적으로 이용할 수 있음을 증명했다. 베르사유 회담의 엄숙한 절차에 비하면, 워싱턴 회담은 진정 눈부신 공개 외교의 실행이었다. 하딩이 대표단을 환영한 뒤, 국무장관 휴스가 일어나 안건을 이야기했다. 몇 달간 그는 향후 한 세대 동안 대양에서 해전을 없앨 계획을 수립했다. 그는 그 자리에서 윌슨의 전함 건조 사업을 접고 수십만 톤의 주력함을 폐기하겠다고, 그리고 미국과 영국, 일본의 함대를 5대 5대 3의 비율로 고정하자고 제안했다. 그는 일반 원칙만 얘기하지 않았다. 자국 함대를 비롯하여 폐기하기에 적당한 세 나라 해군의 모든 군함을 지명하여 거론했다. 외국 대표단은 크게 놀랐다. 미국은 84만 6,000톤의 전함을 폐기하여 50만 1,000톤만 남길 생각이었다. 영국은 58만 3,000톤을 폐기하여 비교적 오래된 전함으로 60만 4,000톤을, 일본은 44만 9,000톤을 폐기하여 30만 톤을 남겨야 했다.[8]

휴스는 완전히 허를 찔렀다. 한 기자는 '공식 연설만 있을 것 같았던' 첫 회의를 '국제 외교 회의에서 이전에는 전혀 볼 수 없었던 강력한 집중도'가 지배했다고 대서특필했다. 윌슨의 공허한 일반 원칙과의 대조는 분위기를 좋게 만들었다.[9] "구체적인 해군력 군축 계획에 담긴 전례 없는 투명성과 명확성, 포괄성은… 외교사의 새로운 장을 열었다…."[10] 휴스가 전함 건조의 즉각적인 중단을 선언했을 때, 윌슨 행정부의 과격한 국무장관이었던 윌리엄 제닝스 브라이언이 기자단의 환호를 이끄는 모습을 볼 수 있었다. 상원의원들의 자리에서는 고함소리가 터져 나왔다. 유럽인들과 일본인늘은 어리벙벙했다. 휴스가 군함 목록을 읽어 내려가자, 모든 나라의 해군 전문가들은 고개를 끄덕이며 마지못해 동의했다. 휴스가 읽기를 끝마쳤을 때 프랑스와 일본, 이탈리아의 지도자들에게 즉각 답변을 요청하는 기자단의 요청이 이어졌다. 그것은 국제회의보다는 혁명 대회와 더 비슷했다.

미국의 모두冒頭 발언도 인상적이었지만, 그에 대한 반응도 못지않게 놀라웠다. 11월 15일 늙어가는 백발의 아서 밸푸어가 먼저, 그다음에는 일본의 수석전권위원인 꼬장꼬장한 해군 제독 가토 도모사부로가 휴스가 제안한 조건에 원칙적으로 동의했다. 톤수와 선박의 정확한 비율과 태평양 요새의 문제는 격렬한 토론의 주제였다. 그러나 놀라웠던 것은 주요 경쟁국인 두 나라가 미국의 지도에 따라 세계 강국의 기본적인 변수 하나를 해결할 의지를 분명하게 보였다는 점이다. 영국으로 말하자면 이는 반백 년 넘게 유지했던 절대적인 해상의 우위를 포기한다는 뜻이었다. 11월 18일 영국 대표단은 휴스의 홍보 묘기를 따라잡으려고 클라이드강의 조선소에 전문을 보내 슈퍼후드Super-Hood 급 현대식 전함 4척의 건조 작업을 전면 중단하라는 지시를 내렸다고 선언했다. 그 취소만으로도 1억 6,000만 달러를 절약할 수 있었다. 영국이 미국에 진 전시 채무의 1년 이자를 대기에 충분한 액수였다.[11]

일본의 반응은 한층 더 놀라웠다. 1921년 서구의 일본 인식은 여전히 고치기 어려울 정도로 단순했다. 그해 초 미국 국무부 극동국 국장 존 맥머리는 일본의 실질적인 권력자들은 '군인 가문들의 과두 지배자들'이고, '이들은 다른 세계와 상대할 때 신중해야 한다는 생각 때문에 민족주의적 열망을 얼마나 억제하는가에서만 차이를 보인다'고 의견을 밝혔다.[12] 워싱턴 회담이 열리기 한 주 전인 1921년 11월 4일, 평생 미국과의 협력적 관계를 옹호했던 일본 총리 하라 다카시가 칼에 찔려 살해되었다. 그러나 이는 절망에 빠져 분노한 자가 단독으로 벌인 행동이었다. 회담 자체는 일본 정치에 놀라운 변화가 진행 중임을 보여주는 또 다른 증거였다. 아시아 전역에 대한 공격을 옹호한 자들은 움츠러들었다. 서구와의 협력에 한층 더 단호하게 헌신한 다카하시 고리키요가 하라를 대신하여 입헌정우회 대표와 총리 직책을 맡았다. 다카하시는 이전에 일본은행 총재였고 런던과 월스트리트의 은행업계와 긴밀한 관계를 유지한 재무장관이었다. 1920~1921년의 디플레이션의 여파로 그는 일본이 군사력이 아니라 경제력과 재정 능력으로 형성된 세계 질서에서 제 자리를 찾아야 한다고 깊이 확신하게 되었다. 워싱턴 회담이 열릴 때, 다이쇼 시대 일본의 모든 주요 정당은 군비 삭감에 찬성했다.[13] 거의 예산의 3분의 1을 차지한 해군 군비가 주된 삭감 대상이었다.[14]

　일본 육군과 달리 일본 해군은 참모본부의 매우 신중한 연구 끝에 군비축소라는 원칙을 수용하기에 이르렀다. 다만 일본 함대가 미국 함대 대비최소한 70퍼센트를 유지해야 한다는 단서가 붙었다. 1921년 여름 준비 토의에서 영어에 유창하고 전쟁 중 연합국 간 협력을 풍부하게 경험한 일본 대표단의 수석 수행원 가토 간지 제독은 장래에는 강국 간 전쟁이 '있을 수 없고' 일본과 영국의 재정이 남용되었음을 생각하면 군축은 큰 '이득'이 될 것이라는 견해를 표명했다. 그는 영국의 대사관원에게 재정 압박이 곧 군대의 터무니없는 요구를 늘 지지했던 일본의 '호전적 당파'의 몰락을 초래하기를 원한다고 매우 솔직하게 말했다.[15] 워싱턴 회담의 문제는 5대 5대 3의 비율을 의미했던 휴스의 폐기 목록과 70퍼센트라는 일본 해군의 주장 사이의 간극이었다. 가토 간지 제독은 이 점에서 완고하게 저항했으나 5대 5대 3의 비율을 기꺼이 수용하려 한 일본 정부에 막혔다. 다만 일본 정부도 단서를 달았다. 국민의 성금으로 건조되어 대중적 민족주의의 상징이 된 무쓰陸奥 순항함은 추가되어야 했고, 미국이 필리핀이나 괌에 위협적인 새 해군 기지를 건설하지 않겠다고 동의해야 했다. 다카하시의 전략적 견해에 비추어 볼 때, 일본은 미국과 영국이 자신들을 제3의 세계 강국으로 인정하는 세계 질서를 받아들이면 얻을 것이 많았다. 그렇게 되면 일본이 어쨌거나 패할 수밖에 없는 전면적인 군사 경쟁의 파괴적 비용을 아낄 수 있었다.

일본 정부의 태도가 이러하여 영국의 전략적 딜레마는 해소된 듯했다. 미국이 주도한 군축 제안은 불과 몇 달 전의 제국협의회에서는 달성하기 어려웠던 바로 그 삼자 협정의 문을 열어주었다. 영국제국은 일본과 미국 사이에서 선택해야 하는 상황을 피했다. 1921년에는 그러한 선택이 재앙을 불러올 것 같았다.[16] 태평양에서 일본의 지위가 국제적인 인정을 받았으니, 영국-일본 조약은 조용히 사라지게 내버려둘 수 있었다. 대신 영국과 일본은 서로 협력하여 태평양의 모든 분쟁을 평화롭게 중재할 협정의 밑그림을 그렸다.

그러나 한 번 더 이러한 화합의 이미지가 유럽 문제로 훼손되었다. 태평양의 중재 협정에는 네 번째 강국인 프랑스가 서명했는데, 프랑스는 세 나라보다 전략적으로 훨씬 더 만족스럽지 못한 위치에 있었다. 프랑스의 시각으로 보면, 베르사유에서 안정적인 북대서양 체제의 창출에 실패한 뒤로 영국제국이 워싱턴 회담을 이용하여 프랑스에 대한 약속에서 벗어나 미국과 세계 패권을 공유하는 것 같았다. 이는 근거가 없지 않았다. 윌슨은 베르사유에서 약속한 안보 보장을 철회했다. 라인강의 안보 문제와 배상금이 해결되지 않은 상황에서, 프랑스가 군함 협정에 어울리게 육상 군사력의 포괄적인 제한을 받아들일 것으로 기대했는가? 미국은 프랑스가 가까운 장래에 감당할 수 있는 것은 3등급의 해군이 전부이기 때문에 그것에 만족해야 한다고 보았는데, 이러한 미국의 견해는 프랑스를 진정시키지 못했다.[17] 어쨌거나 프랑스의 재정 적립금에 대해 제일 먼저 권리를 주장한 것은 미국 정부였다.

프랑스 총리 아리스티드 브리앙은 국내의 애국적 여론의 강력한 압박을 받아서 만일 프랑스가 강국에 어울리는 주력함을 건조할 수 없다면 비용이 적게 드는 전술적 대용물, 특히 잠수함에 대한 제한을 수용할 수 없다고 단언했다.[18] 그러자 영국과 일본이 자극을 받아 순양함과 구축함의 폐기 제외를 요구했다. 밸푸어가 실망하여 지적했듯이, 결과는 지극히 비생산적이었다. 영국 정부는 제국의 유지에 필요한 것이 있었지만 프랑스의 안보에 근본적인 이해관계가 있다고 기꺼이 인정했다. 그러나 제1차 세계대전이 증명했듯이, 프랑스를 지원할 영국의 능력은 무엇보다도 미국에 좌우되었는데, 미국의 구세계에 대한 인내심은 바닥나고 있었다. 미국이 주최한 군축 회담이 프랑스와 영국이 해협 반대편에서 프랑스 해군이 영국을 공격할 가능성에 관하여 근거 없는 주장을 주고받는 지경에 이르기까지 퇴화한 것은 재앙이었다. 베르사유 회담 이후, 미국 주도의 노력은 한 번 더 프랑스의 분노로 방해를 받아 물거품이 된 것처럼 보일 수밖에 없었다. 물론 미국 정부가 연합국 간 채무 해결이든 유럽 안보 보장이든 프랑스의 기본적인 이익을 전혀 고려하지 않았다는 사실은 거론되지 않았다.

그러나 진정으로 포괄적인 군축 협정을 타결하지는 못했지만 워싱턴 회담의 중요성은 의심의 여지가 없었다. 미국은 세계 문제에서 지도자의 역할을 다시 떠맡았다. 일본의 정치가들은 미국의 방침에 건설적으로 대응했다. 영국은 그 전략적 지위의 근본적인 재조정을 받아들였다. 밸푸어는 이를 세계사에서 유례가 없는 사건이라고 설명했다. 과거 그 어느 때에도 영국 정도의 제국이 그렇게 중대한 차원의 세계적 힘의 우위를 그토록 명백하게 의식적으로 넘겨준 적은 없었다. 이는 미하일 고르바초프가 1980년에 냉전을 격화시키지 않고 물러난 일의 20세기 초 전조로 볼 만하다.

그러나 또한 워싱턴 회담은 불운한 계산 착오였는가?[19] 영국과 미국 사이의 협정은 비록 많은 다툼이 있었지만 대서양의 현상 유지에 공동의 이익이 있었기에 시행되었다. 반면 태평양에서의 도박은 극적이었다. 4국 협정은 영국-일본 조약에 따른 양자 관계의 친선을 이어가지 않았다. 1921년 이후 미국의 많은 자금이 일본에 투자되었지만, 미국 정부와 월스트리트는 일본 정부에 대해 1914년 이전에 영국 정부가 즐긴 지배력을 결코 행사하지 않았다. 태평양 조약이 국제연맹과 연결되지도 않았다. 그것은 강제 장치 없이 공중에 떠 있었다. 미국 정부는 일본 해군의 타격 능력을 크게 줄여놓았다. 그러나 휴스의 해군력 군축 이후로는 영국 해군도 미국 해군도 두 대양에서 동시에 작전을 펼칠 수 없게 될 터였다. 미국 해군은 4개의 기동 부대 중 셋을 태평양에 배치했다. 영국 해군은 더 널리 퍼져 있었다. 절충안으로 가장 강력한 함대를 주로 지중해에 주둔시켰다.[20] 위기가 발생하면 이 함대가 서태평양으로 달려가기로 했다. 그러나 그곳에 도착하기까지는 두 달이 걸렸으며, 그동안 영국 자체는 무방비로 노출될 수밖에 없었다. 미국 정부는 영국-일본 동맹을 의도적으로 해체함으로써 서구 강국들이 무솔리니의 지중해 공격도 일본의 태평양 팽창도 봉쇄하지 못한 1930년대 말의 재앙을 준비했을까?

이는 부당한 질문이지만, 합리적으로 회피할 수 있는 질문은 아니다. 그리고 워싱턴의 '곁가지 사건' 즉 세계적 해군력에 관한 타협과 더불어 중국에 관한 협정을 끌어내려는 시도의 중대한 의미를 지적하기에 생산적인 질문이다. 1921~1922년에 일본에서 서구에 우호적인 세력이 우세를 잡았다면, 이는 부분적으로는 경제적 압박과 일본 엘리트층의 문지기 교체가 가져온 결과였다. 그러나 이 전략적 방향 조정은 일본 안보 환경이 비교적 양호하다는 인식을 배경으로 보아야만 생각할 수 있었다. 소비에트 정권은 즉각적인 위협이 되지 않았다. 일본의 시베리아 개입은 곧 별 볼일 없이 끝난다. 그러므로 일본에 결정적으로 중요한 문제는 중국이었다. 일본에서 난폭한 자들이 우세를 차지할 것인가 아닌가는 결정적으로 중국-일본 관계를 안정시킬 수 있는가 여부에 좌우될 것이었다.

---

524 4부 새로운 질서의 모색

'작은 국제연맹'의 통제에 놓인 중국

베르사유 회담 이후, 워싱턴 회담은 중국이 세계 무대로 한 걸음 더 내디뎠다는 표시였다. 중국 문제를 논의한다면, 중국의 대표자들이 참석해야 했고 그 의견을 들어야 했다. 워싱턴 회담은 구웨이준과 그 동료들이 애국심을 과시할 드라마의 다른 한 막을 올릴 무대가 되었다. 중국 대표단은 1921년 11월 16일 논의를 위한 토대로서 주권과 영토 해결 문제에 관하여 10개의 제안을 내놓아 주도권을 잡았다. 베이징의 중국 정부는 이제 한층 더 광범위하고 실질적인 주권 회복을 원했다. 중국은 19세기의 불평등조약을 개정하기를 원했다. 특히 관세 수입 통제권의 반환과 외국 치외법권의 종식을 요구했다.[21] 이러한 요구는 한 가지 점에서 미국의 실천 과제와 완벽히 양립했다. 중국은 유럽과 일본이 영향력을 행사하는 토대가 된 이익권역 모델에 끝없이 도전했다. 미국 정부는 이에 동의했고, 영국은 미국이 뚜렷한 노선을 정한 것처럼 보이자 곧바로 행동을 같이했다.

11월 21일 워싱턴 회담은 이른바 루트 결의안Root resolutions을 승인했다. 결의안은 '중국의 주권과 독립성, 영토와 행정의 보전을 존중'하기로 약속했다. 중국 대표단은 중화민국의 보전에 대한 구체적인 언질을 원했지만, 일본은 중국 헌법 문제를 성급히 결정하지 않는 것이 좋다고 판단했다.[22] 그럼에도 이 약속은 중국의 영토 보전은 물론 정치적 통합성도 지지한다는 이전의 모든 보장보다 한 발 더 나아간 것이었다. 영국은 일본을 설득하여 뜨거운 다툼의 대상이었던 산둥반도에서 군대를 전부 철수하게 했다. 영국은 이를 큰 양보라고 생각했다. 일본은 중국에 독일철도의 15년간 임차권을 매입하게 해주겠다고 약속했다. 이 점에서도 일본의 후퇴는 하라가 시작하고 다카하시가 추진한 전략적 방향 조정과 일치했다.

한 해 전인 1920년 여름, 일본 정부는 한 번 더 중국 정책에서 위기를 맞앉다. 일본이 지지한 군벌 돤치루이가 우페이푸와 차오쿤이 이끄는 즈리파에 의해 총리직에서 두 번째로 축출되었다.[23] 만주에 주둔한 일본군에서는 일본이 보호하는 만주인 장쭤린이 이 기회를 이용하여 동북부와 멀리 몽골까지 세력을 확대해야 한다고 주장하는 견해가 강했다. 그러나 장쭤린의 충성심은 의심스러웠고, 일본 정부는 산둥반도를 둘러싼 1919년 5월 4일의 항의 운동과 베르사유 조약 이후 급격하게 고조된 반일 감정 때문에 여전히 휘청거렸다. 일본 정부는 1921년 5월 동양 전략에 관한 협의회에 뒤이어 방어적 태도를 재확인하기로 결정했다. 일본은 만리장성 북쪽에 놓인, 따라서 중국 본토 밖에 있는 영토에 대한 특별한 이익을 굳게 고수해야 했다. 그러나 군벌 장쭤린의 전국적인 지도자에 오르려는 열망은 만류해야 했다. 일본은 장쭤린과 즈리파 사이에서 중립을 유지하려 했다. 협력적이고 경제적으로 서로 이익이 되는 관계가 새로운 세계 질서에서 중국과 일본의 지위 둘 다 보증하는 데 훨씬 더 이로울 것이었다.[24] 일본의 만주군은 좀이 쑤셨지만 묶여 있었다. 워싱턴 회담에서 중국-일본 협상을 담당하여 타협적인 방향으로 이끈 이는 자유주의적 성향의 시데하라 기주로 대사였다. 그는 이후 10년간 그러한 방침의 상징이 된다.

중국은 워싱턴 회담에서 제안된 산둥반도 문제 해법에도 노여움이 가시지 않았다.[25] 중국 대표들이 회담을 지속하는 것조차 막으려 했던 중국계 미국인들이 회담장 밖에서 분노에 차 시위를 벌였다. 그러나 베르사유 조약 이후 분위기가 변했다. 1919년 파리에서는 중국의 입장이 국제사회의 공감을 얻었다. 그때 피고석에 앉은 것은 일본이었다. 그 이후 중국의 고집스러운 민족주의적 외교는 국제사회를 불안하게 했다. 서구 강국들은 소비에트 정권의 친구가 아니었지만, 동아시아에서 러시아의 약점을 이용하려는 중국의 노력을 심히 불안한 마음으로 지켜보았다. 1920년 10월 미국에 있던 구웨이준은 미국 매체가 중국이 러시아의 권리를 무효로 한 것을 중국 내에서 외국의 모든 특권을 일괄적으로 폐기하기 위한 '예비 조치'로 다루고 있다고 보고했다. 미국 내 여론에 따르면, 그것은 바로 '자본주의 국가들의 경제 체제와 정치 체제를 공격'하려는, 볼셰비키가 사주한 음모였다.[26] 윌슨의 마지막 국무장관 베인브리지 콜비는 불길하게도 이러한 견해를 표명했다. '중국은 단지 러시아 공산주의자들의 영향력에 굴종하는 것처럼 보임으로써' 국제사회의 '우호적인 관심을 잃고' 당연하게도 '공격의 빌미를 줄' 것이다. "그러한 사태를 걱정해야 했다." 동청철도 같은 전략적으로 중요한 러시아 자산을 보호할 필요가 있다는 것이 바로 서구 강국들의 개입에 필요한 핑계였다. 1920년 10월 11일 중국 내 외교단은 베이징 정부에 집단 항의 서한을 보내 러시아 권리의 폐기를 일종의 선례로 삼지 말아야 한다고 역설했다. 중국의 답은 모호했다. 러시아 정부와의 최종 협정은 아직 결정되지 않았다. 중국은 포괄적인 잠정 협정에 관해서는 외교단과 협상할 수 있었지만 개별적인 문제는 양자 간에 해결하려 했다.

워싱턴에서 중국이 한 번 더 선의의 국제적 해결을 방해하는 것처럼 보였을 때, 1919년에 비해 중국 국내 정치의 혼란을 눈감아주려는 의지가 적어졌다. 1921년 1월 초, 워싱턴에서 일본과의 협상이 교착 상태에 이르렀을 때, 장쭤린이 세운 베이징 정부는 남부와 즈리성의 민족주의자들이 조직한 애국적 열정의 파고에 일소되었다.[27] 4월 말 주요 군벌 사이에 싸움이 재개되었고, 이는 고작 한 주간의 치열한 전투 끝에 장쭤린의 결정적 패배로 귀결되었다. 장쭤린은 만리장성 너머 만주로 물러났다. 워싱턴 회담이 열리던 중에, 영국의 어느 외교관이 날카롭게 지적했듯이, 베이징 정부는 사실상 '정부를 자칭하나 서구적인 의미로는 오래 전부터 정부의 기능을 수행하지 못한 일군의 사람들'에 지나지 않았다.[28] 구웨이준은 사태를 태연하게 바라볼 수 있었겠지만, '베이징을 정치적 실체라고 주장한 대표단은… 중국에 관한 진실을 말하려 하지 않았고 말할 수도 없었다.' 중국의 외교관들은 '베이징에 대한 잘못된 충성심과 지나친 체면 중시' 때문에 조국의 '진짜 현실과 필요한 것'을 모호하게 했다. 중국에 필요한 것은 서구 교육을 받은 관료들의 애국심의 과시가 아니라 중국이 처한 곤경에 대한 정직한 평가와 제대로 작동하는 국가의 건설에 요구되는 '지원과 보호'의 진지한 호소였다.[29] 다 좋다. 그렇지만 그렇게 국제사회가 지원하는 중국 국가 건설 계획에는 어떤 결과가 따를 것인가? 미국 정부의 분명한 목적은 동아시아에서 강국 간의 경쟁을 끝내는 것이었다. 그러나 이것이 곧 중국의 평등함을 즉각 인정한다는 뜻은 아니었다.

1922년 1월 워싱턴 회담이 석 달째 이어지면서, 9국공약九國公約이 체결되어 조금이나마 위로가 되었다. 조약은 국제사회의 모든 주요 강국에 중국의 문호개방을 지지할 것을 요구했다. 이 조약은 1920년 5월 마침내 일본과 미국이 다 참여하여 재수립되었던 국제차관단의 입장을 충실히 반영했다.[30] 차관단의 조건에 따라 미국과 영국, 프랑스, 일본은 중국에서 경쟁적인 금융 사업을 삼가기로 합의했다. 대신 베이징 정부는 차관단을 통해서만 자금을 빌려야 했다. 제이피모건의 토머스 러몬트는 그 협력관계를 '작은 국제연맹'이라고 불렀다.[31] 실제로 주된 효과는 중국의 차관을 금지한 것이었다. 협조적인 공동 거래는 매우 번거로웠고 중국의 어떠한 주요 정치 파벌도 차관단이 요구하는 간섭적인 절차에 협력할 뜻이 없었기 때문이다. 1922년 초 미국 대표 제이콥 굴드 셔먼은 베이징 정부에 미국 정부가 상당한 규모의 자금 투입 대가로 무엇을 기대하는지 자세히 설명했다. 전략적으로 중요한 동청철도의 통제권은 국제 카르텔에 이전되어야 했다. 셔먼은 넌지시 '중국이 자발적으로 협조를 요청하기를 바란다'고 암시했다. '강국들이 압력을 행사하는 것을 유감스럽게 생각할 것'이기 때문이었다. 이에 베이징 정부의 외무장관은 대응하지 않았다.[32] 1922년 어떤 군벌도, 아무리 파렴치했어도, 외국의 그렇게 과격한 요구에 응할 수 없었다.

그것은 정치적 자살과 같았다.

마찬가지로 관세에 관해서도 아무런 진전이 없었다. 중국은 관세 수입의 통제권과 외국의 덤핑에 맞서 자국 산업을 보호할 권리를 원했다. 그러나 워싱턴 회담의 강국들은 질질 시간을 끌었다. 전쟁이 끝나면서 프랑스와 이탈리아, 벨기에, 에스파냐는 의화단 사건의 배상금 지불이 재개되기를 기대했다. 프랑스는 창피스러운 재정 문제 때문에 가치가 떨어진 당시의 프랑이 아니라 전쟁 이전 금화로 지불되어야 한다고 강력히 주장했다. 구웨이준이 이를 거부하자, 프랑스 정부는 워싱턴 조약의 비준을 연기했다. 회담에서 생길 수 있었던 국가 건설의 동력은 차츰 사라졌다. 오히려 중국 내륙의 지속적인 혼란이 외국인들이 주장한 치외법권 유지의 충분한 핑계가 되었다. 1923년 5월, 허베이성 린청현臨城縣에서 철도 여행을 하던 19명의 외국인이 납치되었다.

국무장관 휴스가 매우 과장되게 말했듯이, 이 사건은 '중국의 정치 발전 경로'가 '독립적인 발전의 완벽한 기회가… 주권에 상응하는 국제적 의무를 이행할 수 있는 통치 체제의 수립을 촉진하기를 바란 자들'의 기대를 무산시켰음을 고통스럽게 확인시켰다.[33] 다른 이들은 더욱 거친 결론에 도달했다. 미국 대표 셔먼은 '중국 정부를…' 완전히 '제거'하고 '국제기구로' 대체하자고 제안했다. 미국 정부가 그러한 대규모 군사력의 전개를 거부하자, 셔먼은 한 발 물러나 중국 철도망의 국제적 감독을 주장했다. 과격한 '학생들'과 여타 '중국의 온전한 주권을 옹호한 자들이… 그것에 반대할 것'이라는 사실은 간단히 무시하면 될 일이었다.[34]

워싱턴 회담의 영국 대표인 외무부 극동국의 빅터 웰즐리는 근본적인 조치가 요구된다는 데 동의했다. 그의 견해는 이러했다. "허약함의 노출보다 더 치명적인 것은 없다." "유럽 종족들의 위신은 러일전쟁 이래로 극동에서 꾸준히 쇠락했으며, 제1차 세계대전의 결과 심한 타격을 입었다."

그는 또한 국제 경찰대로써 중국 전역의 간선 교통망을 맡게 하자는 발상을 지지했다. 그러나 외무부의 냉철한 인사들이 즉각 지적했듯이, 의화단 봉기 때의 개입 방침에 따라 공동 원정대를 꾸린다는 생각은 1923년에는 불가능했다. 과거 이러한 경험에 부정적인 생각을 가지고 있던 영국 정부의 어느 관료가 이렇게 논평했다. "지난 시절에 우리는 중국이나 중국인을 불편하게 만들 수 있었다. 지금도 그렇게 할 수 있지만, 그들은 이제 우리가 정말로 무슨 일을 할 준비가 되어 있지 않다는 것을, 허세를 부리고 있다는 것을 알고 있다."[35] 확실히 그가 옳았다. 워싱턴 회담은 세계적 강국들의 위계질서를 극적으로 증명했을 뿐만 아니라 의도적으로 군사력을 낮추기로 결정했다. 목적은 경제력이 재건을 좌우할 수 있도록 길을 닦는 것이었다. 그러나 세계 강국들의 가장 거친 무대인 아시아와 유럽에서 그 정도로 충분했을까?[36]

공산주의의 재발명

미국이 강국 정치에서 가장 높은 수준에 진입한 것은 1905년 시어도어 루스벨트 대통령이 러일전쟁을 끝낸 포츠머스 조약을 중재했을 때였다. 16년 뒤 공화당의 후임자들이 워싱턴 회담에서 세계를 맞아들였을 때, 일본과 중국은 초대를 받았지만 러시아는 아니었다. 공산주의 공포증이 사라지기는 했어도, 공화당 사람들이 공산주의자들을 기쁘게 접대할 일은 없었다. 그렇지만 그들이 배제된 이유는 그것만이 아니었다. 1919년 베르사유에서 혁명의 유령은 최소한 위협으로 여겨지기는 했다. 2년 뒤 워싱턴에서 소비에트 정권은 중국 정부에 굴욕적인 양보를 했다는 사실로써만 다른 나라들의 주목을 받았다. 소비에트 정권은 생존했으나 그 경제는 파멸했으며, 혁명을 확산시키려는 시도는 대체로 지역적 반혁명 활동 때문에 저지되었다 [1]

혁명의 전망이 이렇게 어두운 것은 전후 안정화 이야기에서 필수 요소이며, 비단 부정적인 의미에서만 중요한 것이 아니었다. 그로부터 공산주의 운동은 장기적인 새로운 반란 전략을 세웠다. 식민국이 아니라 주변부를 근거지로 삼고 프롤레타리아트가 아니라 세계 인구의 대다수인 농민에 호소하는 반란 전략이었다. 이는 19세기와는 근본적으로 단절된 이데올로기적 전환이었다. 마르크스주의 정치사상 안에서 적어도 이를테면 부르주아 자유주의의 신조에 발생한 그 어느 방향 조정만큼이나 근본적인 조정이었다.[2] 영국과 미국이 인도나 필리핀의 헌법에서 자결권이 어떤 의미인지에 관하여 걱정한 반면, 모스크바에서는 코민테른이 식민지와 반식민지의 농민을 미래의 강력한 역사적 힘의 하나로 조직하고 있었다.

공산주의 혁명의 중심으로 마주보며 돌진하는 세력들

제1차 세계대전 이후 국제 공산주의 운동은 근심에서 벗어나 만족감에 도취했다. 제3 인터내셔널, 즉 공산주의 인터내셔널인 코민테른은 1919년 3월 모스크바에서 첫 번째 회의를 가졌는데 처음에는 2월 베른에서 윌슨을 찬양하고 전쟁 책임을 다투고자 소집된 사회민주주의 인터내셔널 회의에 대응하기 위한 급조된 모임에 지나지 않았다. 코민테른은 나중에 모스크바 중심의 규율 잡힌 조직이 되지만 아직은 그러한 형태를 갖추지 못했다.[3] 코민테른은 전쟁 이전 사회주의 인터내셔널의 연장선에서 러시아 공산주의자들과 서방의 그 동지들을 위한 다자 간 회합 장소의 역할을 했다. 러시아어만큼이나 독일어도 공용어였다. 영어와 프랑스어는 거의 쓰이지 않았다. 코민테른은 모든 것을 포괄하는 거대한 불길과도 같은 세계 혁명의 미래상을 반영했다. 그것은 모스크바가 조종하는 것이 아니라 여러 곳에서 동시에 타오르는 불길이어야 했고 수세적이고 조심스러운 것이 아니라 도시에서 도시로 공격적으로 도약해야 했다. 1919년 그 폭풍 같은 불길의 중심은 정통 마르크스주의에 어울리게 선진국 세계에서 나타날 것으로 예상되었다. 영국과 미국에서 전례 없는 파업의 물결이 일었다. 그보다 더 유망했던 것은 독일의 상황이었다. 독일에서는 독립사민당이 '모든 권력을 소비에트로'라는 구호를 채택했다. 가장 극적이었던 것은 이탈리아의 상황이었다. 이탈리아 사회당의 전사들은 거대한 물결의 파업과 농민의 토지 점거를 선두에 서서 이끌었다.[4] 핵심적인 질문은 이것이었다. 이러한 투쟁을 어떻게 러시아 혁명의 중심과 연결할 수 있는가?

신생국 헝가리의 봉기가 중요한 의미를 띠었던 것은 중부유럽의 혁명적 변화 가능성 때문이었다.[5] 헝가리는 불운한 처지에 놓여 있었다. 1918년의 격변으로 태어난 신생국이었고 합스부르크 이중왕국 안에서 특혜를 받았기에 협상국의 적으로 패전국이었다. 그러므로 헝가리는 희생양이 되기에 완벽했다. 헝가리 영토의 3분의 2가 결국 잘려나갔다. 대통령 카로이 미하이가 이끈 혁명 이후의 첫 번째 정부는 윌슨주의, 즉 일종의 '승리 없는 평화'를 열렬히 옹호했다. 그러나 이 정부는 연합국의 징벌적 요구 때문에 곧 무너졌고, 1919년 3월 21일 카로이는 명목상으로는 사회민주당MSZDP이 이끌었으나 헝가리의 자그마한 공산당KMP과 그 주된 이데올로그인 쿤 벨러가 지배한 연립정부에 권력을 이양했다. 새로운 공산당 정부는 극적인 국내 개혁 일정을 선포했지만, 체코인과 루마니아인의 야심을 꺾고 최소한 전쟁 이전 헝가리 영토의 일부만이라도 되찾는 것을 우선적인 목표로 삼았다. 중부유럽의 혁명적 전복 가능성은 1919년 4월 6일 뮌헨의 소비에트(레테) 공화국 수립과 베르사유 강화회의의 큰 위기와 시기적으로 겹쳤기에 파리를 공포에 빠뜨렸으며 유럽 사회주의 좌파, 특히 이탈리아의 좌파를 전율하게 했다.

헝가리 적군은 극적인 동원으로 세르비아와 오스트리아, 러시아 출신의 자원병으로 구성된 국제 여단을 포함하여 20만 명 규모로 확대되었고, 7월

20일 이 혁명군은 티서강 건너편 루마니아를 향해 정동 방향으로 공세를 시작했다. 오데사를 점령한 뒤 이어 우크라이나를 지배한 소비에트 군대와 만나는 것이 이들의 바람이었다. 공중으로는 이미 봄에 연락이 닿았다. 그러나 그 중대한 순간에 헝가리인들에게는 불운하게도 힘을 되찾은 백군이 우크라이나에서 적군을 몰아냈다. 7월 24일, 루마니아는 협상국의 전폭적인 지원을 받아 반격했다. 루마니아 군대는 사투를 벌인 끝에 8월 4일 부다페스트의 대로를 따라 당당하게 행군했다. 공산당은 진압되었다.

그보다 더 멀리 진격하여 볼셰비키 혁명 자체를 되돌리려는 자들이 있었다. 가장 저명한 인물은 윈스턴 처칠이었다. 1919년 봄, 영국과 프랑스가 전면적인 개입에 반대했는데도, 알렉산드르 콜차크 장군이 지휘하는 시베리아의 백군과 안톤 데니킨이 지휘하는 남부 러시아의 백군은 볼셰비키 정권의 생존을 크게 위협하기에 충분한 물자를 받았다. 백군의 기세는 1919년 10월 20일 최고조에 이르렀다. 니콜라이 유데니치 장군의 반혁명군이 페트로그라드 교외로 진격하고 데니킨은 남쪽에서 모스크바를 향해 전진하고 콜차크가 시베리아로부터 진격하면서, 볼셰비키 정권을 간단히 끝내버릴 가능성이 그 어느 때보다도 현실성을 띠었다.[6] 레닌과 트로츠키를 공격한 백군이 사실상 통합된 전선을 이루지 못했다는 사실이었다. 진정으로 효과적인 반反볼셰비키 싸움을 조직하려면 서구의 실질적인 지원만 필요한 것이 아니었다. 러시아의 미래에 관한 전략적 결정과 더불어 자결권 문제의 정치적 해결이 더 중요했다. 이는 1918년 여름 독일제국의 전략가들을 당혹스러운 모순에 빠뜨린 것과 동일한 문제였다.

1919년 여름, 연합국은 콜차크로부터 러시아의 새로운 제헌의회를 위한 선거를 실시하겠다는 약속을 받아냈다. 그러나 폴란드인에게는 그것으로 충분하지 않았다. 러시아 민족주의의 부활을 염려한 폴란드는 10월 11일 소비에트 정권과 은밀히 협상에 들어갔다.[7] 폴란드의 중립을 대가로 볼셰비키는 벨라루스와 리투아니아의 큰 부분을 양도했다. 이 협정으로 볼셰비키는 4만 명의 병력을 발트해를 따라 페트로그라드로 접근하고 있던 유데니치에 돌릴 수 있었다.[8] 여기에 트로츠키의 무자비한 동원으로 적군에 합류한 230만 명이 더해지자 우세를 차지하기에 충분했다. 11월 중순 전투의 형세가 바뀌었다. 적군이 승리했다. 데니킨과 콜차크는 도주해야 했다. 1919년 11월 17일 로이드조지는 하원에서 무력으로 볼셰비키 정권을 무너뜨리려는 시도를 포기한다고 선언했다. 영국 정부가 거의 5억 달러를 쓴 뒤였다. 비용이 너무 컸고, 영국은 합법적이고 강력한 러시아 국민국가의 회복에 정말로 관심이 없었다. 1918년 여름 독일 외무장관 리하르트 폰 퀼만의 말을 되풀이하듯, 로이드조지는 의회에 이렇게 다짐했다. '페르시아로, 아프가니스탄과 인도의 국경으로 빙하처럼 움직이는 커다란, 거인 같은, 거대한, 성장하는 러시아'는 '영국제국이 대결할 수 있는 가장 큰 위협'이었다. 서유럽에서 혁명의 위협이 쇠퇴하고 있었기에 소비에트 정권을 '가시철조망'으로 차단하는 것이 더 나은 정책이었다.[9]

로이드조지의 철수로 백군은 사기가 꺾여 곤혹스러웠지만, 그렇다고 소비에트 정권에 대한 위협이 끝나지는 않았다.[10] 1919년에서 1920년으로 넘어가는 겨울 폴란드의 육군부는 러시아 문제를 확실하게 해결하기 위한 준비에 착수했다. 폴란드의 가장 큰 민족주의 정당인 민족민주운동은 공격에 반대했고 민족적으로 동질적인 더 작은 영토를 지키기를 더욱 원했다. 그러나 허약한 폴란드에서 권력을 장악한 유제프 피우수트스키 원수는 그렇게 협소한 시각을 공유하지 않았다. 피우수트스키는 30년전쟁의 참사가 닥치기 전까지 러시아의 서진을 봉쇄한 폴란드-리투아니아 연합왕국의 부활을 꿈꾸었다. 새로운 대국 폴란드가 독립국 우크라이나와 동맹하면 발트해부터 흑해까지 차단선을 칠 수 있었다.[11] 피우수트스키는 이것이 영국 정부의 관심을 끌 것이라고 추정했다. 그러나 로이드조지 정부는 폴란드의 공격을 지지하지 않았다. 폴란드는 크게 도움이 되지 않는 프랑스의 지원과 독일이 브레스트리토프스크 조약의 방침에서 물러난 뒤 갈리치아에 은거하고 있던 우크라이나 민족주의자들과의 동맹에 의지하여 일을 처리해야 했다.[12] 피우수트스키는 동부 갈리치아를 폴란드에 넘긴다는 약속을 대가로 새로운 질서에서 영구적인 일부분이 될 독립국 우크라이나를 수립하려는 시몬 페틀류라의 노력을 지원했다. 이는 매우 위험한 전략이었지만, 폴란드는 적군이 서진을 준비하고 있다고 확신했다. 피우수트스키는 기선을 제압할 생각이었다.[13]

1920년 4월 25일 폴란드-우크라이나 군대가 공격을 개시했다. 5월 7일 이들은 키이우를 점령했고, 그로써 아직 남아 있던 표트르 브란겔 장군 휘하의 러시아 백군이 크림반도에서 새로운 근거지를 마련할 수 있었다. 볼셰비키 정권은 다시 남쪽으로부터 다가오는 위협에 생존이 불안해진 듯했다. 페틀류라와 피우수트스키가 도착하면서 키이우의 정권은 1917년 1월 이후로 열다섯 번째 바뀌었다. 그곳을 점령했던 독일군과 오스트리아군, 러시아의 백군과 적군의 손에 수십만 명이 죽었다. 그중 9만 명은 17세기 카자크 봉기 이래 최악의 유대인 박해에서 죽임을 당한 유대인들이었다. 생존자들은 대중 봉기를 일으킬 마음이 없었다. 반면 러시아에서는 폴란드 경기병대(우완Ułan)가 키이우를 지나갔다는 생각에 애국적 분노가 폭풍처럼 일었다. 차르 정부에서 장교였던 이들이 전쟁 영웅 알렉세이 브루실로프를 선두로 트로츠키의 적군에 홍수처럼 밀려들었다.[14]

그 결과 현대 유럽사에 중대한 순간이 찾아왔다. 1920년 6월 5일 세묜 부돈니가 지휘하는 적군 기병대의 1만 8,000명에 달하는 대군이 폴란드 전열을 강타했고, 폴란드군은 서둘러 키이우에서 철수했다. 겨우 한 달 뒤인 7월 2일, 볼셰비키의 뛰어난 지휘관이자 군사 이론가인 미하일 투하쳅스키는 총공격의 명령을 내렸다. "폴란드 백군의 시체 너머에 세계적 대전

란에 이르는 길이 있다…. 빌뉴스, 민스크, 바르샤바로! 전진!" 전선 지휘
관들의 부추김에 레닌과 볼셰비키 지도부는 '소비에트 정권의 정책을 모조
리 전환할 때가 왔다'고 믿었다.[15] '폴란드에서 프롤레타리아트의 사회주의
혁명이 무르익었는지 아닌지를 총검으로 시험할' 때가 왔다. 프랑스가 폴
란드의 방어를 보강하려고 서두르고 있다는 사실과 영국이 중재에 애를 쓰
고 있다는 사실은 '바르샤바 인근 어디엔가' '현재의 국제 제국주의 체제의
중심'이 놓여 있음을 폭로했다.[16] 볼셰비키는 폴란드를 점령함으로써 그 구
조를 토대까지 '흔들'려고 했다. 적군은 '세계 제국주의에 맞서 완전히 새로
운 프롤레타리아트 혁명의 지대'를 소생시켜야 했다.

브레스트리토프스크 이후 볼셰비키는 수도를 비교적 안전한 모스크바
로 옮겼다. 1920년 여름에도 레닌은 암살을 우려하여 신분을 숨기고 야음
을 틈타 이동해야 했다. 그러나 코민테른 제2차 대회는 개의치 않는다는
점을 과시하기 위해 모스크바로 천도하기 전인 1920년 7월 19일 페트로그
라드에서 개회했다. 36개 나라에서 온 217명의 대표단은 커다란 폴란드 지
도를 걸어놓고 전선에서 소식이 도착하는 즉시 소비에트 군대의 최근 진격
을 시간대별로 표시하며 회의를 진행했다.[17] 레닌은 '혁명적 망상'에 가까
운 기분에 빠져 스탈린에게 이렇게 전문을 보냈다. "코민테른의 형세는 훌
륭하다." 그는 그리고리 지노비예프와 니콜라이 부하린과 함께 이탈리아
와 헝가리, 체코슬로바키아, 루마니아에서 혁명의 파고가 솟구치기를 기대
했다.[18] 한편 독일의 동지들은 이듬해에 베를린에서 코민테른 회의를 주최
할 수 있기를 희망했다.[19]

국가 이데올로기로 전락한 사회주의

코민테른이 첫 번째 변화를 겪은 배경은 바로 이처럼 혁명의 확대에 도취된 분위기였다. 1919년에 헝가리와 독일에서 일어난 혁명의 파고는 비조직적 힘이 분산되었기에 패배했다. 적군이 서진하면서 러시아혁명이 지배력을 과시할 때가 왔다. 서유럽 사회주의자들의 노력은 헛되었지만 이에 비해 레닌주의는 혁명의 신조로서의 가치를 증명했다. 코민테른은 회원 공산당에 새로이 엄격한 기준을 세워 적용하려 했다. 공산당은 프롤레타리아트 독재를 당면한 목표로 선언해야 했다. 이제 '사회적 평화주의social-pacificism'라는 이름이 붙은 민주주의 정치나 '부르주아적 합법성'과는 어떤 타협도 있을 수 없었다. 서유럽에서든 미국에서든 공산당은 '내전의 국면에 들어가고' 있음을 깨달아야 했다.[20] 공산당은 혁명적 열의의 시험으로서 '불법적인 병행 조직'을 만들고 군대 안에서 폭동을 일으켜 국가에 직접 도전할 준비를 하는 데 전념해야 했다. 이것이 정치 경찰의 억압을 초래한다면, 그렇게 되도록 내버려두어야 했다. 1918~1919년에 자유주의자들과 사회민주주의자들이 그토록 애호한 윌슨주의의 묘책은 멸시를 받으며 버려졌다. "자본주의를 혁명으로 전복시키지 않으면 국제 중재재판소도 군축 협정도 국제연맹의 '민주적' 재조직도 새로운 제국주의 전쟁을 막을 수 없을 것이다." 국제적인 문제의 지도 원리는 '반혁명 세력에 맞서 싸우는 모든 소비에트 공화국에 대한 무조건적 지원' 단 하나뿐이었다. 혁명적 적군 기병대의 모든 돌격과 더불어 혁명적 진실의 순간이 가까워오는 마당에 허비할 시간은 없었다. 넉 달 안에 공산주의 인터내셔널의 모든 현재 회원 공산당과 가입을 원하는 공산당은 찬성인지 반대인지 결단해야 했다.[21]

1920년 코민테른 대회의 열 차례 회의 중 여덟 번의 회의가 유럽 혁명 세력의 정화라는 어려운 과제에 몰두했다. 그러나 과격한 분위기에 어울리게 코민테른의 두 번째 대회는 세계 전략에 관한 첫 번째 주된 토론의 장을 제공했다.[22] 서유럽에서 혁명적 목표가 좌절을 겪은 상황에서 인도인 떠돌이 마르크스주의자 마나벤드라 나트 로이가 '아시아 먼저Asia first'라는 구호의 정연한 대변자로 이목을 끌었다. 로이는 얼마 전에 미국을 거쳐 러시아로 갔고 인도가 아니라 멕시코 대표로 코민테른 회의에 참석했다.[23] 로이는 코민테른이 에너지를 쏟아야 할 곳은 아시아라고 주장했다. 코민테른은 아시아에서, 뭄바이 같은 도시에서 새롭게 출현하고 있는 노동계급과 아시아 주민의 대다수를 이루고 있는 절대적 빈곤의 농민층 사이에서 혁명적 행동주의의 기반을 다져야 했다. 로이의 주장에 따르면, 공산주의가 간디 같은 부류의 사람들과 인도국민회의를 대체할 대안을 제공하는 것이 가장 중요했다. 로이는 간디를 부르주아적 반동으로 보았다. 로이의 제3세계주의Third Worldism는 투쟁적인 힘을 지녔지만 종래의 마르크스주의자들에게는 과도했다. 이탈리아의 매우 교조적인 마르크스주의자였던 자친토 메노티 세라티는 정설인 유럽 중심의 고전적 주장으로 답했다. 아시아의 혁명은 불가능했다. 산업 노동자계급이 없었기 때문이다. 아시아는 유럽의 선도를 따라야 했다.

그러나 세라티는 시대에 뒤처졌다. 러시아의 저명한 마르크스주의자들은 이제 『공산당선언』의 오래된 신조를 단순하게 암송하는 것을 뛰어넘어야 할 때가 왔다고 판단했다. 레닌이 지적했듯이, 『공산당선언』은 '완전히 다른 상황에서' 쓰였기 때문이다. 마르크스주의는 네 번째 세대에 진입하고 있었다.[24] 볼셰비키가 의기양양하게 증명했듯이, 20세기 혁명가들은 필요하다면 마르크스와 엥겔스에 반대해서라도 스스로 생각할 필요가 있었다. 레닌이 로이에게 완전히 동의할 수 있었다는 말은 아니다. '아시아 먼저'는 일방적이었다. 코민테른은 투쟁이 절정에 달한 것처럼 보였던 바로 그 순간에 제국주의 세력의 심장부인 유럽에서 다른 곳으로 힘을 돌리지 말아야 했다. 그러나 레닌이 1916년 이래로 주장했듯이, 식민지 세계의 민족해방운동은 '통일된 반제국주의 전선'의 형태로 혁명의 대의에 왕성하게 힘을 보탤 수 있었다. 로이는 '부르주아 민주주의'와 동맹을 맺는다는 모든 생각을 조롱하며 물러서지 않았다. 그래서 레닌은 코민테른의 압도적 다수의 승인을 얻어 전술적 퇴각의 신호를 보냈다. 연합전선은 공산당이 진정한 '혁명적' 민족주의 집단과 제휴할 수 있을 때에만 채택될 것이었다. 뒤이어 입증되듯이, 실제로 양자를 구분하기는 매우 어려웠다.

세계 혁명의 전술에 관해서는 다툼이 있었다고 해도, 코민테른은 주된 표적에 관해서는 쉽게 합의할 수 있었다. 영국은 1918년 이래로 반反볼셰비키 개입의 주된 배후 세력이었다. 영국은 지배적인 세계 제국이었다. 1920년, 제정 러시아와 빅토리아 시대 영국이 벌인 제국주의 경쟁의 '대격돌Great Game'은 중앙아시아 싸움의 새로운 시대에 길을 내준 것 같았다. 1920년 4월 민족문제인민위원 이오시프 스탈린은 적군을 아제르바이잔으로 들여보냈다. 바쿠와 그 유정에 주둔한 공산주의자들은 짧은 기간 동안 아시아의 무슬림 주민을 과격한 세력으로 만들기 위한 운동에 착수했다. 5월, 소비에트 해병대 병사들이 카스피해 해안선을 따라 전진하여 페르시아의 항구도시 반다르에안잘리에서 영국을 몰아냈다. 철수하기 전에 소비에트 군대는 무너져가는 테헤란 정권에 대한 도전으로서 북부 페르시아에 길란 소비에트 공화국Soviet Republic of Gilan(페르시아 소비에트 사회주의 공화국)의 수립을 도왔다.[25] 현지의 군벌과 쿠르드족 족장들, 아나키스트들, 소수의 과격한 지식인들로 구성된 길란 공화국은 완전한 아시아 혁명의 선언에서 로이를 능가한 아베티스 술탄자데로부터 이데올로기적 영향을 받았다.

1920년 9월 8일 바쿠에서 코민테른 주최로 열린 동양민족대회Congress of Peoples of the East에는 페르시아와 아르메니아, 터키 곳곳에서 29개 민족과 소수민족 집단을 대표하는 1,900명의 대의원이 참석했다.[26] 개회식에서 이들은 레닌의 충실한 추종자이자 열정적인 제3세계주의자인 지노비예프의 긴 연설을 들었다. 지노비예프는 '인류 역사상 알려진 적이 없는' 사건, 즉 수억 명의 억압받는 동양 농민들의 대표자들이 모인 첫 번째 회합을 알리며 그 농민 남녀를 '우리의 강력한 예비군 대중', 세계적 혁명의 '보병들'로 기쁘게 맞아들였다.[27] 소비에트 정권은 '제국주의 국가 영국에 맞선… 성전'에 필요한 전략적 토대를 마련하기 위해 아프가니스탄과 승인 조약을 체결했다. 이 조약으로 아프가니스탄은 상당한 규모의 보조금을 받는 대가로 영국과 어떠한 협정도 맺지 않겠다고 약속했다.[28] 한편 코민테른 전략가들은 아프가니스탄과 엔베르 파샤가 이끄는 범凡튀르크 군대, 혁명적인 '신의 군대'로 반反영국 연합군을 결성하여 로이에게 지휘를 맡기는 방안을 구상했다. 타슈켄트로 이동한 로이는 영국의 인도 통치에 도전하는 킬라파트 운동에 새로운 차원을 더할 무슬림 군대를 모집하려고 노력했다.[29]

1920년에 열의가 솟구쳤는데도 코민테른의 성적은 혁명적 성공의 기록에 미치지 못했다. 향후 몇 십 년간 코민테른의 실패를 둘러싼 비난은 전 세계 사회주의 운동의 여러 분파에서 치열한 논쟁의 주제가 된다. 그러나 그러한 논쟁은 요점을 벗어났다. 1917~1923년이 혼란스러운 격동의 시기였음은 분명하다. 하지만 전면적인 혁명적 전복의 현실성이 있었는지 없었는지를 물어야 한다. 실패를 비난하는 것은 더 놀라운 일, 즉 코민테른이 추구한 세계적 정치의 전망을 평가할 수 없게 만든다. 그 전망은 야심의 크기로 보자면 최고점에 달했다. 전쟁 이전 세대에 사회주의 인터내셔널은 유럽 전역의 정당들, 그리고 차츰 세계 도처의 정당들의 공동 회의와 집단적 의사 결정의 일정한 유형을 발전시켰다. 우드로 윌슨은 세계적 차원의 대중에 호소하려는 징지인의 선례가 되었다. 베르사유 회담과 국제연맹에는 세계의 여러 정부들이 참여했다. 영국은 제국을 세계에 널리 퍼진 연방으로 민들러 했나. 워싱턴 회담에서는 정부 간 조약으로 해군력의 세계적 구조가 결정되었다.

그러나 코민테른은 훨씬 더 근본적인 일을 꾀했다. 코민테른은 전 세계에 걸친 정치운동을 만들어내려 했다. 그 운동은 공동의 조직 모델, 일련의 신조에 대한 명백한 헌신, 중앙에서 통제하고 지휘하는 세계적 행동 계획을 갖추어야 했으며, 그 계획은 세계의 모든 주요 지역에서 벌어지는 계급투쟁들을 상호간의 연관 속에서 전략적으로 분석하여 수립해야 했다. 세속 정치에서 이전에는 어느 누구도 그러한 일을 시도한 적이 없다. 선구자가 있었다면 가톨릭교회가 유일하다. 코민테른의 발상이 조잡하고 유럽 중심적이었다거나 그 전술적 판단이 빈번히 비참할 정도로 틀렸다는 사실은 전혀 놀랍지 않다. 이 기획의 실패와 좌절은 지나치게 많은 방식으로 설명되었다. 1920년에 드러났듯이, 결정적이었던 것은 개념상의 정치함이나 전술적 솜씨의 문제가 아니라 군사적 불운이었다.

적군이 서진할 때, 투하쳅스키는 발트해 해안선을 따라 오른쪽으로 포위했다. 8월 둘째 주 그의 선봉대는 베를린에서 150마일 이내에 있었다.[30] 바이마르 공화국이 진격해 들어오는 소비에트 정권과의 외교 관계 회복을 기대하는 상황에서, 동프로이센의 여러 공동체는 러시아군을 지긋지긋한 폴란드 통치의 종식을 알리는 전조로서 환영했다.[31] 8월 첫 주 피우수트스키는 비스와강 전선에서 보급이 끊기자 버티며 싸웠다. 1920년 8월 16일 피우수트스키는 포위망의 북쪽 끝과 바르샤바 외곽으로 몰려오는 소비에트 군대 사이에 벌어진 틈을 이용하여 반격에 나서서 북쪽으로, 이어 동쪽으로 적군 배후 깊숙한 곳까지 밀고 들어갔다. 결과는 경이로운 역전이었다. 8월 21일 투하쳅스키의 전열 전체가 와해되었다. 남쪽에서는 정치위원 스탈린의 감독을 받는 적군 부대가 8월 31일 쓸데없이 리비우를 포위했다가 자모시치에서 패했다. 유럽사의 마지막 기병 대전이 되는 전투에서 세묜 부됸니의 제1기병군은 1812년 나폴레옹 보나파르트와 함께 말을 달렸던 자들의 후예인 폴란드 경기병 여단에 패주했다.

1920년 10월 12일 소비에트 정권은 휴전에 동의했고, 1921년 3월 18일 리가 조약Treaty of Riga을 체결했다. 1918년 독일이 획정한 발트해의 국경은 그대로 유지되었다. 브레스트리토프스크에서 구상된 벨라루스 국가와 우크라이나 국가는 소비에트 정권과 크게 팽창한 폴란드가 분할하여 가져갔다. 레닌은 이것이 혁명 확산의 희망을 박살낸 패배라고 인정했다. 그러나 덕분에 소비에트 정권은 그 지위를 공고히 다지고 특히 영국제국과의 관계를 분명하게 할 수 있었다. 3월에 영국과 소비에트 정권은 무역협정을 체결했다.[32] 동시에 백군은 크림반도에 남은 마지막 주요 근거지에서 쫓겨났으며, 우크라이나에서 거세게 타오른 아나키스트의 반란은 진압되었다. 소비에트 정권의 자캅카스 정복은 적군이 조지아 공화국을 점령한 1921년 2월 말에 완료되었다.[33] 1922년 12월 28일 러시아와 우크라이나, 벨라루스, 자캅카스의 사회주의 공화국들이 조약을 체결하여 소비에트 사회주의 연방공화국(소련)을 창설했다. 대륙적 규모의 혁명운동이 새로운 종류의 국가로 형태를 갖추었다.

소비에트 정권이 과거에 차르의 영토였던 곳을 대부분 확고히 지배하면서, 코민테른의 21개조는 국제사회주의운동에 강요되었다. 독일에서는 이 때문에 독립사회민주당이 분열하여 다수파는 공산당에 합류했고 나머지는 사회민주당으로 복귀했다. 프랑스에서도 사회당에서 공산당이 갈라져 나왔다. 이탈리아 공산당은 1921년 1월에 창당되었다. 새로 태어난 서유럽 공산주의 운동은 유럽에서 무장봉기의 전통이 확실하게 사라지던 바로 그 순간에 계급전쟁이라는 레닌의 비타협적 신조에 헌신했다. 1921년 3월 21일 독일 중부의 중공업 지내에서 공산당은 쿠데타를 일으켰다. 이는 며칠 만에 굴욕적인 대실패로 끝났다. 1923년 함부르크와 작센, 튀링겐에서도 혁명적 동원이 무산되면서 같은 일이 반복되었다. 영국과 프랑스, 이탈리아에서는 1920년과 1921년에 총파업의 호소가 있었지만 전부 실망스럽게 끝났다. 1918년 11월부터 현재까지 서구 국가에서 국가 권력에 대한 정면 도전이 성공한 적은 없다. 중앙아시아에서도 1920년의 혁명적 열기는 빠르게 사라졌다. 범튀르크 영웅인 엔베르 파샤는 신뢰할 수 없는 협력자로 드러났다. 그는 영국령 인도 침공에 힘을 쏟는 대신 소비에트 통치에 반대하는 중앙아시아 반란의 허울뿐인 우두머리가 되었다.[34] 아프가니스탄도 마찬가지로 비협조적이어서 로이의 이슬람 군대는 해체되었다.

1918년 11월 이후로 혁명의 미래상은 네 단계를 거쳤다. 전쟁이 끝났을 때 레닌은 수세에 몰려 간절한 마음으로 브레스트리토프스크의 균형 잡기를 지속할 방법을 모색했다. 1919년 봄, 그러한 상황은 사라지고 혁명이 유라시아 전역에서 들불처럼 퍼질 전망이 보였다. 그 가능성이 실현되지 못하자, 1920년 코민테른이 세계적 혁명운동을 지휘할 책임을 떠맡았다. 마지막으로, 1921년 독일과 이탈리아에서 다시금 혁명의 희망이 좌절을 겪은 뒤, 소비에트 정권은 혁명적 방어 전략을 추구하게 되었다. 사회주의는 세계적 봉기의 활력이나 세계적 운동의 전략적 중심이기는커녕 이질적인 세계 체제 속의 여러 국가 중 하나의 이데올로기가 되었다.[35]

이는 세계 도처의 공산주의 활동가들에게 근본적인 의미를 띠었다. 1919년 이들은 당연히 혁명의 행위자였다. 1920년 이들은 코민테른의 규율을 따랐지만 혁명의 성공이 임박했다는 약속이 있었다. 이제 그들은 무한정 지속될 잔혹한 전략적 싸움에서 소비에트 정권의 이익에 헌신해야 했다. 1921년 6월과 7월에 열린 코민테른 제3차 대회에서 모든 공산당의 소비에트 전략에 대한 복종이 유일하게 실질적인 토의 주제였다. 소비에트 국가는 주요 자본주의 국가, 특히 영국과 그 이웃나라들과 공존을 모색했다. 유럽 밖의 공산당은 민족주의 세력과 협력하여 제국주의에 맞서려 했다. 그러나 터키와 이란의 잔혹한 사례가 곧 입증하게 되듯이, 이러한 전략은 공산주의 보병들을 큰 위험에 빠뜨릴 수 있었다. 아타튀르크가 그리스와 영국을 무찌르자마자 터키 공산당에 등을 돌렸는데도, 소비에트 정권은 그와 좋은 관계를 유지하기로 했다.[36] 마찬가지로 이란 공산당도 독재자 레자 샤와의 관계 유지를 위해 희생되었다. 혁명적 변증법의 모험은 가장 냉혹한 단계에 진입했다. 철칙과 자기부정이 공산주의 혁명 정신의 특징이 된다.

중국에서 노동자 혁명과 농민 혁명의 결합

중국이 혁명의 경연 무대에서 한층 더 결정적인 존재로 부각된 것은 바로 이렇게 혁명의 지평이 협소해졌기 때문이다. 워싱턴 회담에서 중국 민족주의자들은 자신들이 어느 한 나라가 아니라 미국이 주도하는 제국주의자들의 동맹에 희생되었다고 생각했다. '일반적인' 제국주의라는 추상적 개념은 국제 은행 차관단으로 구체적인 형태를 띠었다. 그 억압적인 결합에서 배제된 나라가 소비에트 국가였다. 1919년과 1920년에 중국 외교는 러시아의 약점을 이용하여 차르 정권의 특권을 폐기했다. 이제 국면은 일변했다. 서구 강국들이 실질적으로 양보할 의사가 없음을 확인했고 적군이 시베리아와 몽골을 다시 장악하는 가운데, 소비에트 정권은 베이징에 사절단을 파견하여 새롭게 힘든 협상을 개시했다. 1924년 소련은 사실상 만주 철도망에 대한 러시아의 권리를 다시 주장했다.[37] 그러나 중국에서 사회주의 혁명이 일어날 가능성이 훨씬 더 소중했다. 앞서 일본이 그러했듯이 소비에트 정권이 중국 정책은 양 극난 사이에서 동요했다. 소비에트 정권은, 잠재적으로는 다른 외국 세력과 협력하여, 이익권역을 세우고 지키는 데에서 멈출 수 있었다. 좀 더 야심적으로 나갔다면 중국 전체를 지배하려 할 수도 있었을 것이다. 그렇게 하려면 이데올로기적 논거가 필요했다. 일본이 제시할 수 있는 최선의 이데올로기는 이기적인 것임이 빤히 보이는 허약한 범汎아시아주의였다. 소비에트 정권은 한층 매력적인 것을 제시할 수 있었다.

1920년 9월 바쿠에서 열린 동양민족대회에서 지노비예프는 중국인들의 형편없는 모습에 실망했다. 1922년 1월, 소비에트 정권은 워싱턴 회담에 대응하여 새롭게 극동노동자대회Congress of the Toilers of the Far East를 개최했다. 회의에는 중국 공산당의 대규모 대표단이 처음으로 참석했을 뿐만 아니라 일본과 인도, 인도네시아, 몽골, 조선의 투사들도 참석했다.[38] 전술에서는 이견이 있었지만, 최소한 중국의 민족혁명을 서구 강국들과 연결시키지 말아야 한다는 데에는 의견이 일치했다. 미국에 기대할 것은 없었다. 중국 공산당은 창당 첫 해에는 소수 지식인 무리에 불과했다. 그러나 홍콩과 광둥에서 입장이 분명한 파업이 발생한 뒤 노동자 단체들과 연대하라는 지시가 내려졌다.

코민테른은 1922년 11월 제4차 대회에서 '동양 국가들'의 농민을 조직하는 문제를 다시 다루어 '동양 문제에 관한 일반 테제'를 정식으로 채택했다. 코민테른의 새로운 방침에서 핵심은 수많은 농민 대중을 민족해방 투쟁에 끌어들여야 한다는 것이었다. 공산당의 역할은 부르주아 민족주의 당파를 압박하여 토지 없는 농촌 주민에게 호소할 수 있는 혁명적인 농업 정책을 채택하게 하는 것이었다.[39] 결정적으로 1923년 1월 12일 코민테른은 중국 공산당에 이렇게 지침을 내렸다. "현재 중국에서 진정한 민족혁명 집단은 국민당이 유일하다."[40] 이 지침으로써 코민테른은 좋든 싫든 다른 어느 외세도 하려 들지 않았던 선택을 했다. 코민테른은 국민당의 중요성을 인정했을 뿐만 아니라 국민당의 전면적인 민족혁명 수행을 지원하기로 했다. 이러한 방침은 불과 몇 주 뒤에 소련이 공식 외교로 확인해주었다. 소련의 주 중국 대사 아돌프 이오페가 베이징 정부를 버리고 상하이의 쑨원을 만나 향후 협력에 관한 공동 성명서를 발표했던 것이다. 뒤이어 5월에는 농민 문제를 중국혁명의 핵심 의제로 지정한 구체적인 지령이 내려왔다. 중국 공산당의 동지들은 도시에서 맡은 역할 이외에 농민 봉기를 선동하라는 명령도 받았다. 이 전략은 중국 공산당 창당 주역들의 입맛에는 맞지 않았다. 그들은 근대 산업 노동자계급에 집착한 도시 지식인들이었기 때문이다. 그러나 이 전략으로 새로운 일단의 조직자들이 전면에 부상했다. 그중에 농민의 자식인 청년 마오쩌둥도 있었다.

이 새로운 농민 노선이 중국에만 국한되지는 않았다. 1923년 10월 크렘린의 회견실이 제1차 국제농민대회Internation Peasant Conference의 회의장이 되었다. 대회에는 40개 국가에서 158명의 대표가 참석했다. 멕시코와 미국뿐만 아니라 폴란드, 불가리아, 헝가리가 전부 대표를 보냈다. 아시아에서는 일본의 가타야마 센과 인도차이나의 호치민이 참석했다. 1923년에서 1924년으로 넘어가는 겨울 레닌이 사경을 헤매고 스탈린이 그늘에서 호시탐탐 권좌를 노리고 있을 때, 적군의 영웅 트로츠키와 코민테른 의장 지노비예프, 그리고 한때 좌익 공산주의자였던 이론가 부하린이 경쟁했다. 브레스트리토프스크 조약 이후 농민 전쟁에 의존하여 독일을 저지했던 부하린은 이제 들을 의지가 있는 사람이라면 누구에게든 이렇게 일깨웠다. "이 세계 주민의 대다수가 농민인 한, 농민 투쟁의 문제는 정책의 주된 문제 중 하나이다."[41] 지노비예프는 배타적인 프롤레타리아트 독재 얘기는 전혀 하지 않았다. 그는 노동자 혁명을 농민전쟁과 결합하라는 명령이 '레닌주의의 가장 기본적인 특징'이요 '레닌이 발견한 가장 중요한 것'이라고 선언했다. 지노비예프의 최근 혁명관은 발칸반도의 불가리아와 유고슬라비아에서 일어난 봉기가 서쪽으로 휩쓸고 지나가 유럽의 질서를 뒤흔드는 것이었다.

그러나 농민과 농민주의peasantism의 이야기에는 늘 다른 기조가 침투해 있었다. 1923년 4월로 돌아가 보자. 러시아 공산당 제12차 대회에서 지노비예프는 새로운 노선을 옹호했다. 일탈하여 포퓰리즘과 농민의 이익에 빠졌다고 비난하는 자들에게 그는 이렇게 대응했다. "그렇다. 우리는 농민을 향해 나아가야 할 뿐만 아니라 농민의 경제적 이익 앞에 머리를 숙이고 필요하다면 무릎도 꿇어야 한다. 그들이 우리를 따르고 우리에게 완전한 승리를 줄 것이기 때문이다."[42] 제3세계주의적 혁명의 열기에는 체념에 가까운 현실주의 감각도 따라왔다. 19세기의 위대한 예언자들이 약속한 '진정한 혁명'인 프롤레타리아 혁명이 닿을 수 없는 곳에 있음을 인정한 것이다. 이 고통스러운 깨달음이 중국이나 폴란드에 코민테른의 활동이 널리 퍼진 덕분은 아니었다. 그것은 러시아의 현실에서 배운 쓰라린 교훈이었다.

레닌의 경제적 타협, 신경제정책

1921년 초, 트로츠키와 적군은 내전에서 승리했다. 그러나 큰 희생이 동반되었다. 적군은 농촌 주민을 소원하게 만들지 않으려고 집단농장이나 토지 사회화의 이야기를 피했다. 촌락민은 1917년에 차지한 토지를 그대로 보유할 수 있었다. 그래서 농민은 반혁명의 마수에서 벗어나 있었다. 그렇지만 이는 깊은 딜레마를 낳았다. 이른바 '전시 공산주의' 체제에서 노동자의 보수는 거의 전적으로 배급식량을 받을 권리로 지불되었다. 러시아 화폐는 이미 1918년에 사실상 무용지물이 되었다. 농민이 토지를 장악한 상황에서 도시의 식량 공급이 감소하자, 정권은 필요하면 폭력을 써서라도 징발에 의존하는 수밖에 달리 방법이 없었다. 그 결과는 끔찍한 추락이었다. 농민의 교화는 실패했고 굶주림에 지친 도시 주민은 시골로 도피했다. 소비에트 정권은 내전에서 승리했지만, 프롤레타리아 혁명운동으로서는 존재 이유를 상실했다. 그 국제 혁명운동은 실패했다. 러시아에 남은 것은 마르크스주의의 약속과는 거리가 멀었다. 1920년 말 페트로그라드 인구는 75퍼센트가 감소했고 모스크바 인구는 거의 절반이 줄었다.

레닌으로 말하자면 정권 성공에 참조할 수준 높은 척도가 있었다. 현대 공산주의의 원조인 1871년의 파리코뮌이었다. 1921년 3월 초, 볼셰비키 정권이 제10차 당대회에서 그 혁명적 이정표의 50주년을 축하할 준비를 하고 있을 때, 역사상 전례 없던 사건이 정권을 흔들었다. 3월 1일, 1917년 혁명의 전설적인 장소인 페트로그라드 외곽 크론슈타트 해군 기지에서 육군과 해군의 병사들이 소비에트 정권에 맞서 반란을 일으켰다. 이들은 성명서를 발표하여 자유롭고 공정한 소비에트 선거, 언론의 자유, 당원이 아닌 자들의 집회의 권리, 자유로운 노동조합 결성, 모든 사회주의자 정치범의 석방, 정권이 감금한 모든 사람의 혐의에 대한 독립적인 조사, 당과 국가의 분리, 동등한 배급식량, 소규모 독립 생산자의 완전한 생산의 자유 허용을 요구했다. 이와 같은 자유주의적 도전에 볼셰비키는 1917년 11월 이래로 늘 해왔던 대로 대규모 폭력으로써 대응했다. 투하쳅스키가 지휘하는 5만 명의 적군이 크론슈타트로 돌진했다. 2,000여 명의 반군이 처형되었을 것이다. 그 밖에 수천 명이 더 투옥되었다. 제10차 당대회가 끝날 무렵, 정리가 시작되었다.

정치에서는 타협이 있을 수 없었다. 그러나 경제 정책에서 레닌은 유연하게 대응할 뜻이 있었다. 강제 공출 전략은 재앙을 초래했다. 인플레이션이 창궐했다. 공장에는 장기 결근이 만연했다. 3월 21일 공산당 회의에서 레닌이 이른바 신경제정책NEP을 선포하자 큰 동요가 일었다. 읍과 시에서 전면적 집단화 전략은 번복되었다. 스무 명 미만의 노동자를 고용하는 사업에 사유재산이 허용되었다. 식량의 강제 징발은 1924년부터 현금으로 거둔 정기 세금으로 대체되었다. 신뢰를 회복하기 위해 새로운 금본위 화폐를 도입하기로 했다.

1921년 서구 강국들이 보기에 소비에트 정권은 폴란드의 혁명적 침공과 영국제국에 맞선 세계적 싸움을 포기했고 국내외에서 공개적으로 자본주의와 타협하는 쪽으로 태도를 누그러뜨렸기에 혁명의 위협을 가하는 나라가 아니라 실패한 국가였다. 추수철이 다가오고 가뭄이 볼가강 유역의 무력해진 농민을 덮치면서 신경제정책의 실행이 너무 늦었다는 것이 명백해졌다. 내전은 이미 100만 명이 넘는 사람들의 목숨을 앗아갔다. 이제 한때는 유럽의 식량 공급처였던 곳에서 수천만 명이 굶어죽을 위험에 처했다. 7월 13일, 레닌은 반체제 작가 막심 고리키에게 국제사회의 온정을 바라는 호소문을 쓰도록 허용했다. 그는 세계 혁명을 위해서가 아니라 인도주의적 언어로 '톨스토이와 도스토옙스키, 멘델레예프… 무소르그스키'와 '글린카의 나라'를 위해 호소문을 썼다. 세계 도처의 '순수한 사람들'이 그의 나라를 돕기 위해 일어서야 했다. 이는 이제 혁명적 국제주의가 아니었다. '빵과 약'이 없으면 러시아는 죽어버릴 수밖에 없었다.[43]

23장

제노바: 영국 패권의 몰락

1921년 8월 16일 로이드조지는 하원에서 러시아로부터 들어온 깜짝 놀랄 소식을 전했다. 그는 볼가강 유역의 기근이 '매우 소름끼치는 재앙'이어서 '마음속의 모든 편견을 없애버리고 동정과 인간적인 공감이라는 한 가지 정서에만 호소해야 한다'고 역설했다. 1,800만 명의 목숨이 풍전등화에 내몰렸다. 그러나 소비에트 정권을 상대하면서 정치를 피하는 것은 말처럼 쉽지 않았다. 이 기근은 1921년 3월 레닌의 신경제정책 선언과 대결적 외교 정책의 회피와 결합되어 서구에서는 널리 볼셰비키 정권이 종말에 다가가고 있다는 증거로 여겨졌다. 막심 고리키처럼 레닌 정권의 저명한 비판자들이 포함된 러시아 명사들의 위원회가 도움을 호소했다는 사실이 중요하지 않은가? 러시아의 기근대책위원회가 새로운 임시정부의 토대가 될 수 있었을까?[1] 1921년 가을 소비에트 정권의 복종과 러시아의 재통합을 토대로 한 진정으로 포괄적인 유럽의 평화를 이룰 가능성이 시야에 들어오는 것 같았다. 로이드조지로 하여금 전후 시대의 가장 대담한 평화 정착 노력을 수행하게 한 것이 바로 이러한 미래상이었다. 이는 영국의 국력에 대한 자신감과 그 실질적인 한계 둘 다 눈부시게 증명한다.

로이드조지의 전후 자유주의 위기의 세계적 해소 전략

1920년 가을 폴란드–소비에트 전쟁의 종식 이래로, 영국 정부는 러시아와의 교역을 회복하고 영국제국의 경계를 안전하게 할 잠정 협정을 추구했다. 그러나 이러한 화해 정책에는 한계가 있었다. 원조를 대가로, 최소한 암묵적인 승인을 대가로, 소비에트 국가는 기본적인 국제적 의무를 인정해야 했다.[2] 특히 브레스트리토프스크에서 채무불이행을 선언한 프랑스와 영국에 진 수십억 달러의 빚에 관하여 타협해야 했다. 프랑스의 전체 대외투자의 4분의 1이 걸려 있었다. 160만 명 이상의 투자자에게 진 빚이 40억 달러를 넘었는데, 그들 중 다수는 러시아 산업과 철도에 개인적으로 투자한 사람들이었다. 영국의 투자액은 약간 적은 35억 달러였는데, 러시아 정부에 청구할 몫이 압도적이었다.[3] 1921년 10월 소비에트 국가의 기근에 대한 서구의 포괄적인 대응을 논의하기 위해 브뤼셀에서 국제회의가 소집되었다. 회의는 영국의 지도에 따라 결의안을 채택하여 미지불 채무의 인정과 소비에트 국가 영토 내에 거래의 부활을 가능하게 할 '조건'의 창출을 조건부로 원조를 하기로 했다. 브뤼셀 회의는 국제 차관이 '신뢰에 의거해야 한다'고 단언했다.[4]

　10월 28일 소비에트 정권의 외무인민위원 게오르기 치체린은 브뤼셀 결의안에 대해 만일 서구 강국들이 소비에트 국가를 전체적인 강화협정의 정당한 일원으로 포함시킬 준비가 되어 있다면 소비에트 정권은 최소한 러시아의 전쟁 이전 채무의 인수에 관해 논의할 준비를 하겠다고 답했다. 그러나 그때 소비에트 국가는 이미 다른 원조자를 찾아냈다. 미국 정부에는 바로 국무장관 찰스 에번스 휴스가 해군력 축소 회담에 참석하라는 초청장을 발송했을 때 기근 소식이 전해졌다. 이 소식이 소비에트 정권을 승인하지 않으려는 국무부의 결단을 더욱 강화했음은 분명하다. 그러나 벨기에 구제 활동 때부터 굶주리는 유럽인을 돕는 것은 미국이 특별히 잘하는 일이었다. 세계 식량 시장이 폭락하는 가운데 처분해야 할 잉여 곡물의 양이 엄청났다. 1921년 7월에 이미 긴급구호의 달인인 허버트 후버는 그 유명한 미국구호사업단American Relief Administration을 가동하기 시작했다. 소비에트 정권의 시각에서 보면, 미국 정부가 공식 접촉을 매우 기피했다는 바로 그 이유 때문에, 미국의 원조는 확실한 매력이 있었다.[5] 후버가 자유롭게 뜻대로 활동할 수 있는 한, 뒤따르는 조건은 아주 적었다. 미국 구호 기구의 규모가 상당했기에 후버는 소비에트 당국과 협력하지 않고도 러시아에서 활동할 수 있었다.[6] 1921년 8월 18일, 로이드조지가 공동전선을 호소한 지 고작 이틀이 지났을 때, 소비에트 국가는 후버의 원조 제의를 수용했다.[7] 이후 12달 동안 미국은 1,000만 명의 러시아인을 먹여 살렸다.

그렇지만 러시아의 기근은 1921년 가을에 나타난 유일한 위기가 아니었다. 베르사유 조약 체결 후 2년이 지났을 때, 강화조약의 혹독함은 다시금 프랑스-독일 관계를 어렵게 만들고 있었다. 1921년 3월 슐레지엔의 주민투표 결과는 예견되었다시피 모호했으며 폴란드인의 봉기를 촉발했다. 이 문제는 배상금을 둘러싸고 계속되던 싸움에 덧붙여져 화염병이 되었다. 프랑스의 재정이 재건 비용으로 바닥나는 동안, 1920년 이후 독일에 나타난 일시적 화폐 안정화의 효과는 위험스러울 정도로 빠르게 사라지고 있었다.[8] 요제프 비르트 정부는 배상금을 지불할 준비가 되어 있다고 공언했지만, 이를 위해 지폐를 찍어 외환시장에 쏟아 붓고 있었다. 의용대는 폴란드인과의 마지막 싸움 후 해체되었지만, 우파의 위협은 지속되었다. 1921

년 6월 4일 바이마르 공화국의 첫 총리였던 필리프 샤이데만이 딸과 함께 걸어가던 중에 청산칼리 공격을 받았다. 샤이데만은 살아남았지만, 8월 24일 우파의 암살단이 다시 공격했다. 이번에는 마티아스 에르츠베르거가 표적이었다. 민족주의적 우파는 에르츠베르거와 샤이데만이 제국의회의 첫 번째 강화 요청을 이끌었던 1917년 여름에 시작된 원한을 해소하고 있었다. 공화국을 지지한 정당들은 위협을 인지하고 있었지만, 1921년 10월 국제연맹이 오버슐레지엔의 대부분과 그곳의 중공업을 폴란드에 넘기자, 비등한 애국적 움직임과 관계를 끊을 수 없었다. 1921년 5월 런던의 배상금 최후통첩을 이행할 책임을 떠맡았던 비르트의 관료들은 항의의 표시로 사퇴했다. 비르트는 어쩔 수 없이 새롭게 내각을 구성해야 했다.

그러나 배상금을 둘러싼 교착 상태는 이제 한층 더 심해졌다. 독일의 중공업계는 슐레지엔 문제에 관한 분노를 이용하여 외무장관 발터 라테나우의 중재로 프랑스에 석탄을 인도하여 현물로 배상금을 지불하기로 한 협정을 파기하려 했다. 이들은 또한 법인세 인상도 거부했다. 대신 독일은 독일 사업가와 대지주의 재산 전체에 공동으로 설정된 국제 민간 저당권의 조건에 관하여 굴욕적인 협상을 해야 했다. 1921년 11월 12일 루르 지방의 대 실업가 후고 슈티네스가 주도한 독일 재계 지도자들의 전방위적인 모임에서, 민족주의적 우파는 그 대가로 8시간 노동제를 포함하는 혁명 시기의 사회적 약속을 철회하고 세계 최대의 사업 조직인 독일철도Deutsche Reichsbahn를 포함하여 독일 국가의 모든 생산적 자산을 민영화하자고 요구했다. 그러한 조건에서는 어떠한 정부도 민주주의적 수단으로 통치할 수 없었다. 그러나 좌파는 사회민주당과 독립사회민주당, 공산당으로 분열했기에 개인 재산에 강력한 누진세를 부과하여 배상금을 지불한다는 자신들이 선호한 해법을 추진하는 데 필요한 표가 부족했다.

독일 국가의 재정적 토대가 불확실한 상황에서, 1921년 가을 시장은 채무 이행 가능성에 대한 불신이 고조되고 있음을 알렸다. 마르크의 대 달러 환율은 앞서 99.11마르크로 저점을 찍었다가 11월 말이 되면 262.96마르크로 급등했다. 베를린에서는 수입 식품을 비축하려고 혈안이 된 광적인 구매자들을 저지하느라 경찰을 배치해야 했다. 경제부 장관 율리우스 히르슈는 이렇게 말했다. "우리가 마주한 질문은 대 달러 환율이 300(마르크)인가 500(마르크)인가가 아니다…. 우리가 마주한 질문은 우리가 원하든 원치 않든 현재의 화폐 상황에서 독립성을 유지할 수 있는가 여부이다."[9]

바이마르 공화국의 미래가 위기에 처한 상황에서, 독일의 모든 진영이 외국의 지원을 기대했다. 미국이 개입하지 않기로 결정한 것처럼 보였기에, 1921년 말 독일의 구세주로 생각된 것은 영국이었다. 12월 발터 라테나우와 슈티네스가 어떤 방법이 있는지 논의하고자 런던을 방문했다. 슈티네스는 국내용으로 구상한 민영화를 국제 차관단이 영-미 자본에 의존하여 중부유럽 철도망 전체를 대대적으로 개편하는 특별 사업에까지 확대했다.[10] 슈티네스는 외국인이 운영하는 중국 철도를 떠올리게 하듯 민영화한 독일철도가 오스트리아와 폴란드, 다뉴브강 유역의 간선 철도를 통합한 '동유럽 철도 공동체'의 중심에 있는 체제를 구상했다.[11] 슈티네스와 라테나우는 로이드조지와 논의하며 시야를 넓혀 러시아도 포함시켰다.[12] 1920년 이래 소비에트 정권의 무역 협상자들은 유럽 전역에서 철도 장비를 대규모로 주문했다. 크루프는 이미 수지맞는 계약을 확보했다.[13] 레닌이 전체 금 보유고의 40퍼센트를 철도 장비 수입에 쓰도록 승인했기에, 새 기관차 5,000량과 화차 10만 량의 구매 상담이 이루어졌다. 이 수입 계획에 비하면 차르 시절의 어마어마한 전시 계획조차 작아 보였다.[14] 교통망의 복구는 러시아를 유럽 경제에 재통합하는 데 후버의 식량 지원 이상으로 중요했다. 독일 공업은 기관차를 생산할 수 있었지만, 1921년에 신용은 공급할 수 없었다. 그래서 그들에게는 영국이 필요했다.

독일의 호소는 적절했다. 1921년 12월 영국 내각은 배상금이 독일을 위기로 몰아넣는다면 그것이 유럽 전체에 미칠 영향은 '예상을 뛰어넘는 재앙이 될 것'이라고 확신했다. 미국이 한 발 비켜난 상황에서 영국이 주도적으로 나서야 했다.[15] 영국과 독일이 이렇게 뜻을 같이할 가능성이 보이자 프랑스도 움직였다. 1921년 12월 18일 프랑스 총리 아리스티드 브리앙은 독일인들을 따라 다우닝 가街로 갔다.[16]

영국이 1919년 3월에 로이드조지가 처음 했던 제안으로 돌아갔다면 배상금을 둘러싼 난제가 풀렸을 것이다. 영국은 미국 의회가 베르사유 조약을 비준하지 않았을 때 무산된 프랑스 안보 보장을 되살리려 했다. 프랑스는 미국을 만족시키고자 독일에 충분히 양보하려 했다. 그렇게 하면 신용의 흐름이 재개될 수 있었다. 재앙을 피할 수 있을 것 같았다. 문제는 영국이 지불해야 할 대가를 정하는 것이었다. 프랑스에 한 안보 약속의 범위는 어느 정도여야 했는가? 영국 정부는 프랑스가 폴란드-독일 전쟁에 개입하기로 결심하면 프랑스 지원을 약속하지 않으려 했다. 영국에 프랑스와 양자 간 군사 동맹에 찬성하는 열의도 강하지 않았다. 브리앙은 워싱턴 회담을 마치고 귀국할 때 중국의 영토 보전과 관련하여 일본과 체결한 4국 협정과 비슷한, 유럽을 위한 지역 협정이라는 발상에 고무되어 있었다. 그는 이 해법이 미국 정부의 마음에 들기를 바랐다.[17]

로이드조지는 한층 더 웅대한 계획에 이끌렸다. 영국과 프랑스 사이에 장애가 되는 문제가 프랑스의 동유럽 동맹국들의 불안정이고 독일과의 문제는 배상금이라면, 로이드조지는 러시아를 포함하여 동유럽 경제를 안정시키고 회복할 계획을 제안했다. 포괄적인 양자 간 안보 보장에 대한 프랑스의 끈덕진 밀실공포증적 요구는 유럽 대륙 전체의 화해로 이어질 것이었다.[18] 한 번의 거대한 외교 협상에서 소비에트 정권을 설득하여 브뤼셀에서 안출한 경제 지원 조건을 수용하게 해야 했다. 이를 바탕으로 폐허가

된 소련에 수억 파운드를 투입하고 동시에 러시아를 자본주의의 품 안에 다시 끌어안고 독일의 수출 부활에 필요한 자금을 공급해야 했다. 독일은 배상금 지불에 필요한 경화를 얻을 것이고, 이는 프랑스의 미국 내 신용을 회복하게 해줄 것이었다. 독일이 러시아와의 교역으로 프랑스에 정기적으로 5,000만 파운드(2억 달러에서 2억 5,000만 달러)를 지불하면 프랑스는 7억 내지 8억 파운드(대략 35억 달러)의 차관을 얻어낼 수 있을 것이고, 이로써 프랑스의 재정상 어려움은 상당히 해소될 것이었다.[19] 독일과 프랑스 간의 비생산적 다툼은 유럽 대륙의 경제 성장을 추동하는 엔진으로 바뀔 것이었다. 로이드조지는 또한 임기응변과 진보적 야심을 뒤섞은 그다운 방식으로 외교적으로 승리하면 조기 선거를 실시하여 자유당 내 자신의 파벌에 큰 승리를 안겨주고 '군복 선거' 이래로 자신을 제약한 보수당에 대한 의존에서 벗어날 수 있으리라고 계산했다. 유럽에 평화가 찾아온 상황에서, 로이드조지는 기세를 올리고 있는 노동당의 허를 찌르고 진보적 중심의 지배자라는 위치를 되찾으려 했다.

영국제국이 전체를 관망하는 동안, 유럽 경제는 회복되고 공산주의의 유령은 제거되며 독일과 프랑스 간의 갈등은 완화되고 정치적 균형은 중도좌파로 이동할 것이었다. 로이드조지의 전략적 시각은 세계적 맥락 속에 집어넣으면 한층 더 놀랍게 나타난다. 때는 1921년에서 1922년으로 넘어가는 겨울로 그가 유럽에서 선제적으로 제안을 내놓은 것은 워싱턴 회담의 세계적 해군 협정과 영국제국 내부의 여러 위기의 해결과 시기적으로 일치했다. 로이드조지가 잘 이해했듯이, 간디를 길들이고 아일랜드를 견제하고 이집트 민족주의를 제압한 것은 대서양과 태평양, 유라시아의 너 큰 선략석 난제늘을 처리하지 못했다면 단명한 전술적 승리에 그쳤을 것이다. 로이드조지가 하려던 것은 바로 전후 자유주의 위기의 세계적 해소였다. 그러나 이 점을 뒤집어 생각해볼 수도 있을 것이다. 로이드조지의 계획은 그 범위를 고려할 때 자유주의적 질서의 진정으로 광범위한 재확립에는 실제로 어마어마한 재원이 필요했을 것임을 가리킨다. 그런 일은 역사상 시도된 적이 없었다. 영국의 제한된 자원을 생각하면, 이는 매우 힘든 과제였다.

제노바 회의에서 영국, 프랑스, 독일의 각기 다른 입장

1922년 1월 4일 연합군 최고사령부가 프랑스의 칸에서 소집되었고, 로이드조지는 몇 달 안에 독일과 러시아를 포함하여 경제와 금융에 관한 회의를 소집해야 한다고 앞장서서 요구했다. 소비에트 정권에 관하여 칸 회의는 새로운 시각의 국제 질서를 진술한 것이나 다름없는 일련의 결의안을 통과시켰다. 회의는 각국이 소유권 제도나 경제 제도, 통치 제도를 타국에 강요하지 말아야 한다고 대담하게 선언했다. 그러나 외국의 투자는 소유권의 인정에 좌우되었고, 정부는 공채를 인정해야 했으며, 법률 제도는 공정해야 했고 통화 상황은 안전해야 했으며, 전복적인 선전은 없어야 했다. 자본주의 질서에 대한 모든 위협을 제거해야 한다는 이러한 성명서를 바탕으로 소비에트 국가는 국제사회에 다시 받아들여질 것이었다.[20] 1922년 1월 8일 소비에트 정부는 유럽의 회의에 참여하라는 초청을 받아들이기로 했다. 영국과 프랑스는 독일과 소비에트 국가가 배제된 국제연맹이라는 윌슨주의의 실패한 구조물에서 한 발 비켜나 다른 이해 당사국들에 이탈리아의 제노바에서 정상회담을 갖자고 청했다.

독일은 영국의 접근에 기뻐했다. 총리 비르트는 영국 대사 대버넌 경 에드거 빈센트에게 이렇게 외쳤다. "독일은 유럽 대륙에서 영국의 전진기지이다. 아니, 차라리 앵글로색슨 문명의 전진기지라고 해야겠다. 당신들처럼, 미국처럼, 우리도 수출품이 있어야 한다. 무역을 해야만 우리는 살 수 있다. 그것이 세 나라의 공통된 정책이어야 한다."21 그러나 영국−미국이 금융에서 유럽에 대해 자비로운 패권을 행사한다는 독일의 관념은 환상이 었다. 미국 정부는 로이드조지의 시각을 장려할 의사가 전혀 없었다. 식량 원조는 별개의 문제였다. 미국 정부는 소비에트 정권과의 직접 대화라는 발상에 질색했고 제노바 회담의 초대를 거부했다. 프랑스에서도 영국의 힘이 행사된 방식은 매우 걱정스러웠다. 총리 브리앙을 비판하는 자들에게 유럽 전체의 안보조약이라는 영국의 견해는 프랑스를 보호하는 것보다는 독일에 베르사유 조약의 엄격한 집행을 면하게 해주기에 더 적합한 듯했다. 프랑스의 차관이 상환되지 않는 한, 소비에트 정권을 초대하는 것은 논란의 여지가 있었다.22 따돌림 받던 두 나라를 같은 회의에 우호적인 조건으로 초대하는 것은 자살이나 마찬가지로 보였다.

1922년 1월 12일 프랑스 하원의 과반수를 차지한 불안한 중도우파는 레몽 푸앵카레를 총리에 앉히려고 브리앙을 내쫓았다. 신임 총리는 흔히 속 좁은 국수주의자로 그려진다. 그는 곧 독일과 프랑스 공산당이 후원하는 선전전의 표적이 되어 전쟁광으로 묘사된다. 그가 제정 러시아와 비밀외교를 벌인 것이 1914년 8월 전쟁의 진짜 원인이었다는 것이었다.23 이러한 역사 해석은 다음 대의 영어권 월슨주의자들 중에서 열렬한 신봉자를 발견했다.24 그러나 클레망소와 밀랑, 브리앙에 못지않게 푸앵카레에게도 영국과의 협정 체결은 가장 중요한 일이었다. 그렇지만 그가 염두에 둔 유럽의 안보는 워싱턴 회담 모델과 달랐다.

1922년 1월 23일 푸앵카레는 독일을 저지하기 위한 30년간의 상호 군사 보장 협정을 체결하자고 영국에 제안했다. 로이드조지의 시각으로 보면 이는 재앙이었다. 그는 푸앵카레에게 일깨웠듯이 늘 프랑스와 영국의 동맹에 헌신했다. 1898년 파쇼다의 위기로 제국주의적 긴장이 고조되었을 때에도 로이드조지는 '두 민주주의 체제' 간의 어리석은 분쟁을 비난했다. 이제 로이드조지는 푸앵카레에게 영국 자유당 반대파와 노동당의 적개심을 경고했다. 그들은 어떤 식으로든 대륙의 일에 휘말리는 것에 강하게 반대했다.[25] 만일 영국과 프랑스의 두 민주주의 체제가 서로 적대한다면, 이는 '유럽사 최악의 재앙'을 준비할 것이었다.[26] 그러나 로이드조지의 호소는 무익했다. 푸앵카레는 영국 총리가 4월 제노바에서 열기로 일정이 잡힌 회의에 자신의 명성을 걸었음을 알았다. 그래서 좋은 수단을 얻었다.

프랑스는 외국 채권자들의 상환 요구를 필사적으로 피하고 있고 독일은 파산 직전에 몰린 상황에서 제노바 회의 시간이 다가오자, 유럽의 금융상의 난국은 새롭게 중대 위기에 가까워졌다. 푸앵카레가 집무를 시작했을 때, 배상금위원회는 독일에 일시적인 지불 연기를 허용했는데, 독일 정부가 포괄적인 재정 건전화 일정을 제출하여 배상금위원회의 승인을 받아야 한다는 단서가 붙었다.[27] 비르트 정부는 독일 재계의 격한 반대를 무시하고 연합국의 요구에 응했다. 독일 정부는 세금을 인상하고 내국채를 강제로 할당하며 관세를 금으로 받고 석탄의 국내 가격을 올리고 철도 요금을 인상하며 제국은행에 자율권을 부여하고 통화 관리를 통해 자본 유출을 방지하기로 동의했다.[28] 재정 건전화의 주요 요소는 약속한 지 오래 된 식량 보조금 삭감이었다. 식량 보조금을 삭감하면 수십억 마르크를 아낄 수 있었지만 빵 가격의 75퍼센트 급등이 불가피했다. 정치적으로 치러야 할 비용은 분명했다.

1922년 2월 초 총리 비르트는 독일사에서 유일했던 대규모 공공부문 노동자 파업에 직면했다. 그는 처음에는 바이마르 공화국 헌법이 허용한 비상통치권을 사용하는 강경노선을 취하려 했다. 그러나 1920년 루르 지방의 공산주의자 봉기를 진압했고 이제는 프로이센의 강압적인 내무장관으로 일하고 있는 카를 제베링조차도 전국적인 대결의 전망에 움츠러들었다.

"그 결과는 식량 부족과 약탈 사태일 것이다. 그러면 국방군Reichswehr을 최후의 수단으로 써야 할 것이고 이어 내전이 닥칠 것이다."[29] 그러한 상황은 피할 수 있었지만, 1922년 3월 18일에 지불해야 할 분할 배상금은 제국은행의 외환 보유고를 밑바닥까지 긁어냈다. 1922년 3월 21일 배상금위원회는 독일이 4월 15일까지 모든 지불을 중단할 수 있지만 몇 주 안에 재정건전화에 동의해야 한다고 선언했다. 바이마르 공화국 의회는 5월 말까지 600억 마르크의 추가 세금에 관하여 의결해야 했다. 독일의 공공 재정은 사실상 국제적 감시를 받았다. 파리의 독일 배상금 협상 대표들은 정부에 과도하게 반응하면 안 된다고 경고했다. 3월 21일의 위협은 사실상 프랑스의 훨씬 더 광범위한 요구에 비하면 약한 것이었다. 파리에서는 한 번 더 독일의 '오스만제국화' 얘기가 나왔다.[30] 그러나 독일 정부는 새로운 요구도 그것과 다를 바가 없다고 이해했다. 독일의 주권에 대한 근본적인 공격이요 독일을 한때 정중하게 '국가들의 가족'이라고 이름 붙인 것 속에서 이류 국가나 삼류 국가의 지위로 격하시키려는 위협의 반복으로 보았던 것이다. 조건을 정한 것이 로이드조지가 아니라 푸앵카레였다면, 1921년 12월 라테나우와 슈티네스를 런던으로 이끈 논거 전체가 의문시되었다.[31]

슈트레제만과 라테나우는 대서양 건너 미국에 점점 더 필사적으로 의지했다. 라테나우는 제국의회에서 이렇게 말했다. "이 순간 미국보다 더 대륙의 운명을 그토록 꽉 쥔 나라는 없었다."[32] 그러나 라테나우의 호소에 미국 정부는 전혀 반응하지 않았다. 하딩 행정부는 후버가 1919년 5월 윌슨 행정부에 개진한 태도를 조금도 바꾸지 않았다. 유럽인들을 압박하여 만족스러운 해결책에 이르게 할 최선의 방법은 미국의 불개입이었다. 유럽의 배상금 위기는 1920년의 디플레이션 위기처럼 재계 주도의 재건이라는 논리가 뿌리를 내리기 전에 해소되어야 했다.[33]

제노바 회의를 무위로 돌린 라팔로 조약

워싱턴 회담의 떠들썩한 개회와는 대조적으로 로이드조지의 제노바 회의는 실망스럽게 시작했다. 복잡한 거래가 오갔지만 세상을 깜짝 놀라게 한 미국 국무장관 휴스의 제안 같은 것은 없었다. 미국의 불참과 한 발 비켜서 있기로 한 푸앵카레의 결정으로 영국이 회의를 이끌었지만, 이 또한 협상을 처음부터 위태롭게 했다. 로이드조지는 1922년 4월 14일 꽤나 어설프게 빈정대는 말로 회의를 시작할 수밖에 없었다. 일찍이 유럽을 위해 아메리카를 발견한 것이 제노바 시민 크리스토퍼 콜럼버스였기 때문에, '그는 이제 이 도시가 미국인들을 위해 유럽을 재발견하기를 희망했다.'[34] 프랑스와 영국의 관계는 긴장되었다. 푸앵카레가 배상금 논의는 있을 수 없다고 고집을 부렸기 때문이다. 이탈리아가 프랑스를 대신하여 파트너가 될 수는 없었다. 파시스트 전투단이 시골에서 날뛰는 가운데 로마에는 위험스러울 정도의 권력 공백이 생겼다. 이는 그해 안에 베니토 무솔리니에게 권력 장악의 기회를 준다. 한편 일본은 사실상 제노바에 초청을 받았지만, 워싱턴 회담 때와는 달리 일본의 중대한 이해관계는 없었다. 독일인들은 분노했지만 눈치가 없었다. 소비에트 정권의 대표단이 참석한 것은 그 회의의 진정한 사건이었다.

제노바에서는 그 국제회의가 종전 후 첫 번째 진정한 포괄적 평화회담으로 유럽 정치의 새로운 시대를 열었다는 평이 많았다. 그러나 사실이 그렇다고 해도, 회의는 심히 불만스러웠다. 영국 정부의 다수가 자신들이 제안한 타협에 혐오감을 느꼈음이 확연하게 드러났다.[35] 영국 대표단은 사사로운 편지와 일기에서 소외된 기분을 노골적으로 표출했다. 독일 대표단의 단장이자 바이마르 공화국의 지도적 인물이었던 라테나우는 '타락한 대머리 유대인'으로 무시당했다. 볼셰비키는 영국인들에게는 이렇게 보였다.

"그들은 드루어리레인 극장의 무언극에서 걸어 나왔다…. 치체린은 실제로 그렇듯이 타락한 자로 보인다. 당연하게도 그와 크라신을 제외하면 그들은 전부 유대인이다." 다른 이는 이렇게 말했다. "여기서 주된 관심이 그들과 우리 사이의 향후 관계에 놓여 있다고 생각하니 심히 불쾌하다."[36]

치체린은 개회식에서 의견을 교환하며 소비에트 국가가 평화와 군축의 옹호자라고 주장함으로써 회의 주최자들을 당혹하게 했다.[37] 이는 코민테른이 유럽의 회원 정당들에 내전을 준비해야 한다고 요구했을 때 추진한 것보다는 다소 유연한 방침의 국제주의였다.[38] 그러나 소비에트 국가의 국제 공동체 재가입 조건에 관해서는 협상이 어려웠다. 서구 강국들은 자국 채권자의 권리를 강력히 주장했다. 소비에트 정권은 연합국이 내전에 개입하여 끼친 손실을 메울 비용으로 500억 금 루블(36억 달러)의 배상금 청구서를 내밀어 반격했다. 불개입의 약속과 재산권 보호 요구를 결합하여 그 자체가 모순이었던 칸의 의제는 제노바 회의를 탈선시키기에 충분했다. 새로운 자본주의적 투자와 사회주의 사이의 조화를 어떻게 꾀할 것이냐는 문제는 결코 진지하게 논의되지 않았다. 토의는 미해결된 국제 채무 문제를 벗어나지 못했다. 러시아는 빚을 갚으려 했는가? 전쟁 이전 차르 체제의 채무를 인정하는 대신 연합국 간 전쟁 채무를 탕감하는 조건으로 어느 정도 타협이 가능해 보였다. 그렇지만 소련은 어쨌거나 타결에 전념하지 않았다. 아돌프 이오페가 이끈 대표단의 과격한 인사들은 '분열시켜 무찌르라'는 레닌의 각개격파 공식에 의지할 수 있어서 기쁠 따름이었다.

소비에트 정부의 근본적인 목표는 영국-프랑스-독일이 공동으로 러시아를 지배한다는 로이드조지의 환상을 미연에 방지하는 것이었다. 소비에트 정권은 독일인들에게서 협력자를 찾아냈다. 그늘이 3월의 배상금 위기로 로이드조지의 대타협에 대한 신뢰를 잃었으며 그 회의의 진정한 목적이 전체적인 평화의 중개가 아니라 독일을 포위하는 반독일 동맹을 재건하는 것이라는 두려움에 시달렸기 때문이다. 그러한 생각은 러시아—독일 협정을 지지한 독일 외무부의 보수파가 조장했다.[39] 제노바에서 이러한 두려움은 프랑스와 영국이 소비에트 정부의 독일에 대한 배상 요구를 지지함으로써 소비에트 국가가 차르 체제의 채무를 상환할 수 있도록 도울지도 모른다는 걱정스러운 보고로 고조되었다. 라테나우가 소비에트 정권과 서구 강국이 독일을 배제하고 대화를 나누었다는 소식을 들었을 때, 이는 독일 대표단을 공포에 몰아넣기에 충분했다. 독일은 어떤 대가를 치르더라도 새로운 반독일 연합을 사전에 막아야 했다.

4월 16일 부활주일 아침 이른 시각, 라테나우는 앞서서는 서구 강국들과의 협정 체결을 옹호했지만 그러한 태도를 버렸고 제노바 근교의 빌라에서 별도로 회담을 갖자는 소비에트 국가 대표단의 권유를 받아들였다.[40] 그날 저녁 6시 30분 독일과 소비에트 국가 대표단은 이른바 라팔로 조약에 서명하여 제노바 회의 전체를 무위로 돌아가게 했다. 로이드조지가 주도한 대담한 조치는 유럽의 안보 질서를 탄생시키기는커녕 따돌림 받던 두 나라인 독일과 소비에트 국가 간의 상호 인정과 협력 조약 체결에 문을 열어주었다. 로이드조지 스스로 인정했듯이, '합치면 인구가 2억 명이 넘는 두 나라의 결합, 즉 독일의 기술과 소비에트 국가의 원료와 인력 자원의 결합'은 '유럽의 평화에 끔찍한 위협'을 제기했다.[41] 그것은 프랑스에는 진실로 두려운 전망이었다. 프랑스가 즉시 영국 정부가 처음부터 이와 같은 소비에트 정권과 독일의 제휴를 꾸몄다는 결론에 도달한 것은 제노바 회의에 불신이 가득했음을 알려준다.[42] 실제로 회의는 로이드조지에게는 대실패였다. 소비에트 정권을 통해 독일과 프랑스의 화해를 도모한다는 큰 계획은 뒤틀렸다.

워싱턴 회담은 제한적이나마 성공으로, 제노바 회의는 완전한 재앙으로 여겨졌지만, 그 두 큰 계획은 똑같이 전후 현상을 뒤흔드는 데 몰두한 세력을 과소평가한 경향이 있었다. 영국과 프랑스, 미국은 금융상의 지배력으로 민족주의적 충동을 길들일 수 있다고 생각했다. 중국과 소비에트 국가의 재정과 교통 기간시설을 감독하고 관리하기 위한 국제차관단이 구성되었다.[43] 큰 사업 기회가 유인책이 되었음을 물론이다. 그러나 이전처럼 이익권과 치외법권의 약속이 동반된 것 같은 국가의 보장이 없었기에, 민간 은행가들은 대부를 대폭 확대하는 데 주저했다. 중국 차관단을 둘러싸고 정치적 활동이 활발하게 전개되었지만 자금의 흐름은 없었다. 미국의 참여가 없었기에 소비에트 정권을 자본주의자들의 채권단에 굴복시킨다는 발상은 유산되었다. 서구 강국들은 중국 민족주의의 힘을 과소평가했다. 제노바에서 역설적이게도 서구 대표단은 너무 심하게 압박하면 소비에트 공산주의 정권의 호전적인 민족주의 정권으로의 대체를 재촉할 수 있다고 걱정했다.[44] 소비에트 체제의 상황이 의심의 여지없이 심각했지만, 그럼에도 이는 오판이었다. 레닌의 신경제정책은 전략적 후퇴라기보다는 전술적 조정이었다. 소비에트 정부가 허버트 후버의 원조를 냉소적으로 이용한 것은 항복의 징후가 아니라 어떤 희생을 치르더라도 살아남겠다는 의지의 표현이었다. 소비에트 정권은 확실히 영국 정부가 러시아의 복종을 겨냥하여 자본주의자들의 공동채권단을 지휘하게 내버려둘 의도가 전혀 없었다.[45]

독일 정부는 겉으로는 이행을 공언했지만 반란자들의 무리와 운명을 같이하고 싶은 마음이 간절했다. 소비에트 정권과 라팔로 조약을 체결한 것은 중화민국과 외교적으로 연대하는 것이나 마찬가지였다. 터키의 아타튀르크는 크게 박수를 보냈다.[46] 물론 독일의 재정 상황은 심각했지만, 소비에트 러시아와 중화민국, 반란을 일으킨 튀르크인들과 패배자의 동맹으로 연합하는 것은 신중하지 못한 민족주의적 환상이었다. 베르사유 조약은 독일의 주권이라는 가정 위에 성립했다. 1921년 8월 미국 정부는 바이마르 공화국과 별도로 지극히 우호적인 강화조약을 체결함으로써 공식적으로 전쟁 상태를 끝냈다. 영국은 독일이 경제적으로나 정치적으로나 국제 체제에 다시 통합되기를 분명하게 원했다. 프랑스의 근심은 쉽게 독일에 유리하게 이용되었을지도 모른다. 로이드조지에게 필요한 것은 독일이 베르사유에서 결정된 절차에 계속 헌신하는 것이 전부였다. 라팔로에서 이루어진 부차적인 거래는 그 반대의 결과를 가져왔다. 그것이 비스마르크 시대의 현실 정치를 불러왔다면, 이는 실체 없는 현실 정치였다. 라팔로 조약이 무언가 다른 것이었다면, 다시 말해 면밀히 계산된 실력 행사가 아니라 함성이요 민족적 저항의 몸짓이었다면, 여전히 이러한 질문에 답해야 한다. 독일은 얼마나 더 멀리 가고자 했는가?[47]

그러한 태도가 뜻할 수 있었던 것은 1922년 6월 우파의 타격대가 기업가 발터 라테나우를 그루네발트에 있는 그의 집 밖에서 총으로 쏘아 죽였을 때 피로써 나타났다. 공화국을 지지하는 시위대가 거리를 메운 상태에서 시장이 평결을 내렸다. 라테나우의 살해에 뒤이은 한 주 동안, 마르크의 가치는 달러 대비 345마르크에서 540마르크로 폭락했다.[48] 독일 우파는 서구 강국들과의 막판 대결에서 내전과 경제적 혼란을 감수하려 했는가? 이 문제는 휴전 이래로 계속 미결 상태에 있었다. 제노바 회의 이후 로이드조지에게서 총리직을 빼앗고 영국 주도의 유럽 질서 회복 시도가 헛됨을 증명한 것이 바로 그러한 저항 행위였다.

영국의 제1차 세계대전 출구 전략

제노바 회의 전 몇 주간, 로이드조지는 인도부 장관 에드윈 몬터규와 외무장관 조지 커즌의 충돌을 잘 넘겨야 했다. 두 사람은 간디 체포에 관하여, 그리고 영국 정부가 동부 지중해의 평화를 위해 오스만제국에 어떤 조건을 제안해야 하는지를 두고 대립했다. 제노바 회의의 대실패로 힘이 빠진 영국 정부는 이제 유럽뿐만 아니라 근동에서도 포괄적인 정책 위기에 직면했다. 그리스인들이 아타튀르크의 민족주의 세력을 무찌를 가망성이 없다는 것은 이미 1921년 말에 분명했다. 오스만제국을 향한 협상국의 어설픈 정책에서 벗어나려 했던 프랑스는 1921년 3월에 이미 앙카라의 임시정부와 원만한 관계를 유지하려 했다. 영국 정부는 체면을 잃지 않으면서 철군할 방법을 모색했다. 그러나 아타튀르크는 프랑스가 한 발 비켜서서 방관하고 소비에트 정권은 독일과의 새로운 동맹으로 힘을 얻고 자신은 아나톨리아 새정복을 눈앞에 두고 있었기에 모든 타협을 거부했다.[49] 1922년 늦여름 그리스는 이스탄불을 점령하여 양보를 얻어냄으로써 지위를 회복하려 했지만, 이는 그릇된 판단이었다. 아타튀르크는 협박에 굴하지 않았고, 오스만제국은 튀르크인의 충성을 잃었다. 1922년 8월 26일, 아타튀르크는 에게 해안으로 진격을 시작했고, 이는 9월 9일 이즈미르의 약탈과 공포에 사로잡힌 그리스인 주민들의 피난으로 귀결되었다. 이후 임시정부 군대는 북쪽으로 선회하여 다다넬스해협의 오스만제국 쪽에 있는 협상국 점령 지대에서 몇 마일밖에 떨어지지 않은 곳까지 치고 올라갔다. 1922년 9월 중순, 다다넬스해협의 서쪽 끝 차나칼레에 주둔한 5,000명의 협상국 병사들은 협력국인 그리스 군대가 패주하는 가운데 맹위를 떨치는 임시정부 군대와 마주쳤다.

영국 정부의 선택지에 철수는 없었다. 아일랜드에서 양보하고 인도에서 봉기에 직면하고 중동에서 권위에 도전을 받고 제노바에서 큰 실패를 겪은 마당에 체면이 깎일 일을 더 할 수는 없었다. 영국군은 참호를 파고 버텼으니 커즌은 프랑스와 영국세국에 필사적으로 지원을 호소했다. 그러나 커즌이 파리에서 푸앵카레를 만났을 때, 두 사람은 서로 배신했다고 비난을 수고받았다.[50] 영연방에서 온 대응은 어쨌거나 한층 더 말문이 막히는 것이었다. 남아프리카는 응답하지도 않았다. 캐나다가 볼 때 워싱턴 회담은 영국제국의 근본적인 전략적 관심사를 다루었다. 호주는 영국 정부가 위기가 한창일 때에야 도움을 요청했다는 사실에 격분했으며 갈리폴리 전투를 되풀이할 생각은 전혀 없음을 분명히 했다.[51] 영국은 로이드조지의 큰 전략이 무너지면서 유럽은 물론 영국제국 안에서도 고립되었다.

1922년 9월 23일 대대 병력 규모의 터키 임시정부 군대가 영국군이 훤히 내려다보이는 중립 완충지대 안으로 진입했을 때, 영국 정부는 즉각적인 철수를 요구하는 최후통첩을 전하라고 명령했다. 영국과 민족주의자들의 터키 임시정부는 전면전을 벌이기 직전까지 왔다.[52] 긴장된 순간이었다. 임시정부 군대의 화력이 현장의 영국군보다 우세했을 뿐만 아니라 아타튀르크의 배후에는, 라팔로 조약 체결 때 독일의 경우와 마찬가지로, 소비에트 정권이 버티고 있었기 때문이다. 소비에트 러시아가 영국 해군의 동부 지중해 장악을 깨뜨릴 잠수함을 제공했다고 추정되었다. 9월 18일, 영국 해군은 가까이 다가오는 소비에트 러시아의 함정은 모조리 침몰시키라는 명령을 받았다. 설상가상 한 주 전에 그리스 군대가 '독일에 우호적인' 국왕에 아나톨리아의 재앙에 대한 책임을 추궁하며 반란을 일으켰다. 이는 파시스트의 권력 장악을 미리 보여주는 사례가 아니었다. 쿠데타의 목적은 로이드조지의 협력자로 서구에 우호적인 총리 엘레프테리오스 베니젤로스를 복귀시키는 것이었다. 그러나 이는 그리스 유권자의 의사를 대놓고 무시하는 처사였다.

주데텐란트(수데티)를 놓고 히틀러와 대결할 때까지 영국은 이보다 더 큰 전쟁에 개입할 뻔한 적이 없었다. 그리고 로이드조지의 입장은 허세에 입각했다. 싸움이 벌어졌다면, 영국은 거의 확실히 궤멸되었을 것이다.[53] 현지의 영국군 지휘관은 공격적인 최후통첩을 전달하지 않기로 했다. 놀랍지도 않다. 1922년 10월 11일 휴전 협정이 체결되었다. 전쟁은 피했다. 그러나 영국 정부는 구원받지 못했다. 꼭 한 주 뒤인 10월 19일 불안한 보수당 초선의원들은 총리를 끌어내렸고, 이로써 로이드조지의 16년이라는 긴 기간의 총리 활동이 마감되었다. 그는 영국 현대사의 마지막 자유당 출신 총리가 된다. 새로운 보수당 정부의 최우선 과제는 외국의 일에서 최대한 발을 빼는 것이었다. 여섯 달간의 고된 협상 끝에 1923년 7월 로잔 조약이 체결되어 '동부 문제'는 마침내 해결되었다.[54] 1915년 런던 조약과 1916년 사이크스-피코 협정에 뿌리가 있는 아나톨리아 분할 계획은 최종적으로 포기되었다. 프랑스와 영국은 차이를 조정했다. 동부 지중해의 재앙 같은 전후 협정의 유일하게 진정으로 확고한 지주로서 터키 국민국가가 수립되었다. 1919년 이후 그리스-터키 분쟁으로 5만 명의 군인이 사망했으며 수만 명의 부상자가 발생했다. 종족 분쟁으로 초래된 양측의 민간인 사상자는 수십만 명에 달했다. 강화협정은 150만 명의 그리스인과 50만 명의 터키인의 '교환'을 요구하여 새롭게 불길한 선례를 남겼다.

차나칼레의 위기 이전에도 영국의 유럽 외교는 한계점에 도달했다. 독일이 채무 불이행 직전에 몰렸고 프랑스는 미국으로부터 무거운 압박을 받고 있는 상황에서, 영국 정부는 마지막으로 주도권 유지를 위한 시도를 했다. 외무장관 아서 밸푸어는 그답지 않게 성급하게 움직여 비록 조건이 붙었지만 이전의 동맹국들에 대해 모든 채무를 탕감하자고 일방적으로 제안했다. 다만 미국이 영국에 청구한 액수는 제외되었다.[55] 영국의 일방적인 채무 말소 제안은 1920년과 1921년에 거듭 되풀이된 것으로서 당연히 강력한 신호를 보냈을 것이다. 그러나 밸푸어의 1922년 제안은 불행히도 관대함이 아니라 속임수처럼 보였다. 그것은 미국을 피고석에 앉혀놓은 채 프랑스에 요구를 제기했다. 두 나라 모두 거부했다.[56] 1923년 1월 새로운 보수당 정부는 포괄적인 금융상의 해법 모색을 포기했다. 영국 정부는 배상금 문제는 프랑스에 넘기고 미국과 전쟁 채무 해결을 위한 양자 협상에 들어갔다. 영국은 미국에 62년 동안 연평균 3.3퍼센트의 이자율로 46억 달러를 상환해야 했다.[57] 연간 1억 6,000만 달러가 넘는 상환액은 전쟁 이전 영국 국채 전체의 이자 비용보다 많았다. 그 액수는 국가의 교육 예산과 맞먹었으며 해군 예산의 3분의 2에 달했고 영국 도시 빈민 전체에 62년 이상 집을 마련해주기에 충분했다.[58] 그 전쟁에서 두 아들을 잃은 총리 앤드루 보너 로는 이러한 조건에 심히 격앙하여 내각 토의 중 자리를 떴고 사임하겠다고 위협했다.

비록 영국 정부가 이 방안에 크게 분개했지만, 이는 1922년 초 미국 의회 위원회가 제시한 가혹한 지침보다는 상당히 관대했다.[59] 위원회는 하딩 행정부로부터 이러한 수준의 타협에라도 동의하도록 상원을 설득하라는 강력한 호소를 받았다. 미국의 정책은 워싱턴의 영-미 해군 협정의 여파로 출현하고 있는 새로운 질서를 확실히 했다. 후버가 말했듯이, 영국과 채무 협정을 체결함으로써 미국의 정책은 '지불 능력과 평화의 의지가 강한 나라'인 영국을 프랑스를 포함하여 '지불 능력이 약하고 여전히 전쟁의 방법에 젖어 있는' 유럽 대륙의 나라들을 향해 추구해야 할 정책으로부터 분리할 수 있었다.[60]

24장

벼랑 끝에 내몰린 유럽

라팔로에서 소비에트 러시아와 독일이 협정을 체결했다는 충격적인 소식이 전해진 지 한 주도 지나지 않아서, 미국 의회에 새로이 설치된 세계전쟁외채위원회는 프랑스에 미국에 빚진 35억 달러의 상환 계획을 제출하라고 정식으로 요청했다.[1] 사흘 뒤인 1922년 4월 24일, 푸앵카레 총리는 고향인 바르르뒤크에서 열린 집회에서 연설을 했다.[2] 그는 프랑스가 영국과 미국과 협정을 맺으려는 열망이 얼마나 강하든 간에 필요하다면 무력을 써서라도 독일에 반하여 행동할 권리가 있다고 선언했다. 여름 동안 미국 국무부는 민간 대부가 배상금 사태를 완화시키기를 바라는 마음에서 잭 모건을 유럽에 파견했다.[3] 그러나 푸앵카레는 은행가들을 쳐다보지도 않았다.[4] 연합국 간 채무에 관하여 아무 조치도 없다면, 배상금 문제에서 양보하는 일도 있을 수 없었다. 모건은 판단하지 않았다. 프랑스가 독일의 재정 안정보다 군사 행동을 선택하는 것이 옳을 수 있었지만, 그럴 경우 추가 대부는 불가능했다. 미국의 투자자들에게 '싸움의 주주가 되라'고 할 수는 없

었다.[5]

1921년에서 1922년으로 넘어가는 겨울 로이드조지가 유럽을 분열시킨 격한 대립을 경제로 중재하기를 바랐을 때, 프랑스는 무력을 써서 금융 협정의 조건을 조정할 준비를 하고 있었다. 국가 폭력 행위는 놀랍도록 강력하게 현금으로 전환되었다. 프랑스 정부는 서부 독일 공업 중심지인 루르 지방으로 군대를 보내는 비용이 1억 2,500만 프랑밖에 되지 않을 것이라고 계산했다. 루르 탄광을 활용하여 얻는 수익은 연간 6억 5,000만 금 프랑이나 될 수 있었다. 나중에 밝혀졌듯이, 서부 독일의 군사적 점령은 프랑스에 상당한 수입을 가져다주었다.[6] 그러나 이는 또한 위기도 유발했다. 독일 국민국가를 붕괴 직전으로 내몰았고 영국과 미국이 유럽의 정치에 다시 관여하게 했던 것이다. 프랑스에도 위험이 있었다. 독일과의 대결은 연합국들의 반감을 샀으며 프랑스 통화에 대한 투기적 공격을 자극했다. 그러나 현상을 유지하면 프랑스에는 어떠한 안전도 찾아오지 않을 것이었다.

루르 공격에 흐려진 전쟁과 평화의 구분선

프랑스는 단독으로 움직이고 싶지는 않았다. 협상국은 여전히 적어도 명목상으로는 프랑스 정책을 받쳐주는 힘이었다. 1922년 휴전 협정 기념일에 조르주 클레망소는 미국이 프랑스를 위해 개입하는 것에 대한 대중적 지지를 확보하려는 목적에서 은퇴 생활을 끝내고 마지막으로 대서양을 건넜다. 11월 21일 뉴욕의 청중에게 얘기하며 그는 이렇게 물었다. "당신들은 왜 참전했는가? 그로써 다른 나라들이 민주주의를 지킬 수 있게 도우려는 것이 아니었는가? 당신들이 얻은 것은 무엇인가? 당신들은 지금 프랑스가 군사주의에 빠졌다고 비난하지만, 프랑스 병사들이 세상을 구할 때 당신들은 그렇게 하지 않았다. 독일이 새로운 전쟁을 준비하고 있다는 데에는 의심의 여지가 없다. 미국과 영국, 프랑스의 긴밀한 협조가 아니면 무엇도 그것을 막을 수 없다."[7] 클레망소가 뉴욕 청중의 심금을 울리는 동안, 막후에서는 미국 외교관들이 프랑스를 다시 협상 테이블로 끌어내려고 애쓰고 있었다. 그러나 의회가 전쟁 채무 문제에 관해 완고한 태도를 고수하는 상황이라 하딩 행정부는 진퇴양난에 빠졌다. 12월 29일, 국무장관 휴스는 나중에 그가 '신의 목소리'라고 주장하는 것에 따라 코네티컷주 뉴헤이븐에서 열린 미국 역사학 대회 회의에서 연설을 했다.[8] 그는 미국 정부가 내놓을 수 있는 최대한을 제안했다. 미국이 정치적으로나 금융상으로 전시의 협력 국가들에 다시 관여하는 일은 없을 것이었다. 그렇지만 미국은 독일이 어느 정도의 지불 능력을 지녔는지 판단하기 위한 유럽 금융 전문가들의 회의에 위원들을 파견하려 했다.[9] 이는 프랑스에는 충분하지 않았다. 11월 말, 푸앵카레 내각은 차후 독일이 채무 불이행 상황에 처하면 프랑스 군대로 베르사유 조약의 이행을 강요하기로 결정했다.

협상국의 다른 국가들은 어떻게 대응하려 했는가? 벨기에는 독일에 약탈당했기에 배상금 지불의 강제 이행을 지지하리라고 기대할 수 있었다. 영국은 뒤로 물러나고 있었다. 이탈리아는 1922년 10월에 베니토 무솔리니가 새로이 총리가 되었다. 두체Duce는 변덕스러운 인물로 사회주의 이력도 지닌 준군사집단의 우두머리였다. 1919년 이후 그의 스콰드리스티 squadristi(검은셔츠단)가 보여준 활동은 법치에 헌신한 자라면 누구에게나 역겹지 않을 수 없었다. 그러나 1922년이 되면 무솔리니는 자신의 운동 내부에서 상대적으로 평판이 더 나쁜 성분들과 거리를 두었고, 이탈리아 사회에서 영향력이 가장 큰 몇몇 집단들로부터 확실하게 지지를 받았다. 파시스트들에 대해서 다른 얘기를 얼마나 할 수 있든 간에, 그들은 견고한 반공산주의자였다. 특히, 프랑스의 편짐에서 보낸, 무솔리니의 모든 이력은

전시의 경력에 바탕을 두고 있었다. '승리 없는 평화'를 그보다 더 거세게 비난한 사람은 없었다. 파시즘의 호전적 충동에 관한 염려는 나중에야 찾아온다. 1923년 무솔리니는 독일의 배상금 지불을 강제로 집행하려는 프랑스에 반대할 뜻이 없었다.[10] 프랑스 정부가 알고 싶은 것은 그것이 전부였다.

1923년 1월 11일, 분노한 독일의 민간인들이 기분 나쁜 침묵 속에서 지켜보는 가운데 프랑스의 라인군Armée du Rhin이 벨기에 보병 1개 대대와 이탈리아 공병대를 대동하고 루르 지방으로 진격했다. 이 침공은 프랑스가 유럽에서 군사적으로 우세하다는 점을 알리는 극적인 성명서였다. 프랑스 선봉대에는 전차와 병사들을 태운 트럭으로 상당한 규모의 기동 부대가 포함되었다. 프랑스군 참모본부는 북부 독일 평원으로 깊이 침투하는 방안도 원했다. 그러한 군사 작전에 돌입했다면 거칠 것 없이 전진했겠지만 6만 명에 달하는 프랑스군 병사들은 그 대신 루르 지방의 민간인들과 잔혹하게 대결했다. 대등하지 않은 싸움이었다. 3월 루르 지방과 라인란트는 행정적으로 독일의 나머지 지역에서 고립되었다. 프랑스 의회에서 전쟁에서 장애를 입은 퇴역 군인이었던 앙드레 마지노는 루르 지방을 난도질하고 독일이 북부 프랑스에 가한 피해를 독일에 되갚자고 요구했다.[11] 그러나 푸앵카레는 루르 지방을 파괴하지 않기로, 대신 그곳에서 석탄을 빼앗기로 결정했다.

독일인들은 수동적으로 저항했다. 광부들은 채굴을 거부했고 열차는 움직이지 않았다. 루르 지방의 17만 명에 달하는 독일철도 직원 중에서 겨우 357명만이 프랑스에 협조했다. 저항에 대한 보복으로 철도 노동자들과 공공기관 종사자들이 가족과 함께 즉시, 대개 고작 몇 시간 전에 통지를 받고 점령 지구에서 쫓겨났다. 남녀와 어린이 도합 14만 7,000명에 달했다.[12] 400명의 철도원이 태업 행위로 장기 징역형을 선고받았다. 여덟 명은 점령군과 난투극을 벌이다 사망했다. 점령군은 공격을 저지하기 위해 프랑스로 석탄을 운반하는 모든 열차에 독일인을 인질로 배치했다.[13] 전부 합해서 최소한 120명의 독일인이 목숨을 잃었다.[14] 이는 전쟁 중 카이저의 군대가 벨기에와 북부 프랑스에서 처형한 수천 명의 민간인에 비하면 아주 적은 숫자였다. 그렇지만 점령군의 폭력 때문에 새로운 질서는 전쟁과 평화 사이의 구분선이 절망적으로 흐려진 질서라는 독일인 평자들의 주장이 정당해졌다. 독일 국민국가의 필수적인 부분이 군대에 점령당하고 그 주민이 잔인한 보복을 당할 수 있다면, 평화가 왔다는 것이 무슨 의미이겠는가? 평화가 그런 것이라면, 전쟁과 다를 바가 없지 않은가?

1923년 1월 16일 독일 정부는 루르 지방의 저항을 지지한다고 공식적으로 선언했다. 국가 재정과 경제에 닥친 영향은 파괴적이었다. 달러 대비 환율은 7,260마르크에서 4만 9,000마르크로 급등했다. 식량과 원료 같은 수입 필수품 가격이 급등했다. 급박한 사태를 막기 위해 정부는 마지막 남은 외화를 시장에 쏟아 부었다. 마르크를 사들여 그 가치를 인위적으로 유지하려 했던 것이다. 주요 기업 집단과 노동조합은 적어도 일시적으로나마 상호 불신을 거두고 임금과 가격을 동결해야 한다는 점을 납득했다.[15] 그러나 독일의 상황은 확실히 불안정했다. 루르 지방이 잘려나간 상황에서 독일은 심지어 석탄 수입을 위한 외화도 필요로 했다. 4월 18일 둑이 터졌다. 마르크의 가치가 폭락하여 6월이 되면 달러당 15만 마르크에 이르렀다. 루르 지방에서 돈이 무더기로 풀리면서 8월 1일 달러당 환율은 100만 마르크까지 치솟았다. 1923년 이래로 두 자리 수 인플레이션 덕에 독일은 세계적인 경기 침체에서 벗어나는 데 도움을 받았지만, 1923년의 초인플레이션은 마비를 초래했다(〈표 11〉). 루르 지방의 주민은 거대한 제강소와 탄갱의 한가운데에서 굶주렸다. 농민이 무가치한 화폐를 받고 곡물을 팔 생각은 없었기 때문이다. 30만 명의 굶주린 아이들을 루르 지방에서 독일로 내보내야 했다. 공포에 힙쓸린 식량 폭동으로 루르 지방에는 수십 명의 사

〈표 11〉 독일의 초인플레이션, 1919~1923년

분기/연도	100개 일자리당 구직자 (3개월 평균)	월별 도매가 인플레이션 (3개월 평균)	월별 강철 생산량, 1,000톤 (3개월 평균)	국내 채무 액면 가치(1913년 10억 마르크)	국내 채무 실질 가치 (1913년 10억 마르크)	베르사유 조약에 따른 분기당 비용 (1913년 10억 마르크)	베르사유 조약에 따른 비용을 제외한 재정수지 (1913년 10억 마르크)	재정수지 (1913년 10억 마르크)
I	187	4	518	151	54	0	0	0
II	159	4	501	162	50	0	-3,393	-3,393
III	149	17	704	169	32	0	-1,998	-1,998
IV	171	18	654	174	17	0	-780	-780
I	173	31	608	178	11	0	-348	-348
II	182	-7	694	195	14	-393	-795	-1,188
III	218	3	753	220	15	-441	-1,206	-1,647
IV	214	-1	790	230	16	-402	-339	-741
I	245	-2	813	233	18	-543	348	-195
II	209	1	758	257	18	-849	-966	-1,815
III	158	16	839	280	12	-960	-270	-1,230
IV	149	20	922	310	9	-1,017	102	-915
I	159	16	961	330	6	-843	345	-498
II	115	9	972	349	4	-696	399	-297
III	118	61	974	484	1	-354	-231	-585
IV	179	76	999	1,403	1	-333	-492	-825
I	309	62	889	1,986	0	-393	-663	-1,056
II	297	67	631	8,048	1	-252	-837	-1,089
III	369	1,293	312	54,130	0	-156	-5,490	-5,646
IV	1,070	13,267	270	5,119,160,061	0	자료 없음	자료 없음	자료 없음

망자와 수백 명의 부상자가 생겼다.[16] 그러나 독일 자체도 상대적인 안전만 제공했을 뿐이다. 8월 말 마르크가 달러당 600만 마르크로 가치가 폭락하면서, 노동력의 4분의 1인 500만 명의 노동자가 일시적으로 해고되거나 단축된 시간 동안만 일했다.

3월에 처음으로, 6월에는 좀 더 진지하게 독일은 영국과 미국에 중재를 호소했다. 그러나 두 나라 모두 행동에 나서기를 꺼렸다. 미국 국무장관 휴스에게, "미국은 세계에서 유일하게 안정된 장소였다. … 그렇기 때문에 우리는 성공의 보장이 없으면 절대로 움직일 수 없었다." 윌슨의 큰 실패 이후 하딩 행정부는 유럽인들과 의회 사이에 끼여 옴짝달싹 못하는 위험을 감수하고 싶지 않았다.[17] 휴스는 상원과 뒤얽히고 싶은 생각이 없었다. 상원에서 국제주의자들은 영국파와 프랑스파로 분열했고 푸앵카레에 공감한 시어도어 루스벨트파의 강경한 국가주의자들은 늘어나는 친독일파와 충돌했다.[18] 휴스가 영국 대사 대버넌 경에게 '승리 없는 평화'를 떠올리게 하는 논조로 말했듯이, 프랑스와 독일은 '공정한 해결'에 합의할 의사가 생길 때까지 각각 '제 몫의 혼란을 겪어야' 했다.[19] 휴스의 견해는 1919년 파리에서 영국 대표단이 미국 대표단에게서 본 견해를 생각나게 했기에 영국 정부의 연장자들은 부지불식간에 미국 국무장관을 '윌슨'으로 언급하는 버릇이 생겼다.[20]

한편 유럽 문제에서 중심을 차지했던 영국은 의도적으로 불개입의 태도를 취했다. 새로운 보수당 단독 정권은 유럽 대륙의 소란스러운 이웃나라들에게서 멀리 떨어질수록 더 좋다고 판단했다. 1923년 6월 영국 의회는 새로 창설한 공군 조직을 두 배 이상 확대하기 위한 추가 자금 투입을 의결했다. 공군의 주된 임무는 프랑스의 영국 공격 저지였다.[21] 그러나 미국과 영국은 푸앵카레를 지지할 생각은 없었지만 그렇다고 독일을 지원하지도 않았다. 7월 20일, 영국은 독일의 최근 지원 호소에 대응하여 배상금 문제

에 공동으로 대처하자고 제안했다. 그러나 푸앵카레가 독일은 먼저 수동적
저항을 거두어야 한다고 강력히 주장하고 독일이 이를 거부했을 때, 영국
과 미국은 뒷전으로 물러났다.[22]

두 나라가 얼마나 오랫동안 그러한 태도를 유지할 수 있었는가? 라인강
유역의 열악한 상황으로 충분하지 않았다는 듯, 1923년 여름 파시스트가
이 세계에 첫 번째 공격을 펼쳐 보였다. 8월 27일 그리스와 알바니아의 국
경을 획정하기 위한 국제위원회가 그리스 산적의 매복 공격을 받았다. 이
탈리아의 장군 한 명과 그의 참모가 살해당했다. 그리스인들이 무솔리니의
터무니없는 보상 요구를 무시하고 이탈리아인들이 살인 조사의 책임을 맡
는 것도 거부하자, 이탈리아의 새로운 총리는 함대를 보내 이오니아해의
섬 케르키라(코르푸)를 포격하고 점령하게 했다. 민간인 15명이 사망했다.
그리스는 국제연맹에 호소했다. 초연하게 마음 편히 지내던 영국 정부는
마침내 충격을 받아 태도를 바꾸었다. 외무장관 조지 커즌은 아타튀르크와
로잔 조약을 마무리 지어서 기분이 좋았고 지중해에서 다른 돌발적 상황이
벌어지지 않도록 막겠다는 의지가 강했기에 이탈리아의 '처신'을 '폭력적이
고 변명의 여지가 없는' 것이라고 비난했다.[23] 로마 주재 영국 대사관은 당
황한 어조로 본국에 전문을 보냈다. 무솔리니는 '빨리 해치우지 않으면 끝
없이 해를 끼칠 미친개'였다. 그 이탈리아 독재자는 '분별없고 어떠한 무모
한 행동이든 저지를 수 있어서 유럽을 전쟁에 빠뜨릴지도 모른다.'

베르사유 조약과 직접 관련된 문제인 루르 위기와 달리, 이오니아해에
서 벌어진 폭력 사태는 바로 국제연맹이 줄이려 했던 성격의 사건이었다.
케르키라 사건은 모든 관련 당사국에 일종의 시험장이었다. 무솔리니는 국
제연맹에 대한 경멸을 숨기지 않았다. "연맹은 아이티와 아일랜드를 강국
들과 대등하게 여겼으며 그리스와 터키 사이의 분쟁이나 루르, 자르의 문
제에서 무기력함을 드러냈고 파시스트 이탈리아에 대한 사회주의적 공격

을 조장하기만 했다."[24] 이에 대한 대응으로 영국 외무부는 이탈리아에 전면적인 제재를 가할 가능성을 진지하게 가늠해 보았다. 그러나 전면적인 해상 봉쇄는 지나치게 성가셨다. 그렇게 하려면 영국의 전 함대를 동원해야 했을 뿐만 아니라 이탈리아의 이웃에 있는 모든 나라의 협력도 필요했다. 또한 미국이 빠지면 효과도 없었다. 게다가 루르 지방의 상황이 해결되지 않았기에 프랑스는 무솔리니와 반목하는 데 관심이 없었다. 프랑스 정부는 그 문제를 국제연맹으로 끌고 가는 것에 반대했으며 대신 파리에서 대사들의 회의를 통해 해결하자고 주장했다. 9월 8일 신속히 내려진 그들의 평결은 그리스에 곤란한 조건을 강요하여 정의를 흉내만 냈다는 견해가 많았다. 그렇지만 적어도 케르키라를 병합하려는 무솔리니의 시도가 무산되기는 했다. 게다가 대사들의 어색한 협상은 구식 외교를 비판하는 자들의 힘을 키워주었다. 그들은 국제연맹이 장차 더 큰 역할을 해야 한다고 역설했다. 무솔리니는 공개리에 국제연맹을 경멸했는데도 매우 민감한 정치인이어서 자신이 심각하게 국제적인 분노를 자극했음을 충분히 깨달았다. 1930년대 초 국제 질서가 더욱 넓게 붕괴하기까지 케르키라는 무솔리니의 공격에 내재한 한계를 보여주었다.

케르키라 위기는 억제되었지만, 독일에서는 위기가 점점 더 심해졌다. 1923년 8월 13일, 루르 지방 주민들이 굶어죽을 지경에 내몰리면서 빌헬름 쿠노 총리의 중도우파 정부가 사퇴했다. 구스타프 슈트레제만이 거국일치 내각의 총리로 취임했다. 1923년 슈트레제만의 집권은 전시의 제국주의 이데올로그에서 새로운 독일 외교 정책의 수립자로 이행하는 그의 놀라운 이력에서 결정적인 순간이었다. 슈트레제만의 세계 이해에서 중요한 열쇠는 미국 경제력의 중심적인 역할에 대한 그의 믿음이있다.[25] 선생 숭에 그는 이러한 믿음 때문에 독일이 중부유럽에 미국 크기만큼 큰 경제 영역을 만들어야 한다고 요구했다. 그러나 전쟁에서 패했을 때, 일본의 비슷한 처지에 있던 자들처럼, 슈트레제만은 미국이 강국의 지위로 올라서면서 완전히 새로운 시대가 시작되었고 그 안에서 독일의 유일하게 현실적인 정책은 미국의 패권에 순응하고 미국 자본의 소중한 시장이자 투자 수단으로서 위치를 찾는 것이라는 견해에 이르렀다. 1923년 8월 슈트레제만은 처음에는 미국과 영국을 다시 유럽 정치에 끌어들여 프랑스에 항복하지 않아도 될 수 있기를 바랐다. 그러나 푸앵카레는 조건을 분명히 했고, 미국도 영국도 서둘러 독일을 돕지 않았다.

독일 정부는 끔찍한 딜레마에 처했다. 공화국이 국가의 완전한 해체를 무릅쓰고라도 계속해서 루르 지방의 저항을 지원하여 국가의 명예를 지켜야 하는가? 아니면 프랑스와 타협을 모색해야 하는가? 5주간의 고통스러운 논의 끝에, 9월 26일 독일 정부는 굴복했다. 1918년 11월 휴전협정 체결과 1919년 6월 베르사유 조약의 조건 수용에 뒤이어, 1923년 가을에 독일은 세 번째로 항복했으며 그로써 진정으로 실존적인 위기가 시작되었다. 1918년과 1919년에 에르츠베르거와 사회민주당은 적어도 강화조약의 수용을 빌헬름 제국의 과거를 극복하는 과정의 일환으로 제시할 수 있었다. 그들은 전시 애국주의의 유대로 단합했다. 프랑스 군대가 루르 지방으로 진격해 들어왔을 때, 주민들은 비록 한 번 더 희망이 꺾였을 뿐이지만 1914년 8월 빌헬름 제국을 지지했을 때처럼 공화국을 위해 집결했다. 1923년 가을 루르 지방의 제철 도시들 전역에서 격분한 주민을 제지하기 위해 프랑스의 전차뿐만 아니라 독일 경찰도 필요했다.[26]

프랑스가 승리했다. 푸앵카레가 약속했듯이 루르의 점령은 이익을 가져다주었다. 9월 말까지 들어간 작전 비용은 7억 프랑에 달했는데 루르에서 거둔 수입은 10억 프랑이었다.[27] 그러나 프랑스는 군사력의 투입이 옳았음을 입증하고 경제적 이익을 거둔 데서 그치지 않았다. 그보다 훨씬 더 큰 일을 했다. 전후 질서의 구조 전체가 작동하고 있었다. 프랑스 편에서 볼 때에는 베르사유에서 클레망소가 닫아버린 가능성이 다시 열렸다. 어쨌거나 프랑스는 완전한 독일 국가의 주권을 수용할 필요가 없었을 것이다.[28] 1919년에 그 과제를 회피했던 프랑스는 1923년 10월 초에 근본적으로 새로운 유럽의 지도를 그릴 두 번째 기회를 얻었다. 1648년으로 돌아가 독일의 해체 위에 유럽의 안보를 세울 또 하나의 베스트팔렌 조약을 이끌어낼 기회를 얻었다.

1919년 강화조약을 가장 예리하게 비판한 보수주의자 자크 뱅빌은 푸앵카레에게 상당한 영향력을 행사했다고 알려져 있다. 10월 21일 독일의 서쪽 가장자리 곳곳에서, 아헨과 트리어, 코블렌츠, 본, 팔츠에서 프랑스가 다소 공공연히 후원한 분리주의 폭동이 발생했다.[29] 실제로 이러한 봉기는 어느 것도 대중의 지지를 받지 못했다. 독일의 분리주의자들은 프랑스 군대의 보호를 받지 못하자 사사로운 폭력에 당하기 십상이었다. 그러나 1923년 가을 독일의 통합성을 가장 심각하게 위협한 것은 프랑스의 음모가 아니라 독일 내부에서 왔다. 오랫동안 부글거리던 독일의 내전이 다시금 끓어오른 것이다.[30] 코민테른이 모든 소속 정당에 내전에 대비하라고 요구했던 1920년 이래로, 독일 공산당은 준군사 조직을 훈련시켰다. 1923년 당 지도자 하인리히 브란틀러는 모스크바로 소환되어 지시를 받았을 때 자신이 쓸 수 있는 병력이 11만 3,000명이 된다고 주장했다.[31]

독일 공산당의 봉기 날짜는 1918년 독일혁명 기념일이 아니라 1917년 볼셰비키 권력 장악 기념일에 맞추어 1923년 11월 9일로 정해졌다.[32] 항구 도시 함부르크의 당 지부는 혁명 지도부와의 의사소통이 원활하지 않아서 10월 23일 준비가 부족한 채 봉기에 착수했다가 곧바로 진압되었다. 그러나 소련은 기가 꺾이지 않았다. 적군이 기동 부대가 독일어를 할 줄 아는 장교를 가용한 대로 전부 대동하고 폴란드 국경으로 이동했다. 독일에서는 공산당의 투쟁 정신으로 무장한 주력이 나라 중심지의 공업지대에 집결했다.[33] 중앙정부에는 걱정스럽게도 10월 초 작센 주정부가 좌파 사회주의자들이 지휘하는 연합전선에 넘어갔는데, 여기에는 소련으로부터 직접 지령을 받던 공산당 출신 장관들도 포함되었다.[34] 10월 17일, 9월 26일의 항복 이후로 비상법이 발효된 상황에서 6만 명의 국방군 병력이 그 지역으로 이동했다. 중앙정부는 사회주의 정부의 권한을 중지시켰고, 과장되게 선전된 공산당 의용대는 빠르게 궤멸되었다.

프랑스에 항복하고 겨우 몇 주가 지났을 때, 작센 개입의 결과는 독일 정치를 한 번 더 위기로 내몰았다. 9월에 우파에 의해 버려진 슈트레제만 연립정부에서 이제 사회당이 이탈했다. 사회당은 정부가 좌파에 불리하게 편파적으로 나왔다고 항의하며 떠났다. 이제 중도우파가 단독으로 통치해야 했지만, 슈트레제만으로서는 선택의 여지가 없었다. 그는 바이에른의 상황을 계속 장악하기 위해서 작센의 좌파에 맞서야 했다. 바이에른에서는 극우파가 한층 더 큰 위협으로 떠올랐기 때문이다. 1921년 슐레지엔에서 폴란드인들과의 싸움이 끝난 이후, 바이에른은 무솔리니를 찬미하는 독일인들의 집결지가 되었다.[35] 1923년 봄 이래로 폭도를 선동하는 청년 아돌프 히틀러가 프랑스와의 피비린내 나는 투쟁을 가장 열렬히 옹호한 인물로 두각을 나타냈다. 히틀러는 1812년 나폴레옹의 점령에 굴복하지 않고 자국의 수도를 불태우기로 한 러시아인들의 결정을 거론하며 루르 지방이 라인 강변에서 푸앵카레의 모스크바가 되어야 한다고 주장했다.[36] 히틀러는 갈색 셔츠를 입은 독일민족사회주의노동자당NSDAP의 돌격대를 이끌고 쿠데타를 일으킬 기회를 엿보고 있었으며, 바이에른의 극히 보수적인 주정부가 어떻게 대응할지는 전혀 분명하지 않았다. 바이에른의 반공산주의 십자군이 작센에 맞서야 한다는 말이 돌았다. 총리 슈트레제만은 필사적으로 국방군에 도움을 호소했지만, 사령관 한스 폰 제크트 장군은 작센의 적위대에 맞서 개입하는 것은 기쁘지만 병사들에게 바이에른의 동포들에게 발포하라고 명령할 수는 없다고 대답했다. 베를린에서는 제크트가 '일발의 포도탄(민중의 저항을 진압하기 위한 강경 수단*)'으로 바이마르 공화국을 끝장내려는 보나파르트 식의 방법을 써볼까 저울질하고 있다는 소문이 무성했다.

슈트레제만은 개인적으로 민족주의적 우파의 계획에 공감했지만 독일의 미래가 걸린 국제 협정을 권위주의 정부가 중개할 수 있다는 확신은 없었다. 음모자들은 국내의 혼란을 조장함으로써 그가 가장 소중히 간직한 가치 즉 독일 국가의 온전함을 위험에 빠뜨렸다. 1923년 11월 5일 슈트레제만은 자신이 속한 정당인 독일국민당의 우파에 자신을 전폭적으로 지지하라고 요구하며 이렇게 선언했다. "이번 주에 조국동맹Vaterländische Verbände(민족주의자들의 준군사 결사체)이 싸움을 감행할지 말지가 결정될 것이다." 이들이 중앙정부의 권위에 도전하려 했다면, 결과적으로 '내전'이 벌어졌을 것이고 프랑스가 지원하는 분리주의자들에게 '라인강과 루르 지방을 상실'하게 되었을 것이다. 독일 국가를 지키려면 국내에서 질서가 유지되어야 했다. 슈트레제만은 무책임한 음모와 재계의 협박, 초인플레이션의 재앙을 초래한 농민 때문에 '진절머리가 났다.' 민족주의자들의 돌격대가 베를린으로 진격했어도, 슈트레제만은 소신을 굽히지 않았을 것이다. 그들은 정부 수반으로서 '있을 권리'가 있는 총리 집무실에서 그를 '쏘아' 쓰러뜨려야 했을 것이다.[37]

베를린은 이러한 시나리오를 면했다. 히틀러가 인내심이 부족했고 바이에른 우파 내부의 대립이 그들에게 치명상을 안겼기 때문이다. 1923년 11월 9일 뮌헨의 거리를 행진하여 바이에른 경찰의 '일발의 포도탄'을 맞아야 했던 것은 공산주의자들이 아니라 히틀러와 그의 돌격대였다. 그중에는 에리히 루덴도르프 장군도 있었나. 히틀러는 굴욕석이게도 현장에서 도피했다. 좌파의 도전뿐만 아니라 우파가 바이마르 공화국에 제기한 도전도 패배했다. 히틀러는 이후 15날 농안의 수감 생활 동안 모스크바의 코민테른이 점차 분명하게 도달한 결론에 이르게 된다. 폭력을 통한 권력 장악은 현대 독일에서는 불가능했다. '체제'를 파괴하려면 안에서부터 파괴해야 했다.

그러나 이 위기에서 극단주의자들만 교훈을 얻은 것은 아니다. 1923년 사건들의 중심에는 라인란트 주도 쾰른의 시장인 가톨릭중앙당의 콘라트 아데나워가 있었다. 아데나워는 1949년 후 연방공화국의 초대 총리로서 다른 어떤 사람보다도 서독의 성공담을 쓰는 데 더 많은 일을 하게 된다. 그러나 30년 전에 영국군이 그의 도시를 점령한 상황에서 이미 아데나워는 서유럽의 평화라는 대담한 미래상의 대변인이 되었다. 아데나워는 프랑스에 협력한 반역자들이 옹호했듯이 라인란트를 독일 국가에서 분리하는 것이 아니라 서유럽에 면한 자신의 지역을 프로이센의 권위주의적 지배에서 떼어내자고 제안했다. 서부 독일에 프로이센이 존재함은 빈 회의의 불운한 유산이었다. 회의가 프랑스를 막아줄 완충지대를 세우려 했기 때문이다. 그 결과로 독일의 구조는 균형을 잃었다. 6,500만 명의 인구 중에서 4,200만 명이 프로이센의 신민이었던 것이다. 아데나워의 연방주의적 시각에서 1,500만 명의 근면하고 세계주의적인 주민이 사는 독립적인 라인란트 주는 독일 국가에 서쪽 이웃나라와의 화해로 나아가는 데 필요한 균형을 제공할 것이었다. 온전한 독일 국민국가는 프로이센의 지배를 깨뜨림으로써 평화로운 유럽 질서와 조화를 이룰 수 있었다.[38]

1919년 아데나워는 그러한 미래상이 영국의 마음에 들기를 바랐다. 영국은 분명코 라인란트가 '프랑스 식민지'가 되는 것에는 관심이 없었을 것이기 때문이다.[39] 1923년, 영국을 단념한 아데나워는 프랑스가 자신의 계획에 매력을 느끼기를 희망했다. 독일 정부는 총파업을 지원하지 않는 대신 프랑스에 배상금으로 루르 지방의 탄광을 넘겨주려고 했다.[40] 1923년 말 루르 지방의 수위의 석탄 부호이자 철강 부호인 후고 슈티네스는 루르

**윌리엄 앨런 로저스가 그린 만화
〈공산주의 공포증〉**
체코슬로바키아와 영국, 일본, 미국을
나타내는 인물들이 운반하는 들것에
누워 죽어가는 러시아 곰. 도마뱀처럼
보이는 레닌과 트로츠키가 지켜보고
있다. 1918년.

시베리아 개입에서 돌아오는 일본 적십자사 간호사들, 1919년.

강화를 위태롭게 하다 그단스크의 미래를 논의하는 마티아스 에르츠베르거(왼쪽에 앉은 사람)와 조언자들, 1919년 3월.

반일 항의 시위에 나선 애국자들, 상하이, 1919년 봄.

실업자들의 집회, 런던, 1921년 1월.

오버슐레지엔 주민투표
늙은 여인이 부축을 받으며
투표하러 가고 있다.
1921년 3월.

정상 상태 국가주의를 내세운 미국 공화당 정부의 수반들인 워런 하딩(좌)과 캘빈 쿨리지(우).

워싱턴 해군회담, 1921년 11월.

간디의 날, 델리, 1922년 7월.

석탄 신디케이트 입구를 지키는 프랑스군 병사들, 루르, 1923년 1월.

레닌 장례식, 모스크바, 1924년 1월.

큐클럭스클랜 행진,
워싱턴 디시, 1926년.

일본 외무장관 시데하라 기주로.

장제스 장군을
환영하는 한커우의
군중, 1927년.

유럽 평화의 설계자들
아리스티드 브리앙(좌)과
구스타프 슈트레제만(우),
1926년 9월.

금본위제가 중단된 뒤 런던 증권거래소 밖에 운집한 군중, 1931년 9월 21일.

지방의 주요 철강 기업들의 대형 합병을 승인해달라고 중앙정부에 로비를 벌였다. '프랑스와 독일 사이에서 중재 역할'을 할 '새로운 국가 구조'의 경제적 토대로 이용할 작정이었다.[41] 계속해서 미국 정부와 월스트리트만 바라보았던 구스타프 슈트레제만과 달리, 아데나워와 슈티네스는 '미국이나 영국으로부터는 어떠한 중대한 지원도 기대할' 수 없다는 결론에 도달했다. 슈티네스는 워싱턴 주재 독일 대사에게 루르 지방과 라인란트에 토대를 둔 '대륙 연합'이라는 미래상을 구상했다. 그것이 '앵글로색슨'의 패권을 저지할 것이었다.[42] 슈티네스는 이제 전후 질서 전체가 영-미의 일방적 결정의 결과라고 확신했으며 '국제 자본주의가 독일의 등골을 파먹으려 하면… 독일의 청년들이 무기를 들 것'이라고 위협했다.[43] 그러한 말은 감정적으로는 만족스러웠을지언정 심히 때를 잘못 찾았다. 그 순간에, 전후 위기가 절정에 이르렀을 때, 모든 것은 한 번 더 미국이 결정하게 되었다.

도스 안의 비준, 탈정치화의 결과

1923년 가을, 무솔리니가 지중해에서 제멋대로 하고 있고 독일의 분할과 새로운 베스트팔렌 조약, 라인강 유역에서의 프랑스와 독일의 화해 이야기가 돌고 나치와 공산당이 권력을 두고 맞서 싸우며 슈트레제만과 루덴도르프, 히틀러, 아데나워가 전부 동시에 무대에 오른 상황에서, 향후 두 세대 동안 전개될 서유럽 역사의 전 드라마가 마치 몇 달의 기간으로 응축될 것 같았다. 공산당 쿠데타와 파시스트 쿠데타부터 독일의 철저한 분할까지 모든 선택 사항이 분명하게 드러났다. 1923년에 이미 1945년의 대재앙으로 가는 문이 열렸는가? 프랑스와 벨기에가 1914년 독일의 잔인한 점령에 복수하고 있었다면, 라인 강변에서 모스크바를 보는 히틀러의 환상은 1943

년에서 1945년 사이에 루르 지방을 태워버릴 불같은 지옥을 예시했다. 이렇게 놀라운 예고의 불빛이 번쩍거렸기에 1923년 위기의 결말은 한층 더 중요하다. 1919년에 만들어진 질서는 예상보다 더 탄력적이었음이 입증되었다.

1923년 봄 유럽인들은 확실히 미국 국무장관 휴스가 처방한 '제 몫의 혼란'을 겪고 있었다. 그러나 휴스는 이것이 미국이 합리적인 해법을 중재할 수 있도록 판을 깔아줄 교착 상태로 이어지리라고 예상했던 것 같지만, 루르 위기는 사실상 프랑스의 승리로 끝났다. 독일은 그 어느 때보다 더 납작 엎드렸다. 미국과 영국이 유럽의 게임에 다시 들어간 것은 승리한 프랑스가 무슨 일을 할지 예상되었기 때문이다. 미국은 프랑스가 독일을 분할하거나 슈티네스 같은 자들과 협력하여 언젠가는 미국의 경제력까지도 무색하게 할 강력한 공업지대를 만들어낸다면 수수방관할 수 없었다.[44] 10월 11일 휴스는 전 해 12월에 뉴헤이븐에서 한 연설의 조건을 재확인했다. 미국은 전문가의 조사를 지원할 것이었다. 영국 정부는 이를 뜨겁게 수용했다.[45] 문제는 프랑스의 대응이었다.

프랑스의 반응은 의미심장했다. 푸앵카레는 앞서 클레망소처럼 독일에 대한 프랑스의 두 번째 승리를 확실히 즐겼지만, 다른 무엇보다도 영-미 동맹 위에 프랑스의 안보를 세우는 데 관심이 있었다. 독일이 프랑스의 발 아래 엎드렸고 프랑스 정부가 해체 전략을 고려하고 있었지만, 푸앵카레는 결코 최후의 일격을 가하지 않았다. 분리주의가 독일에서 거의 혹은 전혀 지지를 받지 못했다는 것은 분명했다. 푸앵카레는 슈티네스와 프랑스 중공업계의 그의 상대자의 이기적인 사업 계획을 경계했다. 푸앵카레는 프랑스 공화국이 바이마르 공화국처럼 이익 집단의 노리개로 전락하는 꼴은 보고 싶지 않았다. 히틀러의 쿠데타 시도 이후 프랑스는 확실히 격앙된 민족주의적 독재 체제에 대면할 위험성이 있었다.[46] 그러나 마지막으로 독일의 주권을 공공연히 공격하면 영국과 미국과 새로이 협력 관계를 세운다는 프랑스의 희망이 사라질 것이었다. 이것이 가장 중요했다.

푸앵카레는 라인란트의 분리를 지극히 공격적으로 옹호한 자들과 프랑스와 독일 양국 간의 타협에 찬성한 아데나워-슈티네스 제안 둘 다 거부하며 저명한 미국인들을 포함하는 전문가 위원회에 독일의 배상금 지불 일정을 재고할 수 있게 하는 데 동의했다. 영국이 미국 정부가 전쟁 채무의 논의를 허용할지도 모른다는, 오해의 소지가 있는 암시를 줌으로써 프랑스의 동의가 쉬워졌다.[47] 실제로 그러한 거래의 제안은 전혀 없었다. 프랑스는 미국의 위협에 아랑곳없이 배상금 총액에 관한 논의는 무엇이든 거부했다. 전문가 위원회에 제시된 문제는 간접적인 것이었다. 배상금이 독일 예산과 독일 통화의 안정화와 어떻게 양립할 수 있는가? 1919년과 달리 미국 정부는 공식적으로 파리에 모습을 드러내려 하지 않았지만, 국무부는 주요 전문가 위원회를 주재할 미국 대표 두 명을 선발했다. 대표단 단장인 찰스 도스는 시카고의 공화당원 은행가로 전시의 이력으로 보건대 프랑스에 우호적인 인사로 생각되었다. 그를 보좌한 오언 영은 제너럴 일렉트릭 회장으로 자매 기업인 아에게AEG를 통해 독일과 긴밀한 관계를 유지했다. 휴스가 파리 주재 미국 대사관에 조언했듯이, 도스와 영의 선발은 부분적으로는 두 사람 다 유럽에 관심이 있었음에도 연합국 간 전쟁 채무의 말소를 전혀 옹호하지 않았기 때문에 결정되었다.[48]

도스의 이름이 붙게 되는 계획은 1924년 초 몇 달 동안에 안출되었다. 그 계획의 토대는 독일의 내국채가 증발해버렸기 때문에 독일이 이웃나라들과 동등한 수준의 세금을 부과하면 현금의 잉여를 창출하여 배상금을 지불하는 데 쓸 수 있으리라는 생각이었다.[49] 독일의 인플레이션으로 채무자들의 부담이 경감된 만큼 그에 상응하는 금융상의 손실이 발생했다는 사실은 고려 사항이 아니었다. 루르의 점령과 초인플레이션으로 독일의 생산

능력이 입은 명백한 손실도 협소한 금융상의 논의에 들어가지 못했다. 그러나 도스의 방안은 핵심적인 문제, 즉 막대한 액수의 마르크를 달러로 환전하는 것이 외환시장의 안정을 해친다는 점을 인지했다. 향후 배상금 관리자가 주재하며 독일 정부의 이전금이 부당하게 시장을 교란하는 일이 없도록 감독하기로 했다. 안전하게 교환될 수 없는 자금은 독일에 채권자 명의의 계정으로 보관하기로 했다. 도스 위원회는 1921년 5월 런던의 최종 조건에 정해진 배상금 총액을 수정할 권한은 없었다. 그러나 도스 위원회는 새로운 지불 일정을 구체적으로 명시했다. 이에 따르면 1980년대까지 지불 기한이 연장됨으로써 독일의 부담은 상당히 완화되었다. 몇 주간 언쟁이 이어진 뒤, 영은 프랑스를 설득하여 5년간의 유예기간을 두고 연간 지급액을 25억 마르크로 올리는 안을 수용하게 하는 데 성공했다.[50]

독일이 완전하게 붕괴하기 직전이었다는 사정을 감안하면, 이 자비로운 결과는 매우 놀랍다. 프랑스가 기꺼이 도스 안案을 수용했다는 사실은 한층 더 놀랍다. 그러나 영-미 전문가들이 논의를 책임진 이상, 결과는 어느 정도 예견할 수 있었다. 영국 정치의 양상이 극적으로 변했음을 생각하면 더욱 예측 가능했다. 1922년 제노바 회의에 앞서 로이드조지는 푸앵카레에게 영국에서 자유당 반대파와 노동당의 반유럽 정서가 고조되고 있다고 경고했다. 1923년 루르 위기와 케르키라 사건이 겹치면서 로이드조지의 최악의 두려움이 확인되었다. 영국 정당 정치의 전 영역에서 국제 문제에서 영-미가 수행해야 할 역할이라는 후기 윌슨주의적 개념이 전면에 부상했다. 돌이켜보면, 자유당 좌파의 다수에게 영국이 러시아와 프랑스와 협정을 체결하여 유럽의 일에 휘말린 것은 재앙 같은 실수로 여겨졌다. 1914년 7월 위기와 베르사유, 이제 루르 위기까지 전부 예측 가능한 결말이었다. 안정을 찾으려면 영국과 영연방은 떨어져 있어야 했다. 미국과 어깨를 맞대고 국제연맹의 훌륭한 기관들과 전문가들의 건전한 조언을 통해 유럽 대륙의 폭력이 진정되도록 도와야 했다.

이는 자유당과 노동당에 똑같이 자연스러운 영역이었다. 또한 영연방이 강력히 찬성한 것이요 따라서 보수당의 다수도 동의할 만한 발상이었다. 차나칼레 위기 때 분명히 밝혔듯이, 영국제국은 개입하기를 좋아하지 않았다.[51] 1923년 12월 6일에 열린 조기 총선거의 결과는 이러한 영국의 새로운 분위기를 확증했다. 보수당은 대패를 당했다. 크게 승리한 것은 애스퀴스의 자유당이었다. 케인스의 성향을 지닌 이들은 1916년 이래로 타협에 의한 평화를 지지했다. 바로 그들이 월슨처럼 영국이 유럽이나 미국과 불필요하게 얽이는 것을 피하고 싶었기 때문이다.

그러나 1923년 실제로 집권한 정당은 중간계급 사회주의자들과 급진적 자유주의자들, 조직 노동운동의 활동가들이 뒤섞인 노동당이었다. 전쟁 중에 철저한 월슨주의자들로서 '승리 없는 평화'를 지지했다는 이유로 모욕을 당하고 정치적으로 배척되었던 램지 맥도널드가 이들을 이끌었다.[52] 첫 번째 노동당 내각에는 총리를 포함하여 민주통제동맹UDC의 회원이었던 15명이 장관으로 입각했다. 영국의 압력 단체였던 민주통제동맹은 월슨이 1916년에서 1917년으로 넘어가는 겨울에 첫 번째 강화 원칙을 고안해냈을 때 그와 긴밀히 의견을 나누었다. 노동당 내각은 유럽의 기존 정치질서를 뒤집어 자신들의 목적을 달성할 것 같았다. 노동당이 다우닝 가를 차지한 것이 혁명은 아니었지만 상당히 중요한 정치적 격변이었음에는 틀림없다.

로이드조지가 경고했듯이, 런던의 새로운 분위기는 프랑스에 중대한 의미를 지녔다. 1923년 내내 램지 맥도널드는 배상금을 받아내려는 프랑스의 태도를 환상이라고 비난했다. 루르에서 독일의 항복을 받아낸 것은 그에게는 '잘 무장한 강력한 나라'가 '무장을 빼앗긴 빈한' 나라의 목을 조르는 짓이었다. 그것은 '성공'이 아니라 '악'의 승리였다.[53] 그가 일기에 털어놓은 바에 따르면, 평화에 이르는 유일한 길은 프랑스가 '합리적'인 태도를 갖추고 '이기적인 허영의 정책'을 그만두는 것이었다.[54] 노동당 출신의 첫 번째 재무장관 필립 스노든은 루르의 점령을 프랑스가 '6,000만 명에서 7,000만 명에 달하는 최고로 좋은 교육을 받고 가장 근면하고 가장 과학적인 국민을 노예로 만들려는' 시도라고 말했다. 민주통제동맹 활동가 E. D. 모렐은 추문을 들추어내는 본능을 발휘하여 세네갈 병사들이 저질렀다는 '라인강의 검은 참사'를 비난한 자였는데 이제는 '독일이라는 살아 있는 몸에서 폐와 심장을 파내려는' 프랑스의 활동을 거세게 비난했다.[55]

프랑스에서는 1923년에서 1924년으로 넘어가는 겨울에 푸앵카레가 여전히 고조된 애국적 열정의 파도를 타고 있었지만, 외환시장은 프랑스가 영국과 미국의 반대를 무릅쓰고 루르 점령을 지속할 수 있을지 확신하지 못했다.[56] 1923년 12월 달러당 5.18프랑이라는 전쟁 이전 환율은 즐거운 기억일 뿐이었다.[57] 루르 점령 중 프랑은 30퍼센트 이상 가치가 하락해 달러당 20프랑에 달했다. 1924년 1월 초 푸앵카레는 하원의 신임투표에서 많은 표를 받았다. 그러나 의원들은 재정 건전화에 관해서는 더욱 주저했다. 긴축에 찬성하는 의원은 과반을 넘지 못했다.

마침내 1월 14일, 도스 안을 두고 협상을 시작하고자 대표단들이 파리에 모인 바로 그때, 프랑스 증권시장은 '대공포'에 사로잡혔다.[58] 증권시장 붕괴를 두려워한 푸앵카레는 예산 삭감과 증세가 필요하다며 이를 밀어붙일 법령 선포 권한을 요구했다. 루르 개입을 뒷받침한 의회 다수파가 깨졌다. 좌파는 푸앵카레의 법령 선포 권한 요청을 공화국 헌법에 대한 공격이라며 비난했고 임금이 아닌 자본에 대한 중과세를 요구했다.[59] 이러한 상황 전개에도 시장은 안정되지 않았고 프랑의 대 파운드 환율은 연초에 90프랑이었던 것이 123프랑으로 치솟았다. 푸앵카레는 미국 대사 마이런 헤릭에게 프랑이 마르크를 따라 '망각 속으로' 추락할까 봐 두렵다고 털어놓았다.[60] 그러나 미국 정부는 동정하지 않았다. 국무부의 어느 관료는 이렇게 썼다.

"프랑은 매우 시의 적절하게 가치가 하락했고, 결과적으로 이 나라의 합리성은 크게 증대했다."[61]

2월 29일, 푸앵카레는 독일의 선의를 보장받는 대가로 루르 점령을 끝내기로 동의했다. 그는 보상으로 미국의 지원을 원했고 이를 받아냈다. 제이피모건은 국무부로부터 1억 달러 대부를 승인받았다. 미국의 조치에 압박을 받은 영국은행은 단기 차관을 제공했다. 이 이중의 약정으로 프랑스은행은 놀라운 회복을 이루어냈다. 돌연히 달러와 파운드가 유입되어 프랑의 가치가 치솟았고 프랑의 약세에 투기한 자들은 큰 손해를 입었다. 푸앵카레 정부에 이는 수세적인 태도로 거둔 승리, 즉 '금융의 베르됭Verdun financier'이었다. 그러나 제이피모건의 대부는 만기가 최대 6개월짜리였다. 장기 대부로의 갱신은 프랑스 하원이 재정을 완전히 안정화하려는 노력을 보여주는가에 따라 결정되는 조건부였다. 6주 뒤 5월 11일, 프랑스 유권자는 균형을 회복했다. 1919년 11월의 민족주의적 흥분에서 되돌아온 유권자들은 전쟁 이전에 일반적인 상황이었던 좌파-공화파의 과반수를 회복시켰다. '좌파 카르텔Cartel de Gauche' 정부는 승리를 주장했다. 이제 푸앵카레는 루르의 무익한 잔혹함을 기획했다고 지독한 욕을 먹고 사퇴했다.

급진당의 에두아르 에리오가 이끈 새 정부는 한때 클레망소가 집이라고 불렀던 집단으로 8시간 노동제의 확대와 공공 부문의 노동조합 허용, 소득세 인상을 포함하는 진보적인 사회개혁 정책으로 집무를 시작했다.[62] 사회당은 정부에 참여하기를 거부했지만 하원에서 정부를 지지했다. 외교 정책에서 에리오는 레옹 부르주아 같은 자들이 오랫동안 프랑스 공화주의의 필수적인 요소라고 주장한 국제주의 원칙을 재확인했다. 프랑스 정부는 이것이 영국과 미국을 기쁘게 하기를 희망했다. 푸앵카레의 공격 같은 것은 더는 없을 것이었다. 그러나 푸앵카레와 더불어 금융시장의 평온도 사라졌다. 좌파가 집권하고 며칠 지나지 않아서 프랑의 가치는 다시 급박하게 추락했다. 증거를 보면 이는 푸앵카레가 달성한 과대평가의 '자연스러운' 조정이었다. 그렇지만 프랑스 좌파는 에리오가 돈의 장벽mur d'argent에 막혀 뭉개지고 있다고 볼 수밖에 없었다.

1924년 여름 도스 안의 설계에 따른 영향이 에리오 정부에 온전히 나타나면서 상황은 더욱 어려워졌다. 도스 안의 조건에 따라 배상금 해결 과정은 월스트리트가 주도하는 거대한 국제 대부로 매끄럽게 진행되어야 했다. 그러나 대부는 영국이나 프랑스가 아니라 독일 정부로 가게 되었다. 영국과 미국의 은행들은 어려운 상황에 처했는데도 프랑스에 기꺼이 대부해줄 의사가 있음을 보여주었다. 독일에 자금을 빌려주는 것은 새로운 문제였으며 잭 모건에게는 확실히 하기 싫은 일이었다.[63] 그러나 국무부는 강경했다. 결과적으로 1915년에 확립된 협상국과 월스트리트 사이의 동맹은 깨졌다. 독일을 생존 가능한 채무자로 만들려면 제이피모건은 프랑스 정부의 청구권보다 채권 보유자들을 우선시해야 했다. 투자자들에게는 배상금 지불 불이행의 사태가 오더라도 프랑스가 다시 루르 지방에 군대를 투입하지 않는다는 보장이 필요했다. 프랑스의 재정 정책뿐만 아니라 외교 정책도 금융시장의 점검을 받아야 했다.

물론 프랑스 외교 정책을 길들이는 것이 미국 국무부의 목적이었다. 그러나 도스 안의 구조 때문에 미국 정부는 막후로 모습을 감출 수 있었다. 국무장관 휴스가 1924년 7월 2일 독일 대사 오토 비트펠트에게 말했듯이, 미국 정부는 도스 안을 보증하지 않을 것이고 독일에 대한 대부를 책임질 수도 없었다. 그러한 약속은 '미국에서 당파 논쟁을 불러일으킬 것이고 외교 정책의 통제권을 두고 입법부와 행정부 사이의 파괴적인 싸움을 야기할 것이다. 미국 정부는… 공평한 조언을 제시하고 유럽의 여러 입장 간의 화해에 일조하며 민간 자본의 동원을 장려함으로써 훨씬 더 건설적인 역할을 수행할 수 있다….'[64] 휴스는 실제로 1924년 여름 유럽에 있었지만 국무장관 자격이 아니라 미국변호사협회ABA 대표단의 일원으로 갔다. 그럼에도 그가 영국 주재 미국 대사 프랭크 켈로그에게 한 조언은 분명했다. 만일 프랑스 정부가 독일에 군사적 제재를 가할 권리를 요구한다면, "당신은 미국 정부를 대변할 수는 없지만… 미국의 투자 대중의 견해가 어떤지 알고 있으니 이를 바탕으로 그러한 조건에서는 미국에서 채권을 모집할 수 없을 것이라고 말해도 좋다."[65]

에리오 정부는 영국 노동당 동지들의 연대를 기대할 이유가 있다고 생각했다. 그러나 맥도널드가 윌슨주의를 지향했음을 생각하면 결과는 오히려 그 반대였다. '프랑스의 군사주의자들'이 프랑의 가치 폭락에 몸을 사렸을 때 다우닝 가에서는 흥분을 감추기가 어려웠다.[66] 1924년 7월 23일 총리 에리오와 앞서 연합국 간 경제 통합의 옹호자였던 재무장관 에티엔 클레망텔은 제이피모건에 최소한 베르사유 조약의 기본 사항들만큼은 유지하자고 간청할 수밖에 없었다. 배상금 위원회는 채무 불이행을 선언할 권리를 보유해야 했다. 독일의 순응을 보장하려면 프랑스 군대가 적어도 2년 더 루르 지방에 머물러야 했다.

이후 몇 주 동안 에리오는 두 가지를 양보해야 했다. 영의 제안에 따라 위원회는 명목상으로 독일의 채무 불이행을 독립적으로 선언할 수 있었다. 그러나 그러한 경우를 고려할 때 미국은 위원회에 대표를 파견할 권리를 가질 것이었다. 불이행 선언의 결정은 만장일치여야 했고 미국인이 의장을 맡는 중재위원회에 회부될 것이었다. 가능하지는 않겠지만 제재에 관해 합의가 이루어지는 경우에는 도스 안의 채권자들의 금융상의 청구권이 절대적으로 우선시될 것이었다. 막후에서는 더 직접적인 압력이 작동했다. 1924년 8월 프랑에 관한 우려가 다시 고조되는 가운데 프랑스 정부는 제이피모건에 3월에 허용된 1억 달러 대부의 만기를 갱신해달라고 호소했다. 제이피모건은 기꺼이 그렇게 하겠다고 분명히 밝혔지만, 프랑스가 '평화로운 외교 정책'과 더불어 재정 건전화를 단호히 추진해야 한다는 단서가 붙었다. 한 번 더 은행가들은 원하는 대로 했다. 미국이 중재한 타협으로 프랑스는 1년 안에 루르에서 철수하기로 동의했다.

물론 독일 민주주의를 1923년의 위기에서 구한 것은 대서양 외교의 매우 실질적인 성취였으며 모든 관련 당사국의 희생을 요구했다. 구스타프 슈트레제만은 흔히 이성적인 공화주의자Vernunftrepublikaner로 묘사되지만 내심 왕정주의자였다는 것도 아마 사실일 것이다. 그러나 이성Vernunft이 단순히 냉소적인 계산을 의미할 뿐이라면, 이는 그를 정당하게 평가하지 못한다. 바이마르 공화국을 안정시키기 위한 싸움에서 전면에 부상한 이성은 더 완벽한 의미의 '국가이성'이었다. 슈트레제만은 1924년 3월 29일 하노버에서 열린 독일민족인민당의 전국 회의에서 연설하면서 히틀러에 동조하여 독일이 카이저의 '검은색과 흰색, 붉은색의 삼색기를 들고 라인강 너머로' 진격해야 한다고 요청해 이 나라에서 가장 인기 있는 사람이 되기는 매우 쉬울 것이라고 지적했다. 그러나 그러한 포퓰리즘은 심히 무책임한 행태였다.[67] '독재자를 원하는 외침'은 최악의 '정치적 딜레탕티즘(취미로 하는 일*)'이었다.[68] 비스마르크 시절의 민족자유당NLP을 계승한 그의 정당의 우파는 사회민주당을 약화시키고 독일민족인민당의 과격한 민족주의자들과 제휴한다는 생각에 매력을 느꼈을 수도 있다. 독일민족인민당이 1924년 5월 총선거에서 사회민주당과 비등한 성과를 거둬 원내 제2 정당으로 등장했기에 그러한 가능성은 더욱 컸다. 그러나 민감한 도스 안 협상의 와중에 슈트레제만은 그러한 움직임을 모조리 거부했다. 반유대주의가 많이 섞인 독일민족인민당의 범독일적 수사법은 '수출에' 적합하지 않았다.[69] 책임 있는 공화주의 정치만이 최소한의 국내 질서와 영국과 미국과의 협력 관계를 유지시킬 수 있었다.

그러나 독일의 안정은 슈트레제만의 능란한 정치로만 세워지지 않았다.

고통스러운 지출 삭감과 증세도 필요했다. 독재 정치의 문제가 진실로 절박해지는 지점이 바로 여기다. 인플레이션을 재촉한 이익 집단들의 수렁에서 빠져나오기 위해 정부는 사회민주당의 지지를 받아 프리드리히 에베르트의 대통령 권한에 호소했다.[70] 그들이 1923년 11월 이후 강요한 디플레이션은 잔인했고 공공 부문 인력과 실질임금을 크게 축소시켰다. 그러나 이것이 한쪽으로 치우치지는 않았다. 실제로 독일의 세수는 1923년 12월에서 새해까지 다섯 배로 늘었다. 독일 재계는 공화국의 높은 수준의 사회적 지출에 결코 동의하지 않았다. 그러나 이렇게 균형을 잡으려는 노력은 의도적이었다. 초인플레이션의 대혼란 이후 제국은행의 수장이 된 정력적인 은행가 할마르 샤흐트는 슈트레제만과 내핍적인 재무장관 한스 루터처럼 다른 무엇보다도 독일 국가의 권위를 안팎에서 회복하는 데 몰두했다. 샤흐트에게 제국은행은 '국가가 특수 이익 집단들의 공격에 맞서 성공적으로 싸울 수 있는 경제적 힘의 거점'이었다.[71] 몇 해 동안 집단들의 무절제함과 재앙 같은 인플레이션이 지속된 뒤, '독일 재계'는 '명령하는 것이 아니라 복종하는' 법을 배워야 했다고 그는 역설했다.[72]

그렇지만 이러한 국내 안정 정책이 아무리 단호했어도 1924년 5월 의회 선거 결과가 나온 뒤 사회민주당 표를 끌어모아도 도스 안의 비준에 필요한 헌법 개정을 실행하기에는 충분하지 않았다. 도스 안에는 독일철도에 대한 국제적 저당권 설정이 포함되었기 때문이다. 독일 유권자의 4분의 1 이상이 극우파에 투표했다. 독일민족인민당이 19퍼센트를 득표했고, 히틀러의 나치당은 거의 7퍼센트를 가져갔다. 13퍼센트에 가까운 표가 공산당으로 갔다. 의석의 3분의 2를 채우려면 독일민족인민당에서 최소한 일부 의원이라도 데려와야 했지만, 이들은 베르사유 조약에 비타협적으로 반대한 자들이요 '등에 칼을 맞았다'는 전설을 만들어낸 자들이었다. 다른 나라들은 심히 걱정스러웠다. 미국 대사 앨런슨 호턴은 직접 독일 정당 정치에 개입할 정도였다. 그는 독일민족인민당의 주요 인사들을 불러 만일 도스 안을 거부하면 미국이 다시 독일을 지원하기까지는 100년이 지나야 할 것이라고 설명했다. 재계 후원자들의 엄청난 압박에 1924년 8월 29일 도스 안을 비준하기에 충분한 숫자의 독일민족인민당 의원들이 이탈하여 정부 편을 들었다. 대신 정부는 베르사유 조약의 전쟁 책임 조항을 정식으로 부정함으로써 민족주의자들에게 선물을 주었다.

그랬는데도 1924년 10월 10일 잭 모건은 입을 다물고 차관 협정에 서명했다. 협정에 따라 그의 은행은 런던과 파리, 브뤼셀의 큰 금융업자들과 함께 8억 금 마르크의 차관을 제공해야 했다.[73] 도스 차관은 전쟁이 남긴 상처에 사업의 상식이라는 연고를 발라주는 것이었다. 그리고 이는 확실히 매력적인 사업이었다. 도스 차관의 제공자들은 달러로 채권의 87퍼센트만 지불했다. 채권은 5퍼센트의 이자로 상환되어야 했다. 독일은 8억 금 마르크를 받았지만 액면가로 10억 2,700만 마르크의 채권에 이자를 물어야 했다.[74]

그러나 제이피모건이 수행해야만 했던 역할에 당황했다면, 이는 1924년 국제 정치의 지형 변화에 깃든 섬뜩한 성격을 증명한다. 런던의 최종 협상을 주최한 노동당 정부는 구세계에서 가장 중요한 자본주의 중심지를 통할한 최초의 사회주의 정부였다. 1919년 당 성명서에 따르면 국유화와 사회 변혁의 과격한 정강에 헌신했다고 할 수 있는 정부였다. 그러나 노동당 정부는 '평화'와 '번영'의 이름으로 명백히 보수적이었던 미국 행정부와 영국 은행과 공모하여 미국 투자자들의 요구를 충족시키려 했으며, 그 과정에서 당시 한때 악명 높은 병합주의자였으나 이제는 개심한 구스타프 슈트레제만이 지배한 연립정부가 통치하는 독일 공화국을 위해 프랑스의 급진 개혁 정부에 손해가 되는 금융 협정을 강요했다.

'탈정치화'는 서로 상대의 내장을 도려내는 이 극적인 상황을 완곡하게 묘사하는 방법이다.[75] 제이피모건을 그렇게 높은 지위에 올려놓는 것이 윌슨의 '새로운 자유'에 포함된 계획이 아니었음은 확실하다. 실제로 제이피모건조차도 도스 안의 조건을 인정하고 싶지 않았다. 윌슨은 여론을 최종적인 권위로 보고 이에 호소했지만, 이제는 '투자하는' 대중이 최종적 권위를 대표했다. 은행가는 금융 조언자로서 그들의 대변인에 불과했다. 그러나 만일 유럽 정치계급을 집단적으로 굴복시키는 것이 8년 전 윌슨의 '승리 없는 평화' 호소의 배후에 놓인 것이었다면, 도스 안과 1924년 런던 회의에 막 무덤 속에 들어간 윌슨은 분명코 기쁨에 겨워 낄낄거렸을 것이다. 그것은 평화였다. 그리고 어떤 유럽 국가도 승리하지 못했기 때문이다.

25장

새로운 전쟁과 평화의 정치

1927년 6월 이제는 독일 외무장관인 구스타프 슈트레제만은 사람들로 가득한 오슬로 대학교 강당에서 노벨평화상 수상 연설을 하기 위해 일어섰다.[1] 노르웨이와 스웨덴, 덴마크 곳곳에서 사람들이 방송으로 그의 연설을 들었다. 슈트레제만은 아리스티드 브리앙과 오스틴 체임벌린과 함께 공동으로 노력하여 각자 자신의 나라를 전후 시대의 첫 번째 진정한 평화로 널리 치켜세워진 것을 향해 이끌었다는 영예를 얻었다. 도스 안이 나오고 1년 동안 협상을 진행하여 1926년 9월 14일 제네바에서 조인된 로카르노 안보조약이 그것이다. 로카르노 조약은 서유럽 국경을 엄중히 보장하는 현상 유지 조약이었다. 슈트레제만은 그것이 승전국보다는 패전국이 받아들이기가 더 어려운 조약이었음을 숨기지 않았다. 그 순간이 그토록 중요했던 것은 바로 독일제국주의의 기수이자 무제한 잠수함 작전을 앞장서서 응원한 사람이라는 그의 이력 때문이었다. 그러나 그의 표현은 진심이었다. 그는 로카르노 조약이 유럽 공동의 꿈이 실현된 것이라고 말했다. '수백 년 동안 잔인한 전쟁이 창궐했던…' 라인강에 '신의 평화$_{Treuga}$ $_{Dei}$'가 널리 퍼지는 카롤링제국의 꿈이 실현되었다는 것이다. 슈트레제만은 청중에게 이렇게 보장했다. "독일의 청년을 설득하여 동일한 대의를 받아들이게 할 수 있다. 청년은 올림픽 게임의 평화로운 경쟁에서, 바라건대 기술의 발전과 지성의 발전에서도, 개인적으로 신체와 정신의 성취라는 이상을 본다…. 독일은 열심히 일하고… 칸트와 피히테의 철학에 따라 평화를 위해 노력하는 활력 넘치는 정신을 갖춘… 안정된 국민과 함께 이 미래를 맞이할 것이다."

1920년대 후반 그렇게 탈정치적인 미래상은 조롱의 대상이 아니었다. 현실 정치로 여겨졌다.[2] 1914년에서 1924년까지 10년간 이어진 위기에서 얻을 수 있는 다른 교훈은 무엇이었는가? 강국 간 전쟁을 방어 목적이 아니더라도 합리적인 정책 수단으로 볼 수 있던 시대는 확실히 끝났다. 1914년 이래로 잃어버린 수많은 목숨과 허비한 막대한 자원에 어떠한 태도를 보여야 했는가? 영국은 큰 승리를 거두었지만 전후에 암리차르와 아일랜드, 중동에서 연이어 재난을 겪으면서 조금씩 세력이 꺾였다. 이탈리아는 엉망이 되어버린 승리에 격분했다. 무솔리니는 케르키라를 공격했지만 가질 수 없었다. 일본은 러시아와 중국에서 제국주의적 꿈을 실현할 절호의 기회를 얻었으나 이용할 수 없었다. 독일은 동부전선에서 대승을 거두었지만 정당한 강화조약을 끌어낼 수 없었다. 서부전선에서는 한 번도 아니고 세 번이나 패배를 받아들여야만 했다. 얼마 전인 1923년에 독일을 무찌른 프랑스는 승리에 어떤 태도를 보여야 했는가?

무력이 실패한 이유는 하나가 아니었다. 그렇지만 일정한 유형이 있었다. 전장에서든 국내전선에서든, 상하이의 부두에서든 우크라이나의 늪판에서든 루르의 제철소에서든, 전쟁은 더는 억제되지 않았다. 그러나 전쟁 비용은, 승리의 비용조차도 어마어마했다. 자결권은 규정하기 어려웠고 실현하기는 더 어려웠지만, 제국의 지배권 주장은 곧 분노의 대상이 되었고 거센 비난을 받았다. 국내에서 제국주의적 모험 사업에 쓸 재원은 언제나 부족했다. 전쟁 때문에 재원은 더욱 부족해졌고, 민주주의는 정부 지출의 우선순위와 통치의 정당화 두 측면에서 공히 실질적인 제약을 가했다. 마지막으로 강국 간의 군사적, 경제적, 정치적 경쟁은 기본적으로 역효과를 냈다. 국제적인 '죄수들'을 한데 결박한 족쇄는 진짜였다.[3] 영국이 중동에서 손해를 떠안으며 깨달았듯이, 한 지역에서 일견 적은 비용을 들이고 얻은 것이 라인강이든 벵골이든 전략적으로 중요한 다른 지역에서는 매우 큰 희생을 요구할 수 있었다.

그러나 이 모든 좌절에 하나의 공통분모가 있다면, 그것은 17세기 유럽에서 기원하고 일본이 아시아로 수입한 모델인 유럽의 강국들이 새로운 시대의 도전과 미국이라는 경제적, 정치적, 군사적 권력의 다른 중심에 의해 빛을 잃은 것이었다. 영국 외무부가 편찬한 어느 기록은 1928년 11월 이렇게 말하고 있다. "영국은 미국에서 현대사에 유례가 없는 현상을 보고 있다. 이 나라는 우리보다 스물다섯 배가 크며 다섯 배 더 부유하고 인구는 세 배가 더 많으며 갑절로 더 야심적이고 거의 난공불락이며 번영과 활력, 기술적인 능력, 산업 지식에서 아무리 못해도 우리와 대등하다. 이 나라는 영국이 전쟁 중에 초인적인 노력을 쏟은 결과로 여전히 비틀거리고 있고 엄청난 채무로 시달리며 실업의 재난으로 절룩거릴 때 현재의 발전 상태로 올라섰다." 미국의 협력을 구하는 것이 아무리 실망스럽더라도 결론은 피할 수 없었다. "거의 모든 분야에서 그들보다 우리가 상호협력에서 더 많은 이익을 얻는다."[4] 영국과 영국제국에 이것이 사실이라면, 한때 강국이었던 다른 모든 나라에는 더욱 잘 들어맞는 판단이다. 이 모든 나라에 제기된 질문은 똑같다. 대결이 선택사항에 없다면, 이 새로운 체제에서 '상호협력'의 조건은 어떻게 될 것인가?

독일, 영국, 일본, 프랑스의 금본위제 복귀

1922년 4월 라팔로 조약의 큰 성공에 무색해진 불운한 제노바 회의에서 내려진 한 가지 결정은 공동으로 금본위제로 복귀한다는 결의안이었다. 미국이 도스 안에 관여하고 1924년 독일 마르크가 다시 금본위를 채택하면서 이것이 대서양 양안에서 공통으로 우선시된 일이었음이 입증되었다. 금은 회복된 정상 상태를 지키는 닻이었으며 금융 질서를 보장하는 것이었다. 그러나 1920년 이후의 경험이 보여주었듯이, 결과는 고통스러울 수밖에 없었다.[5] 통화 체제에 관한 결정은 무엇이든 국내 채무와 대외 채무에 관한 합의와 연결되었다. 이 점에서 독일의 상황은 초인플레이션으로 국내 채무가 증발했다는 점에서 독특했다. 비록 배상금 때문에 부담을 안았지만 독일의 국제수지 재무상태표는 그것만 아니었다면 깨끗했을 것이다. 독일은 영국이나 프랑스, 이탈리아처럼 무거운 연합국 간 채무에 시달리지 않았기 때문이다. 한편 한때 번창했던 독일의 재계와 훌륭하게 운영된 도시들은 일급의 담보물을 풍부히 제공했다.

결과적으로 1924년 이후 미국의 신용이 극적으로 유입되어 민간 기업에, 파산한 중앙정부를 제외한 모든 수준의 정부에 공급됨으로써 바이마르 공화국의 안정을 뒷받침했다.[6] 돈이 도는 한 이러한 자본 유입이 무역 계정의 적자와 물가와 임금의 상승 압력, 경쟁력이 떨어지는 환율을 의미했다는 사실은 관심 밖이었다. 조만간 청산을 해야 할지도 모른다는 사실은 슈트레제만의 관점에서 아무래도 괜찮았다. 베를린의 중앙정부는 위기가 발생하면 영국과 프랑스의 배상 요구에 미국의 새로운 채권자들을 내보내 맞서게 힐 수 있으리라고 기대했다. 미국에 진 빚은 수정의 지렛대가 될 수 있었다.[7] 1925년 슈트레제만은 이렇게 시원하게 털어놓았다. "그저 빚을 많이 지면 된다. 채무자가 망하면 채권자가 생존의 위협을 느낄 정도로 빚을 많이 져야 한다."[8]

1922년 로이드조지의 유럽 정책이 대실패로 끝난 뒤에 영국은 채무와 배상금의 혼란에서 손을 뗐다. 1923년 1월 미국과 체결한 전쟁 채무 협정은 고통스러웠지만 그로써 영국의 신용이 회복되었다. 1920년 이후로 재무부와 영국은행은 지속적으로 디플레이션 압력을 행사했다. 미국의 시각에서 보면, 도스 안으로 독일이 안전해진 뒤에 다음 순서는 영국을 다시 금본위제에 복귀시키는 것이었다. 영국이 복귀하면, 영국제국과 유럽과 라틴아메리카의 나머지 대부분의 경제가 뒤를 따를 것이었다. 램지 맥도널드의 노동당 정부는 전직 재무장관 레지널드 매케나와 그의 주된 조언자 존 메이너드 케인스 같은 비판자들로부터 증언을 듣고는 주저했다. 미국에서 인플레이션이 일어나지 않으면, 영국 물가와 미국 물가 사이의 균형에 이르는 최종적 수렴 과정은 매우 고통스러울 것이었다. 영국이 1920~1921년의 깊은 침체에서 회복했다고 해도, 1924년 10월이 되면 노동조합의 활동이 잠잠해졌다고 해도, 영국은 공산주의 공포증에 제대로 사로잡혀 있었다. 노동당의 좌파는 영국은행의 국유화를 요구했고, 우파 신문《데일리 메일 *Daily Mail*》은 소련이 전복 음모를 꾸민다는 소문을 퍼뜨렸다.

1924년 10월 29일, 영국 최초의 노동당 정부는 스탠리 볼드윈이 이끄는 보수당이 선거에서 압도적인 승리를 거두면서 쫓겨났다. 런던 금융가가 영구적인 '남용 방지' 제도를 모색하고 미국이 캐나다와 남아프리카를 밀어내겠다고 위협하는 가운데, 1925년 4월 28일 윈스턴 처칠 재무장관은 영국이 금 태환을 재개할 것이라고 선언했다.[9] 그해 말 전 세계 35개 통화가 공식적으로 금으로 교환할 수 있거나 적어도 1년 동안 안정되었다. 당대 비판자의 한 사람이 평했듯이 이는 '역사상 유례가 없는' 국제 경제 정책의 조화를 꾀하려는 '매우 광범위한' 노력이었다. 오스트리아와 헝가리, 불가리아, 핀란드, 루마니아, 그리스처럼 허약한 주변부 경제는 '황금 해안에 도

달하기 위해 말 그대로 굶었다.'[10]

　영국에서는 영향이 그렇게 심하지 않았지만, 전쟁 이전의 금 태환 비율로 복귀하면서 수출 지향적 주요 산업 특히 탄광업의 경쟁력이 약해졌다. 1925년에서 1926년으로 넘어가는 겨울 광산 소유주들과 노동자들 사이의 증오에 찬 분쟁이 일자 영국 산업 노동자의 전투성이 되살아났다. 1926년 5월 4일 노동조합총연맹TUC은 종전 직후 위축되어 하지 못한 일을 대담하게 실행했다. 총파업을 선언한 것이다. 첫날 175만 명의 노동자가 작업을 그만두었다. 이는 어떤 기준으로 보더라도 거대한 파업이었고 국제사회주의운동을 잔잔히 흥분시켰다. 1920년이었다면 이는 정부로 하여금 행동에 나서게 하기에 충분했을 것이다. 그러나 1926년 보수당은 의회에서 견고한 과반수를 차지하고 있었다. 영국은 이제 유럽 전체가 마지막으로 호소할 수 있는 공급자가 아니었다. 석탄은 독일과 폴란드의 탄광에서 풍부하게 공급되고 있었다. 보수당은 광부들과의 대결을 준비할 시간이 몇 달이나 있었다. 노동조합은 6년간의 대량 실업으로 약해졌다. 그들의 연대는 허약했다. 노동자들이 집단으로 일터로 되돌아가면서 5월 11일에 이미 노동조합총연맹은 타협을 청했다. 이 총파업은 제1차 세계대전 이전에 시작된 거대한 물결의 노동쟁의에서 마지막 터진 발작이었다. 소련에서는 그 패배에서 전후 혁명적 행동주의의 국면이 끝났다는 명백한 신호를 보았다.[11]

　영국이 디플레이션을 주도하면서 이전 협상국의 협력 국가들에 문제가 제기되었다. 1920년 이탈리아와 일본, 프랑스는 영국과 미국을 따라 디플레이션을 추진하지는 않기로 결정했다. 이 나라들이 금본위제 복귀에 따르려 했는가? 이탈리아의 소득 대비 전쟁 채무의 부담은 협상국 중에서도 가장 심했다. 총리 프란체스코 니티와 공부했던 전후의 다른 자유당 정부들은 미국의 양보를 호소했지만 허사였다. 반면 무솔리니 정권은 미국 국무부와 월스트리트의 상당한 공감에 의지할 수 있었다.[12] 1925년 11월 연줄이 좋은 기업가였던 이탈리아의 재무장관 주세페 볼피는 매우 유리한 전쟁 채무 협정을 타결하여 월스트리트로부터 새로운 신용을 끌어왔다(〈표 12〉).[13] 덕분에 이탈리아는 1926년 외환시장의 소동을 극복하고 1926년 8월 리라의 대 파운드 환율을 90리라로 고정시킬 수 있었다. 4년 전 무솔리니가 권력을 장악했을 때의 환율이었다. 파시즘이 통화 가치 하락을 막아낸 것이다. 영국과 달리 파시스트 이탈리아에는 두려워할 총파업이 없었다. 무솔리니의 스콰드리스티는 1920~1922년의 거리 싸움에서 제 역할을 했다. 1927년 독재체제는 온 힘을 다해 20퍼센트 임금 삭감을 강요했다.

일본의 금본위제 복귀는 불운했다.[14] 3년간의 디플레이션이 끝난 뒤인 1923년, 엔화는 전쟁 이전 대 달러 환율에 매우 가까웠지만, 9월 1일 현대 일본의 역사에서 가장 파괴적인 지진이 일본을 강타했다. 14만 명이 사망하고 50만 명이 집을 잃었으며 도시 지역 대부분이 폐허가 된 상황에서, 일본은행은 긴급 신용 공급 조치로써 대응해야 했다. 외환이 국외로 유출되었고, 10년 동안 외화 자산을 축적했던 일본은 1924년 1월 6.5퍼센트라는 엄청난 이자율로 제이피모건을 통해 차관을 들여와야 했다. 전쟁 이전의 조건을 떠올리게 한 이 자금은 '국가적 굴욕의 차관'이라는 이름을 얻었다.[15] 또한 일본의 자금원이 런던에서 뉴욕으로 결정적으로 바뀐 것도 이 차관의 뚜렷한 특징이었다.[16] 3년 뒤 금본위제 복귀를 향해 전체적으로 이동하면서 일본은 한 번 더 전쟁 이전 환율로 돌아갔지만 다시 재앙이 닥쳤다. 이번에는 36개 은행의 폐쇄를 초래한 대규모 금융 위기였다. 1927년, 통화가 전쟁 이전 평가 대비 충분히 낮은 가치로 거래되는 상황에서, 팽창주의적 성향을 지닌 새로운 입헌정우회 정부는 중국에서 거세지는 국민당의 도전에 집중하고자 금본위제 복귀를 향한 추가 시도는 중단하기로 결정했다. 필요하다면 국가의 개입을 통해서라도 일본 국가를 발전시키는 것이 우선이었다. 무솔리니의 이탈리아의 경우처럼, 제이피모건이 이끄는 월스

〈표 12〉 미국 정부와의 타협: 전쟁 채무 협정, 1923~1930년

채무국	협정 체결일	채무 차환 개시일	연간 지급 원리금 총액 (100만 달러)	총 부채 대비 비율	부채에 대한 실질 이자율
핀란드	1923년 05월 01일	1922년 12월 14일	22	82	3.31
영국	1923년 06월 18일	1925년 12월 15일	11,106	82	3.31
헝가리	1924년 04월 25일	1933년 12월 15일	5	82	3.31
리투아니아	1924년 09월 22일	1924년 06월 15일	15	82	3.31
폴란드	1924년 11월 14일	1922년 12월 15일	482	32	3.31
벨기에	1925년 08월 18일	1925년 06월 15일	728	54	1.79
라트비아	1925년 09월 24일	1922년 12월 15일	16	32	3.31
체코슬로바키아	1925년 10월 13일	1925년 06월 15일	313	80	3.33
에스토니아	1925년 10월 28일	1922년 12월 14일	38	82	3.31
이탈리아	925년 11월 14일	1925년 06월 15일	2,408	32	0.41
루마니아	-925년 12월 04일	1925년 06월 15일	123	89	3.32
프랑스	-926년 04월 29일	1925년 06월 15일	6,848	50	1.64
유고슬라비아	-926년 05월 03일	1925년 06월 15일	95	79	1.03
그리스	-929년 05월 10일	1928년 01월 01일	38	34	0.25
오스트리아	-930년 05월 08일	1928년 01월 01일	25	40	
총계			22,262		2.135

트리트는 상당히 만족스럽게 그 방침을 따라갔다(〈표 13〉).

프랑스의 경험은 훨씬 더 고통스러웠다. 1924년 11월, 독일을 위한 도스 안이 강행되면서, 제이피모건은 국무부에 푸앵카레 총리 정부의 단기 차관 1억 달러를 정리할 수 있게 해달라고 요청했다. 그러나 정부는 먼저 처리할 일이 있었다. 프랑스가 국내 재정을 건강하게 하고 연합국 간 채무 35억 달러를 상환하기까지는 추가로 신용을 공급할 수 없었다. 1925년 4월 쿨리지 행정부는 차관의 완전한 금지를 선언하며 우선 파리 시에 대한 대규모 차관을 철회했다. 같은 달 에두아르 에리오의 불운한 '좌파 카르텔' 정부는 상원 선거에서 패했고, 이로써 정치적 불안정의 시기가 시작되었다. 그 불안정은 1925년 11월 아리스티드 브리앙이 총리에 복귀하면서 끝난다. 브리앙은 미국 정부와 채무 협정을 모색했다. 그 결과로 멜런-베랑제 협정 Mellon - Bérenger Agreement이 체결되었고, 1.6퍼센트의 너그러운 이자율로 60년간 상환한다는 합의가 이루어졌다. 첫해의 원리금 상환 금액은 3,000만 달러로 결정되었다.

반드시 타결을 보려고 했던 앤드루 멜런은 하원이 제안을 승인하도록 하는 데 성공했지만, 1926년 그 계획이 프랑스 국민에 제시되었을 때 애국적인 반발이 극적으로 표출되었다. 멜런-베랑제 협정은 '일생 고생하며 노역'을 살아야 하는 것으로 공격당했다. 브리앙은 '프랑스의 목에 올가미를 걸었다'고 비난받았다. 7월 2만 5,000명의 프랑스 퇴역군인이 '탐욕스러운 국제 금융계'에 항의하며 침묵 행진을 벌였다.[17] 미국 대사 마이런 헤릭은 미국의 은행가들이 반미주의의 뜨거운 열기가 두려워 파리에서 가족을 내보내고 있다고 보고했다. 7월 21일, 무솔리니의 검은셔츠단 옷과 비슷한 것을 걸친 수천 명이 파리 곳곳에서 민족주의적 항의를 표출하면서, 1914년에 자랑스럽게도 25.22프랑으로 유지했던 대 파운드 환율은 238.50프랑으로 급등했다. 연간으로 환산하면 1926년 7월 프랑스의 인플레이션은

〈표 13〉 평화로운 상업: 미국 민간 자본의 장기 외국 투자, 1930년 12월(100만 달러)

	직접 투자	투자 구성			총액	세계 전체 대비 비율
		총액	정부 보증	민간		
오스트리아	17	98	93	5	115	0.7
벨기에	65	189	189	0	254	1.6
프랑스	162	310	300	10	472	3.1
독일	244	1,177	801	376	1,421	9.1
헝가리	10	109	49	60	119	0.7
이탈리아	121	280	171	109	401	2.6
폴란드	53	124	124	0	177	1.1
영국	497	144	144	0	641	3.9
유럽 총액	1,468	3,461	2,567	894	4,929	31.4
아프리카	115	3	3	0	118	0.7
중국	130	0	0	0	130	0.8
네덜란드령 동인도	66	135	135	0	201	1.3
일본	62	383	241	142	445	2.8
필리핀	82	85	71	14	167	1.1
아시아 총액	420	603	447	156	1,023	6.5
호주와 뉴질랜드	155	264	262	2	419	2.7
캐나다	2,049	1,893	1,270	623	3,942	25.2
멕시코	694	0	0	0	694	4.4
쿠바	936	131	127	4	1,067	6.8
아르헨티나	359	449	449	0	808	5.2
브라질	210	347	344	3	557	3.5
칠레	441	260	260	0	701	4.5
콜롬비아	130	172	144	28	302	1.9
페루	125	75	75	20	300	1.3
베네주엘라	247	0	0	0	247	1.6
라틴아메리카 총액	3,634	1,610	1,575	35	5,244	33.5
조정 총액					15,170	

350퍼센트를 찍었다.[18] 페탱 원수의 지휘로 우파가 쿠데타를 일으킬 가능성이 있다는 소문이 도는 가운데, 공화파의 정치 지도자들이 결집했다. 푸앵카레가 전임자 에리오와 네 명의 전직 총리를 포함하는 거국내각의 수장으로서 한 번 더 집권했다.[19] 브리앙은 외무장관으로 복귀했다. 헌법상으로 자율적인 공채 담당 기관이 설립되어 프랑스의 국내 채권자들에 상환을 보장했다.[20] 신뢰가 회복되었으며, 8월 17일 프랑의 대 파운드 환율은 179프랑을 기록한 뒤 계속 하락했다.

1926년 12월 프랑은 공격적으로 책정된 124프랑의 대 파운드 환율로, 대 달러 환율은 대략 25프랑으로 안정되었다.[21] 이는 프랑스 국내 채권자들에게 큰 손실을 입혔다. 또한 이 때문에 수입품 가격이 올랐지만 수출은 힘을 받았고, 프랑스 자산의 매입이 아주 매력적인 일이 되어 파리로 전례 없이 많은 금이 유입되었다. 통화 안정은 프랑스 공화국의 내구성을 떠받치는 데서 그치지 않았다. 푸앵카레는 루르에서 승리한 뒤 강요받은 굴욕적인 협정으로부터 결론을 도출했다. 1924년에 프랑스는 허약한 재정 때문에 영국과 미국의 처분에 따를 수밖에 없었다. 그러나 1926년 가을에는 프랑스은행 총재가 말했듯이 프랑스은행으로 금이 유입되어 '국제 관계에서 나라의 위신과 자주성이 강화되었다.'[22] 푸앵카레는 더욱 극적인 표현을 선택했다. '국내의 노력'으로 프랑스 국민은 '앵글로색슨 금융의 멍에'를 벗어던질 것이었다.[23] 1927년 여름 프랑스 정부는 총액 5억 4,000만 달러에 달하는 금과 외환을 축적했다. 프랑스가 영국과 미국에 빚진 전쟁 채무 60억 달러에는 못 미쳤지만 금융상의 압박, 특히 영국은행의 압박에 대항할 유용한 수단이었다.[24]

　　　　4부 새로운 질서의 모색

켈로그-브리앙 조약, 새로운 평화 이데올로기의 더없는 영광

1921년 워싱턴 회담에서 체결된 조약들로 주력함 경쟁은 중단되었다. 1924년 도스 안은 전후 체제의 경제적 회복을 준비한 동시에 베르사유 조약의 해로움을 제거했다. 실제로 도스 안은 프랑스가 더는 독일의 순응을 보장하고자 군대를 쓸 수 없게 했다. 그래도 질문은 남았다. 누가, 무엇이 유럽의 안보를 제공할 것인가? 1924년 가을, 도스 안으로 굴욕을 당한 프랑스에 보상하고자 영국 총리 램지 맥도널드는 국제연맹에서 에두아르 에리오와 함께 자동적인 제재 제도를 곁들인 강제 중재 절차와 새로운 대규모 군축 제안으로써 연맹 규약을 보강하는 계획을 내놓았다. 그러나 이른바 제네바 의정서Geneva Protocol라는 이 계획을 추동한 힘은 1924년 10월 영국 최초의 노동당 정부가 무너지면서 소멸했다. 보수당의 신임 외무장관 오스틴 체임벌린은 진정으로 프랑스에 우호적인 인사였지만, 보수당 내각의 나머지 장관들은 영국이 국제연맹의 강제 중재 제도에 구속되는 것을 원하지 않았다.

게다가 제네바 의정서에 미국 정부는 깜짝 놀랄 정도로 적대적으로 대응했다. 국무장관 찰스 에번스 휴스는 유럽의 주도적 제안을 환영하기는 커녕 제시된 제재 장치의 강경함을 생각할 때 미국은 연맹이 호전적이라고 생각할 수밖에 없다는 반응을 보였다.[25] 미국은 영국 해군과 프랑스 해군이 비록 국제연맹의 지지를 받더라도 일방적으로 해상을 봉쇄하는 것을 용인할 수 없었다. 영국은 1916년에 대서양의 교착 상태에서 잠재적으로 적대적인 미국에 대면하여 위험한 상황에 처했는데, 이는 어떤 희생을 치르더라도 피해야만 하는 악몽으로 다가왔다.[26] 휴스가 동의할 수 있는 유일한 해법은 미국에 국제연맹의 제재 이행에 관하여 거부권을 주는 것이었다. 그러나 체임벌린이 지적했듯이, 이는 미국 정부를 국제연맹의 집단적 권위와 동등한 위치에 올려놓는 것이요 미국에 '초강대국'의 지위를, '… 국제연맹의 모든 조치에 대해' 이의를 제기할 수 있는 '상고 법원'의 지위를 부여하는 것이었다. 미국 주재 영국 대사 에스미 하워드가 '우리는 모두 언젠가 사실을 직시해야 한다'고 응수하자, 체임벌린은 이렇게 되받아쳤다. "사실의 인정과 그 귀결의 공개적 선언 사이에는 차이가 있다."[27]

체임벌린으로 말하자면 프랑스에 대한 영국의 쌍무적 안전 보장 제안을 갱신하는 것이 더 좋았을 것이다. 이는 영국 참모본부의 강력한 지지를 받았다. 1925년 2월 영국의 선임 장교들은 격한 표현의 회장에서 그러한 약속을 프랑스에 대한 양보로 보는 것은 오해라고 주장했다. 그것은 본질적으로 영국의 이익에 관한 문제였고 '부차적으로만 프랑스 안보의 문제'였다. 전쟁으로 드러난 사실이 있었다. "영국의 진짜 전략적 국경은 라인강이다. 영국의 안보는 전적으로 프랑스와 벨기에, 네덜란드의 현재 국경이 우군에 의해 유지되는 데 달려 있다."[28] 문제는 프랑스가 라인강의 보장에 만족하지 않았다는 것이다. 프랑스는 동유럽 국경에 대한 포괄적인 군사적 지원을 원했다. 이는 영국 정부가 숙고하기에는 지나친 요구였다. 금본위제 복귀에는 한층 더 큰 약속이 아니라 최대의 절약이 필요했다.[29] 대신 영국 정부는 1925년 3월 20일 독일이 라인란트 안보조약으로 제안한 것을 받아들인다고 선언했다. 이는 유럽의 서부 국경을 보장하고 독일을 국제연맹에 받아들임으로써 독일과의 관계를 정상화할 것이었다. 이는 또한 독일이 '서구 체제'에 계속해서 굳게 얽매여 있도록 하는 효과를 낼 것이었다.[30] 러시아와 독일의 동맹이라는 라팔로 조약의 끔찍한 시나리오는 버려질 것이었다.

이 타협 과정의 결과는 1926년 9월에 비준된 로카르노 조약이다. 로카르노 조약은 유럽의 서부 국경을 안전하게 했으면서도 동부 국경 문제를 해결하지 못하여 악명을 떨쳤다. 독일과 폴란드는 여전히 화해하지 못했다.

동유럽에서 독일이 팽창하는 길은 완전히 닫히지 않았다. 그러나 이는 강국의 안보 체제로서 로카르노 조약의 주된 결함이 아니었다. 진짜 문제는 동유럽이 아니라 서유럽에 있었다. 기본적인 문제는 미국의 태도였다. 영국과 프랑스가 동쪽이든 서쪽이든 독일의 공격을 미국의 지원 없이도 저지할 수 있을까? 1927년 미국을 다시 유럽의 일에 끌어들이려고 주도적으로 나선 것은 프랑스 정부였다. 4월 7일, 미국의 참전 10주년이 되던 날, 아리스티드 브리앙은 미국 정부에 프랑스와 미국 간의 상호 안보조약을 제안했다.31 국무부는 그러한 특별 관계에 들어가기를 싫어했다. 그러나 널리 퍼진 대중적 정서를 감안하여 쿨리지 행정부는 불가침조약의 매력을 결코 부정할 수 없었다. 1927년 12월 국무장관 프랭크 켈로그는 그 대신 전쟁을 거부하는 다자간 조약을 제안했다.32

1928년 8월 27일 오후, 켈로그가 직접 참석한 가운데, 15개 국가가 파리에 모여 조약에 서명했다. 조약은 서명국들에 '국제적 논쟁의 해결을 위해 전쟁에 호소하는 것을 규탄하고 타국과의 관계에서 국가 정책의 수단으로 전쟁을 이용하기를 단념할 것'을 요구했다. 프랑스 외무부가 독일의 외무장관을 공식적으로 환영한 것은 1870년 이후 이때가 처음이었다.33 독일은 조인식에 소련도 참여하기를 희망했지만, 미국 정부로서는 이를 받아들일 수 없었다. 그럼에도 소련은 이른바 켈로그-브리앙 조약을 처음으로 비준한 나라가 되었다.34 1928년이 지나는 동안 33개 국가나 조약에 서명했다. 1939년까지 서명국은 60개로 늘어났다. 이는 1920년대 말을 지배한 새로운 평화 이데올로기의 더없는 영광이었다. '평화 속의 세계'가 '정상이자 규범'이 되고 전쟁이 범죄적인 '일탈'에 불과한 것으로 재규정되는 미래상이었다.35 켈로그-브리앙 조약은 다음 세대에서 끔찍한 폭력에 쉽게 조롱당하고 안돼었지만 역사적으로 충분히 옹호할 수 있다. 1945년, 연합군이 뉘른베르크의 국제군사법정에서 나치 지도부를 기소할 때, 피고들의 주된 혐의는 19세기에 법전에 들어간 전쟁범죄라는 익숙한 규범도 비교적 새로운 개념인 반인륜범죄도 아니었다. 아직까지 국제법 전문가들의 정신 속에 뚜렷이 나타나지 않은 집단학살도 당연히 아니었다. 미국인 검사들이 꺼내든 기소의 주안점은 나치 독일이 켈로그-브리앙 조약을 위반했다는 것, 즉 평화를 해친 범죄에 있었다.

차이가 있다면 1945년에는 미국이 새로운 국제주의 시대의 승리자로 등장했다는 것이다. 1928년에는 프랑스와 영국 두 나라 모두 켈로그-브리앙 조약을 미국의 발 빼기로 볼 이유가 있었다. 조약을 어떻게 실행할 수 있었는가? 미국 정부는 영국의 해군 활동을 전혀 승인하지 않았다. 미국은 그 조약을 국제연맹에서 멀리 떼어놓아야 한다고 역설했다. 이 정도로 프랑스의 근심을 잠재울 수는 없었다. 1923년 푸앵카레는 프랑스의 안보 요구를 진지하게 고려하지 않는 영-미에 루르를 점령하여 대응했다. 이제 프랑스는 유럽의 협력을 통해 미국의 방해를 피해 돌아가기로 했다. 1926년 9월, 프랑스 외무장관 브리앙은 독일을 국제연맹의 정회원으로 환영한 뒤 구스타프 슈트레제만과 비밀 회담을 가졌다.[36] 독일은 미국 자본시장에 접근할 수 있었고 프랑스는 그럴 수 없었기 때문에, 독일이 월스트리트로부터 큰 규모로 차관을 얻어내고 그로써 프랑스에 배상금 첫 지불액으로 많은 액수를 건넨다는 제안이 나왔다. 그 대가로 프랑스는 자르의 탄광을 독일에 되돌려주고 라인란트에서 군대를 더 빨리 철수해야 했다.

미국 정책의 목적이 의견 차이를 메우고 합리적인 해법을 도출하도록 프랑스와 독일을 압박하는 것이었다면, 미국 정부가 이른바 '투아리 제안Thoiry initiative'을 환영했으리라는 예상도 가능하다. 그러나 미국은 프랑스-독일의 제안을 채무자들의 카르텔을 형성하려는 공격적인 조치로 해석했다. 국무부는 그 계획을 거부했다. 독일은 자국을 위해 자금을 빌릴 수 있었다. 그러나 독일이 프랑스를 위해 빌릴 수 있으려면, 푸앵카레는 우선 프랑스 의회를 설득하여 불쾌한 전쟁 채무 협정을 감수하게 해야 했다. 실제로 미국 정부는 더욱 압박을 가하기 위해 멜런-베랑제 협정이 최종적으로 비준되지 않으면 1929년에 프랑스에 현금 4억 달러를 요구하겠다고 통지했다. 푸앵카레는 프랑스의 신뢰성을 재확인한다는 자신의 정책에 따라 이를 무시하지 못했다. 1929년 7월 미국에 진 전쟁 채무에 관하여 하원에서 2주간 지속된 큰 싸움은 그의 정치 이력에서 마지막 장이었다. 그 싸움으로 건강을 해친 푸앵카레는 69세의 나이로 은퇴해야 했지만, 멜런-베랑제 협정의 비준은 프랑스의 신용도 회복을 보증했다.[37]

영국도 상충하는 욕구 사이에서 분열했다. 볼드윈의 보수당 정부 내에서는 미국이 해상 봉쇄의 합법성에 관해 계속 항의하는 데 크게 실망하는 기류가 보였다. 영국 재무부는 전쟁 채무에 분할 상환금이 나갈 때마다 격분했다. 1928년 전략적 재조정의 소문이 돌았다. 영국 정부가 미국과의 전략적 관계에 모험을 건 것은 실수였을지도 모른다. 영국은 미국에 대한 평형추로서 제국에 의지하는 편이 나았을지 모른다. 아니면 영국은 프랑스와 합세하여 독일과 베네룩스 국가들을 포함하는 견고한 유럽 연합체를 추진해야 했는지도 모른다. 그러나 영국 정부는 주저했다. 미국으로부터 멀어지는 조치는 무엇이든 위험이 따랐다. 만일 영국이 그 제국으로 미국에 맞섰다면, 그로부터 가능한 결과는 캐나다의 이탈이었을 것이다. 캐나다는 더 완벽한 새로운 자치령 개념의 일환으로 워싱턴에 자체의 대사관을 개설할 권한을 부여받았기 때문이다. 반면 영국이 유럽을 선택지로 추진하기로 했다면, 이는 독일에 엄청난 수단을 주었을 것이다. 영국 외무부가 인정했듯이, 미국은 영국의 '현대사'에서 '비할 것이 없는 현상'이었다. 미국과의 협력이 영국에 주는 이익은 막대했고, 반면 대결은 생각조차 할 수 없었다.[38] 프랑스처럼 영국 정부도 물러나지 않기로, 대서양 관계를 공고히 다지기로 결정했다.[39]

1929년 3월 30일 총선거 이후 램지 맥도널드의 노동당이 두 번째로 집권했을 때에도 이러한 결의는 더 강해졌을 뿐이다. 확신에 찬 대서양주의자요 프랑스를 혐오하는 인사였던 맥도널드가 가장 우선시한 일은 미국과의 관계 수습이었다. 맥도널드는 양 대전 사이 진보주의의 핵심적인 주창자, 즉 새로 선출된 대통령 허버트 후버를 상대하는 데 더욱 열정적이었다. 트로츠키가 조롱하듯 말했듯이, 이제 중요한 것은 영국-프랑스 대화가 아니었다. "그 골칫거리를 진지하게 논의하고 싶다면 대서양 너머로 가져가라."[40] 맥도널드는 임기를 미국 방문으로 시작하기를 원하는 유럽 정치인의 긴 명부에서 첫 줄에 오른 사람이 되었다. 1929년 10월 후버와 맥도널드는 월스트리트의 공황 소식이 들리지 않는 버지니아주의 시골 별장 래피던 캠프에서 나무 기둥의 양쪽 끝에 앉아 신문이 1930년 초 런던에서 열릴 새로운 광범위한 해군 군축 회담이 될 것이라고 전망한 것을 위한 의제를 정했다.[41]

폴란드, 중국에서 고전하는 공산주의 그리고 일국 사회주의론

이러한 구조가 견고해 보이고 실망에 아랑곳없이 탄력적인 것으로 보이기는 했지만, 로카르노 조약이 전후 질서를 지탱하는 하나의 닻이고 워싱턴에서 체결된 태평양 조약이 다른 닻이라면, 이 새로운 지정학의 현저한 특징은 그것이 불완전하다는 사실이었다. 로카르노와 워싱턴 '사이에' 소련이 지배한 유라시아의 거대한 땅덩어리가 불쑥 모습을 드러냈다. 역으로, 소련의 시각에서 보면, 새로운 세계 질서의 변경인 폴란드와 중국은 1920년대 중반에 혁명과 반혁명 사이에 계속되는 투쟁에서 쌍둥이 싸움터로 보였다. 이 투쟁에서 소련은 수세에 몰렸다. 폴란드와 독일 사이의 국경이

로카르노 조약에서 여봐란 듯이 제외되었다는 사실은 폴란드에서는 확실히 걱정할 만했다. 그러나 1926년 5월 피우수트스키 원수가 쿠데타를 일으켰을 때, 경고의 종이 울린 곳은 모스크바였다.[42] 소련은 6년 전 그의 공격을 너무도 잘 기억하고 있었다.

그렇지만 피우수트스키는 이제 방어적인 태도를 취했다. 그의 목적은 다민족 폴란드 국가 안에서 균형을 유지하고 폴란드와 소련과 독일 사이의 현상을 유지하며 폴란드 경제와 군대를 현대화하기 위해 할 수 있는 일을 다 하는 것이었다. 매우 정확한 것으로 밝혀졌듯이, 피우수트스키의 러시아나 독일이 향후 10년간 폴란드를 공격할 힘을 갖지 못할 것이라는 평가는 1920년대 중반의 힘의 균형을 보여주었다. 독일과 소련이 1926년 4월에 중립과 불가침의 조약을 체결하여 라팔로 조약을 재확인한 것은 확실히 걱정스러운 일이었다. 그러나 1939년에 두 나라가 체결한 불가침조약과 달리 이 조약은 진정으로 방어적인 것이었다. 독일의 주된 목적은 프랑스와 영국이 폴란드를 부추겨 소련을 공격하게 할 때 독일은 아무런 역할도 하지 않겠다는 신호를 주는 것이었다. 슈트레제만은 라팔로의 위험스러운 균형 잡기 게임을 재개할 의도를 전혀 보이지 않았다. 1927년 여름 폴란드를 향한 소련의 독설이 놀라운 수준으로 심해졌을 때, 독일은 중개자로 나서서 영국과 프랑스는 공격적인 의도가 없다고 소련을 안심시켰고 경솔히 행동에 들어가지 말라고 경고했다.[43]

서구가 명백히 안정되어 보였을 때, 코민테른에 닥친 문제는 자신들이 아시아에서도 방해를 받을 것인가 여부였다. 영국은 인도에 대한 지배력을 회복했다. 서구 깅고들과 일본의 관계는 소련의 관점에서 보면 놀랍도록 우호적이었다. 그러나 중국은 여전히 불안정했다. 베르사유와 워싱턴에서 일본과 서구 강국들은 중국 민족주의를 진지하게 고려하지 않았다. 누가 이 상황을 이용할 것인가가 문제였다. 1924년 9월 중국 동쪽 해안가를 따라 한 번 더 파벌 싸움이 터졌다. 그러나 이는 군벌 간의 평범한 충돌이 결코 아니었다.[44] 중국의 장군들은 제1차 세계대전에서 쓰인 현대 무기를 처음으로 대규모로 활용했다. 1924년 10월 양쯔강 유역을 점령한 즈리파와 '옥수玉帥' 우페이푸가 중국 전역을 지배할 태세를 갖추었다. 우페이푸의 호전적 기질을 생각하면 이는 서구 강국들과 일본에 걱정스러운 일이었다. 사이온지의 수하인 일본의 서구 지향적 외무장관 시데하라 기주로는 워싱턴의 원칙을 공공연히 위반하는 일을 피하고 싶었지만, 즈리파를 저지해야 했다. 일본 정부는 군대를 투입하는 대신 만주 군벌 장쭤린의 부대에 무기를 퍼주었고 즈리파를 와해시키고자 막대한 뇌물을 썼다.[45] 1925년 우페이푸의 동맹은 해체되고 있었고, 통일의 기세가 역전되면서 중국 정치는 수치스럽게도 한 번 더 지리멸렬한 살인극으로 추락했다.

미국은 우페이푸의 민족주의가 정말로 싫었다. 한편 프랑스와 영국에 중국의 혼란은 최악은 아니었다.[46] 두 나라는 이익권을 지킬 수 있고 국민당의 도전자들이 등장하지 않는 한 혼란과 함께 살 수 있었다. 그러나 우페이푸가 남부로 침입하자 그들의 이익도 영향을 받았다. 1925년 5월 30일 상하이 조계의 영국 경찰이 애국적인 중국인 시위대에 발포하여 12명이 사망하고 수십 명이 부상을 입었다. 이렇게 불필요한 폭력 행사는 1919년 5월 4일 이래로 볼 수 없던 애국적 정서의 분출을 초래했다. 몇 주 만에 15만 명이 넘는 상하이 노동자들이 항의 파업에 동참했다. 이로써 우페이푸보다 한층 더 위협적인 세력인 국민당과 코민테른에 문이 활짝 열렸다.

중국 북부에서는 군벌들이 조언자들을 끌어모았고 협상국의 방대한 잉여 비축 물자에서 점차 정교한 무기를 입수했다. 반면 1923년 초 이래로 국민당은 쑨원-이오페 선언에 따라 소련에 의지했다. 10월 6일 혁명가 미하일 보로딘이 민족주의 운동의 대중 정당으로의 재건을 현장에서 지도하고자 광둥에 도착했다.[47] 1924년 1월 국민당의 첫 번째 현대적인 전국대회에서 대의원의 10퍼센트와 중앙집행위원회 위원의 25퍼센트가 공산주의자였다. 쑨원은 반제국주의를 선언하며 회의를 시작했다. 대회는 그달에 사망한 레닌을 애도하고자 존중의 표시로서 사흘을 연기했다. 소련은 충분히 보답했다. 통일전선이라는 레닌의 시각을 이행하기 위해 소련은 새로운 협력자를 지원하고자 1,000명이 넘는 고문과 4,000만 달러의 자금을 보냈다. 소련이 유럽에 쏟은 것보다 훨씬 더 큰 혁명적 자원이었다. 국민당은 소련 모델에 따라 정치화한 군대의 건설에 착수했다. 소련 내전의 영웅 바실리 블류헤르는 수석 군사고문으로 활동했다. 쑨원은 전도유망한 신진 군사 지도자 장제스를 모스크바로 보내 훈련시켰다. 평당원에 신조를 주입하고자 모든 군부대 안에 당 세포를 조직했다. 황푸黃埔섬에 새로 설립한 군관학교는 청년 세대의 국민당 군사 지휘관들을 양성하기 위한 것이었다. 군관학교의 정치위원 저우언라이는 1919년 파리와 베를린에서 일하며 공부하던 중에 공산당에 입당하여 코민테른의 충성스러운 활동가가 되었다.

군사주의의 현대화는 중화민국 초대 대총통이었던 위안스카이 시절 이래로 중국 군벌 정치의 상시적인 관심사였다. 공산당만의 특별한 기여는 중국 민족주의의 사회적 상상력을 넓힌 것이었다. 1923년에서 1924년으로 넘어가는 겨울 광둥의 국민당 본부가 지역 군벌 세력에 위협을 받고 있을 때, 보로딘은 대중 동원이라는 과격한 정책을 촉구했다. 그는 산업 노동의 8시간 노동제와 최저임금제는 물론 지주의 토지를 빼앗아 농민에게 분배하는 법령도 권고했다. 쑨원은 자신을 지지하는 중간계급을 걱정하여 보로딘의 한층 선동적인 요구들을 용인하지 않았다. 그러나 국민당의 민족주의적 의제에 처음으로 사회적 요구들이 결합되었다. 1925년 6월 광둥의 민족주의 운동 활동가들은 오랫동안 매우 효율적으로 영국 조계와의 교역을 보이콧했고 25만 냥에 달하는 홍콩 노동자들의 대규모 파업을 지원했다.[48] 광둥에서 북쪽으로 우한 너머까지 500마일(약 800킬로미터*)가량 이어진 회랑 지대에서 농민 반란이 일어날 조짐을 보였다.[49] 국민당 농민국은 공산당 조직자 펑파이의 영향을 받아서 당의 대중적 기반을 다질 정강의 개발에 착수했다.[50] 국민당은 농민 지도자 학교를 세웠는데, 이는 1926년 5월부터 후난성의 청년 혁명가 마오쩌둥이 지휘했다.[51] 첫 해가 끝날 때 마오쩌둥은 그 새로운 기관에 120만 명의 농민이 들어왔다고 주장할 수 있었다.[52]

북부의 군벌들이 서로 내장을 도려내는 가운데, 1925년 여름 블류헤르와 그의 중국인 협력자들은 러시아인들이 '국민당의 대 군사 계획'이라고 부른 것을 고안해냈다. 이는 국민당의 영향력을 남쪽 광둥성의 근거지로부터 양쯔강 유역을 따라 북쪽으로 확대하려는 조직적인 군사 활동이었다. 그곳에서 그들은 베이징에 공격을 가할 수 있었다.[53] 이 군사 활동의 규모는 전례가 없는 것으로 중국의 3분의 2 통일을 포함했다. 그 땅의 인구는 2억 명이나 되고 다섯 개 주요 군벌이 통치하는 곳이었다. 그 군벌들은 1924년에 증명했듯이 120만 명에 달하는 막강한 군대를 동원할 수 있었는데, 반면 국민당이 끌어모을 수 있는 병력은 15만 명에 불과했다.[54] 즈리파가 혼란에 빠졌다고 해도, 이는 결코 가볍게 시도할 모험이 아니었다. 처음에 국민당은 군벌들의 회의로써 무력 투쟁 없이 통일할 수 있기를 기대했다. 그러한 가능성은 1925년 3월 쑨원이 좋지 못한 때에 사망함으로써 날아갔다. 쑨원의 사망으로 통일 회의는 확실한 간판을 잃었으며 소련의 국민당 내 영향력을 흔들었다.

쑨원이 유언에서 당에 소련과의 동맹을 지속하라고 권유했지만, 이제 당은 중국 공산당에 가까운 좌파와 장제스가 지휘하는 군부로 분열했다. 1926년 3월 장제스는 광둥의 국민당 지도부에서 정치적 쿠데타에 착수하여 패를 내보였다. 장제스는 쿠데타로 공산당의 영향력을 감퇴시켰으며 스스로 국민혁명군의 수장에 올랐다. 시간을 허비할 여유가 없다고 믿은 코민테른은 공세로 전환하기로 결정했다. 중국 공산당이 국민당과 결별하여 광둥의 농민과 노동자로 자체의 군사적 기반을 확립해야 한다고 역설했던 레프 트로츠키의 주장은 무시되었다. 스탈린과 부하린이 전면에 부상한 상황에서 코민테른은 확고한 북벌 준비에 전력을 다해 투신했다.[55]

결과는 단기적으로는 승리였다. 유럽에서는 영국 총파업으로 혁명의 전망이 사라지고 있었는지 몰라도, 1926년 6월에서 12월 사이에 중국 국민혁명군은 전례 없이 잘 준비한 군사 활동으로 성공을 거두었고 중국 중부와 남부 대부분을 국민당 정부가 통제했다. 블류헤르와 그의 참모진이 작전 계획을 조정했다. 소련의 비행사들이 공중에서 엄호했다. 중국 공산당의 주요 인사들은 국민혁명군에서 좌파로 좀 더 기운 사단들에 정치적 지시를 내렸다. 여러 성에서 군벌을 겨냥한 군사 활동은 농민 반란의 물결을 타고 진행되었다.[56] 청년 마오쩌둥은 '어떠한 세력도, 아무리 강할지언정, 저지할 수 없을 만큼 빠르고 맹렬한, 사나운 바람 아니 폭풍우'의 이미지를 불러냈다.[57]

1911년 혁명 기념일인 1926년 10월 10일 국민혁명군은 38일간의 포위 끝에 한커우-우창을 점령했다. 그곳은 혁명이 시작된 도시이다. 서구 강국들은 그 어느 때보다 동요했다. 1926년 4월에 이미 영국 정부는 베이징에 남은 중국 정부의 승인을 철회했다.[58] 12월 18일, 영국 대사관은 국민당의 급격한 상승에 대응하고자 공개 성명서를 발표해 '오늘날 중국의 상황은… 강국들이 워싱턴 조약을 고안할 때 맞닥뜨린 것과는 완전히 다르다'고 인정했다.[59] 강국들은 '중국의 경제적, 정치적 발전이 외국의 감독을 받아야만 확보될 수 있다는 생각을 버려야' 했다. 강국들은 중국 국민당의 조약 수정 요구를 감수해야 했다.[60]

그러나 영국은 국민당의 요구에 어디까지 응하려고 했는가? 융통성의 한계는 거의 즉시 시험을 받았다. 1927년 1월 4일, 몇 주간의 소요가 지난 뒤, 중국 군중은 국민혁명군의 지원을 업고 영국 해병대의 분견대를 위압했고 한커우-우창의 영국 조계를 점령했다. 현장의 기민한 대응으로 유혈극은 피했지만, 영국인들은 큰 충격을 받았다. 정부 내에는 처칠을 포함하여 즉각적인 보복을 요구한 자들이 있었다. 그러나 외무장관 오스틴 체임 벌린은 영국 국민의 태도가 얼마나 '철저히 평화적'인지, 공격 행위가 미국에서 얼마나 나쁘게 받아들여질지 잘 알았다. 영국의 전략적 이익이 정말로 위협받고 있다면, '오직··· 인내로써만, 오로지' 영국이 '얼마나 진지하게 평화로운 해결책을 모색하고' 있는지 '모두에게 분명히 함으로써만' 필요한 힘을 동원할 수 있을 것이었다.[61]

영국이 뜻을 굽히려 하지 않았던 전략적 자산은 상하이였다. 그 도시는 영국 무역의 동아시아 중추로 수억 파운드가 걸려 있었다. 1927년 1월 17일, 영국 내각은 중국에 2만 명의 병력을 전개하고 순양함 3척과 여러 척의 포함砲艦, 구축함 전대를 포함하는 막강한 해군력으로 이를 지원하기로 결정했다. 전체적으로 2월까지 7개 나라에서 35척의 군함이 상하이에 집결했다. 영국 해군은 중국 해안을 따라 경항공모함 2척, 순양함 12척, 구축함 20척, 잠수함 12척, 강상 포함 15척으로 구성된 함대를 배치했다.[62]

대결 준비는 끝난 것 같았다. 국민당 내부에서는 다시 공산주의자들이 장악력을 키우고 있었다. 중국 공산당은 극소수의 지식인 모임에서 출발하여 중부와 남부의 대도시에서 집중적으로 활동하는 6만 명의 정당으로 성장했다. 국민당 군대는 서구의 무력시위에 아랑곳없이 해안을 향해 진격했다. 3월 21일 국민혁명군이 상하이에 입성했다. 이는 공산당이 주도하는 봉기를 촉발했다. 이들은 민족주의의 임박한 승리를 장제스에 반대하는 혁명적 노선에 이용하려 했다.[63] 상하이에서 서구 강국들과의 충돌은 피했지만, 사흘 뒤인 3월 24일 국민혁명군은 난징을 점령했고 폭동의 물결이 일었다.[64] 양쯔강에 정박 중이던 미국 군함과 영국 군함이 도시에 포격을 가해 대응했다. 많은 사람이 희생되었다. 서구인들도 여럿 사망하고 영국 영사관도 피해를 입고 총영사가 부상을 당했는데, 이것으로 충분했다. 영국은 상하이에서 군사적으로 진짜 힘이 무엇인지 보여줄 수 있었다.

4월 11일 장제스와 우한의 국민당 정부에 위협적인 전갈이 전해졌다. 우한의 좌파 국민당 정부가 비타협적으로 대응하자, 전선이 그려진 것 같았다.[65] 그러나 당시 국민당 내부에서는 공산주의자들과 좌파, 우파 사이의 세력 투쟁이 정점에 도달했다. 모스크바의 코민테른은 동지들에게 장제스를 축출하라고 요구했다. 그러나 장제스는 당할 생각이 전혀 없었다. 1927년 3월 장제스는 자신의 휘하 사단들에 있는 공산주의자 의용군의 무장 해제를 명령했다. 서구 강국들이 난징의 '능욕'에 관하여 항의한 다음 날, 강력한 상하이 노동조합운동이 저항을 준비하기 전에, 장제스는 결정타를 날렸다.[66]

4월 12일, 장제스는 중국 혁명이 러시아의 후견을 떨쳐내야 한다고 선언하고 상하이에서 잔인한 반공산주의 숙청에 착수했다. 일본은 장제스의 공산주의를 겨냥한 맹공을 지원하고 싶어 안달했고 미국은 폭력 사용을 눈감아주기를 거부했으며, 영국은 뒤로 물러섰다. 중국 공산당은 국민당 조직에 통합되었기에 수세에 몰렸다. 우한의 국민당 좌파가 그들에게 등을 돌렸을 때, 그들의 처지는 무기력했다. 1926년 봄 6만 명이었던 중국 공산당 당원 중에서 1927년 말에도 여전히 살아 있는 이들은 1만 명이 되지 않았다. 시골에서는 봉기에 참여한 농민 수십만 명이 백색 테러로 목숨을 잃었다[67] 농촌에서 살아남은 조직은 1927년 9월 마오쩌둥의 불운했던 후난성 '추수' 봉기로 파괴되었다.[68] 한 해 뒤인 1928년 7월, 베이징이 국민혁명군의 정규 부대에 함락된 뒤, 미국은 난징에 수도를 둔 장제스 정부를 승인하고 그 정부에 관세를 정할 권한을 부여했다. 이는 중국 민족주의의 오랜 염원이었다.[69]

소련은 중국 사태에 절망했다. 7년간 두 번이나, 처음에는 1920년 8월 폴란드에서 이어 1927년 봄 중국에서, 소련 체제는 눈부신 혁명의 성공을 달성할 태세를 갖추었으나 결국 궤멸적인 패배를 당했다. 그리고 소련 정부의 흥분된 지정학적 상상력에서 폴란드와 중국의 사건들은 서로 연결되었음이 분명했다. 공통분모는 영국 제국주의의 음모였다. 상하이에서 재앙이 터지고 몇 주 지나지 않은 1927년 5월 12일, 스코틀랜드 야드(런던경찰청*)는 런던의 소련 무역대표부 사무실을 급습했다. 보수당 정부는 유죄 증거를 찾았다고 주장하며 소련과 외교 관계를 단절했다. 6월 7일 바르샤바에서 소련 공사가 벨라루스 테러리스트에 암살당하면서 전쟁의 소문은 더욱 빠르게 퍼졌다. 또 다른 사라예보였을까?[70] 전쟁의 공포가 모스크바를 휩쓸고 공산당은 스탈린파와 트로츠키파 사이의 혹독한 내분으로 분열한 상황에서, 수확의 실패가 분명해진 10월에 위기감은 더욱 고조되었다. 내전 때처럼 농민은 파업했다. 1920~1921년에 레닌은 유사한 상황에 처했다. 혁명의 확산과 사회주의 건설이라는 거대한 목표는 서구의 격한 반대의 장벽과 기근의 위협에 부딪쳤다. 신경제정책과 평화 공존으로 레닌은 한 걸음 물러났다.

1927년에 다시 그렇게 하는 것은 그 전략적 후퇴 이후로 달성한 것을 배신하는 행위였다. 스탈린에게 그것은 막판 대결을 기대하는 적들에게 위험스럽게 양보하는 꼴이었다. 스탈린은 후퇴하려 하지 않았다. 트로츠키와 지노비예프는 추방되었다. 그러나 앞으로 나아간다는 것은 무슨 뜻이었는가? 1925년에는 트로츠키와 좌익 반대파가 더 신속한 공업화를 재촉했다. 이제 정치국이 1927년 여름의 전쟁 공포에 대응하여 그 의제를 훔쳐갔다. 그해 말이 되면 거대한 공업화 일정은 5개년 계획으로 탈바꿈했고 강제적인 농업 집단화 정책의 뒷받침을 받았다. 스탈린은 역사상 유례가 없는 경제적, 사회적 변혁 일정에 착수했다. 그로써 소련 국가는 몇 년 안에 농민 대중을 완전히, 직접적으로 통제하게 된다.[71] 트로츠키가 말했듯이, 그것은 경제적으로나 정치적으로나 위험이 따르는 '모험적인 관료적 초공업화'였다.[72] 1930년대 초 어떤 희생을 치르더라도 성장을 이루고 말겠다는 이 시도는 지옥 같은 기아와 농민에 대한 광포한 전쟁을 초래했고 소련의 외교 정책을 수세에 몰아넣었다. 스탈린이 켈로그–브리앙 조약을 열렬히 끌어안은 것은 우연이 아니었다. 가까운 장래에 '일국 사회주의' 건설에는 평화가 필요했다.

'동양의 돈키호테' 다나카의 누더기가 된 만주 정책

1920년대 말 동아시아의 전략적 불확실성에 소련보다 더 심히 노출된 나라가 있다면, 그것은 일본이었다. 일본 정치권과 군부 내에서는 단호한 대응을 요구하는 목소리가 많았다. 1920년대 초 이래로 일본 정책의 상대적인 온건함은 중국 민족주의의 잠재력을 얕잡아본 결과였다. 1924년 우페이푸가 동원한 힘과 북벌의 한층 더 큰 기세에 비추어 보면, 이렇게 안심하는 태도는 위험스러워 보였다. 그럼에도 외무장관 시데하라 기주로는 우파의 격분에 아랑곳없이 1921년 이래로 추구해온 불가침 정책을 고수했다. 1927년 봄, 영국과 미국 두 나라 모두 중국 국민당에 무력으로 대결했을 때, 일본은 자제했다.[73] 일본 해군에서는 창피를 당했다는 느낌이 매우 큰 나머지 난징에서 일본 국민을 철수시키는 데 관여한 어느 초급 장교가 항의의 표시로 할복했다.[74] 일본은 왜 자국의 이익을 지키지 않는가? 한편 중국이 힘을 되찾는 동안, 만주에 있는 일본의 중대한 발판은 무시되고 있었다.[75] 1920년대 말 만주의 일본인 정착민은 20만 명으로 매년 고작 7,000명이 증가했다. 이에 비해 땅에 굶주린 중국인의 연간 만주 유입은 1927년에 78만 명으로 정점을 찍었다. 일본은 진정으로 결정적인 정치적 조치를 취하지 않는다면 그 지배력은 이익권으로 정해진 곳에서도 미래가 없었다.

1927년 4월, 일본 경제가 위기에 빠지고 중국은 전진하는 가운데, 화해 정책을 집요하게 고수했던 자유주의 정부가 무너졌다.[76] 보수적인 입헌정우회가 참모총장을 역임한 중국통 다나카 기이치 장군의 지휘로 집권했다. 다나카는 더 강경한 자세를 취하겠다는 결의를 드러냈다. 그는 장제스의 환심을 사는 동시에 산둥반도와 만주에서 일본의 군사적 지위를 강화함으로써 중국이 결국에는 만리장성 이북 영토의 사실상의 분리를 수용하기를 기대했다. 다나카는 1928년 4월 국민혁명군이 북쪽으로 대규모 공세를 시작했을 때에도 감히 서구 강국들과 관계를 단절하려 하지는 못했다. 국민혁명군과 일본군 사이의 거듭된 충돌로 중국인 수천 명이 사망했는데도, 다나카는 입을 다물었고 중국이 만주의 주권자임을 미국에 공식적으로 인정했다.

일본의 극단적 민족주의자들에게 이는 지나친 처사였다.[77] 1928년 6월 4일 일본 만주군의 과격한 장교들이 국민혁명군의 도착에 앞서 베이징에서 도망치고 있던 군벌 장쭤린을 암살했다. 암살자들은 이로써 군벌 군대와의 충돌이 촉발되기를 희망했다. 그렇게 되면 일본이 만주를 완전히 병합할 길이 열리리라고 본 것이다. 그러나 이들은 실망하게 된다. 국민혁명군이 베이징을 점령하고 국민당이 중국 통일을 완수하는 동안, 만주에서는 장쭤린의 아들 장쉐량이 아버지를 승계했다. '소수少帥(장쉐량*)'는 일본군과의 정면대결을 피했지만 곧 새로운 유형의 중국인 애국자였음이 밝혀졌다. 12월 그는 일본을 무시하고 만주의 동북삼성을 난징 국민당 정부의 통치권에 넘겼다. 미국과 영국은 이를 공식적으로 승인했다.

총리 다나카의 정책은 누더기가 되었다. 중국과 대결할 수도 화해할 수도 없었던 그는 마치 '동양의 돈키호테'처럼 보이게 되었다. 시대에 뒤진 구식 사무라이였던 것이다.[78] 1929년 7월 그의 내각이 마침내 무너졌을 때, 이를 대체한 것은 과격한 민족주의자들이 아니라 그들의 주적인 입헌민정당(리켄 민세이토) 정부였다. 입헌민정당의 정책은 대결적이지 않고 개혁적이었다. 일본은 켈로그-브리앙 조약을 비준하고 영-미가 초청한 런던의 해군 군축 회담을 수용하며 국내 정치의 민주화를 완성하고 금본위제를 향한 노력을 재개해야 했다. 1930년 2월 구스타프 슈트레제만과 동등한 위치에 있던 이 아시아인들은 민주화한 일본 유권자로부터 절대적인 과반수를 득표했다.[79] 스탈린과 장제스가 군대를 진격시키고 있었는데도, 아시아 공격의 옹호자들은 아직 정당한 논거를 내놓지 못했다.

26장

대공황

대공황은 놀랍도록 탄력적인 체제인 이 국제 질서를 분쇄할 사건이었다. 그러나 해체의 효과가 곧바로 분명하게 드러나지는 않았다. 경기 하락의 초기 영향은, 1920~1921년 침체의 영향처럼, 세계를 분열시키는 것이 아니라 기존 질서의 구속을 더욱 단단히 한 것이다. 실로 1920년과 달리 1929년에는 세계의 모든 주요 국가가 디플레이션을 수행했다는 사실은 새로운 규범이 얼마나 견고하게 자리를 잡았는지 보여주는 신호였다. 디플레이션은 영국과 미국뿐만 아니라 프랑스와 이탈리아, 독일도 선택했다. 새로 들어선 일본의 자유주의적 정부는 1930년 제이피모건이 중개한 대규모 차관을 바탕으로 금본위제에 복귀함으로써 국제적 기대에 순응한다는 점을 놀랍게 표현했다. 그 후 내내 비판자들이 물었던 질문은 세계는 왜 이 집단적 긴축에 들어가기를 그토록 간절히 원했느냐는 것이다. 케인스주의 경제학자들과 통화주의 경제학자들이 의견 일치를 본 한 가지가 있다면, 그것은 이 디플레이션 합의의 재앙 같은 귀결이었다. 무지한 중앙은행들을 비난해야 했는가 아니면 격세유전으로 도금시대의 기억에 집착하는 행태를 비난해야 했는가?[1] 그도 아니면 제1차 세계대전 직후의 인플레이션 경험 때문에 형편이 더 나은 국가인 미국과 프랑스에서도 인플레이션에 반대하는 심리적 경향이 생겼는가? 두 나라는 영국과 독일, 일본이 경기 하락의 압박을 받을 때 균형추의 역할을 했어야 하지 않았는가?[2] 많은 정치적 해석은 디플레이션 덕분에 재정 강경론자들이 종전 직후 소란스러운 시기에 노동계에 했던 양보를 되돌릴 절호의 기회를 잡았다고 암시한다.[3]

이 모든 설명이 과소평가하는 것은 1920년대의 회복된 국제 질서에 정치적으로 많은 투자가 이루어졌다는 사실이다. 이는 인플레이션의 공포나 복지를 삭감하려는 보수적인 열망을 넘어섰다. 금본위제는 중앙은행 간의 기술적 논의를 넘어서는 국제적 협력의 미래상에 결부되었다. 국제 체제의 진정한 급소에 있던 금본위제는 단지 지출을 많이 늘려야 한다는 인플레이션 성향의 사회주의들에 관해서만 '남용 방지' 효과를 갖는 것은 아니었다. '황금 족쇄'는 군사주의자들도 속박했다. 미국 정부가 더 강경한 집단안보 체제를 거부했음을 생각하면 시장을 기반으로 굳건히 뿌리내린 자유주의가 제국주의의 재발을 막아줄 유일하게 의미 있는 지킴이였다. 경기 후퇴는, 대량 실업과 파산을 가져오는 것이더라도, 경제적 진보는 물론 평화까지 보장할 최선의 희망인 국제 질서를 유지하기 위해 치러야 할 작은 대가였다. 국제 협력의 건설적인 정책이 경제적인 긴축정책과 그토록 긴밀히 엮이게 되었다는 것은 대공황의 비극적 역설의 하나였다. '적극적인' 경제 정책의 옹호자들이 반란을 일으킨 민족주의 진영에 끌린 것은 어쩔 수 없는 결과였다.

단합하여 생존하고 번영하자!

무대를 마련한 것은 영 안案이었다. 경기 후퇴의 그림자가 이미 드리우기 시작한 1929년 2월 11일 새로운 배상금 협상이 파리에서 열렸다. 협상은 1924년에 찰스 도스의 부관이었던 오언 영이 주재했다. 독일이 아니라 미국이 회담을 요청했다는 사실은 슈트레제만 외교의 승리였다. 미국은 도스안의 지불 일정에 따라 독일 정부의 배상금 부담이 늘어나면 월스트리트에 대한 독일의 민간 채무가 밀려날 것이라고 두려워할 이유가 있었다. 한 해뒤 1930년 1월 제2차 헤이그 회의에서 타결된 협상은 절반의 성공이었다.[4] 영 안은 적어도 형식적으로는 지불 방식의 탈정치화를 통해 배상금 문제의 위험성을 제거하겠다고 약속했다. 그러나 실질적으로는 미국 정부가 전쟁 채무와 배상금을 같이 논의하기를 철저히 거부했기 때문에 결과는 실망스러웠다.

1929년 3월 후버 행정부가 집무를 시작하면서 한층 더 두드러진 미국 정부의 비타협적 태도를 감안하여, 프랑스와 영국은 독일의 배상금을 20퍼센트까지는 줄여줄 수 있었다.[5] 두 나라는 운신의 폭이 좁았다. 배상금이 축소되면서, 두 나라에 대한 미국의 청구액이 한층 더 커 보였기 때문이다. 1919년 배상금 대 미국에 빚진 전쟁 채무의 비율은 3대 1로 괜찮은 수준이었다. 미국의 집요한 채무 외교와 베르사유 조약에 대한 독일의 수정주의가 가져온 효과로 여유로움이 줄어들었다. 영국과 프랑스는 점차 미국에서 독일로, 그리고 반대로 흐르는 지불의 순환에서 창구 역할을 수행했다. 영안에 따라 프랑스는 배상금 지불액의 40퍼센트만 가져갔고 영국이 가진 것은 고작 22퍼센트뿐이었다. 나머지는 전쟁 채무 상환으로 미국에 흘러들어 갔다. 트로츠키는 이를 그답게 거친 말로 표현했다. "독일의 발에 걸린 금융상의 차꼬에서 견고한 사슬이 이어져 프랑스의 손과 이탈리아의 발, 영

4부 새로운 질서의 모색

국의 목을 힘들게 한다. 영국이라는 사자를 지키는 관리인의 의무를 다하고 있는 맥도널드는 자랑스럽게 이 개목걸이를 가리키며 이를 최상의 평화의 도구라고 부른다."[6] 1931년 전쟁 채무 상환으로 미국에 갚은 총액 20억 달러가 1920년대 초 미국에서 독일로 들어간 신용 총액과 거의 정확히 동일하다는 사실은 단순한 우연의 일치를 넘어선다.[7] 자금은 순환되고 있었다. 그러나 영 안으로 엄청난 압박을 받은 것이 바로 그 순환이었다. 영 안이 가져온 결과는 독일 채무의 정상화였지만, 동시에 독일 정부에 부담을 더욱 투명하게 하고 더 직접적으로 책임을 강요하기도 했다.[8]

민족주의적 대응은 항의 국민투표로 결집하는 것이었다. 이는 아돌프 히틀러에게 1928년 의회 선거에서 대패를 당해 망각될 것 같았던 그의 운동에 다시 활력을 불어넣을 기회를 주었다.[9] 그러나 반란자들은 한 번 더 패배했다. 반대표는 겨우 14퍼센트에 불과했다. 한 번 더 의회의 민족주의적 의원들은 쭈뼛거리며 영 안 비준에 필요한 압도적 과반수를 안겨주고자 투표했다. 연합군이 일정보다 5년 앞서 라인란트에서 철수하면서, 그것은 실용적인 외교의 또 다른 승리가 되었다.

영 안이 독일의 주권을 회복시키면서 정통적 금융 체제를 강화한 것은 정상 상태로의 복귀라는 이 이미지에 어울렸다. 1924년 이래로 미국의 배상금 책임자가 감독한 이전금 보호 제도는 폐지되었다. 그 이후로 독일은 자국 국제수지 관리를 직접 책임졌다. 독일은 배상금위원회가 아니라 새로운 국제 결제 기구인 국제결제은행Bank of Internation Settlements에 배상금을 지불해야 했다. 그렇게 하는 데에는 새로운 재정 준칙이 필요했지만, 독일의 보수주의자들에게 이는 전혀 언짢지 않았다. 1930년 3월, 하인리히 브뤼닝의 중앙당 정부는 1928년에 들어선 거국내각에서 사회민주당과 결별한 뒤 바이마르 국가를 재건하는 긴 여정에 착수했다.[10] 궁극적인 목적은 베르사유 조약을 뒤집는 것이었지만, 그 수정주의적 목표를 달성하는 방법은 순응주의적이었다. 독일은 경쟁력을 회복하여 정치적 채무의 혼란에서 벗어나려 했다. 독일은 디플레이션의 숙청에서 헤어나려 했다. 전쟁이 남긴 금융상의 유산에서 마침내 해방되어 1914년 이전처럼 다시 세계 경제의 최우수 수출국이 되려 한 것이다.

1929년에서 1930년으로 넘어가는 겨울 독일이 배상금 문제에 열중해 있는 동안, 영국과 미국은 세계적인 군축의 갱신을 준비했다. 1930년 1월 21일 주요 강국들은 장대한 영국 상원 의사당에서 제2차 런던 해군회담을 소집했다. 개회식은 라디오로 세계 전역에 생중계되어 5,000마일 떨어진 일본에서도 화제가 되었다. 진정한 세계적 대중이 처음으로 단일한 특별 매스컴 행사에 동시에 참여했다.[11] 일시는 워싱턴에서 합의된 10년 기한의 체제가 끝나는 때에 맞춰 정했다. 1931년 영국과 미국, 일본은 새로운 협정이 없다면 값이 20억 달러에 달하는 총 39척의 전함을 건조하려 했다. 워싱턴에서 전함을 제한하기로 합의가 이루어졌지만 1922년 이후로도 거의 100만 톤에 달하는 순양함과 구축함, 잠수함이 계속 건조되었다. 미국의회에서는 막대한 해군 예산안이 제출되었다. 이 모두가 당대의 디플레이션 요구에 명백히 어긋나는 일이었다. 대신 세 나라는 런던에서 전함을 넘어 진정으로 포괄적인 해군 군축안을 채택하기로 합의했다.

1930년 4월 2일 하마구치 오사치 정부가 순양함과 여타 보조 군함의 비율을 10대 10대 7에 가까운 비율로 정한 타협을 수용하면서 회담이 타결되었다. 이는 일본의 민간인 정치인과 외교관이 군부에 승리를 거두었다는 점에서 1921년 워싱턴의 경우보다 훨씬 더 나아갔다. 군부는 그때까지 중국에 몰두해 있었고 미국의 신실함을 확신하지 못했다. 그렇지만 전략적 평가와 무관하게 디플레이션이라는 공동의 절박한 과제에 관해서는 의심의 여지가 없었다. 후버 행정부는 미국이 5억 달러를 절약했다고 평가했다.[12] 일본은 1921년 이래로 순양함 건조에 착수했기에 런던 회담은 해군의 완전한 휴일이나 마찬가지였다. 이후 6년간 일본 해군은 도합 겨우 5만 톤의 새로운 군함을 추가한다. 해군 압력 단체는 격앙했다. 이들은 지출을 늘리자는 야당인 입헌정후회의 지원을 받아 런던 해군회담을 1913년 다이쇼 시대가 시작된 이래로 '가장 중대한 헌법상의 투쟁'으로 바꿔놓았다.[13] 그러나 해군 참모총장 가토 간지 제독이 사임했는데도 총리 하마구치 오사치는 뜻을 굽히지 않았다.[14] 예산 삭감의 압박은 가차 없었다. 그는 의회 과반수의 지지를 받았고 천황의 추밀원 의장으로 친서구적인 자유주의자 사이온지의 지원에 의지할 수 있었다.[15] 온갖 진영의 도전에 아랑곳없이 하마구치 정부는 금본위제는 물론 안보 정책에서도 계속해서 영국과 미국의 노선을 따랐다. 1930년 10월 28일 런던 해군조약 비준을 축하하기 위해 세 나라 청취자들에게 동시에 전해진 세계적인 라디오 방송 이벤트에서 일본의 하마구치와 영국 총리 램지 맥도널드, 미국 대통령 허버트 후버는 번갈아 그 국제 평화의 이정표를 찬양했다.

9년 전처럼 런던 회담에서 비협력적으로 보인 쪽은 프랑스였다.[16] 그러나 프랑스는 자국의 안보 이익이 무시된다고 걱정할 이유가 있었다. 영국이나 미국에 비해 해군의 규모가 고작 3분의 1에 지나지 않았기에 프랑스는 대서양 연안을 방어하는 것과 지중해에서 군축의 전 과정을 대놓고 경멸한 무솔리니를 경계하는 것 중 하나를 선택할 수밖에 없었다. 프랑스가 영국이나 미국과 경쟁하기를 바라는 것이 아니었다. 오히려 프랑스가 중요하게 생각한 것은 군축을 국제연맹이나 켈로그-브리앙 조약이 제시한 것보다 더 구체적인 안보 공약과 연결하는 것이었다. 영국과 미국이 해군 군축을 바랐다면, 프랑스는 남은 영국 해군이 프랑스의 방어를 확실히 약속해주기를 원했다.

맥도널드의 두 번째 노동당 정부의 후기 윌슨주의자들은 언제나 그랬듯이 이를 싫어했다. 맥도널드로 말하자면, 제1차 세계대전은 독일의 공격이 초래했지만 적어도 그만큼은 프랑스-러시아 음모의 결과이기도 했다.[17] 1916년 유럽에 휘말림으로써 영국은 진보적인 미국 대통령과의 무익한 충돌에서 모든 것을 잃을 뻔했다. 영국은 절대로 그때의 처지로 되돌아가지 말아야 했다. 1930년 회담이 런던에서 열렸지만, 그 결과를 결정한 것은 미국 대표단이었다. 영국이 빽빽한 해상 봉쇄로 프랑스군을 지원할 의사가 있는가가 유럽 안보의 열쇠였다면, 미국의 승인이 절대적으로 필요했다. 영국은 미국을 근심스럽게 하는 것이라면 프랑스에 어떤 약속도 하지 않으려 했다.

1930년 3월 24일, 회담을 '벼랑 끝에서' 되돌리려고 필사적이었던 미국 국무장관 헨리 스팀슨은 프랑스가 군축에 동의한다면 미국이 프랑스-영국 공동 봉쇄에 앞서 태도를 분명히 하겠다고 약속하는 자문협정을 고려해보겠다고 제안했다.[18] 이는 1924년 당시 국무장관이었던 휴스의 뜻보다 훨씬 더 나아간 것이었고, 스팀슨은 국무부나 후버 대통령의 지지 없이 움직였다. 그의 제안은 상원에 제출되지 않았다. 그러나 이 최소한의 양보는 적어도 미국이 프랑스를 위한 영국의 행동을 승인할 가능성이 있음을 암시한 것으로 프랑스가 회담에서 이탈하지 않겠다고 약속하게 하기에는 충분했다. 그렇지만 이 다툼은 프랑스에 영국의 협력이 절실히 필요한 바로 그 순간 프랑스를 비관적으로 보게 만드는 불운한 효과를 가져왔다.

실망스러운 영 안 협상 직후, 루르 위기 이후에 처음으로 열정의 분출을 경험한 유럽 통합의 움직임이 논의의 중심에 되돌아왔다.[19] 1929년 6월 마드리드에서 열린 회의에서 브리앙과 슈트레제만은 전쟁 채무에 관한 미국의 비타협적 태도를 고려하여 미국의 경제적 경쟁을 버텨내기에 충분할 만큼 크고 월스트리트 의존에서 벗어날 수 있는 유럽 블록의 창설을 논의했다.[20] 1929년 9월 5일 브리앙은 국제연맹을 무대로 삼아 주도권을 쥐었다. 국제연맹의 유럽 회원국들은 더 긴밀한 결합을 향해 나아가야 했다. 그의 이름이 붙은 이빨 없는 평화조약으로는 충분하지 않았다. 세계 경제의 명백한 하향 추세와 미국 보호무역주의가 더욱 강화될 전망이 서서히 드러나는 가운데, 프랑스의 첫 번째 접근법은 특혜관세 제도를 제안하는 것이었다. 그러나 이러한 경제적 접근법은 심한 반대에 부딪쳐 겨울 동안 그는 방침을 바꾸었다.

1930년 5월 초, 불안정한 런던 해군회담이 끝나기까지 몇 주밖에 남지 않았을 때, 프랑스 정부는 국제연맹의 유럽 회원국 26개 모든 나라에 공식 제안을 돌렸다. 프랑스 정부는 동료 유럽인들에게 자신들의 '지리적 통일'이 갖는 의미를 깨달아 의식적으로 '연대의 끈'을 만들자고 호소했다.[21] 브리앙은 의장은 번갈아 맡고 상임 정치위원회를 갖춘 유럽 회의를 정기적으로 갖자고 구체적으로 제안했다. 궁극적인 목적은 '통일이 아니라 연합의 개념 위에 선 연방'이 될 것이었다. 브리앙은 이렇게 결론 내렸다. "이러한 성격의 건설적인 작업을 시작하기에 지금보다 더 상서롭고 더 절박한 때도 없었다…. 방심하지 않는 유럽이 자신의 운명을 자유롭게 정할 결정적인 시간이 왔다. 단합하여 생존하고 번영하자!"

미국의 모라토리엄 선언과 프랑스의 반발

브리앙이 유럽의 단합을 호소하는 연설을 마치고 겨우 한 달이 지난 1929년 10월 3일에 구스타프 슈트레제만의 사망 소식을 들었을 때, 그 프랑스 총리는 자신을 위해 두 번째 관을 순비해야 한다고 소리를 질렀다고 한다. 히인리히 브뤼닝이 우파 소수 정부의 수장으로서 독일 총리가 된 데 이어 슈트레제만이 무대를 떠난 것은 독일 정치의 급박한 전개를 알리는 신호였음이 분명했다. 브뤼닝은 결코 에르츠베르거가 아니었다. 의회 내 다수파가 존재하던 시절의 흔적은 찾기 어려웠다. 영 안의 결과에 대한 실망으로 독일에서는 더욱 대결적인 태도가 뚜렷해졌다. 그러나 영국이 브리앙의 제안에 힘을 실어주기로 결정했다면 이는 중요하지 않았을지도 모른다. 런던 해군회담에서 영국과 미국의 협력은 프랑스와 일본을 줄 세우기에 충분했다. 프랑스와 영국의 연합은 유럽의 조건을 결정했을 수도 있었다. 영국은 해군 강국이었을 뿐만 아니라 프랑스와 달리 최고의 수입국이었다. 미국의 고집 센 보호무역주의에 직면하여 영국과 그 제국의 시장에 접근할 수 있다는 것은 진정으로 강력한 교섭 수단이었다.[22]

그러나 노동당 정부는 프랑스와의 협력이라면 모조리 단호하게 외면했고, 덕분에 독일은 곤경에서 벗어났다. 헝가리와 아일랜드를 제외한 유럽의 작은 나라 전부를 포함해 브리앙의 제안을 받은 26개국 중 20개 나라가 이에 열렬히 찬성했지만, 영국과 독일이 거부했다. 1930년 7월 8일 브뤼닝 내각은 프랑스의 역사적 제안에 대응하는 가장 적절한 방법은 그 제안에 '최고급 장례식'을 권하는 것이라고 거들먹거렸다.[23]

영국 정부가 제대로 인식하지 못한 것은 자신들이 프랑스에 좌절을 안겨주면서 재앙의 문을 열어놓았다는 사실이다. 1918년 이래로 독일 정치가들은 고통스럽지만 꼭 필요한 순응 정책에 찬성하는 과반수를 찾아내고자 거듭 힘을 모았다. 라팔로 조약과 루르 사태는 대결의 비참한 귀결을 증명했다. 그러나 1930년에 순응의 의지는 한 번 더 닳아 없어지기 시작했다. 슈트레제만의 후임 외무장관인 비스마르크 유형의 민족주의자 율리우스 쿠르티우스는 이미 동쪽을 더 신경 써서 독일 외교 정책의 '균형을 잡겠다'고 선언했다. 1931년 정부가 보장하는 대규모 수출 신용으로 소련에 대한 독일의 수출은 네 배로 늘어났고, 이로써 독일은 그때까지 스탈린 체제의 가장 큰 교역 상대국이 되었다.[24] 1930년 여름 독일 정부는 지중해에서 프랑스의 주적인 파시스트 이탈리아와의 유대를 강화했다. 7월 초 라인란트에서 마지막까지 남았던 프랑스 군대가 철수하자, 쿠르티우스는 필살기를 펼치기로 했다. 그는 오스트리아와 양국 간의 관세 동맹 체결 가능성을 두고 극비 협상을 시작했다. 1931년 봄까지 비밀이 유지된 이 독일의 주도적 조치는 대공황의 첫 번째 진정한 산사태를 유발했다.

브뤼닝이 이끄는 정부가 이렇게 연이은 재앙 같은 사건들을 시작해야 했다는 사실은 비극적이기는 해도 예측이 가능했다. 브뤼닝은 민족주의자였지만 그 점에서 유별나지는 않았다.[25] 그는 확실히 파시즘에 동조하지는 않았다. 그가 독일 국가를 위해 품은 포부는 보수적이었고 경제적 사고는 자유주의적이었다. 그의 목적은 빌헬름 시대 같은 황금기의 회복이었다. 부유하고 강력한 국가의 편에서 보면 이는 무해할 수도 있었다. 그러나 약점이 많은 독일의 상황을 고려할 때 강력한 민족주의적 자유주의는 위험한 칵테일이었다. 바이마르 공화국은 가혹한 경제적 조정에 착수해야 했다. 1929년에서 1931년 사이 독일은 국내의 수입 물자 수요를 대폭 줄여 무역에서 암울한 적자를 상당한 흑자로 전환시켰다. 1930년 여름 힌덴부르크 원수의 대통령령 발동은 독재 정치를 시행하기 위한 것이 아니라 국제적 게임의 법칙에 순응하여 디플레이션을 강행하기 위한 것이었다. 1930년에서 1931년으로 넘어가는 겨울 실업이 400만 명으로 증가한 것은 예측 가능한 결과였다. 국내 수요의 추락을 벌충하려면 수출이 필요했다. 오스트리아와의 긴밀한 경제적 협력을 모색하는 것은 불합리하지 않았다. 그러나 브리앙의 유럽 계획은 훨씬 더 큰 시장을 제공했다. 그리고 독일은 디플레이션의 고통을 완화하려면 국제사회의 도움은 얻을 수 있는 대로 모조리 필요했다.

그러한 상황에서 브뤼닝이 오스트리아와 비밀 회담을 갖는 것은 전후의 세 강화조약을 문구는 아니더라도 정신에서 위반하는 행태로서 아무리 가볍게 보아도 매우 위험한 전략이었다. 1930년 의회 선거 이후 히틀러의 영향 아래 들어가고 있던 민족주의적 극우파에 선물을 주느라고 그렇게 한 것은 심히 무책임했다. 슈트레제만 전략의 본질은 독일의 행동 여지를 넓히는 최선의 방법은 바로 공공연한 대결을 피하는 것이라는 명민한 계산이었다. 브뤼닝의 더 공격적인 접근법은 반대의 효과를 냈다. 그는 행동의 여지를 넓히기는커녕 민족주의의 환상에 매달려 오히려 여지를 좁혔고 국내와 국외에서 공히 더 많은 압박을 받았다.

1931년 3월 20일 오스트리아-독일 관세 동맹 계획의 선언이 국제적인 신문의 지면에 올랐다.[26] 그해 초, 프랑스는 독일의 금본위제 채택에 보상하고자 파리 금융시장을 독일에 개방하여 자금을 빌릴 수 있게 할 준비를 했다.[27] 이제 독일 정부는 대결을 결심한 듯했다. 설상가상, 영국 정부도 미국 정부도 브뤼닝을 억제하기를 원한다는 징후를 보이지 않았다. 미국은 자국의 최혜국 지위가 유지되는 한 중부유럽의 허약한 국가들을 강화하는 데 반대하지 않았다.[28] 이는 프랑스에는 걱정스러운 일이었다. 그러나 푸앵카레의 안정화 정책 덕분에 프랑스는 이제 훨씬 더 강력한 위치에 있었다. 1931년 프랑스는 저평가된 통화와 견실한 국제수지 덕분에 세계 금 보유고의 25퍼센트를 축적할 수 있었다. 이는 미국에만 뒤졌을 뿐 영국이 허세 좋게 금본위제의 지휘자로서 보유했던 것보다 훨씬 더 많았다. 5월에 금융 투기가 오스트리아를 강타하고 이어 독일까지 퍼지면서 프랑스 정부가 의도적으로 매각을 조장한다는 소문이 돌았다. 그러나 그럴 필요가 없었다. 디플레이션이 희생을 요구하고 있었기 때문이다. 빈 신용은행 Viennese Kreditanstalt의 파산과 독일 다나트 은행Danat bank을 덮친 곤란함은 위험스러웠지만 모진 디플레이션 조정에 따른 예측 가능한 부작용이었다. 독일의 국제수지는 심히 불안정했다. 그리고 브뤼닝 자신은 시장을 위협하기로 결심한 것 같았다. 6월 6일, 영국 총리 별장인 체커스로 맥도널드를 방문하라는 초청을 받은 독일 총리는 이를 기회로 영 안에 따라 납부해야 할 다음 번 분할 배상금을 '조공'이라고 비난했다.

이러한 상황에서 금과 외환이 독일 금융 체계에서 빠져나가기 시작한 것은 놀랍지 않았다. 1924년 이래로 독일의 정책은 이 순간을 기다려왔다. 독일은 미국에 돈을 빌린 처지를 이용하여 배상금 지불 의무를 벗어던질 수 있었는가? 월스트리트가 심각한 위험에 노출되었다는 데에는 의심의 여지가 없었다. 도합 20억 달러에 달하는 미국 투자자들의 자금이 독일에 묶여 있었다. 1931년 1월 이래로 스팀슨은 독일이 붕괴하면 미국에 심각한 위험이 닥칠 것이라고 경고했다.[29] 그러나 미국 대통령이 은행가들의 간곡한 부탁에 따라 움직인다는 생각은 1917년 1월 독일 정부가 치명적인 유보트 작전 결정을 내리며 저지른 실수를 되풀이하는 것이었다. 후버는 월스트리트 거물들의 친구가 아니었고, 미드웨스트의 유권자들은 더욱 아니었다. 6월 19일 런던으로부터 절망적인 전문이 도착하고 나서야 후버는 마침내 행동에 나서기로 동의했다. 이튿날 그는 모든 정치적 채무, 즉 배상금과 연합국 간 전쟁 채무를 동결하는 계획을 선포했다. 선언은 토요일에 있었고 그다음 월요일인 6월 22일 베를린 증권거래소는 상승장의 광풍에 휩싸였지만 프랑스가 동조하기를 거부하자 돌연 거품이 꺼졌다.

프랑스의 거부에 영국 정부와 미국 정부는 격분했고, 오늘날까지도 역사 서술을 통해 항의의 소리가 울려 퍼지고 있다. 대공황의 가장 유력한 해석자에 따르면, 1931년 6월 프랑스가 후버의 구제 노력에 협력할 뜻이 없었던 것은 양 대전 사이 체제의 진정한 약점을 드러냈다. 잘못된 것은 '미국의 지도력 부족이 아니었다. 그것은 협력의 실패, 특히 프랑스가 함께 갈 의사가 없었던 것이었다.'[30] 당시에는 표현이 그게 억제되지 않았다. 영국 정부에서는 프랑스를 혐오하는 음모 이론들이 만연했다. 맥도널드 총리는 격노했다. "프랑스는 후버의 제안에 언제나 그렇듯이 편협하고 이기적인 게임을 해왔다. 프랑스의 방법은 최악의 유대인이 쓰는 방법이다…. 프랑스가 흥정하는 동안 독일은 무너진다." 미국 정부에서는 국무부 차관 윌리엄 캐슬이 이렇게 결론 내렸다. "프랑스인들은 세상에서 가장 어찌할 도리가 없는 국민이다."[31] 후버는 향후 영국과 독일의, 어쩌면 미국도 포함하는 반反프랑스 제휴의 가능성만 볼 수 있으리라고 넌지시 암시했다.[32]

후버의 모라토리엄이 미국에 초래한 순손실이 영국이나 프랑스에 비해 훨씬 더 컸기 때문에 이 훈계는 더욱 중요했다. 두 나라는 배상금의 말소로 잃은 것을 대부분 전쟁 채무의 말소로 만회했기 때문에, 이들의 순기여는 전체의 3분의 1에 불과했다. 당대의 어느 계산에 따르면, 독일은 매년 7,700만 달러의 배상금 지불을 경감 받았고, 미국은 전쟁 채무 상환금에서 5,360만 달러를 잃었다. 그러나 프랑스가 보기에 이러한 정치적 산수는 편향되었다. 만일 미국이 대부분을 부담했다면, 이는 프랑스가 배상금 문제에서 거듭 양보했던 데 반해 미국은 이에 상응하는 보답을 하지 않았다는 사실을 반영했다. 또한 배상금은 단순히 돈의 문제만은 아니었다. 배상금이 결국 돈의 문제가 되었다면, 이는 각각 프랑스의 후퇴를 의미했던 도스 안과 영 안 때문이었다. 프랑스는 국제 안보 체제를 만들어 베르사유에서 합의된 규정을 대체하자고 거듭 요청했다. 그러나 미국은 이를 거부했다. 대신 영국과 미국은 서로 협력하여 단지 군축과 국제 금융시장의 규칙에만 입각한 새로운 질서를 수립했다. 프랑스가 1924년에서 1926년 사이의 위기에서 경험했듯이, 그러한 제약 요소들은 실제였다. 그 체제의 협력적 참여자들에 관한 한 확실히 실제였다. 독일이 협력적 참여자였는지 아닌지는 따져봐야 할 문제였다. 프랑스로 말하자면 보조를 맞추었다. 1926년 프랑의 가치 안정과 1929년 영 안 합의와 멜런-베랑제 전쟁 채무 협정의 비준으로 프랑스는 대가를 치렀다. 이제 독일이 자초한 위기의 결과로 미국은 비상사태를 선언하고 게임의 규칙을 뒤집을 권리를 일방적으로 주장했다. 프랑스의 반응은 불신과 충격이었다. 후버는 사전에 협의하지 않고 행동에 들어갔다. 어느 신문은 그가 프랑스를 니카라과처럼 취급한다고 비명을 질렀다.[33] 그렇지만 이번에는, 1923~1924년과 달리, 위험을 독일과 그 채권자들에게 넘김으로써 협상할 수 있었던 것은 프랑스였다. 7월 6일에 가서야 프랑스는 독일이 후버의 모라토리엄 밑으로 피신할 수 있게 허용했다 (〈표 14〉).

한편 독일의 금융 체제는 붕괴했다. 은행들이 문을 닫았다. 영국과 네덜란드, 스위스에 빚진 단기 상업 차관에 대해 모라토리엄이 선언되었다. 독

〈표 14〉 후버 모라토리엄이 '정치적 채무'에 끼친 영향, 1931년 6월(1,000파운드)

	중지된 수령액	중지된 지불액	순 손실/수익
미국	53,600	–	(53,600)
영국	42,500	32,800	(9,700)
프랑스	39,700	23,600	(16,100)
이탈리아	9,200	7,400	(1,800)
벨기에	5,100	2,700	(2,400)
루마니아	700	750	50
유고슬라비아	3,900	600	(3,300)
포르투갈	600	350	(250)
일본	600	–	(600)
그리스	1,000	650	(350)
캐나다	900	–	(900)
호주	800	3,900	3,100
뉴질랜드	330	1,750	1,420
남아프리카공화국	110	–	(110)
이집트	90	–	(90)
독일	–	77,000	77,000
헝가리	–	350	350
체코슬로바키아	10	1,190	1,180
불가리아	150	400	250
오스트리아	–	300	300

일은행은 마르크의 금 평가를 계속해서 유지했지만, 어느 모로 보나 독일은 금본위제에서 이탈하고 있었다. 독일은 개인이 보유한 금과 외환을 전부 국유화했으며 외환 통제를 시작했다. 브뤼닝은 배상금 지불 중지를 얻어냈다고 자화자찬했지만, 국익을 지키고 국제 질서의 제약에서 벗어나려는 이 첫 번째 노력은 다른 모든 점에서는 파국으로 끝났다. 브뤼닝은 후버에게서 금융상의 보호를 얻어내기 위해 모라토리엄이 지속되는 동안 새로운 군사 지출을 삼가겠다고 공개적으로 선언하기까지 해야 했다.[34] 브뤼닝이 증명한 것은 독일처럼 약점 많은 나라에 강경한 민족주의적 태도는 국제 경제의 일원이 될 자격과 양립할 수 없다는 것이었다. 두 가지 결론을 도출할 수 있었다. 보수주의자들은 다시 움츠러들어 순응하기로 했다. 1931년 12월 브뤼닝은 명령권을 이용하여 한 차례 더 임금과 가격의 인하를 관철시켰다. 그러나 이 전략은 단지 고통스러운 데서 그치지 않았다. 국제적 경제 질서와 정치 질서에 얼마나 더 오래 순응해야 하느냐는 문제가 남았다. 상대적으로 더 과격한 민족주의자들은 민족주의와 경제적 자유주의를 결합할 수 없다면 국익의 재천명이 진정으로 포괄적이어야 한다고, 전략적이고 정치적일 뿐만 아니라 경제적이기도 해야 한다고 결론 내렸다.[35]

디플레이션 정책에 가로막힌 독일의 정치적 사정

일본에서도 순응 전략을 둘러싼 싸움이 가열되고 있었다. 총리 하마구치가 런던 해군회담의 군축 회의에서 한 약속에 해군 압력 단체는 격분했다. 이제 제네바로 본부를 옮긴 국제연맹은 육군을 억제할 두 번째 군축회담을 준비하고 있었다. 1930년의 디플레이션은, 1920~1921년 영-미의 경비 절감처럼, 제국주의적 야심을 또 다른 잃어버린 10년으로 인도할 것이었는가? 정치인들이 일본이 맞이한 위험을 무섭도록 이해하지 못한 듯했기에, 과격한 민족주의자들이 행동에 나설 때가 왔다. 1930년 10월 하마구치는 암살자의 손에 치명상을 입었다. 이후 몇 달 동안 자유주의적 재무장관 이노우에 주노스케와 재벌 미쓰이의 총수 단 다쿠마를 포함해 국제주의 체제의 다른 저명한 대표자들이 살해되었다.

그러나 암살로 충분하지 않았다. 열쇠는 중국이었다. 1928년 과격파가 북부의 군벌 장쭤린을 암살했지만 원하던 위기를 촉발하지는 못했다. 1931년 이들은 좀 더 잘해보려 했다. 중국이 일본을 공격한 것처럼 꾸미려 했다. 9월 18일 일본군 병사들이 '소수'가 지휘하는 군 기지에 바로 붙은 일본 소유 남만주철도의 철로 밑에 설치한 폭탄이 폭발했다. 24시간이 지나기 전에 일본군은 대응에 착수했다. 500여 명의 과격 민족주의 병사가 만주의 랴오닝성 성도 선양을 점령했다. 몇 주 안에 동북삼성 전체가 관동군에 의해 일본의 지배에 떨어졌다. 우파는 속내를 드러냈다. 이들의 뜻대로 되었다면, 일본의 전략적 딜레마는 무력으로, 만리장성 북쪽 영토를 중국 본토에서 떼어내 해결되었을 것이다. 게다가 일본의 주류 정당들이 협력하지 않으려 하고, 새로이 민주화한 유권자들이 동조하지 않으려 한다면, 국내의 광범위한 '재건'도 있어야 했을 것이다.

그러나 만주에서 격변이 일어났음에도 바라던 국면의 상승은 이번에도 실현되지 않았다.[36] 중국 국민당은 싸움을 피했고, 일본의 외교관들은 서둘러 손실을 줄이려 했다. 일본 정부는 상당한 후의를 누렸다. 브뤼닝의 오스트리아 관세 동맹 제안과 달리, 만주사변은 확실히 무뢰한 군인들의 작품이었다. 어쨌거나 서구 강국들의 시각에서는 스탈린보다는 일본이 만주를 더욱 공고히 지배하는 것에 장점이 있었다. 소련은 충돌을 피하고 싶다는 온갖 신호를 내보였다. 1931년 경제 위기가 심해질 때에도, 소수의 우파 극단주의자들은 아직은 국제 체제를 흔들 수 없었다. 독일의 봉쇄는 가능했다. 그렇지만 재앙의 문을 열어놓으려면 세계 금융 체제의 심장부에 그보다 더 큰 충격을 가해야 했다. 디플레이션이 세계 도처에 퍼지면서, 정확히 그러한 위기가 터지려 했다.

만주사변이 발생한 주의 주말인 1931년 9월 19~20일, 세계의 이목은 동북아시아가 아니라 런던에 쏠렸다. 독일의 재앙에 뒤이어, 영국은행이 압박을 받기 시작했다.[37] 1929년 이래로, 영국 공업지대 대부분에서 새롭게 고통의 물결이 휩쓸었는데도, 램지 맥도널드의 노동당 정부는 금본위제의 규칙에 이의 없이 따랐다. 파운드가 압박을 받는 가운데 영국은행과 런던 금융가의 요구는 무자비했다. 8월, 8억 8,500파운드의 예산에서 9,700만 파운드의 삭감이 권고되었다. 이중 8,100만 파운드는 실업 부문과 사회보장에서 삭감되어야 했다. 수백만 명의 실업자와 그 가족의 생존 수단이었던 수당이 30퍼센트 축소되었다. 뉴욕과 파리가 도우려 했지만, 영국은행은 노동당 내각과 결말을 보려 했고 자금을 빌려줄 수 있는 미국과 프랑스의 잠재적 공급자들에게 조건을 까다롭게 하라고 은밀히 권고했다. 금본위제를 유지한다는 원칙에는 이의가 없었지만, 맥도널드는 동료들에게 자신들이 '노동당이 대표하는 모든 것의 부정'을 요구받고 있다고 인정했다.

노동당 내각이 완전한 만장일치의 도출에 실패하자, 맥도널드는 사임했고 거국내각을 수립했다. 위험한 사회주의자들을 내보낸 새 정부는 대규모 증세와 지출 삭감을 선언했다. 이로써 충분하지는 않았다. 9월 18일 금요일, 뉴욕 연방준비은행과 프랑스은행으로부터 지원이 있었지만, 영국 정부는 싸움을 포기했다. 영국은행이 여름에 독일 정부가 처한 상황까지 가려면 한참 멀었다. 그러나 그곳에서 끝내고 싶은 생각은 전혀 없었다. 뉴욕과 파리에서 긴급 자금 지원이 있었는데도, 9월 21일 월요일 정오에 영국은행은 진정으로 과감한 수단을 심사숙고해야 했을 것이다. 그렇지만 맥도

4부 새로운 질서의 모색

널드는 굴욕적이지만 파운드가 금본위제를 이탈한다고 인정하기로 했다.

만주사변과 달리, 이는 정말로 세계적인 사건으로 미국에서는 은행들의 파산을 초래했고 독일을 공포에 몰아넣었다. 이 사건은 하루 만에 심지어 일본에서도 신문의 머리기사에서 만주의 추문을 밀어냈다. 금본위제는 미국과 영국이 전후 안정화를 지탱하는 닻으로 만든 규율과 협력의 틀이었다. 파운드의 가치가 추락하면서, 영국제국의 다른 지역과 모든 무역 상대국들이 영국을 따라했다. 금본위제 중단에 대한 초기의 반응은 충격이었다. 그러나 1년 안에 파운드가 훨씬 더 나은 경쟁력을 갖춘 새로운 수준에서 안정되자, 여전히 맥도널드가 이끌고 있는 영국의 거국내각은 어느 정도 국제적 신용이 있는 나라에 변동 환율은 재앙이 아니라 경제적 자유주의의 창조적 재발명 가능성을 준다고 알 것 같았다.[38] 은행 제도가 온전한 상태에서 낮은 이자율은 영국의 회복에 효과적인 자극제가 되었다. 미국이나 유럽 대륙과 비교할 때, 1930년대 영국의 경험은 낙담과는 거리가 멀었다.

그러나 영국이 케인스가 말한 이른바 '진정한 자유주의'를 발견하여 나타난 귀결은 훨씬 더 폭이 넓었다. 파운드 가치의 추락은 영국의 교역 상대국을 엄청나게 압박했다. 그리고 1932년 2월 영국제국이 보호무역주의를 채택했을 때 그 압박은 더욱 심해지기만 했다. 이것이 첫 번째 보호무역 조치도 아니었다. 또한 최악의 조치도 아니었다. 평판이 나쁜 것도 당연한 미국의 스무트-홀리 관세Smoot-Hawley Tariff는 1930년 6월 상원에서 통과뇌있다. 그러나 미국인들의 보호무역주의는 예상할 수 있었다. 영국의 통화 평가절하와 관세는 체제 파괴의 신호만이었다 1840년대 곡물법 폐기 이래로 영국은 자유무역의 기둥이었다. 이제 영국은 세계 경제를 찢어 놓을 보호무역주의의 죽음의 악순환과 이웃나라를 빈털터리로 만드는 통화 전쟁을 시작한 책임이 있었다. 영국의 어느 고위 공무원이 인정했듯이,

'다른 어떤 나라도 국제 무역에' 영국이 통화의 평가절하와 보호무역주의로의 회귀로써 한 것보다 '더 심한 충격을 안긴 적이 없다.'[39]

연이은 암살과 관동군의 필사적인 공격에 더하여, 바로 이렇게 놀랍고도 급작스러운 국제 경제 구조의 붕괴가 일본 자유주의자들의 버티려는 노력을 망쳐버렸다. 1931년이 끝나가면서, 외무부의 관료로 만주통이자 파시즘에 공감한 자였던 마쓰오카 요스케는 의회에서 이 점을 알아야 한다고 다그쳤다. "경제적 외교 정책을 이야기하는 것은 좋은 일이나 우리에게는 단지 구호만 필요한 것이 아니다. 성과는 어디에 있는가? 우리는 이 접근법의 이익을 확인해야 한다."[40] 영국제국조차도 내부를 향하고 있다면, 일본도 자체의 무역권을 창출하기 위해 긴급히 조치를 취해야 했다. 금본위제의 종식이 램지 맥도널드의 영국에서는 교외의 주택 건설에 낮은 이자로 융자를 할 수 있게 해주었다면, 일본에서는 더 큰 이해관계가 걸려 있었다. 1930년 금본위제 복귀 결정은 군축과 직접 연결되었다. 일본이 1931년 12월에 금본위제를 포기하자마자, 대장상(재무장관) 다카하시 고레키요는 군부로부터 크나큰 압박을 받았다. 중국의 부활과 소련 공업화의 위협에 직면하고 일본 국민은 만주사변으로 1905년 이래 볼 수 없었던 애국적 열정에 불타오르는 상황에서, 군부는 1920년대의 제약을 깨기로 결정했다. 1930년에서 1934년 사이에 국방 예산은 두 배로 늘었다. 1935년 다카하시가 추가 증액을 거부하자 우파의 열성당원들이 그를 칼로 난도질하여 살해했다. 1937년, 런던에서 합의된 해군 제한을 깬 일본 군대의 지출은 1930년 수준의 다섯 배가 되었다.[41]

심히 뜨거워진 동아시아의 전략적 환경에서, 1931년의 금융 위기와 그 이후 군사 활동의 확대 사이에는 놀랍도록 직접적인 연관이 있었다. 유럽과 대서양 권역에서는 붕괴가 더 점진적이었다. 1931년 이후 프랑스와 이탈리아는 금본위제를 유지했다. 그 결과는 일본의 경우처럼 정책을 '활성화'한 것이 아니었다. 그 때문에 프랑스와 이탈리아는 한층 더 엄격한 디플레이션에 구속되었다. 무솔리니의 경우 여기에 팽창주의적 외교 정책의 야심이 결합했는데, 이는 그 정권을 진정으로 무능하게 만드는 불합리한 것이었다. 그래서 대체로 이탈리아의 군대는 두체의 정복의 꿈을 실현하는 데 필요한 것에 조금도 가깝게 다가가지 못했다. 프랑스는 막대한 금 보유고를 감안하면 디플레이션 압박이 심했어도 금본위제를 떠날 이유가 없었다. 디플레이션은 1932년이 되어야 진실로 극심한 희생을 요구했다.

이제 상황이 실제로 견딜 수 없게 된 곳은 독일이었다. 독일은 막대한 달러 외채 부담에 매여 있었기에 통화의 평가절하가 불가능했다. 마르크의 가치가 떨어지면 부담이 늘어날 것이었다. 영국은행과 달리 독일은행은 금본위제 이탈에 뒤이을 투기적 공격을 막아낼 보유고가 없었다. 게다가 미국 정부는 독일이 여름에 자리를 잡은 환율 통제와 채무 모라토리엄 뒤에 쭈그리고 앉은 것을 보기가 더 좋다는 점을 분명히 했다. 그렇게 하면 최소한 월스트리트에 진 채무의 이자만이라도 계속 지불할 수 있었다. 한편 영국이 평가절하를 단행하는 동안 독일은 금 평가를 유지하면서 무역에서 거의 재앙 같은 결과를 떠안았다. 1931년 9월까지 브뤼닝 내각은 최소한 가혹한 디플레이션 정책으로 수출 경쟁력을 얻었다고 주장할 수 있었다. 이제 무너지는 금본위제를 고수한 탓에 독일의 수출은 연이어 타격을 입었다. 1931년 말, 실업자가 400만 명에서 600만 명으로 급증하고 파산의 물결이 독일 산업을 휩쓸면서, 디플레이션 합의는 산산이 부서졌다. 규범을 제시한 국제적인 체제가 없다면, 정부의 명령으로 한 차례 더 임금 삭감과 물가 인하를 추진할 합리적 근거는 무엇인가? 독일 전역에서 전문가들과 기업계, 성직인들이 한목소리로 국민 경제를 구원할 조화로운 정책을 호소했다.

이 논쟁에 참여한 한 파벌은 노동조합운동을 중심으로 집결했지만, 다른 파벌은 점차 영 안 반대 운동과 히틀러의 나치당 출신의 저명인사들을 품었다. 1932년 여름 나치당은 당기에 고용 창출 정책을 화려하게 새겨 넣고 선거에서 극적인 승리를 이끌었다. 나치당은 전국 투표의 37퍼센트를 얻었다. 1919년 1월 의회 선거에서 사회민주당이 거둔 승리에 약간 못 미치는 수준이었다. 우파의 의석은 과반수에 크게 모자랐다. 독일민족인민당은 허약해졌다. 1932년 11월 두 번째 총선에서 나치당의 득표는 감소했다. 그러나 히틀러를 총리 후보로 만든 것은 바로 1931년에서 1932년으로 넘어가는 그 절망적인 겨울의 획기적인 발전이었다. 프란츠 폰 파펜의 보수적 정권이나 폰 슐라이허 장군의 군사 독재를 공고히 하려는 노력이 실패했을 때, 1933년 1월 그다음으로 민족주의적 동맹을 이끌 자로 준비된 이는 히틀러였다.[42]

그러나 군부와 농민 같은 경제적 집단이 국제주의를 포기해도 잃을 것이 없었을지는 몰라도, 다른 유력한 집단 즉 대기업은 1920년대의 약속을 포기하는 데 더 늦었다. 일본과 독일 같은 나라에 영국이 보증한 다자무역은 경제 발전의 초석이었다. 세계 질서의 그러한 근본적 요소에서 과연 이탈하겠다는 생각을 할 수 있었을까? 동아시아의 만주사변은 명백히 위험스러웠다. 그러나 어느 편도 이를 전쟁을 시작할 이유로 바꾸지 않았다. 1932년 2월 제네바에서 새로운 군축회담이 시작되었다.[43] 유럽에서는 그해 6월에 로잔 회의에서 마침내 배상금 문제가 해결되었다. 프랑스는 정통적 통화 체제를 지지했다. 영국과 일본의 금본위제 이탈은 중대했지만 되돌릴 수 없지는 않았다. 1932년 여름 경제 회복의 기미가 보였다. 1933년 런던에서 중요한 회의가 예정되어 있었다. 그 의제에는 세계 경제의 재건이 올라 있었고, 이 문제를 다룰 때 한 가지 질문이 결정적이었다. 미국의 입장은 무엇인가?

영국 파운드화의 평가절하와 보호무역주의 회귀의 충격파

1928년 허버트 후버의 선거 압승으로 회복된 전후 질서의 권위가 최종적으로 확정된 듯했다. 후버는 혁신주의의 위대한 기획자였고, 1929년의 초기 충격에 대한 그의 대응은 그다웠다.[44] 10월 후버는 맥도널드와 하나가 되어 군축의 대의를 치켜세웠다. 국내에서 그는 미국 재계와 동업조합의 지인들에게 적극적으로 투자하여 위기에 대응하라고 촉구했다. 그러나 신뢰와 국내 소비가 크게 추락하는 상황에서 그러한 조치는 무용지물이었다. 외국 재난의 관리자요 미국 풍요의 선구자이자 혁신주의의 효율성과 자부심의 표상이었던 후버는 국내의 큰 실패, 즉 19세기 말 미국 경제를 괴롭힌 불안정의 통렬한 복귀에 면목이 없었다.[45] 대통령이 경기를 부양하기 위한 정부 지출의 기본적인 논거를 이해하지 못한 것이 아니었다. 문제는 국내총생산의 3퍼센트라는 연방정부 예산이 안정화 효과를 내기에는 너무 적었다는 데 있었다. 후버는 의회가 터무니없는 스무트–홀리 관세를 통과시키는 것을 막을 수 없었다. 한편, 백악관의 간곡한 권고에도 연방준비위원회는 급격한 디플레이션을 추구하느라 은행 제도의 안정을 희생시켰다. 1931년 영국의 금본위제 이탈에 뒤이어 7억 500만 달러라는 거금을 예금으로 쌓아두었던 522개의 미국 은행이 파산했다. 그 뒤에 벌어진 일이 한층 더 나빴다.

1933년 2월 초 미국이 새로운 대통령을 기다리고 있을 때, 루이지애나주에서 은행들이 위협적인 대규모 예금 인출 사태에 직면했다. 3월 3일 이 사태는 세계 금융 체제의 심장부인 뉴욕까지 번졌다. 뉴욕주는 필사적으로 정부에 연방 차원의 조치를 호소했다. 그러나 후버의 대통령 권한은 그날로 종료되었고, 후임자인 프랭클린 루스벨트는 협력을 거부했다. 1933년 3월 4일 동이 트기 전에, 중앙정부의 어떤 지시도 없이 뉴욕 주지사는 세계 금융 체제의 중심을 폐쇄하기로 결정했다. 현대사 최악의 세계 경제 위기에 아랑곳없이 미국 정부는 자리를 비웠다.

프랭클린 루스벨트의 새로운 행정부가 최우선으로 해야 할 일은 그러한 인상을 지우는 것이었다. 민주주의가 통치할 수 있다는 인상을 주어야 했다.[46] 뉴딜은 연방정부의 역할에 관하여 근본적으로 새로운 개념을 도입했다. 미국혁명과 1860년대의 남북전쟁 이후, 미국은 세 번째 건국의 순간을 맞이하기 직전이었다.[47] 후버 자신은 이미 연방정부의 경제 지원 규모를 늘리기 위해 극적인 조치들을 취했다. 새롭게 창설된 재건금융공사 Reconstruction Finance Corporation는 1932년 여름 30억 달러의 차입을 승인받았다. 더욱 극적인 조치들이 뒤따랐다. 그러나 미국의 이와 같은 '건설적인' 정책으로의 방향 전환은 다른 곳과 마찬가지로 국제적 의무의 포기와 연결되었다. 미국 정치에서 노골적인 고립주의는 제1차 세계대전 직후가 아니라 1920년대의 환멸과 대공황에 대응하면서 전면에 부상했다.[48] 프랭클린 루스벨트 행정부의 첫 국면에서 미국 정책의 국가주의적 전환은 1931년에 영국이 가한 충격으로 시작된 해체 과정을 완결했다.

1870년대 이래로 금본위제는 미국에서 훌륭한 정책의 기함이었다. 금을 둘러싼 싸움은 1890년대에 새로운 유형의 혁신주의자들을 규정했다. 윌슨과 후버 두 사람 모두 그들의 유산을 물려받았다. 그러나 1933년 봄 미국의 금 보유고는 심히 너무도 고갈되었고 은행 제도가 엄청나게 흔들렸기에 4월 19일 루스벨트는 미국의 금본위제 이탈을 선언했다. 이 결정으로 미국의 회복을 위한 금융 안정의 토대가 마련되었다.[49] 그러나 과도한 관세에 급작스러운 달러의 평가절하가 더해져 미국에 대한 수출이 극도로 어려워졌다.[50] 게다가 투자자의 신뢰가 회복된 뒤에는 뉴욕으로 자금이 빠르게 되돌아와 나머지 세계의 유동성이 고갈되었다.

여름이 다가오면서 미국의 내부 지향성은 영국과 프랑스가 런던에서 준비하고 있던 세계 경제회의World Economic Conference를, 정확히 독일의 상황이 위험성을 드러내던 때에, 위태롭게 했다. 히틀러의 동맹은 공개적으로는 평화와 국가 재건의 메시지를 지지했다. 그들은 즉각 노골적으로 국제 질서와의 단절을 감행하지 못했다. 그렇지만 재무장이 도로 건설만큼 히틀러 정부의 기본 정책에 필수적이었음은 비밀도 아니었다. 한편 영 안 반대 운동에 자신의 전문 지식과 권위를 빌려준 할마르 샤흐트는 히틀러 정권에서 독일은행 총재로 복귀했다. 그는 즉시 미국으로 건너갔다. 독일의 원리금 상환 유예를 얻어내고 싶었기 때문이다. 1933년 6월 9일, 66개 나라의 대표들이 런던에 모이기로 한 날의 사흘 전 퇴짜를 맞은 샤흐트는 일방적으로 모라토리엄을 선언했다. 회의가 소집되었을 때, 독일 대표단 단장인 알프레트 후겐베르크는 식민지 자산의 반환을 거세게 요구하고 스탈린에 맞선 반공산주의 조약이라는 발상을 공개적으로 거론함으로써 더욱 거북한 상황을 만들었다. 그러나 1933년 여름 독일의 잔혹한 새 정부는 지엽적인 사건이었다. 세계 경제회의는 미국과 프랑스, 영국이 이제 주된 금태환 통화인 프랑에 대해 격하게 널뛰기를 하는 달러와 파운드를 어떻게 관리할지에 관하여 합의할 수 있느냐는 문제가 지배했다. 6월 내내 이어진 회의에서 협상자들은 안정화 합의에 이를 것 같았다. 그러나 7월 3일 루스벨트는 '폭탄 전문'을 보내 미국 통화의 안정화 노력은 회복의 과업에 부적절하다고 비난했다. 달러는 나머지 세계에 어떤 충격을 안겨주든 간에 미국 경제에 적합한 수준에서 변동해야 했다. 독일은 무슨 뜻인지 알아차렸다. 10월, 히틀러는 국제연맹 군축회담에서 독일 대표단을 철수시켰고 아직 갚지 못한 모든 국제 채무의 거의 완전한 불이행을 선언했다.

독일과 일본이 동시에 전후 질서에서 광범위하게(전략과 정치, 경제에서) 이탈할 때, 누가 그들에 맞설 것인가? 1919년에 세계를 지배한 막강한 동맹은 1930년까지도 여전히 수수방관해도 될 것 같았지만 결국 붕괴했다.

1931년 프랑스와 영국은 마지못해 후버의 모라토리엄을 수용했다. 1932년 여름 로잔 회의에서 이들은 독일의 배상금을 영구히 종결시켰다. 이들이 그렇게 한 것은 연합국 간 채무 상환의 요구가 더는 없다고 이해했기 때문이다. 그러나 미국 의회는 결코 후버의 모라토리엄을 승인하지 않았다. 후버가 이를 영구불변의 결정으로 만들기를 원한다는 의중을 비쳤을 때, 그는 즉시 호된 비난을 받았다. 1931년 12월 미국 의회의 의원들은 그것이 '외국이 미국에 진 채무는 전부 어떤 방식으로든 취소되거나 삭감될 수 있다는 것은 의회의 정책에 위배된다'는 점을 세상에 알리기로 결의했다. 후버의 모라토리엄이 명백히 영국과 프랑스를 보호하기 위해서가 아니라 월스트리트가 독일에 투자한 것을 지키려는 열망에서 비롯했고 그의 개입이 배상금을 받아야 할 나라들을 일방적으로 차별했기에, 영국 외교관들은 말문이 막혔다. 워싱턴 주재 영국 대사인 로널드 린지의 말을 빌리자면, 그 사건은 '아이티 입법부에도 어울리지 않을 무책임과 장난질, 어리석음을 드러낸 것'이었다.[51]

한 세대 전, 미국 해병대의 카리브해 개입을 정당화한 것은 아이티 의회 같은 여러 의회의 무책임이었다. 이제는 워싱턴의 의회가 무책임하게 보였는데, 영국과 프랑스가 그것에 휘둘리는 처지에 놓이자 생각할 수 없는 짓을 저질렀다. 1933년 말, 한때 세계 금융 체제의 기둥이요 미국과의 민주주의적 동맹에 열성적으로 참여한 나라였던 영국과 프랑스 두 나라의 정부는 미국 국민에 빚진 수십억 달러의 채무 상환을 중단했다. 자그마한 나라인 핀란드만이 미국에 진 빚을 계속해서 전부 갚았다. 영국 총리 중 미국에 가장 우호적인 램지 맥도널드는 1934년 5월 30일 일기에 이렇게 적었다. "(현재의) 금융 질서를 뒤엎을 지불은 전 세계에 대한 배반이 될 것이다. 우리는 계속해서 상환하는 어리석은 짓을 끝낼, 인정받지 못할 임무를 떠맡아야 한다."[52]

판돈을 키우다

제1차 세계대전은 자유주의 국가들이 다루기 심히 버거운 현대 세계의 동력을 관리하고자 동맹을 구축하려는 첫 번째 시도로 보였다. 군사력과 정치적 약속, 돈을 토대로 한 동맹이었다. 그 동맹은 문제가 생길 때마다 조금씩 층층이 해체되었다. 이 거대한 민주주의 동맹의 붕괴가 얼마나 큰 대가를 요구했는지는 헤아리기 어렵다. 민주주의 국가들의 실패는 1930년대 초 전략적으로 중요한 기회의 창을 열어놓았다. 악몽 같은 세력이 그 창문을 깨뜨렸음을 우리는 알고 있다. 베를린에서는 1933년 봄 유대인 박해가 시작되었다. 일본에서는 1932년 봄 보수당인 입헌정우회 본부에 대한 전면적인 준군사식 공격 이후 정당 정부가 종말을 고했다. 무솔리니는 몇 년간 자세만 취하다가 1935년 아비시니아 공격에 직수하며 마침내 피에 대한 갈증을 해소했다. 그러나 '사슬에 줄지어 묶인 죄수들'의 공격적인 반란자들 중에서[1] 독일과 일본, 이탈리아는 두 번째나 세 번째를 차지한다.

첫 번째는 1917년 이래로 늘 그랬듯이 레닌의 후계자들이었다. 1920년대 초 유럽과 아시아의 안정은 그들의 실패 위에 세워졌다. 1926~1927년에 소련은 중국 국민당의 북벌을 통해 전후 질서에 최초의 진정으로 유효한 타격을 가했다. 이는 일본과 서구 강국들이 중국 민족주의와 타협하지 못한 실패를 고통스러울 정도로 분명하게 했다. 중국 공산당원들이 장제스에 의해 학살당할 때, 소련에서는 두 번째 변화 과정이 시작되었다. 트로츠키와 국내의 반대를 분쇄한 스탈린은 전례 없는 내부 재건 일정에 착수했다. 거대한 폭발적 개발 사업으로 수천만 명의 삶을 파괴한 그 집단화와 공업화 과정은 제1차 세계대전 이후 10년간 출현한 국제 질서의 중대한 측면을 드러낸다. 그 질서에 도전하려 했던 자들에게 이는 실로 만만치 않게 보였다.

우리는 '양 대전 사이 역사'를 얘기할 때 너무 자주, 그리고 너무 쉽게 마치 지금 여기서 집중적으로 다루는 1916년에서 1931년 사이의 국면과 1930년대 이후 국면 사이에 흠 없는 연속성이 있는 것처럼 말한다. 물론 연속성이 있다. 그러나 가장 중요한 것은 변증법적 대응과 대체의 연속성이다. 스탈린뿐만 아니라 1930년대의 일본과 독일, 이탈리아의 반란자들도 첫 번째 시도에서 실패했다는 인식 때문에 과격한 에너지를 쏟게 되었다. 서구 강국들은 서로 다투고 속일 수 있었다. 전면전이 정치적으로나 경제적으로나 얼마나 큰 희생을 요구할지 알았기에 그들은 전면전을 피했다. 그렇지만 실패의 두려움 앞에서 위축되지 않았다. 영국과 프랑스, 미국은 직접적인 대결에서는 두려움의 대상이었다. 1930년 런던 해군회담에서 이들이 전함과 순양함, 구축함, 잠수함을 거래할 때, 소련도 독일도 맞바꿀 해군이 없었다. 일본과 이탈리아의 지위는 이류와 삼류였다. 1931년 2월 첫 번째 고통스러운 5개년 계획이 절정에 달했을 때 스탈린은 공장 관리자들에게 이렇게 반복하여 얘기했다. "속도를 늦추는 것은 뒤처진다는 의미이다. 그리고 뒤처진 자는 두들겨 맞는다. 우리는 두들겨 맞고 싶지 않다…. 우리는 선진국들에 비해 50년 내지 100년 뒤처져 있다. 우리는 10년 안에 그 차이를 극복해야 한다. 그렇게 하지 못하면 파멸할 것이다."[2]

스탈린이 분명하게 얘기한 것은 단지 세계적 경쟁의 시대가 왔다는 상식만이 아니었다. 제1차 세계대전 후 그의 시각은 세계적인 세력 경쟁에서 후진성이 무엇을 뜻하는지 깨달은 자들, 혁명적 열정의 실망을 경험한 자들, 19세기에 주된 도전자였던 독일제국에 맞서 서구 자본주의가 동원한 압도적인 힘을 목격한 자들의 특징적인 시각이었다. 레닌이 조직적 근대성의 옹호자로 치켜세운 사람들, 즉 라테나우와 루덴도르프 같은 자들은 용감하게 싸웠지만 결국 패배했다. 한층 더 과격한 것이 필요했다. 다음 세대에 일본과 이탈리아, 독일에서 그리고 식민지 해방이 시작되면서는 인도와 중국, 수많은 다른 탈식민지 국가들에서 계획가들과 정치인들이 스탈린의 말을 되풀이한다.

몇 가지 점에서 우리는 다시 1930년대의 이야기에 너무나 익숙한 나머지 무엇이 일어나고 있었는지 평가하지 못한다. 우리는 마치 일본과 독일, 소련이 관여했던 것이 앞선 시대의 드레드노트 전함 군비 경쟁과 비슷했다는 듯이 이야기한다. 실제로 1930년대 일본과 나치 독일의 재무장 추진은, 스탈린의 소련이 기울인 노력처럼, 300년간의 근대 군국주의 역사에서 비교할 만한 것이 없었다. 국민소득에서 차지하는 몫으로 보면, 1938년에 나치 독일은 독일제국이 에드워드 시대 영국과 군비 경쟁을 하며 쓴 것보다 다섯 배 많이 지출했으며, 1939년 히틀러가 지배한 국내총생산은 카이저가 쓸 수 있었던 것보다 기외 60퍼센트가 많았다. 고정 가격으로 계산했을 때 1930년 말 국방군에 쏟아 부은 재원은 1913년 독일 군대가 받은 것보다 적어도 일곱 배는 더 많았다. 이는 1930년대의 반란자들이 현상 유지 세력에 공동으로 전한 인사였다. 이들은 힘이 자신들을 겨냥하고 있음을 알았다. 이들은 제1차 세계대전 시기에 일본과 독일이 국력의 한계를 벗어나기 위해 좀 더 관습적인 태도로 기울인 노력이 좌초했음을 알았다(〈표 15〉). 무엇인가 전례 없는 것이 필요했다.

물론 새로운 기술, 특히 비행기가 냉혹한 병기의 논리에서 벗어날 수단을 제공할 수 있기를 바란 자들이 있었다. 그러나 일본과 독일, 이탈리아 모두 쓰라린 경험 끝에 알게 되듯이, 공중전은 경제와 기술에 지배되는 현저한 소모전의 장이었다. 1945년까지 세계에는 두 개의 해군 강국이 있었다. 영국과 미국이다. 1940년 5월 루스벨트는 6만 대의 비행기로 미국 공군을 창설하겠다는 유명한 선언으로써 공군력의 시대가 오면 미국이 홀로 탁월한 지위를 차지할 것임을 분명히 했다. 독일과 일본의 도시들은 미국의 무서운 힘을 경험하게 되며, 한국과 베트남, 캄보디아 등이 그 뒤를 이었다.

그러나 장래의 반란자들은 경제와 군사력과만 싸워야 하는 것이 아니었다. 도전은 정치적이기도 했다. 흔히 20세기 첫 몇 십 년간은 민주주의 체제가 허약하다는 교훈을 주었다고 주장되지만, 그렇게 단순하지 않다. 민주주의는 분명히 약점이 있었지만 그것에 밀려난 군주제나 귀족주의적 체제보다 크게 탄력적이었다. 전략적으로 더 중요했던 점은 대중 민주주의의 도래로 몇몇 종류의 세력 정치가 점차 미심쩍은 것이 된 듯했다는 사실이다. 19세기 말의 편리했지만 불완전한 의회, 비스마르크 시대 헌법, 영국과 이탈리아, 일본의 제한 선거권은 전부 제1차 세계대전이 진행되는 동안 붕괴했다. 그렇게 붕괴하기 전에 독일 제국의회와 일본 의회는 자국 제국주의자들의 야심을 진정으로 억제하는 힘이었다. 일본에서 미국까지 어디서나 규범으로 등장한 기본값은 포괄적인, 거의 포괄적인 남성 선거권이었고 신생국의 경우 민족적 공화주의였다. 이러한 헌법은 대개 매우 허약하게 수립되었다. 그러나 이러한 헌법이 반영한 대중의 요구는 실제였으며 자유주의적 조건과 유사한 조건에서는 대규모 제국주의적 팽창을 지지하

〈표 15〉 증가하는 대치 비용: 제1차 세계대전 이전과 1930년대의 군비 지출 비교

국내총생산에서 군비 지출이 차지하는 몫		제1차 세계대전 이전		제2차 세계대전 이전					
		1870~1913 평균	1913	1928	1930	1932	1934	1936	1938
현상 유지, 자유주의 국가들	미국	0.7	0.9	0.7	0.9	1.4	1.1	1.4	1.4
	프랑스	3.0	4.2	2.8	4.6	4.9	4.8	5.9	6.8
	영국	2.6	3.0	2.4	2.3	2.4	2.5	3.5	6.5
	가중평균	1.7	2.0	1.6	1.8	3.1	3.5	4.4	9.4
1930년대 도전국들	일본	5.0	5.0	3.1	3.0	5.2	5.6	5.6	23.0
	러시아	3.9	4.2	6.2	2.3	8.2	5.4	7.8	10.7
	독일	2.6	3.3	0.9	0.9	1.1	4.7	10.5	14.6
	가중평균	3.5	3.9	3.0	4.1	8.3	10.8	14.6	19.6

1913년 수준과 비교한 군비 지출의 절대적 수준		1870~1913 평균	1913	1928	1930	1932	1934	1936	1938
현상 유지, 자유주의 국가들	미국	50	100	127	117	240	197	240	259
	프랑스	58	100	90	35	144	149	182	225
	영국	72	100	90	84	101	109	155	290
	가중평균	61	100	99	110	153	146	187	259
1930년대 도전국들	일본	72	100	111	119	229	258	275	1,308
	러시아	61	100	151	62	304	220	324	472
	독일	53	100	30	27	42	191	459	698
	가중평균	60	100	100	59	194	216	366	697

기 어려웠다.

　민족주의적 반란자들 앞에 점차 뚜렷하게 나타난 선택 방안은 무기력한 민주주의적 순응과 새로운 형태의 국내 권위주의에 추동된 민족적 자기주장 둘 중 하나였다. 타협은 불가능한 것 같았다. 이는 결코 전통적인 방식이 아니었다. 반란자들에게 역사적 모델이 있었다면, 그것은 보나파르트였는데 그는 전혀 전통주의자가 아니었다. 양 대전 사이의 권위주의 운동과 이들이 만들어낸 체제는 국제 정치와 국내 정치의 극적인 변화에 대응하여 내놓은 새로운 해답이었다. 그러나 이 도전은 점차적으로 발전했다. 1920년대 내내 무솔리니 정권 같은 독재정권은 여전히 매우 드문 예외였고 주변부에 국한되었다. 1920년대의 폴란드 독재도 에스파냐 독재도 영구적인 것으로 생각되지 않았다. 스탈린주의와 나치즘, 일본 제국주의가 구속을 벗어던진 것은 현상 유지에 전력을 다해 도전했던 1930년대에 와서야 가능했다. 새로운 제국주의는 국내의 자국민과 타국 주민을 동시에 공격했다는 점에서 전례가 없었고 제약이 없었다. 나치즘을 위선이라는 죄로 고발할 수 없었다.

　그러나 반란자들에게 실패할 수밖에 없는 운명의 폭동을 실행할 기회를 준 것은 무엇이었는가? 이 책의 첫 부분에서 보았듯이, 제1차 세계대전에서는 새로운 차원의 국제적 협력을 증명한 것 같았던 동맹이 승리를 거두었다. 미국과 협상국은 군사적으로 행동을 같이했다. 이 나라들은 경제적 자원을 결합했으며 공동의 가치관을 표현하려 했다. 전후에 프랑스와 영국, 일본, 잠시 동안은 이탈리아도 그들 간의 관계를 공고히 다질 것을 기대했다. 미국은 이 모든 예측에서 결정적인 요인이었다. 베르사유의 협상에서 탄생한 국제연맹은 1930년대까지 새로운 국제 정치의 장이 되었다. 1920년대 유럽의 모든 주요 발의가 제네바를 중심으로 전개된 것은 우연이 아니었다. 그러나 정치적으로 큰 영감을 준 미국 대통령이 없는 국제연맹은, 즉 미국의 '부재 존재'는 새로운 시대를 규정하는 특징의 상징이 되었다. 미국은, 영국의 어느 국제주의자가 말했듯이, '우리의 모든 잔치에서 유령'이었다.[3]

물론 우드로 윌슨의 의도는 미국이 국제연맹 안에서 영향력을 행사하는 것이었다. 그러나 그는 1917년 1월 '승리 없는 평화' 연설에서 분명히 밝혔듯이 미국을 일종의 국제적 동맹체의 수장 자리에 올리고 싶은 생각은 없었다. 이미 베르사유에서 윌슨은 전시의 협력자들에게서 멀어지고 있었다. 1920년대 초에 출현한 실제 구조는 윌슨의 야심이 얄궂게 실현된 것이었다. 1924년에 오스틴 체임벌린이 지적했듯이, 미국이 국제연맹에 참여하지 않고 영국과 프랑스는 국제연맹에 의지하면서 미국이 사실상의 '초강대국'이 되는 효과가 나타났다. 미국이 나머지 세계가 합의하여 내린 결정에 거부권을 행사했던 것이다.[4] 윌슨과 그를 뒤이은 공화당 대통령들의 야심 모두 바로 이와 같았다.

'승리 없는 평화'부터 1931년 후버 대통령의 모라토리엄까지 이 책에서 한 이야기는 전부 연이은 미국 행정부를 위한 이 기본적인 욕구에 의해 굴곡졌다. 그것은 특권적인 초연함이라는 미국의 지위와 다른 주요 강국들의 이에 대한 의존을 이용하여 세계의 일을 바꾸는 것이었다. 아직까지는 전혀 완결되지 않은 유럽과 아시아의 '혁명'을 완주할 수 있게 해야 했다. 이는 여러 점에서 미국이 정한 조건에 따른 자유주의적이고 진보적인 기획이었다. 강국 간 평화와 군축, 상업, 진보, 기술, 통신이 그 표어였다. 그러나 기본적으로 이 기획은 미국 자체를 바라보는 시각에서, 미국에 무엇을 요구할 수 있는가에 관한 이해에서 심히 보수적이었다.

윌슨과 후버는 나머지 세계에 혁명적 변혁을 원했다. 미국의 운명이라는 자신들의 이상을 떠받칠 수 있으면 더욱 좋았다. 그러나 이들의 이상은 매카시즘과 냉전이 아니라 시대를 거슬러 19세기를 기대한 보수주의였다.

1914년 이전 반백 년 동안 '불균등하고 복합적인 발전'이 낳은 갈등을 미국보다 더 격하게 경험한 나라는 없었다. 큰 상처가 된 남북전쟁의 유혈극 이후, 도금시대는 새로운 통합과 안정을 약속했다. 두 세대의 미국 혁신주의자들에게 주된 목적은 20세기의 분열적인 이데올로기들과 사회 세력들을 저지하는 것이었다. 그래야만 미국의 이 새로운 균형을 어지럽히지 않을 수 있었다. 그 미래상의 허약함은 윌슨이 의회에서 굴욕을 당함으로써, 그리고 1920~1921년 공산주의 공포증과 디플레이션이 동반된 갑작스러운 경기 침체로 드러났다. '정상 상태'로 복귀함으로써 보수적 질서는 회복된 듯했지만 1929년 역사상 가장 파괴적인 경제 위기에 타격을 받았다. 1933년 미국이 20세기 역사의 대혼란에서 비켜서 있을 수 있다는 생각은 안으로부터 부서졌다. 유럽에서 미국은 수십억 달러를 잃었다. 아시아에서는, 충분히 거리를 둔 채 세계를 안정시키려는 미국의 노력은 누더기가 되었다. 켈로그-브리앙 조약 방식의 제재 없는 국제주의는 '새로운 외교'라는 관념 자체의 신뢰를 떨어뜨릴 것 같았다.

한 가지 대응은 진정한 고립주의였다. 초기 국면의 뉴딜은 이러한 충동의 볼모였다. 어느 역사가의 말을 빌리자면, 그것은 '거대한 고립주의적 일탈'을 명백히 드러냈다.[5] 국내의 변화는 국제무대로부터 철수하는 대가를 치르고 얻어냈다. 그러나 1930년대에 국제적 도전이 거세지면서, 루스벨트 행정부는 비켜서 있지 못했다. 제1차 세계대전 직후 볼 수 없었던 매우 적극적이고 개입주의적인 의미에서 세계 무대에 영향력을 행사할 수 있는 강력한 미국이 뉴딜로부터 출현한다. 그러나 그러한 군사 강국의 지위는 윌슨과 후버 유형의 혁신주의자들이 떨쳐버리기를 원했던 바로 그 운명이었다. 미국이 새롭게 힘을 얻었지만, 불안한 결론을 피할 수 없었다. 미국은 다른 것을 움직이는 힘이었지만 적어도 그만큼은 '사슬에 줄지어 묶인 죄수 무리'의, 귀에 거슬리고 예측하기 어려운 힘에 의해 움직이기도 했다.

1929년, 아리스티드 브리앙은 유럽 통합의 제안을 소개하면서 새로운 세계가 요구한 것의 급진주의적 성격을 인정했다. 그는 이렇게 주장했다. "인간이 수행한 매우 현명하고 중요한 모든 일에는 언제나 광기나 무모함의 요소가 있었다."⁶ 훌륭한 변증법적 표현의 전형이라는 이 말은 지금 여기서 우리가 살핀 역사에 관하여 반복되는 논쟁에 인상적인 틀을 제공한다. 사후에 얻은 지혜로 보면 당연히 자칭 현실주의자가 양 대전 사이 질서의 진보주의적 미래상을 자유주의적 이상주의의 망상을 보여주는 징후이자 암울한 유화 정책의 서막으로 비판하기는 쉽다. 그러나 뒤늦게 얻은 지혜는 해명하기도 하지만 속이기도 한다. 여기서 제시되었듯이, 질서와 평화를 확보할 새로운 방법을 부단히 모색한 것은 미혹된 이상주의가 아니라 더 고귀한 형태의 현실주의의 표현이었다. 국제적 동맹과 협력의 추구는 '사슬에 줄지어 묶인' 국제적인 '죄수 무리' 속에서 살아가는 자들에게는 균일하지 않은 복합적인 발전의 경험에 적절히 대응하는 유일한 방법이었다. 이것이 새로운 형태의 자유주의, 진보의 현실 정치의 계산이었다. 이는 미완의 역사로 열려 있다는 사실 때문에 훨씬 더 감동적인 드라마이다. 오늘날의 우리에게도 결코 작지 않은 도전이다.

제사

1 W. Wilson, 'The Reconstruction of the Southern States', *Atlantic Monthly*, January 1901, vol. lxxxvii, 1–15.

2 J. M. Keynes, 'Mr Churchill on the Peace', *New Republic*, 27 March 1929.

서론

1 *The Times*, 27 December 1915, issue 41047, 3.

2 Reichstag, *Stenographischer Bericht*, vol. 307, 850 ff, 5 April 1916, 852.

3 W. S. Churchill, *The Gathering Storm* (Boston, MA, 1948), vii.

4 W. S. Churchill, *The Aftermath* (London, 1929), 459.

5 G. L. Weinberg (ed.), *Hitler's Second Book* (New York, 2006).

6 다음에 모아놓은 저작들을 보라. http://www.marxists.org/archive/trotsky/works/.

7 슈미트의 주된 관심사는 다음을 보라. C. Schmitt, *Positionen und Begriffe im Kampf mit Weimar–Genf–Versailles 1923–1939* (Berlin, 1940).

8 이 표현은 차크라바르티가 널리 퍼뜨렸다. D. Chakrabarty, *Provincializing Europe* (Princeton, NJ, 2000). 차크라바르티는 이를 가다머에게서 빌려왔는데 그 출처는 다음임 가능성이 가장 크나. H.–G. Gadamer, 'Karl–Jaspers–Preis Laudatio für Jeanne Hersch', *Heidelberger Jahrbücher* 37 (1993), 151–8. 가디머는 제1차 세계대전 직후 어린 시절에 이러한 인상을 받았다고 말한다.

9 매우 정교한 답변으로 두 연구를 들 수 있다. M. Hardt and A. Negri, *Empire* (Cambridge,

MA, 2001), and C. S. Maier, *Among Empires: American Ascendancy and Its Predecessors* (Cambridge, MA, 2006).

10 L. Trotsky, 'Is the Slogan "The United States of Europe" a Timely One?' http://www.marxists.org/archive/trotsky/1924/ffyci-2/25b.htm.

11 A. Hitler, 'Zweites Buch' (unpublished), 127−8.

12 여기에는 다음과 같은 정치학자들이 개진한 전쟁의 '패권 이동power transition' 이론과 '협상bargaining' 이론과 유연관계가 있다. A. F. K. Organski and J. Kugler, *The War Ledger* (Chicago, IL, 1980).

13 '패권 이동' 이론 중에서 다음은 위험 감수risk−acceptance 요인을 강조한다. W. Kim and J. D. Morrow, 'When Do Power Shifts Lead to War?', *American Journal of Political Science* 36, no. 4 (November 1992), 896−922.

14 전쟁 시작 단계에서도 내걸린 이해관계에 관해서는 다음을 보라. H. Strachan, *The First World War* (London, 2003).

15 F. R. Dickinson, *World War I and the Triumph of a New Japan, 1919−1930* (Cambridge, 2013), 87.

16 L. Trotsky, 'Perspectives of World Development', http://www.marxists.org/archive/trotsky/1924/07/world.htm.

17 L. Trotsky, 'Disarmament and the United States of Europe', 4 October 1929, http://www.marxists.org/archive/trotsky/1929/10/disarm.htm.

18 F. Meinecke, *Machiavellism: The Doctrine of Raison d'Etat and its Place in Modern History*, trans. Douglas Scott (New Haven, CT, 1957), 432.

19 C. Schmitt, *The Nomos of the Earth in the International Law of the Jus Publicum Europaeum* (New York, 2006).

20 포괄적인 역사적 교정에 관해서는 다음을 보라. P. W. Schroeder, *The Transformation of European Politics, 1763−1848* (Oxford, 1994).

21 S. Falasca−Zamponi, *Fascist Spectacle: The Aesthetics of Power in Mussolini's Italy* (Berkeley, CA, 1997), 163.

22 A. J. Mayer, *Wilson vs Lenin: Political Origins of the New Diplomacy, 1917−1918* (New York, 1964); N. Gordon Levin, *Woodrow Wilson and World Politics* (Oxford, 1968).

23 L. Trotsky, 'Perspectives on World Development', http://www.marxists.org/archive/trotsky/1924/07/world.htm.

24 L. Trotsky, 'Europe and America', February 1924, http://www.marxists.org/archive/trotsky/1926/02/europe.htm.

25 Ibid.

26 예를 들면 앵거스 매디슨이 OECD를 위해 만든 다음 자료를 보라. http://www.theworldeconomy.org/.

27 현대의 고전적 연구로는 다음을 보라. P. Kennedy, *The Rise and Fall of the Great Powers* (London, 1987).

28 J. Darwin, *Empire Project: The Rise and Fall of the British World−System, 1830−1970* (Cambridge, 2009).

29 D. Bell, *The Idea of Greater Britain* (Princeton, NJ, 2009).

30 E. J. Eisenach, *The Lost Promise of Progressivism* (Lawrence, KS, 1994), 48–52.

31 다음에 소개된 '비공식적 제국informal empire'이라는 광범위한 개념이 의도적으로 흐릿하게 만든 구분. John Gallagher and Ronald Robinson, 'The Imperialism of Free Trade', *The Economic History Review*, second series, VI, no. 1 (1953), 1–15.

32 W. A. Williams, *The Tragedy of American Diplomacy* (New York, 1959).

33 다음 연구는 이를 자의적으로 아름답게 포착했다. V. de Grazia, *Irresistible Empire: America's Advance Through Twentieth-Century Europe* (Cambridge, MA, 2005).

34 매우 유력한 사례를 하나만 들어보자. E. Hobsbawm, *Age of Extremes* (London, 1994).

35 그중에서 지금까지 가장 영향력 있는 연구는 다음을 보라. R. S. Baker, *Woodrow Wilson and the World Settlement* (New York, 1922).

36 윌슨에 비판적인 설명에도 쓰였다. 예를 들면 다음을 보라. T. A. Bailey, *Woodrow Wilson and the Lost Peace* (New York, 1944), 154–5.

37 윌슨을 과격하게 비판하는 미국인들은 베르사유에서는 '실패'가 없었다고, 기존 질서의 기득권자들을 지지하는 것이 언제나 평화의 진정한 목적이었다고 결론 내렸다. 다음을 보라. T. Veblen, Editorial from 'The Dial', 15 November 1919, in Veblen, *Essays in Our Changing Order* (New York, 1934), 459–61.

38 이것이 다음 A. 메이어 저작들의 기본 줄기이다. *The Persistence of the Old Regime: Europe to the Great War* (New York, 1981), *Wilson versus Lenin: Political Origins of the New Diplomacy, 1917–1918* (New York, 2nd ed., 1964), *Politics and Diplomacy of Peacemaking* (New York, 1967), and *Why Did the Heavens Not Darken? The 'Final Solution' in History* (New York, 1988).

39 M. Mazower, *Dark Continent: Europe's Twentieth Century* (London, 1998)가 매우 유력한 연구이다.

40 J. L. Harper, *American Visions of Europe* (Cambridge, 1994).

41 D. E. Ellwood, *The Shock of America* (Oxford, 2012).

42 이러한 성격의 이론화 작업의 다른 사례로는 다음을 보라. P. Kindleberger, *The World in Depression: 1929–1939* (Berkeley, CA, 1973), R. Gilpin, 'The Theory of Hegemonic War', *The Journal of Interdisciplinary History* 18, no. 4 (Spring 1988), 591–613, and G. Arrighi, *The Long Twentieth Century: Money, Power, and the Origins of Our Times* (London, 1994).

43 J. Ikenberry, *After Victory: Institutions, Strategic Restraint, and the Rebuilding of Order after Major Wars* (Princeton, NJ, 2001).

44 C. A. Kupchan, *No One's World: The West, the Rising Rest, and the Coming Global Turn* (Oxford, 2012).

45 C. Bright and M. Geyer, 'For a Unified History of the World in the Twentieth Century', *Radical History Review* 39 (September 1987), 69–91, M. Geyer and C. Bright, 'World History in a Global Age', in *American Historical Review* 100 (October 1995), 1034–60, and M. Geyer and C. Bright, 'Global Violence and Nationalizing Wars in Eurasia and America: The Geopolitics of War in the Mid-Nineteenth Century', *Comparative Studies in Society and History* 38, no. 4 (October 1996, 619–57.

46 J. Hobson, *Imperialism: A Study* (London, 1902).

47 근자의 훌륭한 고찰로는 다음을 보라. A. D'Agostino, *The Rise of Global Powers: International Politics in the Era of the World Wars* (Cambridge, 2012).

48 N. Smith, *American Empire: Roosevelt's Geographer and the Prelude to Globalization* (Berkeley, CA, 2003).

49 M. Nebelin, *Ludendorff* (Munich, 2010).

50 D. Fromkin, *The Peace to End all Peace* (New York, 1989).

51 이 주장에 관해서는 다음 책에 많은 것을 빚졌다. A. Iriye, *After Imperialism: The Search for a New Order in the Far East, 1921–1931* (Cambridge, MA, 1965).

52 D. Gorman, *The Emergence of International Society in the 1920s* (Cambridge, 2012).

53 앞선 연구에서와 같이 다음 책에 큰 빚을 졌다. M. Berg, *Gustav Stresemann. Eine politische Karriere zwischen Reich und Republik* (Göttingen, 1992).

54 N. Bamba, *Japanese Diplomacy in a Dilemma* (Vancouver, 1972), 360–66.

55 L. Trotsky, *Perspectives of World Development* (1924), http://www.marxists.org/archive/trotsky/1924/07/world.htm.

56 A. Hitler, *Mein Kampf* (London, 1939), vol. 2, chapter 13.

57 다음에 깊이 동의한다. R. Boyce, *The Great Interwar Crisis and the Collapse of Globalization* (London, 2009).

58 짧은 개요는 다음을 보라. A. Stephanson, *Manifest Destiny: American Expansionism and the Empire of Right* (New York, 1995).

59 Eisenach, *Lost Promise*, 225.

60 다음에서 아주 최근에 개진된 논지이다. D. E. Ellwood, *The Shock of America* (Oxford, 2012). 통찰력 있는 비판은 다음을 보라. T. Welskopp and A. Lessoff (eds), *Fractured Modernity: America Confronts Modern Times, 1890s to 1940s* (Oldenbourg, 2012).

61 다음 연구가 매우 다양한 방향에서 도달한 결론이다. G. Kolko, *The Triumph of Conservatism: A Reinterpretation of American History, 1900–1916* (New York, 1963).

62 J. T. Sparrow, *Warfare State: World War II Americans and the Age of Big Government* (New York, 2011).

63 Douglas Steeples and David O. Whitten, *Democracy in Desperation: The Depression of 1893* (Westport, CT, 1998).

64 최고의 소개는 다음에서 볼 수 있다. A. S. Link, *Woodrow Wilson and the Progressive Era 1910–1917* (New York, 1954).

65 W. C. Widenor, *Henry Cabot Lodge and the Search for an American Foreign Policy* (Berkeley, CA, 1983).

66 B. Knei-Paz, *The Social and Political Thought of Leon Trotsky* (Oxford, 1978).

67 V. I. Lenin, 'The Chain Is No Stronger Than Its Weakest Link', *Pravda* 67, 9 June (27 May) 1917; *Lenin: Collected Works* (Moscow, 1964), vol. 24, 519–20.

68 S. Hoffmann, *Gulliver's Troubles, or the Setting of American Foreign Policy* (New York, 1968), 52. '불균등하고 복합적인 발전'을 다룬 다른 정치학 연구로는 다음을 보라. R. Gilpin, *War and Change in World Politics* (Cambridge, 1981).

1장

1 최근의 연구로는 다음을 보라. H. Strachan, *The First World War* (London, 2003), and D. Stevenson, *1914–1918: The History of the First World War* (London, 2004).

2 N. A. Lambert, *Planning Armageddon: British Economic Warfare and the First World War* (Cambridge, MA, 2012).

3 S. Roskill, *Naval Policy Between the Wars* (New York, 1968 and 1976), vol. 1, 80–81.

4 H. Nouailhat, *France et Etats–Unis: Aout 1914–Avril 1917* (Paris, 1979), 349–55.

5 C. Seymour (ed.), *The Intimate Papers of Colonel House* (London, 1926), vol. 1, 312–13.

6 A. S. Link (ed.) et al., *The Papers of Woodrow Wilson* [hereafter *PWW*], 69 vols (Princeton, NJ, 1966–94), vol. 36, 120.

7 J. J. Safford, *Wilsonian Maritime Diplomacy 1913–1921* (New Brunswick, NJ, 1978), 67–115.

8 P. O. O'Brian, *British and American Naval Power: Politics and Policy, 1900–1936* (Westport, CT, 1998), 117.

9 R. Skidelsky, *John Maynard Keynes: A Biography*, 3 vols (New York, 1983–2000), vol. 1, 305–15.

10 K. Burk, *Britain, America and the Sinews of War, 1914–1918* (London, 1985), and H. Strachan, *Financing the First World War* (Oxford, 2004).

11 K. Neilson, *Strategy and Supply: The Anglo–Russian Alliance 1914–1917* (London, 1984), 106–12.

12 M. Horn, *Britain, France, and the Financing of the First World War* (Montreal, 2002).

13 Nouailhat, *France*, 368.

14 S. Broadberry and M. Harrison (eds), *The Economics* of *World War I* (Cambridge, 2005).

15 고전적인 설명은 다음을 보라. H. Feis, *Europe: The World's Banker 1870–1914* (New York, 1965).

16 R. Chernow, *The House of Morgan: An American Banking Dynasty and the Rise of Modern Finance* (New York, 2001).

17 J. M. Keynes, *The Collected Writings of John Maynard Keynes*, vol. 16 (London, 1971–89), 197.

18 P. Roberts, "'Quis Custodiet Ipsos Custodes?" The Federal Reserve System's Founding Fathers and Allied Finances in the First World War', *The Business History Review* 72 (1998), 585–620.

19 E. Sanders, *Roots of Reform* (Chicago, IL, 1999) and A. H. Meltzer, *A History of the Federal Reserve* (Chicago, IL, 2002–3).

20 W. L. Silber, *When Washington Shut Down Wall Street: The Great Financial Crisis of 1914 and the Origins of America's Monetary Supremacy* (Princeton, NJ, 2007).

21 N. Ferguson, *The Pity of War: Explaining World War I* (London, 1998).

22 A. Offer, *The First World War: An Agrarian Interpretation* (Oxford, 1991).

23 개략적인 설명은 다음을 보라. D. E. Ellwood, *The Shock of America* (Oxford, 2012).

24 J. Banno, *Democracy in Prewar Japan: Concepts of Government 1871–1937* (London, 2001), 47.

25 W. Wilson, *Congressional Government: A Study in American Government* (PhD thesis, Johns Hopkins University, 1885).

26 D. T. Rodgers, *Atlantic Crossings: Social Politics in a Progressive Age* (Cambridge, MA, 1998).

27 W. Wilson, 'Democracy and Efficiency', *Atlantic Monthly* (March 1901), 289.

28 T. Raithel, *Das Wunder der inneren Einheit* (Bonn, 1996).

29 T. Roosevelt, *America and the World War* (New York, 1915).

30 J. M. Cooper, *The Warrior and the Priest: Theodore Roosevelt and Woodrow Wilson* (Cambridge, MA, 1983), 284–5.

31 W. Wilson, *A History of the American People* (New York, 1902), and J. M. Cooper, *Woodrow Wilson: A Biography* (New York, 2009).

32 *PWW*, vol. 57, 246.

33 W. Wilson, 'The Reconstruction of the Southern States', *Atlantic Monthly*, January 1901, 1–15.

34 R. E. Hannigan, *The New World Power: American Foreign Policy, 1898–1917* (Philadelphia, PA, 2002), 45–8.

35 R. S. Baker and W. E. Dodd (eds), *The Public Papers of Woodrow Wilson* (New York, 1925–7), vol. 1, 224–5.

36 T. J. Knock, *To End All Wars: Woodrow Wilson and the Quest for a New Order* (Princeton, NJ, 1992), 77.

37 *PWW*, vol. 37, 116.

38 *PWW*, vol. 40, 84–5.

39 *PWW*, vol. 41, 183–4, and repeated in February 1917, see ibid., 316–17.

40 B. M. Manly, 'Have Profits Kept Pace with the Cost of Living?', *Annals of the American Academy of Political and Social Science* 89 (1920), 157–62.

41 M. J. Pusey, *Charles Evans Hughes* (New York, 1951), vol. 1, 335–66.

42 *The Memoirs of Marshal Joffre*, trans. T. B. Mott (London, 1932), vol. 2, 461.

43 P. v. Hindenburg, *Aus Meinem Leben* (Leipzig, 1920), 180–81.

44 G. Ritter, *Staatskunst und Kriegshandwerk* (Munich, 1954–68), vol. 3, 246.

45 G. E. Torrey, *Romania and World War I* (Lasi, 1998), 174.

46 S. Miller, *Burgfrieden und Klassenkampf: Die deutsche Sozialdemokratie in Ersten Weltkrieg* (Düsseldorf, 1974), 263–4.

47 D. French, *The Strategy of the Lloyd George Coalition, 1916–19* (Oxford, 1995), and M. G. Fry, *Lloyd George and Foreign Policy* (Montreal, 1977).

48 Keynes, *The Collected Writings* (18 October 1916), vol. 16, 201.

49 이 연구가 훌륭하게 설명했다. G.-H. Soutou, *L'Or et le Sang: Les Buts de guerre économique de la Première Guerre Mondiale* (Paris, 1989), 365–72, 398–9.

50 *Papers Relating to the Foreign Relations of the United States: Lansing Papers* (Washington, DC, 1940), vol. 1, 306–7.

51 Seymour (ed.), *Intimate Papers*, vol. 2, 129.

52 Fry, *Lloyd George*, 219.

53 Neilson, *Strategy and Supply*, 191; A. Suttie, *Rewriting the First World War: Lloyd George, Politics and Strategy 1914–1918* (London, 2005), 85.

2장

1   V. I. Lenin, 'Imperialism, the Highest Stage of Capitalism', in V. I. Lenin, *Selected Works* (Moscow, 1963), vol. 1, 667–766.

2   레닌 좌파의 이른바 초제국주의ultra–imperialism 이론에 반대했다. 다음을 보라. K. Kautsky, 'Der Imperialismus', *Die Neue Zeit* 32, no. 2 (1914), 908–22. 최근 이 이론의 부활에 관해서는 다음을 보라. A. Negri and M. Hardt, *Empire* (Cambridge, MA, 2001).

3   A. S. Link (ed.) et al., *The Papers of Woodrow Wilson* [hereafter *PWW*], 69 vols (Princeton, NJ, 1966–94), vol. 40, 19–20. 미국의 참전에 관한 수정주의적 설명은 다음을 보라. J. D. Doenecke, *Nothing Less Than War: A New History of America's Entry into World War I* (Lexington, KY, 2010).

4   *PWW*, vol. 40, 77.

5   P. Roberts, '"Quis Custodiet Ipsos Custodes?" The Federal Reserve System's Founding Fathers and Allied Finances in the First World War', *Business History Review* 72 (1998), 585–620.

6   H. Nouailhat, *France et Etats–Unis: Aout 1914–Avril 1917* (Paris, 1979), 382.

7   J. Siegel, *For Peace and Money* (Oxford, 2014, forthcoming), chapter 4.

8   G.–H. Soutou, *L'Or et le Sang: Les Buts de guerre économique de la Première Guerre Mondiale* (Paris, 1989), 373–8; J. Wormell, *The Management of the Public Debt of the United Kingdom* (London, 2000), 222–41.

9   J. H. von Bernstorff, *My Three Years in America* (New York, 1920), 317.

10 T. J. Knock, *To End All Wars: Woodrow Wilson and the Quest for a New Order* (Princeton, NJ, 1992), 110. 러시아의 반응에 관해서는 다음을 보라. *Papers Relating to the Foreign Relations of the United States: Lansing Papers* [hereafter *FRUS: Lansing Papers*] (Washington, DC, 1940), vol. 2, 320–21.

11 'President Wilson and Peace', *The Times* (London), Friday 22 December 1916, 9; 'French Public Opinion', *The Times* (London), 23 December 1916, 7.

12 Nouailhat, *France*, 393.

13 D. French, *The Strategy of the Lloyd George Coalition, 1916–1918* (Oxford, 1995), 34.

14 Ibid., 38.

15 J. M. Keynes, *Collected Writings of John Maynard Keynes*, vol. 16 (London, 1971).

16 *The New York Times*, 23 January 1917; *PWW*, vol. 40, 533–9.

17 다음 연구는 이 점을 가장 정확하게 파악하지만 그 연설을 무비판적으로 혁신주의의 성명서로 취급한다. Knock, *To End All Wars*. 신좌파의 비판적인 관점을 담은 연구로는 다음을 보라. N. Levin, *Woodrow Wilson and World Politics* (New York, 1968), 260.

18 J. Cooper, *The Warrior and the Priest: Woodrow Wilson and Theodore Roosevelt*

(Cambridge, MA, 1983).

19 C. Seymour (ed.), *The Intimate Papers of Colonel House* (London, 1926), vol. 2, 412.

20 *PWW*, vol. 40, 533–9.

21 Bernstorff, *My Three Years*, 390–91.

22 *The New York Times*, 23 January 1917.

23 *PWW*, vol. 41, 11–12.

24 *The New York Times*, 23 January 1917.

25 'Labour in Session', *The Times* (London), 23 January 1917, 5.

26 'War Aims of Labour', *The Times* (London), 24 January 1917, 7.

27 *The New York Times*, 24 January 1917.

28 Nouailhat, *France*, 398.

29 Bernstorff, *My Three Years*, 286.

30 Ibid., 371.

31 'Aufzeichnung über Besprechung 9.1.1917', in H. Michaelis and E. Schraepler (eds), *Ursachen und Folgen. Vom deutschen Zusammenbruch 1918 und 1945* (Berlin, 1958), vol. 1, 146–7.

32 K. Erdmann (ed.), *Kurt Riezler. Tagebücher, Aufsaetze, Dokumente* (Göttingen, 1972), 403–4.

33 M. Weber, *Gesammelte politische Schriften* (Tübingen, 1988).

34 랜싱은 1917년 2월 2일 윌슨에게 이렇게 말했다. *FRUS: Lansing Papers*, vol. 1, 591–2.

35 K. Burk, 'The Diplomacy of Finance: British Financial Missions to the United States 1914–1918', *The Historical Journal* 22, no. 2 (1979), 359.

36 대서양주의의 역사에 관해서는 다음을 보라. M. Mariano, *Defining the Atlantic Community* (New York, 2010).

37 M. G. Fry, *Lloyd George and Foreign Policy*, vol. 1, *The Education of a Statesman: 1890–1916* (Montreal, 1977), 34.

38 D. Lloyd George, *The Great Crusade: Extracts from Speeches Delivered during the War* (London, 1918).

39 R. Hanks, 'Georges Clemenceau and the English', *The Historical Journal* 45, no. 1 (2002), 53–77.

40 *PWW*, vol. 42, 375–6. 이 관계를 대하는 과제를 타르디외가 어떻게 이해했는지는 다음을 보라. A. Tardieu, *France and America: Some Experiences in Cooperation* (Boston, MA, 1927).

41 *PWW*, vol. 41, 136, 256 and 336–7.

42 Ibid., 89, 94, 101, and *PWW*, vol. 42, 255.

43 *PWW*, vol. 41, 120.

44 M. Hunt, *Ideology and US Foreign Policy* (New Haven, CT, 1987), 129–30. 윌슨과 냉전을 연결하려 한 헌트는 1789년 대혁명과 반대되는 파리코뮌의 중요성을 과도하게 강조한다.

45 *Burke's Speech on Conciliation with the Colonies*, in Robert Andersen (ed.) with an introduction by Woodrow Wilson (Boston, MA, 1896), xviii.

대격변

46 W. Wilson, 'The Character of Democracy in the United States', in idem, *An Old Master and Other Political Essays* (New York, 1893), 114–15.

47 Wilson, 'Democracy and Efficiency', *Atlantic Monthly* LXXXVII (1901), 289.

48 Wilson, *The Character of Democracy*, 115.

49 Ibid., 114.

50 *PWW*, vol. 40, 133.

51 E. Mantoux, *The Carthaginian Peace* (New York, 1952), 50.

52 이 두 연구가 아직까지도 최고의 전기이다. D. Watson, *Georges Clemenceau: A Political Biography* (London, 1976), and G. Dallas, *At the Heart of a Tiger: Georges Clemenceau and His World 1841–1929* (London, 1993).

53 G. Clemenceau, *American Reconstruction, 1865–1870* (New York, 1969), 226.

54 W. Wilson, *A History of the American People* (New York, 1901), vol. 5, 49–53.

55 Clemenceau, *American Reconstruction*, 84.

56 평화와 정의에 관한 클레망소의 루스벨트의 견해의 유사성은 클레망소가 이미 1910년에 언급했다. 다음의 연설을 보라. G. Clemenceau, *Sur La Democratie* (Paris 1930), 124–5.

57 E. Benton, *The Movement for Peace Without Victory during the Civil War* (Columbus, OH, 1918), and J. McPherson, *This Mighty Scourge* (Oxford, 2007), 167–86.

58 루스벨트는 이러한 연설을 하기 전에 윌슨이 독일의 공격에 대응하기를 거부할 때까지 기다렸다. 'PEACE WITHOUT VICTORY MEANS PEACE WITHOUT HONOR', in *Poverty Bay Herald* XLIV, 20 March 1917, 8. 다음을 보라. E. Morrison (ed.), *The Letters of Theodore Roosevelt* (Cambridge, MA, 1954), 1162–3.

59 *PWW*, vol. 41, 87.

60 *FRUS: Lansing Papers*, vol. 2, 118–20.

61 *PWW*, vol. 41, 201 and 283.

62 Ibid., 123 and 183–4.

63 Zimmermann to Bernstorff on 19 January 1917, in Michaelis and Schraepler, *Ursachen und Folgen*, vol. 1, 151–2.

64 Quoted in F. Katz, *The Secret War in Mexico: Europe, the United States and the Mexican Revolution* (Chicago, IL, 1981), 359–60.

65 W. Rathenau, *Politische Briefe* (Dresden, 1929), 108.

66 A. S. Link, *Woodrow Wilson and the Progressive Era 1910–1917* (New York, 1954), 275.

67 *PWW*, vol. 42, 140–48.

3장

1 N. Saul, *War and Revolution: The United States and Russia, 1914–1921* (Lawrence, KS, 2001), 97–98.

2 근자의 연구로 가장 훌륭한 것은 다음을 보라. O. Figes, *A People's Tragedy: The Russian Revolution 1891–1924* (London, 1996).

3 그 순간의 대중의 분위기를 포착한 것으로는 다음을 보라. M. Steinberg, *Voices of*

Revolution, 1917 (New Haven, CT, 2001).

4 A. S. Link (ed.) et al., *The Papers of Woodrow Wilson* [hereafter *PWW*], 69 vols (Princeton, NJ, 1966–94), vol. 41, 425–7.

5 *PWW*, vol. 41, 440, and *Papers Relating to the Foreign Relations of the United States: Lansing Papers* [hereafter *FRUS: Lansing Papers*] (Washington, DC, 1940), vol. 1, 626–8, 636.

6 Wilson's declaration of war, 2 April 1917.

7 Quoted in M. Winock, *Clemenceau* (Paris, 2007), 418–19.

8 생생한 설명은 다음을 보라. N. Sukhanov, *The Russian Revolution, 1917: A Personal Record* (London, 1955), 202–3.

9 Sukhanov, *Russian Revolution*, 240–41.

10 W. Roobol, *Tsereteli—A Democrat in the Russian Revolution: A Political Biography* (The Hague, 1976); M. Khoundadze, *La révolution de février 1917 : La social–démocratie contre le bolchevisme, Tsertelli face à Lenine* (Paris, 1988); R. Abraham, *Alexander Kerensky: The First Love of the Revolution* (London, 1987).

11 V. I. Lenin, 'Letter to *Pravda* on 7 April 1917', in V. I. Lenin, *Collected Works* (Moscow, 1964), vol. 24, 19–26.

12 J. H. von Bernstorff, *My Three Years in America* (London, 1920), 383.

13 D. Stevenson, 'The Failure of Peace by Negotiation in 1917', *The Historical Journal* 34, no. 1 (1991), 65–86.

14 S. Miller, *Burgfrieden und Klassenkampf: Die deutsche Sozialdemokratie im Ersten Weltkrieg* (Düsseldorf, 1974), 283–98.

15 *PWW*, vol. 42, MacDonald to Wilson, 29 May 1917, 420–22.

16 J. Turner, *British Politics and the Great War: Coalition and Conflict 1915–1918* (New Haven, CT, 1992).

17 L. Gardner, *Safe for Democracy: The Anglo–American Response to Revolution, 1913–1923* (Oxford, 1987), 138; A. Suttie, *Rewriting the First World War: Lloyd George, Politics, and Strategy, 1914–1918* (Houndmills, 200), 191–4.

18 S. Carls, *Louis Loucheur and the Shaping of Modern France 1916–1931* (Baton Rouge, FL, 1993), 43–4, 50–51.

19 C. Seton–Watson, *Italy from Liberalism to Fascism 1870–1925* (London, 1979), 468–71.

20 *Der Interfraktioneller Ausschuss, 1917/18* [hereafter IFA], eds E. Matthias and R. Morsey (Düsseldorf, 1959), vol. 1, 3–13.

21 M. Epstein, *Matthias Erzberger and the Dilemma of German Democracy* (Princeton, NJ, 1959).

22 *IFA*, vol. 1, 15.

23 I. Sinanoglou, 'Journal de Russie d'Albert Thomas: 22 avril–19 juin 1917', *Cahiers du Monde Russe et Soviétique* 14, no. 1/2 (1973), 86–204, and J. Winter, *Socialism and the Challenge of War* (London, 1974), 243–59.

24 Wade, *Russian Search for Peace*, 79–80.

25 *FRUS: Lansing Papers*, vol. 2, 332 and 338.

26 *PWW*, vol. 43, 465−70 and 487−9; see also *PWW*, vol. 42, 140−41.

27 *PWW*, vol. 42, 365−7.

28 Ibid., 385.

29 J. J. Wormell, *Management of the National Debt in the United Kingdom, 1900−1932* (London, 2000), 249−59.

30 J. Terraine, *White Heat: The New Warfare 1914−18* (London, 1982), 218.

31 D. French, *The Strategy of the Lloyd George Coalition, 1914−1918* (Oxford, 1995), 101−23.

32 B. Millman, *Managing Domestic Dissent in First World War Britain* (London, 2000).

33 V. I. Lenin, 'Peace Without Annexations and the Independence of Poland as Slogans of the Day in Russia', http://www.marxists.org/archive/lenin/works/1916/feb/29.htm.

34 V. I. Lenin, 'The Discussion on Self−Determination Summed Up, July 1916', in V. I. Lenin, *Collected Works*, (Moscow, 1963), vol. 22, 320−60.

35 V. I. Lenin, 'The Petrograd City Conference of the R.S.D.L.P. 14−22 April 1917', in ibid., *Collected Works* (Moscow, 1964), vol. 24, 139−66.

36 *FRUS: Lansing Papers*, vol. 2, 340−41; L. Bacino, *Reconstructing Russia: U.S. Policy in Revolutionary Russia, 1917−1922* (Kent, OH, 1999).

37 L. Heenan, *Russian Democracy's Fatal Blunder: The Summer Offensive of 1917* (New York, 1987).

38 A. Kerensky, *The Kerensky Memoirs* (London, 1965), 285.

39 3H. Herwig, *The First World War: Germany and Austria−Hungary 1914−1918* (London, 1997), 338.

40 M. Thompson, *The White War: Life and Death on the Italian Front 1915−1919* (New York, 2008), 294−327.

41 H. Hagenlucke, *Deutsche Vaterlandspartei* (Düsseldorf, 1997).

42 Abraham, *Kerensky*, 257.

43 Ibid., 305.

44 R. Service, *Lenin: A Biography* (London, 2000), 304.

45 O. Radkey, *Russia Goes to the Polls: The Election to the All−Russian Constituent Assembly, 1917* (Ithaca, NY, 1989), 63.

46 *PWW*, vol. 43, 471−2.

47 Ibid., 523.

48 Ibid., 509.

49 Ibid., 523−5.

50 O. Radkey, *The Agrarian Foes of Bolshevism. Promise and Default of the Russian Socialist Revolutionaries, February to October 1917* (New York, 1958), 85.

51 Ibid., 88.

4장

1   W. Wheeler, *China and the World War* (New York, 1919), 100.

2   A. S. Link (ed.) et al., *The Papers of Woodrow Wilson* [hereafter *PWW*], 69 vols (Princeton, NJ, 1966−94), vol. 41, 108−12.

3   G. Xu, *China and the Great War* (Cambridge, 2005), 162−3.

4   컬럼비아 법과대학의 프랭크 굿나우가 쓴 글에 대한 혹독한 비판은 다음을 보라. B. Putnam Weale, *The Fight for the Republic in China* (New York, 1917), 142−90; J. Kroncke, 'An Early Tragedy of Comparative Constitutionalism: Frank Goodnow and the Chinese Republic', *Pacific Rim Law and Policy Journal* 21, no. 3 (2012), 533−90.

5   W. Kirby, 'The Internationalization of China: Foreign Relations at Home and Abroad in the Republican Era', *The China Quarterly* 150, 'Special Issue: Reappraising Republican China' (1997), 433−58.

6   D. Kuhn, *Die Republik China von 1912 bis 1937* (Heidelberg, 2004), 89.

7   T. S. Chien, *The Government and Politics of China* (Cambridge, MA, 1950), 75−6.

8   S. Craft, *V. K. Wellington Koo and the Emergence of Modern China* (Lexington, KY, 2004), 40−41.

9   J. Sheridan, *China in Disintegration: The Republican Era in Chinese History, 1912− 1949* (New York, 1977), 69.

10   N. Bose, *American Attitudes and Policy to the Nationalist Movement in China (1911− 1921)* (Bombay, 1970), 105.

11   Xu, *China and the Great War*, 213.

12   S. Schram (ed.), *Mao's Road to Power: Revolutionary Writings 1912−1949: The Pre-Marxist Period*, vol. 1, *1912−1920* (New York, 1992), 104.

13   N. Pugach, *Paul S. Reinsch: Open Door Diplomat in Action* (Millwood, NY, 1979), 226.

14   *PWW*, vol. 41, 177.

15   Ibid., 175.

16   Ibid., 185.

17   N. Kawamura, *Turbulence in the Pacific: Japanese−US Relations During World War I* (Westport, CT, 2000), 66.

18   C. Tsuzuki, *The Pursuit of Power in Modern Japan 1825−1995* (Oxford, 2000).

19   F. Dickinson, *War and National Reinvention: Japan in the Great War 1914−1919* (Cambridge, MA, 1999).

20   L. Gardner, *Safe for Democracy: The Anglo−American Response to Revolution, 1913− 1923* (Oxford, 1987), 83; Xu, *China and the Great War*, 94−7.

21   K. Kawabe, *The Press and Politics in Japan* (Chicago, IL, 1921); F. R. Dickinson, *World War I and the Triumph of a New Japan, 1919−1930* (Cambridge, 2013), 52.

22   Dickinson, *War and National Reinvention*, 150−65.

23   M. Schiltz, *The Money Doctors from Japan: Finance, Imperialism, and the Building of the Yen Bloc, 1895−1937* (Cambridge, MA, 2012), 135−54.

24   P. Duus, *Party Rivalry and Political Change in Taisho Japan* (Cambridge, 1968), 97−9.

25   P. Duus (ed.), *The Cambridge History of Japan*, vol. 6, *The Twentieth Century*

(Cambridge, 1988), 280.

26 Weale, *Fight*, 206.

27 Quoted in Pugach, *Reinsch*, 226.

28 Wheeler, *China and the World War*, 71.

29 *PWW*, vol. 41, 186.

30 *PWW*, vol. 42, 53−4.

31 *Papers Relating to the Foreign Relations of the United States: Lansing Papers* [hereafter *FRUS: Lansing Papers*] (Washington, DC, 1940), vol. 2, 19−32, and Y. Zhang, *China in the International System, 1918−1920* (Basingstoke, 1991), 203.

32 M. Bergere, *Sun Yat−Sen* (Stanford, CA, 1998), 271.

33 Wheeler, *China and the World War*, 51.

34 'American Press Tributes to Dr Wu Ting−Fang', *China Review* 3 (1922), 69−72.

35 Xu, *China and the Great War*, 241.

36 *PWW*, vol. 42, 466.

37 Wheeler, *China and the World War*, 94.

38 *The New York Times Current History*, vol. 13, *The European War* (New York, 1917), 353.

39 Wheeler, *China and the World War*, 173−4.

40 *FRUS: Lansing Papers*, vol. 2, 432−3.

41 Kawamura, *Turbulence in the Pacific*, 91−2.

42 Xu, *China and the Great War*, 226−7.

43 G. McCormack, *Chang Tso−Lin in Northeast China, 1911−1928: China, Japan and the Manchurian Idea* (Stanford, CA, 1977).

44 Dickinson, *War and National Reinvention*, 223.

45 *PWW*, vol. 42, 60−64.

46 Pugach, *Reinsch*, 236.

47 M. Metzler, *Lever of Empire: The International Gold Standard and the Crisis of Liberalism in Prewar Japan* (Berkeley, CA, 2005), 108−9.

5장

1 F. Fischer, *Griff nach der Weltmacht: Die Kriegszielpolitik des Kaiserlichen Deutschland, 1914−18* (Düsseldorf, 1961).

2 J. Wheeler−Bennett, *Brest−Litovsk: The Forgotten Peace, March 1918* (London, 1938).

3 동부 점령시구 역사에 관해서는 다음을 보라. V. Liulevicius, *War Land on the Eastern Front: Culture, National Identity, and German Occupation in World War I* (Cambridge, 2000).

4 V. I. Lenin, 'The Debate on Self−Determination Summed Up', in V. I. Lenin, *Collected Works* (Moscow, 1964), vol. 22, 320−60.

5 V. I. Lenin, 'Statistics and Sociology', in V. I. Lenin, *Collected Works* (Moscow, 1964), vol. 23, 271−7.

6   T. Snyder, *The Reconstruction of Nations: Poland, Ukraine, Lithuania, Belarus, 1569–1999* (New Haven, CT, 2003).

7   'Hitch in Negotiations: German Delegates Point to Peoples Who Desire …', *The New York Times*, 31 December 1917.

8   *Der Interfraktioneller Ausschuss, 1917/18* [hereafter *IFA*], eds E. Matthias and R. Morsey (Düsseldorf, 1959), vol. 1, 213–402.

9   Heinz Hagenlucke, *Deutsche Vaterlandspartei* (Düsseldorf, 1996).

10 *IFA*, vol. 1, 635.

11 W. Ribhegge, *Frieden für Europa: Die Politik der deutschen Reichstagsmehrheit, 1917–18* (Essen, 1988), 228–9.

12 M. Llanque, *Demokratisches Denken im Krieg: Die deutsche Debatte im Ersten Weltkrieg* (Berlin, 2000), 20.

13 A. Vogt, *Oberst Max Bauer, Generalstabsoffizier im Zwielicht, 1869–1929* (Osnabrück, 1974), 108.

14 K. Erdmann (ed.), *Kurt Riezler: Tagebücher, Aufsaetze, Dokumente* (Göttingen, 1972).

15 W. Ribhegge, *Frieden für Europa. Die Politik der deutschen Reichstagsmehrheit 1917/18* (Berlin, 1988), 228–9.

16 P. Gatrell, *A Whole Empire Walking: Refugees in Russia during World War I* (Indiana, IN, 2005).

17 Hagenlucke, *Vaterlandspartei*, 204.

18 I. Geiss, *Der polnische Grenzstreifen 1914–1918: Ein Beitrag zur deutschen Kriegszielpolitik im Ersten Weltkrieg* (Lübeck, 1960), 129.

19 에르츠베르거의 조롱에 관해서는 다음을 보라. Ribhegge, *Frieden*, 173–5. 사회민주당의 반응에 관해서는 다음을 보라. ibid., 228–9.

20 P. Theiner, *Sozialer Liberalismus und deutsche Weltpolitik. Friedrich Naumann im Wilhelminischen Deutschland (1860–1919)* (Baden–Baden, 1983), 242–58.

21 M. Berg, *Gustav Stresemann und die Vereinigten Staaten von Amerika: weltwirtschaftliche Verflechtung und Revisionspolitik, 1907–1929* (Baden–Baden, 1990), 43.

22 *IFA*, vol. 1, 11.

23 R. Service, *Lenin: A Biography* (Düsseldorf, 2000), 321–5.

24 Fischer, *Griff*, 299–300.

25 Fischer, *Griff*, 299–300.

26 J. Snell, 'The Russian Revolution and the German Social Democratic Party in 1917', *Slavic Review* 15, no. 3 (1956), 339–50; see also *IFA*, vol. 1, 631–2.

27 S. Miller, *Burgfrieden und Klassenkampf: Die deutsche Sozialdemokratie im Ersten Weltkrieg* (Düsseldorf, 1974), 228–9.

28 K. Epstein, *Matthias Erzberger and the Dilemma of German Democracy* (Princeton, NJ, 1959), 219–20, 237.

29 주권의 재협상을 더 전반적으로 다룬 것으로는 다음을 보라. M. Koskenniemi, *The Gentle Civilizer of Nations: The Rise and Fall of International Law 1870–1960* (Cambridge,

2002), 172.

30 S. D. Krasner, *Sovereignty: Organized Hypocrisy* (Princeton, NJ, 1999).

31 Miller, *Burgfrieden*, 351.

32 Wheeler-Bennett, *Brest*, 117-20.

33 G. Kennan, *Russia Leaves the War: Soviet-American Relations, 1917-1920* (Princeton, NJ), vol. 1, 136.

34 C. Seymour (ed.), *The Intimate Papers of Colonel House* (Boston, MA, 1926-8), vol. 3, 264-85.

35 W. Hahlweg (ed.), *Der Friede von Brest-Litowsk. Ein unveröffentlichter Band aus dem Werk des Untersuchungsausschusses der deutschen verfassungsgebenden Nationalversammung und des deutschen Reichstages* (Düsseldorf, 1971), 150-53.

36 A. May, *The Passing of the Habsburg Monarchy, 1914-1918* (Philadelphia, PA, 1966), vol. 1, 458.

37 *IFA*, vol. 2, 86.

38 전문은 다음을 보라. Hahlweg, *Der Friede*, 176.

39 다음에 요약되어 있다. V. I. Lenin, 'Theses on the Question of the Immediate Conclusion of a Separate and Annexationist Peace, 7 January 1918', in V. I. Lenin, *Collected Works* (Moscow, 1972), vol. 26, 442-50.

40 Wheeler-Bennett, *Brest*, 145.

41 L. Gardner, *Safe for Democracy: The Anglo-American Response to Revolution, 1913-1923* (Oxford, 1987), 160.

42 E. Manela, *The Wilsonian Moment: Self-Determination and the International Origins of Anticolonial Nationalism* (Oxford, 2007), 19-53.

43 B. Unterberger, *The United States, Revolutionary Russia, and the Rise of Czechoslovakia* (Chapel Hill, NC, 1989), 94-5.

44 이 부분에 관해서는 다음을 보라. A. S. Link (ed.) et al., *The Papers of Woodrow Wilson* [hereafter *PWW*], 69 vols (Princeton, NJ, 1966-94), vol. 45, 534-9.

45 *Papers Relating to the Foreign Relations of the United States: Lansing Papers* (Washington, DC, 1940), vol. 2, 348.

46 다음의 통렬한 비판을 보라. Kennan, *Russia Leaves the War*, 255-72.

47 C. Warvariv, 'America and the Ukrainian National Cause, 1917-1920', in T. Hunczak (ed.), *The Ukraine 1917-1921: A Study in Revolution* (Cambridge, MA, 1977), 366-72.

48 *PWW*, vol. 45, 534-9.

49 D. Woodward, *Trial by Friendship: Anglo-American Relations, 1917-1918* (Lexington, KY, 1993), 153-4.

50 B. Unterberger, 'Woodrow Wilson and the Russian Revolution', in A. Link (ed.), *Woodrow Wilson and a Revolutionary World* (Chapel Hill, NC, 1982), 54.

6장

1 J. Reshetar, *The Ukrainian Revolution, 1917-1920 : A Study in Nationalism* (Princeton,

NJ, 1952), 53–4.

2   W. Stojko, 'Ukrainian National Aspirations and the Russian Provisional Government', in T. Hunczak (ed.), *The Ukraine 1917–1921: A Study in Revolution* (Cambridge, MA, 1977).

3   P. Borowsky, *Deutsche Ukrainepolitik 1918 unter besonderer Berücksichtigung der Wirtschaftsfragen* (Lübeck, 1970), 21–5.

4   E. Carr, *The Bolshevik Revolution, 1917–1923* (London, 1966), vol. 1, 301.

5   W. Hahlweg (ed.), *Der Friede von Brest–Litowsk: Ein unveröffentlichter Band aus dem Werk des Untersuchungsausschusses der deutschen verfassunggebenden Nationalversammlung und des deutschen Reichstages* (Düsseldorf, 1971), 299.

6   Hahlweg, *Friede*, 332, 영어 번역은 다음을 보라. J. Wheeler–Bennett, *Brest–Litovsk: The Forgotten Peace, March 1918* (London, 1938), 161–3.

7   비극적인 해석으로 가장 유명한 것은 독일인 사회학자 막스 베버가 1919년 초에 한 연설에서 볼 수 있다. Max Weber, 'Politics as a Vocation'. 중요한 것은 베버가 그 비극적 결론에 도달하기 위해 트로츠키의 첫 문장 일부만 인용함으로써 그의 뜻을 왜곡한다는 것이다. 다음을 보라. Peter Lassman and Ronald Speirs (eds), *Weber: Political Writings* (Cambridge, 1994), 310.

8   M. D. Steinberg, *Voices of Revolution, 1917* (New Haven, CT, 2001), 262–73.

9   W. H. Roobol, *Tsereteli—A Democrat in the Russian Revolution: A Political Biography* (The Hague, 1977), 181–2.

10   1J. Bunyan and H. Fisher (eds), *The Bolshevik Revolution 1917–1918: Documents and Materials* (Stanford, CA, 1934), 369–80.

11   M. Gorky, *Untimely Thoughts* (New Haven, CT, 1995), 124–5.

12   R. Pipes, *The Russian Revolution* (New York, 1990), 554.

13   V. I. Lenin, 'People from Another World', in V. I. Lenin, *Collected Works* (Moscow, 1972), vol. 26, 431–3.

14   J. Siegel, *For Peace and Money* (Oxford, 2014, 곧 출간), chapter 5.

15   C. Bell and B. Elleman, *Naval Mutinies of the Twentieth Century: An International Perspective* (London, 2003), 45–65.

16   P. Scheidemann, *Der Zusammenbruch* (Berlin, 1921), 70–71.

17   *Der Interfraktioneller Ausschuss, 1917/18* [hereafter *IFA*], eds E. Matthias and R. Morsey (Düsseldorf, 1959), vol. 2, 188–93.

18   Wheeler–Bennett, *Brest–Litovsk*, 209–11.

19   K. Liebknecht, *Politische Aufzeichnungen aus seinem Nachlass* (Berlin, 1921), 51, cited in L. Trotsky, *My Life* (New York, 1960), 378.

20   G.–H. Soutou, *L'Or et le Sang: Les Buts de guerre économique de la Première Guerre Mondiale* (Paris, 1989), 661–3.

21   Wheeler–Bennett, *Brest–Litovsk*, 171.

22   Pipes, *Russian Revolution*, 591.

23   나중에 회고한 것이다. V. I. Lenin, 'Peace or War, 23 February 1918', in V. I. Lenin, *Collected Works* (Moscow, 1972), vol. 27, 36–9.

24 R. Debo, *Revolution and Survival: The Foreign Policy of Soviet Russia 1917–1918* (Toronto, 1979), 120–21.

25 Wheeler-Bennett, *Brest–Litovsk*, 226–9.

26 *IFA*, vol. 2, 250.

27 Ibid., 163.

28 이하 내용은 다음을 보라. W. Baumgart and K. Repgen, *Brest–Litovsk* (Göttingen, 1969), 58–66.

29 카이저의 발언은 다음과 같다. "bolshewiki tiger, kesseltreiben abschiessen."

30 Baumgart and Repgen, *Brest–Litovsk*, 61.

31 Ibid., 62.

32 Ibid., 66.

33 R. von Kühlmann, *Erinnerungen* (Heidelberg, 1948), 548.

34 I. Geiss, *Der polnische Grenzstreifen, 1914–1918. Ein Beitrag zur deutschen Kriegszielpolitik im Ersten Weltkrieg* (Lübeck, 1960), 132–4.

35 M. Hoffmann, *War Diaries and Other Papers* (London, 1929), vol. 1, 205.

36 R. Pipes, *Russia under the Bolshevik Regime* (New York, 1994), 27–8, 52.

37 Pipes, *Russian Revolution*, 588.

38 Debo, *Revolution*, 124–46.

39 Wheeler-Bennett, *Brest–Litovsk*, 245.

40 Pipes, *Russian Revolution*, 594.

41 V. I. Lenin, 'Political Report of the Bolshevik Central Committee, 7 March 1918. Seventh Congress of the Russian Communist Party: Verbatim Report 6–8 March 1918', in V. I. Lenin, *Collected Works* (Moscow, 1972), vol. 27, 85–158.

42 R. Service, *Lenin: A Political Life* (Bloomington, IN, 1985), 32–30.

43 V. I. Lenin, 'Extraordinary Fourth All–Russia Congress of Soviets, 14–16 March 1918', in V. I. Lenin, *Collected Works* (Moscow, 1972), vol. 27, 169–201.

44 W. Ribhegge, *Frieden für Europa: Die Politik der deutschen Reichstagsmehrheit, 1917–18* (Essen, 1988), 264–5.

45 *Der Interfraktioneller Ausschuss*, 1917/18, eds E. Matthias and R. Morsey (Düsseldorf, 1959), vol. 2, 285–91; S. Miller, *Burgfrieden und Klassenkampf: Die deutsche Sozialdemokratie im Ersten Weltkrieg* (Düsseldorf, 1974), 368.

46 Wheeler-Bennett, *Brest–Litovsk*, 304–7.

47 Ribhegge, *Frieden*, 268.

48 *IFA*, vol. 2, 303.

49 Stevenson, *With Our Backs to the Wall* (London, 2011), 42, 53–4.

50 W. Churchill, *The World Crisis, 1916–1918* (New York, 1927) vol. 2, 132.

51 W. Goerlitz (ed.), *Regierte Der Kaiser? Kriegstagebucher, Aufzeichnungen und Briefe des Chefs des Marinekabinetts Admiral George Alexander von Mueller, 1914–1918* (Göttingen, 1959), 366.

52 Erich Ludendorff, *My War Memories* (London, 1919), vol. 2, 602.

53 Max von Baden, *Erinnerungen und Dokumente* (Stuttgart, 1968), 242–3.

7장

1   W. Baumgart, *Deutsche Ostpolitik 1918. Von Brest–Litowsk bis zum Ende des Ersten Weltkrieges* (Vienna and Munich, 1966), 40.

2   S. F. Cohen, *Bukharin and the Bolshevik Revolution: A Political Biography 1888–1938* (London, 1974).

3   'The Chief Task of Our Day', *Izvestia VTsIK*, no. 46, 12 March 1918, in V. I. Lenin, *Collected Works* (Moscow, 1972), vol. 27, 159–63.

4   이 내용에 관해서는 다음을 보라. *Seventh Congress of the Russian Communist Party: Verbatim Report*, 6–8 March 1918, in ibid., 85–158.

5   Baumgart, *Deutsche Ostpolitik*, 36. 속내를 드러내는 이러한 인정은 훗날 공식적인 러시아판 레닌 선집에서는 삭제되었다.

6   R. Pipes, *The Russian Revolution* (New York, 1990), 603–5.

7   P. E. Dunscomb, *Japan's Siberian Intervention, 1918–1922* (Plymouth, 2011), 40.

8   F. R. Dickinson, *War and National Reinvention: Japan in the Great War, 1914–1919* (Cambridge, MA, 1999), 57 and 197.

9   J. Morley, *The Japanese Thrust into Siberia, 1918* (New York, 1957), 53.

10   Dickinson, *War*, 183–4.

11   Dunscomb, *Siberian Intervention*, 42–3.

12   Dickinson, *War*, 196.

13   S. Naoko, *Japan, Race and Equality: The Racial Equality Proposal of 1919* (London, 2003), 109.

14   C. Tsuzuki, *The Pursuit of Power in Modern Japan, 1825–1995* (Oxford, 2000), 206.

15   G. Kennan, *Russia Leaves the War: Soviet–American Relations, 1917–1920* (Princeton, NJ), vol. 1, 272–3.

16   B. M. Unterberger, 'Woodrow Wilson and the Russian Revolution', in *Woodrow Wilson and a Revolutionary World*, ed. Arthur S. Link (Chapel Hill, NC, 1982), 61.

17   Kennan, *Soviet–American*, 480.

18   C. Seymour (ed.), *The Intimate Papers of Colonel House* (Boston, MA, 1926–8), vol. 3, 399.

19   Pipes, *Russian Revolution*, 598–9.

20   Morley, *The Japanese Thrust*, 140–41.

21   N. Kawamura, *Turbulence in the Pacific: Japanese–US Relations during World War I* (Westport, CT, 2000), 116; A. S. Link (ed.) et al., *The Papers of Woodrow Wilson*, 69 vols (Princeton, NJ, 1966–94).

22   적어도 하우스는 '일본 내의 두 파벌'의 존재를 인정했다. Seymour (ed.), *Intimate Papers*, vol. 3, 415.

23   U. Trumpener, *Germany and the Ottoman Empire 1914–1918* (Princeton, NJ, 1968), 249.

24   1918년 6월 에르츠베르거와 퀼만, 헤르틀링 사이의 의견 교환을 보라. *Der Interfraktioneller Ausschuss, 1917/18* [hereafter *IFA*], eds E. Matthias and R. Morsey (Düsseldorf, 1959), vol. 2, 410.

25 R. G. Hovanissian, *Armenia on the Road to Independence, 1918* (Berkeley, CA, 1967), 175.

26 Baumgart, *Ostpolitik*, 181.

27 Ibid., 193−4.

28 Hovannisian, *Armenia on the Road to Independence*, 184.

29 제국의회 상임위원회에서 승인된 정책. *IFA*, vol. 2, 519.

30 Trumpener, *Germany*, 256−7.

31 R. G. Suny, *The Making of the Georgian Nation* (Bloomington, IN, 1994), 192.

32 Baumgart, *Ostpolitik*, 269.

33 P. Borowsky, *Deutsche Ukrainepolitik, 1918* (Lübeck 1970).

34 에르츠베르거도 우크라이나의 독일 당국과 논의하면서 그렇게 주장했다. *IFA*, vol. 2, 407.

35 제국의회 다수파에 제시된 설명을 보라. *IFA*, vol. 2, 404.

36 Max Hoffmann, *War Diaries and Other Papers* (London, 1929), vol. 1, 209.

37 T. Hunczak, 'The Ukraine under Hetman Pavlo Skoropadskyi', in idem., *The Ukraine: A Study in Revolution, 1917−1921* (Cambridge, MA, 1977), 61−81.

38 A. F. Upton, *The Finnish Revolution 1917−1918* (Minneapolis, MN, 1980).

39 C. J. Smith, *Finland and the Russian Revolution 1917−1922* (Athens, GA, 1958), 78.

40 Stanley G. Payne, *Civil War in Europe 1905−1940* (Cambridge, 2011), 30.

41 Pipes, *Russian Revolution*, 612−15.

42 Baumgart, *Ostpolitik*, 37.

43 R. H. Ullman, *Anglo−Soviet Relations 1917−1921*, vol. 1, *Intervention and the War* (Princeton, NJ, 1961), 177.

44 Baumgart, *Ostpolitik*, 267−8.

45 '"Left−Wing" Childishness', written April 1918, first published 9, 10, 11 May 1918 in *Pravda*, nos 88, 89, 90; Lenin, *Collected Works* (Moscow, 1972), vol. 27, 323−34.

46 Baumgart, *Ostpolitik*, 264.

47 *Russian American Relations March 1917−March 1920* (New York, 1920), Doc. 73, 152−3.

48 Ibid., Doc. 91, 209.

49 D. W. McFadden, *Alternative Paths: Soviets and Americans 1917−1920* (Oxford, 1993), 122.

50 Baumgart, *Ostpolitik*, 70.

51 Ibid., 129.

52 Ibid., 183.

53 K. Epstein, *Matthias Erzberger and the Dilemma of German Democracy* (Princeton, NJ, 1959), 239−40.

54 Borowsky, *Deutsche Ukrainepolitik*, 190−92.

55 Gothein, *IFA*, vol. 2, 289.

56 리투아니아 교육에 간섭하지 말라는 그의 항의는 다음을 보라. *IFA*, vol. 2, 388.

57 Epstein, *Erzberger*, 242.

58 W. Baumgart and K. Repgen (eds), *Brest−Litovsk* (Göttingen, 1969), 100. 제국의회 다

수파는 처음부터 독일의 개입에 반대했다. 다음을 보라. *IFA*, vol. 2, 316-17.

8장

1   R. H. Ullman, *Anglo-Soviet Relations, 1917-1921* (Princeton, NJ, 1962), vol. 1, 169.

2   C. Seymour (ed.), *The Intimate Papers of Colonel House* (Boston, MA, 1926-8), vol. 3, 410.

3   R. Pipes, *The Russian Revolution* (New York, 1990), 558-65.

4   B. M. Unterberger, *The United States, Revolutionary Russia and the Rise of Czechoslovakia* (Chapel Hill, NC, 1989), 124-7.

5   *Papers Relating to the Foreign Relations of the United States: Lansing Papers* (Washington, DC, 1940), vol. 2, 126-8, 139-41 and 364.

6   L. Gardner, *Safe for Democracy: The Anglo-American Response to Revolution, 1913-1923* (Oxford, 1987), 186.

7   다음에서 인용. Unterberger, *United States*, 235.

8   다음에서 인용. T. J. Knock, *To End All Wars: Woodrow Wilson and the Quest for a New Order* (Princeton, NJ, 1992), 161.

9   I. Somin, *Stillborn Crusade: The Tragic Failure of Western Intervention in the Russian Civil War 1918-1920* (New Brunswick, NJ, 1996), 40.

10 Ullman, *Anglo-Soviet*, 222.

11 Ibid., 305.

12 Ibid., 221-2.

13 Pipes, *Russian Revolution*, 633-5.

14 W. Baumgart, *Deutsche Ostpolitik 1918. Von Brest-Litowsk bis zum Endedes Ersten Weltkrieges* (Vienna and Munich, 1966), 85.

15 Ibid., 85-6.

16 F. Fischer, *Griff nach der Weltmacht: Die Kriegszielpolitik des KaiserlichenDeutschland, 1914-18*, (Düsseldorf, 1961), 836-40.

17 *Der Interfraktioneller Ausschuss, 1917/18* [hereafter *IFA*], eds E. Matthiasand R. Morsey (Düsseldorf, 1959), vol. 2, 400-01.

18 Baumgart, *Ostpolitik*, 139.

19 M. Kitchen, *The Silent Dictatorship: The Politics of the German High Commandunder Hindenburg and Ludendorff, 1916-1918* (London, 1976), 204.

20 *IFA*, vol. 2, 413-18.

21 다음에서 인용. W. Ribhegge, *Frieden für Europa: Die Politik der deutschen Reichstagsmehrheit, 1917-18* (Essen, 1988), 299.

22 *IFA*, vol. 2, 447-65.

23 Ibid., 426-8.

24 Ibid., 517.

25 Ibid., 474.

26 Pipes, *Russian Revolution*, 638-9.

27 Pipes, *Russian Revolution*, 653–6; Baumgart, *Ostpolitik*, 232.

28 A. J. Mayer, *Furies: Violence and Terror in the French and Russian Revolutions* (Princeton, NJ, 2000), 273–4.

29 Ibid., 277.

30 1918년 7월 29일 레닌이 전 러시아 중앙집행위원회 제5차 회의에서 한 연설. V. I. Lenin, *Collected Works* (Moscow, 1965), vol. 28, 17–33.

31 K. Helfferich, *Der Weltkrieg* (Berlin, 1919), vol. 3, 466.

32 Rosa Luxemburg, 'The Russian Tragedy', *Spartacus*, no. 11, 1918.

33 *IFA*, vol. 2, 505–6.

34 Baumgart, *Ostpolitik*, 109.

35 Pipes, *Russian Revolution*, 664–6; Baumgart, *Ostpolitik*, 111–13.

36 소우토는 브레스트리토프스크 부가조약을 라팔로 조약의 준비 단계로 보려 했는데, 이는 레닌에게 지나치게 관대한 태도이다. 그러나 경제에 관한 조항이 전혀 징벌적이지 않았다는 그의 지적은 옳다. G.-H. Soutou, *L'Or et le Sang. Les Buts de guerre économique de la Première Guerre Mondiale* (Paris, 1989), 706–8.

37 M. Kitchen, *The Silent Dictatorship: The Politics of the German High Command under Hindenburg and Ludendorff, 1916–1918* (New York, 1976), 242; Baumgart, *Ostpolitik*, 201.

38 Pipes, *Russian Revolution*, 666.

39 R. Pipes, *Russia under the Bolshevik Regime* (New York, 1994), 53–5.

40 *IFA*, vol. 2, 476–9.

41 Baumgart, *Ostpolitik*, 313–15.

42 *IFA*, vol. 2, 474–9, 500–01.

43 Helfferich, *Weltkrieg III*, 490–92.

44 *IFA*, vol. 2, 517.

45 Baumgart, *Ostpolitik*, 318–19.

46 C. Tsuzuki, *The Pursuit of Power in Modern Japan, 1825–1995* (Oxford, 2000), 206.

47 다음에 완전히 동의한다. Pipes, *Russian Revolution*, 668–70. 그렇지만 파이프스는 독일의 입장을 지나치게 단순화했다.

9장

1 D. Stevenson, *With Our Backs to the Wall: Victory and Defeat in 1918* (London, 2011).

2 전형적인 평가로는 1918년 9월 독일 의회주의가 강화되고 있던 당시 고뇌에 찬 보수주의적 자산이 했던 논평을 보라. *Der Interfraktioneller Ausschuss, 1917/18*, eds E. Matthias and R. Morsey (Düsseldorf, 1959), vol. 2, 173–0.

3 M. Knox, *To the Threshold of Power, 1922/33*, vol. 1, *Origins and Dynamics of the Fascist and National Socialist Dictatorships* (Cambridge, 2007), 143–231.

4 L. V. Smith, S. Audoin–Rouzeau and A. Becker, *France and the Great War* (Cambridge, 2003).

5 P. O'Brien, *Mussolini in the First World War: The Journalist, The Soldier, The Fascist*

(Oxford, 2005).

6   G. Clemenceau, 'Discours de Guerre', Chambre des Députés, Assemblée Nationale, Paris (8 March 1918).

7   D. Watson, *Georges Clemenceau: A Political Biography* (London, 1976), 275–92.

8   G. Clemenceau, *Demosthenes* (New York, 1926).

9   W. A. McDougall, *France's Rhineland Diplomacy 1914–1924* (Princeton, NJ, 1978), 17–25.

10 H. J. Burgwyn, *The Legend of the Mutilated Victory: Italy, the Great War, and the Paris Peace Conference, 1915–1919* (Westport, CT, 1993).

11 C. Seton-Watson, *Italy from Liberation to Fascism, 1870–1925* (London, 1967), 485.

12 D. Rossini, *Woodrow Wilson and the American Myth in Italy* (Cambridge, MA, 2008), 125–31.

13 당대의 뛰어난 설명으로는 다음을 보라. L. Hautecoeur, *L'Italie sous le Ministère Orlando 1917–1919* (Paris, 1919), 83–110.

14 C. Killinger, *Gaetano Salvemini: A Biography* (Westport, CT, 2002).

15 K. J. Calder, *Britain and New Europe 1914–1918* (Cambridge, 1976), 180–82.

16 G. A. Heywood, *Failure of a Dream: Sidney Sonnino and the Rise and Fall of Liberal Italy 1847–1922* (Florence, 1999).

17 H. Nicolson, *Peacemaking, 1919* (London, 1933), 167.

18 S. Di Scala, *Vittorio Orlando* (London, 2010), 119; Rossini, *Woodrow Wilson*, 142–6.

19 다음 내용의 필수 참고 문헌으로는 다음을 보라. J. Darwin, *The Empire Project: The Rise and Fall of the British World System, 1830–1970* (Cambridge, 2009).

20 J. Grigg, *Lloyd George: War Leader, 1916–1918* (London, 2002), 61.

21 훌륭한 개관은 다음을 보라. R. Fanning, *Fatal Path: British Government and Irish Revolution, 1910–1922* (London, 2013).

22 J. P. Finnan, *John Redmond and Irish Unity, 1912–1918* (Syracuse, NY, 2004).

23 C. Duff, *Six Days to Shake an Empire* (London, 1966).

24 J. S. Mortimer, 'Annie Besant and India 1913–1917', *Journal of Contemporary History* 18, no. 1 (January 1983), 61–78.

25 H. F. Owen, 'Negotiating the Lucknow Pact', *The Journal of Asian Studies* 31, no. 3 (May 1972), 561–87.

26 A. Rumbold, *Watershed in India, 1914–1922* (London, 1979), 64.

27 Ibid., 73.

28 B. R. Tomlinson, *The Political Economy of the Raj, 1914–1947: The Economics of Decolonization in India* (London, 1979).

29 Rumbold, *Watershed*, 71–2.

30 P. Robb, 'The Government of India and Annie Besant', *Modern Asian Studies* 10, no. 1 (1976), 107–30.

31 H. Owens, *The Indian Nationalist Movement, c. 1912–1922: Leadership, Organisation and Philosophy* (New Delhi, 1990), 85.

32 R. Kumar, *Annie Besant's Rise to Power in Indian Politics, 1914–1917* (New Delhi,

대격변

1981), 115.

33 B. Millman, *Managing Domestic Dissent in First World War Britain* (London, 2000), 170.

34 H. C. G. Matthew, R. I. McKibbin and J. A. Kay, 'The Franchise Factor in the Rise of the Labour Party', *The English Historical Review* 91, no. 361 (October 1976), 723−52.

35 다음은 여전히 필수적인 참고 문헌이다. M. Pugh, *Electoral Reform in War and Peace, 1906−1918* (London, 1978).

36 Ibid., 103.

37 J. Lawrence, 'Forging a Peaceable Kingdom: War, Violence, and Fear of Brutalization in Post−First World War Britain', *Journal of Modern History* 75, no. 3 (2003), 557−89.

38 D. H. Close, 'The Collapse of Resistance to Democracy: Conservatives, Adult Suffrage, and Second Chamber Reform, 1911−1928', *The Historical Journal* 20, no. 4 (December 1977), 893−918.

39 Pugh, *Electoral Reform*, 136.

40 S. S. Holton, *Feminism and Democracy: Women's Suffrage and Reform Politics in Britain, 1900−1918* (Cambridge, 1986), 149.

41 Pugh, *Electoral Reform*, 75.

42 Darwin, *Empire Project*, 353.

43 Ibid., 348.

44 Rumbold, *Watershed*, 88.

45 S. D. Waley, *Edwin Montagu: A Memoir and an Account of his Visits to India* (London, 1964), 130−34.

46 R. Danzig, 'The Announcement of August 20th, 1917', *The Journal of Asian Studies* 28, no. 1 (November 1968), 19−37; R. J. Moore, 'Curzon and Indian Reform', *Modern Asian Studies* 27, no. 4 (October 1993), 719−40.

47 Waley, *Montagu*, 135.

48 Ibid., 137−8.

49 H. Tinker, *The Foundations of Local Self−Government in India, Pakistan and Burma* (London, 1954), 112−61.

50 다음 내용은 전부 다음을 보라. E. Montagu and F. Chelmsford, *The Constitution of India Under British Rule: The Montagu−Chelmsford Report* (New Delhi, 1992).

51 D. A. Low, *Lion Rampant: Essays in the Study of British Imperialism* (London, 1973).

52 T. R. Metcalf, *Ideologies of the Raj* (Cambridge, 1997), 225−6.

53 M. Gandhi, *Collected Works* (New Delhi, 1999), vol. 17, 'Appeal for Enlistment 22 June 1918'.

54 S. Sarkar, *Modern India, 1885−1947* (Madras, 1983), 150.

55 Kumar, *Annie Besant*, 112−13.

56 인노에서 일슨주의가 펼쳐지는 과정에 대해 마넬라가 뛰어난 상상력으로 재구성한 이야기는 랄라 라지파트 라이Lala Lajpat Rai 힌 인물에만 과도하게 의존하고 있다. 다음을 보라. E. Manela, *The Wilsonian Moment: Self−Determination and the International Origins of Anticolonial Nationalism* (Oxford, 2007), 84−97.

57 S. Hartley, *The Irish Question as a Problem in British Foreign Policy, 1914–1918* (Basingstoke, 1987), 107.

58 Finnan, *Redmond*, 190.

59 A. S. Link (ed.) et al., *The Papers of Woodrow Wilson* [hereafter *PWW*], 69 vols (Princeton, NJ, 1966–94), vol. 42, 24–5 and 41–2.

60 M. Beloff, *Imperial Sunset: Britain's Liberal Empire, 1897–1921* (London, 1969), vol. 1, 316.

61 Hartley, *The Irish Question*, 147–8.

62 Ibid., 153.

63 *PWW*, vol. 42, 542. 윌슨이 직접 이 보고서들을 요청했다. 다음을 보라. *PWW*, vol. 43, 360–61.

64 Hartley, *Irish Question*, 134.

65 Ibid., 175.

66 Ibid., 178.

67 House of Lords parliamentary debates, May 1917, 170.

68 Hartley, *Irish Question*, 172 and 191.

69 J. Gallagher, 'Nationalisms and the Crisis of Empire, 1919–1922', *Modern Asian Studies* 15, no. 3 (1981), 355–8.

70 E. Monroe, *Britain's Moment in the Middle East, 1914–1971* (Baltimore, MD, 1981), 26–35.

71 B. C. Bush, *Britain, India, and the Arabs, 1914–1921* (Berkeley, CA, 1971).

72 H. Luthy, 'India and East Africa: Imperial Partnership at the End of the First World War', *Journal of Contemporary History* 6, no. 2 (1971), 55–85.

73 이 역전은 다음이 훌륭하게 조명한다. Darwin, *Empire Project*, 311–17.

74 D. R. Woodward, *Trial by Friendship: Anglo–American Relations, 1917–1918* (Lexington, KY, 1993), 174.

75 J. Kimche, *The Unromantics: The Great Powers and the Balfour Declaration* (London, 1968), 66.

76 J. Renton, *The Zionist Masquerade: The Birth of the Anglo–Zionist Alliance, 1914–1918* (Houndsmill, 2007); L. Stein, *The Balfour Declaration* (London, 1961).

77 M. Levene, 'The Balfour Declaration: A Case of Mistaken Identity', *The English Historical Review* 107, no. 422 (January 1992), 54–77.

78 J. Reinharz, 'The Balfour Declaration and Its Maker: A Reassessment', *The Journal of Modern History* 64, no. 3 (September 1992), 455–99; R. N. Lebow, 'Woodrow Wilson and the Balfour Declaration', *The Journal of Modern History* 40, no. 4 (December 1968), 501–23.

79 Grigg, *Lloyd George*, 308–9.

80 Ibid., 336–7.

81 D. Lloyd George, *The Great Crusade: Extracts from Speeches Delivered During the War* (New York, 1918), 176–86 (5 January 1918).

82 C. Seymour (ed.), *The Intimate Papers of Colonel House* (Boston, MA, 1926–8), vol. 3, 341.

10장

1 W. L. Silber, *When Washington Shut down Wall Street: The Great Financial Crisis of 1914 and the Origins of America's Monetary Supremacy* (Princeton, NJ, 2007).

2 H. Strachan, *The First World War*, vol. 1, *To Arms* (Oxford, 2001).

3 V. Lenin, '"Left–Wing" Childishness', April 1918, in V. I. Lenin, *Collected Works*, vol. 27 (Moscow, 1972), 323–34.

4 라테나우의 영향력을 보여주는 사례는 다음을 보라. A. Dauphin–Meunier, 'Henri de Man et Walther Rathenau', *Revue Européenne des Sciences Sociales* 12, no. 31 (1974), 103–20.

5 G. Feldman, *Army, Industry and Labour in Germany, 1914–1918* (Oxford, 1992).

6 T. S. Broadberry and M. Harrison (eds), *The Economics of World War I* (Cambridge, 2005); K. D. Stubbs, *Race to the Front: The Material Foundations of Coalition Strategy in the Great War, 1914–1918* (Westport, CT, 2002).

7 J. Terraine, *White Heat: The New Warfare 1914–1918* (London, 1982).

8 D. L. Lewis, *The Public Image of Henry Ford* (Detroit, MI, 1976), 70–77, 93–5.

9 R. Alvarado and S. Alvarado, *Drawing Conclusions on Henry Ford* (Detroit, MI, 2001), 82.

10 C. S. Maier, *In Search of Stability: Explorations in Historical Political Economy* (Cambridge, 1987), 19–69, and J. Herf, *Reactionary Modernism: Technology, Culture and Politics in Weimar and the Third Reich* (Cambridge, 1984).

11 D. R. Woodward, *Trial by Friendship: Anglo–American Relations, 1917–1918* (Lexington, KY, 1993), 130–49.

12 Y.–H. Nouailhat, *France et Etats–Unis: août 1914–avril 1917* (Paris, 1979), 250–62.

13 이는 공식 보고서에서 거듭 되풀이된다. B. Crowell, *America's Munitions 1917–1918* (Washington, DC, 1919).

14 J. H. Morrow, *The Great War in the Air: Military Aviation from 1909 to 1921* (Washington, DC, 1993), 338.

15 Woodward, *Trial by Friendship*, 118–19.

16 R. Sicotte, 'Economic Crisis and Political Response: The Political Economy of the Shipping Act of 1916', *The Journal of Economic History* 59, no. 4 (December 1999), 861–84.

17 E. E. Day, 'The American Merchant Fleet: A War Achievement, a Peace Problem', *The Quarterly Journal of Economics* 34, no. 4 (August 1920), 567–606.

18 Woodward, *Trial by Friendship*, 136.

19 Ibid., 155, 159.

20 *Papers Relating to the Foreign Relations of the United States: Lansing Papers* (Washington, DC, 1940), vol. 2, 205.

21 D. Rossini, *Woodrow Wilson and the American Myth in Italy* (Cambridge, MA, 2008), 100–03.

22 A. Salter, *Allied Shipping Control* (Oxford, 1921).

23 F. Duchene, *Jean Monnet: The First Statesman of Interdependence* (New York, 1994).

24 A. Kaspi, *Le Temps des Américains. Le concours américain à la France en 1917-1918* (Paris, 1976), 253-65, '무시당한 승리victoire ignorée'를 말하고 있다.

25 G. D. Feldman, 'Die Demobilmachung und die Sozialordnung der Zwischenkriegszeit in Europa', *Geschichte und Gesellschaft*, 9. Jahrg., vol. 2 (1983), 156-77.

26 E. Roussel, *Jean Monnet 1888-1979* (Paris, 1996), 67.

27 C. P. Parrini, *Heir to Empire: United States Economic Diplomacy, 1916-1923* (Pittsburgh, PA, 1969), 31-2.

28 J. J. Safford, *Wilsonian Maritime Diplomacy* (New Brunswick, NJ, 1978), 149.

29 Salter, *Allied Shippin,* 16-7.

30 W. Churchill, *The World Crisis, 1916-1918* (London, 1927), vol. 2, 195.

31 R. Skidelsky, *John Maynard Keynes: Hopes Betrayed, 1883-1920* (London, 1983), vol. 1, 342; K. Burk, *Britain, America and the Sinews of War* (Boston, MA, 1985).

32 A. S. Link (ed.) et al., *The Papers of Woodrow Wilson* [hereafter *PWW*], 69 vols (Princeton, NJ, 1966-94), vol. 43, 136.

33 Skidelsky, *John Maynard Keynes,* vol. 1, 345.

34 R. Ally, *Gold and Empire: The Bank of England and South Africa's Gold Producers, 1886-1926* (Johannesburg, 1994), 31.

35 *PWW,* vol. 43, 390-91, 424-5.

36 Ibid., 34, 44, and 223-30, 326-33.

37 Ally, *Gold and Empire,* 34-41.

38 D. Kumar (ed.), *The Cambridge Economic History of India* (Cambridge, 1983), and M. Goswami, *Producing India* (Chicago, IL, 2004), 209-41.

39 H. S. Jevons, *The Future of Exchange and the Indian Currency* (London, 1922), 190-200.

40 H. Tinker, *The Foundations of Local Self-Government in India, Pakistan and Burma* (London, 1954), 96.

41 G. Balachandran, *John Bullion's Empire: Britain's Gold Problem and India Between the Wars* (London, 1996), 54-9.

42 Jevons, *The Future,* 206; F. L. Israel, 'The Fulfillment of Bryan's Dream: Key Pittman and Silver Politics, 1918-1933', *Pacific Historical Review* 30, no. 4 (November 1961), 359-80.

43 Balachandran, *John Bullion's Empire,* 58.

44 I. Abdullah, 'Rethinking the Freetown Crowd: The Moral Economy of the 1919 Strikes and Riot in Sierra Leone', *Canadian Journal of African Studies* 28, no. 2 (1994), 197-218.

45 T. Yoshikuni, 'Strike Action and Self-Help Associations: Zimbabwean Worker Protest and Culture after World War I', *Journal of Southern African Studies* 15, no. 3 (1989), 440-68.

46 M. A. Rifaat, *The Monetary System of Egypt: An Inquiry into its History and Present Working* (London, 1935).

47 A. E. Crouchley, *The Economic Development of Modern Egypt* (London, 1938).

48 P. H. Kratoska, 'The British Empire and the Southeast Asian Rice Crisis of 1919–1921', *Modern Asian Studies* 24, no. 1 (February 1990), 115–46.

49 M. Lewis, *Rioters and Citizens: Mass Protest in Imperial Japan* (Berkeley, CA, 1990).

50 J. C. Ott, *When Wall Street Met Main Street: The Quest for an Investors' Democracy* (Cambridge, MA, 2011), 64–135.

51 J. C. Hollander, 'Certificates of Indebtedness in Our War Financing', *The Journal of Political Economy* 26, no. 9 (November 1918), 901–08; C. Snyder, 'War Loans, Inflation and the High Cost of Living', *Annals of the American Academy of Political and Social Science* 75 (January 1918), 140–46; A. Barton Hepburn, J. H. Hollander and B. M. Anderson, Jr, 'Discussion of Government's Financial Policies in Relation to Inflation', *Proceedings of the Academy of Political Science in the City of New York* 9, no. 1 (June 1920), 55–66.

52 A. H. Hansen, 'The Sequence in War Prosperity and Inflation', *Annals of the American Academy of Political and Social Science* 89 (May 1920), 234–46.

53 C. Gilbert, *American Financing of World War I* (Westport, CT, 1970), 200–19.

54 E. B. Woods, 'Have Wages Kept Pace with the Cost of Living?', *Annals of the American Academy of Political and Social Science* 89 (May 1920), 135–47.

55 B. D. Mudgett, 'The Course of Profits during the War', and B. M. Manly, 'Have Profits Kept Pace with the Cost of Living?', *Annals of the American Academy of Political and Social Science* 89 (May 1920), 148–62.

11장

1   J. D. Morrow, *The Great War: An Imperial History* (London, 2005), 246–7.

2   D. Stevenson, *With Our Backs to the Wall: Victory and Defeat in 1918* (London, 2011).

3   W. Ribhegge, *Frieden für Europa: Die Politik der deutschen Reichstagsmehrheit, 1917–18* (Essen, 1988), 312.

4   1918년 9월의 결정적인 회의를 참조하라. *Der Interfraktioneller Ausschuss, 1917/18* [hereafter *IFA*], eds E. Matthias and R. Morsey (Düsseldorf, 1959), vol. 2, 494–788.

5   *IFA*, vol. 2, 541.

6   Michael Geyer, 'Insurrectionary Warfare: The German Debate about a *Levée en Masse* in October 1918', *The Journal of Modern History* 73, no. 3 (September 2001), 459–527.

7   K. Helfferich, *Der Weltkrieg* (Berlin, 1919), vol. 3, 536–7.

8   *IFA*, vol. 2, 485.

9   M. Erzberger, *Der Völkerbund. Der Weg zum Weltfrieden* (Berlin, 1918).

10 *IFA*, vol. 2, 615–16.

11 Ibid., 626–7.

12 F. K. Scheer, *Die Deutsche Friedensgesellschaft (1892–1933): Organisation, Ideologie und Politische Ziele. Ein Beitrag zur Geschichte des Pazifismus in Deutschland* (Frankfurt, 1981), 331–2.

13 *IFA*, vol. 2, 530.

14 Ibid., 779-82.

15 A. S. Link (ed.) et al., *The Papers of Woodrow Wilson* [hereafter *PWW*], 69 vols (Princeton, NJ, 1966-94), vol. 42, 433. 하우스는 이러한 견해를 더욱 강화했다. 다음을 보라. C. Seymour (ed.), *The Intimate Papers of Colonel House* (Boston, MA, 1928), vol. 3, 130-38.

16 *PWW*, vol. 58, 172.

17 D. R. Woodward, *Trial by Friendship: Anglo-American Relations, 1917-1918* (Lexington, KY, 1993), 210.

18 Ibid., 218-19.

19 *PWW*, vol. 53, 338.

20 *PWW*, vol. 51, 415.

21 C. M. Andrew and A. S. Kanya, 'France, Africa, and the First World War', *The Journal of African History* 19, no. 1 (1978), 11-23.

22 전쟁최고위원회Supreme War Council의 미국 대표인 태스커 블리스가 이들의 선택에 내린 호의적인 평가는 다음을 보라. *Papers Relating to the Foreign Relations of the United States: Lansing Papers* (Washington, DC, 1940), vol. 2, 288.

23 *PWW*, vol. 43, 172-4.

24 영향력이 가장 큰 것으로는 다음을 보라. J. M. Keynes, *The Economic Consequences of the Peace* (London, 1919), 60.

25 니콜슨은 강화를 뒷받침하고 뒤흔든 의도의 기본적인 이중성을 지적하지만 이를 초래한 휴전의 상황을 고려하지 못한다. 다음을 보라. H. Nicolson, *Peacemaking, 1919* (New York, 1965), 82-90.

26 P. Kruger, 'Die Reparationen und das Scheitern einer deutschen Verständigungspolitik auf der Pariser Friedenskonferenz im Jahre 1919', *Historische Zeitschrift* 221, no. 2 (October 1975), 326-72.

27 T. J. Knock, *To End All Wars: Woodrow Wilson and the Quest for a New Order* (Princeton, NJ, 1992), 170-72.

28 Ibid., 176.

29 다음을 보라. E. Morison (ed.), *The Letters of Theodore Roosevelt* (Cambridge, MA, 1951), vol. 1, 378-81. 로이드조지가 윌슨과의 관계를 끊지 않을 수도 있다는 루스벨트의 걱정에 관해서는 다음을 보라. ibid., vol. 1, 289.

30 Knock, *To End All Wars*, 176. 헨리 캐벗 로지와 루스벨트의 서신 교환에 관해서는 다음을 보라. C. Redmond (ed.), *Selections from the Correspondence of Theodore Roosevelt and Henry Cabot Lodge 1884-1918* (New York, 1925), vol. 2, 542-3.

31 Knock, *To End All Wars*, 180.

32 Ibid., 178.

33 J. M. Cooper, *Breaking the Heart of the World: Woodrow Wilson and the Fight for the League of Nations* (Cambridge, 2001), 39.

34 Redmond, *The Letters of Theodore Roosevelt*, vol. 1, 394-5.

12장

1 A. S. Link (ed.) et al., *The Papers of Woodrow Wilson* [hereafter *PWW*], 69 vols (Princeton, NJ, 1966–94), vol. 53, 366.

2 R. Olson, *The Emergence of Kurdish Nationalism and the Sheikh Said Rebellion, 1880–1925* (Austin, TX, 1989), 28–9.

3 R. M. Coury, *The Making of an Egyptian Arab Nationalist: The Early Years of Azzam Pasha, 1893–1936* (Reading, 1998), 159.

4 E. Manela, *The Wilsonian Moment: Self–Determination and the International Origins of Anticolonial Nationalism* (Oxford, 2007).

5 M. Geyer, 'Zwischen Krieg und Nachkrieg', in A. Gallus (ed.), *Die vergessene Revolution* (Göttingen, 2010), 187–222.

6 A. Mayer, *Politics and Diplomacy of Peacemaking: Containment and Counterrevolution at Versailles, 1918–1919* (London, 1968).

7 V. I. Lenin, 'Report at a Joint Session of the All–Russia Central Executive Committee: The Moscow Soviet, Factory Committees and Trade Unions, October 22 1918', in V. I. Lenin, *Collected Works* (Moscow, 1974), vol. 28, 113–26.

8 E. Mawdsley, *The Russian Civil War* (London, 2007).

9 M. Gilbert, *Winston S. Churchill*, vol. 4, *The Stricken World, 1917–1922* (London, 1975), 234.

10 J. M. Thompson, *Russia, Bolshevism, and the Versailles Peace* (Princeton, NJ, 1966).

11 인용은 다음을 보라. Document 129 in C. K. Cumming and W. W. Pettit (eds), *Russian–American Relations, March 1917–March 1920* (New York, 1920), 284–9.

12 Gilbert, *Churchill*, vol. 4, 230.

13 M. J. Carley, 'Episodes from the Early Cold War: Franco–Soviet Relations, 1917–1927', *Europe–Asia Studies* 52, no. 7 (November 2000), 1,276.

14 Document 127, 'Russian–American Relations', 281.

15 수투가 훌륭하게 관찰했듯이, 독일 지도 집단이 다시 서쪽을 향한 것은 1923년이 아니라 1918년 가을에 이미 시작되었다. G.–H. Soutou, *L'Or et le Sang: Les Buts de guerre économique de la Première Guerre Mondiale* (Paris, 1989), 745.

16 R. Luxemburg, 'What Does the Spartacus League Want?', *Die Rote Fahne*, 14 December 1918, and *The Russian Revolution* (written 1918, published Berlin, 1922).

17 K. Kautsky, *Terrorismus und Kommunismus* (Berlin, 1919).

18 H. A. Winkler, *Arbeiter und Arbeiterbewegung in der Weimarer Republik* (Berlin, 1984), vol. 1.

19 R. Luxemburg, 'The National Assembly', *Die Rote Fahne*, 20 November 1918.

20 G. D. Feldman, *The Great Disorder: Politics, Economics, and Society in the German Inflation, 1914–1924* (Oxford, 1997).

21 C. Mathews, 'The Economic Origins of the Noskepolitik', *Central European History* 27, no. 1 (1994), 65–86.

22 G. Noske, *Von Kiel bis Kapp. Zur Geschichte der deutschen Revolution* (Berlin, 1920), 68.

23 W. Wette, *Gustav Noske* (Düsseldorf, 1987), 289–321.

24 Mayer, *Politics and Diplomacy*, 373–409; A. S. Lindemann, *The 'Red Years': European Socialism Versus Bolshevism, 1919–1921* (Berkeley, CA, 1974); G. A. Ritter (ed.), *Die II Internationale 1918/1919. Protokolle, Memoranden, Berichte und Korrespondenzen* (Berlin, 1980), vols 1 and 2.

25 *PWW*, vol. 53, 574.

26 D. Marquand, *Ramsay MacDonald* (London, 1997), 248–9; C. F. Brand, 'The Attitude of British Labor Toward President Wilson during the Peace Conference', *The American Historical Review* 42, no. 2 (January 1937), 244–255.

27 Ritter, *Die II Internationale*, vol. 1, 208–85.

28 Ibid., vol. 1, 230–43.

29 독립사회민주당에 대한 후버의 어울리지 않는 열정은 다음을 보라. *Two Peacemakers in Paris: The Hoover–Wilson Post–Armistice Letters, 1918–1920* (College Station, TX, 1978), 128–9 and 135–41.

30 Ritter, *Die II Internationale*, 288–377.

31 사회민주당–독립사회민주당 통합 필요성의 반대 입장은 다음에서 뚜렷하게 설명된다. S. Miller, *Burgfrieden und Klassenkampf: Die deutsche Sozialdemokratie im Ersten Weltkrieg* (Düsseldorf, 1974), 320.

32 D. Tanner, *Political Change and the Labour Party, 1900–1918* (Cambridge, 1990), 393–7; R. McKibbin, *Parties and People, England 1914–1951* (Oxford, 2010), 30.

33 J. Turner, *British Politics and the Great War: Coalition and Conflict, 1915–1918* (New Haven, CT, 1992), 319.

34 Marquand, *MacDonald*, 236.

35 M. Pugh, *Electoral Reform in War and Peace, 1906–1918* (London, 1978), 176–7.

36 M. Cowling, *The Impact of Labour, 1920–24* (Cambridge, 1971).

37 Tanner, *Political Change*, 403–4.

38 L. Haimson and G. Sapelli, *Strikes, Social Conflict, and the First World War* (Milan, 1992); C. Wrigley, *Challenges of Labour: Central and Western Europe 1917–1920* (London, 1993); B. J. Silver, *Forces of Labor: Workers' Movements and Globalization since 1870* (Cambridge, 2003).

39 C. Wrigley, *Lloyd George and the Challenge of Labour: The Post–War Coalition, 1918–22* (Hemel Hempstead, 1990).

40 B. Millman, *Managing Domestic Dissent in First World War Britain* (London, 2000), 263.

41 Wrigley, *Lloyd George and the Challenge of Labour*, 223.

42 Turner, *British Politics*, 314.

43 Wrigley, *Lloyd George and the Challenge of Labour*, 82.

44 Ibid., 204.

45 E. Morgan, *Studies in British Financial Policy, 1914–1925* (London, 1952).

46 L. Ross, 'Debts, Revenues and Expenditures and Note Circulation of the Principal Belligerents', *The Quarterly Journal of Economics* 34, no. 1 (November 1919), 168.

47　R. E. Bunselmeyer, *The Cost of the War, 1914–1919: British Economic War Aims and the Origins of Reparations* (Hamden, CT, 1975), 106–48.

48　E. Johnson and D. Moggridge (eds), *The Collected Writings of John Maynard Keynes* (Cambridge, 2012), vol. 16, 418–19.

49　B. Kent, The Spoils of War (Oxford, 1991), and D. Newton, *British Policy and the Weimar Republic 1918–1919* (Oxford, 1997).

50　M. Daunton, *Just Taxes: The Politics of Taxation in Britain, 1914–1979* (Cambridge, 2002), 69–72.

51　D. P. Silverman, *Reconstructing Europe after the Great War* (Cambridge, MA, 1982), 71.

52　Soutou, *L'Or et Le Sang*, 806–28.

53　L. Blum, *L'Oeuvre de Léon Blum*, 3 vols (Paris, 1972), vol. 1, 278.

54　E. Clémentel, *La France et la politique économique interalliée* (Paris, 1931), 343.

13장

1　A. S. Link (ed.) et al., *The Papers of Woodrow Wilson* [hereafter *PWW*], 69 vols (Princeton, NJ, 1966–94), vol. 53, 550.

2　T. J. Knock, *To End All Wars: Woodrow Wilson and the Quest for a New Order* (Princeton, NJ, 1992), 224.

3　가장 유력한 것은 다음을 보라. R. S. Baker, *Woodrow Wilson and the World Settlement* (New York, 1922). 다음 책은 이 연구에 힘입었다. A. Mayer, *Wilson vs. Lenin: Political Origins of the New Diplomacy, 1917–1918* (New York, 1964).

4　C. Schmitt, *Positionen und Begriffe im Kampf mit Weimar–Genf–Versailles, 1923– 1939* (Hamburg, 1940); T. Veblen, 'Peace', in *Essays in Our Changing Order* (New York, 1934), 415–22. 이 책은 국제연맹 규약을 우드로 윌슨의 빅토리아 중기 자유주의의 죽어버린 표현이라고 비판한다.

5　*PWW*, vol. 55, 175–77.

6　*PWW*, vol. 53, 336–7.

7　*Journal officiel de la République française* (Paris, 1918), 29 December 1918, vol. 50, 3,732ff.

8　*PWW*, vol. 53, 571.

9　이 점을 인지한 소수의 연구로는 다음을 보라. W. R. Keylor, 'France's Futile Quest for American Military Protection, 1919–22', in M. Petricioli and M. Guderzo (eds), *Une Occasion manquée? 1922: La reconstruction de L'Europe* (Frankfurt, 1995), 62.

10　G. Clemenceau, *Grandeur and Misery of Victory* (New York, 1930), 202. 블레즈 파스칼의 인용은 다음을 보라. G. Dallas, *At the Heart of a Tiger: Clemenceau and His World 1841–1929* (London, 1993), 481. 민주주의와 전쟁에 관한 그의 1910년 연설은 다음을 보라. G. Clemenceau, *Sur la Démocratie: neuf conférences* (Paris, 1930), 117–34.

11　D. Demko, *Léon Bourgeois: Philosophe de la solidarité* (Paris, 2001); C. Bouchard, *Le Citoyen et l'ordre mondial 1914–1919* (Paris, 2008); S. Audier, *Léon Bourgeois: Fonder la solidarité* (Paris, 2007).

12 P. J. Yearwood, *Guarantee of Peace: The League of Nations in British Policy* (Oxford, 2009), 139.

13 F. Meinecke, *Machiavellism: The Doctrine of Raison d'Etat and its Place in Modern History* (New Haven, CT, 1962), 423–4, and Schmitt, *Positionen*.

14 F. R. Dickinson, *War and National Reinvention: Japan in the Great War 1914–1919* (Cambridge MA, 1999), 212–18.

15 L. Connors, *The Emperor's Adviser: Saionji Kinmochi and Pre-War Japanese Politics* (Oxford, 1987), 60–66.

16 S. Naoko, *Japan, Race and Equality: The Racial Equality Proposal of 1919* (London, 2003), 61.

17 *PWW*, vol. 53, 622; M. Macmillan, *Peacemakers: The Paris Conference of 1919 and its Attempt to End War* (London, 2001), 154–5.

18 D. H. Miller, *The Drafting of the Covenant* [hereafter *DC*] (New York, 1928), vol. 2, 64–105.

19 *DC*, vol. 1, 138.

20 Ibid., 146–7. 인용은 에어 크로의 말이다.; see H. Nicolson, *Peacemaking, 1919* (London, 1933), 226.

21 *DC*, vol. 1, 162.

22 Ibid., 152.

23 Ibid., 160.

24 Ibid., 160–62.

25 Knock, *To End All Wars*, 218.

26 *DC*, vol. 1, 160.

27 Ibid., 166.

28 Ibid., 165.

29 Ibid., 165.

30 Ibid., 167.

31 *DC*, vol. 2, 303.

32 *DC*, vol. 1, 216–17.

33 *DC*, vol. 2, 294.

34 Ibid., 293.

35 Ibid., 264.

36 Ibid., 297.

37 *DC*, vol. 1, 262.

38 *PWW*, vol. 57, 126–7.

39 S. Bonsal, *Unfinished Business* (New York, 1944), 202–17.

40 A. Anghie, *Imperialism, Sovereignty and the Making of International Law* (Cambridge, 2004); M. Mazower, *No Enchanted Palace: The End of Empire and the Ideological Origins of the United Nations* (Princeton, NJ, 2009).

41 Yearwood, *Guarantee*, and G. W. Egerton, *Great Britain and the Creation of the*

League of Nations (Chapel Hill, NC, 1978).

42 *PWW*, vol. 53, 427.

43 Ibid., 320−21.

44 J. W. Jones, 'The Naval Battle of Paris', *Naval War College Review* 62 (2009), 77−89.

45 미국의 입장이 혼란스러웠다는 점은 행정부의 참모가 인정했다.; *PWW*, vol. 57, 180.

46 Ibid., 91−2.

47 Egerton, *Great Britain and the League*, 158.

48 R. Dingman, *Power in the Pacific: The Origins of Naval Arms Limitation, 1914−22* (Chicago, IL, 1976), 86−7; *PWW*, vol. 57, 142−4, 216−17.

14장

1 J. Bainville, *Les Conséquences politiques de la paix* (Paris, 1920), 25.

2 이러한 서술은 다음 연구까지 이어졌다. M. Macmillan, *Peacemakers: The Paris Conference of 1919 and its Attempt to End War* (London, 2001).

3 M. Trachtenberg, *Reparation in World Politics: France and European Economic Diplomacy, 1916−1923* (New York, 1980), 48−52.

4 이러한 순환을 가장 생생하게, 자의적으로 기록한 것으로는 다음을 보라. H. Nicolson, *Peacemaking, 1919* (London, 1933); A. Lentin, *Lloyd George, Woodrow Wilson and the Guilt of Germany* (Leicester, 1984), and A. Lentin, *Lloyd George and the Lost Peace: From Versailles to Hitler, 1919−1940* (Basingstoke, 2001).

5 Bainville, *Conséquences*, 25−9.

6 G. Clemenceau, *Grandeur and Misery of Victory* (New York, 1930), 144−207.

7 A. Thiers, *Discours parlementaire: 3eme partie 1865−1866* (Paris, 1881), 645−6.

8 Clemenceau, *Grandeur*, 185.

9 C. Clark, *Iron Kingdom: The Rise and Downfall of Prussia, 1600−1947* (London, 2006); P. Schroeder, *The Transformation of European Politics, 1763−1848* (Oxford, 1994), and P. Schroeder, *Austria, Great Britain, and the Crimean War: The Destruction of the European Concert* (Ithaca, NY, 1972).

10 A. S. Link (ed.) et al., *The Papers of Woodrow Wilson* [hereafter *PWW*], 69 vols (Princeton, NJ, 1966−94), vol. 54, 466.

11 M. Beloff, *Imperial Sunset*, vol. 1, *Britain's Liberal Empire, 1897−1921* (London, 1969, and Basingstoke, 1989), 289−90.

12 W. McDougall, *France's Rhineland Diplomacy, 1914−1924: The Last Bid for a Balance of Power in Europe* (Princeton, NJ, 1978).

13 독일의 시각에 관해서는 다음을 보라. B. Wendt, 'Lloyd George's Fontainebleau Memorandum', in U. Lehmkuhl, C. Wurm and H. Zimmermann (eds), *Deutschland, Grossbritannien, Amerika* (Wiesbaden, 2003), 27−45. 반反프랑스 분위기에 관해서는 다음을 보라. J. Cairns, 'A Nation of Shopkeepers in Search of a Suitable France: 1919−40', *The American Historical Review* 79 (June 1974), 714.

14 *PWW*, vol. 57, 50−61.

15 A. Tardieu, *The Truth About the Treaty* (London, 1921).

16 N. Angell, *The Great Illusion* (New York, 1910).

17 J. Horne and A. Kramer, 'German "Atrocities" and Franco−German Opinion, 1914: The Evidence of German Soldiers' Diaries', *The Journal of Modern History* 66 (1994), 1−33; I. Hull, *Absolute Destruction: Military Culture and the Practices of War in Imperial Germany* (Ithaca, NY, 2005).

18 I. Renz, G. Krumeich and G. Hirschfeld, *Scorched Earth: The Germans on the Somme 1914−18* (Barnsley, 2009).

19 J. M. Keynes, *The Economic Consequences of the Peace* (London, 1919), 126−8.

20 F. W. O'Brien, *Two Peacemakers in Paris: The Hoover−Wilson Post−Armistice Letters, 1918−1920* (College Station, TX, 1978), 65.

21 *PWW*, vol. 57, 120−30, 316.

22 D. Stevenson, 'France at the Paris Peace Conference', in R. Boyce (ed.), *French Foreign and Defence Policy, 1918−1940* (London, 1998), 10−29.

23 G. Dallas, *At the Heart of a Tiger: Clemenceau and His World, 1841−1929* (London, 1993), 566.

24 예를 들면 이러한 타협에 대한 푸앵카레의 비판을 보라. *PWW*, vol. 58, 211−14.

25 *PWW*, vol. 57, 279.

26 W. Wilson, *The Public Papers of Woodrow Wilson* (New York, 1927), 523.

27 Nicolson, *Peacemaking*, 32.

28 P. Mantoux, *The Deliberations of the Council of Four*, trans. and ed. A. S. Link (Princeton, NJ, 1992), vol. 1, 144−5.

29 S. Wambaugh, *Plebiscites Since the World War* (Washington, DC, 1933), vol. 1, 33−62, 206−70.

30 P. Wandycz, *France and her Eastern Allies, 1919−1925* (Minneapolis, MN, 1962).

31 Mantoux, *Deliberations*, vol. 2, 452−5.

32 E. Mantoux, *The Carthaginian Peace−Or the Economic Consequences of Mr. Keynes* (London, 1946).

33 J. Hagen, 'Mapping the Polish Corridor: Ethnicity, Economics and Geopolitics', *Imago Mundi: The International Journal for the History of Cartography* 62 (2009), 63−82.

34 R. Blanke, *Orphans of Versailles: The Germans in Western Poland, 1918−1939* (Lexington, KY, 1993).

35 A. Demshuk, *The Lost German East: Forced Migration and the Politics of Memory, 1945−1970* (Cambridge, 2012).

36 *Papers Relating to the Foreign Relations of the United States: Lansing Papers* [hereafter *FRUS: Lansing Papers*] (Washington, DC, 1940), vol. 2, 26.

37 Clemenceau, *Grandeur*, 162−3.

38 *FRUS: Lansing Papers*, vol. 2, 27.

39 *PWW*, vol. 57, 151.

40 R. Boyce, *The Great Interwar Crisis and the Collapse of Globalization* (Basingstoke, 2009), 52−5.

대격변

41   A. Orzoff, *Battle for the Castle: The Myth of Czechoslovakia in Europe, 1914–1948* (Oxford, 2009).

42   D. Miller, *Forging Political Compromise: Antonin Svehla and the Czechoslovak Republican Party, 1918–1933* (Pittsburgh, NJ, 1999); W. Blackwood, 'Socialism, Czechoslovakism, and the Munich Complex, 1918–1948', *The International History Review* 21 (1999), 875–99.

43   A. Polonsky, *Politics in Independent Poland, 1921–1939: The Crisis of Constitutional Government* (Oxford, 1972).

44   T. Snyder, *The Reconstruction of Nations: Poland, Ukraine, Lithuania, Belarus, 1569–1999* (New Haven, CT, 2003).

45   D. Durand, 'Currency Inflation in Eastern Europe with Special Reference to Poland', *The American Economic Review* 13 (1923), 593–608.

46   N. Davies, 'Lloyd George and Poland, 1919–20', *Journal of Contemporary History* 6 (1971), 132–54.

47   D. L. George, *Memoir of the Peace* Conference (New Haven, CT, 1939), vol. 1, 266–73.

48   Boyce, *Great Interwar Crisis*, 51.

49   M. Mazower, 'Minorities and the League of Nations in Interwar Europe', *Daedalus* 126 (1997), 47–63.

50   Wambaugh, *Plebiscites*, vol. 1, 249.

51   G. Manceron (ed.), *1885: Le tournant colonial de la République: Jules Ferry contre Georges Clemenceau, et autres affrontements parlementaires sur la conquête coloniale* (Paris, 2006).

52   예들 들면 다음에 제시된 것으로 보라. F. Meinecke, *Machiavellism: The Doctrine of Raison d'Etat and its Place in Modern History* (New Haven, CT, 1962), 432.

53   C. Schmitt, *Positionen und Begriffe im Kampf mit Weimar–Genf–Versailles, 1923–1939* (Hamburg, 1940).

15장

1   H. Winkler, *Arbeiter und Arbeiterbewegung in der Weimarer Republik, 1918–1924* (Berlin, 1987), 185.

2   C. Schmitt, Positionen und Begriffe im Kampf mit Weimar–Genf–Versailles, 1923–1939 (Hamburg, 1940).

3   G. D. Feldman, *The Great Disorder: Politics, Economics, and Society in the German Inflation, 1914–1924* (Oxford, 1993), 434.

4   M. Horn, *Britain, France, and the Financing of the First World War* (Montreal, 2002).

5   D. Artaud, *La Question des dettes interalliées et la reconstruction de l'Europe, 1917–1929* (Lille, 1978).

6   G.-H. Soutou, *L'Or et le Sang: Les Buts de guerre économique de la Première Guerre Mondiale* (Paris, 1989), 777–805.

7   G. Rousseau, Étienne Clémentel (Clermont−Ferrand, 1998), 18; 다음은 적절하게 '미들
    링 모더니즘middling modernism'이라는 명칭을 제시한다. P. Rabinow, *French Modern:
    Norms and Forms of the Social Environment* (Chicago, IL, 1995), 325.

8   E. Clémentel, *La France et la politique économique interalliée* (Paris, 1931).

9   M. Trachtenberg, *Reparation in World Politics: France and European Economic
    Diplomacy, 1916−1923* (New York, 1980), 5.

10 W. McDougall, 'Political Economy versus National Sovereignty: French Structures for
    German Economic Integration after Versailles', *The Journal of Modern History* 51 (1979),
    4−23.

11 E. Roussel, *Jean Monnet* (Paris, 1996), 33−44.

12 F. Duchène, *Jean Monnet* (New York, 1994), 40; J. Monnet, *Memoirs* (London, 1978),
    75.

13 R. S. Baker, *Woodrow Wilson and the World Settlement* (New York, 1922), vol. 3, 322.

14 W. R. Keylor, 'Versailles and International Diplomacy', in M. Boemeke, R. Chickering
    and E. Glaser (eds), *The Treaty of Versailles: A Reassessment After 75 Years* (Washington,
    DC, 1998), 498.

15 F. W. O'Brien, *Two Peacemakers in Paris: The Hoover−Wilson Post−Armistice Letters,
    1918−1920* (College Station, TX, 1978), 4.

16 Ibid., 156−61.

17 Trachtenberg, *Reparations*, 34.

18 S. Lauzanne, 'Can France Carry Her Fiscal Burden?', *The North American Review* 214
    (1921), 603−9.

19 A. Lentin, *The Last Political Law Lord: Lord Sumner* (Cambridge, 2008), 81−104; R.
    E. Bunselmeyer, *The Cost of the War, 1914−1919: British Economic War Aims and the
    Origins of Reparation* (Hamden, CT, 1975).

20 P. M. Burnett, *Reparation at the Paris Peace Conference* (New York, 1940), vol. 1,
    Document 211, 777.

21 Ibid., Document 210, 776.

22 Ibid., Document 246, 857−8.

23 Ibid., Document 234, 824, and Document 262, 898−903.

24 *Two Peacemakers*, 118−19.

25 J. M. Keynes, Revision of the Treaty (London, 1922), 3−4.

26 다음에서 훌륭하게 요약하고 있다. E. Mantoux, *The Carthaginian Peace; or, The
    Economic Consequences of Mr. Keynes* (New York, 1952).

27 V. Serge, *Memoirs of a Revolutionary* (Oxford, 1963), 102, and L. Trotsky, *The First
    Five Years of the Communist International* (Moscow, 1924), vol. 1, 351.

28 N. Ferguson, *Paper & Iron: Hamburg Business and German Politics in the Era of
    Inflation, 1897−1927* (Cambridge, 1995).

29 E. Johnson and D. Moggridge (eds), *The Collected Writings of John Maynard Keynes*
    (Cambridge, 2012), vol. 16, 156−84.

30 R. Skidelsky, *John Maynard Keynes: Hopes Betrayed, 1883−1920* (London, 1983), vol.

1, 317.

31 J. M. Keynes, *The Economic Consequences of the Peace* (London, 1919), 5, 253에서 반복.

32 Ibid., 146-50.

33 Ibid., 269.

34 Artaud, *La Question des dettes interalliées*, vol. 1, 116.

35 D. P. Silverman, *Reconstructing Europe after the Great War* (Cambridge, MA, 1982), 32.

36 A. Tardieu, *The Truth About the Treaty* (Indianapolis, IN, 1921), 344.

37 Silverman, *Reconstructing Europe*, 39.

38 Keynes, *Collected Writings*, vol. 16, 422.

39 Ibid., 426-7.

40 Keynes, *Economic Consequences*, 283-8.

41 Keynes, *Collected Writings*, vol. 16, 428-36.

42 Ibid., 434.

43 Silverman, *Reconstructing Europe*, 36.

44 A. Orde, *British Policy and European Reconstruction after the First World War* (Cambridge, 1990), 57.

45 Hoover to Wilson, 11 April 1919, *Two Peacemakers*, 112-15.

46 Baker, *Woodrow Wilson*, vol. 3, 344-6.

47 Ibid., 373-5.

48 L. Gardner, *Safe for Democracy: The Anglo-American Response to Revolution, 1913-1923* (Oxford, 1987), 247; F. Costigliola, *Awkward Dominion: American Political, Economic, and Cultural Relations with Europe, 1919-1933* (Ithaca, NY, 1987), 35.

49 *Two Peacemakers*, 196-203.

50 B. D. Rhodes, 'Reassessing "Uncle Shylock": The United States and the French War Debt, 1917-1929', *The Journal of American History* 55 (March 1969), 791.

51 Silverman, *Reconstructing Europe*, 171, 205-11.

16장

1 A. Hitler, *Mein Kampf* (Munich, 1925-7).

2 H. J. Burgwyn, *The Legend of the Mutilated Victory: Italy, the Great War, and the Paris Peace Conference, 1915-1919* (Westport, CT, 1993), 300.

3 S. Falasca-Zamponi, *Fascist Spectacle* (Berkeley, CA, 1997), 32, 163-4.

4 무솔리니에 관해서는 다음을 보라. A. Mayer, *Politics and Diplomacy: Containment and Counter-Revolution at Versailles, 1918-1919* (New York, 1967), 206-7, and P. O'Brien, *Mussolini in the First World War: The Journalist, the Soldier, the Fascist* (Oxford, 2005), 151. 히틀러에 관해서는 다음을 보라. Hitler, *Mein Kampf*, 712-13.

5 Mayer, *Politics and Diplomacy*, 219-20.

6 *Papers Relating to the Foreign Relations of the United States: Lansing Papers* (Washington, DC, 1940), vol. 2, 89-90.

7   H. Nicolson, *Peacemaking, 1919* (London, 1933), 161.

8   A. S. Link (ed.) et al., *The Papers of Woodrow Wilson* [hereafter *PWW*], 69 vols (Princeton, NJ, 1966–94), vol. 57, 614.

9   Burgwyn, *The Legend*, 256–8.

10 *PWW*, vol. 57, 432–3.

11 *PWW*, vol. 58, 19.

12 *PWW*, vol. 57, 527.

13 *PWW*, vol. 58, 7.

14 D. Rossini, *Woodrow Wilson and the American Myth in Italy* (Cambridge, MA, 2008), 117–23.

15 Ibid., 131.

16 *PWW*, vol. 58, 142.

17 Ibid., 47.

18 *PWW*, vol. 57, 70.

19 *PWW*, vol. 58, 4.

20 Ibid., 59.

21 Ibid., 91–3.

22 Burgwyn, *Legend*, 281.

23 Nicolson, *Peacemaking*, 319.

24 *PWW*, vol. 58, 143.

25 D. J. Forsyth, *The Crisis of Liberal Italy* (Cambridge, 1993), 205.

26 L. Hautecoeur, *L'Italie sous le Ministère Orlando, 1917–1919* (Paris, 1919), 209–10.

27 M. Knox, *To the Threshold of Power, 1922/33: Origins and Dynamics of the Fascist and National Socialist Dictatorships* (Cambridge, 2007), vol. 1, 307–10.

28 G. Salvemini, *The Origins of Fascism in Italy* (New York, 1973), 230.

29 Akten der Reichskanzlei Das Kabinett Scheidemann (AdR DKS), Nr 66, 303.

30 Ibid., 303–06.

31 Ibid., 8 May 1919, 306, and AdR DKS Nr 70, 12 May 1919, 314–16.

32 P. Scheidemann, *The Making of a New Germany* (New York, 1928), 24–5.

33 AdR DKS Nr 15, 63, and Nr 20, 85–91. See also K. Kautsky, *Wie der Weltkrieg Entstand* (Berlin, 1919).

34 AdR DKS Nr 79, 19 May 1919, 350–51.

35 AdR DKS Nr 67, 9 May 1919, 308.

36 AdR DKS Nr 80, 20 May 1919, 354.

37 Ibid., 20 May 1919, 358–9, Nr 86, 26 May 1919, 375, Nr 87, 26 May 1919, 379–80.

38 AdR DKS Nr 84, 23 May 1919, 368–9.

39 P. Krüger, 'Die Reparationen und das Scheitern einer deutschen Verständigungspolitik auf der Pariser Friedenskonferenz im Jahre 1919', *Historische Zeitschrift* 221 (1975), 336–8.

40 L. Haupts, *Deutsche Friedenspolitik, 1918–19: eine Alternative zur Machtpolitik des Ersten Weltkrieges* (Düsseldorf, 1976), 329–72.

대격변

41 독일이 역으로 제시한 것의 실질 가치에 대한 케인스의 평가와 그가 제안한 배상액 수치를 비교해보라. 케인스가 제안한 배상은 동일한 75억 달러지만 이자는 없었다. J. M. Keynes, *The Economic Consequences of the Peace* (London, 1919), 223, 262.

42 *The Deliberations of the Council of Four (March 24–June 28, 1919): Notes of the Official Interpreter, Paul Mantoux*, trans. and ed. by Arthur S. Link and Manfred F. Boemeke (Princeton, NJ, 1991), vol. 2, 462–6. 포슈는 39개 사단이라고 했는데, 이는 미군 사단의 이중 편제를 고려하면 정규 사단 44개에 해당한다.

43 H. Mühleisen, 'Annehmen oder Ablehnen? Das Kabinett Scheidemann, die Oberste Heeresleitung und der Vertrag von Versailles im Juni 1919. Fünf Dokumente aus dem Nachlaß des Hauptmanns Günther von Posek', *Vierteljahrshefte für Zeitgeschichte* 35 (1987), 419–81.

44 AdR DKS Nr 107, 11 June 1919, 445.

45 AdR DKS Nr 114, 20 June 1919.

46 AdR DKS Nr 111, 14 June 1919.

47 AdR DKS Nr 113, 469–75.

48 AdR DKS Nr 99, 3 June 1919.

49 AdR DKS Nr 113, 17 June 1919, 475.

50 AdR DKS Nr 105, 10 June 1919, 105.

51 AdR DKS Nr 114, 20 June 1919, 485–6.

52 AdR DKS Nr 118, 18 June 1919, 506.

53 AdR DKS Nr 100, 4 June 1919, 419–20.

54 아래 서술에 관해서는 다음을 보라. A. Luckau, 'Unconditional Acceptance of the Treaty of Versailles by the German Government, June 22–28, 1919', *The Journal of Modern History* 17 (1945), 215–20.

55 G. Noske, *Von Kiel bis Kapp: zur Geschichte der deutschen Revolution* (Berlin, 1920), 147–56, and W. Wette, *Gustav Noske: eine politische Biographie* (Düsseldorf, 1987), 461–93.

56 AdR DKS Nr 118, 501–02.

57 AdR DKS Nr 114, 20 June 1919, 491.

58 AdR DKS Nr 3, 23 June 1919, 10.

59 *Two Peacemakers in Paris: The Hoover–Wilson Post–Armistice Letters, 1918–1920*, ed. with commentaries by Francis William O'Brien (College Station, TX, 1978), 168–73; Nicolson, Peacemaking, 362–4.

60 Wette, Noske, 506–17.

61 쿠데타에 관한 설명은 다음을 보라. AdR KBauer Nr 183, 653–6, Nr 186–92, 667–83, Nr 218, 771–91.

62 AdR KBauer Nr 204, 710–25.

63 AdR KBauer Nr 215, 760–62. 심히 비판적인 설명은 다음을 보라. G. Eliasberg, *Der Ruhrkrieg von 1920* (Bonn, 1974).

64 H. A. Turner, *Stresemann and the Politics of the Weimar Republic* (Princeton, NJ, 1963), 43–91.

65 M. Berg, *Gustav Stresemann und die Vereinigten Staaten von Amerika: Weltwirtschaftliche Verflechtung und Revisionspolitik, 1907–1929* (Baden–Baden, 1990), 102.

17장

1   다음은 미국과 중국의 관점에서 서술한다. E. Manela, *The Wilsonian Moment: Self–Determination and the International Origins of Anticolonial Nationalism* (Oxford, 2007), 99–117, 177–96.

2   L. Connors, *The Emperor's Adviser: Saionji Kinmochi and Pre–War Japanese Politics* (Oxford, 1987), 60–71.

3   Y. S. Sun, *The International Development of China* (New York, 1922).

4   Y. Zhang, *China in the International System, 1918–1920* (Basingstoke, 1991), 105.

5   N. S. Bose, *American Attitudes and Policy to the Nationalist Movement in China, 1911–1921* (Bombay, 1970), 157–9.

6   L. Gardner, *Safe for Democracy: The Anglo–American Response to Revolution, 1913–1923* (Oxford, 1987), 230.

7   Zhang, *China*, 55.

8   S. G. Craft, *V. K.: Wellington Koo and the Emergence of Modern China* (Lexington, KY, 2004), 49–50.

9   S. Naoko, *Japan, Race and Equality: The Racial Equality Proposal of 1919* (London, 2003), 49–50.

10 N. Kawamura, *Turbulence in the Pacific: Japanese–U.S. Relations during World War I* (Westport, CT, 2000), 140.

11 Y. Ozaki, *The Autobiography of Ozaki Yukio* (Princeton, NJ, 2001), 330–36.

12 이 시기 대중정치의 모호함에 관해서는 다음을 보라. A. Gordon, *Labor and Imperial Democracy in Prewar Japan* (Berkeley, CA, 1991).

13 Naoko, *Japan*, 19.

14 M. Lake and H. Reynolds, *Drawing the Global Color Line: White Men's Countries and the International Challenge of Racial Equality* (Cambridge, 2008).

15 A. S. Link (ed.) et al., *The Papers of Woodrow Wilson* [hereafter *PWW*], 69 vols (Princeton, NJ, 1966–94), vol. 57, 239–40.

16 Ibid., 247, 264.

17 Naoko, *Japan*, 29–31.

18 PWW, vol. 57, 285.

19 마키노가 밸푸어에 분명하게 밝힌 바와 같다. PWW, vol. 58, 179.

20 Kawamura, *Turbulence*, 147.

21 *PWW*, vol. 57, 554.

22 D. H. Miller, *The Drafting of the Covenant* (New York, 1928), vol. 1, 103.

23 *PWW*, vol. 57, 584 and 618.

24 *PWW*, vol. 58, 165.

25 Connors, *Emperor's Adviser*, 74.

26 *PWW*, vol. 58, 112-13.

27 Craft, *Wellington Koo*, 56; *PWW*, vol. 57, 615-26.

28 *PWW*, vol. 58, 130, 183-4.

29 Zhang, *China*, 88-9.

30 R. Mitter, *A Bitter Revolution: China's Struggle with the Modern World* (Oxford, 2004).

31 J. Chesneaux, F. Le Barbier and M.-C. Bergère, *China from the 1911 Revolution to Liberation*, trans. P. Auster and L. Davis (New York, 1977), 65-9.

32 D. Kuhn, *Die Republik China von 1912 bis 1937: Entwurf für eine politische Ereignisgeschichte* (Heidelberg, 2004), 142.

33 Zhang, *China*, 79.

34 Chesneaux et al., *China*, 67-8.

35 Zhang, *China*, 75-99.

36 Y. T. Matsusaka, *The Making of Japanese Manchuria, 1904-1932* (Cambridge, MA, 2001), 241.

37 L. A. Humphreys, *The Way of the Heavenly Sword: The Japanese Army in the 1920s* (Stanford, CA, 1995), 175.

38 Ibid., 41.

39 Matsusaka, *The Making*, 241.

40 Zhang, *China*, 139-41.

41 S. R. Schram and N. J. Hodes (eds), *Mao's Road to Power: Revolutionary Writings 1912-1949* (New York, 1992), vol. 1, 321-2, 337, 357-67, 390, and vol. 2, 159-60, 186-8.

42 W. C. Kirby, *Germany and Republican China* (Stanford, CA, 1984), 35.

43 B. A. Ellman, *Diplomacy and Deception: The Secret History of Sino-Soviet Diplomatic Relations, 1917-1927* (London, 1997), 25.

44 Zhang, *China*, 157.

18장

1 A. S. Link (ed.) et al., *The Papers of Woodrow Wilson* [hereafter *PWW*], 69 vols (Princeton, NJ, 1966-94), vol. 61, 426-36.

2 Ibid., 225.

3 Compare R. S. Baker, *Woodrow Wilson and the World Settlement* (New York, 1922), and I. E. Ambrosius, *Woodrow Wilson and the American Diplomatic Tradition: The Treaty Fight in Perspective* (Cambridge, 1907).

4 *The New York Times*, 'Bullitt Asserts Lansing Expected the Treaty to Fail', 13 September 1919.

5 W. C. Bullitt and S. Freud, *Thomas Woodrow Wilson: A Psychological Study* (Boston, MA, 1967).

6 *The New York Times*, 'Lodge Attacks Covenant and Outlines 5 Reservations; Assailed by

Williams', 13 August 1919.

7   Ambrosius, *Woodrow Wilson*, xxx.

8   W. C. Widenor, *Henry Cabot Lodge and the Search for an American Foreign Policy* (Berkeley, CA, 1980).

9   *The New York Times*, 'Qualify Treaty on Ratification, Says Elihu Root', 22 June 1919.

10 *PWW*, vol. 42, 340-44.

11 T. J. Knock, *To End All Wars: Woodrow Wilson and the Quest for a New Order* (Princeton, NJ, 1992), 267.

12 M. Leffler, *The Elusive Quest: America's Pursuit of European Stability and French Security, 1919-1933* (Chapel Hill, NC, 1979), 15.

13 W. Lippmann, 'Woodrow Wilson's Approach to Politics', *New Republic*, 5 December 1955; T. Bimes and S. Skowronek, 'Woodrow Wilson's Critique of Popular Leadership: Reassessing the Modern-Traditional Divide in Presidential History', *Polity* 29 (1996), 27-63.

14 K. Wimer, 'Woodrow Wilson's Plan for a Vote of Confidence', *Pennsylvania History* 28 (1961), 2-16, and R. L. Merritt, 'Woodrow Wilson and the "Great and Solemn Referendum", 1920', *The Review of Politics* 27 (1965), 78-104.

15 1916년 8월에서 12월 사이에 한 일련의 연설을 보라. *PWW*, vol. 40.

16 A. Hagedorn, *Savage Peace: Hope and Fear in America, 1919* (New York, 2007), 297-322.

17 A. Hart (ed.), *Selected Addresses and Public Papers of Woodrow Wilson* (New York, 1918), 270.

18 W. Wilson, *A History of the American People* (New York, 1902), vol. 5, 59-64.

19 Hart (ed.), *Selected Addresses*, 271.

20 *The New York Times*, 26 November 1919.

21 T. Kornweibel, *'Seeing Red': Federal Campaigns against Black Militancy, 1919-1925* (Bloomington, IN, 1998).

22 *The New York Times*, 'President Cheered from Pier to Hotel', 25 February 1919.

23 Hagedorn, *Savage Peace*, 218-25.

24 *PWW*, vol. 62, 58.

25 *The New York Times*, 'Raid from Coast to Coast', 3 January 1920; R. K. Murray, *Red Scare: A Study in National Hysteria, 1919-1920* (Minneapolis, MN, 1955).

26 J. A. McCartin, *Labor's Great War: The Struggle for Industrial Democracy and the Origins of Modern American Labor Relations* (Chapel Hill, NC, 1997).

27 J. Cooper, *The Warrior and the Priest: Woodrow Wilson and Theodore Roosevelt* (Cambridge, MA, 1983), 264.

28 *PWW*, vol. 64, 84.

29 Commission of Enquiry, the Interchurch World Movement, 'Report on the Steel Strike of 1919' (New York, 1920); D. Brody, *Labor in Crisis: The Steel Strike of 1919* (New York, 1965).

30 *PWW*, vol. 63, 600.

31 D. Montgomery, *The Fall of the House of Labor: Workplace, the State, and American Labor Activism, 1865–1925* (New Haven, CT, 1988).

32 McCartin, *Labor's Great War*, 199–220.

33 *The New York Times*, 'Palmer Pledges War on Radicals', 1 January 1920.

34 R. K. Murray, *The Politics of Normalcy: Governmental Theory and Practice in the Harding–Coolidge Era* (New York, 1973), 3, and idem., *The Harding Era: Warren G. Harding and His Administration* (Minneapolis, MN, 1969), 82.

35 B. M. Manly, 'Have Profits Kept Pace with the Cost of Living?', *Annals of the American Academy of Political and Social Science* 89 (1920), 157–62, and E. B. Woods, 'Have Wages Kept Pace with the Cost of Living?', *Annals of the American Academy of Political and Social Science* 89 (1920), 135–47.

36 *The New York Times*, 'Palmer Has Plan to Cut Living Cost', 17 December 1919, 19.

37 *The New York Times*, 'Urge President to Return', 24 May 1919, 4.

38 Interchurch World Movement, 'Report', 94–106.

39 H. L. Lutz, 'The Administration of the Federal Interest–Bearing Debt Since the Armistice', *The Journal of Political Economy* 34 (1926), 413–57.

40 M. Friedman and A. J. Schwartz, *A Monetary History of the United States, 1867–1960* (Princeton, NJ, 1963), 222–6.

41 A. Meltzer, *A History of the Federal Reserve* (Chicago, IL, 2003), vol. 1, 94–5.

42 Friedman and Schwartz, *Monetary History*, 227.

43 Meltzer, *History*, 101–2.

44 Friedman and Schwartz, *Monetary History*, 230.

45 Meltzer, *History*, 127.

46 *The New York Times*, 'Williams Strikes at High Interest', 11 August 1920, 24, and 'Bank Convention Condemns Williams', 23 October 1920, 20.

47 J. Higham, *Strangers in the Land: Patterns of American Nativism, 1860–1925* (New Brunswick, NJ, 1988); N. K. MacLean, *Behind the Mask of Chivalry: The Making of the Second Ku Klux Klan* (Oxford, 1 995).

48 J. C. Prude, 'William Gibbs McAdoo and the Democratic National Convention of 1924', *The Journal of Southern History* 38 (1972), 621–8.

49 F. E. Schortemeier, *Rededicating America: Life and Recent Speeches of Warren G. Harding* (Indianapolis, IN, 1920), 223.

50 Higham, *Strangers*, 309.

51 R. Boyce, *The Great Interwar Crisis and the Collapse of Globalization* (Basingstoke, 2003), 88.

52 Leffler, *Elusive Quest*, 44.

53 Boyce, *Great Interwar Crisis*, 178.

19장

1 S. M. Deutsch, *Counter–Revolution in Argentina, 1900–1932: The Argentine Patriotic*

League (Lincoln, NB, 1986).

2 R. Gerwarth and J. Horne (eds), *War in Peace: Paramilitary Violence in Europe after the Great War* (Oxford, 2012).

3 C. S. Maier, *Recasting Bourgeois Europe: Stabilization in France, Germany, and Italy in the Decade after World War I* (Princeton, NJ, 1975), 136.

4 E. L. Dulles, *The French Franc, 1914–1928: The Facts and their Interpretations* (New York, 1929), 120–21.

5 M. Metzler, *Lever of Empire: The International Gold Standard and the Crisis of Liberalism in Prewar Japan* (Berkeley, CA, 2005), 118–33.

6 L. Humphreys, *The Way of the Heavenly Sword: The Japanese Army in the 1920s* (Stanford, CA, 1995), 44; P. Duus (ed.), *The Cambridge History of Japan*, vol. 6, *The Twentieth Century* (Cambridge, 1988), 277.

7 R. Haig, *The Public Finances of Post–War France* (New York, 1929), 70–88.

8 B. Martin, *France and the Après Guerre, 1918–1924: Illusions and Disillusionment* (Baton Rouge, FL, 1999), 35–6.

9 F. R. Dickinson, *War and National Reinvention: Japan in the Great War, 1914–1919* (Cambridge, MA, 1999), 230.

10 P. Duus, *Party Rivalry and Political Change in Taisho Japan* (Cambridge, MA, 1968), 141.

11 M. Lewis, *Rioters and Citizens: Mass Protest in Imperial Japan* (Berkeley, CA, 1990), 82.

12 C. Wrigley, *Lloyd George and the Challenge of Labour: The Post–War Coalition, 1918–22* (Hemel Hempstead, 1990), 81.

13 M. Daunton, *Just Taxes: The Politics of Taxation in Britain, 1914–1979* (Cambridge, 2002), 76–7.

14 Metzler, *Lever of Empire*, 133.

15 G. Balachandran, *John Bullion's Empire: Britain's Gold Problem and India Between the Wars* (London, 1996), 96.

16 A. C. Pigou, *Aspects of British Economic History, 1918–1925* (London, 1945), 149.

17 Balachandran, *John Bullion's Empire*, 93, 109–12.

18 K. Jeffery (ed.), *The Military Correspondence of Field Marshal Sir Henry Wilson, 1918–1922* (London, 1985), 253.

19 A. Clayton, *The British Empire as a Superpower, 1919–39* (Basingstoke, 1986), 103.

20 R. Middleton, *Government versus the Market: The Growth of the Public Sector, Economic Management, and British Economic Performance, 1890–1979* (Cheltenham, 1996), 199, 311–35.

21 M. Leffler, *The Elusive Quest: America's Pursuit of European Stability and French Security, 1919–1933* (Chapel Hill, NC, 1979), 14.

22 M. Milbank Farrar, *Principled Pragmatist: The Political Career of Alexandre Millerand* (New York, 1991).

23 D. Artaud, 'La question des dettes interalliées', in M. Petricioli and M. Guderzo (eds),

대격변

Une occasion manquée? 1922: La reconstruction de l'Europe (New York, 1995), 89.

24   Dulles, French Franc, 130.

25   F. H. Adler, Italian Industrialists from Liberalism to Fascism (Cambridge, 1995), 165.

26   Metzler, Lever of Empire, 134; Duus, Cambridge History, 461; Lewis, Rioters, 246.

27   C.-L. Holtfrerich, The German Inflation, 1914-1923 (Berlin, 1986).

28   M. Flandreau (ed.), Money Doctors: The Experience of International Financial Advising, 1850-2000 (London, 2003).

29   Duus, Party Rivalry, 111.

30   Metzler, Lever of Empire, 129, 160.

31   Humphreys, Heavenly Sword, 61.

32   I. Gow, Military Intervention in Prewar Japanese Politics: Admiral Kato-Kanji and the 'Washington System' (London, 2004), 85.

33   F. R. Dickinson, World War I and the Triumph of a New Japan, 1919-1930 (Cambridge, 2013), 115-16.

34   M. Beloff, Imperial Sunset, vol. 2, Dream of Commonwealth, 1921-42 (Basingstoke, 1989), 27.

35   K. Jeffery, The British Army and the Crisis of Empire (Manchester, 1984), 13-23.

36   K. Jeffery, The Military Correspondence of Field Marshal Sir Henry Wilson, 1918-1922 (London, 1985), 197-201.

37   K. Jeffery, '"An English Barrack in the Oriental Seas"? India in the Aftermath of the First World War', Modern Asian Studies 15 (1981), 369-86.

38   Clayton, The British Empire as a Superpower, 1919-1939, 20.

39   S. Roskill, Naval Policy Between the Wars (New York, 1968), vol. 1, 215-16.

40   O. J. Ferris, The Evolution of British Strategic Policy, 1919-26 (Basingstoke, 1989), 54-63.

41   Maier, Recasting, 195.

42   D. P. Silverman, Reconstructing Europe after the Great War (Cambridge, MA, 1982), 215-20.

43   Ibid., 149.

44   R. Self, Britain, America and the War Debt Controversy: The Economic Diplomacy of an Unspecial Relationship, 1917-1941 (London, 2006), 29.

45   National archive, CAB 24/116 CP 2214.

46   G. Unger, Aristide Briand: Le ferme conciliateur (Paris, 2005).

47   Maier, Recasting, 241-9.

48   G. D. Feldman, The Great Disorder: Politics, Economics, and Society in the German Inflation, 1914-1924 (Oxford, 1993), 338-41.

49   이러한 반사실적 가정은 다음에서 탐구되었다. N. Ferguson, Paper and Iron: Hamburg Business and German Politics in the Era of Inflation, 1897-1927 (Cambridge, 1995).

50   S. B. Webb, Hyperinflation and Stabilization in Weimar Germany (Oxford, 1988).

51   N. Ferguson, 'Constraints and Room for Manoeuvre in the German Inflation of the Early 1920s', The Economic History Review New Series 49 (1996), 635-66.

52 Silverman, *Reconstructing Europe*, 224−5.

53 M. J. Pusey, *Charles Evans Hughes* (New York, 1951), vol. 1, 350.

54 N. A. Palmer, 'The Veterans' Bonus and the Evolving Presidency of Warren G. Harding', *Presidential Studies Quarterly* 38 (2008), 39−60.

55 Artaud, 'La question', in Petricioli and Guderzo (eds), *Occasion manquée*, 87.

56 S. A. Schuker, 'American Policy Towards Debts and Reconstruction', in C. Fink (ed.), *Genoa, Rapallo and European Reconstruction in 1922* (Cambridge, 1991), 98.

57 M. Leffler, 'The Origins of Republican War Debt Policy, 1921−1923: A Case Study in the Applicability of the Open Door Interpretation', *The Journal of American History* 59 (1972), 593.

58 A. Orde, *British Policy and European Reconstruction after the First World War* (Cambridge, 1990), 173−4.

20장

1 J. Gallagher, 'Nationalisms and the Crisis of Empire, 1919−1922', *Modern Asian Studies* 15 (1981), 355−68.

2 W. F. Elkins, 'Black Power in the British West Indies: The Trinidad Longshoremen's Strike of 1919', *Science and Society* 33 (1969), 71−5.

3 I. Abdullah, 'Rethinking the Freetown Crowd: The Moral Economy of the 1919 Strikes and Riot in Sierra Leone', *Canadian Journal of African Studies/ Revue Canadienne des Études Africaines* 28, no. 2 (1994), 197−218.

4 T. Yoshikuni, 'Strike Action and Self−Help Associations: Zimbabwean Worker Protest and Culture after World War I', *Journal of Southern African Studies* 15, no. 3 (April 1989), 440−68.

5 D. Killingray, 'Repercussions of World War I in the Gold Coast', *The Journal of African History* 19 (1978), 39−59; A. Olukoju, 'Maritime Trade in Lagos in the Aftermath of the First World War', *African Economic History* 20 (1992), 119−35; A. Olukoju, 'Anatomy of Business−Government Relations: Fiscal Policy and Mercantile Pressure Group Activity in Nigeria, 1916−1933', *African Studies Review* 38 (1995), 23−50.

6 R. Ally, *Gold and Empire: The Bank of England and South Africa's Gold Producers, 1886−1926* (Johannesburg, 1994); J. Krikler, 'The Commandos: The Army of White Labour in South Africa', *Past and Present* 163 (1999), 202−44; A. Clayton, *The British Empire as a Superpower, 1919−39* (Basingstoke, 1986), 241−4; J. Krikler, *White Rising: The 1922 Insurrection and Racial Killing in South Africa* (Manchester, 2005).

7 C. Townsend, *The British Campaign in Ireland, 1919−1921* (Oxford, 1975).

8 W. Wilson, *Letters*, 250, 266−72.

9 J. Lawrence, 'Forging a Peaceable Kingdom: War, Violence, and Fear of Brutalization in Post−First World War Britain', *The Journal of Modern History* 75, no. 3 (September 2003), 557−89.

10 M. Beloff, *Imperial Sunset: Britain's Liberal Empire, 1897−1921* (London, 1969), vol. 1,

314.

11 M. Hopkinson, 'President Woodrow Wilson and the Irish Question', *Studia Hibernica* 27 (1993), 89–111.

12 필수적인 안내서로는 다음을 보라. J. Darwin, *Britain, Egypt and the Middle East: Imperial Policy in the Aftermath of War, 1918–1922* (London, 1981).

13 W. Stivers, *Supremacy and Oil: Iraq, Turkey, and the Anglo–American World Order, 1918–1930* (Ithaca, NY, 1982), 45–50.

14 M. W. Daly (ed.), *The Cambridge History of Egypt* (New York, 1998), vol. 2, 246–7.

15 Ibid., 247–8. 영국의 문화적 영향력 부족에 관해서는 다음을 보라. Beloff, *Imperial Sunset*, vol. 2, 44.

16 J. Berque, *Egypt: Imperialism and Revolution* (New York, 1972), 305.

17 M. Badrawi, *Ismail Sidqi, 1875–1950* (Richmond, VA, 1996), 14.

18 M. A. Rifaat, *The Monetary System of Egypt* (London, 1935), 63–4; A. E. Crouchley, *The Economic Development of Modern Egypt* (London, 1938), 197.

19 Berque, *Egypt*, 316.

20 Ibid., 318.

21 J. L. Thompson, *A Wider Patriotism: Alfred Milner and the British Empire* (London, 2007), 184–95.

22 Berque, *Egypt*, 315–16.

23 Gallagher, 'Nationalisms', 361.

24 다음에서 인용. E. Kedourie, *The Chatham House Version and Other Middle–Eastern Studies* (London, 1970), 121.

25 L. Stein, *The Balfour Declaration* (New York, 1961), 640–45.

26 E. Monroe, *Britain's Moment in the Middle East, 1914–1956* (Baltimore, MD, 1963), 65–6.

27 Q. Wright, 'The Bombardment of Damascus', *The American Journal of International Law* 20 (1926), 263–80; D. Eldar, 'France in Syria: The Abolition of the Sharifian Government, April–July 1920', *Middle Eastern Studies* 29 (1993), 487–504.

28 Stivers, *Supremacy and Oil*, 84, and E. Kedourie, 'The Kingdom of Iraq: A Retrospect', in Kedourie, *Chatham House Version*, 236–85.

29 Beloff, *Imperial Sunset*, vol. 1, 347.

30 I. Friedman, *British Miscalculations: The Rise of Muslim Nationalism, 1918–1925* (New Brunswick, NJ, 2012), 252.

31 B. Gökay, *A Clash of Empires: Turkey between Russian Bolshevism and British Imperialism, 1918–1923* (London, 1997).

32 B. Lewis, *The Emergence of Modern Turkey* (Oxford, 1961), 247–51.

33 Gökay, *Clash of Empires*, 131.

34 G. Balachandran, *John Bullion's Empire: Britain's Gold Problem and India Between the Wars* (London, 1996).

35 B. R. Tomlinson, *The Political Economy of the Raj, 1914–1947: The Economics of Decolonization in India* (London, 1979).

36 J. Brown, *Gandhi's Rise to Power: Indian Politics, 1915–1922* (Cambridge, 1972), 161.

37 Ibid., 231.

38 Friedman, *British Miscalculations*, 229.

39 Brown, *Gandhi*, 202.

40 P. Woods, *Roots of Parliamentary Democracy in India: Montagu–Chelmsford Reforms, 1917–1923* (Delhi, 1 996), 139–40.

41 A. Rumbold, *Watershed in India, 1914–1922* (London, 1979), 160–93.

42 W. R. Smith, *Nationalism and Reform in India* (New Haven, CT, 1938), 108–9.

43 Ibid., 118–19.

44 다음에 훌륭하게 설명되어 있다. G. Pandey, 'Peasant Revolt and Indian Nationalism: The Peasant Movement in Awadh, 1919–1922', in R. Guha (ed.), *Subaltern Studies* (Delhi, 1982–9), vol. 1, 143–91.

45 D. A. Low, 'The Government of India and the First Non–Cooperation Movement 1920–22', *The Journal of Asian Studies* 25 (1966), 247–8.

46 Rumbold, *Watershed*, 266–7.

47 롤린슨 장군이 윌슨에게 보낸 보고서를 보라. Wilson, *Letters*, 306–7.

48 Woods, *Roots*, 157–69.

49 Low, 'Government of India', 252.

50 Rumbold, *Watershed*, 294.

51 Ibid., 301–3.

52 Monroe, *Britain's Moment*, 69–70.

53 D. Waley, *Edwin Montagu* (New Delhi, 1964), 270.

54 K. Mantena, *Alibis of Empire: Henry Maine and the Ends of Liberal Imperialism* (Princeton, NJ, 2010).

55 D. A. Low, *Lion Rampant: Essays in the Study of British Imperialism* (London, 1973), 157.

56 이러한 성격 규정은 다음이 제시한 것이다. J. Darwin, 'Imperialism in Decline?', *Historical Journal* 23 (1980), 657–79.

57 쿠퍼의 프랑스의 딜레마 분석이 매우 적절하다. F. Cooper, *Colonialism in Question: Theory, Knowledge, History* (Berkeley, CA, 2005). 다음도 참조하라. Low, *Lion Rampant*, 70–72.

58 H. Tinker, *Separate and Unequal: India and the Indians in the British Commonwealth, 1920–1950* (Vancouver, 1976), 43–77.

59 Woods, *Roots*, 232.

60 Beloff, *Imperial Sunset*, vol. 1, 312–13; Waley, *Montagu*, 258; Beloff, *Imperial Sunset*, vol. 2, 30.

21장

1 W. R. Louis, *British Strategy in the Far East, 1919–1939* (Oxford, 1971), 50–78; M. Beloff, *Imperial Sunset: Britain's Liberal Empire, 1897–1921* (London, 1969), vol. 1,

318-24.

2   N. Tracy, *The Collective Naval Defence of the Empire, 1900-1940* (London, 1997).

3   S. Roskill, *Naval Policy Between the Wars* (New York, 1968), vol. 1, 271-90.

4   Beloff, *Imperial Sunset*, vol. 1, 332-43.

5   L. Gardner, *Safe for Democracy: The Anglo-American Response to Revolution, 1913-1923* (Oxford, 1987), 307-9.

6   T. H. Buckley, *The United States and the Washington Conference, 1921-1922* (Knoxville, TN, 1970), 30-37.

7   M. G. Fry, *Illusions of Security: North Atlantic Diplomacy, 1918-1922* (Toronto, 1972), 144-51.

8   Roskill, *Naval Policy*, vol. 1, 311.

9   참석자인 랜싱의 기록. 다음을 보라. Buckley, *The United States*, 74.

10 'The Arms Conference in Action', *Current History* 15, 3 December 1921, i.

11 Ibid., xxxii.

12 A. Iriye, *After Imperialism: The Search for a New Order in the Far East, 1921-1931* (Cambridge, MA, 1965), 14.

13 L. Humphreys, *The Way of the Heavenly Sword: The Japanese Army in the 1920s* (Stanford, CA, 1995), 46.

14 Buckley, *United States*, 59.

15 I. Gow, *Military Intervention in Prewar Japanese Politics: Admiral Kato-Kanji and the 'Washington System'* (London, 2004), 82-101.

16 Fry, *Illusions of Security*, 154-86.

17 *Papers Relating to the Foreign Relations of the United States: Lansing Papers* (Washington, DC, 1922), vol. 1, 130-33.

18 B. Martin, *France and the Après Guerre, 1918-1924: Illusions and Disillusionment* (Baton Rouge, FL, 1999), 87-9.

19 E. Goldstein and J. Maurer (eds), *The Washington Conference, 1921-22: Naval Rivalry, East Asian Stability and the Road to Pearl Harbour* (London, 1994).

20 Roskill, *Naval Policy*, vol. 1, 354.

21 D. Wang, *China's Unequal Treaties: Narrating National History* (Oxford, 2005).

22 'Arms Conference', *Current History* 15, 383-4.

23 G. McCormack, *Chang Tso-lin in Northeast China, 1911-1928 : China, Japan, and the Manchurian Idea* (Stanford, CA, 1977), 52-66.

24 M. Metzler, *Lever of Empire: The International Gold Standard and the Crisis of Liberalism in Prewar Japan* (Berkeley, CA, 2005), 129.

25 E. S. K. Fung, *The Diplomacy of Imperial Retreat: Britain's South China Policy, 1924-1932* (Hong Kong, 1991), 18-25.

26 Y. Zhang, *China in the International System, 1918-1920* (Basingstoke, 1991), 184-5.

27 W. King, *China at the Washington Conference, 1921-1922* (New York, 1963), 18-19.

28 Goldstein and Maurer, *Washington Conference*, 263.

29 다음에서 논의된 여러 견해를 보라. King, *China*, 38-9.

30 Metzler, *Lever of Empire*, 127.

31 Gardner, *Safe for Democracy*, 313.

32 Ibid., 313.

33 Iriye, *After Imperialism*, 29.

34 Gardner, *Safe for Democracy*, 318-19.

35 Ibid., 320.

36 R. A. Dayer, *Bankers and Diplomats in China, 1917-1925* (London, 1981), 155-61.

22장

1 M. Lewin, *Lenin's Last Struggle* (New York, 1968).

2 다음이 정확하게 언급하고 있다. R. Hofheinz, *The Broken Wave: The Chinese Communist Peasant Movement*, 1922-1928 (Cambridge, MA, 1977), 3: "농민혁명이라는 개념이 겨우 몇 십 년 전에 의식적으로 표현되었다는 사실을 아는 사람은 오늘날 많지 않다."

3 A. S. Lindemann, *The Red Years: European Socialism versus Bolshevism, 1919-1921* (Berkeley, CA, 1974), 48-68.

4 C. S. Maier, *Recasting Bourgeois Europe: Stabilization in France, Germany, and Italy in the Decade after World War I* (Princeton, NJ, 1975), 113-74; F. H. Adler, *Italian Industrialists from Liberalism to Fascism* (New York, 1995), 165-8; G. Salvemini, *The Origins of Fascism in Italy* (New York, 1973), 206-8.

5 P. Pastor (ed.), *Revolutions and Interventions in Hungary and its Neighbor States, 1918-1919* (Boulder, CO, 1988).

6 C. Kinvig, *Churchill's Crusade: The British Invasion of Russia, 1918-1920* (London, 2006), 283-5.

7 N. Davies, White Eagle, *Red Star: The Polish-Soviet War, 1919-1920* (London, 1972), 71-6.

8 R. Pipes, *Russia under the Bolshevik Regime* (New York, 1994), 91-2.

9 Davies, *White Eagle, Red Star*, 90-91.

10 C. E. Bechhofer, *In Denikin's Russia and the Caucasus, 1918-1920* (London, 1921), 120-22.

11 T. Snyder, *The Reconstruction of Nations: Poland, Ukraine, Lithuania, Belarus, 1569-1999* (New Haven, CT, 2003), 63-139.

12 G. A. Brinkley, 'Allied Policy and French Intervention in the Ukraine, 1917-1920', in T. Hunczak (ed.), *The Ukraine, 1917-1921: A Study in Revolution* (Cambridge, MA, 1977), 345-51.

13 N. Davies, 'The Missing Revolutionary War', *Soviet Studies* 27 (1975), 178-95.

14 Pipes, *Russia under the Bolshevik Regime*, 179-83.

15 T. Fiddick, 'The "Miracle of the Vistula": Soviet Policy versus Red Army Strategy', *The Journal of Modern History* 45 (1973), 626-43.

16 영국의 대응은 다음을 보라. M. Beloff, *Imperial Sunset: Britain's Liberal Empire, 1897-*

1921 (London, 1969), vol. 1, 328−9.

17 J. Degras (ed.), *The Communist International: Documents, 1919−1943* (London, 1956−65), vol. 1, 111−13.

18 Pipes, *Russia under the Bolshevik Regime*, 177.

19 O. Ruehle, 'Report from Moscow', http://www.marxists.org/archive/ruhle/1920/ruhle01.htm.

20 Lindemann, *Red Years*, 102−219.

21 Degras, *The Communist International, 1919−1943*, 166−72.

22 J. Jacobson, *When the Soviet Union Entered World Politics* (Berkeley, CA, 1994), 51−8.

23 J. P. Haithcox, *Communism and Nationalism in India: M. N. Roy and Comintern Policy, 1920−1939* (Princeton, NJ, 1971).

24 S. White, *Britain and the Bolshevik Revolution: A Study in the Politics of Diplomacy, 1920−1924* (London, 1979), 120.

25 S. Blank, 'Soviet Politics and the Iranian Revolution of 1919−1921', *Cahiers du Monde russe et soviétique* 21 (1980), 173−94.

26 S. White, 'Communism and the East: The Baku Congress, 1920', *Slavic Review* 33 (1974), 492−514.

27 J. Riddell (ed.), *To See the Dawn: Baku, 1920−First Congress of the Peoples of the East* (New York, 1993), 47−52.

28 Ibid., 232.

29 Jacobson, *When the Soviet Union*, 77.

30 N. Davies, 'The Soviet Command and the Battle of Warsaw', *Soviet Studies* 23 (1972), 573−85.

31 H. G. Linke, 'Der Weg nach Rapallo: Strategie und Taktik der deutschen und sowjetischen Außenpolitik', *Historische Zeitschrift* 264 (1997), 63.

32 Beloff, *Imperial Sunset*, vol. 1, 328−9.

33 Pipes, *Russia under the Bolshevik Regime*, 134, 164.

34 S. R. Sonyel, 'Enver Pasha and the Basmaji Movement in Central Asia', *Middle Eastern Studies* 26 (1990), 52−64.

35 뛰어난 개설로는 다음을 보라. Jacobson, *When the Soviet Union*.

36 B. Gökay, *A Clash of Empires: Turkey between Russian Bolshevism and British Imperialism, 1918−1923* (London, 1997), 148−9.

37 B. A. Elleman, *Diplomacy and Deception: The Secret History of Sino−Soviet Diplomatic Relations, 1917−1927* (Armonk, NY, 1997).

38 P. Dukes, *The USA in the Making of the USSR: The Washington Conference, 1921−1922, and 'Uninvited Russia'* (New York and London, 2004), 57−61.

39 J. K. Fairbank and D. Twitchett (eds), *The Cambridge History of China*, vol. 12, *Republican China, 1912−1949, Part 1* (Cambridge, 1983), 541.

40 A. J. Saich, *The Origins of the First United Front in China: The Role of Sneevliet* (Alias Maring) (Leiden, 1991).

41 G. D. Jackson, *Comintern and Peasant in Eastern Europe, 1919−1930* (New York,

1966), 93.

42 Ibid., 60.

43 *Papers Relating to the Foreign Relations of the United States: Lansing Papers* (Washington, DC, 1921), vol. 2, 805.

23장

1 B. M. Weissman, *Herbert Hoover and Famine Relief to Soviet Russia, 1921–1923* (Stanford, CA, 1974), 15–16.

2 A. Orde, *British Policy and European Reconstruction after the First World War* (Cambridge, 1990), 162.

3 S. White, *The Origins of Détente: The Genoa Conference and Soviet–Western Relations, 1921–1922* (Cambridge, 1985), 26–7.

4 Orde, *British Policy*, 163; C. Fink, *The Genoa Conference: European Diplomacy, 1921–1922* (Chapel Hill, NC, 1984), 6.

5 P. Dukes, *The USA in the Making of the USSR: The Washington Conference, 1921–1922, and 'Uninvited Russia'* (New york and London, 2004), 71.

6 B. Patenaude, *The Big Show in Bololand: The American Relief Expedition to Soviet Russia in the Famine of 1921* (Stanford, CA, 2002).

7 C. M. Edmondson, 'The Politics of Hunger: The Soviet Response to Famine, 1921', *Soviet Studies* 29 (1977), 506–18.

8 G. D. Feldman, *The Great Disorder: Politics, Economics, and Society in the German Inflation, 1914–1924* (Oxford, 1993), 346–412.

9 Ibid., 388.

10 G. D. Feldman, *Hugo Stinnes: Biographie eines Industriellen 1870–1924* (Munich, 1998), 720–38.

11 Orde, *British Policy*, 177.

12 R. Himmer, 'Rathenau, Russia, and Rapallo', *Central European History* 9 (1976), 146–83.

13 H. G. Linke, 'Der Weg nach Rapallo: Strategie und Taktik der deutschen und sowjetischen Außenpolitik', *Historische Zeitschrift* 264 (1997), 82.

14 A. Heywood, *Modernising Lenin's Russia: Economic Reconstruction, Foreign Trade and the Railways* (Cambridge, 1 999), 6.

15 Orde, *British Policy*, 170–78.

16 B. Martin, *France and the Après Guerre, 1918–1924: Illusions and Disillusionment* (Baton Rouge, LA, 1999), 96.

17 *Documents on British Foreign Policy, 1919–1939*, 1st ser. [hereafter *DBFP*] (London, 1974), vol. 13–14, 57–8. 이 변화는 최근에 다음이 강조했다. P. Jackson, 'French Security and a British "Continental Commitment" after the First World War: A Reassessment', *English Historical Review* CCXVI (2011) 519, 345–85. 이 변화의 더 넓은 배경에 관해서는 다음을 보라. A.-M. Lauter, *Sicherheit und Reparationen. Die* *französische Öffentlichkeit, der Rhein und die Ruhr (1919–1923)* (Essen, 2006), 232–42, 286–90.

18 이 계획의 발전은 1921년 12월과 1922년 1월에 이루어졌다. *DBFP*, vol. 9.

19 White, *The Origins*, 45.

20 Orde, *British Policy*, 180–82.

21 Feldman, *Great Disorder*, 382.

22 Martin, *France*, 97–126.

23 J. Keiger, *Raymond Poincaré* (Cambridge, 1997), 279–83.

24 *The New Republic*, 8 March 1922, 30–33.

25 *DBFP*, vol. 19, 171–2.

26 Ibid., 300.

27 Martin, *France*, 128; Feldman, *Great Disorder*, 383.

28 Feldman, *Great Disorder*, 410–31.

29 Ibid., 421.

30 Ibid., 431–4.

31 C. S. Maier, *Recasting Bourgeois Europe: Stabilization in France, Germany, and Italy in the Decade after World War I* (Princeton, NJ, 1975), 282–3; M. Berg, *Gustav Stresemann und die Vereinigten Staaten von Amerika: Weltwirtschaftliche Verflechtung und Revisionspolitik, 1907–1929* (Baden–Baden, 1990), 108–9.

32 Fink, *Genoa*, 83–6.

33 W. Link, *Die Amerikanische Stabilisierungspolitik in Deutschland, 1921–1932* (Düsseldorf, 1970), 174.

34 *DBFP*, vol. 19, 342.

35 White, *The Origins*, 82–94.

36 *DBFP*, vol. 19, 393.

37 Ibid., 348–51.

38 White, *The Origins*, 107–9.

39 Fink, *Genoa*, 60.

40 R. Himmer, 'Rathenau, Russia and Rapallo', *Central European History* 9 (1976), 146–83.

41 J. Siegel, *For Peace and Money* (Oxford, 2014, forthcoming), chapter 5.

42 Fink, *Genoa*, 174–5.

43 소련에도 유사한 것이 없지 않았다. 다음을 보라. White, *The Origins*, 110.

44 소련의 오스만제국화에 관한 로이드조지의 경고는 다음을 보라. *DBFP*, vol. 19, 377–8.

45 Linke, 'Der Weg', 77.

46 B. Gökay *A Clash of Empires: Turkey between Russian Bolshevism and British Imperialism, 1918–1923* (London, 1997), 119.

47 Berg, *Stresemann*, 109; Maier, *Recasting*, 284.

48 Feldman, *Great Disorder*, 450.

49 Gökay, *Clash of Empires*, 119.

50 J. C. Cairns, 'A Nation of Shopkeepers in Search of a Suitable France: 1919–40', *The*

American Historical Review 79, no. 3 (June 1974), 720.

51 M. Beloff, Imperial Sunset: Britain's Liberal Empire, 1897–1921 (London, 1969), vol. 2, 79–80.

52 Z. Steiner, The Lights that Failed: European International History, 1919–1933 (Oxford, 2005), 113–20.

53 J. R. Ferris, The Evolution of British Strategic Policy, 1919–26 (Basingstoke, 1989), 120.

54 Gökay, Clash of Empires, 164.

55 D. P. Silverman, Reconstructing Europe after the Great War (Cambridge, MA, 1982), 179–80.

56 R. Self, Britain, America and the War Debt Controversy: The Economic Diplomacy of an Unspecial Relationship, 1917–41 (London, 2006), 36–54.

57 B. D. Rhodes, 'Reassessing "Uncle Shylock": The United States and the French War Debt, 1917–1929', The Journal of American History 55, no. 4 (March 1969), 793.

58 A. Turner, 'Keynes, the Treasury and French War Debts in the 1920s', European History Quarterly 27 (1997), 505.

59 M. P. Leffler, The Elusive Quest: America's Pursuit of European Stability and French Security, 1919–1933 (Chapel Hill, NC, 1979), 69.

60 Link, Stabilisierungspolitik, 175.

24장

1 B. Martin, France and the Après Guerre, 1918–1924: Illusions and Disillusionment (Baton Rouge, LA, 1999), 132–50.

2 A.–M. Lauter, Sicherheit und Reparationen: die französische Öffentlichkeit, der Rhein und die Ruhr (1919–1923) (Essen, 2006), 292–301.

3 Papers Relating to the Foreign Relations of the United States: Lansing Papers [hereafter FRUS: Lansing Papers] (Washington, DC, 1922), vol. 1, 557–8.

4 W. Link, Die amerikanische Stabilisierungspolitik in Deutschland 1921–32 (Düsseldorf, 1970), 122–47.

5 S. A. Schuker, 'Europe's Banker: The American Banking Community and European Reconstruction, 1918–1922', in M. Petricioli and M. Guderzo (eds), Une Occasion manquée 1922: la reconstruction de l'Europe (Frankfurt, 1995), 56.

6 P. Liberman, Does Conquest Pay? The Exploitation of Occupied Industrial Societies (Princeton, NJ, 1996), 87–98.

7 Martin, France, 156; The New York Times, 'Clemenceau Feels So Sure of Success He's a "Boy" Again', 23 November 1922, 1–3.

8 M. J. Pusey, Charles Evans Hughes (New York, 1951), vol. 2, 581–2.

9 C. E. Hughes, The Pathway of Peace: Representative Addresses Delivered during his Term as Secretary of State (1921–1925) (New York, 1925), 57; Link, Stabilisierungspolitik, 168–74.

10 W. I. Shorrock, 'France and the Rise of Fascism in Italy, 1919–23', Journal of

Contemporary History 10 (1975), 591−610.

11 Martin, *France*, 165.

12 C. Fischer, *The Ruhr Crisis, 1923−1924* (Oxford, 2003), 86−107.

13 Ibid., 176.

14 G. Krumeich and J. Schröder (eds), *Der Schatten des Weltkrieges: Die Ruhrbesetzung, 1923* (Essen, 2004), 207−24.

15 G. D. Feldman, *The Great Disorder: Politics, Economics, and Society in the German Inflation, 1914−1924* (Oxford, 1993), 637−69; C. S. Maier, *Recasting Bourgeois Europe: Stabilization in France, Germany, and Italy in the Decade after World War I* (Princeton, NJ, 1975), 367−76.

16 Feldman, *Great Disorder*, 705−66.

17 P. Cohrs, *The Unfinished Peace after World War I* (Cambridge, 2006), 88; M. Leffler, *The Elusive Quest: America's Pursuit of European Stability and French Security, 1919−1933* (Chapel Hill, NC, 1979), 86; B. Glad, *Charles Evans Hughes and the Illusions of Innocence: A Study of American Diplomacy* (Urbana, IL, 1966), 219−23.

18 S. Adler, *The Uncertain Giant, 1921−1941: American Foreign Policy Between the Wars* (New York, 1965), 75.

19 *FRUS: Lansing Papers*, 1923, vol. 2, 56.

20 W. Louis, *British Strategy in the Far East, 1919−1939* (Oxford, 1971), 104.

21 M. Howard, *The Continental Commitment: The Dilemma of British Defence Policy in the Era of the Two World Wars* (London, 1972), 81−4.

22 Link, *Stabilisierungspolitik*, 179−87.

23 P. Yearwood, *Guarantee of Peace: The League of Nations in British Policy, 1914−1925* (Oxford, 2009), 253.

24 Ibid., 264−5.

25 M. Berg, *Gustav Stresemann und die Vereinigten Staaten von Amerika: weltwirtschaftliche Verflechtung und Revisionspolitik, 1907−1929* (Baden−Baden, 1990).

26 Fischer, *The Ruhr Crisis*, 230.

27 Martin, *France*, 188.

28 H.−P. Schwarz, *Konrad Adenauer: A German Politician and Statesman in a Period of War, Revolution, and Reconstruction* (Oxford, 1995), vol. 1, 171−94.

29 Feldman, *Great Disorder*, 768.

30 R. Scheck, 'Politics of Illusion: Tirpitz and Right−Wing Putschism, 1922−1924', *German Studies Review* 18 (1995), 29−49.

31 A. Wirsching, *Vom Weltkrieg zum Buergerkrieg? Politischer Extremismus in Deutschland und Frankreich, 1918−1933/39. Berlin und Paris im Vergleich* (Munich, 1999), 238.

32 D. R. Stone, 'The Prospect of War? Lev Trotskii, the Soviet Army, and the German Revolution in 1923', *The International History Review* 25, no. 4 (December 2003), 799−817.

33 G. Feldman, 'Bayern und Sachsen in der Hyperinflation 1922', *Historische Zeitschrift* 238 (1984), 569−609.

34 D. Pryce, 'The Reich Government versus Saxony, 1923: The Decision to Intervene', *Central European History* 10 (1977), 112−47.

35 Feldman, *Great Disorder*, 774.

36 K. Schwabe (ed.), *Die Ruhrkrise 1923: Wendepunkt der internationalen Beziehungen nach dem Ersten Weltkrieg* (Paderborn, 1985), 29−38.

37 Feldman, *Great Disorder*, 776−7.

38 G. Schulz (ed.), *Konrad Adenauer 1917−1933* (Cologne, 2003), 203−32, and K. D. Erdmann, *Adenauer in der Rheinlandpolitik nach dem Ersten Weltkrieg* (Stuttgart, 1966).

39 Schulz, *Konrad Adenauer 1917−1933*, 346.

40 Maier, *Great Disorder*, 393.

41 Feldman, *Great Disorder*, 825.

42 Ibid., 661.

43 Berg, *Stresemann*, 160, 168−9, 171.

44 Link, *Stabilisierungspolitik*, 206−7.

45 A. Orde, *British Policy and European Reconstruction after the First World War* (Cambridge, 1990), 244.

46 Krumeich and Schroeder (eds), *Der Schatten*, 80.

47 J. Bariéty, *Les Relations Franco−Allemands aprés la Première Guerre Mondiale* (Paris, 1977), 263−5.

48 Berg, *Stresemann*, 159.

49 Leffler, *Elusive Quest*, 94−5.

50 Ibid., 99.

51 Yearwood, *Guarantee of Peace*, 273−89.

52 D. Marquand, *Ramsay MacDonald* (London, 1997), 297−305.

53 *The Times*, 'MacDonald on Ruhr', 12 February 1923, 12, and 'Mr. MacDonald On Ruhr "Success"', 26 September 1923.

54 Marquand, *MacDonald*, 333; *The Times*, 'Labour and Allied Debts', 13 December 1923.

55 J. C. Cairns, 'A Nation of Shopkeepers in Search of a Suitable France: 1919−40', *The American Historical Review* 79, no. 3 (June 1974), 721.

56 Martin, *France*, 189−92.

57 S. A. Schuker, *The End of French Predominance in Europe: The Financial Crisis of 1924 and the Adoption of the Dawes Plan* (Chapel Hill, NC, 1976), 28, 53−7.

58 E. L. Dulles, *The French Franc, 1914−1928: The Facts and their Interpretation* (New York, 1929), 170−74.

59 Martin, *France*, 232−3; Maier, *Recasting*, 460−71.

60 Leffler, *Elusive Quest*, 97.

61 Feldman, *Great Disorder*, 829.

62 D. Neri−Ultsch, *Sozialisten und Radicaux−eine schwierige Allianz* (Munich, 2005).

63 Leffler, *Elusive Quest*, 100–04.

64 Ibid., 105.

65 *FRUS: Lansing Papers*, 1924, vol. 2, 28–30; B. Glad, *Charles Evans Hughes and the Illusions of Innocence: A Study in American Diplomacy* (Urbana, IL, 1966), 227.

66 Schuker, *End of French Predominance*, 103.

67 J. Wright, *Gustav Stresemann: Weimar's Greatest Statesman* (Oxford, 2002), 275.

68 Scheck, 'Politics of Illusion'.

69 Feldman, *Great Disorder*, 801.

70 T. Raithel, *Das Schwierige Spiel des Parlamentarismus: Deutscher Reichstag und französische Chambre des Députés in den Inflationskrisen der 1920er Jahre* (Munich, 2005), 196–341.

71 Feldman, *Great Disorder*, 822–3.

72 Ibid., 815, 802.

73 Leffler, *Elusive Quest*, 111.

74 W. McNeil, *American Money and the Weimar Republic: Economics and Politics on the Eve of the Great Depression* (New York, 1986), 33.

75 Cohrs, *Unfinished Peace*.

25장

1 다음을 보라. The Nobel Peace Prize speech at www.nobelprize.org/nobel_prizes/peace/laureates/1926/s tresemann–lecture.html.

2 독일에서 반전주의가 현실 정치로서 발전하는 과정에 관해서는 다음을 보라. L. Haupts, *Deutsche Friedenspolitik, 1918–1919* (Düsseldorf, 1976).

3 S. Hoffmann, *Gulliver's Troubles, or the Setting of American Foreign Policy* (New York, 1968), 53.

4 *Documents on British Foreign Policy, 1919–1939* [hereafter *DBFP*], series I a, vol. 5, ed. E. L. Woodward and Rohan Butler (London, 1973), 857–75; B. McKercher, *The Second Baldwin Government and the United States, 1924–1929: Attitudes and Diplomacy* (Cambridge, 1984), 174.

5 W. Link, *Die amerikanische Stabilisierungspolitik in Deutschland 1921–32* (Düsseldorf, 1970), 223–41.

6 W. McNeil, *American Money and the Weimar Republic: Economics and Politics on the Eve of the Great Depression* (New York, 1986).

7 A. Ritschl, *Deutschlands Krise und Konjunktur, 1924–1934: Binnenkonjunktur, Auslandsverschuldung und Reparationsproblem zwischen Dawes–Plan und Transfersperre* (Berlin, 2002).

8 A. Thimme, 'Gustav Stresemann: Legende und Wirklichkeit', *Historische Zeitschrift* 181 (1956), 314.

9 R. Boyce, *British Capitalism at the Crossroads, 1919–1932* (New York, 1987), 66–78.

10 K. Polanyi, *The Great Transformation: The Political and Economic Origins of Our*

Times (Boston, MA, 1944), 27.

11 G. Gorodetsky, 'The Soviet Union and Britain's General Strike of May 1926', *Cahiers du monde russe et soviétique* 17, no. 2/3 (1976), 287–310; J. Jacobson, *When the Soviet Union Entered World Politics* (Berkeley, CA, 1994), 169–72.

12 J. Diggins, 'Flirtation with Fascism: American Pragmatic Liberals and Mussolini's Italy', *The American Historical Review* 71, no. 2 (1966), 487–506.

13 S. Romano, *Guiseppe Volpi et l'italie moderne: Finance, industrie et état de l'ère giolittienne à la deuxième guerre mondiale* (Rome, 1982).

14 G. Allen, 'The Recent Currency and Exchange Policy of Japan', *The Economic Journal* 35, no. 137 (1925), 66–83.

15 M. Metzler, *Lever of Empire: The International Gold Standard and the Crisis of Liberalism in Prewar Japan* (Berkeley, CA, 2005), 149.

16 R. A. Dayer, *Bankers and Diplomats in China, 1917–1925: The Anglo–American Relationship* (London, 1981), 178.

17 B. D. Rhodes, 'Reassessing "Uncle Shylock": The United States and the French War Debt, 1917–1929', *The Journal of American History* 55, no. 4 (March 1969), 787–803.

18 1920년대 프랑스의 파시즘 운동에 관해서는 다음을 보라. K.-J. Müller, '"Faschismus" in Frankreichs Dritter Republik?', in H. Möller and M. Kittel (eds), *Demokratie in Deutschland und Frankreich, 1918–1933/40* (Munich, 2002), 91–130.

19 T. Raithel, *Das schwierige Spiel des Parlamentarismus: Deutscher Reichstag und französische Chambre des Députés in den Inflationskrisen der 1920er Jahre* (Munich, 2005), 480–519.

20 D. Amson, *Poincaré: L'acharné de la politique* (Paris, 1997), 352–3.

21 R. M. Haig, *The Public Finances of Post–War France* (New York, 1929), 173.

22 R. Boyce, *The Great Interwar Crisis and the Collapse of Globalization* (Basingstoke, 2009), 165.

23 M. P. Leffler, *The Elusive Quest: America's Pursuit of European Stability and French Security, 1919–1933* (Chapel Hill, NC, 1979), 153.

24 R. Boyce, *British Capitalism at the Crossroads, 1919–1932* (New York, 1987), 144–6.

25 P. Yearwood, *Guarantee of Peace: The League of Nations in British Policy, 1914–1925* (Oxford, 2009), 342.

26 M. Beloff, *Imperial Sunset: Britain's Liberal Empire 1897–1921* (London, 1969), vol. 2, 140, citing *DBFP*, series I a, III, 734.

27 Yearwood, *Guarantee*, 342.

28 Boyce, *Great Interwar Crisis*, 133.

29 J. R. Ferris, *The Evolution of British Strategic Policy, 1919–26* (Basingstoke, 1989), 158–78.

30 Yearwood, *Guarantee*, 355.

31 G. Unger, *Aristide Briand: Le ferme conciliateur* (Paris, 2005), 532–7.

32 P. O. Cohrs, *The Unfinished Peace after World War I: America, Britain and the Stabilisation of Europe, 1919–1932* (Cambridge, 2006), 448–76.

33　J. Wheeler-Bennett, *Information on the Renunciation of War, 1927–1928* (London, 1928), 56.

34　Jacobson, *When the Soviet Union*, 247.

35　A. Iriye, *The Cambridge History of American Foreign Relations*, vol. 3, *The Globalizing of America, 1913–1945* (Cambridge, 1993), 103–06.

36　Cohrs, *Unfinished Peace*, 378–409.

37　J. Keiger, *Raymond Poincaré* (Cambridge, 1997), 337–40.

38　McKercher, *The Second Baldwin Government and the United States, 1924–1929*, 174.

39　Beloff, *Imperial Sunset*, vol. 2, 142–3.

40　L. Trotsky, 'Disarmament and the United States of Europe' (October 1929) http://www.marxists.org/archive/trotsky/1 929/10/ disarm.htm

41　D. Marquand, *Ramsay MacDonald* (London, 1997), 507.

42　Z. Steiner, *The Lights that Failed: European International History, 1919–1933* (Oxford, 2005), 510–18.

43　Jacobson, *When the Soviet Union*, 183–8, 224–9.

44　A. Waldron, *From War to Nationalism: China's Turning Point, 1924–1925* (Cambridge, 1995).

45　J. Fairbank (ed.), *The Cambridge History of China*, vol. 12, *Republican China, 1912–1949*. Part 1 (Cambridge, 2008), 314–15; L. Humphreys, *The Way of the Heavenly Sword: The Japanese Army in the 1920s* (Stanford, CA, 1995), 130.

46　Dayer, *Bankers*, 186–7.

47　C. Martin Wilbur and J. Lien-Ying, *Missionaries of Revolution: Soviet Advisers and Nationalist China, 1920–1927* (Cambridge, MA, 1989), 90–100.

48　E. Fung, *The Diplomacy of Imperial Retreat: Britain's South China Policy, 1924–1931* (Hong Kong, 1991), 42–54.

49　R. Hofheinz, *The Broken Wave: The Chinese Communist Peasant Movement, 1922–1928* (Cambridge, MA, 1977).

50　Wilbur and Lien-Ying, *Missionaries of Revolution*, 108–12; P. Zarrow, *China in War and Revolution, 1895–1949* (London, 2005), 216–21.

51　R. Karl, *Mao Zedong and China in the Twentieth-Century World: A Concise History* (Durham, NC, 2010), 29.

52　S. Schram (ed.), *Mao's Road to Power: Revolutionary Writings, 1912–1949* (New York, 1994), vol. 2, 421.

53　J. Solecki and C. Martin Wilbur, 'Blücher's "Grand Plan" of 1926', *The China Quarterly* 35 (1968), 18–39.

54　H. Kuo, *Die Komintern und die Chinesische Revolution* (Paderborn, 1979), 148.

55　B. Elleman, *Moscow and the Emergence of Communist Power in China, 1925–1930* (London, 2009), 23–36.

56　Karl, *Mao Zedong*, 30.

57　Schram (ed.), *Mao's Road to Power*, vol. 2, 430.

58　S. Craft, *V. K. Wellington Koo and the Emergence of Modern China* (Lexington, KY,

2004), 86.

59 *Papers Relating to the Foreign Relations of the United States: Lansing Papers* (Washington, DC, 1926), vol. 1, 924; A. Iriye, *China and Japan in the Global Setting* (Cambridge, MA, 1992), 99–101.

60 Fung, *Diplomacy*, 100–11.

61 Ibid., 131–2.

62 A. Clayton, *The British Empire as a Superpower, 1919–39* (Basingstoke, 1986), 207–8.

63 Zarrow, *China*, 236–7.

64 M. Murdock, 'Exploiting Anti-Imperialism: Popular Forces and Nation-State-Building during China's Northern Expedition, 1926–1927', *Modern China* 35, no. 1 (2009), 65–95.

65 Fung, *The Diplomacy of Imperial Retreat*, 137–44.

66 Kuo, *Komintern*, 202–17.

67 Karl, *Mao Zedong*, 33.

68 Hofheinz, *The Broken Wave*, 53–63.

69 Craft, *Wellington Koo*, 92.

70 M. Jabara Carley, 'Episodes from the Early Cold War: Franco-Soviet Relations, 1917–1927', *Europe-Asia Studies* 52, no. 7 (2000), 1,297.

71 L. Viola, *The War Against the Peasantry, 1927–1930 : The Tragedy of the Soviet Countryside* (New Haven, CT, 2005), 9–56.

72 L. D. Trotsky, 'The New Course in the Economy of the Soviet Union'(March 1930), http://www.marxists.org/archive/trotsky/1 930/03/ newcourse.htm

73 P. Duus (ed.), *The Cambridge History of Japan*, vol. 6: *The Twentieth Century* (Cambridge, 1988), 286–2.

74 Humphreys, *Heavenly Sword*, 136–42.

75 W. F. Morton, *Tanaka Giichi and Japan's China Policy* (New York, 1980), 71.

76 K. Colegrove, 'Parliamentary Government in Japan', *The American Political Science Review* 21, no. 4 (1927), 835–52.

77 Humphreys, *Heavenly Sword*, 122–57.

78 N. Bamba, *Japanese Diplomacy in a Dilemma* (Vancouver, 1972), 134.

79 T. Sekiguchi, 'Political Conditions in Japan: After the Application of Manhood Suffrage', *Pacific Affairs* 3, no. 10 (1930), 907–22.

26장

1 M. Friedman and A. Schwartz, *A Monetary History of the United States, 1867–1960* (Princeton, NJ, 1963), and K. Polanyi, *The Great Transformation: The Political and Economic Origins of our Times* (Boston, MA, 1944), 21–44.

2 B. Eichengreen, *Golden Fetters: The Gold Standard and the Great Depression, 1919–1939* (Oxford, 1992), and A. Meltzer, *A History of the Federal Reserve* (Chicago, IL, 2003), vol. 1.

3   H. James, *The German Slump: Politics and Economics, 1924–1936* (Oxford, 1986).

4   Z. Steiner, *The Lights that Failed: European International History, 1919–1933* (Oxford, 2005), 470–91; P. Heyde, *Das Ende der Reparationen* (Paderborn, 1998), 35–77; P. Cohrs, *The Unfinished Peace after World War I: America, Britain and the Stabilisation of Europe, 1919–1932* (Cambridge, 2006), 477–571.

5   S. Schuker, 'Les États–Unis, la France et l'Europe, 1929–1932', in J. Bariéty (ed.), *Aristide Briand, la Société des Nations et l'Europe, 1919–1932* (Strasbourg, 2007), 385.

6   L. Trotsky, 'Disarmament and the United States of Europe' (October 1929) http://www. marxists.org/archive/trotsky/1929/10/disarm.htm

7   S. Adler, *The Uncertain Giant, 1921–1941: American Foreign Policy Between the Wars* (New York, 1965), 79.

8   A. Ritschl, *Deutschlands Krise und Konjunktur 1924–1934: Binnenkonjunktur, Auslandsverschuldung und Reparationsproblem zwischen Dawes–Plan und Transfersperre* (Berlin, 2002).

9   B. Fulda, *Press and Politics in the Weimar Republic* (Oxford, 2009), 144–6.

10 H. Mommsen, *The Rise and Fall of Weimar Democracy* (Chapel Hill, NC, 1996).

11 F. R. Dickinson, *World War I and the Triumph of a New Japan, 1919–1930* (Cambridge, 2013), 185–6.

12 Adler, *Uncertain Giant*, 130.

13 R. Sims, *Japanese Political History Since the Meiji Renovation: 1868–2000* (London, 2001), 150.

14 I. Gow, *Military Intervention in Prewar Japanese Politics: Admiral Kato Kanji and the 'Washington System'* (London, 2004), 249–66, and J. W. Morley (ed.), *Japan Erupts: The London Naval Conference and the Manchurian Incident, 1928–1932* (New York, 1984).

15 L. Connors, *The Emperor's Adviser: Saionji Kinmochi and Pre–War Japanese Politics* (Oxford, 1987), 117–26; T. Mayer–Oakes (ed.), *Fragile Victory: Saionji–Harada Memoirs* (Detroit, IL, 1968).

16 R. Boyce, *The Great Interwar Crisis and the Collapse of Globalization* (Basingstoke, 2009).

17 Schuker, 'États–Unis', 393.

18 W. Lippman, 'An American View', *Foreign Affairs* 8, no. 4 (1930), 499–518; R. Fanning, *Peace and Disarmament: Naval Rivalry and Arms Control, 1922–1933* (Lexington, KY, 1995), 125.

19 W. Lipgens, 'Europäische Einigungsidee 1923–1930 und Briands Europaplan im Urteil der deutschen Akten (Part 2)', *Historische Zeitschrift* 203, no. 1 (1966), 46–89. 이러한 열정의 두드러진 사례에 관해서는 전직 총리 에리오의 글을 보라. E. Herriot, *Europe* (Paris, 930).

20 Boyce, *Great Interwar Crisis*.

21 Société des Nations, *Documents relatifs à l'organisation d'un régime d'Union Fédérale Européenne*, Séries de publ. questions politique, VI (Geneva 1930), 1–16.

22 Boyce, *Great Interwar Crisis*, 258–72.

23 W. Lipgens, 'Europäische Einigungsidee 1923–1930 und Briands Europaplan im Urteil der deutschen Akten (Part 2)', *Historische Zeitschrift* 203, no. 2 (1966), 341.

24 H. Pogge Von Strandmann, 'Großindustrie und Rapallopolitik. Deutsch–Sowjetische Handelsbeziehungen in der Weimarer Republik', *Historische Zeitschrift* 222, no. 2 (1976), 265–341; R. Spaulding, *Osthandel and Ostpolitik: German Foreign Trade Policies in Eastern Europe from Bismarck to Adenauer* (Oxford, 1997), 267–9.

25 W. Patch, *Heinrich Brüning and the Dissolution of the Weimar Republic* (New York, 1998).

26 T. Ferguson and P. Temin, 'Made in Germany: The German Currency Crisis of 1931', *Research in Economic History* 21 (2003), 1–53.

27 Heyde, *Das Ende*, 130–44.

28 Schuker, 'États–Unis', 394.

29 Boyce, *Great Interwar Crisis*, 305.

30 Eichengreen, *Golden Fetters*, 278.

31 Boyce, *Great Interwar Crisis*, 307–08.

32 Schuker, 'États–Unis', 395.

33 Heyde, *Das Ende*, 208–16.

34 *The New York Times*, 'Germany Pledges a Holiday on Arms', 6 July 1931.

35 A. Tooze, *Wages of Destruction: The Making and Breaking of the Nazi Economy* (London, 2006).

36 C. Thorne, *The Limits of Foreign Policy: The West, the League and the Far Eastern Crisis of 1931–1933* (London, 1972).

37 Boyce, *Great Interwar Crisis*, 314–22.

38 Eichengreen, *Golden Fetters*, 279–316.

39 N. Forbes, *Doing Business with the Nazis* (London, 2000), 99.

40 K. Pyle, *The Making of Modern Japan* (Lexington, MA, 1978), 139.

41 J. Maiolo, *Cry Havoc: How the Arms Race Drove the World to War, 1931–1941* (London, 2010), 31.

42 Tooze, *Wages of Destruction*, 1–33; R. Evans, *The Coming of the Third Reich* (London, 2003).

43 Steiner, *The Lights*, 755–99.

44 D. Kennedy, *Freedom from Fear* (Oxford, 1999), 70–103.

45 Cohrs, *Unfinished Peace*, 581–7.

46 I. Katznelson, *Fear Itself: The New Deal and the Origins of Our Time* (New York, 2013).

47 B. Ackerman, *We the People*, vol. 2, *Transformations* (Cambridge, MA, 1998).

48 R. Dallek, *Franklin Roosevelt and American Foreign Policy, 1932–1945* (Oxford, 1979), 23–100.

49 C. Romer, 'What Ended the Great Depression?', *The Journal of Economic History* 52, no. 4 (1992), 757–84.

50 S. Schuker, *American 'Reparations' to Germany, 1919–1933* (Princeton, NJ, 1988),

101−5.

51 R. Self, *Britain, America and the War Debt Controversy: The Economic Diplomacy of an Unspecial Relationship, 1917−1941* (London, 2006), 74.

52 R. Self, 'Perception and Posture in Anglo−American Relations: The War Debt Controversy in the "Official Mind", 1919−1940', *The International History Review 29*, no. 2 (2007), 286.

결론

1 S. Hoffmann, *Gulliver's Troubles, or the Setting of American Foreign Policy* (New York, 1968), 53.

2 J. Stalin, *Collected Works* (Moscow, 1954), vol. 13, 41−2.

3 H. Nicolson, *Peacemaking, 1919* (London, 1933), 108.

4 Yearwood, *Guarantee of Peace: The League of Nations in British Policy, 1914−1925* (Oxford, 2009), 342.

5 S. Adler, *The Uncertain Giant, 1921−1941: American Foreign Policy Between the Wars* (New York, 1965), 150.

6 R. Boyce, *The Great Interwar Crisis and the Collapse of Globalization* (Basingstoke, 2009), 251.

이 책은 제1차 세계대전에서 미국이 세계 유일의 패권국으로 등장하면서 새로운 국제 질서가 출현하는 과정을 설명하고 있다. 전쟁이 끝나고 영국과 프랑스, 독일은 승패를 떠나 이전 제국의 힘을 유지할 수 없었고 오직 미국만이 훨씬 더 강력해졌다. 그 힘의 밑바탕은 경제력이었다. 20세기에 들어설 무렵 이미 미국은 영국을 대신하여 세계 최대의 경제 대국이 되었다. 금융과 정치에서도 곧 미국이 세계를 주도하리라는 것은 분명했는데, 제1차 세계대전으로 그 시기가 앞당겨졌다.

이 국면을 지배한 인물은 미국 대통령 윌슨이었다. 윌슨은 애초에 미국이 유럽의 전쟁에 휘말리는 것을 피하려 했지만, 이는 결코 소극적인 태도의 발로기 아니었다. 윌슨은 나라를 '절대적 우위'를 차지한 세계 유일의 패권국으로 만들고자 했다. 이는 윌슨을 뒤이은 공화당 출신의 대통령들도 공유한 미국 국가주의의 기본적인 목표였다. 그러한 미래상의 기반은 경제력이었다. 군사력은 경제력의 표현이었을 뿐이다. 압도적인 경제적 우위를 차지한 상황에서 구태여 많은 자금을 들여 군사력을 확충할 필요는 없었다. 미국이 마음만 먹으면 언제든지 가공할 전쟁 무기를 갖출 수 있다는 점을 다른 나라들이 아는 것만으로 충분했다. 이를 위해 월슨이 추구한 목표는 '문호개방'이었다. 상품과 자본이 어디나 자유롭게 진입할 수 있는 시대를 열고자 한 것이다. 이는 일견 자유무역의 원리를 천명한 것으로 보이지만 일방적인 것이었다. 미국의 자본가와 기업가들이 세계 곳곳으로 퍼져나가면 세계를 세력권으로 분할했던 제국들을 모조리 쓸어버릴 수 있을 것이었다.

그래서 월슨은 1917년 우월한 경제력을 지렛대 삼아 협상국과 동맹국에 '승리 없는 평화'를 강요했다. 협상국은 전쟁 수행에 필요한 막대한 자금을 미국에서 빌려야 했다. 1915년 불로뉴 협정에 따라 영국과 프랑스, 러시아가 금 보유고를 공동으로 관리하여 미국에서 자금을 빌려 미국산 물품을 구매했다. 이후 협상국은 미국의 물자와 신용 대부에 의존하지 않고는 전쟁을 지속할 수 없었다. 이로써 미국은 어쩔 수 없이 전쟁에 휘말렸다. 독일의 무제한 잠수함전도 결정적인 이유였지만, 민간은행을 통해 협상국에 돈을 빌려준 미국인 채권자들이 돈을 돌려받으려면 협상국이 전쟁에서 승리해야 했기 때문이다. 그렇지만 전쟁에서 승자와 패자가 갈린다면 차후로도 평화를 보장하는 데에는 무력이 필요할 것이었다. 미국의 참전으로 월슨의 '승리 없는 평화'와 '도덕적 동등함'의 원칙은 무너진 것처럼 보였지만, 베르사유 조약과 국제연맹, 워싱턴 해군조약, 배상금 문제의 처리에서 볼 수 있듯이 미국은 유일한 패권국으로서 새로운 세계 질서를 지배하겠다는 의도를 포기하지 않았다.

이러한 미국의 태도가 평화를 저해한 것은 아닌가? 독일을 새로운 협력적 국제 질서의 일원으로 받아들이려면 배상금 문제가 해결되어야 했는데, 이는 연합국 간 전쟁 채무와 긴밀히 얽혀 있었다. 프랑스와 영국이 독일에 가혹한 요구를 하지 않으려면 미국의 채무 조정은 반드시 필요했지만, 이 점에서 미국의 태도는 단호했다. 청구권을 강력하게 주장했을 뿐 어떠한 중재도 시도하지 않았다. 1923년 프랑스가 루르를 점령했을 때 미국은 두 나라가 각자의 몫만큼 '혼란을 겪은 후에야 타협에 도달할 수 있을 것'이라는 태도를 보였다. 또한 미국은 강력한 디플레이션 정책으로써 다른 나라들에 동일한 조치를 강요했고 이는 군축의 방편으로 이용되었다. 재정적으로 압박을 받으면 정치적 불만을 잊고 시장의 원리에 집중하게 될 것이고, 이렇게 시장에 기반을 둔 자유주의가 제국주의적 경쟁의 재발을 막아 주리라고 본 것이다. 그러나 애초에 제국주의의 제거가 국제적 협력의 가면을 뒤집어쓴 일국 패권주의를 뜻했다면, 이는 실패할 수밖에 없었는지도 모른다. 워싱턴 해군회담에서 주요국의 해군력을 축소한 것은 제국주의적 경쟁과는 무관한 것이었나? 영국제국은 무너지고 있었다고 해도 아일랜드와 인도, 중동, 이집트에서 영국이 취한 태도는 제국주의에서 벗어나는 것과는 거리가 멀었다. 그들은 현실 정치를 포기하지 않았다. 이 시기 일본의 정치 세력을 자유주의적이라고 말할 수 있는가? 우리 역사를 보면 쉽게 모순을 지적할 수 있다. 민주화의 경향이 있었지만 동시에 민족주의도 강화되었다. 일본의 보수파는 어떻게 다른 강국과 대등한 위치를 확보할 것인지 고민했다. 어쨌거나 유럽 강국들이 어쩔 수 없이 식민지를 포기하기까지는 더 오랜 시간이 필요했다. 다른 강국들이 미국의 패권에 순응할 수밖에 없었기에 각국 내부에 이 새로운 환경에 적응하려는 움직임이 없지 않았다. 어쩌면 일국 패권이 평화를 가져올 수도 있었을지 모른다. 켈로그-브리앙 조약의 체결처럼 미국의 간섭에서 벗어나 평화를 정착시키려는 노력도 있었다. 그러나 결국 대공황이 닥치면서 '반란자들'이 승기를 잡았다.

'반란자들'은 일찍이 새로운 질서의 본질을 꿰뚫어 보았다. 무솔리니에게 그것은 현 상태를 영구히 고착시키려는 '부자 나라들의 사기'였다. 트로츠키는 전함이 '배급식량'처럼 분배되었다고 워싱턴 해군회담을 조롱했다. 일본의 우파는 영국과 미국이 국제연맹을 통해 타국의 군사력은 억제하면서 자신들의 장점인 자본주의를 이용하여 다른 나라를 잠식하려 한다고 반발했다. 그들에게 '군사적 정복'과 '자본주의적 잠식' 사이에는 큰 차이가 없었다. 에리히 루덴도르프나 도조 히데키 같은 자들은 미국의 패권적 힘을 인정했지만 이를 정당하다고 보지 않았다. 내전을 승리로 이끌고 소련을 탄생시킨 공산주의자들은 "혁명으로 자본주의를 전복시키지 않으면 제국주의 전쟁을 막을 수 없다"고 보았다. 제2차 세계대전은 새로운 질서의 실패를 보여준다. '자유주의적 국제주의'의 내재적 모순 때문이었다.

국제 관계가 현실 정치를 내버릴 수 있을까? 저자는 질서와 평화를 세울 방법을 모색하는 '진보적 현실 정치'를 얘기하지만, 과연 인류는 협력과 연대로써 평화로운 질서를 유지할 수 있을까? 근자의 국제적 상황을 보면 긍정적인 답변을 내놓기가 쉽지는 않을 것이다. 어쩌면 역사가 시작된 이래로 인간 사회는 언제나 그렇게 불안했는지도 모르겠다. 이름들이 떠오른다. 푸틴, 트럼프, 시진핑, 아베 신조, 에르도안. 평화를 말하자면 역설적으로 핵무기가 지켜줄지도 모르겠으나, 국가와 국가, 집단과 집단, 개인과 개인 간의 부와 복지의 불평등이 '어느 수준'까지 해소되지 않는다면, 언젠가 어려운 일이 닥쳤을 때 한정된 자원을 두고 벌어지는 국지적 폭력이 크게 확대되지 말라는 법은 없을 것이다. 특히 불안한 마음을 정치적으로 이용하려는 자들이 권좌에 있을 때. 코로나19 팬데믹 상황인 지금도 국제적인 협력이 필요하다. 부유한 나라와 집단, 개인의 양보와 배려가 필요하다. 인류 앞에 놓인 걱정스러운 일이 많다만, 이 시기가 빨리 지나갔으면 좋겠다.

대격변

지은이

애덤 투즈(Adam Tooze)는 코로나19 사태 이후 세계에서 가장 많이 호출되는 인물이다. 2008년 글로벌 금융위기를 분석한 역작 『붕괴(*Crashed*)』로 '세계의 사상가'라는 호칭을 얻었으며, 국내 정계와 금융계 유력 인사들의 관심을 한 몸에 받았다. 투즈는 세계사의 좌표가 되는 위기의 순간들에 주목하여 인류가 나아갈 해법을 제하는 대작들을 집필해 오고 있다. 글로벌 위기들은 단일한 관점으로 설명되지으며 정치와 경제, 행위자와 구조가 부단히 얽혀 있다. 그 난맥상을 파고드는 새 분석과 대담한 통찰에 세계의 이목이 쏠리고 있다.

벙변(*The Deluge*)』은 제1차 세계대전에서 대공황에 이르는 세계 질서의 재편 과정 다룬 투즈의 또 다른 역작이다. 제국의 몰락과 혁명의 연쇄로 균형을 잃어가던 는 새로운 의존성을 띠었고 세계 유일의 패권국으로 부상하는 미국 사이에서 다. 이러한 배경에서 투즈는 대공황을 역사상 최악의 재앙으로 만든, 집단적 이션을 야기한 '황금 족쇄' 즉 금본위제를 다시 평가한다. 《파이낸셜 타임스》책, 《뉴스테이츠먼》 올해의 책, 《LA 타임스》 북프라이즈 수상작이다.

1967년 런던에서 태어나 영국과 독일의 하이델베르크에서 성장했다. 케임 대학교 킹스칼리지와 런던정경대학에서 경제학과 경제사로 학위를 받았 브리지 대학교와 예일 대학교를 거쳐 지금은 컬럼비아 대학교의 역사학 직하고 있다. 울프슨상과 롱맨히스토리투데이상 수상작인 『파괴의 응보 *estruction*)』를 지었으며 글로벌 위기 4부작인 『셧다운(*Shutdown*)』과 『탄소 집필 중이다.

ps://adamtooze.com 트위터 @adam_tooze

대학교 대학원 서양사학과 박사과정을 수료했다. 옮긴 책으로 『독재 럽 1945~2005』, 『브루스 커밍스의 한국전쟁』, 『1차 세계대전사』, 있다.

옮긴이

조행복은 서울
자들』『전후 유
『블랙 어스』 등이

대격변

세계대전과 대공황, 세계는 어떻게 재편되었는가

1판 1쇄 펴냄 2020년 6월 29일
1판 2쇄 펴냄 2020년 7월 27일

지은이 애덤 투즈
옮긴이 조행복
펴낸이 김정호
펴낸곳 아카넷

출판등록 2000년 1월 24일(제406-2000-000012호)
주소 10881 경기도 파주시 회동길 445-3 2층
전화 031-955-9511(편집) · 031-955-9514(주문)
팩스 031-955-9519
책임편집 박수용
www.acanet.co.kr

한국어판 © 아카넷, 2020

Printed in Paju, Korea.

ISBN 978-89-5733-682-3 03300

도서의 국립중앙도서관 출판예정도서목록(CIP)은
서지정보유통지원시스템 홈페이지(http://seoji.nl.go.kr)와
국가자료공동목록시스템(http://www.nl.go.kr/kolisnet)에서
이용하실 수 있습니다. (CIP제어번호: CIP2020024115)

지은이

애덤 투즈(Adam Tooze)는 코로나19 사태 이후 세계에서 가장 많이 호출되는 인물이다. 2008년 글로벌 금융위기를 분석한 역작 『붕괴(*Crashed*)』로 '세계의 사상가'라는 호칭을 얻었으며, 국내 정계와 금융계 유력 인사들의 관심을 한 몸에 받았다. 투즈는 세계사의 좌표가 되는 위기의 순간들에 주목하여 인류가 나아갈 해법을 제시하는 대작들을 집필해 오고 있다. 글로벌 위기들은 단일한 관점으로 설명되지 않으며 정치와 경제, 행위자와 구조가 부단히 얽혀 있다. 그 난맥상을 파고드는 새로운 분석과 대담한 통찰에 세계의 이목이 쏠리고 있다.

『대격변(*The Deluge*)』은 제1차 세계대전에서 대공황에 이르는 세계 질서의 재편 과정을 다룬 투즈의 또 다른 역작이다. 제국의 몰락과 혁명의 연쇄로 균형을 잃어가던 세계는 새로운 의존성을 띠었고 세계 유일의 패권국으로 부상하는 미국 사이에서 뒤얽힌다. 이러한 배경에서 투즈는 대공황을 역사상 최악의 재앙으로 만든, 집단적 디플레이션을 야기한 '황금 족쇄' 즉 금본위제를 다시 평가한다. 《파이낸셜 타임스》 올해의 책, 《뉴스테이츠먼》 올해의 책, 《LA 타임스》 북프라이즈 수상작이다.

투즈는 1967년 런던에서 태어나 영국과 독일의 하이델베르크에서 성장했다. 케임브리지 대학교 킹스칼리지와 런던정경대학에서 경제학과 경제사로 학위를 받았다. 케임브리지 대학교와 예일 대학교를 거쳐 지금은 컬럼비아 대학교의 역사학 교수로 재직하고 있다. 울프슨상과 롱맨히스토리투데이상 수상작인 『파괴의 응보(*Wages of Destruction*)』를 지었으며 글로벌 위기 4부작인 『셧다운(*Shutdown*)』과 『탄소(*Carbon*)』를 집필 중이다.

홈페이지 https://adamtooze.com 트위터 @adam_tooze

옮긴이

조행복은 서울대학교 대학원 서양사학과 박사과정을 수료했다. 옮긴 책으로 『독재자들』, 『전후 유럽 1945~2005』, 『브루스 커밍스의 한국전쟁』, 『1차 세계대전사』, 『블랙 어스』 등이 있다.